STATISTICS CLASSICS

统计学
经典译丛

STATS: DATA AND MODELS

统计学

数据与模型

(第3版)

理查德·D·德沃(Richard D. De Veaux)
保罗·F·威勒曼(Paul F. Velleman) 著
戴维·E·博克(David E. Bock)
耿修林 译

中国人民大学出版社
·北京·

译者序

统计学这门学科与其他学科不一样。对于两个显然不同的数值，我们却经常这样表述：它们在统计意义上没有差别。不明就里的人一定会认为是睁着眼睛说瞎话，然而这恰恰是统计学的典型特征。对统计学抱有畏难情绪的人，可能认为它与数学有关，也可能认为它与数据计算有关，其实从应用的角度看这些都是次要的，关键是如何把握统计科学的思考方式。运用统计方法认识事物，既不是思辨式的演绎逻辑，也不是找通项公式的数学归纳逻辑或枚举式的语文归纳逻辑，不太恰当地讲，它是那种“尝一勺水知四海味”的归纳推断逻辑，由此就引发了统计学的基本概念、方法原理、分析结论认识与其他学科的差异。单纯地讲清楚这个道理可能比较容易，但把这样的认识逻辑有机地贯穿和渗透到整个知识体系中，并让初学者能实实在在地领会可能就不那么简单了。

本人从事初等统计学教学工作多年，虽然能驾轻就熟，但偶尔难免也会漫不经心乃至生出惰性。比如，不再愿意花精力琢磨如何讲清楚基本概念，不再精心构思每一堂课教学内容的安排，不再想方设法让一个初学者掌握统计学思考问题的方式，不愿意再改进以让一门枯燥的课程更有趣味性。深知这样的教学心态不好，所以一直想花点工夫系统地了解统计教学新的传授理念。这次得到中国人民大学出版社王伟娟女士的垂顾，约请我翻译《统计学 ：数据与模型》（第 3 版），十分愉快地接受了任务。俗语有云：人到中年万事休。我希望借机历练自己，借用当下流行的话说就是再励志一把。

《统计学：数据与模型》（第 3 版）的三位作者理查德 · D · 德沃、保罗 · F · 威勒曼、戴维 · E · 博克，长期从事统计学的教学工作，拥有丰富的教学经验，凭着在统计学教学中的突出业绩获得过多个奖项。德沃先后任教于宾夕法尼亚大学沃顿商学院、普林斯顿大学工程学院和威廉姆斯学院，是美国统计学会会员，拥有斯坦福大学统计学博士学位，研究领域是科技产业大数据分析和挖掘。威勒曼是美国统计学会会员和美国科学促进协会会员、康奈尔大学统计学教授，在多媒体统计教学界有一定的影响，拥有普林斯顿大学统计学硕士和博士学位，曾师从著名的统计学家图基，研究领域主要是探索性数据分析。博克长期在伊萨卡预科学校、伊萨卡学院、康奈尔大学教授统计学课程，是统计学预修考试的主考官和试卷的主审人。《统计学：数据与模型》一经问世便受到欢迎，与几位作者良好的教育背景和丰富的教学经验积累密不可分。

在翻译过程中，本人认为《统计学：数据与模型》（第 3 版）的突出特点是：

第一，内容安排紧紧相扣，层次推进十分自然。本土的统计学教科书大多从数值资料统计分析开始，然后把比例类统计推断分析当作特例来对待，该书却反其道而行之，这样做的一个明显好处是，能够巧妙地利用比例与比例抽样分布标准差的关系，很自然地过渡到统计区间估计和假设检验的讨论，比如两总体比例差假设检验，就根本不需要事先强调等方差的假定条件。在介绍相关与回归分析时，该书把有关内容拆分成几块，按照不同的顺序予以讲解。比如，在介绍了统计特征数字后，以简单回归为对象，把简单回归方程的求解转化成几个特征数字来说明；在介绍完区间估计和假设检验后，讨论回归模型的推断分析问题；在学过方差分析之后，再来讲解多元回归的代表性分析和建模问题等。

第二，大量使用图表形式展现和描述数据。该书除了安排专门的章节介绍统计资料的图表描述方法外，在相关统计分析工具假定条件的讨论中，特别推崇运用图形进行考察。比如，利用正态概率图、直方图检查样本观察资料的单峰对称性，运用箱线图分析是否存在异常点，通过各类残差图诊断线性性假定、等方差假定等。

第三，特别注重检查方法应用的假定条件是否满足。该书不太强调计算过程，但重视统计方法应用条件符合性的检查。比如，在计算观察资料特征数字时，特别提醒需要考察资料的对称性，对分布对称的资料，可以直接使用一般的均值和标准差，对分布不对称的资料，需要采用位置特征数、分位数差等指标描述。在进行回归分析时，强调要注意检查线性性、独立性、等方差性、渐近正态性等条件。

第四，引入问题的背景介绍生动有趣，体现了统计方法应用的强大功能。全书绝大部分章节都从一个真实的实例说起，引出相应的统计问题，然后结合该章的内容逐步进行统计分析方法的应用讲解。这些实例和例题来源广泛，有的属于生态环境保护领域，有的是体育运动方面的，有的是社会现象和社会管理方面的，有的是工商经营活动方面的，让人们感受到日常生活中统计无处不在。

第五，提出了数据分析的基本策略。这一点几乎体现在该书每一章的内容中，在此我们仅举例说明。比如，在有异常值的情况下，最好能同时报告带有异常值和不带有异常值的分析结果，并做出适当的解释说明；先考察数据资料分布图，然后决定采用什么样的数据处理方式；注意检查异常值，并对其进行适当分析。

《统计学：数据与模型》（第 3 版）的篇幅很大，一共有 31 章。考虑到国内教学的实际情况，翻译过程中，在保持主要特色的前提下，对全书做了相应的删减和调整处理。主要是：原书第 1 章和第 2 章的内容相对简略，在译著中做了合并处理；把“统计资料获取”这一单元的 3 章（随机性、样本调查、实验设计与观察研究）的主要内容融入译著的第 1 章；删除了随机性和概率论这一单元的 4 章，即随机性与概率、概率运算准则、随机变量、随机变量的概率分布，这主要是考虑到国内大学开设的数学课程都讲授过概率论与数理统计。

由于本人能力和水平有限，译著中可能存在不准确甚或错误的地方，恳请读者批评指正。

耿修林

前 言

《统计学：数据与模型》自问世以来，不断接到来自教师和学生的反馈意见，让我们深受鼓舞。如果要说这本书有什么与众不同的特点，那就是学生们竟然读得懂它。根据我们掌握的情况，无论是大学预科生还是大学生，都认为这本书写得明白晓畅、通俗易懂。功夫不负有心人，这表明我们孜孜不倦、循循善诱的编撰理念收到了应有的效果。

和其他同类的初级读物不同，《统计学：数据与模型》重在告诉大家如何理解统计数据处理的结果，这样的定位贯穿全书，包括问题导入形式的设计，以及观察数据的广泛使用等。其中最为重要的一点是，本书致力于教会大家如何运用统计思考方式而不是过分关注统计计算。因此，为激发读者的学习兴趣，本书安排了大量实例，根本意图不在于"怎样寻找到答案"，而在于"如何认识数据分析的结论"。

《统计学：数据与模型》此前已经出过两版，目前推出的是第 3 版。在如何开展统计学教学和如何学会统计学思维上，第 3 版延续了前两版的成功做法。在此基础上，为了更清晰、更有趣味，本书对部分章节进行了修订，除了引进一些最新的案例外，还对涉及的统计学概念做了梳理以使前后更连贯。总体来说，《统计学：数据与模型》（第 3 版）新的改动主要体现在以下各个方面：

● 例题设计。几乎每一章都补充了一些新的例题，这些例题旨在帮助读者学会如何利用相关的统计学概念和统计方法，各章例题不是割裂开来分别选取的，而是按照相应章节的主要内容，从问题的背景介绍出发，然后根据内容的演进不断地运用同一个例题介绍概念和方法的使用。

● 复习思考题。新增了大量复习思考题，题目的编写先从概念类练习开始，然后逐步过渡到综合性的练习。

● 实例应用讲解。全书超过 1/3 的章节都新增或替换了实例应用介绍，从陈述所要讨论的问题开始，到观察资料的描述显示、方法应用、假定条件检查、模型构建、计算分析及其结论，一步一步讲解方法的应用过程。

● 数据来源。全书绝大部分例题和复习思考题中用到的数据资料，都是从近年来的新闻报道、研究论文等中搜集来的，基本上都是真实的。

● 生动的背景介绍。每一章都从一个真实的背景事例开始讲解，然后结合数据进行分析，在第 3 版中，我们更新和补充了很多这样的背景事例，比如：地震、飓风行进路线预报、企鹅潜水时的心律变化、是否相信鬼神的调查、骑摩托车是否戴头盔的对照检查、男女司机开车系安全带的差别、奥林匹克滑冰比赛名次等。

一本教科书再好，如果没有人阅读也会失去价值。为了让《统计学：数据与模型》（第 3 版）更符合读者的口味，我们做了许多改进，使之具有以下特点：

● 可读性。在编撰本书时，我们力求做到讲解细致、深入浅出，通过运用丰富的资料，使大家能够读得更明白。

● 变通性。这里所讲的变通性，并不意味着书中的内容浅显或不够专业，相反，我们试图准确地对一些概念进行介绍，并且尽一切可能进行更深入的解释和论证。

● 紧凑性。每章只重点讲解一个方面的知识点，以使学习起来内容更加集中。

● 连贯性。本书尽力避免“说的是一套做的是另一套”，总是先从数据的图像展示和假定条件检查入手，然后过渡到模型分析。

● 趣味性。那些只想匆匆浏览本书的同学，可能对我们的写作方式感到不爽，因为对于重要的概念、定义和求解示范，我们没有采用特别的格式加以突出。这是一本需要通读的教科书，因此我们尽力做到让阅读的过程更愉快。

教科书的选材通常是有讲究的，对于哪些应该包含进来，哪些不应包含，需要认真筹划。在本书的选材及其顺序安排中，我们一直遵循几项基本的原则。首先，我们要确保选择的每项内容能递进地融入整个统计认识架构；其次，符合美国统计协会的统计教学指南；具体的要求是：加强训练统计知识和统计思维，提高广泛利用实际数据的能力，强调对计算机处理结果的理解，培养学生的自学能力，让学生学会应用计算机软件处理和分析数据，注重学习过程中的实效。

学习统计少不了数学基础，数学在统计学中的作用表现在三个方面：能够对统计学中的一些概念用简洁明了的语言进行表述，能够说明数据计算方法，能够对一些基本结论提供证明。对于数学的这些作用，我们首推第一个。在了解统计学的概念、概率论和推断分析的过程中，如果能借助数学手段，可以使讨论变得更为清晰简练。我们深知使用数学表达式会让一些人感到沮丧，为此我们也采用语言文字并辅以数值分析的例子，来说明概念和推断分析的结果。本书不太关心统计学定理的证明。尽管有些统计学定理是非常值得关注的，而且大部分也很重要，但是这些定理的证明对学习初等统计学的学生来说没有太大的帮助，甚至有可能会干扰他们对相关概念的理解。不过，在我们认为利用数学工具有助于清晰表达并且不会带来阅读困难时，我们是不会刻意回避的。对于数据资料的统计计算不要太在意，尽管有些统计计算不是太复杂，但计算总是让人感到心烦意乱，更重要的一点是，把心思花在统计计算上往往意义不大。如今计算机已经得到普及，大量的统计计算都可以运用计算机软件处理，所以让学生用手工方法进行统计计算确实有点事倍功半。有鉴于此，我们使用的函数表达式都是经过精心安排的，主要还是侧重于如何更好地理解统计概念和方法。

理查德·D·德沃
保罗·F·威勒曼
戴维·E·博克

目　录

第1章

统计与数据

1.1　什么是统计
1.2　数据及其种类
1.3　数据的来源

统计学向来不太受尊重，用数字语言表述问题，似乎被看成是故弄玄虚，“你可以运用统计证明一切”更是佐证。在学校的教学活动中，统计学课程也没有获得应有的地位，学生们并不是因为统计学的趣味性而心甘情愿地选修统计课。然而，统计学真的很有趣，绝不像人们普遍认为的那样。统计学告诉我们怎样应用数据认识世界，分析实际问题时如果具有统计意识，可以帮助我们获得更清晰、更精确的结论。

1.1 什么是统计

稍加留意就可发现，不论我们在百货店购物还是在网上冲浪，总有人在收集与我们购物或上网有关的资料。对接运的每一单货物，联合包裹服务公司（United Parcel Service，UPS）会跟踪记录包裹的运送情况，并将之存储在所建立的庞大的业务数据库中，如果你是 UPS 公司的客户，你可以随时进行查询。据说 UPS 公司的数据库接近 17TB——相当于美国国会图书馆的数据库的规模，该数据库涵盖了馆藏的每一本图书。有了这些数据，我们总希望能做点什么。

在认识我们今天所处的纷繁复杂的世界时，统计学自有其一席之地。对列入美国国家食品药品管理局（Food and Drug Administration，FDA）监控名单的转基因食品或新药，统计学家可以参与评估它们可能存在的风险。利用统计工具，可以预测某个地区新增艾滋病例数，可以分析顾客对某种商品销售的反应。自然科学家、社会科学家与统计学家合作，能更好地厘清失业与环境控制之间的联系。像学前教育是否会影响孩子们上学后的学习表现、维生素 C 是否有助于预防疾病等问题，都可以运用统计方法进行分析。总之，无论何时何地，只要拥有数据，统计就能派上用场。我们编撰这样一本书的主要目的是，希望帮助大家在解决问题时形成个人见解，告诉大家如何运用统计工具展示数据资料的信息，掌握数据分析的一些技巧。

讲到现在，什么是统计呢？“统计”一词有两个含义：一是统计学，它是一门有关推断的科学，通过一系列独特的方法和技术帮助人们认识事物；二是统计资料，它是从数据资料中产生的具体结果。

用一个关键词概括一门科学的内容，是一件很有挑战性的事。如果说经济学研究财富、心理学研究思维、生物学研究生命、历史学研究史实、哲学带有思辨色彩、工程学研究如何制造、会计学关注财务信息，那么统计学研究的就是变异，这是统计学与其他学科不一样的独特之处。

1.2 数据及其种类

1.2.1 数据的意义

若干年以前，小地方的大多数商店对它们的顾客都比较了解。当你走进一家五金店，店主人可能不等你开口就会跟你说，一款新的配件已经到货了；裁缝知道你爸爸衣服的尺寸；理发师了解你妈妈喜欢什么样的发型。即使到了今天，诸如此类的商店仍然存在，但那些可以通过电话或网络订购物品的大商店日益增多。即使是这些大商店，如果你拨打 800 电话准备买一双新式跑鞋，客户服务经理也许能叫出你的名字，甚至会询问你对 6 周前买的一双袜子有什么评价。在冬季来临之前，你可能会莫名其妙地接到一封电子邮件，告知你一款适合冬季跑步用的保护头套已经上市。顾客成千上万，我们不禁要问：这些销售经理是怎么知道你，又是怎么知道你住在哪儿，以前买过什么东西的呢？

答案就是数据。通过收集客户、交易、销售方面的数据，能让商家按照货物清单开展促销活动，帮助商家预测客户的消费偏好。通过这些数据，商家能够事先估计消费者在未来可能买什么东西、买多少，以便及早准备好商品。利用数据和从数据资料中获得的信息，能够改善客户服务，将半个世纪前店主对顾客面对面的了解再现出来。

亚马逊网站（Amazon. com）于 1995 年 7 月开通，号称“全球最大的网上书店”。到 1997 年底，亚马逊已建立起多达 250 万册的图书目录，向全球 150 多个国家或地区的超过 150 万人销售图书。2007 年，亚马逊的营业额达到 148 亿美元。现在，亚马逊除了经营传统的图书业务外，还进一步拓宽了业务范围，经销从价值 40 万美元的项链到西藏牦牛奶酪等各种精选出来的商品。为了更好地做好销售服务和获得更好的销售业绩，亚马逊不断维护和升级改造公司的网站。在决定怎样改进网站性能之前，亚马逊的工程师一般会收集和分析数据，并从中找到最好的切入点。如果你有空浏览亚马逊的网站，能查到各种各样的图书或者商品的介绍和报价。亚马逊的统计人员能掌握你是否登录推荐的链接、是否会购买推介的商品、花多少时间访问公司的网站等信息。正如亚马逊前数据挖掘中心主管考哈威（Ronny Kohavi）所说，“在亚马逊，数据才是真正的王，点击量和销售数据是王冠上的明珠，有了这些数据，我们才能为消费者提供个性化体验。总之，直觉必须让位于数据，我们必须亲身体验网上购物环境，通过倾听顾客的意见改进我们自身的工作”。

□ 1.2.2 什么是数据

对数据我们或多或少有所了解，但数据的确切含义是什么？数据是否等同于数字？你过去购物的金额是数据，进一步讲是数值数据，对亚马逊公司的数据库来说，品名和商品的其他标记也是数据，只不过不是数值数据。有的情况下，数据用数值的形式表现出来，但实际上是标签，这一点容易弄混，比如 0321692551 是数字值，但它是亚马逊某本图书的编码。

不管是什么类型的数据，如果不把它与具体的背景联系起来，那么此时的数据毫无用处。新闻记者都知道，叙述新闻事件一开始就要交代清楚“是谁”（who）、“是什么”（what）、“什么时间”（when）、“什么地点”（where），如有可能的话还需要说明“是什么原因”（why），这就是新闻报道中的“5W”。我们认为，最好还要加上“是怎样解决的”（how），才显得更完整。将 5W 和 1H 说清楚，数据就有了背景，也就有了价值。在 5W 和 1H 中，who、what 是最基本的，如果不能说清楚这两者，便没有所谓的数据，即使有了这样的数据也没有信息价值。

假如给定如表 1—1 所示的数据：

表 1—1　　亚马逊收集的数据

B000001OAA	10.99	G. 切里斯	902	15783947	15.89	堪萨斯乐队	伊利诺伊州	波士顿乐队
加拿大	P. 萨缪尔森	橘郡男孩	无	B000068ZVQ	Bad Blood 专辑	纳什维尔之声	H. 凯瑟琳	无
Mammals 乐队	10783489	俄亥俄州	无	芝加哥乐队	12837593	11.99	马萨诸塞州	16.99
312	D. 莫妮卡	10675489	413	B00000I5Y6	440	B000002BK9	展翅高飞	有

对于表1—1，我们可能不明就里。为什么会是这样？原因在于这些数据没有把背景交代清楚。如果我们不明白这些数据表明的是什么意思，不清楚它们记录的是什么内容，怎么会知道这些数据的意义呢？假如把表1—1换成表1—2：

表1—2　　亚马逊收集的数据

序号	购物者姓名	目的地	单价	区号	购买过的CD	赠品	产品编号	乐队
10675489	H. 凯萨琳	俄亥俄州	10.99	440	纳什维尔之声	无	B00000I5Y6	堪萨斯乐队
10783489	P. 萨缪尔森	伊利诺伊州	16.99	312	橘郡男孩	有	B000002BK9	波士顿乐队
12837593	G. 切里斯	马萨诸塞州	15.98	413	Bad Blood专辑	无	B000068ZVQ	芝加哥乐队
15783947	D. 莫妮卡	加拿大	11.99	902	展翅高飞	无	B000001OAA	Mammals乐队

由表1—2可以看出，这是从亚马逊订购CD的4条销售记录。表1—2中的列标题说明了记录的是什么，行标题标明了是谁。注意：仔细体会一下“who”的确切所指。这里所说的“who”，不是我们习惯意义上的理解，即使销售记录中真的涉及某个人，他也不是数据背景中所指的人，“who”实际上是购买序号（不是购买东西的某个人）。拿表1—2来说，“who”就是最左边的那一列。至于“when”、“where”等，需要从亚马逊公司数据库管理员那里获取（在数据库管理中，这类信息被称为元数据）。

一般而言，数据表中的每一行都对应着一个个体，记录着这些个体的一些特征，主要是按照具体情况对这些个体特征赋予不同的内容。所观察的所有个体的集合称为调查对象，所观察的人称为主体或参与者，动物、工厂、网站以及其他无生命的主体，一般称为观察单位。数据库中，数据表的行叫做记录，看看表1—2就清楚了。个体是一个被广泛使用的术语，表1—2中的个体就是一个个CD订单。人们经常把数据值当作观察值，并没有清楚地讲明是谁，这时候应该确保你能知道数据指向的是谁，否则你就不知道数据所表明的内容。

一系列个体构成样本，样本中的个体是从我们想要认识的更大的调查对象（总体）中筛选出来的。毫无疑问，亚马逊公司关心的是它的客户，与此同时，该公司也想知道如何吸引那些从未通过亚马逊网站购物的网络用户，所以亚马逊公司的所有客户甚至潜在用户都可被看成是总体。样本是总体的缩影，为了能将样本信息上升到对总体的认识，需要关注样本的代表性。

例1—1

2009年3月，《消费者》(*Consumer Reports*) 公布了来自不同制造商的116款大屏幕高清电视机的检测报告，据此谈谈总体、样本和“who”。

答：该问题的总体是所有近期在市场上销售的大屏幕高清电视机，被检测的116款大屏幕高清电视机构成了研究样本，这里的“who”指的是每一台被检测的电视机。

数据表中的列通常用来反映个体特征，因此我们把列名叫做变量。变量这个词看似简单，但要真正了解它的含义，也许不像你想象的那样，而是取决于我们想了解什么。表1—2中的区号是数字，我们能不能把它们当作一般数字来用呢？能说610是305的两倍吗？单纯从数字的角度来看，确实是这么回事，但是能说宾夕法尼亚州的安伦顿的区号（为610），是佛罗里达州的基韦斯特的区号（为305）的两倍吗？变量能发挥重要的作用，不能漫不经心地对待它。

1.2.3 数据的类型

一些变量仅能告诉我们某个个体属于哪一组或哪一类，比如你是男性还是女性，打过耳洞还是没有打过耳洞，等等。从诸如此类的事例中，我们能学到什么呢？很自然的想法就是数数，即首先要搞清楚每个类别包含了多少个体。据此，我们就能比较每个类别的大小。

有些变量需要通过测量才能知道它的数值，并带有相应的计量单位。计量单位是测量的尺度，像日元、肘尺（古代长度单位，自人手肘部至中指末端，长度大约为 45.72～55.88 厘米）、克拉、埃（波长单位）、纳秒、英里/小时、摄氏度等，都是计量单位。根据这些计量单位，人们能知道物体有多少，以及相互之间的差距。如果没有这些计量单位，变量的测量结果就没有意义。举个例子，如果你不知道是用欧元、美元还是日元结算，承诺给你增加年薪 5 000，你会答应吗？与分类变量相比，我们可以基于测量的变量做更多的事情。利用测量变量的数据，可以观察现象的状态和趋势，比如，过去看场电影花多少钱，不同电影院的票价差异，过去 20 年间电影票价的变动情况等。

分类的、能将不同个体划分到不同类别中的变量，称为分类变量或属性变量，也可叫做定性变量。能用度量衡单位测量，并且测量的结果是数值化的，这样的变量称为定量变量。变量类型划分的价值不在于变量分类本身，重要的是如何针对不同类型的变量加深认识，以及采用什么样的数据处理方法。

假如某个变量的值只能用文字而非数字表示，可以肯定该变量一定是属性变量。然而，有些变量可能有两种不同的表示形式，比如年龄，我们可以用周岁值表示，也可以用诸如小孩、青少年、成年、老年之类的词来表示。在某门课程的评价调查中，就“该课程的教学对你是否有价值”这个测项拟定 5 个备选答案：毫无价值（用 1 表示），无价值（用 2 表示），说不上有价值无价值（用 3 表示），有些价值（用 4 表示），非常有价值（用 5 表示）。如果将课程价值作为变量，该变量是属性变量还是定量变量呢？调查人员也许把课程价值当作属性变量处理，仅仅统计选每个答案的学生人数。换个角度，如果调查的目的是了解该课程的改善情况，这时调查人员有可能用能产生直观感受的代码来表示，其结果就是把课程价值当作数量变量。问题是：代码只是代码，不是测量的结果。关于课程价值的回答，我们确信存在某种顺序，显然选择大代码的学生所表明的他们对课程的好感，要大于选择小代码的学生。平均得分 4.5 的课程比平均得分 2 的课程，带来的价值要大得多。尽管对课程评价的代码计算了平均值，但我们仍然需要注意，课程价值这个变量与真正的定量变量还是有一定差别的。要想把课程价值当成定量变量处理，我们必须设想存在一个“课程价值单位”，或者人为地默认具有这个类似的概念。课程价值变量虽然没有度量衡计算单位，但其回答结果带有一定的顺序，我们将诸如此类的变量称为顺序变量。这并不意味着就可以轻松区分变量的类别了，一个变量究竟是属性变量还是定量变量，还要依据我们的研究目的来确定。

例 1—2

背景材料见例 1—1。假定 116 款电视机的检测报告中，公布了每款电视机的制造商、生产成本、屏幕尺寸、类型（液晶、等离子、背投），以及综合评分（0～100）。问：哪些是属性变量，哪些是定量变量，相应的计量单位分别是什么，该调查的“why”指的是什么？

答： 例1—2中涉及5个变量，分别是：制造商、生产成本、屏幕尺寸、类型、综合评分。其中：制造商是属性变量，只能计数，没有度量衡单位；生产成本是定量变量，计量单位可以是美元；屏幕尺寸是定量变量，计量单位是英寸；类型是属性变量，没有度量衡单位；综合评分是定量变量，计量单位是分。进行该项调查，旨在帮助消费者更好地挑选电视机。

在统计活动中，数数是一件司空见惯的事。亚马逊公司的销售人员将商品运给消费者时，首先需要清点多少商品走陆路，多少商品采用一级航空运送，多少商品采用二级航空运送。对运输方式这样的属性变量，数数是汇总各类运送商品数量的一种常见方法。那么，可数数的变量是否就一定是属性变量呢？回答是否定的，我们经常也用数数的方法对待数量性质的现象，比如，数字音乐播放器中有多少首歌曲，这个学期你选修了多少门课程，回答这些问题只能数数。歌曲数、课程数本身是数量性质的变量，它们的计量单位是“首”或“门”，只不过为简单起见，我们都把它们叫做“数”。因此，数数存在两种不同的用法。对属性变量，我们数每个类别的个体数，此时各个类别的标识是我们所说的“what”，被计数的个体是数据中的“who”。数数本身不是数据，只是汇总数据的过程。为了做好寄运工作（why），亚马逊公司的销售人员需要计算每类运输方式中寄运商品的数量，那么寄运的方式就是我们说的“what”，寄运的商品就是“who”。有的情形下，我们关注的是现象的数量，这时也可能需要数数。比如亚马逊公司的销售人员为跟踪观察青少年消费群体的增长和预测CD的未来销售情况（why），他们会按月汇总访问过亚马逊网站的青少年人数，就此来看，“what”指网上购物的青少年，“who”指每个月，计量单位是青少年购物者人数。青少年是类别变量，但可以把它当作年龄对待，如此一来青少年人数也是数量变量，可以通过计数得到这一消费群体的人数。

学生的学号是用数字表示的。学号是不是定量变量呢？不是，因为它没有计量单位。那它是不是属性变量呢？是的，只不过是一种较为特殊的属性变量。就学生的学号这个例子而言，属性数与学生数是一样多的，也就是说有多少学生就有多少类别，并且每个类别只有一个人。当然，每个类别只有一个个体这种现象比较少见，在非常特殊的情形下才会有，比如亚马逊公司不想把你与其他客户弄混了，网站管理人员会给你分配一个特别的账号，这样当你每次登录公司网站时，管理人员就知道是你了。如果每个类别只有一个个体，称这样的变量为辨识变量，除学生的学号外，像UPS的包裹编号、社保账号、亚马逊的图书编号等，都属于辨识变量范畴。辨识变量只有区分类别的价值，不可能有其他用途。不过随着时代的发展，在大数据背景下上述辨识变量的意义也许是非凡的，因为通过这些辨识变量，不仅可以将不同来源的数据彼此联系起来，而且能提供隐私保护和其他特殊的服务。从统计的角度讲，如果你打算去了解辨识变量的作用，那么将同时失去分析这些数据的可能性，比如，没有人会把某个班级今年学号的平均数与上年学号的平均数进行比较，因为这样做毫无意义。

在分析数据之前，需要了解数据背后的“who”、“what”、“why”，要是对这些不清楚，我们就不知道从哪儿下手。当然除此之外，我们了解数据的背景情况越多，对开展数据分析就越有利。除“who”、“what”、“why”之外，如果有条件，最好也要知道“when”、“where”，因为1803年的数据与去年的相同数据的意义完全不同，坦桑尼亚的数据与墨西哥的数据也不能放在一起比较。

数据是怎样收集来的，对我们的认识可能会产生影响。在后面的学习中将会看到，通过网上用户自愿参与调查得到的数据，几乎毫无价值。开展统计分析，最好是通过科学的设计来收集数据资料。

本书在介绍数据处理方法之前，都会事先提醒所分析的数据中的5W（和1H），我们也建议大家养成这样的习惯。总之，数据分析的第一步需要明确你为什么（why，也就是目的）要分析这些数据，数据表中的每一行指代的是谁（who），涉及哪些变量（what，数据表中的列名）。至少在明确认识了这三个因素之后，我们才能进行数据的描述和解释。

1.3 数据的来源

1.3.1 随机性来源

对随机性现象我们或多或少有所了解，像掷骰子、抓扑克牌、摸奖券等活动有个共同之处，那就是它们的结果不受人的主观偏好影响，完全凭机会而定。随机选择具有一定的公平合理性，原因是：在实验之前，我们无法知道会出现什么样的结果；在所有结果中，每个结果的出现都具有同等的可能性。

随机性不同于偶然性，也不同于不可预知性，随机性结果有一定的规则，特别是在进行大量观察时。将一枚均匀的硬币抛掷一次，我们不能肯定会出现正面还是反面，但把它抛掷成千上万次，我们能确信出现正面的概率是50%。随机性是统计学的核心概念，如果不建立随机性认识，绝大部分的统计工作便无法开展。

有人做过实验，从1，2，3，4这四个数字中挑选一个，结果发现75%的人选择3，20%的人选择2或4，如果你挑选的是1，那你是比较另类的人，因为只有5%的人会挑选1。心理学家已对这一现象给出了“合理”的解释，我们在此要强调的是，随机挑选不是随心所欲地挑选，需要采用某种更理想的方法。

那么，应该怎样产生随机数呢？问题恰恰在于，即使是在完全等可能的情形下，要想获得随机数字也是相当困难的。现在通过计算机生成随机数已为大多数人所熟悉，即使计算机做得比我们人类好，也不可能产生纯粹意义上的随机数。原因是，计算机的语言是程序，一旦我们启动计算机，它总是不折不扣地按照程序来工作，由此产生的随机数不可能是真正的随机数，从技术层面上说，这样的随机数就是伪随机数。不过对大多数研究而言，有伪随机数可用就够了，毕竟它同真正的随机数难分伯仲。

有各种各样的方法能产生随机数，并且能严格做到等可能性和纯随机性。过去，有很多专门介绍随机数产生方法的图书，不过这些书从来没有登上畅销书的宝座，也不可能有广泛的读者群，但它们对那些需要真正的随机数的人来说是相当有价值的。如今，我们查阅随机数的途径又增加了，既可以从专门书籍中查阅随机数，也可以从随机数网站（比如：www.random.org，www.randomnumbers.info）下载需要的随机数。以下给出的是一串随机数的示例：

2217726304387410092537086270581997622725849795907032825001108963
3217535822643800292254644943760642389043766557204107354186024508
8906427308645681412198226653885873285801699027843110380420067664
8740522639824530519902027044464984322000946238678577902639002954
8887003319933147508331265192321413908608674496383528968974910533
6944182713168919406022181281304751019321546303870481407676636740
6070204916508913632855351361361043794293428486909462881431793360
7706356513310563210508993624272872250535395513645991015328128202

产生随机数不是根本目的，利用随机数去获得能够公正、准确地反映客观现象的数据，才是我们赖以得出分析结论的关键所在。

有个麦片生产商为了促进市场销售，把著名体育运动员的肖像制成卡片放在包装盒里，宣称20%的盒装麦片中有詹姆斯（美国篮球运动员）的肖像卡片，30%的盒子中有贝克汉姆（英国足球运动员）的肖像卡片，余下的盒子中是威廉姆斯（网球运动员）的肖像卡片。假如你想集齐这3位运动员的肖像卡片，需要购买多少盒麦片？一种办法是，你买上几百盒麦片，逐一打开，看看有没有集齐。但这样做的成本有点高，我们可考虑使用随机方法。

为什么要用随机方法呢？因为从货架上取出一盒麦片，我们并不知道里面有什么人的肖像卡片。如果肖像卡片随机放进每盒麦片中，加工的麦片随机分发到全国各地销售，那么在这样的条件下集齐卡片的模式又是怎样的呢？我们不想真的购买麦片，也没有能力买尽所有的麦片，更不想因此而糟蹋粮食，那么我们只能通过模拟的方法来达到目的。

重申一下我们的问题：购买多少盒麦片才能集齐3位著名运动员的肖像卡片？显然，我们不能一次性集齐3张卡片来回答这个问题，我们需要了解要打开多少盒麦片，打开的盒数是怎样变化的，其分布曲线有没有形状。这样一来，我们就需要一次次地重复做实验。每次实验的结果是打开的盒子的数量，比如要想集齐3张卡片，我们至少需要打开3个盒子。现实中哪有这么好的运气呢？有可能我们把几个超市所有货架的盒装麦片都打开，才能得到3张卡片。依此，需要做的实验次数分别是：3，4，5，…了解了实验的次数后，还不能简单地从中挑选一个数字作为做实验的次数，前面已经说过，这样的做法不能保证等可能性。如果打开3盒麦片就能获得3位运动员的肖像卡片，这会让人感到不可思议，但要是打开了7 359盒麦片还不能集齐3张卡片，会更令人吃惊。猜测打开多少盒麦片才能达到目的是很困难的，这正是需要做模拟的理由所在。

我们知道了怎样找到等可能性的随机数字，根据这些等可能性的随机数字，我们能不能模拟实验结果呢？我们已被告知：詹姆斯的肖像卡片出现的频率是20%，贝克汉姆的肖像卡片出现的频率是30%，威廉姆斯的肖像卡片出现的频率是50%。据此，在0～9的数字中，我们用0，1表示找到了詹姆斯的肖像卡片，用2，3，4表示找到的是贝克汉姆的肖像卡片，用5～9表示找到的是威廉姆斯的肖像卡片。

打开的盒子好比玩积木的基本构件，模拟中把它叫做一个组件，但这不是我们想要的结果，我们的目的是观察一连串组件，直到集齐3张不同的卡片。实验的结果叫做响应变量，在这个例子中是指一串组件的个数，即打开的盒子数。

下面，我们着重介绍模拟的过程：

第一步，说明如何运用等可能随机数字将组件内容模型化。这一步主要包括两个环节：

1. 识别每个组件。在这里，组件就是打开的盒子。

2. 说明组件所包含的具体内容。0～9这些数字是等可能出现的，由于詹姆斯肖像卡片出现的频率是20%，因此在0～9这10个数字中，我们用两个数字代表詹姆斯肖像卡片的出现。依此，用3个数字代表贝克汉姆肖像卡片的出现，用5个数字代表威廉姆斯肖像卡片的出现。具体是：詹姆斯对应0，1，贝克汉姆对应2，3，4，威廉姆斯对应5，6，7，8，9。

第二步，确定怎么做模拟实验。包括两个环节：

3. 说明怎样把组件和实验目的联系起来。打开盒子，直至将3张不同的卡片集齐，为此需要检查每个随机数，并搞清楚每个数字代表什么卡片。重复进行这一工作，直到找到3张不同的卡片为止。

4. 讲清楚响应变量是什么。千万不要忘了，我们的目的是弄清楚打开多少盒麦片才能获得3张卡片。所以，响应变量就是打开的盒子数。

第三步，在上述第一步、第二步的基础上，开始进行模拟。

5. 进行实验。以前面给出的第三行随机数为例，看看内容是什么。第一个随机数是8，这样便得到了威廉姆斯的肖像卡片，所以第一个组件的内容就是威廉姆斯。第二个随机数是9，表明第二个组件的内容也是威廉姆斯。不断进行这样的过程，依次得到第三个组件詹姆斯，第四个组件威廉姆斯，第五个组件贝克汉姆。此时，我们已经找到了3张不同的卡片，第一次模拟实验结束，实验的结果是需要打开5个盒子。接下来，需要继续进行实验，具体情况见表1—3。

表1—3　模拟实验过程

实验号	组件内容	打开的盒子数
1	89064：威廉姆斯，威廉姆斯，詹姆斯，威廉姆斯，贝克汉姆	5
2	2730：贝克汉姆，威廉姆斯，贝克汉姆，詹姆斯	4
3	8645681：威廉姆斯，威廉姆斯，贝克汉姆，威廉姆斯，威廉姆斯，威廉姆斯，詹姆斯	7
4	41219：贝克汉姆，詹姆斯，贝克汉姆，詹姆斯，威廉姆斯	5
5	82266653885877328580：威廉姆斯，贝克汉姆，贝克汉姆，威廉姆斯，威廉姆斯，威廉姆斯，威廉姆斯，贝克汉姆，威廉姆斯，威廉姆斯，威廉姆斯，威廉姆斯，威廉姆斯，威廉姆斯，贝克汉姆，贝克汉姆，威廉姆斯，威廉姆斯，威廉姆斯，詹姆斯	18
6	169902：詹姆斯，威廉姆斯，威廉姆斯，威廉姆斯，詹姆斯，贝克汉姆	6
7	78431：威廉姆斯，威廉姆斯，贝克汉姆，贝克汉姆，詹姆斯	5
8	1038：詹姆斯，詹姆斯，贝克汉姆，威廉姆斯	4
9	042006：詹姆斯，贝克汉姆，贝克汉姆，詹姆斯，詹姆斯，威廉姆斯	6
10	7664…：威廉姆斯，威廉姆斯，威廉姆斯，贝克汉姆……	?

第四步，对响应变量进行分析。包括两方面内容：

6. 收集和分析所有实验的结果。也就是对响应变量进行汇总和描述显示，为此有可能需要报告响应变量的数值分布形状、集中趋势和离散趋势，对不同的研究问题，有可能会报告更多的内容。以表1—3为例，我们可以用箱线图来描述实验的情况，见图1—1。

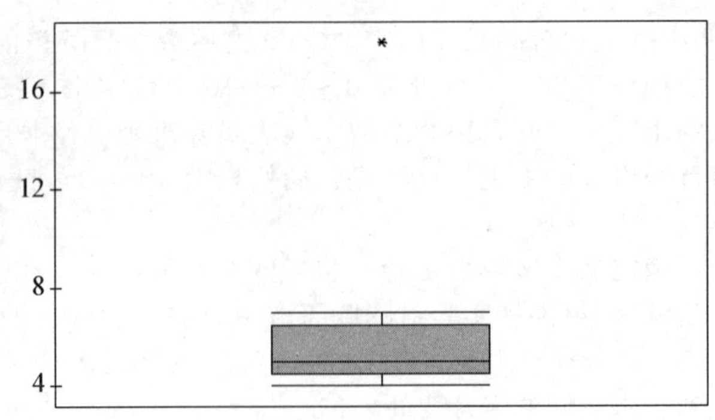

图 1—1 表 1—3 响应变量取值的箱线图

7. 给出具体结论。与通常的做法一样，经过模拟分析之后，我们需要根据问题的背景，给消费者提出相关建议。拿这个例子来说，我们的建议是，如果某位顾客想集齐3张肖像卡片，则至少需要打开5盒麦片，也许会更多。

是否担心上述例子的结论？担心就对了，因为我们模拟实验的次数只有9次，确实少了点。做模拟实验，次数越多效果越好。如果用手工做，20次模拟实验便很可观了，但借助计算机，可以把模拟实验做成千上万次。所以，对重要的问题，最好利用计算机进行大量的模拟实验。

例 1—3

用普通的骰子可以玩21点，玩法是：玩家反复掷骰子，在21点之内所掷骰子点数之和最大者为胜，一旦超出21点也算输。假定你的玩伴已掷出18点，那么你只有掷出不小于18点且不超过21点才能获胜。通过模拟的方法，你需要掷多少次骰子，获胜的可能性有多大？

答：模拟过程如下：

第一步，识别模拟分析的组件。这个问题的组件就是掷骰子，可以通过查阅随机数字表模拟骰子的每次掷法。骰子有6个点，即1，2，3，4，5，6，因此查到的随机数字是1～6，代表着出现的点数，如果查到的随机数是0或7，8，9，则不予考虑。

第二步，把组件和实验目的联系起来，并指出响应变量。不断增加组件也就是掷骰子，直到点数和大于18。在这一过程中，将掷骰子的次数记下来。点数和超过21就输了，否则就赢了。这个问题有两个响应变量，一个是掷骰子的次数，另一个是输赢情况。

第三步，按照随机数进行实验。为清晰起见，这里给出两个示范说明。假定利用的随机数是：91129 58757 69274 92380 82464 33089，那么两次实验的情形是：

实验1：	9	1	1	2	9	5	8	7	5	7	6		
点数和：		1	2	4		9			14		20		

响应变量：掷了6次骰子，赢了

实验2：	9	2	7	4	9	2	3	8	0	8	2	4	6
点数和：		2		6		8	11				13	17	23

响应变量：掷了7次骰子，点数和大于21，输了

第四步，给出结论。在玩伴已掷出18点的情形下，假定做了30次模拟实验，结果如下：

掷骰子的次数	实验数	结论
4	3	21 次赢
5	10	9 次输
6	11	
7	5	
8	1	

所以，一般情况下，至少需要掷 5 次或 6 次骰子，获胜的可能性为 70%。

以上我们介绍了随机性概念和随机模拟的初步知识。尽管随机模拟能够帮助我们获得统计分析数据，但在利用随机模拟时，也需要注意以下几个方面：

第一，不能过分相信模拟分析的结论。我们必须正视，从某种意义上讲，模拟总是有错误的，毕竟模拟的结果不是现象发生的真实情况，因此，不能把模拟分析得出的结论放心地看成是实际的结果，永远要记住现实中客观现象的变化不可能与模拟的结果完全一样。

第二，不能轻视现实情境。在模拟分析中存在的一个普遍性错误是，热衷于产生符合要求的结果，却不去刻意模仿具体的情境。须知，一旦忽视现实情境的一些重要特征，采用的模拟分析方法再好也不可能获得准确的结果。

第三，实验次数不能过少。模拟分析的成本低，并且也很容易去实现。问题是，不能通过少数几次实验就下结论，实验做得越多，可能犯的错误越少。

□ 1.3.2　抽样调查

2007 年，皮尤研究中心（Pew Research，美国一家民间调查机构）为了解美国人对时事的关心情况，进行了一项调查，就新闻报道中的 23 个话题随机访问了 1 502 人，另外顺便问了受访者是通过什么渠道获知这些新闻的。结果发现，经常浏览重要报纸网站和收看《每日秀》、《科尔伯特报告》（美国著名的脱口秀节目）的人——尽管其中只有 54%的人能答对 15 个以上的问题——对时事的了解程度相对最高。据此，皮尤研究中心宣称，时常浏览报纸网站或收看《每日秀》、《科尔伯特报告》的人中，答对 15 个以上问题的人占比为 54%。如果不了解统计，对把小样本的结论推广到全部总体这种做法是难以理解的。在商务决策、科学研究、投资项目选择、掌握选民民意的活动中，我们需要把有限的样本数据结论，上升到对总体的认识和反映。

几个概念

样本与抽样

想必我们对总体已有所了解，它是我们关注的所有个体组成的全体。对构成总体的所有个体都进行观察，通常是不现实的，也是不可能的。为此，我们只好退而求其次，观察来自总体的一小部分个体的集合。这一小部分个体的集合，就是人们常说的样本。

利用样本来认识问题，是我们与生俱来的做法。比如你准备邀请一帮朋友来家里聚会，于是亲自下厨。当你按照食谱上介绍的方法做蔬菜汤时，你会尝一勺看看味道怎么样，而不会把一锅汤喝完后才说今天做的汤味道好极了。这个行为的背后，就是利用样本来判断，只要样本选择正确，它是能够代表总体的。

民意测验充斥着我们每一天的生活，如果哪天没有听到有关民意测验的报道，你都不知道这天是怎么度过的。民意测验是抽样调查的一个典型例子，它通过严格的程序和设计好的问题，对一小部分人进行询问，据此了解所有人的意愿。你很有可能从来没有被访问，绝大多数人都是这样，那么民意测验组织者怎么敢宣称，他们调查的样本能够代表所有的人呢？答案就是，这些专业的民意测验组织者会花很大气力确保样本能够代表总体。一旦做不到，运用样本信息说明总体便会产生误导。

还记得我们在前面的提醒吗？这里，我们也来说说抽样调查中的“W”。调查总体通常取决于我们开展调查的原因或目的（why），从总体中抽取出来的样本即是谁（who）。什么时候（when）和怎样（how）抽取样本，与实际工作有关。

从总体中抽取代表性样本，说起来容易做起来难。在民意测验和其他的调查中，失败是常有的事，其中一个重要原因就是样本的选择方法出了问题，导致样本不能代表所研究的总体。比如，忽略了总体中的一些个体单位，像那些无家可归者或只使用手机的人就很容易被遗漏；太过于偏向某些人也会出问题，如青睐互联网用户。本质上，忽视和过度强调总体某些特征的抽样方法，都会产生抽样调查偏差。偏差是抽样机体中的毒瘤，是最需要避免的，因为在有偏的抽样方法下，依据样本得到的结论从根本上存在缺陷。更何况，一旦我们在样本抽取后没有什么有效的办法来修正它，将很难从这些有偏的样本中搜寻到有用的信息。

大家可能都晓得，1916—1936 年，《读者文摘》（*Literary Digest*）在民意测验和选举预测中屡屡获胜，但对 1936 年美国总统大选的预测却遭遇了“滑铁卢”。当时的两位总统候选人是兰登和罗斯福，为预测谁会当选，《读者文摘》寄出了 1 000 多万张选票，结果只收回了 240 万张。根据对这些收回的选票的统计，《读者文摘》宣称兰登将获得 57%的支持，罗斯福将获得 43%的支持，兰登将以压倒性多数胜出。美国出现过兰登这个总统吗？没有，事实上兰登在那次选举中仅仅赢得了两个州，罗斯福最终当选美国总统，他赢得了 62%的选票，超过兰登 25 个百分点。也许是个巧合，没过多久，《读者文摘》就宣告破产了。为什么《读者文摘》会出现这么大的错误？其中一个重要原因是《读者文摘》依据的样本没有代表性。为了抽取样本，到哪儿找到 1 000 万个姓名和住址呢？和当时其他的许多调查一样，《读者文摘》也采用了电话号码簿。然而 1936 年正处于经济大萧条的高峰期，电话属于奢侈品，这使《读者文摘》的样本大多数来自富人。可是 1936 年的总统大选，其焦点是经济问题，那些不富裕的人更多地倾向于投罗斯福的票。显然，《读者文摘》的失败就在于出现了我们不希望看到的样本偏差。

现在的民意测验是怎样抽取代表性样本的呢？也许你会以为是更加谨慎地挑选个体作为样本，事实上已经不这样做了。现在的民意测验是采用随机方法确定调查样本的，审慎地使用随机性可以说是统计学的伟大见解之一。

随机化

再回到做汤的例子，你刚给锅里加了些盐。如果在没有搅动之前，你从上面舀了一勺汤来尝，将会认为汤比较咸，如果从锅底舀一勺汤来尝，则会认为汤比较淡。如果搅拌一下，让刚加的盐混合在一锅汤里，这时再舀一勺汤来尝，对整锅汤的味道的了解就比较客观了。

随机化不仅能帮助我们防备那些已知的在数据中存在的因素，而且能帮助我们提防那些根本不知道的在数据中存在的因素。假如你离开了做汤的现场，你的朋友趁你不在偷偷往汤里加了一勺豌豆，这些豌豆沉在锅底，如果你不随机地搅动锅里的汤，可能尝不出汤里有豌豆的味道。即使你不知道是否有豌豆在锅里，通过搅拌使豌豆混在整个锅里，也能保证你尝的一勺汤更具有代表性。抽样调查中的随机性的作用，由此可见一斑。

在社会调查中，我们怎样像搅拌汤那样对待人呢？在此，我们只能通过随机的方式选择被调查的人。通过随机化处理，能避免抽样受人的主观偏好干扰，确保样本能在一般水平上代表总体。如果不考虑随机性，我们就有可能刻意地挑选样本，这对我们厘清认识很不利。

抽样规模

多大规模的随机样本才能合理代表被研究的总体？关于这个问题，许多人认为需要从总体中抽取很大比例的个体单位数，然而已经得到证明的是，重要的不是总体的大小，而是样本中个体单位的多少。一所大学100个学生的随机样本能代表该学校的学生群体，100个选民的随机样本同样也能代表全美所有的投票人，所以在进行抽样设计时应注意，抽样规模与总体的大小没有必然联系。

只关心样本规模，不考虑总体大小，这种说法可信吗？如果怀疑的话，我们仍然用做汤的例子来说明。现在你不是只给几个朋友做饭，而是为一个盛大的宴会准备汤，这时你用的锅将会很大，那么你在尝汤的味道时，是否也需要用一个更大的勺子呢？根本不需要。不管是做一大锅汤还是做一小锅汤，同样大小的勺子都能帮助你确定汤的味道，无须关心锅的大小。因此，根据总体大小按比例从中抽取样本并不重要，关键在于样本本身的大小。

抽样规模的大小，取决于我们估计的是什么。想把握好汤的味道，可以多尝几次，如果调查的目的是了解总体中某个类别所占的比例，这时可能需要比较大的抽样规模，否则不能保证足够的估计精度。

抽样调查的种类

简单随机抽样

如何从总体中选取一个代表性样本？大多数人可能认为，要保证总体中的每个个体都有同等的可能性被抽到。这种做法确实合理，但可能还不够，因为有各种各样的办法能保证每个个体在同等可能性下被抽到，然而并不能保证得到代表性样本。来看一个例子。假定一所学校的男生和女生人数一样多，我们就可以用掷硬币的办法进行抽样，如果是正面，随机抽取100名女生，否则随机抽取100名男生。这个例子中，每个个体都有同等的机会被抽中，但用这种办法得到的无论是哪个样本，都很难代表总体，因为样本中的学生性别要么是男生要么是女生，与总体中的学生性别不一样。

假如我们要求相同规模的样本有同等的可能性被抽到，那么上面所说的情形就不会出现，并且还能保证每个个体有同等的机会被抽取。每个样本有同等的机会被抽中，这样的抽样方式统称为简单随机抽样，由此得到的样本叫做简单随机样本。与其他随机抽样方式相比，简单随机抽样是标准的随机抽样，也是抽样理论的基础。

为了能够随机地抽取样本，首先需要编制抽样框。抽样框是个体单位的名录，比如从学生中抽取一个样本，我们需要所有注册在校的全日制学生名单，样本就是依据这个学生名单来抽取的。当然，在编制抽样框时，我们还需要详细地厘清总体的范围，比如，非全日制学生是否属于调查的范围，注册在本校而寄读在其他学校的学生是否包括在内等。

一旦确定了抽样框，获得简单随机样本的最容易的办法就是给抽样框中的每个个体分配一个随机数，然后选择那些符合要求的随机数所对应的样本单位。

例1—4

80名学生选修了基础统计课，现在要选出5名学生作为样本。如何用随机数

05166 29305 77482 确定样本？

答： 一共有 80 名学生，先对每个学生进行编号，假定为 0～79。为此，每次取两个随机数，由给定的随机数得到：05，16，62，93，05，77，48。学生的最大编号是 79，93 显然超过了这一范围，应被删掉。05 和 05 出现了两次，由于不希望重复选择某个学生，因此取消其中的一个随机数 05。这样一来，编号为 05，16，62，77，48 的学生就是一个简单随机样本。

分层抽样

简单随机抽样并不是最合理的抽样方法，实施较为复杂的抽样设计能节约时间和成本，也能帮助我们克服抽样过程中的一些缺陷。所有的统计抽样设计遵循一个共同的理念，那就是运用可能性选择样本，而不是人为挑选。

对大范围总体，其抽样设计比简单随机抽样要复杂得多。针对这一情况，在正式抽取样本之前，通常需要把总体划分成具有共同特征的组（层），然后运用简单随机抽样方法从各层中分别抽取样本单位，最后得到整个样本。这样的抽样设计称为分层随机抽样。

为何要事先分层呢？举个例子就清楚了。有一所规模特别大的高校，我们想了解学生们对成立足球运动资助基金的看法，假定这所学校男生占 60%、女生占 40%，由于男生和女生对足球运动的喜爱程度不一样，如果我们采用简单随机抽样方法抽取 100 名学生做调查，有可能会出现这样的样本：70 名男生、30 名女生，或者 35 名男生、65 名女生，如此一来，我们依据不同样本资料对足球资助基金支持态度的估计会有很大的差异。为了减小样本变异，可以硬性将样本中的男女生比例与总体中的男女生比例保持对等，因此，在所有男生中随机抽取 60 人，在所有女生中随机抽取 40 人。通过这样的处理，样本对总体的代表性可能更好。在涉及种族、收入、年龄等因素的调查活动中，采用分层抽样无疑很重要，从每一层中抽取的样本单位本身的变异程度较小，能提高估计的精确性。所以，降低样本间的变异程度是分层带来的最大好处。除此之外，分层抽样也能帮助分析各层之间的差别。

整群与阶段抽样

如果要用教科书中的一段话来考察阅读情况，使用简单随机抽样可能显得很笨拙。因为按照简单随机抽样的做法，我们首先需要对教科书的每句话进行编号，然后才能运用随机规则抽出一些句子，比如编号为 576 的句子、编号为 2482 的句子，等等。这样做貌似可行，但实际上行不通。与此做法不一样，如果我们从书中随机地选择几页，数一数其中包含了多少段话，据此进行测试就比较容易了。如果每页都能用来考察对整本书的阅读情况，我们将整本书划分成一系列的群（每一页），然后抽取一些页并对这些页的所有句子都进行测试，可能更现实更可行。诸如此类的抽样设计方法叫做整群抽样。在每个群充分代表总体的前提下，整群样本具有无偏性。整群抽样与分层抽样有共同之处，那就是在抽样之前先对总体进行划分，两者的不同是：分层抽样在分层后，再从每一层中抽取样本，对层来说是全面调查，抽样调查体现在层内样本的抽取上；整群抽样在划分后，以群为抽样对象，抽样调查体现在群的抽取上，针对群的调查属于全面调查。

我们经常会把几种抽样方法结合起来使用。仍然以对阅读情况的考察为例，由于担心书的内容安排上前面部分比较简单，后面部分比较难，我们应该设法避免选取的章节偏重于前面或偏重于后面。为了确保章节的平衡，我们可以从书的每个部分中随机选取一章，再从选取的章中随机地选取几页，最后从所抽取的页中随机地选取一些句子。像这样把分层抽样、整群抽样以及简单随机抽样等抽样方法综合起来使用的抽样，称为阶段抽样。

系统抽样

将总体中的个体按照某种标识排列，然后按相等的间隔抽取样本单位，这种抽样方式叫做系统抽样。如果总体中的个体按照与响应变量无关的标识排列，采用系统抽样方法得到的样本也能在一定程度上代表总体。与纯粹的简单随机抽样相比，系统抽样的成本很低。当然在决定系统抽样之前，将个体单位按照与调查变量无关的标识排列是重要的前提。现在仍以对阅读情况的考察为例，说明系统抽样的实施过程。假定我们已从书中随机地选出了一章，并且从这一章中随机地选出了 3 页，现在我们打算从这 3 页的 73 个句子中选出 10 个句子作为样本。采用系统抽样方法很容易得到样本，首先确定抽样间隔 73/10＝7.3，然后从选出的 3 页中，每隔 7 句话选择一个句子，构成一个样本单位。那么我们的第一个样本单位怎样确定呢？当然是要采用随机方式，可以从前 10 个句子中随机地抽取一个句子，此后按相等的间隔确定下一个样本单位，直至得到所需的样本数为止。

□ 1.3.3 观察与实验

通过实验获取数据资料，是数据采集的另一种重要途径。哪个学生的学分高，是什么原因产生的，学校和家长有没有办法帮助那些差劲的学生提高学分？很多人认为他们已经找到了答案，那就是开设音乐课，学习演奏乐器。加利福尼亚州的米慎维埃荷中学曾经做过一个实验，把上音乐课学生的学业成绩与不上音乐课学生的学业成绩做了比较，结果发现上音乐课学生的总学分平均达到 3.59，不上音乐课学生的总学分平均是 2.91，前者明显高于后者，不仅如此，上音乐课学生获得全 A 的比例达到 16%，不上音乐课学生获得全 A 的比例不到 5%，两者之间存在很大的差距。针对这一研究以及同类研究的结论，许多学生家长和教育工作者强烈要求学校加强音乐教育，他们一致认为通过演奏乐器培育起来的工作操守、纪律、成就感能够提高学生的学习能力。你认为这样的研究证据可靠吗？对学生学习的差距有没有其他更好的解释，或者有没有办法能真正证明这个命题呢？

追溯观察和跟踪观察

米慎维埃荷中学所做的研究，目的是展现音乐教育和学生的成绩之间是否存在关联关系，但采用的方法不属于调查研究。因为它没有专门分派学生去上音乐课，而是在随意的环境下对学生进行观察，并把学生们上不上音乐课和他们的成绩记录下来。一般地，我们把诸如此类的研究称作观察研究。在观察研究活动中，研究人员不会硬性指派，仅仅是观察而已，相当于追溯分析，也就是说，在确定了被研究主体后，再将被研究主体在过去的相关资料收集起来。

米慎维埃荷中学的研究结论有可能是错误的，一个学年且一所中学的情况并不能代表全美的情况，所以我们有理由做出这样的怀疑。可是问题的要害不在于此，如果要说明音乐学习与学业成绩之间是否存在因果关系，关键是把影响学业成绩的其他因素排除在外，以保证音乐学习是唯一的比较因素。我们应该能想象到，学习音乐和不学习音乐的学生之间的成绩差异，可能是大量的潜在因素造成的，比如，学习音乐的学生可能拥有更好的生活习惯，能得到父母更多的支持和关爱，有来自富有家庭所带来的优越感，比较聪明等。

观察研究在揭示客观现象状态和关系方面很有价值，因而在公共健康和市场营销领域得到了广泛的应用。尤其是在探寻稀有现象及其影响因素之间的关系时，观察研究由于具有追溯功能而被当作常用的工具，比如研究某种疾病，在确定了患有这种疾病的人之后，我们就会了解病人的过往饮食习惯和家族遗传史。不过观察研究方法自身有局限性，观察研究的对象只是总体中非常小的一部分，这是因为观察研究需要的历史记录往往存在缺失或差错。

与此不同的另一种方法是，在对个体进行观察时，将我们的研究变量随时间变化发生的情况记录下来，最后再看看结果是怎样的。比如，在没有学习过音乐课程的小学生中挑选出一部分人，然后连续几年跟踪观察他们的学习表现，最后把其中选修了音乐课程与始终没有选修音乐课的学生对比。也就是说，可以事先确定被研究主体，随着事情的发展慢慢收集数据并进行分析，我们把这种观察研究叫做前向跟踪观察。

尽管观察研究能够帮助识别那些对我们感兴趣的结果有影响的重要变量，但不能确保它们是不是最关键或最重要的影响变量。学习音乐的学生与其他学生之间的差异，可能是我们没有考虑到的其他方法引起的，也就是说，或许并不是学不学音乐造成了学业成绩的好坏，所以完全依靠观察研究来揭示因果关系可能是不够的。

例 1—5

2007年初，患上肾衰竭的猫和狗比平常要多，许多患病的宠物因此而死去。一开始研究人员不明白是什么原因造成的，于是决定采用观察方法进行调查研究。假如你被邀请参加研究，会建议采用追溯观察法还是跟踪观察法？请说明你的理由。

答：如果我被吸收进研究团队，会建议采用追溯观察法。宠物发生肾衰竭的病例虽然比平常多，但毕竟是稀少的。如果调查所有的宠物，可能很不现实。因此，我们只能将研究对象确定为患病的宠物，通过观察饲养的食物、毒性解剖等找到发病的原因。

随机化与实验

到底能不能找到令人信服的因果关系证据呢？我们认为是有可能的，但需要采取与观察研究不一样的做法。比如先找到一组三年级的学生，随机地分配一半人上音乐课，另外的一半人则不上音乐课，几年后再来比较两组学生的学业成绩。我们将这种研究方法称为实验设计。实验研究需要将受试对象随机地分派到各个处理中，只有采用实验设计方法，我们才能证实像“学习音乐课程能提高学生的学业成绩”这样的问题。诸如“维生素C是否有助于降低患感冒的风险”、“借助计算机学习统计能否提高学习效果”、“药品是否安全和有疗效”等，都可以使用实验设计工具来探寻它们之间的因果关系。

研究两个或多个变量间的因果关系，如果要采用实验设计方法，至少需要安排一个解释变量（通常称为实验因子），同时至少需要设立一个响应变量（也称实验指标）。与其他类型的调查方法的区别在于，实验设计中实验人员能主动和有目的地安排实验因子，以达到对各种可能的处理情况的控制，并且能随机地将受试对象分配到各个处理组中，从而对分配在不同组中的受试对象的实验指标进行观察比较。比如，我们可以通过实验设计，去评估睡眠时间和练习是否影响学生的学习表现。

已知的实验个体可以用相应的术语来表示，对于实验中的人称为被试者或参与者，对于实验中的其他个体（如老鼠、天数、细菌培养器皿等），则使用更为通用的一般叫法，即实验单位。在具体问题中，我们最好能用不同的术语来区分实验对象。

实验人员对某个因子指定的具体值，称为因子水平。例如对睡眠时间因子，可以划分成每天睡 4 小时、6 小时和 8 小时等，4 小时、6 小时和 8 小时就是睡眠时间因子的水平。在实验中，我们经常会遇到每个因子分别有几种水平的情况。假如对不同睡眠时间的被试者分别安排做 0 或 30 分钟的单调活动，那么水平为 3 的睡眠时间和水平为 2 的单调活动共有 6 种组合。这 6 种组合就是我们所说的处理。还有一个问题，如果一些学生倾向睡 4 小时，另外一些学生要求睡 8 小时，一些学生按照要求进行练习，另一些学生不想按要求练习，这时我们能不能根据学生的喜好把他们分配到相应的处理中呢？不能，绝对不能这样做。由于我们的目的是得出合理的结论，因此我们必须按照随机的原则将被试者随机分配到各个处理中。不能让被试者按照他们的偏好选择自己喜欢的处理，这对于你来说可能是理所当然的事，然而对其他人来讲，随机分配确实是需要补上的一课。例如内科医生习惯于根据他们的认识给病人安排治疗方案，总是不放心用随机规则确定治疗措施，这是可以理解的，但是一个多世纪以来，人们得出的结论是：要想保证实验结果的有效性，必须在实验设计中周密地使用随机化。

实验设计的原则

实验设计需要遵循四个原则：

1. 控制原则。不是控制我们考察的因子，而是对处理组尽可能保证相似的条件来实施变异源控制。通过控制其他变异源，达到减小响应变异程度的目的，以利于考察处理组间的差异。当然，将实验结果推广到控制因子的其他水平可能是有风险的。例如，考察两款洗衣粉在 80℃水温下的洗衣效果，由于水温相同从而减小了实验结果的变异，但是我们不能认为 80℃水温下洗衣粉的洗衣效果的检验结论在用冷水洗衣时也同样适用。控制实验因子和控制其他变异源不是一回事，控制实验因子是把受试对象分配到不同的因子水平中去，这样做的目的是考察响应是怎样随着因子水平的变化而变化的。控制其他变异源，主要是为了防止它们对响应变量产生干扰。

2. 随机原则。和抽样调查采用的随机原则一样，实验中的随机原则要求那些未知或不可控制的变异源对所有处理具有同等的影响。随机化虽然不能消除这些变异源对实验结果的影响，但或许能保证它们对所有的处理水平具有相同效应，以至于我们可以忽视不管。如果实验单位不是随机地分配到各个处理中，我们就找不到有效的统计方法去处理实验数据。通过随机分配受试对象，可以减少不可控因素带来的偏差。总之，“控制所能控制的，其余的让随机来定夺”。

3. 重复原则。在比较实验研究中，“重复”这个术语有两种不同的所指。其一是把每个处理施用到一系列的受试对象上。这种意义上的重复，旨在帮助实验人员估计响应变量的变异程度，须知不测量变异，实验研究也就失去了价值。其二是带有复制的含义，比如在多个代表性样本中重复做同样的实验。这种意义上的重复，在科学研究中是极其基本的过程。我们也许会相信在志愿参加睡眠实验的心理学专业学生身上发生的事实，在其他人身上也会存在，但我们把这样的实验在美国其他地方区分不同年龄的人和在一年中的不同时间再做一次，如果都能得到同样的结论，那这样的结论岂不是更让我们相信吗？

4. 区组化原则。变异在所有处理组中产生同等影响的条件下，随机化能从根本上发挥更好的作用。举个例子，假如我们准备将 12 个能力差不多的孩子分成两组去踢 6 人制足球，就应该采用随机原则分组。但在这 12 个孩子当中，若要有 2 个 12 岁的孩子、10 个 6 岁的孩子，该怎么办呢？此时，随机化分组可能不合适，因为有可能把 2 个 12 岁的孩子分在同一组。如果把 2 个 12 岁的孩子随机分配到两个组，再把剩下的 10 个孩子也随机地等分到两个组中，就能改善分组的公平性。总之，先辨别年龄差异，然后对相同年龄的孩子随机分配，这种方法能更好地保证分组的公平。这里，我们把年龄叫做区组变量，不同年龄叫做区组。有的情况下，我们不关心也不能控制的实验单位的属性，可能会影响到实验的结果，这时如果能把相同的个体分在同一组，然后在同一组中进行随机分配，就能把区组间差异所带来的大部分变异化解掉。区组化是在随机化和控制原则之间所做的重要折中，不过不像前三个原则那样重要，区组化在实验设计中并不是必须的要求。

例 1—6

假定我们准备做一个实验，看看用一种新的宠物食品饲养宠物狗是否安全，为此给一些宠物狗吃新的食品，给另外一些宠物狗吃已知安全的食品，经过一段时间后，对两组宠物狗的健康状况进行比较。对这个实验，你怎样使用控制原则、随机原则和重复原则？

答： 首先要控制喂食量，其次要减少喂食量以外的其他因素带来的影响，比如：将所有用来实验的宠物狗放在相同的狗舍中饲养，保证每只狗同样的饮水量，同样的锻炼、玩耍和睡眠时间。另外，还要使用同样品种的成年狗等，以最大限度地减小非实验因素的干扰。

在保证同等条件的前提下，将所有用来实验的宠物狗随机分成两组，分别用新食品和已知安全的食品喂养。

对每种饲养方案，将安排多只狗做实验。如果时间和经费许可，最好将同样的实验方案在其他品种的宠物狗身上再做一遍。

实验研究的过程

下面我们通过一个简单的具体例子，说明实验研究的开展过程。一则广告宣称：施用 OptiGro 公司生产的肥料能使西红柿汁水多、口感好。如果你想检验广告所宣称的是否属实，该怎样制定实验研究方案？为使表述清晰易懂，在此用表 1—4 来加以说明。

表 1—4　　举例说明实验实施过程

实验步骤	实验内容	具体解释
1	明确实验目的，讲清楚研究意图是什么	该实验的目的是检验在相同的种植环境下，施用 OptiGro 公司肥料种植出来的西红柿，是否比不施用 OptiGro 公司肥料的西红柿汁水多、口感好。
2	确定和界定响应变量	让专门的评审小组在品尝西红柿后就汁水和口感给出 1～7 的评分。
3	明确实验因素及其水平	该问题的实验因子是肥料，具体地说就是 OptiGro 公司的肥料。因子取三个水平也就是做三种处理，这三个水平分别是：不施用 OptiGro 公司肥料，施用一半剂量的 OptiGro 公司肥料，施用全剂量的 OptiGro 公司肥料。
4	确定实验单位	24 棵西红柿苗：从当地种子商店购买同品种的 24 棵西红柿苗。

续前表

实验步骤	实验内容	具体解释
5	实验设计原则的使用，包括控制、重复、随机原则等	按照实验设计的原则安排实验，具体内容如下：保证种植地块在光照、温度、雨水以及田间管理等方面尽可能相同；对每个处理各种植 8 棵西红柿苗；将 24 棵西红柿苗随机分配到三个处理中种植，为此先对 24 棵西红柿苗进行编号，分别用 00～23 表示，查两个一组的随机数表，剔除掉 24～99 和部分重复出现的随机数，然后将最先确定的 8 棵西红柿苗种植在处理 1 中，其他依此分别种植在处理 2 和处理 3 中。
6	绘制实验过程图	24棵西红柿苗种植 → 第一组8棵西红柿苗 —— 处理1：不施用OptiGro公司肥料；第二组8棵西红柿苗 —— 处理2：施用一半剂量的OptiGro公司肥料；第三组8棵西红柿苗 —— 处理1：施用全剂量的OptiGro公司肥料 → 西红柿汁水口和感比较分析
7	数据资料的分析和处理	将三种不同处理下种植出来西红柿的汁水和口感进行比较和分析
8	得出结论和建议	如果三种处理情况下，西红柿的汁水和口感之间的差别比预期的大，可以认为肥料的效果明显。

复习思考题

1. 2007 年 2 月，盖洛普公司进行了一次民意测试，其中的一个测项为："就政治观点而言，你认为你倾向于共和党、民主党还是无党派？"得到的回答有：共和党，民主党，无党派，其他，无回答。问：回答的结果是什么类型的变量？

2. 2007 年 1 月，盖洛普公司进行了一次民意测试，其中的一个测项为："从总体上看，你认为未来 5 年中美国会变得更好还是更糟糕？"得到的回答有：更好，更坏，没有什么改变，不知道，无回答。问：回答的结果是什么类型的变量？

3. 某医药公司做过一项实验，让一个被试者口服 100 毫升的药物，随后研究人员观察测量了消解 50 毫升这种药物需要的时间。问：该公司研究的是什么类型的变量？

4. 一名医疗研究人员测试了在某种压力情境下病人的心律变化情况。问：该研究人员研究的是哪种类型的变量？

5. 了解森林中熊的体重是件困难的事，为此研究人员捕获了 54 只熊，记录下它们的体重、颈围、身长和性别，希望能找到更方便的估计熊的体重的办法。就这一问题谈谈：who、what、when、where、why 指的是什么；涉及的变量有哪些类型；如果是数量变量，它们的测量单位是什么。

6. 抛掷一枚硬币是随机的吗？为什么？

7. 美国的许多州都发行彩票，一旦买的彩票中奖，就能领取数百万美元的奖金。彩票号码是怎么确定的？是否符合随机性要求？请给出解释。

8. 美国产科与妇科研究院的一项报告表明，美国每 100 名新生婴儿中有 3 名患有某种出生缺陷。根据这项统计资料，请用随机数进行模拟分析。

9. 根据某项研究，大约 10%的男性患有色彩识别缺陷，其中最常见的就是红色和绿色不分。依据这项统计，请用随机数进行模拟分析。

10. 一位小学老师教授 25 名学生，准备让每位学生给美国两个不同的州各制作一则广告，为此他把美国的州按字母顺序排列，并分别赋以数字代码，比如，亚拉巴马州用 1 表示，怀俄明州用 50 表示等，然后通过随机数表决定每位学生给哪两个州制作广告。假如使用的随机数是：45921 01710 22892 37076，问：第一个学生分配到的是哪两个州，第二个学生分到的是哪两个州？

11. 解释以下模拟为何不能正确反映真实情况：

（1）用0～9的随机数模拟一次抛掷9枚硬币时出现正面的次数；

（2）对篮球运动员罚球投篮，用奇随机数表示投中，偶随机数表示没投中；

（3）用1～13的随机数表示一手5张牌的花色数。

12. 解释以下模拟为何不能正确反映真实情况：

（1）用2～12的随机数说明掷两个骰子的点数和；

（2）用0～5的随机数说明一个有5个小孩的家庭中的男孩数；

（3）模拟棒球运动员击球效果，0表示出局，1表示一垒打，2表示二垒打，3表示三垒安打，4表示本垒打。

13. 一名学统计的学生模拟分析了收银台前的排队长度，得出的结论是平均队长3.2人。这个结论有没有错误？

14. 研究人员模拟了某种疾病的传播，认为“24%的人群感染了这种疾病”。正确的结论应该是什么？

15. 假定你确信你喜欢的年级学生会主席候选人能获得55%的选票，可是你又担心可能只有100名学生参加投票。那些竞选处于劣势的人（45%的支持率）通常是怎样赢得选举胜利的？带着这样的疑问，你准备进行模拟分析。要求说明：（1）模拟的组件是什么；（2）怎样进行模拟实验；（3）响应变量是什么。

16. 一项小测验有6道多项选择题，看过题目后，你估计自己大概有80%的可能性答对任何一道题。答对所有题的可能性有多大？请进行至少20次模拟实验。

17. GfK是世界知名的市场调查公司，该公司举行了一项全球消费者调查活动，以帮助跨国公司掌握全球范围内不同消费者的消费偏好。这项调查在30个国家或地区开展，在每个国家访问了年龄为13～65岁的1 000人，其中男女各占一半。问：（1）GfK公司采用的是简单随机抽样吗？为什么？（2）你认为GfK公司的样本是怎样确定的？

18. 为了做好年级发展规划，学生活动中心做了一次调查，调查样本量200人，四个年级中每个年级各50人。问：（1）每个年级的50人应该用什么方法抽取出来？（2）全部样本200人最好用什么方法来抽取？

19. Sammy Salsa是当地的一家小型企业，每天生产20箱沙拉酱。每箱12瓶，每瓶都打上了生产日期和编号。为了保证产品质量，管理人员对每天生产的瓶装沙拉酱进行检查，做法是抽取3瓶称量净重和检测成分。假定某天生产的沙拉酱的编号是07N61～07N80，让你帮助抽取检查样本，问：

（1）应选择什么抽样办法？

（2）怎样运用随机数抽出3瓶沙拉？

（3）你会采用简单随机抽样吗？为什么？

20. 为了解新建化工厂附近河流中的鱼类是否受到污染，环保科研人员建立了一个观测站。在某一周内，他们请求渔民将打上来的鱼送到观测站检查，周末科研人员公布了检查报告，宣称在送检的234尾鱼中有18%受到了污染。根据这些信息，环保科研人员能不能推测整条河中受污染鱼的比例？请给出你的理由。

21. 试解释以下抽样方法是否合适：

（1）为了解某地医生当中有多少人愿意接受公费就医患者，调查人员从该地的黄页电话号码簿上随机挑选了50名医生进行了电话访问；

（2）为了解某地的企业中有多少会在下个月增加雇佣人数，从该地的黄页电话号码簿上随机选择了一页，给该页上的企业打电话询问。

22. 从旧金山到东京的航班上，一共载有300名旅客，为了某种目的需要进行抽样调查，试说明以下抽样方法的类型：

（1）根据旅客登机的顺序，每10个人当中抽取一个；

（2）根据办理的登机牌，从头等舱中随机抽取5人，从普通舱中随机抽取25人；

（3）从所有座位中按随机方法抽取30个座位，对该座位上的旅客进行调查；

（4）随机地抽取座位的位置，比如靠飞机右侧窗口、右侧中间位置、右侧过道等，对这些位置座位上的旅客进行调查。

23. 为了完成统计实验课的作业，吉尔伯特打算研究父母的收入状况是否会影响学生的SAT得分，为此他从报名考试的学生中随机抽取了一部分，记录下学生的SAT得分，以及他们父母的收入。试回答：

（1）这是不是一项实验？如果不是，那是一种什么类型的研究方法？

（2）假如由样本资料发现，父母的收入水平和学生的 SAT 得分之间存在关系，为什么不能认为学生 SAT 得分间的差别是因父母收入差别引起的？

24. 在考察了几千名成年男性的病历资料后，研究人员发现脾气暴躁的人更容易患心肌梗死（心力衰竭）。试回答：

(1) 这是不是一项实验？如果不是，那是一种什么类型的研究方法？

(2) 脾气暴躁的人患心肌梗死的风险高，这个结论对不对？为什么？

25. 多发性硬化症是一种自体免疫系统疾病，在高纬度地区生活的人更容易患上。研究人员怀疑，这可能与维生素 D（对绝大多数人来说，维生素 D 是通过太阳紫外线获得的）缺乏有关。科研人员比对了 150 名得过多发性硬化症的军人和 300 名没患过多发性硬化症的军人血液中维生素 D 的水平，在病症被确诊前，科研人员对受试样本大致跟踪了 5 年，研究样本仅限于白人士兵，不包括黑人士兵和西班牙裔士兵。结果发现，血液中维生素 D 水平最高的被试者患多发性硬化症的风险，比血液中维生素 D 水平最低的被试者低 62%。试回答：

(1) 采用的是哪种研究方法？

(2) 对这个问题，科研人员所使用的研究方法是否合适？为什么？

(3) 研究主题是什么？

(4) 研究变量是什么？

26. 花费了大笔费用做广告，赞助商自然想了解究竟有多少观众会收看。借 2007 年 1 月全美橄榄球联盟冠军赛之机，广告调查机构做了一次调查，询问了 1 008 名成年人是否计划观看即将到来的联盟冠军赛。在受访的男性中，16%的人表示将会观看比赛并且也期待着观赏商业广告。在受访的女性中，30%的人回答主要想看商业广告。试回答：

(1) 这是分层抽样还是区组实验？为什么？

(2) 这样的研究设计对了解广告收看情况是否合适？

27. 设在办公场所的咖啡室实行自助服务，但总有不少人爱占小便宜，喝了咖啡不付钱。为解决这一问题，纽卡斯尔大学的科研人员做了一个实验，他们把咖啡机后面墙上的一幅鲜花画换成了一幅瞪眼睛的画，由于喝咖啡的人感觉到有双眼睛盯着自己，从而显著减少了喝咖啡不付钱的现象。试回答：

(1) 这是一项调查研究，还是一项观察研究或实验研究？

(2) 该问题中的变量是什么？

(3) 从统计意义上看，显著减少是什么意思？

第2章

属性数据的描述分析

通过第 1 章的学习，我们已经知道，数据不仅仅指的是数字，也包括属性资料，比如学生的年级、人的血型、被选举人所属的党派等。当面对一组属性数据时，我们应该怎样进行描述以展示其蕴含的信息呢？本章将介绍这方面的内容。

2.1　属性资料分析的要领

1912 年 4 月 14 日晚上 11：40 发生在泰坦尼克号上的事已经家喻户晓。弗利特的一声惊叫“冰山，右舵”，以及紧接着船上发出的三声巨响，成为泰坦尼克号梦魇的开始。到凌晨 2：15，号称不会沉没的泰坦尼克号沉了，抛下 1 500 多名旅客在冰冷的海面上生死由命。

表 2—1 是泰坦尼克号上部分旅客的资料。表中的每行是旅客信息，变量有：生死情况（生或死），年龄（成年或未成年），性别（男或女），船票等级（一等舱、二等舱、三等舱或散舱）。

表 2—1　　泰坦尼克号上部分旅客和散舱的资料

生死情况	年龄	性别	船票等级
死	成年	男	三等舱
死	成年	男	散舱
死	成年	男	三等舱
死	成年	男	散舱
死	成年	男	散舱
死	成年	男	散舱
生	成年	女	一等舱
死	成年	男	三等舱
死	成年	男	散舱

根据第 1 章的讲解，容易看出表 2—1 中的“who”是泰坦尼克号上的旅客，“what”是变量，包括生死情况、年龄、性别、船票等级，“when”是日期，即 1912 年 4 月 14 日，“where”指地点，即北大西洋（在表 2—1 中没有说明），“how”指怎么获得这些资料的（主要查阅历史记录和网上搜集），“why”表明研究纯属个人兴趣。

表 2—1 只是对发生的事实所做的登记，绝大多数人可能对此并不感兴趣，因为诸如此类的表不能提供概括性的认识。在获得原始记录资料后，人们更想了解其中所蕴含的状态、关系、趋势，以及有没有异常现象存在。因此，对像表 2—1 那样的资料，需要进行统计处理。在描述分析属性数据时，应该注意遵循以下三个原则：

第一，选择合适的图表。展示原始数据信息最好的办法，就是精心制作一些图表。

第二，提炼出必要的信息，以便对现象进行认识。对数据进行描述，要能把从原始记录表中看不出来的东西呈现出来，使得我们能清晰认识到客观现象隐藏在数据背后的那些状态、关系等。

第三，有助于发现数据本身的重要特征。比如采集的数据中，有没有我们不希望看到的奇异值或者登记错误。

描述分析数据的主要工具之一是图像，随着信息技术的发展，绘制数据图像变得越来越容易。所以，我们应该学会使用它。

2.2 频数分布

为了便于描述分析，首先需要对原始资料进行整理，这是一项基础性工作。统计整理是指把那些具有相同属性的数据汇总在一起，以展示个体在不同属性类别中的分布情况。

对属性数据而言，汇总资料比较容易实现，只需要按照属性类别将相应的个体单位累加起来即可。比如对泰坦尼克号上所有的2 201人，按照船票的等级分类，就可以算出每一等级有多少人。

2.2.1 一般分布

在统计学中，将列示了属性分类及其对应出现的个体数目的表格，称为频数分布表。按船票等级对泰坦尼克号上的2 201人分类汇总，编制出来的频数分布表见表2—2。

表2—2　　泰坦尼克号旅客按船票等级分类的频数分布

船票等级	人数
一等舱	325
二等舱	285
三等舱	706
散舱	885
合计	2 201

编制频数分布表的作用在于，可以将观察数据进行大幅压缩，从而方便阅读。当然，如果属性类别为数众多，比如多达十几个甚至上百个，这时即使编制出了频数分布表，阅读起来也会很不方便。

编制频数分布表，列示频数是必要的，但我们还想知道每个类别的个体数占全部观察数据的比例，这就是频率问题。频率是每个属性类别的个体数除以全部观察数据数目的结果。由于小数阅读起来不方便，因此常常把除得的结果再扩大100倍，得到用百分数表示的频率。根据频率资料编制的频数分布表，称为频率分布表。由表2—2得到的频率分布表见表2—3。

表2—3　　泰坦尼克号旅客按船票等级分类的频率分布

船票等级	频率（%）
一等舱	14.77
二等舱	12.95
三等舱	32.08
散舱	40.20
合计	100.00

注意：不论是频数分布表还是频率分布表，它们的功能完全相同，都能说明属性中每个类别的分布情况。

2.2.2　列联分布

我们知道了泰坦尼克号各等级船票卖出去多少张，也知道了生还的比例大约是 32%，在了解了这些情况之后，很自然地就想搞清楚船票的等级与生还情况之间是否存在某种关系，也就是说，船票等级越高是否意味着生还的机会也越大。为此，需要将船票等级与生还情况这两个属性变量同时联系起来编制频数分布表，也就需要采用二维频数分布表。根据泰坦尼克号的例子编制的二维频数分布表见表 2—4。

表 2—4　　船票等级与生还情况的频数分布

		船票等级				合计
		一等舱	二等舱	三等舱	散舱	
生还情况	生	203	118	178	212	711
	死	122	167	528	673	1 490
合计		325	285	706	885	2 201

表 2—4 中，行表明的是旅客生还情况，列是船票等级，行和列交叉的部分说明了同时对应生还情况与船票等级的人数。像表 2—4 这样的频数分布表通常称为列联表。表 2—4 中的最后一行和最后一列，分别是持相应等级船票的人数和生死人数的合计数，统计上也叫做边际频数分布，简称边际分布。

以表 2—4 为例，持二等舱船票的旅客生还 118 人，持三等舱船票的旅客生还 178 人，依此类推，我们并不能说船票等级高则生还的可能性大。要说明这个问题也很容易，可以用百分数表示，将持二等舱船票生还的 118 人除以持二等舱船票的总人数 285 人，将持三等舱船票生还的 178 人除以持三等舱船票的总人数 706 人，分别得到百分数 41.4%和 25.2%，这样一来情况就不同了。尽管如此，我们仍然不禁要问：为什么用 118 除以 285？为什么不用 118 除以所有生还的总人数 711 人？为什么不用 118 除以总旅客数 2 201 人？实际上计算这些百分比都是有必要的，也是有用的。所以，对列联表形式的频率分布，存在三种情况：行频率分布、列频率分布和总频率分布。其中，行频率分布是用某一行中各列的频数除以该行合计数得到的频率分布，列频率分布是用某一列中各行的频数除以该列合计数得到的频率分布，总频率分布是行和列交叉的频数除以总合计数得到的频率分布。表 2—4 的频率分布见表 2—5。

表 2—5　　船票等级与生还情况的频率分布

		船票等级				合计
		一等舱	二等舱	三等舱	散舱	
生还情况	生	203	118	178	212	711
	行频率	28.6	16.6	25.0	29.8	100.0
	列频率	62.5	41.4	25.2	24.0	32.3
	总频率	9.2	5.4	8.1	9.6	32.3
	死	122	167	528	673	1 490
	行频率	8.2	11.2	35.4	45.2	100.0
	列频率	37.5	58.6	74.8	76.0	67.7
	总频率	5.5	7.6	24.0	30.6	67.7
合计	合计	325	285	706	885	2 201
	行频率	14.8	12.9	32.1	40.2	100.0
	列频率	100.0	100.0	100.0	100.0	100.0
	总频率	14.8	12.9	32.1	40.2	100.0

表2—5将三种类型的频率资料放在一张表中，虽然内容很丰富，但给人眼花缭乱的感觉，不便于清晰地阅读。下面，我们把表2—5中的总频率分布单独列示，详见表2—6。

表2—6　　船票等级与生还情况的总频率分布（%）

		船票等级				合计
		一等舱	二等舱	三等舱	散舱	
生还情况	生	9.2	5.4	8.1	9.6	32.3
	死	5.5	7.6	24.0	30.6	67.7
合计		14.8	12.9	32.1	40.2	100.0

表2—6中的数字是各船票等级对应的生死人数占泰坦尼克号上全部人数的百分比。例如三等舱生还的人数占全部旅客2 201人的8.1%，二等舱生还的人数占全部人数的5.4%。比较这两个数字，有的人也许会认为乘三等舱的人比乘二等舱的人有更大的比例存活下来，但不能大胆地这样说，因为乘三等舱的人比乘二等舱的人要多得多。因此，我们不能盲目地计算行频率分布、列频率分布、总频率分布，应该根据问题的需要作出合适的选择。

例2—1

2007年1月，盖洛普公司做过一次民意测验，访问了1 008名18岁以上的美国人，访谈的问题主要是：是否打算观看即将到来的美国橄榄球联盟冠军赛，如果有这样的计划，那么希望看的是比赛还是商业广告。访谈结果汇总在表2—7中，试据此分析被访者回答结果的边际频率分布。

表2—7　　访谈结果汇总资料

		性别		合计
		男	女	
回答结果	观看比赛	279	200	479
	观看商业广告	81	156	237
	没有观看计划	132	160	292
合计		492	516	1 008

答： 将表2—7中不同回答结果的人数转换成频率分布，为此需要计算：

$$\frac{479}{1\,008}=47.5\%$$

$$\frac{237}{1\,008}=23.5\%$$

$$\frac{292}{1\,008}=29.0\%$$

由计算结果可知，71.0%的人有观看美国橄榄球联盟冠军赛的计划，只有29.0%的人表示不会观看比赛。想看比赛的人中，47.5%的人想看的是比赛本身，23.5%的人主要想趁机看看商业广告。

□ 2.2.3 条件分布

对于列联表，我们更感兴趣的可能是其中的条件分布，比如二等舱旅客的生还率、三等舱旅客的生还率是多少。要了解泰坦尼克号上旅客的生还机会是否与船票等级有关，我们可以从两种方式入手。其一是在生还或没有生还的条件下，持不同等级船票旅客的分布，这时我们主要关心的是行比例（见表2—8）。

表2—8　　生还条件下船票等级的频率分布

		船票等级				合计
		一等舱	二等舱	三等舱	散舱	
生还情况	生	203	118	178	212	711
	行频率	28.6	16.6	25.0	29.8	100.0
	死	122	167	528	673	1 490
	行频率	8.2	11.2	35.4	45.2	100.0

表2—8分别通过固定生还和没有生还所在的行，我们能看出持不同等级船票旅客的分布情况。按照这样的方式编制的频率分布，通常称为条件分布，它将符合某一变量取值要求的另一变量取值的分布状态展现了出来。

例2—2

背景资料见例2—1，要求讨论的问题：男性与女性关心商业广告的比例有没有差别。

答：因为讨论的是不同性别的人在关心商业广告上的差别，所以我们将“观看商业广告”固定起来，然后比较男性与女性在这一条件下的比例大小。为此，计算：

$$\frac{81}{237}=34.2\%$$

$$\frac{156}{237}=65.8\%$$

由此可以认为，女性观看比赛更多地是为了获取商业广告信息。

其二是在相应的船票等级条件下，生还和没有生还的旅客的分布，此时我们关心的是列比例（见表2—9）。

表2—9　　船票等级条件下生还情况的频率分布

		船票等级				合计
		一等舱	二等舱	三等舱	散舱	
生还情况	生	203	118	178	212	711
	列频率	62.5	41.4	25.2	24.0	32.3
	死	122	167	528	673	1 490
	列频率	37.5	58.6	74.8	76.0	67.7
合计		325	285	706	885	2 201
		100.0	100.0	100.0	100.0	100.0

表 2—9 分别通过固定船票等级所在的列，显示了生还和没有生还的旅客分布，这也是另一种形式的条件分布。

2.3 属性数据的图像描述

2.3.1 柱状图

柱状图是属性数据描述分析中经常用到的一种统计图形。绘制柱状图时，有多少个属性类别就画多少个长方块，所有的长方块都放置在同一水平线上，长方块的高度表示相应类别出现的频数，长方块的宽度应保持一致，各长方块之间适当地留出一些空间。至于属性类别之间的顺序安排，可以不做考虑。根据表 2—2 的资料绘制的柱状图见图 2—1。

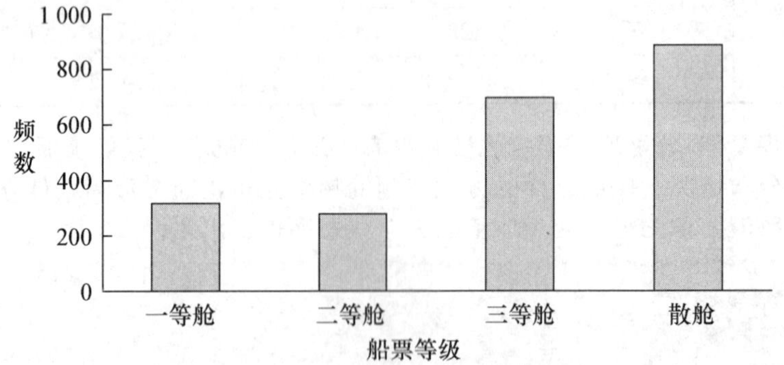

图 2—1　表 2—2 资料的柱状图

根据图 2—1，我们很容易看出，泰坦尼克号上散舱的旅客人数最多，其次是三等舱的旅客，稍作比较也能得出，散舱旅客数是持二等舱旅客数的 3 倍左右。

柱状图也可以根据频率分布资料绘制，这时柱状图中长方块的高度使用的是频率资料。根据表 2—3 的资料绘制的柱状图见图 2—2。

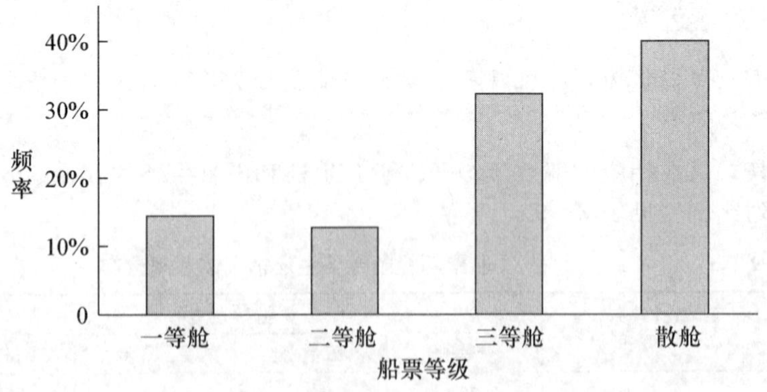

图 2—2　表 2—3 资料的柱状图

不管是频数柱状图还是频率柱状图，它们提供的信息完全一样。

2.3.2 饼形图

饼形图又称圆形图，主要用来描述反映事物内部的构成情况。绘制饼形图时，首先需要画一个圆，然后按照每个类别出现的次数在总次数中所占的比例，对圆进行分割处理，将它划分成相应的扇形。根据表 2—3 的资料绘制的饼形图见图 2—3。

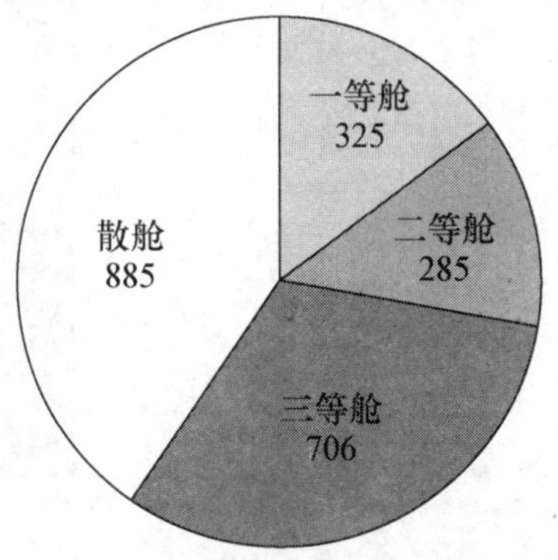

图 2—3　表 2—3 资料的饼形图

从图 2—3 中可以看出，由于散舱旅客人数较多，因此其分得的扇形面积相对较大。

□ 2.3.3　族形柱状图与结构柱状图

族形柱状图

如果用柱状图描述条件分布下现象的频数分布状况，可以绘制族形柱状图。根据表 2—9 的资料绘制的族形柱状图见图 2—4。

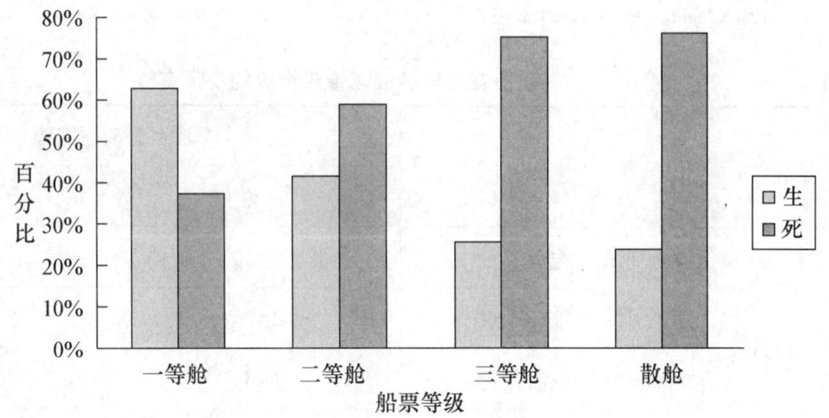

图 2—4　表 2—9 资料的族形柱状图

图 2—4 中，同一船票等级下并列着两个长方块，分别表示了旅客生还和没有生还发生的频率，依此可以直观地说明持不同等级船票旅客的生还情况。

结构柱状图

柱状图也可以用于显示现象的内部组成情况，并且可以将反映现象结构的柱状图在一张图上呈现出来。绘制结构柱状图时，需要把一个长方块当成整体，然后按每个属性类别的比例对其进行分割。根据表 2—8 的资料绘制的结构柱状图见图 2—5。

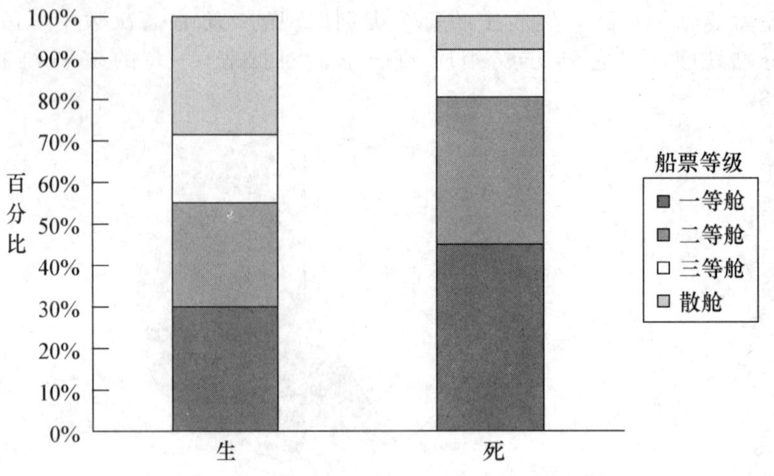

图 2—5　表 2—8 资料的结构柱状图

2.4　属性资料图表分析实例及注意事项

2.4.1　实例应用讲解

下面，我们通过一个具体例子详细说明如何利用图表分析属性资料。

科研人员在长达 30 年的时间里，跟踪观察了 6 272 名瑞典男性，来了解饮食中的食鱼量是否有助于预防前列腺癌（《吃鱼与前列腺癌的风险》，载《柳叶刀》，2001(6)），观察数据由表 2—10 给出。

表 2—10　食鱼量与前列腺癌罹患情况的观察资料

		是否患前列腺癌	
		否	是
食鱼量	从不或很少吃鱼	110	14
	饮食中一小部分是鱼	2 420	201
	饮食中一半左右是鱼	2 769	209
	饮食中很大部分是鱼	507	42

所要讨论的问题：食鱼量与患前列腺癌的关系。

第一步，首先要搞清楚该问题研究的是什么，识别需要处理的变量，检查数据分析的基本条件是否得到满足。研究该问题主要为了了解饮食中食鱼量的多少与患前列腺癌之间有没有某种联系，涉及的变量有食鱼量和是否患前列腺癌。对饮食中食鱼量和是否患前列腺癌的划分，符合属性现象的分类要求，即各类别间不存在重叠的情况。

第二步，根据表 2—10 的资料，计算边际分布。具体结果见表 2—11。

表 2—11　　表 2—10 的边际分布

		是否患前列腺癌		合计	
		否	是	行和	频率（%）
食鱼量	从不或很少吃鱼	110	14	124	2.0
	饮食中一小部分是鱼	2 420	201	2 621	41.8
	饮食中一半左右是鱼	2 769	209	2 978	47.5
	饮食中很大部分是鱼	507	42	549	8.8
合计	列和	5 806	466	6 272	100.0
	频率（%）	92.6	7.4		

表 2—11 采用的是总频率分布，其中从行来看，“从不或很少吃鱼”和“饮食中很大部分是鱼”的发生比例比较低，分别只有 2.0%和 8.8%。另外，在所有的观察对象 6 272 人中，诊断患有前列腺癌的比例为 7.4%。

第三步，用图形显示条件分布。区分没有患前列腺癌和患前列腺癌两种情况，描述食鱼量的观察样本构成，得到图 2—6。

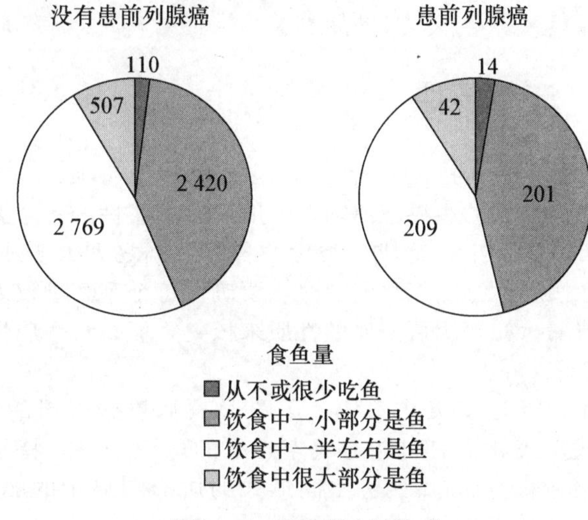

图 2—6　观察样本的构成

图 2—6 显示了在列条件下观察样本，不便于看出饮食中食鱼量的多少与患前列腺癌之间的联系，为此我们只着重检查患前列腺癌的行频率分布（见表 2—12），并用柱状图显示结果（具体见图 2—7）。

表 2—12　　表 2—10 的行边际分布

		是否患前列腺癌		合计	
		否	是	行和	频率（%）
食鱼量	从不或很少吃鱼	110	14	124	11.3
	饮食中一小部分是鱼	2 420	201	2 621	7.7
	饮食中一半左右是鱼	2 769	209	2 978	7.0
	饮食中很大部分是鱼	507	42	549	7.7

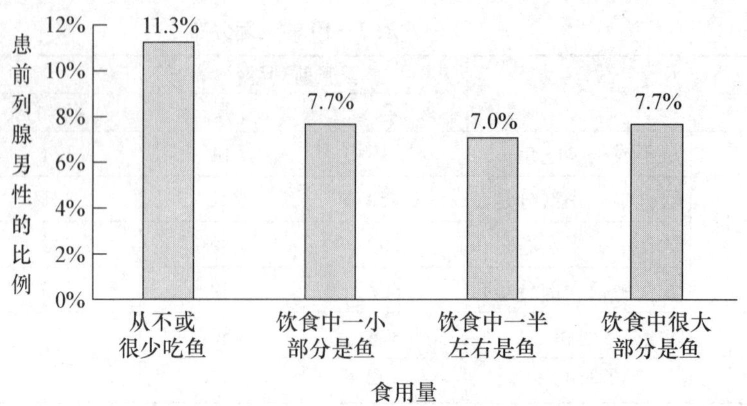

图 2—7 患前列腺癌的行频率分布

第四步，联系研究背景材料，给出相应的分析结论。在所有的观察样本中，大约7.4%的人患上了前列腺癌。在全部受试样本中，“饮食中一小部分是鱼”和“饮食中一半左右是鱼”这两类情况出现的比例较高，大约占到89.3%（41.8%+47.5%），由图2—7可知，“从不或很少吃鱼”的人患前列腺癌的风险较高。不过这一结论是否可靠，尚需进行更大范围的观察研究。

□ 2.4.2 注意事项

在对属性数据进行描述分析时，需要注意以下事项：

第一，属性类别的边界应清晰。一般而言，属性的各个类别的边界比较容易搞清楚，但也有可能因不小心造成分类后的各组数据之和大于或小于观察数据总和的情况。因此，在按属性类别汇总资料时，要确保每个观察项仅划归到某一个组中，不能出现重复和遗漏。如果用百分比的性质来核查，那么每个属性类别的占比之和应恰好等于1或100%。

第二，不需要过度美化图像。用图形表示数据资料的信息具有直观鲜明的特点，但一旦过度美化也有可能造成直觉上的认识偏差，特别是一些斜放置的图像。以表2—2的资料为例，用两种不同形式的饼形图显示的船票等级的旅客构成见图2—8。

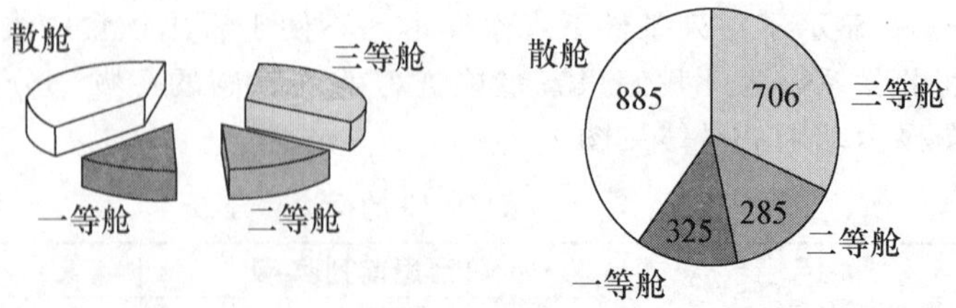

图 2—8 两种不同形式的饼形图显示的船票等级的旅客构成

图2—8中左边的饼形图相对右边的那幅图好看些，但右边的饼形图使我们能更清晰地看出，泰坦尼克号上散舱和三等舱的旅客远远多于一等舱、二等舱的旅客，左边的那幅图却无法反映。所以不恰当地美化图像，也许会掩盖明确的统计信息。

第三，不要混淆百分比的具体所指，这在进行列联表分析时尤其需要注意。比如：生还的一等舱旅客在所有旅客中的占比为203/2 201=9.2%，生还的一等舱旅客在所有一等舱旅客中的占比为 203/325＝62.5%，生还的一等舱旅客在所有生还旅客中的占比为 203/711＝28.6%。这些乍听起来都是生还的旅客占比，但在进一步的讨论中需要讲明指的是哪一个。

第四，利用列联表资料进行分析时，最好同时对每个属性分别做出解释说明。也就是说，既要关注条件分布，也要注意考察边际分布。

第五，观察规模应达到一定的水平。在计算百分比频率的情况下，需要特别小心。因为百分比频率是基于大量的个体观察结果得到的，由少量数据计算出来的频率意义不大。

第六，无须过分夸大分析的结论。我们知道，独立性是统计学中一个很重要的概念。但也要明白，两个变量之间完全不相关的情况似乎比较少见，因此不能把有限研究的结论无限上升到一般情况，因为随着研究范围的扩大和研究对象的改变，也许会得出不同的结论。

复习思考题

1. 美国疾病控制与预防中心（www.cdc.gov）公布了美国 2006 年因病死亡人数的情况，以下是统计结果：

死亡原因	占比（%）
心脏病	26.6
癌症	22.8
循环系统疾病与中风	5.9
呼吸疾病	5.3
意外死亡	4.8

要求：

(1) 能不能说 2006 年心脏病和呼吸疾病导致的死亡人数比例为 32%？

(2) 除上述死亡病因外，其他病因导致死亡的人数比例是多少？

(3) 运用合适的图像描述上述资料。

2. 某调查机构对近期非军用飞机失事情况做了统计（www.planecrashinfo.com），下表给出了飞机失事原因及其发生频率的资料：

失事原因	频率（%）
驾驶失误	40
其他人为失误	5
恶劣天气	6
机械故障	14
恐怖袭击	6

要求：

(1) 能不能说在近期失事的飞机中有 20%是恶劣天气和机械故障原因造成的？

(2) 不能确定失事原因的失事飞机的占比是多少？

(3) 运用合适的图像显示表中的资料。

3. 国际油轮业主联合会（www.itopf.com）对 1974—2008 年 319 起大型油轮事故造成的后果做了分析，发布了一组统计资料，具体如下：

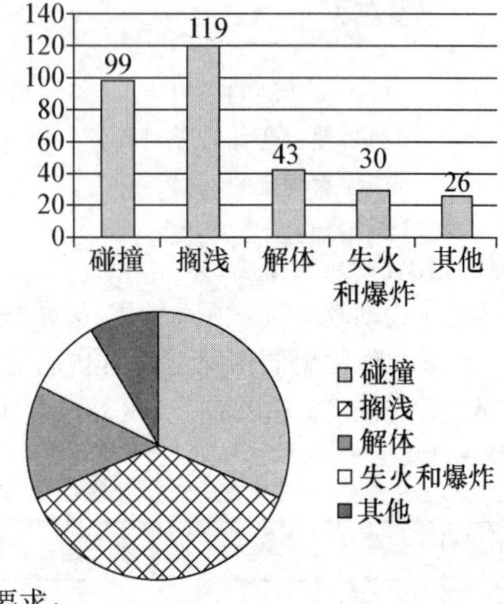

要求：

(1) 根据以上图形显示的信息，写一段分析说明。

(2) 这里用饼形图显示资料是否合适？为什么？

4. 下表显示了 2006 年冬奥运会上获得奖牌的国家或地区，以及相应的奖牌总数：

国家或地区	奖牌数	国家或地区	奖牌数
德国	29	芬兰	9
美国	25	捷克	4
加拿大	24	爱沙尼亚	3
奥地利	23	克罗地亚	3
俄罗斯	22	澳大利亚	2
挪威	19	波兰	2
瑞典	14	乌克兰	2
瑞士	14	日本	1
韩国	11	白俄罗斯	1
意大利	11	保加利亚	1
中国	11	英国	1
法国	9	斯洛伐克	1
荷兰	9	拉脱维亚	1

要求：

（1）运用图形对上述资料进行描述分析。

（2）能不能找到办法使得对上述资料的图像展示更好些？

5. 皮尤研究中心曾以全球变暖为主题，在美国做过多次调研访谈。2007年1月，皮尤研究中心公布了访谈的结果，具体见下图：

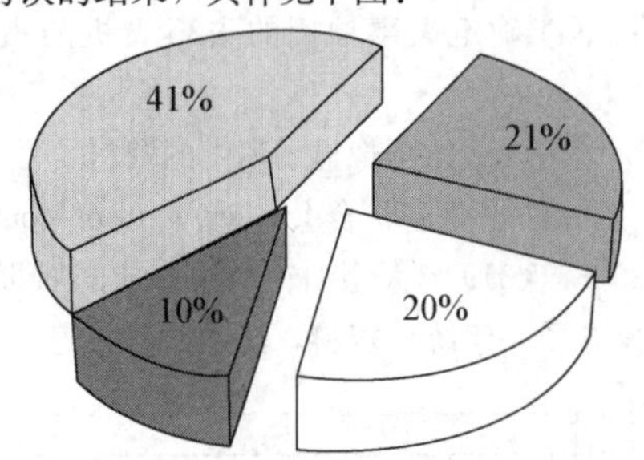

□人类活动的影响
■自然界变化的影响
□没有固定的证据
■不知道

要求：指出饼形图中的错误。

6. 在有关运动教练的一项调查中，要求被访谈的教练员列出三种常用的治疗运动员伤病的方法（比如：冰敷、旋涡浴、超声治疗、恢复式练习等），以下是统计结果：

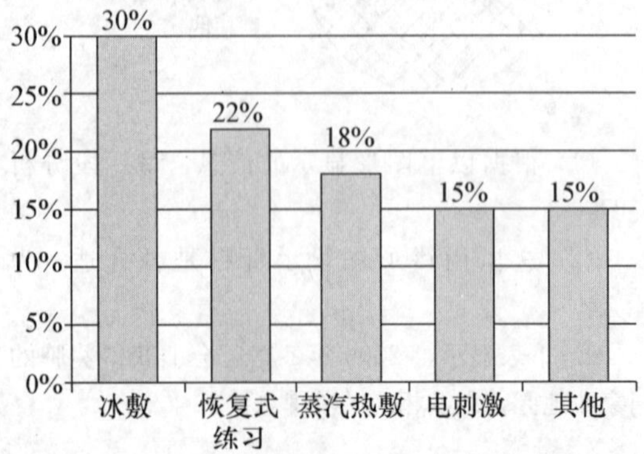

要求：指出上述图形是否有问题，并说明理由。

7. “关心下一代”组织对那些抽香烟的8年级学生做调查，一共调查了2 048名学生，要求这些受访学生回答平常都抽什么品牌的香烟，得到美国南部和西部这两个地区抽相应品牌香烟的受访者占比资料：

香烟品牌	美国南部地区（%）	美国西部地区（%）
万宝路	58.4	58.0
新港	22.5	10.1
骆驼	3.3	9.5
其他品牌（由20多个品牌组成）	9.1	9.5
不常见的品牌	6.7	12.9

根据上述资料，对美国南部地区和西部地区香烟品牌偏好的异同进行分析。

8. 为了打击涉枪凶杀犯罪，美国的许多城市开展了枪支回收运动，凡是主动上缴有杀伤力手枪的人，每上缴一支枪，警方会给予50美元的补偿。《机会》杂志对密尔沃基市（威斯康星州最大的城市和湖港）开展这项运动为期4年的成果进行了统计，得到如下一组资料：

枪支口径	回收占比（%）	作案工具占比（%）
小口径（0.22毫米、0.25毫米、0.32毫米）	76.4	20.3
中口径（0.357毫米、0.389毫米）	19.3	54.7
大口径（0.40毫米、0.44毫米、0.45毫米）	2.1	10.8
其他	2.2	14.2

根据上述资料，对枪支回收和作案用枪情况进行比较分析。

9. 下表是2005年发行的电影的风格及其分级资料（列频率）：

	G	PG	PG-13	R	合计
动作与冒险	66.7	25.0	30.4	23.7	29.2
喜剧	33.3	60.0	35.7	10.5	31.7
艺术	0.0	15.0	14.3	44.7	23.3
惊险恐怖	0.0	0.0	19.6	21.1	15.8
合计	100.0	100.0	100.0	100.0	100.0

要求回答：

(1) 喜剧电影的占比是多少?

(2) PG 级中有多少是喜剧电影?

(3) 艺术电影中有多少是 G 级?

(4) 在 2005 年发行的电影中，有多少是 PG 级的喜剧?

10. 以下是 2005 年发行的 120 部电影的总频率资料：

	G	PG	PG-13	R	合计
动作与冒险	3.33	4.17	14.20	7.50	29.20
喜剧	1.67	10.00	16.70	3.33	31.70
艺术	0.00	2.50	6.67	14.20	23.30
惊险恐怖	0.00	0.00	9.17	6.67	15.80
合计	5.00	16.70	46.70	31.70	100.00

要求回答：

(1) 在 2005 年发行的电影最流行的风格中哪种分级占比最大?

(2) 在 120 部电影中，属于 PG 级的喜剧有多少部?

(3) G 级电影有多少部?

11. 对某所高中毕业班的同学在毕业之前做了一次调查，主要是了解学生们毕业后的打算，得到如下一组资料：

		白人	少数族裔
毕业后的打算	上 4 年制大学	198	44
	上 2 年制学院	36	6
	参军	4	1
	就业	14	3
	其他	16	3

要求回答：

(1) 白人学生占多大比例?

(2) 打算上 2 年制学院的学生占比是多少?

(3) 打算上 2 年制学院的白人学生占比是多少?

(4) 白人中准备上 2 年制学院的学生占比是多少?

(5) 计划上 2 年制学院的学生中有多少是白人学生?

12. 对选修了统计课程的学生，就他们的政治倾向做过一次调查，得到如下一组资料：

		政治倾向			合计
		自由主义	温和主义	保守主义	
性别	男	35	36	6	77
	女	50	44	21	115
合计		85	80	27	192

要求回答：

(1) 男生占比是多少?

(2) 持保守主义政治倾向的学生占比是多少?

(3) 持保守主义政治倾向的男生占比是多少?

(4) 在所有的学生中持保守主义政治倾向的男生占比是多少?

13. 背景资料见第 12 题，要求：

(1) 给出女生的政治倾向的条件分布；

(2) 给出男生的政治倾向的条件分布；

(3) 通过图形比较男生与女生的政治倾向的条件分布；

(4) 分析政治倾向与性别之间是否存在关系，并说明理由。

14. 天气预报究竟准不准? 下表给出了一年中预报天气状况与实际天气状况的资料：

		实际天气状况	
		下雨	不下雨
预报天气状况	下雨	27	63
	不下雨	7	268

要求回答：

(1) 实际下雨天发生的频率是多少?

(2) 预报下雨天发生的频率是多少?

(3) 预报准确率是多少?

(4) 天气的实际状况与预报结果是否有关联? 请用合适的图像加以解释。

15. 2000 年，《美国医生协会杂志》刊登的一篇文章讨论了双胞胎怀孕问题。在这篇文章中，作者对 1995—1997 年，怀双胞胎孕妇的产前保健与分娩情况进行了搜集整理。文中将分娩情况分成三种：干预（催生或剖宫产）下的早产、没有干预（自然条件）下的早产、足月产或超期产，与此同时也把产前保健水平进行了分类：过度、适中、不足。以下资料来自这篇文章，计量单位为千人。

		分娩情况			合计
		干预下的早产	没有干预下的早产	足月产或超期产	
产前保健水平	过度	18	15	28	61
	适中	46	43	65	154
	不足	12	13	38	63
合计		76	71	131	278

要求回答：

(1) 怀孕期间没有得到适中的产前保健的孕妇的占比是多少?

（2）早产的比例有多大？

（3）在没有得到适中的产前保健的孕妇中，早产的比例是多少？

（4）运用图形比较不同产前保健水平下的分娩情况。

（5）对产前保健水平和分娩情况的关联关系进行分析。

16. 某企业给员工做了一次简单的体检，主要是测量员工的血压。具体情况见下表：

		员工年龄		
		30岁以下	30～49岁	50岁以上
血压	低	27	37	31
	正常	48	91	93
	高	23	51	73

要求：

（1）给出血压水平的边际分布；

（2）对每个年龄组，给出血压的条件分布；

（3）运用结构柱状图展示边际分布和条件分布；

（4）对员工年龄与血压水平之间的关联关系进行分析；

（5）指出以上分析能否说明人的血压水平与年龄有关，也就是说，是不是随着人的年龄的增长血压一定变高。

17. 美国疾病控制与预防中心（CDC）有一个估算：15岁以上的美国人当中，19.8%的人患有肥胖症。为了解肥胖症与活动水平是否有关系，CDC做过一次调查，其中肥胖程度用体重指数（BMI）表示，活动指体力活动。以下是整理出来的资料：

		BMI		
		正常（%）	偏胖（%）	肥胖（%）
体力活动	无体力活动	23.8	26.0	35.6
	不经常做体力活动	27.8	28.7	28.1
	经常做强度不大的体力活动	31.6	31.1	27.2
	经常做有强度的体力活动	16.8	14.2	9.1

要求回答：

（1）表中给出的是行频率、列频率还是总频率？

（2）运用图形描述不同BMI下的体力活动情况。

（3）根据上述资料，能不能说明体力活动不足是导致肥胖症的原因？

18. 下表给出的是美国有驾照者年龄和性别的分类资料：

年龄	男性（人）	女性（人）	合计
19岁以下	4 972 491	4 755 025	9 727 516
20岁	1 661 381	1 601 090	3 262 471
21岁	1 686 255	1 654 810	3 341 065
22岁	1 697 270	1 672 630	3 369 900
23岁	1 760 214	1 738 319	3 498 533
24岁	1 799 077	1 790 905	3 589 982
（20～24岁）	8 604 197	8 457 754	17 061 951
25～29岁	8 942 559	8 894 582	17 837 141
30～34岁	8 901 311	8 756 497	17 657 808
35～39岁	9 790 487	9 623 673	19 414 160
40～44岁	10 328 973	10 255 683	20 584 656
45～49岁	10 535 359	10 589 323	21 124 682
50～54岁	9 616 108	9 721 217	19 337 325
55～59岁	8 517 397	8 625 943	17 143 340
60～64岁	6 360 556	6 425 837	12 786 393
65～69岁	4 726 657	4 819 918	9 546 575
70～74岁	3 661 284	3 801 952	7 463 236
75～79岁	2 922 713	3 176 789	6 099 502
80～84岁	1 964 351	2 267 787	4 232 138
85岁以上	1 271 839	1 522 176	2 794 015
合计	101 116 282	101 694 156	219 872 389

要求回答：

（1）20岁以下的开车人的占比是多少？

（2）男性开车人的占比是多少？

（3）对不同年龄组的男性和女性开车人进行分析比较。

（4）开车人的年龄和性别是否不相关？

19. 选修统计课程的班级有64名学生，按性别和眼睛颜色划分的资料如下：

		眼睛颜色			合计
		蓝色	褐色	绿色、黄褐色及其他	
性别	男	6	20	6	32
	女	4	16	12	32
合计		10	36	18	64

要求回答：

(1) 女生中褐色眼睛者的占比是多少？

(2) 褐色眼睛的学生中有多少是女生？

(3) 褐色眼睛的女生占比是多少？

(4) 眼睛颜色的分布是怎样的？

(5) 男生眼睛颜色的分布是怎样的？

(6) 蓝眼睛女生的占比和班级中女生的占比各是多少？

(7) 眼睛颜色与性别是否不相关？

第3章

定量数据的描述分析

对定量数据进行描述分析，统计图形是基本工具，其中又以直方图最为常用。本章将介绍直方图、茎叶图、点图等的绘制原理及其应用。除此之外，还将介绍定量数据的一些特征数字的计算。

3.1　定量数据的描述图形

海啸是具有毁灭性的威力巨大的海浪带来的灾难，一旦海床瞬间遭到破坏，就有可能发生海啸。引起海啸最常见的因素是海底地震，地震导致海底地壳剧烈升降，对海水产生强烈的扰动，由此便会产生海啸。2004 年 12 月 26 日发生的海啸，就是由震中位于苏门答腊西海岸的里氏 9 级大地震造成的。据报道，在这次有记录以来最具灾难性的大海啸中，一共夺去了 297 248 人的生命。地震到底会不会带来不同寻常的后果，是不是只发生在特定的地区和特定的时间？为了搞清楚这些问题，美国国家地球物理数据中心（National Geophysical Data Center，NGDC）采集了自公元前 2000 年以来2 400多次海啸的资料，发现其中 1 240 次海啸是由地震造成的。

这里的数据，“who”指的是有记录以来已知的造成海啸的 1 240 次地震，“what”包括地震的震级、震源深度（米）、时间、地址等变量，“when”是指公元前 2000 年到现在，“where”是指世界各地。

3.1.1　直方图

就属性变量来说，我们很容易给出它们的频数分布，因为属性变量的分类一般都比较清楚。但对数量变量资料进行整理就不那么好办了，因为如何分组没有一个明确的依据。因此在实践中，一般把可能观察到的数量变量数值按照等距方式划分成一个个组别，然后统计每个组别中数值发生的次数，据此绘制出直方图。绘制直方图时，把分组的名称放在水平轴上，相应组的频数用纵轴表示。根据 NGDC 的资料，1 240 次引发海啸的地震震级的频数直方图见图 3—1。

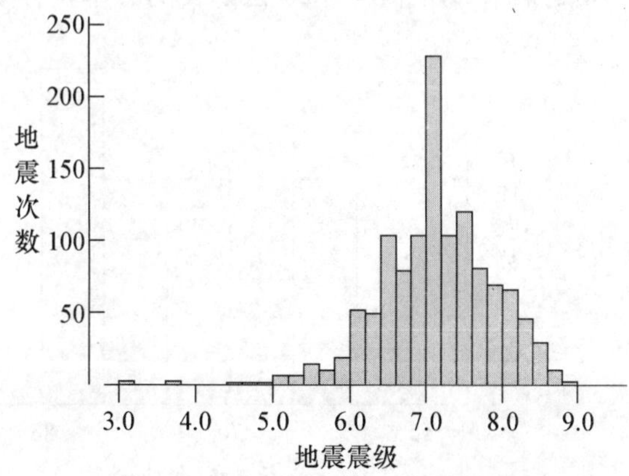

图 3—1　1 240 次引发海啸的地震震级的直方图

图 3—1 显示了从 3 级地震至 9 级以上地震的分布情况。图 3—1 中的直方图有点类似柱状图，不同之处在于每个长方块紧紧排列在一起，相互之间没有空隙，另外每个长方块的宽度设定为 0.2，长度代表着相应震级地震发生的次数，其中里氏 7.0～7.2 级地震发生的次数最多，达到 230 次。

在绘制直方图之前，最好能想象一下直方图的可能形状是怎样的，这有助于我们不被数据中的误差所愚弄。从图 3—1 中我们能看出，地震的代表性水平是里氏 7 级，绝大部分地震震级在里氏 5.5～8.5 之间，小于里氏 3 级或大于里氏 9 级的地震发生的次数很少。根据这些信息，我们不难知道，发生在苏门答腊的里氏 9 级地震是有记录以来最大的地震之一，是何等的不寻常，由此而引发的大海啸真的事出有因。

与属性资料的柱状图可以根据频数资料或频率资料绘制一样，直方图也可以根据频率资料来绘制，这时长方块的宽度不变，只不过其长度用的是频率值。不管是依据频数资料还是频率资料，绘制出来的直方图的形状没有什么区别，更不会影响我们的认识。根据 NGDC 的资料绘制的频率直方图见图 3—2。

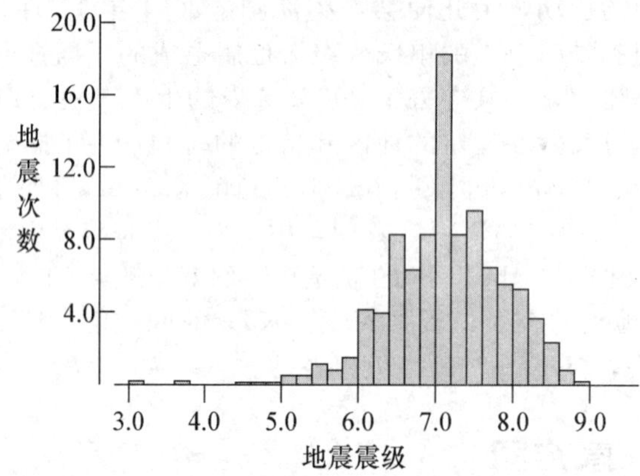

图 3—2　1 240 次引发海啸的地震震级的频率直方图

□ 3.1.2 茎叶图

对数量变量，直方图提供了一个方便阅读的分布描述。但美中不足的是，绘制直方图涉及对数量变量取值的分组，一旦数据做了分组，我们就难以知道每个数值发生的情况。图 3—3 是某个诊所采集的 24 位妇女的心率直方图。

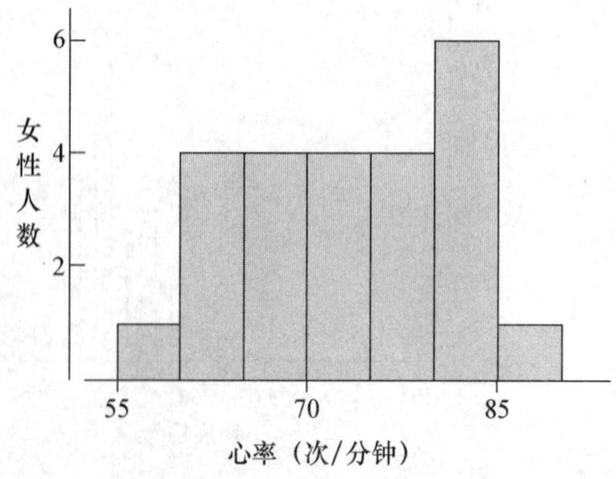

图 3—3　24 位妇女的心率分布

从图 3—3 中，我们能看出 24 位妇女心率的范围，也能看出典型的心率在哪一组，可现在的问题是，我们不清楚每位妇女的心率。直方图的“缺陷”由此可见一斑。

茎叶图在有的教科书和计算机软件中也简称为茎图，它是 20 世纪伟大的统计学家图基（John W. Tukey）发明的一种统计描述分析图。茎叶图能够实现直方图的功能，并且能显示每个具体数值，另外也很容易用手工绘制。24 位妇女的心率的茎叶图见图 3—4。

5	6
6	0444
6	8888
7	2222
7	6666
8	000044
8	8

图 3—4　24 位妇女心率的茎叶图

如果把图 3—4 逆时针旋转 90 度，并把右边的数字用方框罩起来，就大致得到了像图 3—3 那样的直方图。

绘制茎叶图时，需要把数字划分成两个部分，其一是茎部，拿上面的例子来说就是十位上的数字，其二是叶部，也就是个位上的数字，茎部和叶部中间用一条竖线分开。茎部数字与叶部每个数字的结合，就是一个具体数值。比如 8 | 8 即 88，表示心率为每分钟 88 次；6 | 0444 代表 4 个数值，分别是 60，64，64，64，依此类推。在数据量不太大的情况下，茎叶图特别有用，它不仅能迅速提炼信息，而且能把原始数据保留下来。由于茎叶图能够显示具体数字，除了能了解数据分布形状之外，我们还能了解到更多的信息。看看图 3—4 的叶部，有没有发现不寻常的地方？扫一眼，就能看出它们都是偶数。如果再把茎部和叶部结合起来看，应该能发现它们都是 4 的倍数。进一步地，我们还能发现护士在测心率时，不是测满了 1 分钟，而是计算了 15 秒的心跳数然后乘以 4。诸如此类的信息，不可能通过直方图了解到。

□ 3.1.3　点图

点图是一种简单的描述数据的图形，只要将数据中每个数字沿着一条轴线用点表示出来即可。点图有点像茎叶图，不过它用点号代替了茎叶图中叶部显示的具体数字。对容量不大的数据集来说，绘制点图不失为明智的选择。图 3—5 是根据 1875—2008 年每届肯塔基德比赛马会上冠军马的用时资料，绘制出来的点图。

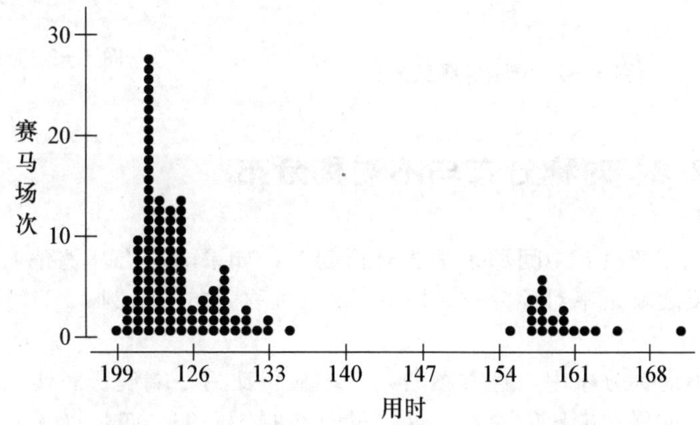

图 3—5　1875—2008 年每届冠军马的比赛用时

点图能展现分布的基本情况，由图 3—5 最左边和最右边的时间点，我们就能知道最快和最慢的是哪些场次的赛马。另外，图 3—5 中点的分布明显地表现为不同的两个群，这可能让我们感到有点奇怪，但仔细了解一下背景，原来 1896 年前赛马的距离是 1.5 英里，此后改成了 1.25 英里。之所以出现赛马用时的两个群截然分开的情况，是因为赛程缩短造成的。

3.2 分布的三种类型

通过绘制统计图形，我们能了解到数据的分布状况，至此还不够，需要对分布的性质进行认识。有关这一方面的内容，最重要的有三点，即分布的形状、中心趋势和离散趋势等。下面，我们先介绍分布形状的类型。

3.2.1 单峰分布、双峰分布与均匀分布

这里讲的峰是指直方图中最长的那个长方块，也可以理解为众数。众数就是出现次数最多的那个数。根据直方图中出现的众数数目的多少，可以把分布划分成单峰分布、双峰分布和均匀分布。直方图中只有一个峰的分布叫做单峰分布，图 3—1 中唯有里氏 7 级地震出现的次数最多，达到 230 次，所以它是单峰分布。如果直方图中存在两个明显的高峰，就是双峰分布（见图 3—6）。

如果直方图中不存在众数，并且各长方块的高度比较接近，就是均匀分布（见图 3—7）。

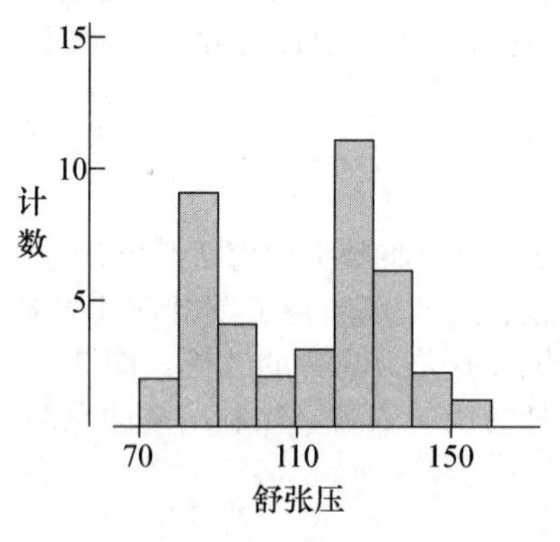

图 3—6 舒张压频数分布

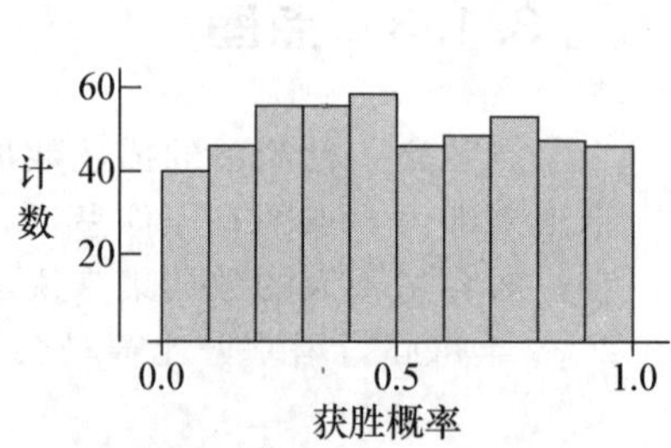

图 3—7 均匀分布示例

3.2.2 对称分布与不对称分布

把直方图沿着中间那条垂线对折起来，如果两边恰好重叠，这样的分布叫做对称分布，反之就是不对称分布。图 3—8 是对称分布的示例，图 3—9 是不对称分布的直方图。

在不对称分布中，直方图的某一端显得比另一端瘦长。瘦长的一端通常称作分布的尾部，如果左端比较瘦长，这样的分布叫做左偏分布，如果右端比较瘦长，这样的分布称为右偏分布。图 3—9 中（a）是左偏分布，（b）是右偏分布。

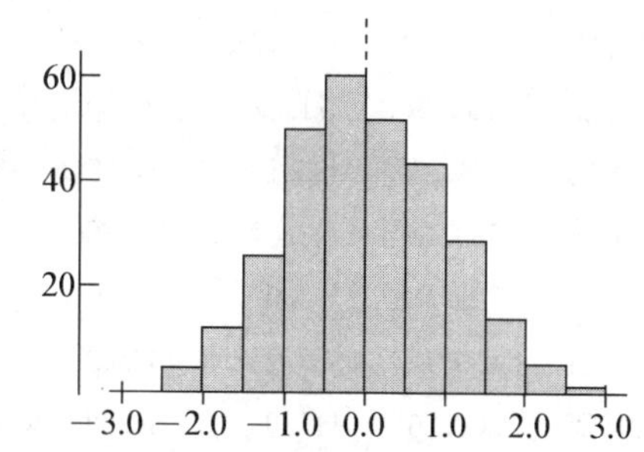

图 3—8　对称分布示例

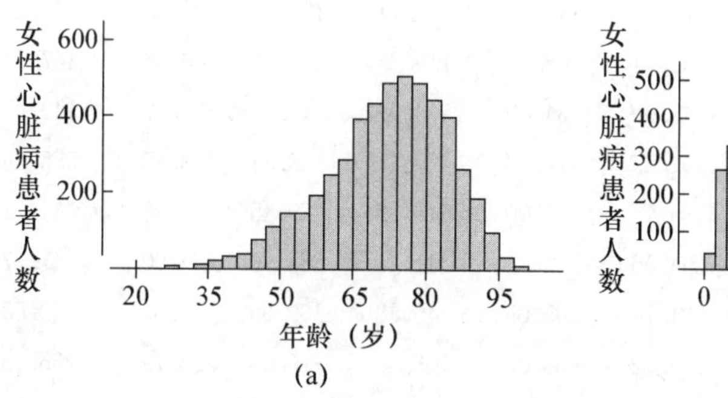

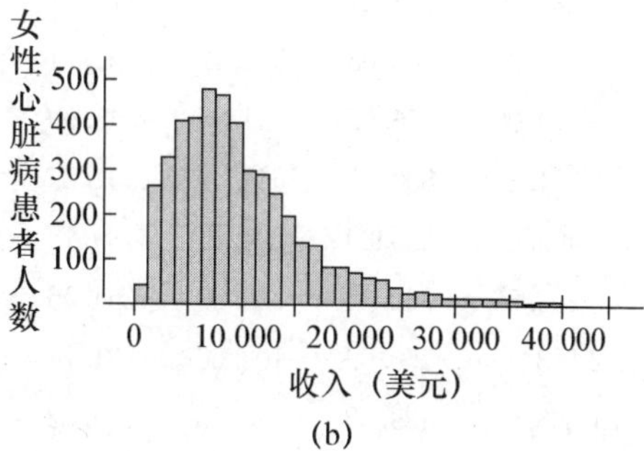

图 3—9　不对称分布的直方图

3.2.3　离群或异常分布

有没有呈现出不同寻常的特征，也是对分布需要关注的方面。因为这样的特征一旦出现，有可能会帮助我们从数据中发现感兴趣或意外的东西。不同寻常的特征主要是指数据中的离群点或异常值，它们一般都远离分布的主体。比如数据资料是人的鼻子长度，假定匹诺曹（木偶男孩）也包括在数据中，对这样的数据考察它的分布，相信匹诺曹的数值一定孤零零地远远在一边。像图 3—1 中的 3.0，3.6 等，就可以被认为是离群值。

之所以要关注异常值（离群点），是因为异常值的出现会对统计数据处理方法产生重要的影响。有的异常值是登记误差造成的，一旦发现这类异常值就需要加以修正。但另一类异常值也许是数据信息中最具价值的部分，对这类性质的异常值我们不能轻易舍弃，而应特别对待并深入分析它产生的根源。关于异常值的识别，我们在接下来的章节介绍。

例 3—1

信用卡公司想了解有多少顾客在购买商品时使用了信用卡结账，为此在为期 3 个月的时间里，采集整理了 500 名顾客的月均支出额数据，具体见表 3—1。

表 3—1　　**500 名顾客月均支出额**　　单位：美元

969.74	337.12	329.18	549.85	166.53	91.82	169.42	159.84	10.00	354.82
915.04	604.23	95.15	78.72	80.58	1 874.79	164.73	33.39	160.86	320.48
197.57	305.10	1 492.59	1 802.08	421.86	773.48	183.72	405.82	48.12	56.86

77.31	341.35	421.39	347.45	324.47	272.52	416.25	0.00	102.37	277.25
196.27	1 171.26	727.22	328.39	1 071.67	0.00	69.82	307.00	1 025.45	35.50
344.39	903.28	536.98	1 704.83	85.15	1 294.35	51.18	86.67	329.83	171.50
268.32	180.74	599.86	589.72	0.00	39.86	742.56	22.53	76.47	127.33
45.00	1 675.53	1 372.98	229.48	0.00	0.00	23.71	0.00	131.38	0.00
70.40	106.98	55.61	3 499.73	357.21	466.43	27.00	147.50	510.55	26.30
365.54	440.50	621.75	201.26	111.99	83.72	2 675.72	276.15	95.95	1 069.31
655.88	130.31	655.24	240.89	266.92	329.35	0.00	159.38	27.37	90.37
227.70	1 194.21	26.67	75.57	141.61	1 574.71	171.69	47.83	49.21	865.04
255.37	188.08	523.42	55.74	68.22	1 119.34	253.88	140.46	147.52	46.99
0.00	56.63	134.85	45.00	34.80	965.95	918.33	3 107.77	149.99	418.81
384.37	800.99	648.39	51.85	12.53	125.47	45.34	153.45	585.49	496.36
402.67	220.69	224.11	139.18	0.00	1 919.81	189.45	591.43	47.01	7.99
208.56	862.04	222.37	354.05	200.94	41.41	388.96	434.00	47.77	642.37
2 323.46	166.09	102.66	1 331.74	105.09	45.88	109.89	0.00	33.88	985.72
1 698.96	1 429.02	340.63	1 076.32	658.06	103.40	0.00	226.79	236.40	946.72
1 042.01	1 775.90	773.90	845.42	0.00	500.43	1 464.50	38.90	749.98	100.30
45.00	504.85	317.12	1 231.38	26.00	665.03	52.64	0.00	19.85	925.38
0.00	288.48	463.53	1 938.28	222.45	256.61	214.96	13.62	35.03	3 094.43
1 027.85	263.32	50.20	993.72	21.38	398.06	22.21	113.87	103.67	94.66
66.62	194.57	45.00	864.23	0.00	58.60	118.85	0.00	192.59	41.70
26.67	168.17	373.72	1.09	175.87	1 218.15	309.91	79.42	0.00	477.78
550.37	3 391.47	215.90	0.92	645.44	53.49	104.16	79.92	195.94	219.42
1 268.17	221.84	979.44	831.25	137.90	19.30	311.09	554.11	26.56	276.80
218.89	110.48	248.70	342.21	191.15	207.22	102.46	888.06	208.17	36.49
268.77	167.52	714.85	156.90	643.68	80.11	669.35	83.05	241.58	1 541.87
512.80	330.39	418.62	88.77	336.00	0.00	338.67	7 759.66	1 385.57	0.02
4 991.18	971.86	60.42	137.92	251.92	895.05	107.55	24.75	661.40	528.70
1 676.24	187.68	87.73	319.48	145.40	657.67	321.93	0.00	1 266.53	782.13
775.26	215.53	3.42	317.36	214.45	221.58	72.74	960.92	256.38	187.14
498.72	1 590.90	28.89	917.92	126.99	159.95	28.19	37.37	297.72	885.99
0.00	0.00	192.10	454.93	83.36	175.25	506.10	171.46	148.77	0.00
79.80	1 391.88	217.06	54.86	0.00	115.42	55.05	48.89	224.75	329.85
8.72	1 322.54	708.70	407.09	−18.33	24.12	28.26	1 025.40	0.00	526.93
124.64	3 799.04	66.90	444.78	23.72	54.22	38.34	469.23	114.26	466.63
−2.88	421.04	137.20	54.04	132.36	1 405.08	1 271.75	166.23	33.71	430.92
0.00	0.00	323.97	1 362.80	132.70	395.98	93.45	0.00	2 004.43	41.42
744.37	111.60	162.02	787.21	−0.01	195.03	1 424.11	14.61	509.98	1 428.74
54.54	186.19	796.97	711.27	192.45	253.19	338.90	1 053.12	159.68	990.47
1 724.16	579.18	1 484.94	2 014.02	152.59	137.22	6 501.87	2 053.47	945.13	2 884.93

0.00	807.20	352.65	463.88	500.87	824.77	148.72	23.63	182.09	261.52
322.01	79.95	132.72	0.00	602.87	137.67	1 620.92	98.66	741.40	1 237.04
953.14	382.74	576.25	1.90	1 253.40	350.80	43.65	27.80	495.46	1 235.20
708.92	1 096.03	26.67	56.33	86.55	49.57	0.00	2 514.68	1 526.59	715.13
1 725.15	118.21	82.21	86.01	74.93	200.08	316.26	349.96	202.42	1 205.65
130.00	1 371.94	627.85	763.72	254.00	761.44	0.00	336.93	30.79	31.07
945.19	415.00	121.05	87.11	247.45	152.03	10.00	34.63	95.76	0.00

试据此绘制直方图，并说说分布的形状。

答： 根据给定的资料绘制出来的直方图见图 3—10。

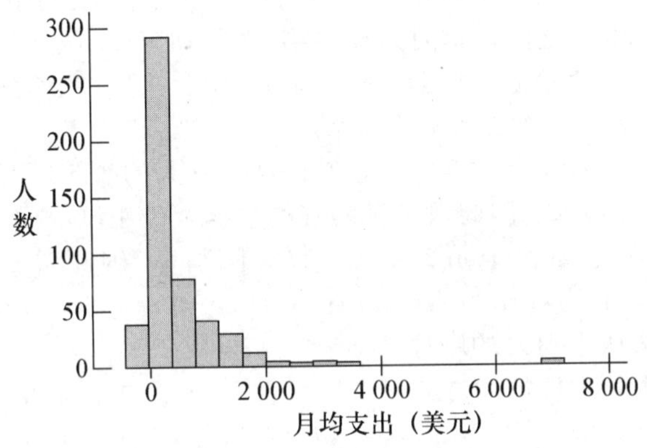

图 3—10　500 名顾客月均支出额

由图 3—10 可知，顾客月均消费支出是单峰分布。分布形状不对称，且呈右拖尾。存在异常值现象。

3.3　不对称分布的中心趋势与离散趋势

3.3.1　中心趋势

回顾 3.1 节提到的地震海啸，这里我们重点考察 1981—2005 年的数据，在这 25 年间，一共发生过 176 次地震海啸。相对于那些史前资料，这些数据应该是比较可靠的，因为先进的地震测量仪器已经得到了广泛的应用。1981—2005 年地震发生情况的频数分布见图 3—11。

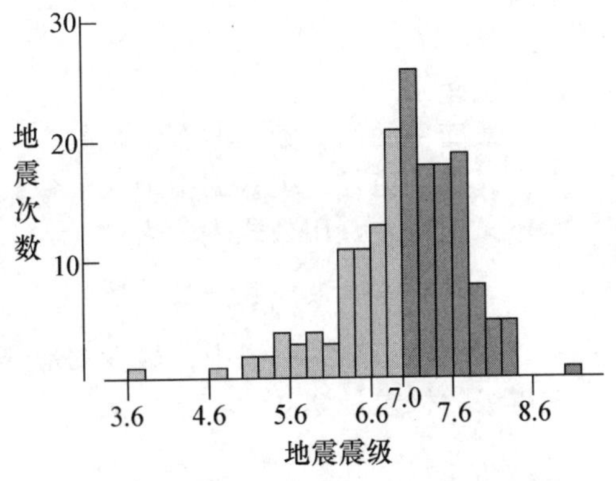

图 3—11　1981—2005 年地震发生情况

能不能找出图 3—11 中的典型数值，也就是发生次数最多的那个值？显然发生次数最多的是里氏 7 级地震。在统计学中，如果考虑典型的数值，等同于寻找数据分布的中心。对于单峰且对称分布，数据分布中心比较容易确定。假如分布对称，把直方图对折，此时对称轴所在的位置就是分布的中心，相信大家对此都不会有异议。问题是：如果分布不对称或者存在多个众数，这时应该如何确定数据分布的中心？

在分布不对称或多峰分布的情况下，可以用中位数表示代表性数值。顾名思义，中位数就是一组按某种顺序排列的数据中居于中间位置的那个数值。中位数把整个数据分成两部分，一部分数据比中位数小，另一部分数据比中位数大。另外，中位数的计量单位与原数据的计量单位完全一样。

确定中位数时，先要把数据按照从小到大的顺序排列，然后将数据个数加上 1 再除以 2，以确定中位数所在的位置，最后给出中位数的值。以 1981—2005 年间的 176 次地震为例，中位数的位置是（176＋1)/2＝88.5，表明中位数位于地震震级排序的第 88 位、第 89 位之间，这时只要将第 88 位和第 89 位上的数字相加除以 2，就得到中位数的值。由原始记录数据可知，第 88 位、第 89 位的数字都是 7，所以它们的平均值也是 7，表明地震震级的中位数水平是 7 级。

假定一组数有 n 个数据，将它们按从小到大的顺序排列，如果 n 是奇数，中位数的位置是（$n+1)/2$，因此对于排列好的数据，位于（$n+1)/2$ 处的数字就是中位数。n 为偶数时，中位数位于 $n/2$ 和（$n/2)+1$ 之间，因此需要将 $n/2$ 和（$n/2)+1$ 位置上的两个数的平均数作为中位数值。14.1，3.2，25.3，2.8，－17.5，13.9，45.8 为一组数，按从小到大的顺序排列：－17.5，2.8，3.2，13.9，14.1，25.3，45.8，这组数有 7 个，中位数的位置是 4，所以 13.9 是中位数值。现在假定又有一个数加进来：－17.5，2.8，3.2，13.9，14.1，25.3，35.7，45.8，此时数据个数是偶数，中位数介于第 4 位和第 5 位之间，则中位数值是（13.9＋14.1）/2＝14.0。

中位数是反映数据中心趋势的方法之一，还有很多其他方法也能测度数据的中心趋势，我们将在后面的章节中陆续介绍。

□ 3.3.2 离散趋势

假如引发海啸的地震都是里氏 7 级，那么我们有了中位数便等于掌握了地震分布的所有情况。与此相反，数据之间的变异程度越大，中位数带给我们的认识信息也就越少。有鉴于此，需要测度数据围绕中心趋势的变异水平。数据之间的变异，换言之就是数据的散布情况，这也是我们从数量角度考察分布经常需要关注的信息。

极差

最简单的衡量数据散布情况的方法就是观察比较数据的范围，即两个极端值相差多少。极端值是一组数据中最大的数和最小的数。统计上，一般把最大数和最小数之差定义为极差，用公式表示为：

极差＝最大数－最小数

在地震海啸的例子中，最大的地震震级是里氏 9.0 级，最小的是 3.7 级，因此地震震级的极差是 9.0－3.7＝5.3。

四分位数差

极差计算简单，但自身存在缺陷，直接将最大数与最小数相减，有可能会夸大数据间的变异，不能客观地反映数据变异的真实情况。因此，作为极差的改进，描述数据离散程度的另一种方法——四分位数差，它在某种程度上可能更客观。

我们已经知道了中位数，它把整个数据组划分成两个数目相同的部分。在中位数的基础上，再求小于中位数的那部分数据的中位数，以及大于中位数的那部分数据的中位数，这样得到的两个数就是四分位数，前者叫做下四分位数（Q_1），后者叫做上四分位数（Q_3）。在明确了四分位数后，很容易算出四分位数差（IQR），用公式表示为：

四分位数差＝上四分位数－下四分位数

在地震海啸的例子中，有88个数据小于中位数，另有88个数据大于中位数。其中小于中位数的那部分数据的中位数是6.6，大于中位数的那部分数据的中位数是7.6，那么四分位数差是：

四分位数差＝上四分位数－下四分位数
＝7.6－6.6＝1.0

四分位数是对分布离散程度的比较合理的描述，即使分布有偏或者存在异常值，四分位数差也几乎不会受到干扰。唯一的例外是，对双峰（众数）分布，四分位数可能无能为力。当然，把性质不同的数据放在一起分析，本身就是不符合统计原则的。

下四分位数也叫25%分位数，表明它比25%的观察数据大；上四分位数又可称为75%分位数，意味着它只比25%的数据小。如此一来，中位数也可叫做50%分位数。了解了这一规则之后，我们可以定义出任何分位数，比如10分位数等。

□ 3.3.3　中心趋势与离散趋势的综合应用——“5数图”

“5数图”是箱线图更为通俗的称法，其数据分布中的5个“数”分别是：中位数、上四分位数、下四分位数、最大值和最小值。在地震的例子中，最大值是9.0，最小值是3.7，中位数是7.0，下四分位数是6.6，上四分位数是7.6，我们可以把这5个数字表示为（见图3—12）：

最大值	9.0
上四分位数	7.6
中位数	7.0
下四分位数	6.6
最小值	3.7

图3—12　地震震级“5数图”

通过“5数图”，我们能够对数据进行全景式的认识。拿地震的例子来说，很明显，我们能看出最大的地震是9.0级，最小的地震是3.7级，大部分地震的震级是7.0级，大于7.6级的地震不超过25%，小于6.6级的地震也不超过25%。

□ 3.3.4　实例应用讲解

美国国家交通统计局（www.bts.gov）公布过1995—2005年，每个月航班被取消的占比资料，具体见表3—2。

表 3—2　　1995—2005 年每个月被取消航班的占比资料（%）

年份	月份	取消率	年份	月份	取消率	年份	月份	取消率
2002	9	0.86	1997	4	1.58	2003	12	2.09
2003	4	1.20	2002	7	1.34	2004	7	1.65
2003	10	0.92	2003	7	1.40	1995	6	1.32
2003	9	1.46	1999	9	3.31	1996	3	1.98
1995	9	1.16	1995	3	1.59	1998	3	2.14
2002	11	0.89	2001	4	2.22	1999	4	1.98
1997	9	1.43	1998	4	1.57	2001	1	3.75
2003	5	0.81	2004	11	1.26	1998	2	2.54
2001	10	1.54	2003	8	1.64	2000	4	2.51
2001	11	1.08	1998	9	7.41	1996	7	2.04
2002	2	1.08	1996	5	1.57	2001	3	3.37
2002	10	1.02	1995	2	2.38	1997	2	2.07
2004	9	3.07	1999	2	3.48	2005	6	1.63
2005	5	0.96	1998	7	2.02	2001	6	2.98
2005	4	1.27	1996	9	1.76	2005	8	2.13
2003	1	1.51	2002	6	1.71	1998	1	3.07
1998	11	1.47	2002	3	1.35	2004	1	3.02
1997	5	1.13	1997	8	1.48	2000	2	3.42
2004	4	0.77	2002	12	1.72	1996	8	1.72
2002	5	0.99	2004	8	1.63	1996	6	1.81
2005	9	2.01	1997	11	1.55	2000	5	3.45
2002	8	1.14	2001	7	2.10	1995	1	3.07
2002	4	1.03	1997	3	1.81	2000	1	5.21
2003	3	1.71	2000	9	2.24	1997	12	1.82
2003	6	0.78	1999	3	2.66	1998	12	2.18
1995	10	1.09	1999	12	1.74	2004	6	1.49
1998	10	1.71	1996	11	2.19	2000	11	2.34
1997	10	1.64	1995	11	1.47	2001	2	3.65
2001	5	1.78	2004	5	1.75	1996	2	3.47
1999	11	1.68	2005	2	1.74	2004	12	2.82
1995	4	1.32	1997	7	1.69	2005	1	4.22
2004	3	1.26	1998	5	2.09	1999	7	3.14
2005	10	1.77	2004	2	1.71	2005	12	1.88
2002	1	1.67	1996	10	1.74	2005	7	2.21

续前表

年份	月份	取消率	年份	月份	取消率	年份	月份	取消率
2004	10	1.10	1998	8	3.16	1999	6	2.75
1995	5	1.43	2000	3	2.12	1998	6	2.88
2001	12	1.01	2005	3	1.65	2000	7	3.21
2003	11	1.4	2003	2	4.00	2000	8	3.05
1996	4	1.27	1999	5	2.57	1997	1	3.95
1995	7	1.29	2001	8	2.45	1999	1	5.85
1999	10	2.04	1997	6	1.51	1995	12	2.87
2005	11	0.99	1999	8	2.44	2001	9	20.24
1995	8	1.66	2000	10	2.13	1996	12	2.7
2000	12	5.95	1996	1	6.62	2000	6	3.95

试分析航班取消率的基本特征。

答：在具体分析资料之前，我们先来认识一下数据。如表 3—2 所示，此时“who”是指月份，“what”是指美国机场航班取消率，“when”是指 1995—2005 年，“where”是指美国。所以，可将表 3—2 给出的数字作为数据对待。

下面，说明数据分析的基本过程。

第一步，明确分析的目的和识别变量。通过这组数据，旨在从定量角度搞清楚美国机场航班取消率情况。由于给出的资料是数量性质的数据，因此可以采用直方图、中心趋势、离散趋势等进行描述分析。

第二步，绘制直方图。根据给定的资料绘制出来的直方图见图 3—13。

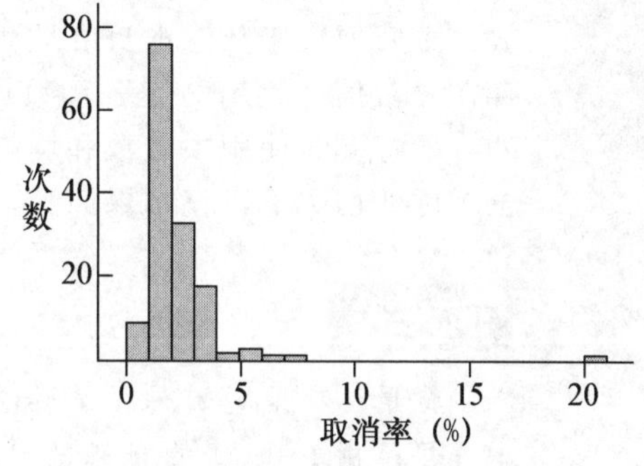

图 3—13　航班取消率直方图

从图 3—13 可以看出，航班取消率呈右偏分布，绝大多数月份航班取消率不超过 5%，一般都在 3%以下。出现了一个异常值，即有个月份的航班取消率达到 20%。

第三步，进一步细化认知信息。为丰富认知信息，在此根据给定的资料用“5 数图”进行展示（见图 3—14）。

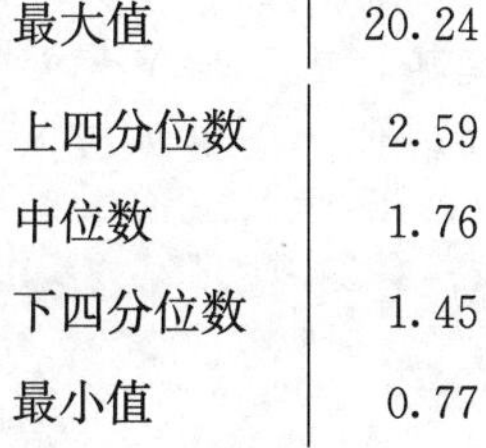

最大值	20.24
上四分位数	2.59
中位数	1.76
下四分位数	1.45
最小值	0.77

图 3—14　航班取消率“5 数图”

由“5 数图”可知，四分位数差为 1.14，25%的月份航班取消率不超过 1.45%，只有 25%的月份航班取消率超过 2.59%。

第四步，总结与建议。由于四分位数差较小，各月航班取消率变异程度不算太大。联系到航空环境的实际，这样的航班取消率似乎不能说不合理。

3.4 对称分布的中心趋势与离散趋势

3.4.1 中心趋势

前面我们提到，对于不对称分布或存在异常值的数据，用中位数代表数据的中心趋势是比较合适的，但在数据呈对称分布的情况下，可能存在其他更好的选择。中位数虽然简单实用，但从统计信息的角度看也有自身的缺陷，那就是对数据资料的信息利用得不够充分。

对于对称分布，测度数据的中心趋势有一种为大家所熟悉的方法即平均数或均值。假定有一组数据：y_1，y_2，…，y_n，用 $\bar{y}$ 表示均值，则有：

$$\bar{y}=\frac{1}{n}\sum_{j=1}^{n}y_j \tag{3.1}$$

这里的$\sum$是希腊字母，表示累加的意思。

1981—2005 年发生的 176 次地震的直方图比较接近于对称分布（见图 3—11），因此可以使用均值计算平均地震震级，利用上面的计算公式得到 6.96，说明 1981—2005 年间监测的记录在册的地震平均震级是 6.96。

注意：对平均的理解，不同情况下可能有不同的所指，一是指一般水平，比如中位数，另一是指平均值，它是根据公式计算出来的结果。所以，以后我们把根据公式计算出来的平均水平叫做均值。从理论上讲，均值更能说明数据的中心趋势，因为它是直方图的均衡点所在。在实际应用中，究竟选择中位数还是均值反映数据的中心趋势，主要取决于数据本身的性质特征。可以参考的原则是：若数据分布单峰对称且不存在异常值，就用均值表示数据的中心趋势，反之则用中位数表示。如果情况不明朗，最好同时使用中位数和均值，然后分析它们之间的差别。不过也需要指出，在完全对称的情况下，就结果而言，均值和中位数的值应该完全一样。

例 3—2

背景资料见例 3—1，试讨论均值和中位数哪个能更好地反映顾客信用卡支出水平。

答： 由表 3—1 的资料可知，500 名顾客月均支出额的均值是 478.19 美元，中位数是 216.28 美元。结合图 3—10 可知，500 名顾客月均支出额的直方图呈严重的右偏分布，如果用均值代表顾客消费支出的中心趋势，由于均值受异常值的影响大，因而其代表性不够客观，与此相反，中位数不受极端值的干扰，所以在这种情况下，使用中位数可能更适用。

3.4.2 离散趋势

四分位数差是经常用来反映数据离散程度的一种有用的工具，但由于它只使用数据中的下四分位数和上四分位数来计算，忽略了上下四分位数中间的许多数据之间的差异，因而就数据变异的衡量来说信息利用不充分。反映数据变异水平的一种更有效的方法是计算标准差，这种方法能够把数据中的每一项与均值之间的离差都包括进来。不过，与均值一样，标准差只在对称分布的情形下才比较适用。

直接对数据中的每一项与均值之间的离差求平均不合适，因为对所得到的离差进行累加时必定等于零，这样就不能反映出数据的变异情况。为了避免离差和互相抵消，可以对离差取平方，通过平方将所有的负离差都转换为正数，这样再求和就不可能等于零了。当然取平方是把双刃剑，它同时也扩大了差异的程度。

在定义标准差之前，我们先来定义方差。设 y_1，y_2，…，y_n 是一组数，$\bar{y}$ 为该组数的均值，s^2 表示方差，则有：

$$s^2=\frac{1}{n-1}\sum_{j=1}^{n}(y_j-\bar{y})^2 \tag{3.2}$$

所以，方差是数据与其均值差的平方的平均数。

在方差的计算公式中，对离差的平方求平均时没有用 n，采用的是 $n-1$，这主要是为了获得“优良”的统计估计而做的技术上的处理。方差是统计学中的重要概念，在统计研究中扮演着很重要的角色。对数据离差取平方，其计量单位也相应地被平方了，因此方差的计量单位总是原始数据计量单位的平方，比如美元的平方、英里的平方等。可是，我们对数据的离散程度进行衡量，当然希望计算结果的计量单位与原始数据的计量单位保持一致。要做到这一点很容易，只需对方差取算术平方根即可。方差的算术平方根就是标准差。

设 y_1，y_2，…，y_n 是一组数，$\bar{y}$ 为该组数的均值，s 表示方差，则有：

$$s=\sqrt{\frac{1}{n-1}\sum_{j=1}^{n}(y_j-\bar{y})^2} \tag{3.3}$$

不论是方差还是标准差，手工计算都相对比较复杂，最好利用计算器或计算机来计算。下面，我们用一组简单数据对方差和标准差的计算加以说明。假定有一组数：14，13，20，22，18，19，13，计算过程用表格列示如下（见表3—3）：

表3—3　方差的计算过程

数据	均值	离差	离差平方
14	17	−3	9
13	17	−4	16
20	17	3	9
22	17	5	25
18	17	1	1
19	17	2	4
13	17	−4	16
求和	—	—	80

由式（3.2）和式（3.3）得到：

$$s^2=\frac{1}{n-1}\sum_{j=1}^{n}(y_j-\bar{y})^2$$

$$=\frac{80}{7-1}=13.33$$

$$s=\sqrt{\frac{1}{n-1}\sum_{j=1}^{n}(y_j-\bar{y})^2}$$

$$=\sqrt{\frac{80}{7-1}}=\sqrt{13.33}=3.65$$

统计是关于变异的科学，所以离散是统计学中重要的基础性概念。离散性测量的目的是帮助我们明确不知道的东西。数据离散程度大，四分位数差和标准差的值就大。相反，如果数据都非常接近中心趋势，计算出来的四分位数差、标准差的值就小。假如数据中的各项观察值完全一样，则任何一个数据都能代表中心趋势，离散性测量的结果一定是零，在这种情况下也就用不着统计了。离散性测量还能告诉我们中心趋势测度的代表性，正因为如此，在报告中心趋势时，总是同时报告离散水平。

3.5　实例讲解与注意事项

3.5.1　数量变量描述分析的策略

在对数量变量进行描述分析时，需要把握以下策略：

第一，绘制直方图或茎叶图，了解数据分布的形态。

第二，讨论数据分布的中心趋势和离散趋势。其中：

（1）把中位数和四分位数差、均值和标准差结合起来应用，因为仅报告中位数而不报告四分位数差、仅报告均值而不报告标准差，或者反过来只报告四分位数差而不报告中位数、只报告标准差而不报告均值，都不利于对现象的客观认识。一定要记住：不配以离散趋势说明的中心趋势，是很有害的。

（2）对有偏分布，只需要报告中位数和四分位数差。如果非要同时报告均值和标准差，那么必须说明中位数与均值的差别及其原因。

（3）对对称分布，以报告均值与标准差为主，但也可以同时报告中位数与四分位数差。对单峰对称分布，四分位数差通常比标准差要大，如果不是这样，则需要重新检查数据分布是不是无偏的，有没有异常值存在。

第三，细致讨论其他不常见的特征，比如：

（1）对多峰分布，要想办法了解出现的原因。如果能够找到产生的原因，最好将数据重新分组后再分别进行分析，比如不同年龄下男性和女性患心脏病的情况可能不一样，把这些数据混杂在一起就有可能出现多峰分布，要是把男性和女性分开分析可能会更好。

（2）需要指出明显的异常值。如果要报告均值和标准差，最好这样做：先对所有数据计算均值和标准差，然后对剔除异常值后的数据计算均值和标准差，对它们之间的差别进行比较说明。异常值存在与否，对中位数和四分位数差没有什么影响。

3.5.2　实例应用讲解

以下是某款汽车100次行驶的油耗记录（见表3—4）：

表3—4　　汽车的油耗　　单位：英里/加仑

21.964	22.650	20.201	18.693	21.739
23.694	21.197	21.111	18.374	23.803
18.824	20.748	20.573	24.885	20.563
20.851	20.351	27.434	21.405	25.188
26.370	26.540	20.256	21.806	25.794

22.810	25.385	22.687	25.111	24.122
25.785	21.613	25.206	20.903	23.356
24.353	21.400	21.169	19.343	24.632
23.385	22.035	22.747	23.235	23.407
23.381	21.810	24.000	25.088	22.958
28.175	23.806	19.375	20.900	20.815
21.232	23.678	26.113	28.037	20.762
25.603	26.462	20.625	19.789	21.194
21.064	21.514	21.511	22.576	21.667
22.067	19.700	21.441	21.374	23.979
23.867	18.362	21.980	26.894	24.514
24.226	25.403	21.667	20.139	24.500
19.512	23.158	20.260	21.399	22.344
22.147	22.091	19.125	16.767	22.847
19.948	23.768	23.652	14.684	19.551

要求：对油耗情况进行描述分析。

第一步，陈述分析的目的，识别分析的变量，检查分析的条件。

根据给定的数据，主要目的是了解汽车油耗的基本情况。该问题的研究变量是汽车油耗，计量单位是英里/加仑，用 mpg 表示，属于数量性质的变量，能够采用直方图和数值描述。

第二步，对数据进行描述性分析。

1. 绘制直方图和“5 数图”。由给定的资料绘制出来的直方图见图 3—15。

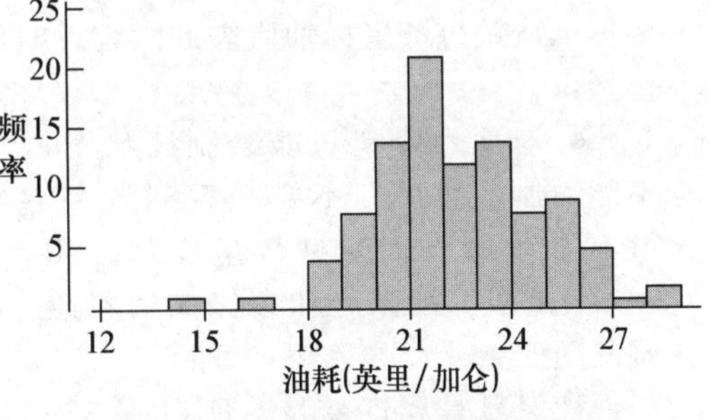

图 3—15　汽车油耗直方图

由图 3—15 可以看出，汽车油耗比较接近于对称分布，且存在一个比较小的异常值 15。

绘制的“5 数图”见图 3—16。

最大值	28.175
上四分位数	23.984
中位数	22.051
下四分位数	20.842
最小值	14.684

图 3—16　汽车油耗的“5 数图”

由图 3—16 可知，最大值与最小值的差（极差）为 13.491，四分位数差为 3.142。四分位数差比极差小了很多，且四分位数差比较小，说明汽车油耗的变异程度较小。

2. 计算分析。根据给定的资料得到的中心趋势、离散趋势等见表 3—5。

表 3—5　汽车油耗的统计计算

均值	22.412
中位数	22.051
标准差	2.447
方差	5.988
极差	13.491
最小值	14.684
最大值	28.175
上四分位数	23.984
下四分位数	20.842

由表 3—5 可看出，均值与中位数非常接近，说明异常值的影响不大，汽车油耗基本上可以被认为是对称分布。标准差比较小，意味着均值 22.412 的代表性比较强。另外，对给定的资料，运用均值、标准差来反映中心趋势和离散趋势比较合理。

第三步，给出分析总结与建议。

该款汽车的油耗是单峰且接近对称分布，尽管存在一个较小的异常值，但它对均值几乎没有什么影响，可以不予考虑。加满一箱油，行驶里程数相差不会太大。

□ 3.5.3 注意事项

数据资料的描述分析，应该能把隐藏在数据中的信息发掘出来。为了做到这一点，需要用清晰的语言，明确地讲清楚处理的变量是什么。在用图像显示资料时，还要标示清楚每条坐标轴代表的内容。对数量资料进行描述分析，经常出现的问题可能包括：

● 对属性资料只能绘制柱状图，不能绘制直方图。不要一看到数字，就不加考虑地认为是数量变量。图 3—17 是根据社保号和参保额资料绘制的图形。

社保号是属性变量，所以图 3—17 就显得很不合适。对属性资料，柱状图或饼形图可能更合适，如果用直方图、茎叶图等来描述，是没有意义的。

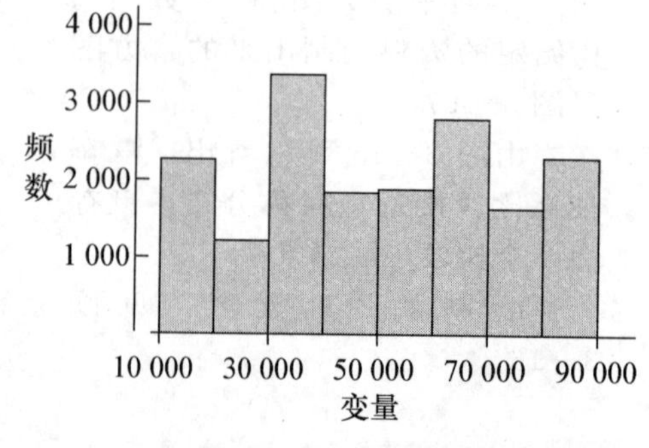

图 3—17　参保额频数分布

● 对柱状图不需要考察它的分布形状、中心趋势和离散程度。柱状图能够反映属性变量分组汇总后的资料，柱状图中属性分类的顺序可以随意排列。所以分布形状、中心趋势、离散趋势等描述工具，都不适合对柱状图进行分析。

● 绘制柱状图、直方图时，需要明确长方块的长边表示的是属性类别和变量取值发生的频数（率），底边表示的是属性类别和变量取值，如果搞颠倒了，那就不是柱状图或直方图。举一个例子，以帮助大家理解。某动物保护主义者于 2003—2004 年冬季连续 13 周在伊利诺伊州的罗克岛观察记录秃鹫雏鸟的数量，并绘制出了如图 3—18 所示的图形。

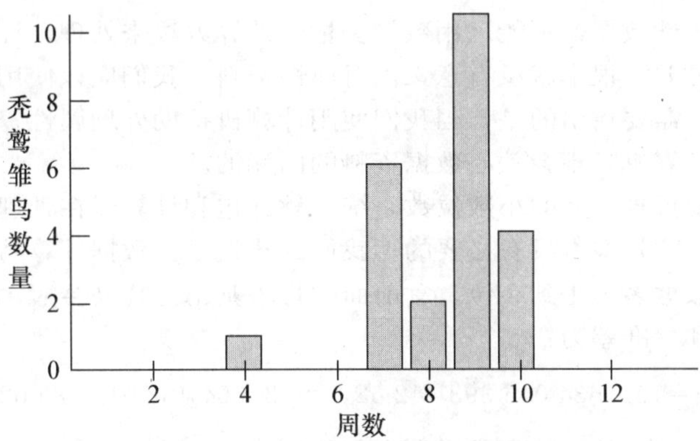

图 3—18　秃鹫雏鸟数量情况

图 3—18 中，横轴表示周数的代码，纵轴表示秃鹫雏鸟数量。显然，图 3—18 不是柱状图，更不是直方图。如果要用柱状图表示，正确的图形如图 3—19 所示。

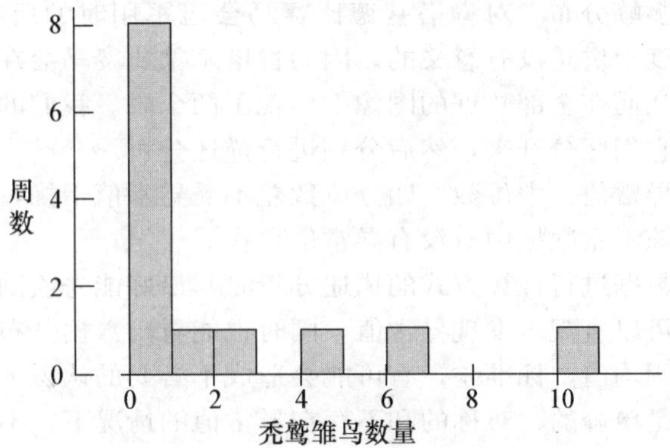

图 3—19　秃鹫雏鸟观察结果的柱状图

图 3—19 中，横轴表示观察到的秃鹫雏鸟数量，纵轴表示周数。比如，没有观察到秃鹫雏鸟的有 8 周，观察到 1 只、2 只、4 只、5 只、9 只秃鹫雏鸟的各有 1 周。

● 选择合适的长方块的宽度。这一点对数量变量数据尤为重要，因为不合适的底宽会得出不一样的结论。现在许多计算机软件都能自动生成比较漂亮的直方图刻度，如果不满意的话，还可以人工调整。

● 注意定性检查。千万不要甩手让计算机或计算器代替你做想做的一切，要确保中心趋势、离散趋势的测度结果具有意义。比如，注意均值是不是位于直方图的中心，离散趋势的测算结果是不是非负等。

● 在应用中位数或分位数时，必须先对数据资料进行排序。这一提醒看似多余，但当我们手工确定中位数、四分位数或其他分位数时，常会忘记先对数据资料排序这一步骤。中位数是排序后位置居于中间的那个数值，而不是任意一组数据的中间数值。比如：194，5，1，17，893 这 5 个数字，居中的是 1，但 1 不是我们所说的中位数。

● 不要纠结于细微的差别。对同样的一组数据，运用不同的测算方法得到的结果可能会有一定的差异。即使运用了同样的方法，若计算公式的定义不一样，计算结果也会存在差异。比如，我们对同样的一组数据，用不同的统计软件包或计算器来处理，它们给出的结果往往会有差异。不过，只要不影响我们对问题的客观认识，无须过于较真。

● 对属性数据，不能运用数量变量的计算方法来处理。计算邮政编码的均值、社保号的标准差，根本就没有意义。对属性资料，我们应该使用第2章介绍的那些描述分析方法。需要指出的是，当我们使用计算机帮助处理属性资料时，容易违反这一规则，因为计算机是不会关心数据资料的内涵的。

● 不要报告太多的小数位数。统计软件包和计算器在处理数据时，经常会输出许多位小数，这是根本没有必要的。我们的建议是：数据计算结果保留的小数位数，最多比原始数据多出1到2位。拿前面的肯塔基德比赛马会冠军用时的资料来说，如果报告均值和标准差为：

$$\bar{y}=130.634\,046\,393\,442\,62, s=13.664\,482\,019\,426\,62$$

显然，多余的小数很难说有多大价值。

● 运算过程尽可能不要四舍五入。计算结果不报告过多的小数位数是必要的，但这并不意味着我们在计算过程中也不需要保留多位小数，因为在计算过程中舍去一部分小数，会增大计算结果的误差。

● 关注多峰分布。对肯塔基德比赛马会冠军用时的所有数据计算均值、标准差等，从某程度上讲是没有意义的。因为肯塔基德比赛马会在不同时期所采用的比赛距离不一样，从而在全部数据的图像中出现了两个峰。我们的建议是：对多峰分布的数据，最好把它们区分开来，然后分别进行描述分析。

● 小心异常值。中位数、四分位数差不受异常值干扰，但均值和标准差就不一样了，所以应该考察数据中有没有异常值存在。

● 在对数据进行计算方式的描述分析时，最好能先绘制数据分布图。通过绘制数据分布图，可以直观地发现异常值，同时也能看出数据分布的对称性。在不对称的情况下依然使用均值、标准差，有可能会造成不必要的认识上的误区。总之，在没有确定数据分布是单峰的、对称的和不存在异常值的情况下，不能盲目地采用均值、标准差等进行描述分析。

复习思考题

1. 从报纸、杂志或互联网上找一张直方图，然后回答下列问题：

（1）在该直方图依据的数据中，“who”、“what”、“when”、“where”等指的是什么？

（2）采用的直方图是否对说明问题有帮助？

（3）变量及其分布展现出来的信息是什么？

（4）直方图所来自的文章有没有恰如其分地描述和解释了数据？

2. 从报纸、杂志或互联网上找一篇有平均数计算及其结果的文章，然后回答：

（1）该文章中测算一般水平使用的方法是什么？

（2）使用的平均水平计算方法是否适合文章所讨论的问题？

3. 从报纸、杂志或互联网上找一篇有离散性测量的文章，然后回答：

（1）该文章中测量离散性使用的方法是什么？

（2）使用的离散性测量方法是否适合文章所讨论的问题？

4. 对下列变量，讨论一下可能存在的分布形状（单峰与多峰、对称与不对称）：

（1）某大学高年级学生中每个学生曾经接到的超速行驶罚单数；

（2）某年美国高尔夫公开赛参数选手的击杆数；

（3）过去的一年中某医院出生的女婴的体重；

（4）某班级女生头发的平均长度。

5. 对下列变量，讨论一下可能存在的分布形状（单峰与多峰、对称与不对称）：

（1）少年棒球联赛选手的年龄；

（2）你所在班级每个同学的兄弟姐妹数；

（3）大学男生的每分钟心跳数；

（4）掷100次骰子，每一面出现的次数。

6. 以下是49款早餐麦片的含糖量资料：

品牌	含糖量	品牌	含糖量	品牌	含糖量
All Bran	20	Frosted Flakes	44	Product 19	4. 1
Alpha Bits	40. 3	Frosted Mini-Wheats	33. 6	Puffed Rice	2. 4
Apple Jacks	55	Fruit Pebbles	55. 1	Puffed Wheat	3. 5
Booberry	45. 7	Granola	16. 6	Rice Chex	8. 5
Bran Buds	30. 2	Granola with Dates	14. 5	Rice Krispies	10
Cap'n Crunch	43. 3	Granola with Raisins	14. 5	Shredded Wheat	1
Cheerios	2. 2	Granola With Almonds	21. 4	Special K	4. 4
Cinnamon Crunch	50. 3	Grape Nut Flakes	3. 3	Spoon Sized Shredded Wheat	1. 3
Cocoa Krispies	45. 9	Grape Nuts	6. 6	Sugar Frosted Flakes	15. 6
Cocoa Pebbles	53. 5	Honeycomb	48. 8	Sugar Pops	37. 8
Cocoa Puffs	43	Kellogg's Corn Flakes	7. 8	Sugar Smacks	60. 3
Corn Chex	7. 5	Kellogg's Rasin Bran	10. 6	Total	8. 1
Corn Total	4. 4	Kellogg's 40% Bran Flakes	16. 2	Trix	46. 6
Count Chocula	44. 2	Life	14. 5	Wheaties	4. 7
Fortified Oat Flakes	22. 2	Lucky Charms	50. 4	100% Bran	18. 4
Frankenberry	44	Post Toasties	4. 1		
Froot Loops	47. 4	Post 40% Bran Flakes	15. 8		

要求：

（1）绘制直方图；

（2）指出分布的形状，并给出解释。

7. 合唱团中一般让个子矮的人站前排，个子高的人站后排。以下是某合唱团中演员的身高资料：

身高（英寸）	人数
60	2
61	6
62	9
63	7
64	5
65	20
66	18
67	7
68	12
69	5
70	11
71	8
72	9
73	4
74	2
75	4
76	1

要求：

（1）绘制直方图；

（2）指出分布的形状，并进行解释。

8. 以下资料列出了美国纽约五大湖地区 36 座葡萄园的种植面积（单位：英亩）：

葡萄园名称	面积	葡萄园名称	面积
ES01	15	WC03	45
WC01	10	K04	55
WS01	10	EC01	17
WS02	62	WC04	8
K01	35	WS10	55
WS03	69	ES05	130
WS04	29	ES06	25
WC02	38	WC05	27
ES02	40	K05	28
K02	150	WS11	10
WS05	22	WS12	36
ES03	40	ES07	30
WS06	35	WS13	32
WS07	100	WC06	31
WS08	20	EC02	6
ES04	53	WC07	11
WS09	60	ES08	250
K03	80	K06	10

由上述资料绘制出来的直方图如下：

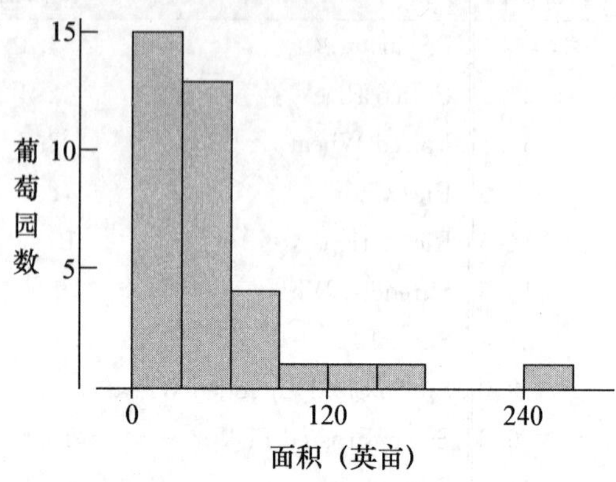

要求：讨论分布的形状，包括对称性、中心趋势、离散趋势及异常值等。

9. 一名大学教师将其教授的统计学课程的学生在一学期中发给他的邮件，按每个学生做了汇总统计，得到如下一组资料：

1	1	1	21	2
2	1	2	1	1
1	2	1	1	1
4	5	1	7	6
1	3	2	1	1
5	1	2	1	2
2	1	1	1	1
1	1	2	1	2
1	4	5	1	3
1	2	6	1	4
2	1	2	1	3
3	2	1	3	4
2	2	1	1	2
2	5	1	2	1
3	2	1	1	1
4	1	1	1	3
1	2	2	2	1
2	1	1	1	2
2	1	4	1	2
1	8	1	1	1
1	2	2	1	1
1	1	1	2	1
4	3	5	3	1
1	1	3	1	2
1	2	2	3	1
2	1	1	2	1
3	3	2	1	1
1	3	2	3	1
2	1	1	1	2
1	1	1	3	8
1	1	2	1	2

表中的数字是每个学生发的邮件数，学生发的邮件最多为21封，未发过邮件的没有列出。根据上表的资料绘制的直方图如下：

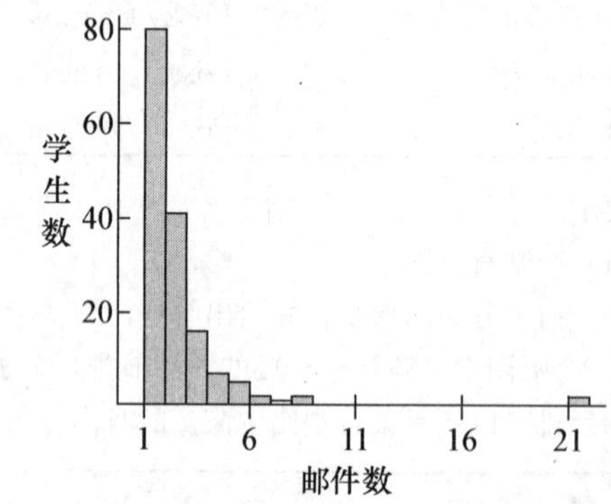

要求：

(1) 根据上述直方图，你认为均值与中位数哪个大，为什么？

(2) 对直方图所表现出来的统计分布特征加以说明。

(3) 对这样一组数据怎样刻画中心趋势、离散趋势才比较符合要求？为什么？

10. 下表列出了美国2005年上映的电影正片放映时间（单位：分钟）：

电影代码	放映时长	电影代码	放映时长	电影代码	放映时长	电影代码	放映时长	电影代码	放映时长	电影代码	放映时长
1	101	6	99	11	113	16	105	21	108	26	115
2	136	7	96	12	68	17	100	22	89	27	103
3	100	8	105	13	106	18	150	23	117	28	105
4	110	9	88	14	122	19	103	24	99	29	126
5	109	10	90	15	86	20	97	25	111	30	103

续前表

电影代码	放映时长	电影代码	放映时长	电影代码	放映时长	电影代码	放映时长	电影代码	放映时长	电影代码	放映时长
31	99	46	113	61	113	76	97	91	119	106	81
32	123	47	86	62	113	77	129	92	85	107	126
33	89	48	145	63	115	78	87	93	93	108	90
34	118	49	144	64	136	79	114	94	133	109	130
35	98	50	107	65	98	80	83	95	133	110	95
36	107	51	140	66	102	81	108	96	101	111	104
37	103	52	101	67	121	82	77	97	113	112	134
38	100	53	95	68	83	83	91	98	123	113	140
39	107	54	100	69	109	84	95	99	101	114	145
40	113	55	97	70	104	85	121	100	80	115	187
41	144	56	116	71	133	86	93	101	115	116	103
42	90	57	103	72	111	87	96	102	93	117	80
43	106	58	105	73	76	88	106	103	116	118	164
44	95	59	123	74	119	89	114	104	129	119	135
45	140	60	115	75	97	90	109	105	157	120	97

根据上述资料绘制的直方图如下：

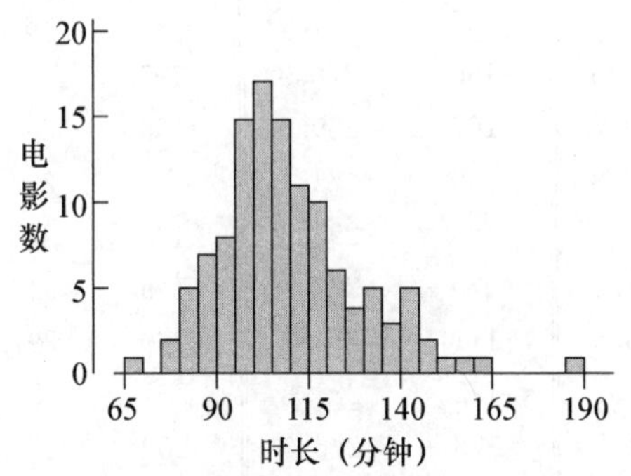

要求回答：

(1) 假如你周末有看电影的打算，估计你看的那场电影的时长大概是多少？

(2) 如果你看的那场电影时长是150分钟左右，你会不会感到惊讶？

(3) 从上述图形来看，均值会不会大于中位数？

11. 男子职业高尔夫巡回赛上202名选手每杆的平均距离如下（单位：米）：

选手代码	距离	选手代码	距离	选手代码	距离	选手代码	距离	选手代码	距离
1	316.1	13	305.4	25	289.3	37	284.9	49	294.1
2	301.1	14	293.9	26	278.9	38	296.4	50	281.3
3	300.0	15	300.1	27	302.3	39	290.0	51	291.5
4	280.0	16	281.2	28	292.1	40	288.8	52	281.5
5	287.8	17	284.5	29	293.6	41	288.2	53	290.4
6	304.7	18	300.1	30	302.2	42	285.9	54	295.0
7	281.0	19	293.1	31	291.7	43	295.9	55	286.6
8	295.4	20	294.0	32	288.8	44	290.7	56	291.8
9	283.2	21	283.8	33	298.0	45	281.2	57	297.7
10	303.5	22	288.2	34	289.1	46	293.3	58	289.1
11	270.0	23	300.6	35	292.9	47	290.7	59	282.0
12	285.2	24	295.2	36	290.3	48	283.5	60	281.1

续前表

选手代码	距离	选手代码	距离	选手代码	距离	选手代码	距离	选手代码	距离
61	280.5	90	281.9	119	278.6	148	286.1	177	276.1
62	278.3	91	295.8	120	287.2	149	300.1	178	265.7
63	286.6	92	307.7	121	283.8	150	267.7	179	280.5
64	286.9	93	277.4	122	275.8	151	318.9	180	284.0
65	285.4	94	284.5	123	293.4	152	291.5	181	276.1
66	291.8	95	277.5	124	296.8	153	280.3	182	280.9
67	289.2	96	258.7	125	283.6	154	292.0	183	280.7
68	291.5	97	292.2	126	301.5	155	278.0	184	291.3
69	294.7	98	278.4	127	289.9	156	274.3	185	301.7
70	299.2	99	297.0	128	288.4	157	281.1	186	284.5
71	291.4	100	289.6	129	288.2	158	295.5	187	285.5
72	301.0	101	288.0	130	310.5	159	309.4	188	286.1
73	293.3	102	287.7	131	287.2	160	300.2	189	274.7
74	291.0	103	275.4	132	276.0	161	269.1	190	300.2
75	294.2	104	286.3	133	286.0	162	278.1	191	287.2
76	285.8	105	282.2	134	283.0	163	276.4	192	270.0
77	289.1	106	289.0	135	300.8	164	281.7	193	292.4
78	291.0	107	276.0	136	285.7	165	294.0	194	286.6
79	284.8	108	293.6	137	284.6	166	278.0	195	291.1
80	297.6	109	290.1	138	283.6	167	289.0	196	285.1
81	283.5	110	287.1	139	297.8	168	275.7	197	284.6
82	297.2	111	288.3	140	280.0	169	295.2	198	298.2
83	284.2	112	288.7	141	301.4	170	277.1	199	310.1
84	289.5	113	298.9	142	290.5	171	283.1	200	297.3
85	291.0	114	276.0	143	285.1	172	285.8	201	281.7
86	281.5	115	280.0	144	281.5	173	276.0	202	278.0
87	294.4	116	292.1	145	281.2	174	298.3		
88	295.5	117	293.8	146	272.6	175	300.2		
89	287.7	118	311.7	147	289.6	176	285.8		

根据上述资料绘制的直方图如下：

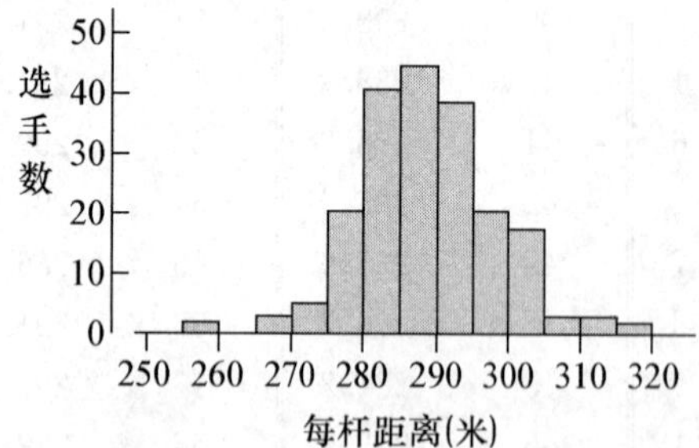

要求：

（1）对分布进行说明；

（2）根据直方图估计均值；

（3）分析均值与中位数的大小关系，并说明理由。

12. 1998—2008年，美国每年因飓风死亡的人数为：130，94，40，40，555，54，35，38，67，81，125。试用手工计算均值、中位数、四分位数、极差和四分位数差。

13. 以下是采集到的PIZZA的价格（单位：美元）：

2.55	2.69	2.43	2.66	2.53	2.91
2.74	2.80	2.48	2.60	2.48	2.88
2.39	2.61	2.46	2.59	2.65	2.61

2.49	2.74	2.34	2.68	2.49	2.71
2.21	2.76	2.50	2.59	2.59	2.68
2.75	2.50	2.59	2.45	2.72	2.76
2.77	2.72	2.60	2.37	2.89	2.98
2.64	2.71	2.60	2.59	2.88	2.66
2.52	2.62	2.47	2.65	2.96	2.77
2.68	2.58	2.38	2.63	2.73	2.77
2.54	2.54	2.47	2.75	2.69	2.75
2.50	2.56	2.49	2.52	2.91	2.59
2.87	2.45	2.58	2.31	2.79	2.88
2.67	2.52	2.64	2.40	2.99	2.76
2.60	2.42	2.57	2.50	2.77	2.97
2.68	2.46	2.64	2.52	2.71	2.95
2.47	2.39	2.60	2.55	2.67	2.83
2.66	2.22	2.67	2.53	2.65	2.56
2.54	2.68	2.76	2.71	2.63	2.44
2.44	2.69	2.60	2.67	2.67	2.64
2.54	2.64	2.36	2.74	2.67	2.58
2.61	2.45	2.51	2.61	2.62	2.61
2.62	2.51	2.31	2.65	2.72	2.75
2.61	2.46	2.37	2.60	2.54	2.84
2.83	2.48	2.52	2.56	2.72	2.75
2.51	2.36	2.46	2.63	3.05	2.77

根据上述资料绘制的直方图如下：

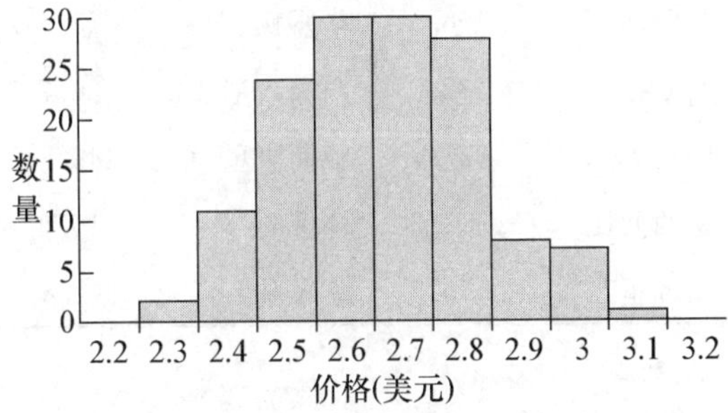

要求回答：

（1）根据直方图，选择什么样的中心趋势和离散趋势计算方法？为什么？

（2）均值接近于 2.40，2.60 还是 2.80？

（3）标准差接近于 0.15，0.50 还是 1.00？为什么？

14. 美国国家教育统计中心（http://nces.ed.gov/nationsreportcard/）报告了 2005 年美国 50 个州 8 年级学生的数学平均得分，具体资料见下表：

州名	得分	州名	得分
亚拉巴马	225	蒙大拿	241
阿拉斯加	236	内布拉斯加	238
亚利桑那	230	内华达	230
阿肯色	236	新罕布什尔	246
加利福尼亚	230	新泽西	244
科罗拉多	239	新墨西哥	224
康涅狄格	242	纽约	238
特拉华	240	北卡罗来纳	241
佛罗里达	239	北达科他	243
佐治亚	234	俄亥俄	242
夏威夷	230	俄克拉何马	234
爱达荷	242	俄勒冈	238
伊利诺伊	233	宾夕法尼亚	241
印第安纳	240	罗得岛	233
俄亥俄	240	南卡罗来纳	238
堪萨斯	246	南达科他	242
肯塔基	231	田纳西	232
路易斯安那	230	得克萨斯	242
缅因	241	犹他	239
马里兰	238	佛蒙特	244
马萨诸塞	247	弗吉尼亚	240
密歇根	238	华盛顿	242
明尼苏达	246	西弗吉尼亚	231
密西西比	227	威斯康星	241
密苏里	235	怀俄明	243

要求：

（1）确定上述数据的中位数、四分位数差、均值和标准差。

（2）根据上述数据，你会报告什么样的描述统计？为什么？

（3）利用上述资料，撰写统计分析报告。

15. 根据美国国家海洋与大气管理局（www.nhc.noaa.gov）的统计，1944—2006 年，大西洋上每年生成的主要飓风数是：

3	2	1	1	6
2	1	1	0	1
1	0	3	3	3
2	1	2	0	5
4	2	4	1	3
3	3	2	3	3
7	2	2	2	2
2	1	6	1	3

3	2	0	2	6
3	2	2	1	7
2	2	5	1	2
5	3	1	0	
2	1	3	5	

要求：

（1）绘制点图；

（2）指出分布的状况。

16. 以下是《消费者研究》收集的汽车功率资料（单位：马力）：

155	135
142	88
125	109
150	65
68	80
95	80
97	71
75	68
103	90
125	115
115	115
133	90
105	70
85	65
110	69
120	78
130	97
129	110
138	71

要求：

（1）绘制茎叶图；

（2）谈谈上述数据的分布状况。

17. 加利福尼亚能源委员会（www.energy.ca.gov/gasoline）搜集了美国每个州的汽油销售量数据，以下是2004年美国每个州的人均汽油消费量资料（单位：升）：

州名	人均消费	州名	人均消费
亚拉巴马	529.4	内布拉斯加	470.1

续前表

州名	人均消费	州名	人均消费
阿拉斯加	461.7	内华达	367.9
亚利桑那	381.9	新罕布什尔	544.4
阿肯色	512.0	新泽西	488.2
加利福尼亚	414.4	新墨西哥	508.8
科罗拉多	435.7	纽约	293.4
康涅狄格	435.7	北卡罗来纳	505.0
特拉华	541.6	北达科他	553.7
佛罗里达	496.0	俄亥俄	451.1
佐治亚	537.1	俄克拉何马	614.2
夏威夷	358.7	俄勒冈	418.4
爱达荷	454.8	宾夕法尼亚	386.8
伊利诺伊	408.3	罗得岛	454.6
印第安纳	491.7	南卡罗来纳	578.6
艾奥瓦	555.1	南达科塔	564.4
堪萨斯	511.8	田纳西	552.5
肯塔基	526.6	得克萨斯	532.7
路易斯安那	507.8	犹他	460.6
缅因	576.3	佛蒙特	545.5
马里兰	447.5	弗吉尼亚	526.9
马萨诸塞	458.5	华盛顿	423.6
密歇根	482.0	西弗吉尼亚	426.7
明尼苏达	527.7	威斯康星	449.8
密西西比	558.5	怀俄明	615.0
密苏里	550.5	蒙大拿	544.4

要求：

（1）运用合适的图形描述上述资料；

（2）运用相应的方法计算中心趋势和离散趋势；

（3）撰写统计分析报告。

第4章

分布比较分析

通过对相关分布的比较，可以帮助我们加深对变量的认识。对于诸如男性与女性的心脏病发病率是否一样，罐装饮料是否一定物有所值，一年四季风的征候是否相同等问题，可以借助统计学工具来解决。

4.1 引 言

霍普金斯纪念林是一个占地 2 500 英亩的保护区，位于马萨诸塞、纽约、佛蒙特三州交界处，由威廉姆斯学院环境研究中心（Center for Environmental Studies，CES）管理。作为一项使命，CES 长期负责森林资源和环境监测，并将每天的观测结果公布在网站上。如果登录 www. williams. edu/CES/hopkins. htm，可以下载相关的分析研究数据。这里，我们重点考察 1989 年的数据，从这一年的数据中，我们能发现本章将要讨论的一些有趣的事情。

浏览 1989 年的数据，我们不难看出数据的背景情况："who"是指 1989 年的每一天，"what"是指每天的平均风速、平均气压、平均气温等，"when"是指 1989 年，"where"是指霍普金斯纪念林，"why"是指研究生态和气候变化。

风速是 CES 测量的变量之一。借助三台远程控制的风速测量仪，CES 采集了大量的风速数据，从中可以获得每天的最小风速、最大风速、平均风速。空气从高压区流动到低压区形成了风，通常低压中心区域会出现暴风雨，所以如果风速大并且伴随低气压，就会形成狂风暴雨。每天的风速不一样，即使在同一天中，风速变化也很大，但是只要我们跟踪观测一段时间，也许就能看出风的征候，如果再对其进行建模分析，就能发现以前不知道的风速变化规律。

在第 2 章的列联分布介绍中，我们大概了解了两个属性变量的关联关系。本章将引入不同的方法来考察属性变量与数量变量之间的相关关系，并采用不同的分组以进行全方位的比较。尽管我们依据的是 1989 年每一天的风速数据，但可以通过重新整理将它们组合成不同时间长度的分组资料，然后进行比较分析。如果拥有的是年度数据，可以将它们细分至季度、月份乃至每天，这样就能实现季度、月份数据之间的对比分析，进而找出季度、月份之间的变化规律。当然，如果还能把时间因素考虑进来，那么我们开展分析的角度就更多了。

表 4—1 列出了 CES 记录的 1989 年每天的平均风速。

根据表 4—1 的数据绘制出来的直方图见图 4—1。上述资料的"5 数图"描述的结果见图 4—2。

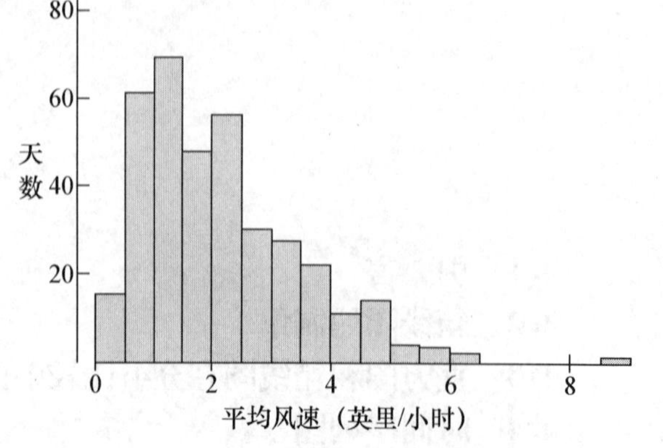

图 4—1 1989 年每天的平均风速

最大风速	8.67
上四分位数	2.93
中位数	1.90
下四分位数	1.15
最小风速	0.20

图 4—2 1989 年每天风速"5 数图"

表4—1　　1989年每天的风速　　单位：英里/小时

月份	风速	月份	风速	月份	风速	月份	风速	月份	风速	月份	风速	月份	风速	月份	风速	月份	风速	月份	风速	月份	风速	月份	风速
1	1.88	2	3.11	3	3.62	4	4.22	5	1.81	6	1.41	7	0.55	8	0.59	9	1.90	10	1.18	11	5.57	12	3.10
1	2.57	2	3.89	3	3.40	4	1.61	5	3.27	6	1.93	7	1.34	8	0.46	9	2.50	10	0.90	11	1.62	12	2.32
1	4.04	2	3.08	3	2.29	4	1.93	5	4.59	6	1.17	7	1.13	8	0.59	9	1.12	10	4.24	11	1.93	12	4.71
1	4.73	2	2.75	3	4.66	4	1.97	5	1.90	6	1.66	7	0.88	8	0.72	9	0.85	10	4.92	11	1.62	12	3.97
1	2.49	2	0.65	3	2.56	4	1.66	5	3.15	6	1.02	7	0.32	8	1.51	9	0.66	10	3.71	11	2.56	12	1.26
1	2.17	2	2.09	3	4.49	4	2.34	5	2.63	6	0.61	7	0.50	8	0.79	9	0.66	10	1.35	11	4.33	12	1.55
1	3.51	2	1.49	3	4.07	4	3.12	5	3.75	6	0.52	7	0.97	8	1.38	9	0.53	10	3.85	11	1.46	12	6.48
1	4.59	2	2.33	3	1.81	4	2.49	5	1.78	6	0.71	7	1.50	8	1.47	9	0.65	10	2.08	11	2.59	12	1.20
1	4.40	2	4.04	3	1.82	4	1.97	5	1.50	6	2.09	7	0.70	8	0.88	9	0.47	10	2.29	11	2.94	12	1.67
1	1.85	2	1.26	3	2.20	4	3.12	5	1.73	6	2.29	7	1.14	8	0.70	9	0.47	10	1.64	11	2.25	12	1.36
1	3.17	2	2.19	3	1.24	4	2.33	5	2.40	6	3.84	7	2.14	8	0.49	9	1.22	10	1.22	11	3.42	12	2.26
1	3.44	2	3.70	3	3.20	4	1.35	5	1.70	6	2.29	7	0.94	8	0.57	9	0.80	10	2.03	11	4.68	12	1.62
1	6.33	2	3.29	3	1.91	4	2.26	5	0.49	6	0.38	7	0.39	8	0.32	9	0.75	10	2.80	11	2.04	12	2.09
1	2.39	2	2.36	3	2.93	4	1.30	5	1.20	6	0.44	7	1.26	8	0.29	9	0.56	10	0.81	11	1.91	12	1.44
1	3.14	2	0.96	3	5.47	4	2.66	5	0.84	6	2.17	7	0.97	8	0.66	9	1.41	10	1.56	11	2.82	12	2.16
1	2.56	2	5.92	3	4.40	4	2.11	5	1.67	6	1.76	7	0.85	8	1.32	9	1.58	10	2.02	11	4.97	12	5.45
1	3.11	2	3.80	3	2.93	4	1.40	5	2.42	6	1.50	7	0.79	8	1.04	9	0.91	10	2.06	11	2.65	12	4.46
1	1.64	2	1.52	3	3.93	4	2.27	5	1.64	6	1.23	7	0.68	8	0.64	9	1.07	10	1.15	11	3.12	12	1.87

续前表

月份	风速	月份	风速	月份	风速	月份	风速	月份	风速	月份	风速	月份	风速	月份	风速	月份	风速	月份	风速	月份	风速	月份	风速
1	2.05	2	1.49	3	4.02	4	3.32	5	1.38	6	0.90	7	0.68	8	1.24	9	1.69	10	3.17	11	2.91	12	0.75
1	2.98	2	1.12	3	2.36	4	4.00	5	1.23	6	0.82	7	0.20	8	0.72	9	1.01	10	3.92	11	2.04	12	2.96
1	4.66	2	2.93	3	3.45	4	2.41	5	1.76	6	1.39	7	0.72	8	1.65	9	0.53	10	2.06	11	8.67	12	2.86
1	0.81	2	1.54	3	2.01	4	4.51	5	3.19	6	2.14	7	0.28	8	1.61	9	1.96	10	3.23	11	2.45	12	2.30
1	0.72	2	3.72	3	1.36	4	5.28	5	1.23	6	2.47	7	1.37	8	1.64	9	3.63	10	1.21	11	1.95	12	1.61
1	1.49	2	3.94	3	3.86	4	5.00	5	1.28	6	2.08	7	0.46	8	1.26	9	3.26	10	0.92	11	2.01	12	1.25
1	3.18	2	3.87	3	2.75	4	3.52	5	1.17	6	1.12	7	0.66	8	1.48	9	1.15	10	1.38	11	1.01	12	1.74
1	4.73	2	1.09	3	2.95	4	2.39	5	1.38	6	0.68	7	0.64	8	1.30	9	2.23	10	1.24	11	2.61	12	3.54
1	4.51	2	2.10	3	1.98	4	2.99	5	2.39	6	0.63	7	0.78	8	0.84	9	2.61	10	1.00	11	3.35	12	2.01
1	2.02	2	1.00	3	2.24	4	2.86	5	3.99	6	1.53	7	1.29	8	0.48	9	1.03	10	1.05	11	5.89	12	2.51
1	2.89	—	—	3	3.84	4	1.38	5	1.27	6	2.60	7	1.41	8	0.58	9	2.15	10	0.83	11	4.88	12	0.90
1	2.50	—	—	3	5.27	4	1.80	5	0.85	6	1.21	7	0.79	8	2.61	9	1.36	10	0.83	11	3.40	12	2.15
1	3.14	—	—	3	3.49	—	—	5	0.59	—	—	7	0.83	8	2.67	—	—	10	1.39	—	—	12	3.01

由图 4—1 可知，1989 年 CES 记录的霍普金斯纪念林保护区每天的平均风速呈现出单峰、右偏态，因此，采用中位数、四分位数差的测度有意义。根据“5 数图”的描述结果，每天风速的中位数是 1.90 英里/小时，下四分位数是 1.15 英里/小时，上四分位数是 2.93 英里/小时，四分位数差是 1.78 英里/小时，最小风速是 0.20 英里/小时，最大风速是 8.67 英里/小时。其中，最大风速 8.67 英里/小时是不正常的风速，还是这一年的最大风速？要回答这个问题，就需要继续学习下面的知识。

4.2 箱线图的制作

对数量变量，一旦计算出了用于描述数据的 5 个数，便可以通过箱线图来展示数据的基本信息。下面以风速为例，介绍箱线图的作法。

绘制箱线图有以下几个步骤：

第一步，画一条纵坐标，并使该坐标的刻度范围能覆盖整个数据，在下四分位数、上四分位数和中位数的位置，分别各画出一条长度相当的水平线，然后用垂线连接三条水平线的两个端点，使之构成像盒子一样的形状，至于盒子的长宽，只要看上去较为美观即可。以表 4—1 的数据为例，实现这一步（见图 4—3）。

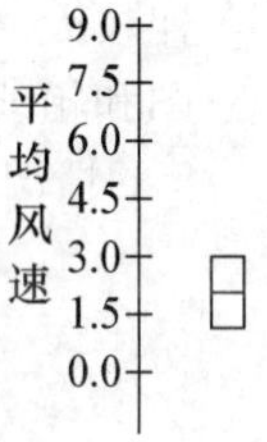

图 4—3　绘制盒子的形状

第二步，给图 4—3 加两条水平的“数据栅栏”，这主要为了画箱线图中的尾须。该栅栏能够把数据的主要部分围圈在内，栅栏的位置分别位于 1.5IQR 处，确定的方法是：

上栅栏位置：$Q_3+1.5IQR=2.93+1.5\times1.78=5.60$

下栅栏位置：$Q_1-1.5IQR=1.15-1.5\times1.78=-1.52$

为什么用上下四分位数加减 1.5IQR？箱线图是著名统计学家图基发明的，他认为加减一个四分位数差显得太小，加减两个四分位数差又显得太大，所以取两者的均值比较合适。给出“数据栅栏”主要是为了绘制箱线图的需要，并不需要在图形中特别显示出来，因为真正的箱线图不包含栅栏线，所以在下面给出的示意图（见图 4—4）中用虚线表示。

第三步，从图 4—4 的盒子中点处各画一条向上和向下的线段，直至栅栏处为止。本例中，由于数据下栅栏小于数据中最小的值，因此线段只需画到 0.0 处，具体见图 4—5。

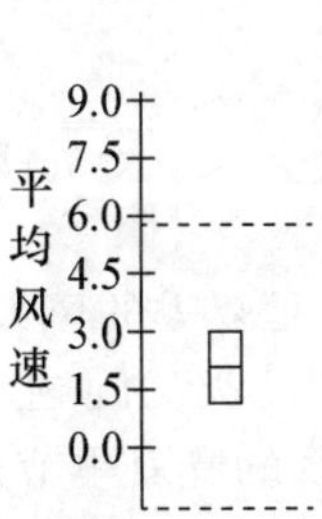

图 4—4　给图 4—3 增添“数据栅栏” 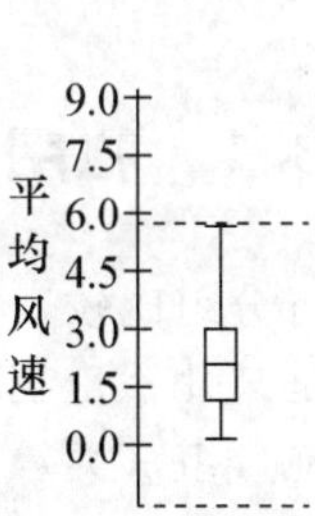　　**图 4—5　画箱线图的尾须**

第四步，最后，将异常值及落在数据栅栏外的数据值显示出来，并用特殊的记号标示。绘制完成的风速例子的箱线图见图 4—6。

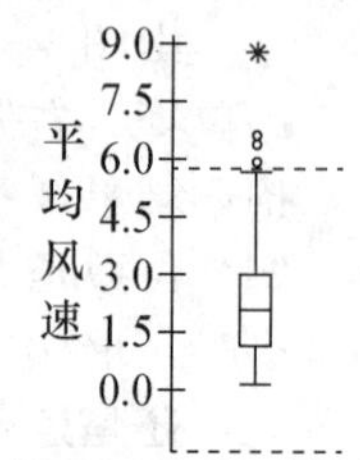

图 4—6　风速箱线图

箱线图是“5 数”描述的图像表示，中间那个盒子显示上下四分位数之间的观察值范围，盒子的上端是上四分位数，下端是下四分位数，盒子的高度恰好是四分位数差。如果中位数位于盒子的中间位置，即大致将盒子等分成两半，说明数据分布接近对称，否则意味着数据分布不对称。箱线图中的上下两条尾须也能反映数据分布的对称性，如果上下两条尾须不相等，表明数据分布不对称。箱线图中的异常值通常用特殊的符号单独标示，一方面是帮助我们更好地判断数据分布的对称性，另一方面是提醒我们要给予特别的关注。出现异常值，要么是由于数据采集中发生登记性错误，要么是由于数据中有某些有趣的东西存在。

由图 4—6 可知，盒子的上下端涵盖了每天平均风速在 1.15～2.93 英里/小时之间的情况。从图 4—6 中盒子的形状来看，风速变化大致接近于对称分布，但上面的那条尾须比下面的尾须长，表明分布向上端延伸，与此同时，我们也能看到有几天风比较大。另外，需要指出的是，箱线图对识别异常值特别有帮助。有时，需要将直方图和箱线图叠放在一张图上，以便于对比观察，图 4—7 同时显示了图 4—1 和图 4—5 的情况。

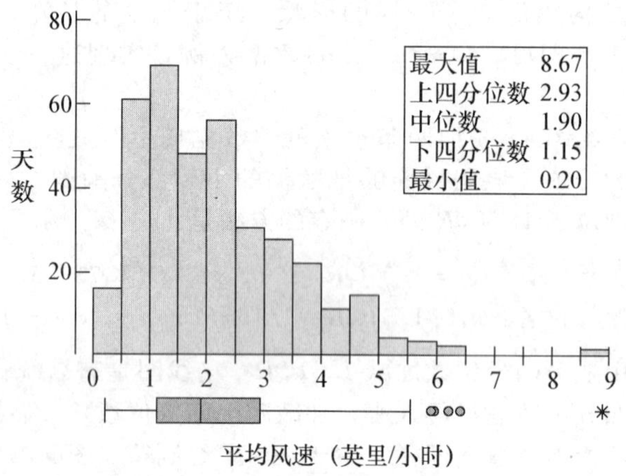

图 4—7　直方图与箱线图

图 4—7 中上部是直方图，下部是横放着的箱线图。

4.3　直方图和箱线图在分组比较中的应用

4.3.1　利用直方图进行分组比较

进行分组比较，是统计分析中常见的做法。是夏季的风大还是冬天的风大，一年中是不是某几个月刮风特别多，要想搞清楚诸如此类的问题，就需要对表 4—1 中的数据实施分组（类），比如霍普金斯纪念林保护区的春夏季节是 4—9 月，秋冬季节是 10 月—来年的 3 月，这样，我们可以将 1989 年 4—9 月每天的风速数据看成一组，将 1—3 月、10—12 月的数据看成另一组。分组之后，可以根据相应月份每天的风速数据分别绘制直方图。图 4—8 和图 4—9 分别是春夏季节和秋冬季节每天风速的直方图。

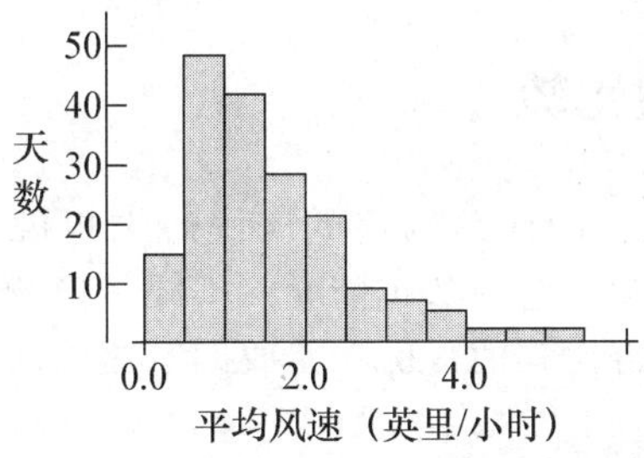

图4—8 春夏季节每天风速直方图

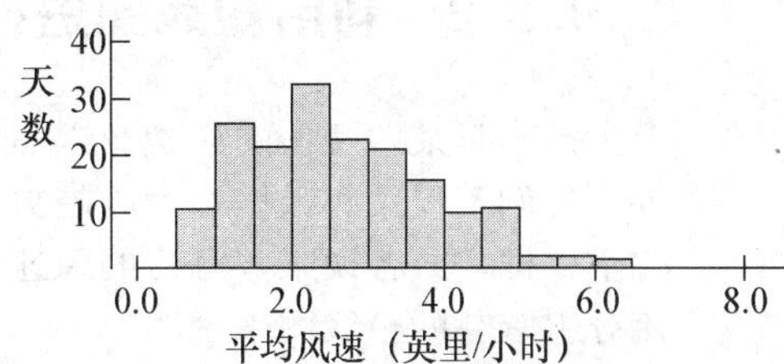

图4—9 秋冬季节每天风速直方图

比较图4—8和图4—9，可以看出它们在分布形状、中心趋势、离散趋势等方面都有非常明显的差别。为了更清晰地看图，我们用表4—2把主要特征数字列示出来。春夏季节，霍普金斯纪念林保护区的风速呈现出右拖尾，在这些月份中每天风速的一般水平是1～2英里/小时，只有少数天风速超过3英里/小时。秋冬季节，霍普金斯纪念林保护区每天的风速偏斜程度不是那么严重，但散布情况比较突出，并且秋冬季节里风速的一般水平都比较大，风速超过3英里/小时很平常，另外存在值得注意的比较大的数值。

表4—2 不同季节每天风速的主要特征

	均值	标准差	中位数	四分位数差
秋冬季节	2.71	1.36	2.47	1.87
春夏季节	1.56	1.01	1.34	1.32

例4—1

2004年，美国新生婴儿的死亡率是6.8‰。为了解美国各地区新生婴儿死亡水平间的差异，凯瑟家庭基金会（Kaiser Family Foundation）采集了2004年美国50个州及哥伦比亚特区的新生婴儿死亡率数据。这里将51项数据划分成美国南部与西部地区、北部与中西部地区两组，由于茎叶图的描述功能可以替代直方图的作用，因此用茎叶图来反映地区间的新生婴儿死亡情况，并且为了更直观地比较，将两张茎叶图放在一起，形成了一张复合茎叶图，具体见图4—10。

南部与西部		北部与中西部
	4	8897
6362	5	8406
410491164	6	31544
5003	7	580741
8596140	8	10
00	9	
30	10	
4	11	

图4—10 2004年美国新生婴儿死亡率复合茎叶图

从图4—10中，你能得出什么样的结论？

答：从图4—10中可以看出，南部与西部各州的新生婴儿死亡率比北部与中西部各州高。北部与中西部各州的新生婴儿死亡率相对来说比较均匀，变化范围为4.8‰～8.1‰。南部与西部10个州的新生婴儿死亡率呈右偏分布，并且有可能是双峰分布，其中有一个州的新生婴儿死亡率超过了11‰，因此对南部与西部各州，需要进一步开展深入调查。

□ 4.3.2 利用箱线图进行分组比较

是不是某些月份的风速比其他月份大？即使是当地的居民恐怕也说不清楚。另外，我们不仅关心数据的中心趋势，而且关心它的散布情况。不同月份的风速是不是完全一样，或者说某些月份的风速变异是否比其他月份大？要回答这些问题，可以利用分组资料的箱线图来说明。

前面我们通过直方图比较了春夏季节和秋冬季节的风速，为了掌握季节变化对风速的影响，我们也可以通过比较月份观察数据。直方图、茎叶图在描述一个或少数几个数据分布时，效果较好。但如果将若干直方图或茎叶图放在一起比较，识别起来就比较困难了。与此不同的是，箱线图在提炼信息和简化认识方面能够做到较好的平衡。因此，在要求进行多组比较时，选择箱线图可能不失为一种好办法。

通过将分组数据的箱线图排列在一起，很容易看出哪些组的中位数比较大，哪些组的四分位数差比较大。如果箱线图是按照某种顺序编排的，还能帮助我们认识中心趋势、离散趋势的状况，甚至能把那些在全部数据描述中没能得到体现的异常值显示出来。

把 CES 的观测数据按月份分组，绘制的风速变化箱线图见图 4—11。

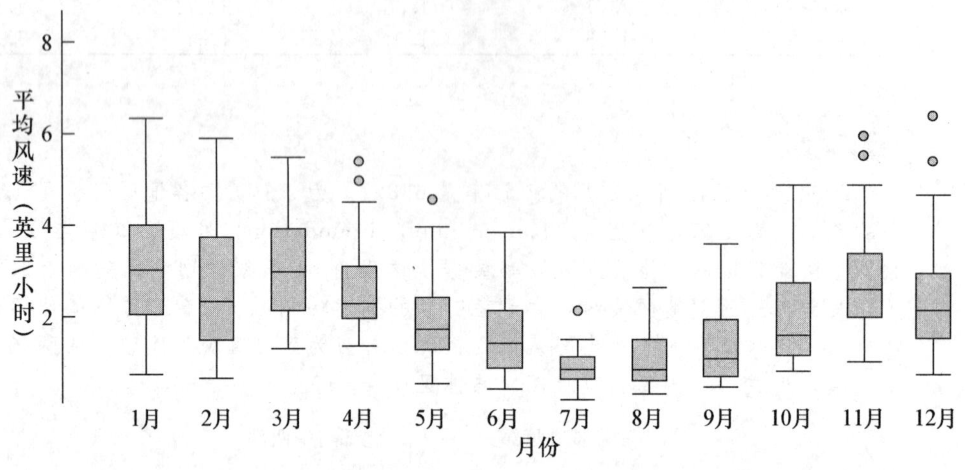

图 4—11 每月风速箱线图

由图 4—11 可以看出，霍普金斯纪念林保护区在夏季风力趋向于减小，1 月、2 月、3 月、11 月、12 月，风速及其变异程度都比较大。其中，11 月刮了一场特别大的风。由图 4—6 或图 4—7 可知，全年数据的箱线图存在 5 个异常值。由图 4—11 可知，出现异常值的月份有 4 月、5 月、7 月、11 月和 12 月，分月数据中标示的异常值多于年度数据，因为就年度 365 项数据来说，可能某些天的风速不算大，但一旦与所在月份每天风速相比就显得比较突出，比如 7 月的那个异常值根本没办法与刮大风的 11 月、12 月的数据相比，但在这个月也算得上风最大的。

图 4—11 中的分月箱线图是按月份顺序绘制的，但即使分组之间不存在特别的顺序，也能利用箱线图进行分组比较。需要强调的是，对两个或两个以上的分组数据进行比较，箱线图确实是一个有用且有效的工具。下面我们再通过一个实例，讲解箱线图等方法在分组比较中的应用。

某学生为了完成课程论文，以比较不同类型咖啡容器的效率为讨论的主题。该学生挑选了四种咖啡容器，分别是 CUPPS，Nissan，GIGG，Starbucks，用每种咖啡容器各做了 8 次实验，每次将 180°F的热水倒入容器后盖起来，半个小时之后，再测量容器内的温度，并记录下与初始温度的差距，如果差距越小，意味着容器的保温性能越好。以下是该学生得到的实验数据（见表 4—3）：

表 4—3　　不同容器的保温性能

CUPPS	Nissan	SIGG	Starbucks
6	0	9	6
6	0.5	11	6
6	1.5	12	7
6.5	2	12.5	7
10	2	16	10
11	3	20.5	13
17.5	6	23	15.5
18.5	7	24.5	17.5

要求：讨论四种容器的保温效果。

第一步，制定研究计划，识别研究变量。

做这个实验的目的是检查四种咖啡容器的保温效果，为此对每种容器各做了 8 次实验。实验变量主要是温度差，属于数量性质的变量，可以采用数量数据的描述性分析方法（包括箱线图）。

第二步，对数据资料进行描述处理。

根据给定的数据，"5 数"描述的结果见表 4—4。

表 4—4　　"5 数"描述的结果

	最小值	Q_1	中位数	Q_3	最大值	IQR
CUPPS	6	6.00	8.25	12.63	18.50	6.63
Nissan	0	1.25	2.00	3.75	7.00	2.50
SIGG	9	11.75	14.25	21.13	24.50	9.38
Starbucks	6	6.75	8.50	13.63	17.50	6.88

为了比较四种类型咖啡容器的保温效果，按照上面所介绍的规则，可以绘制箱线图（见图 4—12）。

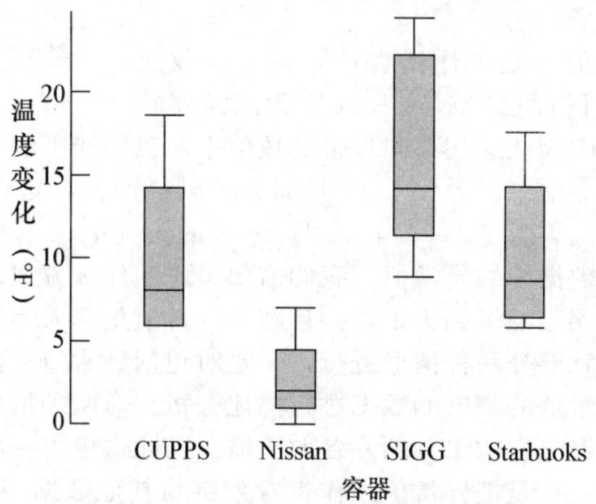

图 4—12　四种咖啡容器的保温效果

第三步，分析结果及讨论。

由表4—4和图4—12可知，四种容器各自的温度差基本上都呈右偏分布。Nissan牌咖啡容器的保温效果最好，平均只损失2℉，并且温差的变异水平也是最小的。相比之下，SIGG牌咖啡容器的保温效果最差，平均损失14.25℉。

□ 4.3.3 异常值诊断

从图4—11中可以看到有些天风比较大，可能存在异常值，像11月风特别大的那一天，其风速数据很可能是异常值。对这些异常值，我们应该如何处理和对待呢？对于远离大部分数据的异常值，毫无疑问我们要给予必要的重视。异常值也是数值，只不过与大部分数据不相称而已，对异常值究竟需要进行什么特别处理，需要做出判断。箱线图虽然能提供识别不正常数值的经验规则，但并没有指出该如何处理异常值。对于异常值，首先要做的事情是联系数据的背景来识别它们，这其中直方图不失为一个有用的工具。与箱线图相比，直方图能更详细地展现数据的分布，因此，通过直方图我们能更好地认识那些与大部分数据不相称的数据点。图4—13是霍普金斯纪念林保护区11月每天风速的直方图，从图中能看出，该地区11月每天的风速呈现出一定程度的偏态分布，其中有一天的风明显比其他天的风大得多。当我们考虑某个数值是否异常时，通常的做法是观察比较该数值与其他数据之间是否存在距离，如果距离比较大，说明该数值确实不同于其他数据，当然也要注意，不能简单地把位于分布尾端的最大值、最小值看成是异常值，毕竟在一组数据中总有最大和最小的数值存在。一些异常值一看就觉得非常不可信，比如在对一个班级学生的调查中，某个学生的身高是170英寸（约14英尺或4.3米），相信你一定会认为这是输入错误造成的。

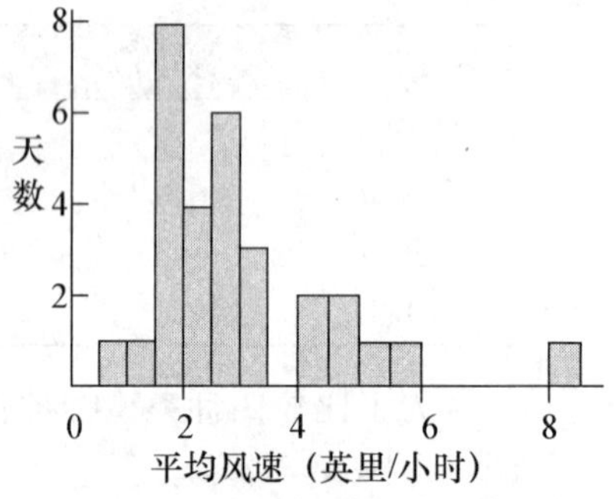

图4—13　霍普金斯纪念林保护区11月每天风速直方图

一旦我们识别出疑似异常值，接下来要做的就是核实和甄别。有些看起来像的异常值，仅仅是因登记性错误造成的，比如：点错了小数点的位置，不正确的换算，某个数字重写和漏写，当然也包括计量单位的错误（像上面那个学生的身高，单位可能是厘米而不是英寸），另外还有数据誊写过程中发生的差错。在识别异常值之前，我们首先需要把数据中存在的此类错误改正过来。

许多异常值不是工作错误造成的，仅仅是它们表现出不同而已，对这些数值我们需要花气力去考察，因为从这些不同寻常的数值中，我们能了解到对整个数据进行描述分析所不能掌握到的信息。为什么11月那天的风特别大，是真的风大还是风速仪出了问题？通过互联网查看了1989年11月29号的天气记录才发现，原来这一天出现了剧烈的风暴。对数据中的异常值，我们需要考虑用什么方式表述数据中的信息。如果数据中的工作错误已经得到更正，并且断定异常值是非人为原因造成的，那么我们在描述分析数据时就要分两种情形进行，一是对包括异常值在内的所有数据进行分析，二是对不包括异常值的剩下的数据进行描述分析。对两种情形下得到的分析结论，让分析报告的使用者自行做出判断并各取所需。因此这里再一次强调，对待异常值以下两种做法不可取：一是把异常值当作正常数字与其他数据一起处理，如果是这样的话，分析的结论可能受到一定程度的干扰；二是不加说明地直接将异常值从数据中剔除，我们认为即使需要剔除异常值，也必须解释理由并尽可能地论证为什么要这样做。

4.4　时间序列图

霍普金斯纪念林保护区的风速是按天记录的，公布的是每天的平均风速。在前面的描述分析中，我们把每天平均风速的资料按月或季进行了分组，可是有时我们要考察天与天之间的风速变化。无论在什么情况下，如果数据是按时间变化观测的，要想了解这样的数据的变化规律，最好绘制时间序列统计图。按时间顺序绘制出来的图像，通常叫做时间序列图，图 4—14 就是根据 1989 年霍普金斯纪念林保护区每天的风速资料绘制的时间序列图，图中的横坐标表示每天的代码 1～365，纵坐标表示风速。

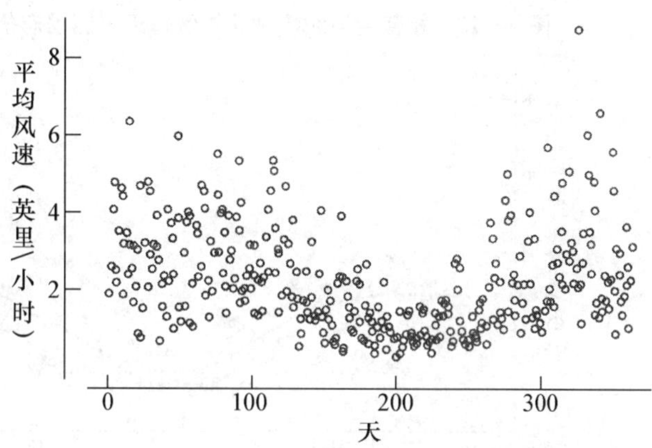

图 4—14　霍普金斯纪念林保护区每天的风速变化情况

从图 4—14 中，我们能大致看出，霍普金斯纪念林保护区的风速在第 200 天前后即美国夏季变化不大，并且风较小，年头和年尾每天风速的差异较大，风相对也较大。

4.4.1　修匀的时间序列图

图 4—14 中的点显示的是每天的风速，点很多，看得人眼花缭乱。对时间序列，我们也经常需要考察它的基本趋势，以及围绕基本趋势的散布情况，如同频数分布的集中趋势和离散趋势。就图 4—14，我们可以拿支铅笔，凭直觉大致描绘出一条光滑的趋势线。我们也许能画出一条很好的曲线，但最好是利用计算机来帮忙。对计算机来说，可以有各种办法光滑地描绘出时间序列图中的变化轨迹，比如，将各个数据点用折线顺次连接起来（见图 4—15），模拟长期趋势（见图 4—16）等。

由图 4—15 可知，霍普金斯纪念林保护区每天的风速变化非常大，虽然我们用折线连接了各个数据点，但并不能得到更多的信息。

图 4—16 是在图 4—15 的基础上，用一条光滑的曲线模拟了霍普金斯纪念林保护区每天风速变化的轨迹，许多统计软件都可以帮助我们实现这项功能，依据这样的趋势线，我们能比较容易地看出现象动态变化的规律。

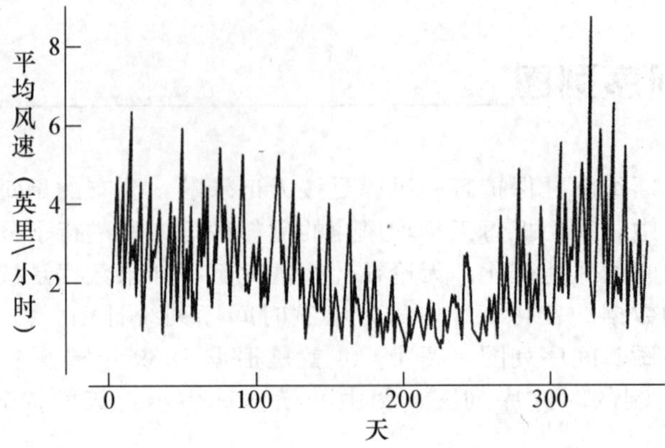

图 4—15 霍普金斯纪念林保护区每天风速动态折线图

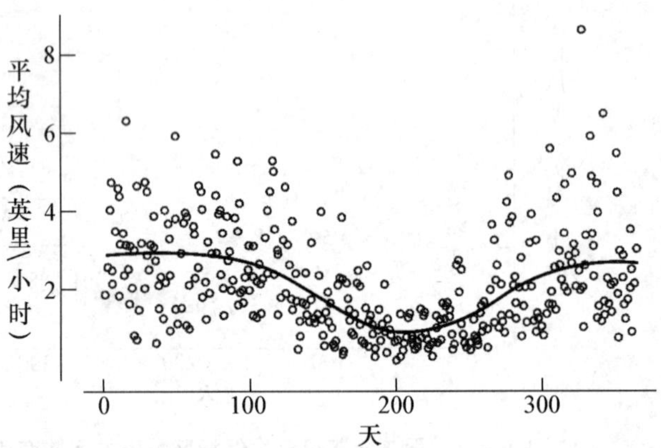

图 4—16 霍普金斯纪念林保护区每天风速变化趋势模拟

4.4.2 时间序列的外推

有了时间序列图后，我们总会不自觉地把从时间序列图中发现的动态变化特征外推到未来的状态。这有时是有意义的。根据图 4—14、图 4—15 和图 4—16，如果我们说霍普金斯纪念林保护区来年的 6 月风小、11 月风大，可能比较靠谱。但这个问题不能一概而论，对有的时间序列如果进行外推将面临很大的风险，比如某只股票最近一直在上涨，我们敢断定它会持续涨下去吗？须知没有哪只股票的价格会无限涨下去，另外当股票价格的变化反复无常时，也没有哪个股票分析师能做出一以贯之的预测。预测股票价格、失业率以及其他经济社会和心理现象，比预测自然现象要困难得多。这一点很好理解：把一个球按一定的速度和角度向上抛掷，球的抛物线很容易确定，然而像利率的变化路径等恐怕就不会如此清晰了。除非有确切（非统计意义上）的理由，否则我们应该抵制这样的诱惑，即认为观察到的趋势会持续保持下去，哪怕是短期的预测。熟悉统计工作方式的人，常常经不住诱惑试图寻求数据以外的东西，这一点应该引起足够的重视。

4.5 数据的变换

数据变换是统计数据分析和建模中经常要用到的策略，通过数据变换，可以降低数据的偏斜程度，促进组间变异的相互比较。

4.5.1 降低数据的偏斜程度

对有偏的数据，直接使用中心趋势和离散趋势测算方法对其进行描述分析不合适，同时也不便于识别那些位于分布两端的数值是不是异常的。那么对这样的数据，我们怎样分析才能发现有用的东西呢？没有什么秘诀，关键在于应用函数实施变换以重新组织数据。自然科学和社会科学中的许多函数方程和定理，通常都会用到对数、平方根、倒数。同样，在数据处理中也会用到这些变换方法。

下面，我们来看个例子。据相关资料，1980 年大公司 CEO 的年均薪酬大约是普通员工的 42 倍，在接下来的两个 10 年中，CEO 的年均薪酬相对于一般员工迅速飙升，截至 2000 年，这个倍数蹿升到 525。图 4—17 是《财富》500 强公司 2005 年 CEO 年均薪酬的直方图和箱线图，其中直方图的横坐标是年均薪酬，纵坐标是频数。

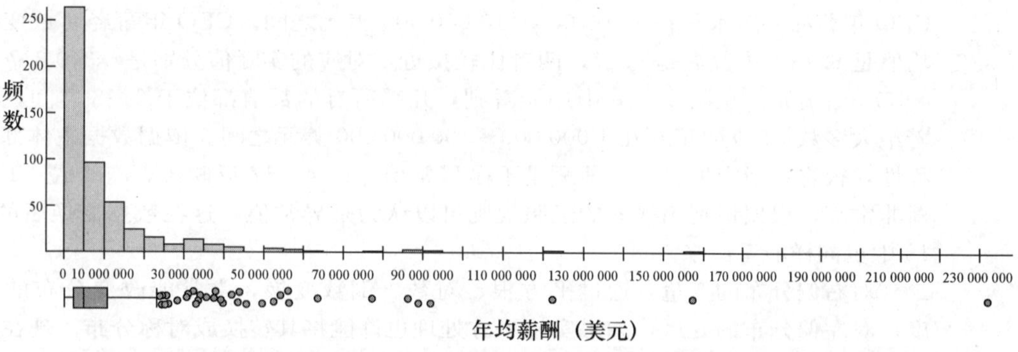

图 4—17 《财富》500 强公司 2005 年 CEO 年均薪酬的直方图和箱线图

按既定的分组规则，500 位 CEO 的年薪可以分成 48 组，但图 4—17 的直方图中有许多组发生的次数是 0 即空组，不过这并没有影响到那些非常小的长方块向右端延伸。箱线图显示，某些大公司的 CEO 获得了极高的年薪，而绝大多数大公司 CEO 的年薪相对“较少”。现在我们来看看直方图中的各个长方块，第一个直方块对应的频数超过 250，也就是说有一半 CEO 的年薪在 0～5 000 000 美元之间。设想一下，你正在填写一份薪酬调查表，要求从以下选项中选择：收入为 0～5 000 000 美元、5 000 001～10 000 000 美元、10 000 001～15 000 000 美元、15 000 000 美元以上。如果对这样的分组方式绘制频数分布，就会发现很多长方块没有频数（即高度为 0），因为薪酬的散布范围太广，从 15 000 000 美元到 240 000 000 美元，这样一来，在 50 000 000美元之后的组出现的频数会很小，以致即使绘制出了直方图，也很难看出那个长方块。图 4—17 显示，CEO 的年薪分布呈现高度的右偏态。在有偏分布的情况下，我们确定分布的中心趋势可能会有困难，换句话说，用一个代表性数值描述数据有些不合适，比如 CEO 年薪的典型水平究竟是多少？如果用均值反映，是 10 307 000美元，要是用中位数反映，只有 4 700 000 美元，两者相差很大。均值也好中位数也罢，它们告诉了我们有关数据的不同信息。

对有偏分布的数据，我们可以采用变换处理使其变得不那么偏斜，比如对 CEO 的年薪取平方根或对数。通过比较发现，CEO 年薪的对数变换更可能获得对称分布的效果，具体见图 4—18。

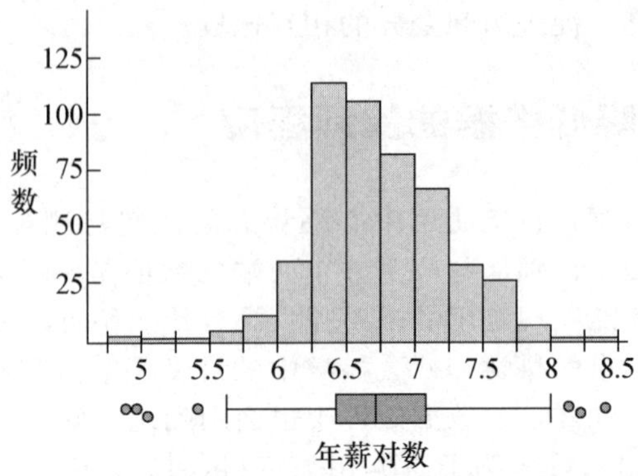

图 4—18　CEO 年薪经对数变换后的分布

如图 4—18 所示，CEO 年薪对数变换后的直方图和箱线图，基本上都显示了近似对称分布的特征。据此我们可以放心地使用一般的中心趋势测度来描述。比如图 4—18 中，对数变换后的代表性值位于 6～7 之间，进行反对数换算后，即意味着 CEO 年薪的一般水平在 1 000 000～10 000 000 美元之间。CEO 年薪经对数变换后的均值是 6.73，中位数是 6.67，两者比较接近，对应的实际值分别是 5 370 317 美元和 4 677 351美元。从图 4—18 中还能看到，几乎所有的数值都位于 6～8 之间，这意味着绝大多数 CEO 的年薪在 1 000 000～100 000 000 美元之间。依据数据主体部分的对称性，很容易断定那些最大薪酬是不是异常值。图 4—17 反映出，有 3 位 CEO 的年薪非常高，根据识别箱线图的经验规则可以认为是异常值，这在数据变换后的图 4—18 中也同样能看出来。

对右偏分布的变量，通过平方根、对数、倒数变换，常常能改变分布的右偏程度；对左偏分布的变量，如果实施平方处理也许能将其转换成对称分布。现在的计算机乃至计算器都带有一般的数据计算功能，因此实现数据的变换处理非常容易。总之，当数据存在偏态时，建议最好先实施变换处理。

□ 4.5.2　促进组间变异的比较

当人的身体代谢尼古丁时，可替宁就积存在血液里。为了解吸烟对人体的影响，研究人员选择了三组受试人群：不吸烟且没有被动吸烟者（No ETS），不吸烟但被动吸烟者（ETS），吸烟者（Smokers），分别测量了这些人血液中可替宁的浓度，得到如下一组数据（见表 4—5）。

表 4—5　　**受试组血液中可替宁的浓度**　　单位：毫微克/毫升

No ETS	ETS	Smokers	No ETS	ETS	Smokers
0.03	0.03	0.08	0.08	0.12	3.44
0.05	0.07	0.14	0.08	0.12	4.98
0.05	0.08	0.27	0.08	0.14	6.87
0.06	0.08	0.44	0.08	0.17	11.12
0.06	0.09	0.51	0.08	0.20	12.58
0.06	0.09	1.78	0.08	0.23	13.73
0.07	0.10	2.55	0.08	0.27	14.42
0.08	0.11	3.03	0.08	0.28	18.22

续前表

No ETS	ETS	Smokers	No ETS	ETS	Smokers
0.09	0.30	19.28	0.20	2.33	72.37
0.09	0.33	20.16	0.22	2.42	104.54
0.10	0.37	23.67	0.24	2.66	114.49
0.10	0.38	25.00	0.25	2.87	145.43
0.10	0.44	25.39	0.28	3.13	187.34
0.10	0.49	29.41	0.30	3.54	226.82
0.12	0.51	30.71	0.32	3.76	267.83
0.13	0.51	32.54	0.32	4.58	328.46
0.13	0.68	32.56	0.37	5.31	388.74
0.15	0.82	34.21	0.41	6.20	405.28
0.15	0.97	36.73	0.46	7.14	415.38
0.16	1.12	37.73	0.55	7.25	417.82
0.16	1.23	39.48	0.69	10.23	539.62
0.18	1.37	48.58	0.79	10.83	592.79
0.19	1.40	51.21	1.26	17.11	688.36
0.20	1.67	56.74	1.58	37.44	692.51
0.20	1.98	58.69	8.56	61.33	983.41

根据表 4—5 的资料绘制的箱线图见图 4—19。

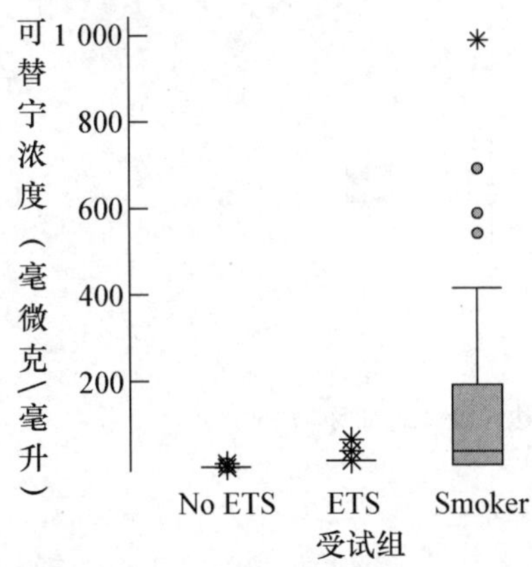

图 4—19 受试组血液中的可替宁浓度

由图 4—19 容易看出，吸烟组血液中可替宁的浓度高。但是如果我们要去比较 No ETS 和 ETS 这两组，就有麻烦了，原因是在原始计量单位下，No ETS 和 ETS 的数值实在太小，以至于画出来的箱线图难以清晰地看出来。此时，如果我们对原始测量数据实施变换处理，有可能会大大减小组与组之间的离散程度。表 4—5 中的数据都是正数，并且三组数据都向上端偏斜，一个基本的想法就是给它们取对数变换，表 4—5 中的数据进行对数变换后的箱线图见图 4—20。

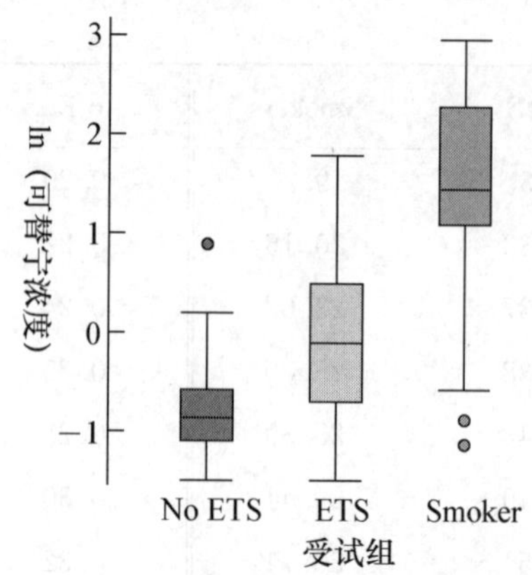

图 4—20　表 4—5 经对数变换后的箱线图

图 4—20 不仅改善了三组数据的对称性，还能让我们对三个组进行比较分析。尽管 Smokers 组与图 4—19 反映出来的状况不一样，但 No ETS 和 ETS 组得到了清晰的展现。通过这个例子我们知道，数据变换处理既能降低数据分布的偏斜程度，同时又能促进组间变异的比较。

复习思考题

1. 一家公司将其速冻比萨饼卖给位于美国丹佛、巴尔的摩、达拉斯、芝加哥等地的 4 个市场，现在想了解这 4 个市场比萨饼的零售价格，收集了 1994 年 1 月至 1996 年 12 月每周的平均售价资料，根据这些数据绘制了如下箱线图：

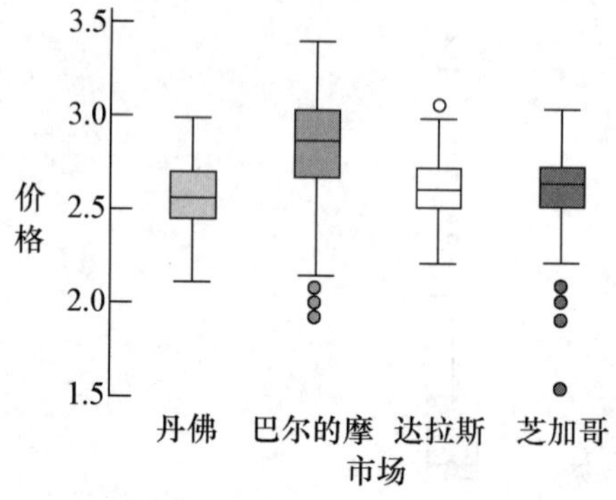

要求回答：

（1）4 个市场的零售价格是否相同？请给出解释。

（2）存在的异常值是否会干扰你对 4 个市场价格的认识？

2.《人群管理研究》关注摇滚音乐会现场发生的意外事故，收集了人群拥挤造成的死亡人员的相关数据，下面的直方图和箱线图是根据 1999—2000 年死亡人员年龄绘制的。

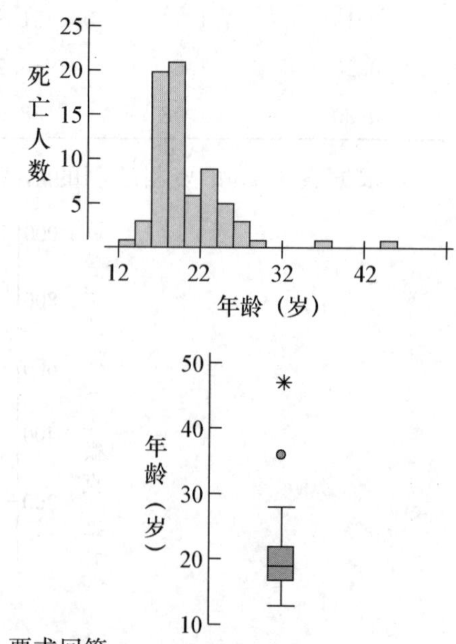

要求回答：

（1）对照直方图和箱线图，说说死亡人员年龄分布的特征。

（2）直方图中有没有在箱线图中看不到的特征？

（3）如果要求说明中心趋势，你会采用什么样的描述性方法？为什么？

（4）反映离散趋势时你会采用什么方法？为什么？

3. 在大多数早餐麦片中糖是主要的成分，以下直方图是根据49款麦片的含糖成分资料绘制的，给出的箱线图对成年人和儿童吃的麦片中的含糖量做了比较。

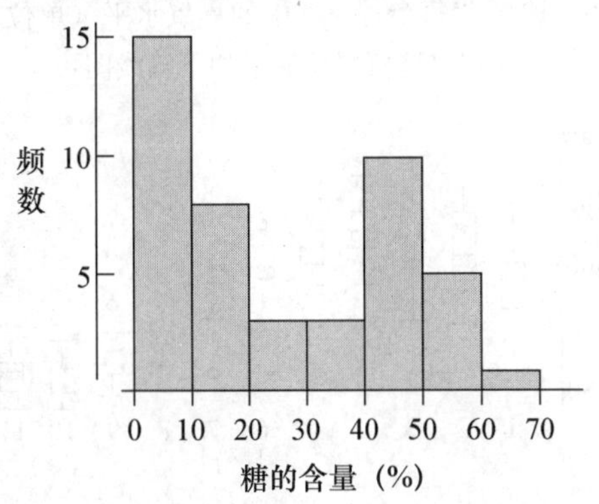

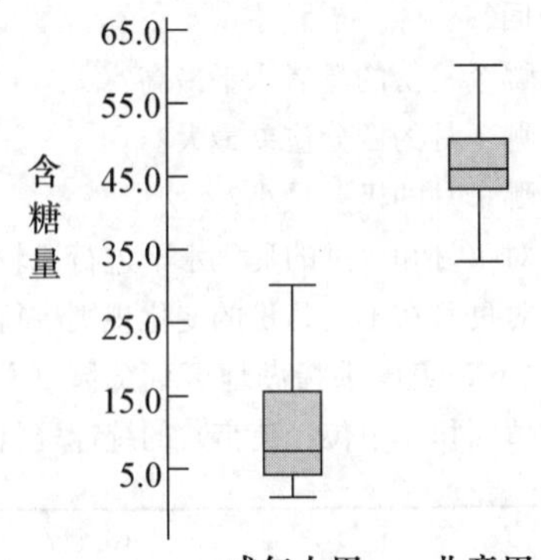

要求回答：

（1）这些麦片含糖成分的范围是多少？

（2）指出麦片含糖成分的分布状态。

（3）儿童吃的麦片含糖量是否比成年人的高？

（4）在成年人用组和儿童用组中，哪个组的麦片含糖量变异比较大？

4. 脊髓受到损害的人，部分肌肉会失去功能，因此起卧能力就显得特别重要，它关系到坐着的时候能不能转动位置，能不能上下轮椅。外科医生对患脊髓病的儿童采用了两种治疗方案，然后比较了起卧能力的恢复情况。下面的直方图是根据治疗两年后起卧力量的评分资料绘制的，箱线图对二头肌和三头肌的训练结果做了比较。

要求回答：

（1）描述一下分布的形状。

（2）起卧力量评分的范围是多少？

（3）两种治疗方案的评分结果混在直方图中，对此你怎么看？

（4）哪种治疗方案的中位数得分较高？

（5）哪种治疗方案比较好？

（6）采用何种方法能对两种方案治疗效果的变异情况进行比较？

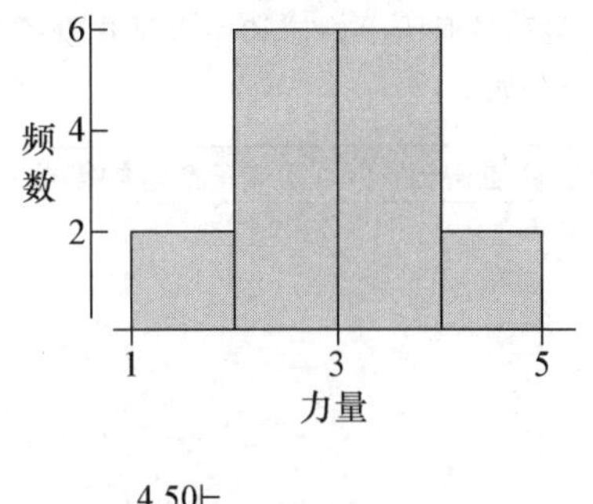

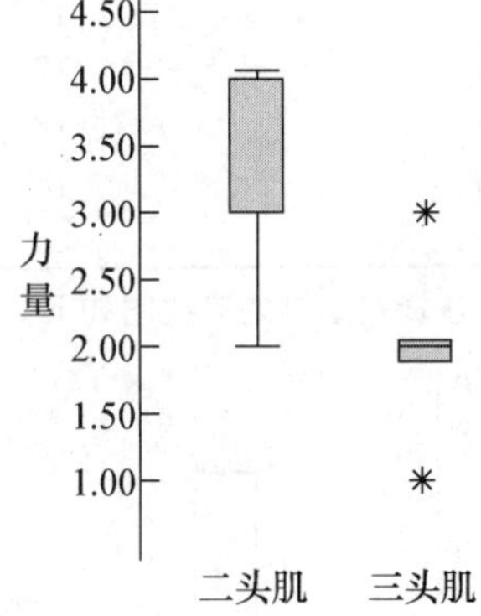

5. 佛蒙特州的许多公园都开辟了野营地，以下直方图是按照公园中野营地数目对公园所做的分类统计，其中横坐标是野营地数，纵坐标是公园分布频数。

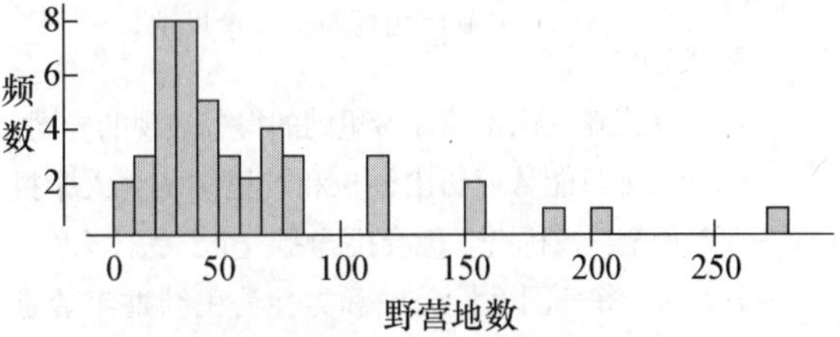

由原始资料得到的主要描述统计结果如下：

公园数	46个
均值	62.8个野营地
中位数	43.5个野营地
标准差	56.2个野营地
最小值	0个野营地
最大值	275个野营地
下四分位数	28个野营地
上四分位数	78个野营地

要求回答：

（1）根据直方图，你会选择什么样的中心趋势和离散趋势测度来描述公园野营地的情况？为什么？

（2）有多少公园的野营地可以被认为是异常的？

为什么？

（3）根据上述资料绘制箱线图。

（4）对数据分布的情况进行说明。

6. 运动员亚历山德拉和希里纳在赛季前10场比赛的得分如下：

亚历山德拉得分	希里纳得分
6	15
9	15
11	16
12	16
17	17
17	17
20	17
24	18
26	18
27	20

根据上述资料绘制的箱线图如下：

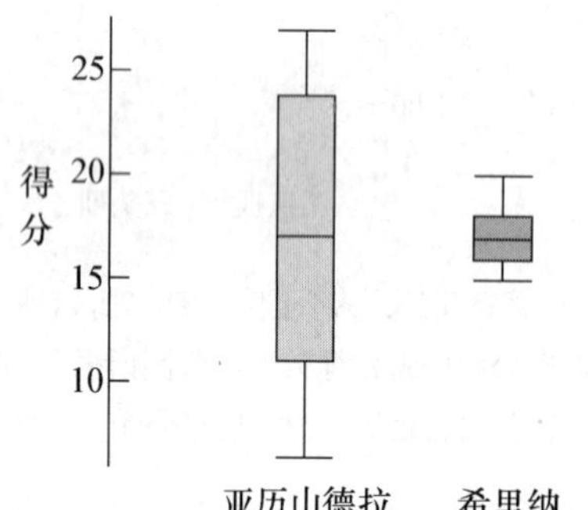

要求回答：

（1）指出亚历山德拉和希里纳的得分表现的异同。

（2）假如只能从亚历山德拉和希里纳两个人中挑选一人参加全美锦标赛，你会挑选哪一个？为什么？

7. 为了解美国女性公民和男性公民结婚年龄是否相同，收集了1890—1990年男女性平均初婚年龄的资料，根据这些资料绘制了如下箱线图：

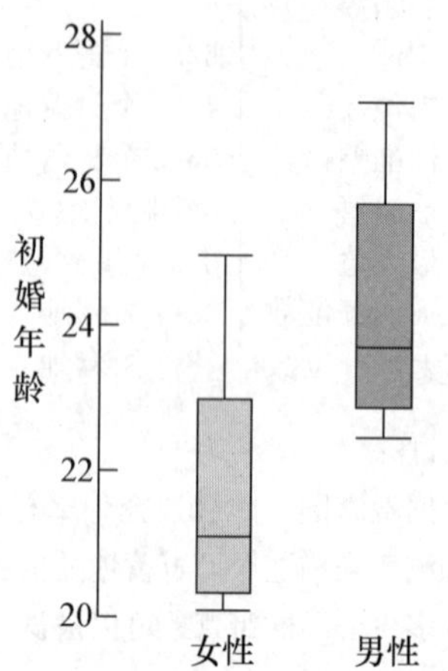

要求：根据上述箱线图，讨论男女性初婚年龄的统计特征。

8. 位于新泽西州的一个观测站，记录了1926—1971年每个月空气中的臭氧水平（单位：微克/升），根据这些资料绘制了如下箱线图：

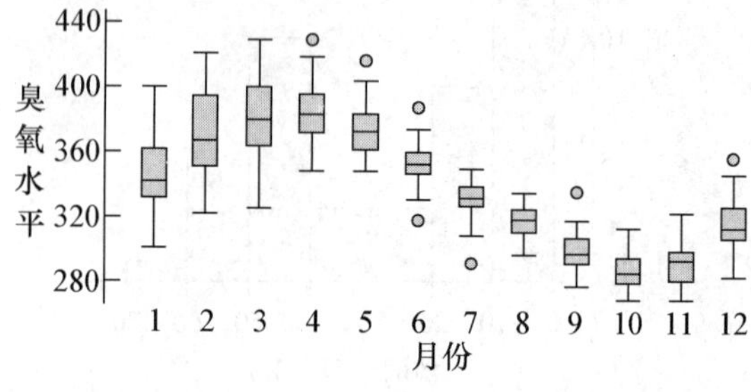

要求回答：

（1）哪个月份的臭氧水平最高？

（2）哪个月的四分位差最大？

（3）哪个月的极差最小？

（4）对1月和6月的臭氧水平进行比较分析。

（5）对臭氧在不同月份的变化规则进行讨论。

9. 以下是美国手指湖地区葡萄园（总数为36个）的种植面积（单位：英亩）的统计资料：

均值	46.5
标准差	47.76
中位数	33.5
四分位数差	36.5
最小值	6
下四分位数	18.5
上四分位数	55
最大值	250

要求：

（1）指出分布是对称的还是不对称的，并给出解释；

（2）指出有没有异常值，并给出解释；

（3）根据上述资料绘制箱线图；

（4）写一段分析性说明文字。

10. 某高中毕业班参加全美学业水平考试，语文得分情况统计如下表所示。

要求：

（1）绘制考生得分分组箱线图；

（2）写一段分析性说明文字，主要讨论得分分布的形状、中心趋势、离散趋势等。

	人数	均值	中位数	标准差	最小值	最大值	下四分位数	上四分位数
男生	80	590	600	97.2	310	800	515	650
女生	82	602	625	102.0	360	770	530	680

11. 肯塔基德比赛马会优胜者的时速都在 30 英里以上，下图是根据 1875—2007 年优胜者时速绘制的累积频率分布，从图中可以看出，赢得比赛的时速在 33 英里以下的占比很小，大约 86%赢得比赛的马时速不超过 37 英里。

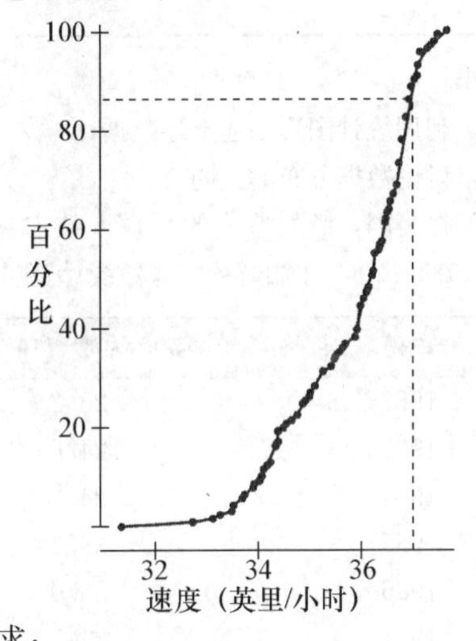

要求：

(1) 估计中位数；

(2) 估计四分位数和四分位数差；

(3) 绘制箱线图；

(4) 写一段分析性说明文字。

12. 某四年级班级有 11 名男生和 11 名女生，在一次阅读测试中，男生和女生的得分统计如下：

	最小值	下四分位数	中位数	上四分位数	最大值
男生	2.0	3.9	4.3	4.9	6.0
女生	2.8	3.8	4.5	5.2	5.9

要求回答：

(1) 男生和女生哪一组的得分高？

(2) 男生和女生哪一组得分的差异较大？

(3) 男生和女生哪一组得分的偏斜程度大？

(4) 男生和女生哪一组学得更好？

(5) 假如男生的平均得分是 4.2，女生的平均得分是 4.6，全班的平均得分是多少？

13. 为了解吸烟对健康的损害，研究人员检查了烟龄 25 年以上者的胆固醇水平，同时也检查了年龄相仿但烟龄不超过 5 年、后来又戒烟者的胆固醇水平，得到如下一组资料：

吸烟者	戒烟者
225	250
211	134
209	300
284	249
258	213
216	310
196	175
288	174
250	328
200	160
209	188
280	321
225	213
256	257
243	292
200	200
213	271
246	227
225	238
237	163
232	263
267	192
232	242
216	249
216	242

续前表

吸烟者	戒烟者
243	267
200	243
155	217
216	267
271	218
230	217
309	183
183	228
280	
217	
305	
287	
217	
246	
351	
200	
280	
209	

要求：

（1）采用合适的统计图形描述资料；

（2）写一份统计分析报告。

14. 某消费者组织收集了美国制造的小汽车和其他国家生产的小汽车每加仑燃油平均行驶里程的资料，具体如下：

美国制造	其他国家制造
16.9	16.2
15.5	20.3
19.2	31.5
18.5	30.5
30.0	21.5
30.9	31.9
20.6	37.3
20.8	27.5
18.6	27.2
18.1	34.1
17.0	35.1
17.6	29.5
16.5	31.8
18.2	22.0
26.5	17.0

续前表

美国制造	其他国家制造
21.9	21.6
27.4	
28.4	
28.8	
26.8	
33.5	
34.2	

要求：

（1）利用统计图形描述上述数据；

（2）讨论数据分布的异同。

15. 在美国，酒驾造成的死亡人数占到40%，下表是1982—2007年酒驾死亡人数统计资料：

年份	死亡人数（千人）
1982	26.2
1983	24.6
1984	24.8
1985	23.2
1986	25.0
1987	24.1
1988	23.8
1989	22.4
1990	22.6
1991	20.2
1992	18.3
1993	17.9
1994	17.3
1995	17.7
1996	17.7
1997	16.7
1998	16.7
1999	16.6
2000	17.4
2001	17.4
2002	17.5
2003	17.1
2004	16.9
2005	16.9
2006	15.8
2007	15.4

要求：

(1) 绘制直方图和箱线图；

(2) 绘制时间序列图；

(3) 根据所绘制的图形，写一段分析性说明文字。

16. 从《财富》榜上选取了 79 家公司，根据这些公司的资产规模（单位：百万美元），绘制了如下直方图：

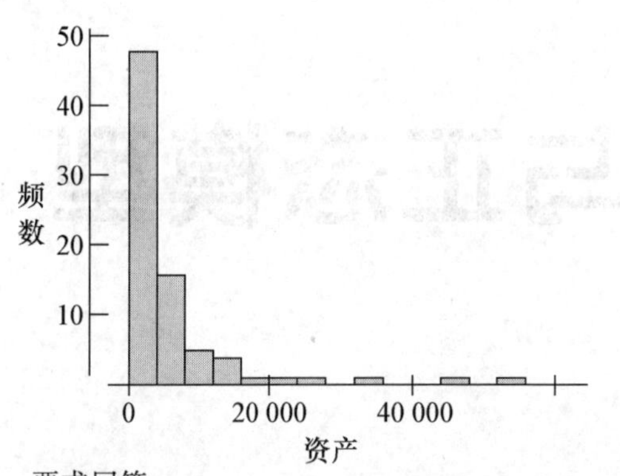

要求回答：

(1) 针对上图，对其进行描述性分析（比如中心趋势、离散程度），是否有难度？

(2) 你认为采用什么样的变换更好？

17. 数字音乐播放器得到普及，根据数字音乐播放器存录歌曲数目资料绘制的直方图如下：

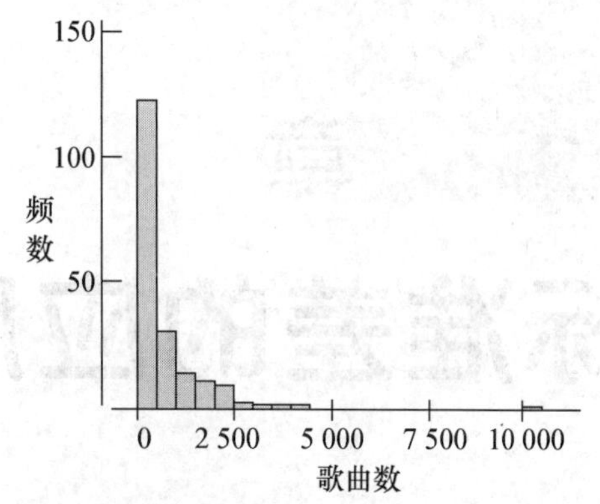

要求回答：

(1) 针对上图，对其进行描述性分析（比如中心趋势、离散程度），是否有难度？

(2) 你认为采用什么样的变换更好？

18. 假定有如下一组资料：

2 687	19 788	278	4 789	5 769	3 720	2 366	252	4 989
13 271	327	5 074	2 548	6 259	3 442	2 448	11 052	10 528
13 621	1 117	866	5 249	1 654	33 406	1 440	9 672	1 995
3 614	5 401	4 418	3 494	52 634	1 257	14 045	1 112	2 286
6 425	1 128	6 914	1 804	999	1 743	4 084	1 104	952
1 022	1 633	862	26 432	1 679	12 505	3 010	478	2 957
1 093	44 736	401	623	4 178	3 940	1 286	10 348	2 535
1 529	5 651	430	1 608	223	8 998	707	2 769	
2 788	5 835	799	4 662	6 307	21 419	3 086	752	

对其实施平方根变换、对数变换后，绘制出来的直方图有什么变化？你认为哪种变换方法更有利于对统计有深入认识？

第5章

标准差的应用与正态模型

大学入学考评官正在审阅两位候选学生的档案材料，其中一名学生参加的是学术能力水平测试（SAT），考了 1 500 分，另一名学生参加的是大学入学考试（ACT），得了 21 分。这两名学生哪个考得好，在不同的测量中应该怎样进行评判呢？处理这类事情，标准化是个重要工具。为此，首先需要找到比较的基准如均值，然后确定离均值的远近程度，这时标准差就派上用场了。统计学中，衡量一个数值距离均值几个标准差是经常使用的方法。

5.1　作为准则用的标准差

奥运会中，女子 7 项全能比赛由 200 米、800 米、100 米跨栏、铅球、标枪、跳高、跳远等项目组成。在最后决定谁能获得金牌时，需要由这 7 个项目的成绩得到一个总分。由于比赛项目的性质不一样，200 米、800 米、100 米跨栏的成绩用时间来反映，铅球、标枪、跳高、跳远的成绩用距离来衡量，那么怎样才能进行综合处理呢？2004 年奥运会上，来自立陶宛的女运动员斯库伊特（A. Skujyte）将铅球投出 16.4 米，比所有参赛选手的平均水平远了近 3 米。克卢夫特（C. Kluft）在跳远项目中成绩最好，达到 6.78 米，比参赛运动员的平均成绩多了 1 米。对这两名运动员来说，哪个得分更高呢？尽管铅球、跳远的成绩都用距离来计算，但直接比较成绩的好坏仍然不可取。为解决诸如此类的难题，统计学发明了一种有用的方法。

在看起来很不一样的数值之间进行比较，基本的方法就是使用标准差。由于标准差能够说明一组数据的整体变异程度，因此不论需要比较的是单个数值还是分组数据，标准差都被看作天然的准则。在统计学这门课程中，像“某个数值离均值多远”、“这两个统计结果有多大差别”这样的表述，总是不厌其烦地被提到。要回答这些问题，毫不例外地需要用标准差来衡量距离或差别。

作为准则用的标准差与一般的标准差在概念上没有什么不同，在各种统计书籍或课程中，都会介绍用标准差反映统计距离，因为它是思考统计问题的基本策略。为了比较跳远和铅球的成绩，我们用一张图来说明。图 5—1 是 2004 年奥运会女子 7 项全能比赛选手跳远和铅球成绩的茎叶图，之所以画茎叶图，是为了便于我们观察每位运动员的比赛结果。

跳远 茎	跳远 叶	铅球 茎	铅球 叶
67	8	16	4
66		15	
65	1	15	
64	2	14	56778
63	0566	14	24
62	11235	13	5789
61	0569	13	012234
60	2223	12	55
59	0278	12	0144
58	4	11	59
57	0	11	23

图 5—1　2004 年奥运会女子 7 项全能每位选手的跳远和铅球成绩

说明：67|8 表示跳远成绩是 6.78 米，16|4 表示铅球成绩是 16.4 米，依此类推。克卢夫特的跳远和铅球成绩的叶部用标有单下划线的数字表示，斯库伊特的跳远和铅球成绩的叶部用标有双下划线的数字表示。

图 5—1 中，跳远和铅球比赛的成绩到茎叶图中心的距离似乎相同，但仔细看一下，两个茎叶图的刻度却不一样，铅球成绩的茎叶图每一行是半米之差，而跳远茎叶图每行是 1/10 米之差。如此一来，同样的距离又有什么意义呢？为什么我们会有这样的认识？原因在于我们的视觉不自觉地调整了刻度。要想得到更为精确的结论，需要计算这两个最好成绩离各自的均值有几个标准差。

为了帮助大家理解，表 5—1 给出了跳远和铅球的均值与标准差。

表 5—1　　2004 年奥运会女子 7 项全能中跳远与铅球成绩的统计

	跳远	铅球
均值（有成绩的全部参赛选手）	6.16 米	13.29 米
标准差	0.23 米	1.24 米
参赛选手人数	26 人	28 人
克卢夫特成绩	6.78 米	14.77 米
斯库伊特成绩	6.30 米	16.40 米

克卢夫特跳远的最好成绩是 6.78 米，比参赛选手的平均成绩 6.16 米多出 0.62 米，这多出来的 0.62 米相当于几个标准差呢？跳远比赛的标准差是 0.23 米，因此克卢夫特超过平均水平的成绩位于均值的 (6.78−6.16)/0.23＝2.70 个标准差处。斯库伊特在铅球比赛中的最好成绩是 16.40 米，比参赛选手的平均成绩 13.29 米多出 3.11 米，铅球比赛成绩的标准差是 1.24 米，斯库伊特超过平均水平的成绩，相当于 3.11/1.24＝2.51 个标准差。虽然斯库伊特的铅球成绩不错，但与克卢夫特在跳远中的表现相比还是差一些，因为斯库伊特的铅球成绩离均值的距离，不如克卢夫特的跳远成绩离均值的距离大。

所以，为了更好地比较克卢夫特的跳远成绩和斯库伊特的铅球成绩，我们最好计算一下它们各自离均值有几个标准差。用标准差反映到均值的距离，通常被称为标准化处理。标准化的过程是：将数据中的某个值减去该组数据的均值，然后除以标准差，用公式来表示就是：

$$z=\frac{y-\bar{y}}{s} \tag{5.1}$$

式中，z 表示 y 标准化后的值，也叫标准化得分。

y 标准化后的值 z 是个无名数，不带有计量单位，它反映了数据中各个值离均值有多少个标准差，比如标准化后的值 2，表明该数值比均值大 2 个标准差。不论原始数据采用的计量单位是英寸、美元还是秒，对标准化结果都不会产生影响。如果计算出来的标准化值是负数，比如−1.6，表明对应的数值位于均值以下 1.6 个标准差处。对标准化值取绝对值，其值越大，意味着该标准化值对应的原始数值越不一般。据此，我们就不难理解为什么说克卢夫特在跳远上的表现比斯库伊特在铅球上的表现出色了。

例 5—1

冬奥会男子多项滑雪赛由两项比赛组成，分别是高山滑雪和障碍滑雪，参赛选手的成绩是这两项比赛用时的加总，用时最少的选手就是冠军。2006 年冬奥会上，障碍滑雪的平均用时是 94.271 4 秒，标准差为 5.284 4 秒；高山滑雪的平均用时是 101.807 秒，标准差是 1.835 6 秒。在这一届冬奥会上，美国运动员利盖蒂（T. Ligety）以总用时 189.35 秒在这个项目上获得了第一名，其中障碍滑雪用时 87.93 秒，高山滑雪用时

101.42 秒。利盖蒂在高山滑雪和障碍滑雪哪项比赛中得分较高？

答： 为了比较利盖蒂在高山滑雪和障碍滑雪中的表现，需要计算标准化得分。根据式（5.1），得到：

$$z_{\text{障碍滑雪}}=\frac{87.93-94.2714}{5.2844}=-1.2$$

$$z_{\text{高山滑雪}}=\frac{101.42-101.807}{1.8356}=-0.21$$

两相比较，利盖蒂在障碍滑雪比赛中的表现更好。

利用标准差准则测量统计距离，可以帮助我们在不同研究变量、不同测量刻度、不同计量单位，以及不同个体之间实现差异比较。为了确定奥运会女子 7 项全能比赛中的优胜者，裁判必须把 7 个不同的比赛项目的成绩综合起来。由于裁判最终给出的是运动员的绝对得分，它不依赖于某位选手在历届奥运会上的表现，因此裁判需要使用事先制定好的参考表，只不过在加总运动员各个项目的得分之前，需要对其进行标准化处理。在这一过程中，裁判可能要做的唯一工作就是将径赛项目中的标准化得分改变符号，即把径赛成绩的标准化结果由负号改成正号，这是因为不同于投掷和跳跃项目，径赛项目的用时越低于均值越好，因此径赛成绩好的运动员的标准化得分一定是负数。

为了把斯库伊特和克卢夫特在跳远、铅球项目上的成绩加总起来，将两位选手在跳远、铅球上的成绩进行标准化处理，其最终得分见表 5—2。

表 5—2　　两位选手最终得分的计算过程及结果

		跳远	铅球
	均值	6.16 米	13.29 米
	标准差	0.23 米	1.24 米
克卢夫特	原始成绩	6.78 米	14.77 米
	标准化值	(6.78−6.16)/0.23=2.7	(14.77−13.29)/1.24=1.19
	两项综合得分	2.7+1.19=3.89	
斯库伊特	原始成绩	6.30 米	16.40 米
	标准化值	(6.30−6.16)/0.23=0.61	(16.40−13.29)/1.24=2.51
	两项综合得分	0.61+2.51=3.12	

由表 5—2 可知，克卢夫特跳远成绩的标准化得分为 2.7，铅球成绩的标准化得分为 1.19，总得分为 3.89。斯库伊特跳远成绩的标准化得分为 0.61，铅球成绩的标准化得分为 2.51，总得分为 3.12。所以就这两项比赛而言，克卢夫特的表现要优于斯库伊特，这就是我们想要的结论。

例 5—2

2006 年冬奥会上，来自克罗地亚的科斯特里奇（I. Kostelic）障碍滑雪用时 89.44 秒，高山滑雪用时 100.44 秒。该选手的高山滑雪成绩比美国选手利盖蒂好，但障碍滑雪成绩不如利盖蒂。在这个比赛项目上，科斯特里奇和利盖蒂哪个能赢得金牌？

答： 例 5—1 给出了利盖蒂两项比赛的标准化得分，其总得分为 −1.41。下面，我们着重计算科斯特里奇的标准化分值。根据式（5.1），得到：

$$z_{障碍滑雪}=\frac{89.44-94.2714}{5.2844}=-0.91$$

$$z_{高山滑雪}=\frac{100.44-101.807}{1.8356}=-0.74$$

这样，科斯特里奇在冬奥会男子多项滑雪赛中的综合得分为－1.65。按照标准化的处理结果，这个项目的金牌或许应该属于他。

5.2 改变数据位置与刻度的影响

对数据实施标准化处理以获得 z 值，一般分为两个步骤：首先将每个数据减去它们的均值，然后用差值除以标准差，前者属于数据的位置变换，后者可称为刻度变换。改变数据的位置和刻度，是数据变换过程中经常用到的做法。把学生身高由英寸换成公制单位“米”，此时根据学生身高资料绘制的分布图会有怎样的变化？凭直觉可能会知道这些问题的答案，不过我们仍然需要精确地考察位置变换和刻度变换的影响。

5.2.1 位置变换

自 20 世纪 60 年代起，美国疾病控制与预防中心着手开展健康统计，积累了大量的有关美国人的健康和营养状况的数据。2001—2002 年，一项名为“美国公民健康与营养调查”的调查活动，检测了多达 11 000 人的健康和营养状况，涉及的变量包括：人口特征、身高体重、心血管方面的指标、血液生化方面的指标等。在这项调研中，包括 80 名 19～24 周岁、身高 68～70 英寸的男性受试者（who），调研的一项主要指标是体重（what），采用的计量单位是千克，时间范围是 2001—2002 年（when），受试者都是美国公民（where），调研的目的是研究营养、健康等问题（why），具体的实施借助美国国家调查系统完成（how）。根据 80 人的样本资料绘制的直方图和箱线图见图 5—2。

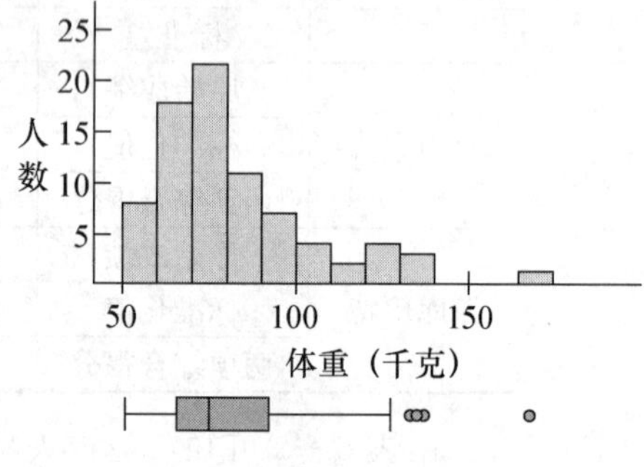

图 5—2　受试样本体重分布

图 5—2 中直方图的纵轴表示人数，横轴表示体重。从图 5—2 可以看出，受试样本的体重分布呈右偏态，并且存在异常值。

80 名受试者的平均体重为 82.36 千克，对这一年龄段和身高的人群，美国国民健康研究所制定的参考标准是 74 千克，我们能据此认为这些人当中有一部分人的体重超标了吗？为了和参照标准相比较，我们将受试样本的体重同时减去 74，根据其差值绘制的分布图见图 5—3。

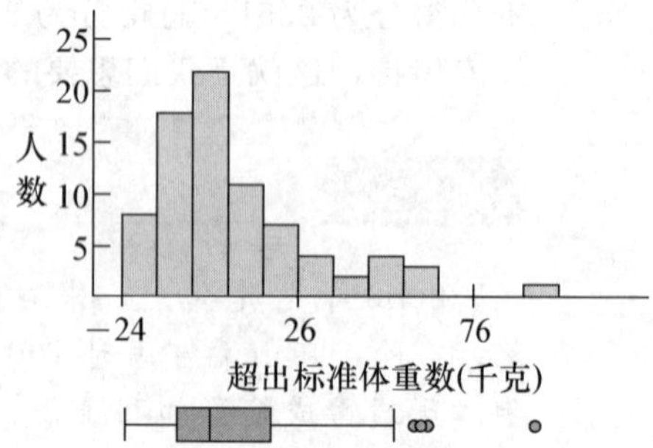

图 5—3　受试样本体重减去 74 后的分布

比较图 5—2 和图 5—3，两者的分布完全相同。80 名受试者的平均体重是 82.36 千克，相对于标准体重 74 千克，受试样本的平均体重超标 8.36 千克。这样，将 80 名受试人群的体重同时减去 74 后，得到的新数据的均值就是 82.36－74＝8.36。因此，将原始测量数据同时减去或加上一个常数，转换后的数据的中心趋势测度、百分比、最小值、最大值也会随之减少或增加这个常数。

对这样的数据进行变换，离散程度会发生什么变化呢？再来对照图 5—2 和图 5—3，分布的形状没有改变，并且离散水平也完全一样。所以，对数据同时减去或加上一个常数，即实施位置变换，除改变了数据分布的位置以外，根本不会改变数据分布的形状，也不会改变极差、四分位数差、标准差等离散趋势测度值。

5.2.2　刻度变换

在英美国家，不是每个人都会很习惯地用公制单位来表示体重。假定 80 名受试样本的体重用磅作为计量单位，那么结果又将怎样呢？由于每千克等于 2.2 磅，因此把千克换算成磅，需要将以千克测量的数值乘以 2.2。用一个常数同时乘以或除以一组数据，能改变测量的计算单位，图 5—4 显示了横坐标使用不一样的尺度，分别用千克和磅表示的体重分布。

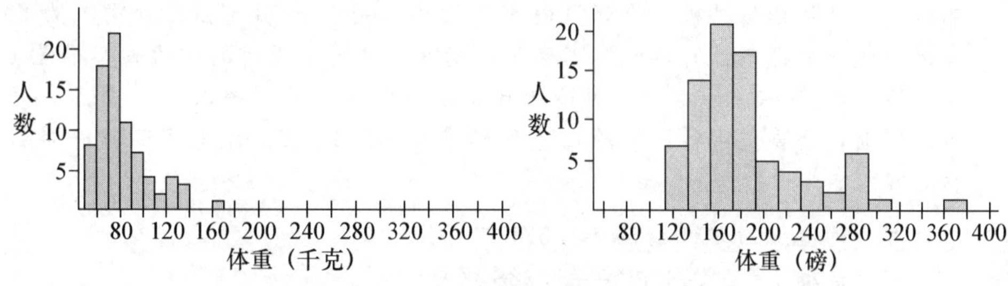

图 5—4　以千克和磅衡量的体重分布

对比图 5—4 中的两张直方图，尽管它们的形状不太相似，但我们依然能看出两张直方图的基本形状并没有发生根本性改变，都是单峰右偏分布。那么均值如何呢？一点都不要惊讶，只要用 2.2 乘以 82.36，就能得到用磅表示的均值 181.19。表 5—3 是分别以千克和磅为计算单位表示的体重的特征值。

表 5—3　以千克和磅为计量单位的计算值

	体重（千克）	体重（磅）
最小值	54.30	119.46
下四分位数	67.30	148.06
中位数	76.85	169.07
上四分位数	92.30	203.06
最大值	161.50	355.30
四分位数差	25	55
标准差	22.27	48.99

实际上，对以千克计算体重的最小值、下四分位数、中位数、上四分位数、最大值、四分位数差、标准差，只要将它们乘以 2.2，便能得到以磅为计算单位的这些特征值。

图 5—5 是以千克和磅为计量单位的箱线图，显然右边的箱线图比左边的箱线图离散程度大，那么究竟大了多少呢？相信大家能猜到大了 2.2 倍。

总之，当我们用一个常数同乘或同除一组数据时，对变换后的数据计算出来的位置测度（均值、中位数、百分位数等），以及离散测度（极差、四分位数差、标准差），要想得到原来数据对应的特征值，需要将计算结果除以或乘以这一个常数。

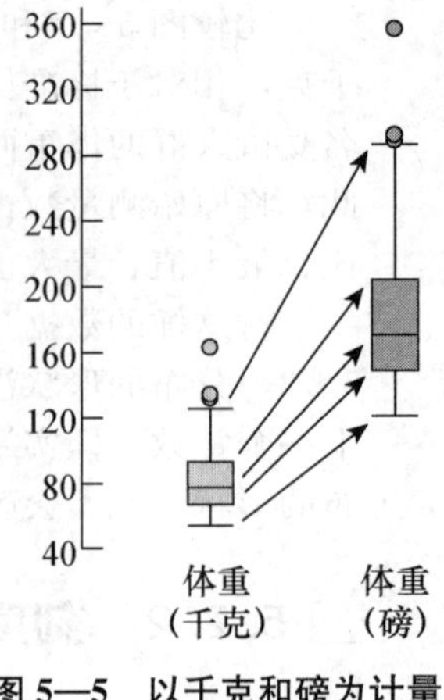

图 5—5 以千克和磅为计量单位的箱线图

例 5—3

冬奥会男子多项滑雪项目对运动员的比赛成绩是用秒计时的。前面的例子中，我们给出的计量单位是秒，比如障碍滑雪的均值是 94.271 4 秒、标准差为 5.284 4 秒。如果换成用分钟来计时，此时障碍滑雪所有参赛选手用时的均值和标准差是多少？

答：1 分钟等于 60 秒，用秒计时等于将用分钟计时乘以 60。那么，根据以上所讲的规则，需要把用秒计算的均值和标准差各除以 60，才能得到用分钟计算的均值和标准差。

均值＝94.271 4/60＝1.571 2(分钟)

标准差＝5.284 4/60＝0.088 1(分钟)

5.3 标准化值的应用

对一组数据进行标准化处理，就是把这组数据中的每一项减去均值后再除以它们的标准差。现在我们应该清楚，标准化对数据分布会产生什么样的影响。把数据中的每一项同时减去它们的均值，等于把整个数据的均值平移到 0 点处，这种位置上的改变不会影响标准差的计算结果。如果进一步将平移后的数据除以标准差，等于将位置变换后数据的标准差再除以标准差，由于位置变换不影响标准差，因此标准化数据的标准差必然等于 1。

那么，标准化处理是如何影响变量的分布的？基本结论是：(1) 标准化处理不改变分布的形状；(2) 标准化后数据的均值等于 0；(3) 标准化后数据的标准差等于 1。

5.3.1 标准化值的应用实例

许多大学要求申请就读的学生提交正规考试的成绩，比如 SAT 的写作、数学、阅读理解成绩等。你有个妹妹准备申请的那所学校声称，他们这所学校没有最低分要求，但被录取的处于中间位置的学生的 SAT 总分在 1 530～1 850 之间。对此，你可能感到有信心，因为你妹妹在参加另外一项考试 ACT 中的总成绩排在前 25%。要求回答：ACT 至少考多少分才能和排在前 25%的 SAT 分数相当？

为了回答这个问题，必须对不同考试的成绩进行标准化处理，为此需要知道 ACT 和 SAT 所有考生的平均分数及标准差。由于这所学校没有公布申请入学学生在这两项考试中的平均分数和标准差，因此我们只能利用全美所有参加考试学生的分组资料。在已上大学的高年级学生中，SAT 的平均分数是 1 500，标准差是 250，相同分组方法下 ACT 的平均分数是 20.8，标准差是 4.8。

解决问题的过程如下：

第一步，陈述目的，界定变量。主要目的是想搞清楚，如果 SAT 的分数排在前 25%，ACT 需要考多少分。ACT、SAT 考生们的均分和标准差已经给出，只不过不知道个人的具体考分。这个问题的变量就是申请入学学生的考试分数。

第二步，检查数据分析的条件。考试分数是数量变量，除了分值没有其他计量单位。

第三步，对数据实施标准化处理。申请这所学校学生的 SAT 分数在 1 530～1 850 之间，如果分数排在前 25%，意味着考试分数不能低于 1 850，它的标准化值是：(1 850－1 500)/250＝1.4。所以，SAT 考试的 1 850 分位于均值之上的 1.4 个标准差处。对 ACT 而言，位于均值之上 1.4 个标准差处的标准化值是：20.8＋1.4×4.8＝27.52。

第四步，给出分析结论。ACT 成绩的标准化值不低于 27.52 时，才能和 SAT 分数排在前 25%相当。

□ 5.3.2　什么情况下标准化值大

标准化结果能帮助识别某个值是否不正常，因为它是对数值距离均值的相对测量。如果某个数刚好位于均值处，此时标准化结果是 0，根本谈不上离均值有多远。标准化值是 1，说明该数在大于均值 1 个标准差处，反之，标准化值是－1，意味着该数在小于均值 1 个标准差处。一个数据的标准化值距离 0 多远，才能说它是不正常的呢？对于这个问题，没有一个被大家一致认可的普遍标准，但是标准化值（正的或负的）越大，是不正常数据的可能性就越大。我们知道有 50%的数据在上下四分位数之间，在对称分布情况下，标准差通常比四分位数差小一点，至少有一半数据的标准化值落在－1～1 范围内。不管分布形状如何，标准化值不小于 3 或不大于－3，确实比较少见。

要想详细说明一个标准化值是不是像我们期望的那么大，需要对数据分布进行模型化。通过这个模型，我们能更精确地了解不同水平的标准化值出现的频繁程度。当然，与现实世界相比，这个模型也有可能不完全吻合，尽管如此，它仍然可能是有用的。比如借助某个物理模型，我们可以观察和操控某些东西，以更好地了解现实世界。

模型可以在很多方面为我们深化认识提供帮助。比如风洞中的飞机模型，即使没有展现每一个铆钉，也能使我们的观察更深入。数据模型虽然不能精确地拟合每个值，但能给我们提供有助于学习和应用的综合性描述。需要记住，模型只是对现实的模拟，并不是现实本身。如果没有模型，我们对世界的了解在很大程度上只能局限于我们手边拥有的数据。钟形曲线在统计学中被称为正态模型。对单峰且大致对称的分布，适合用正态模型反映。关于什么样的标准化值是极端的，正态分布可以提供一个测度。给定均值和标准差，正态分布便能得到唯一确定。通常，正态分布表示为 $N(\mu, \sigma)$，μ 为均值，σ 为标准差，它们都是希腊字母。使用希腊字母是统计上的习惯，另外也可据此判断它们不是根据实际数据计算出来的数量化特征数字，只是正态模型的典型参数。通过 μ 和 σ，我们可以确定正态模型。为避免把参数与根据数据计算出来的均值和标准差搞混了，这里用了特别的符号 μ 和 σ。在统计学中，人们经常用希腊字母表示参数。与此相对应，由数据资料得到的计算结果被称为统计量，一般用拉丁字母表示。

假如我们用正态模型模拟数据，并用符号 μ 和 σ 对数据实施标准化，此时的标准化数值仍可以记为 z，但计算公式为：

$$z=\frac{y-\mu}{\sigma} \tag{5.2}$$

数据的标准化处理比较容易，一旦数据进行了标准化变换，我们就可选择模型 $N(0,1)$。$N(0,1)$ 通常叫做标准正态分布或标准正态模型。但需要注意，不能对任何一组数据都毫无顾忌地采用正态模型，因为标准化不会改变数据分布的形状。假如分布不是单峰和对称的，即使做了标准化变换也不能产生正态性。

当使用正态模型时，我们总是假定数据分布是对称的。从实际应用的角度来说，还没有办法检查出正态性假定是否真实。事实上，正态性假定往往是不成立的，因为现实中的数据并不会按照数学模型形成。模型是理想化的东西，现实数据则是真实的，两者之间并不总是吻合的，除非是由正态分布模型随机生成的一组数字。不过，使用正态模型时，只要看看下列条件是否满足就足够了。这些条件是：数据分布的形状是不是单峰，是不是具有对称性。检查数据分布这些方面的条件，可以绘制直方图，也可以绘制正态概率图。

需要提醒的是，在没有检查上述条件是否得到满足的情况下，不要一味地用正态模型模拟数据。所有的模型都有自身的假定条件，因此我们在用模型模拟事物时，必须谨慎地指出所采用的假定是什么。更为重要的是，需要检查相关的假定条件在数据中是存在的，并且需要说明采用这样的假定条件是合理的。

5.3.3 正态分布的经验规则

利用正态模型，能得到距均值不同距离的数值出现的可能性，反之也是如此。在接下来的介绍中，我们将会看到如何更精确地获得这些数字。

正态分布的经验规则：正态模型中，大约有68%的数据落在均值±1个标准差的范围内，有95%的数据落在均值±2个标准差的范围内，有99.7%的数据落在均值±3个标准差的范围内，也就是说，均值±3个标准差的范围几乎囊括了所有的数据（见图5—6）。

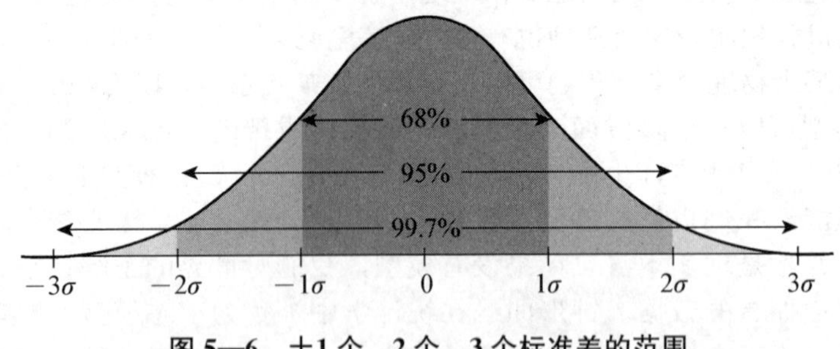

图5—6 ±1个、2个、3个标准差的范围

例5—4

2006年冬奥会男子多项滑雪项目上，来自法国的选手格兰奇（J. B. Grange）

在障碍滑雪赛中取得了 88.46 秒的好成绩，这个成绩比均值快了 1 个标准差。假如障碍滑雪赛 35 名完成比赛选手的用时服从正态分布，有多少运动员的成绩比格兰奇好？

答：根据正态分布的经验规则，大约有 68%的选手落在 0 附近±1 个标准差的范围内。这样，便有 32%的选手在±1 个标准差之外，考虑到正态分布的对称性，那么有 16%的选手标准化后的成绩在+1 个标准差之外，另有 16%的选手成绩在−1 个标准差之外。用 16%乘以 35，约等于 5。因此，成绩比格兰奇好的选手可能多达 5 人。

5.4　正态模型的应用

尽管我们现在讨论的是模型问题，但通过图像来加以说明仍然非常有用。为了有助于对问题的认识，随手画一张简单的草图很有必要。即使是有经验的统计工作者也常常这样做，更何况那些初学者呢。

当然，如果我们有数据，必须绘制直方图，据此检查正态分布的条件是否满足，以确保能否用正态模型拟合和分析数据。不过，有时我们也许会根据先验知识或理论思考，判断正态模型是否适用。

草拟正态曲线图时，了解以下几点很重要：(1) 正态曲线形状类似于钟形，并且以均值为对称轴两边对称，曲线尾巴向左右两边无限伸展（见图 5—7）；(2) 即使正态曲线的尾巴在左右两边拖得很长，但只要画到 3 个标准差处就可以了；(3) 从顶点出发向下，曲线方向发生改变的地方是拐点，位于离均值 1 个标准差处（见图 5—7）。

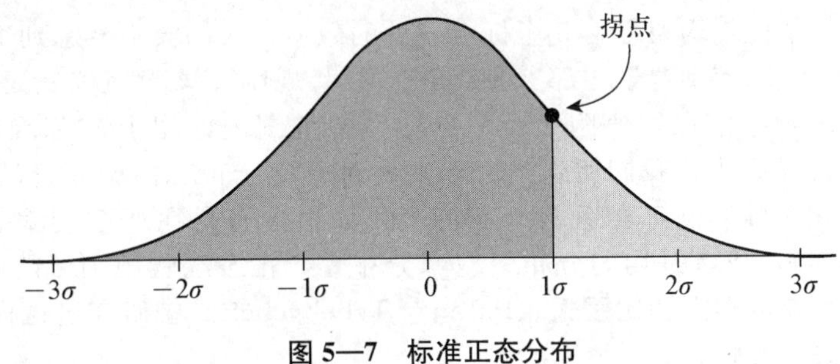

图 5—7　标准正态分布

5.4.1　正态经验规则的应用实例

SAT 考试由三个部分组成，分别是写作、数学和阅读理解。每个部分都近似服从单峰、对称分布，并且对考试设计的均值为 500、标准差为 100。在不同的年份里，参加 SAT 考试的考生的均值分和标准差，可能与设计的均值、标准差略有差别，但总体上比较接近。假定一位参加 SAT 考试的考生在某一部分得了 600 分，那么这位考生在所有考生中的排名情况是怎样的？

第一步，陈述目的，界定变量。该问题旨在搞清楚考了 600 分的考生在所有考生中的排名。要回答这一问题，需要用模型对分布进行模拟。该问题涉及的变量是考生得分，属于数量变量。

第二步，检查条件是否得到满足。如果有具体数据，绘制直方图就能很好地进行说明。现在没有具体的数据，不过我们已经被告知考生成绩的分布接近于单峰对称。

第三步，给出模型中的参数。如果采用正态模型，该模型可以被表示为 $N(500, 100)$。

第四步，绘制正态曲线草图，如图 5—8 所示。

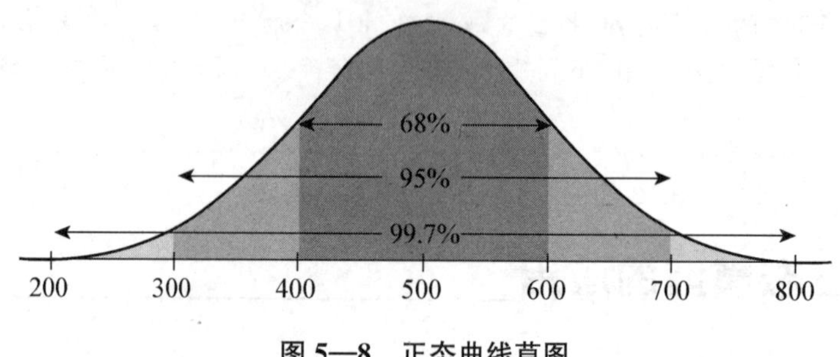

图 5—8　正态曲线草图

第五步，确定得分位置。由图 5—8 可知，600 分在大于均值 500 的 1 个标准差处。

第六步，给出结论。按照正态模型的经验规则，84%考生的分数低于 600 分。

通过这个实例可知，考试分数在 200～800 范围内发生的情况，也可以根据正态模型的经验规则来说明。因为 200 和 800 分别位于正态曲线均值 500 的±3 个标准差处，所以考分在 200～800 之间的可能性为 99.7%，低于 200 或高于 800 的可能性不会大于 0.15%。

□ 5.4.2　切比雪夫原理

对一个位于均值之上 5 个标准差处的数值，我们会不会感到不可思议？如果这个数值来自正态模型背景，那么根据正态经验规则，该数值确实是令人意外的。因为 99.7%的数据落在均值附近±3 个标准差范围内，超出该范围的数值的确很不正常。到目前为止，我们所讲的经验规则都是基于正态模型而言的。然而，正态模型虽然如此美妙，但不会适合一切情形。如果分布存在严重的偏态（像 CEO 年薪的分布那样），或者是均匀分布、双峰分布等，正态经验规则可能就不适用了。

俄罗斯数学家切比雪夫（Pafnuty Tchebycheff）曾研究过这样的问题，并给出了切比雪夫不等式。

切比雪夫原理：对任何分布，至少有 $1-1/k^2$ 个数值位于均值$\pm k$ 个标准差的范围内。

- 如果 $k=1$，$1-1/k^2=1-1/1^2=0$。这意味着不管是不是正态分布的情形，不可能有数值出现在均值附近 1 个标准差的范围内。
- 如果 $k=2$，$1-1/k^2=1-1/2^2=0.75$。这意味着不管是不是正态分布的情形，至少有 75%的数值落在均值附近 2 个标准差的范围内。
- 如果 $k=3$，$1-1/k^2=1-1/3^2=0.89$。这意味着不管是不是正态分布的情形，至少有 89%的数值落在均值附近 3 个标准差的范围内。

按照切比雪夫原理，均值附近 5 个标准差的范围至少包括了 96%的数据。当我们不能应用正态经验规则时，对位于均值之上 5 个标准差处的那个数值，只能说它是很不寻常的。

□ 5.4.3　查正态分位数值

SAT 600 分刚好位于均值的＋1 个标准差处，所以要确定它发生的可能性比较容易。假如考的分数是 680 分，此时这个分数在所有考分中的排名情况如何呢？680 分标准化后的值是 1.8，在均值＋1～＋2 个标准差之间，具体见图 5—9。

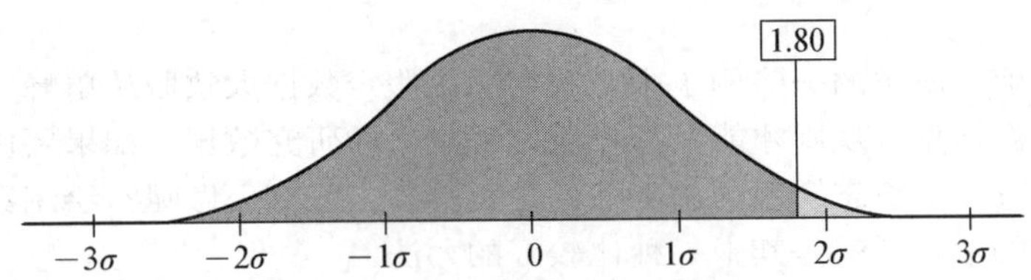

图 5—9　680 分标准化后值的位置

我们已经清楚，高于 600 分的考生不超过 16%，700 分以上的考生不到 2.5%。680 分标准化后的值在均值＋1～＋2 个标准差范围内，也就是说这个分数出现的可能性在 2.5%～16%之间，对此我们怎样更精确地给出说明呢？当标准化后的数值不是刚好位于均值的 1 个、2 个、3 个标准差处时，我们可以查标准正态分布表（见本书附录“常用统计表”中的表 B*）或者用软件进行计算。不论采用什么样的方法，首先需要将数据进行标准化变换。查标准正态分布表时，先看表的左列，比如找到左列中的 1.8，再看表上面的行找到小数点后的尾数部分，本例是 0，行和列交叉的地方就是分位数值，本例中是 0.964 1。因此，有 96.41%的标准化值不超过 1.8，或者说只有不到 3.59%的考生成绩在 680 分以上。如今随着信息技术的发展，在大多数情况下，我们可以借助计算器、网络工具、统计软件计算正态分位数值。

以上我们介绍了在给定标准化数值时，怎样通过查表的方式确定分位数。下面，我们介绍一下这个问题的逆运算，也就是在给定分位数值时，怎样确定对应的标准化值。

在正态模型下，根据标准化值查找分位数很容易。但有的时候，我们可能面对的是反过来的要求：给定分位数值去查标准化值，乃至确定原始的数据值。比如，在标准正态模型下，指出不小于 90%的分位数对应的标准化值是多少。对这样的问题，首先要找一张标准正态分布表（如本书附录“常用统计表”中的表 B），从表中找到给定的分位数值比如 0.9，然后向左看先确定标准化值的主要部分，再向上看找到对应的尾数，两者合在一起就是给定分位数相应的标准化值。正态分布表中的数字，可能与给定的分布不一样，这时我们只要找一个最接近该分位数的数值就可以了，比如对 0.9，比较接近 0.9 的数值是 0.889 7。

例 5—5

某大学声称，SAT 阅读理解成绩排在前 10%的考生才有可能被录取。阅读理解考多少分才符合该大学的入学条件？

答： 在前面的例子中，我们已经被告知 SAT 考生的成绩服从正态分布 $N(500, 100)$。通过查标准正态分布表，考试成绩排在前 10%，对应的标准化值是 1.28。这

* 因篇幅所限，本书附录“常用统计表”放在中国人民大学出版社工商分社网站上，读者可登录 www.rdjg.com.cn 查阅或下载。

样，1.28 的标准化值相当于 1.28×100＝128，因此考试成绩排在前 10％的考生的分数不低于 500＋1.28×100＝628。

5.5 正态性检验：正态概率图

在前文所举的一些例子中，我们总是假定数据大致服从单峰、对称分布，只有这样，正态模型的规则才能发挥作用。采集来的研究数据，如果要使用正态模型，需要事先检查一下正态模型的基本条件是否具备。怎么去做呢？绘制数据分布的直方图以考察它的形状，就是其中一种比较好的办法。

当然，更具有专业性的图像是正态概率图，这样的图形可以帮助我们判断正态模型是否能用。如果绘制出来的正态概率图是一条由左下方向右上方延伸的直线，表明数据分布具有正态分布的特性，反之则说明不能用正态模型分析数据。正态概率图和直方图各有所长，正态概率图能清晰地说明偏离正态性的程度，而对于直方图，只要看看它的形状便能直观地解释为什么不能采用正态性假定。

下面的两张正态概率图（见图 5—10、图 5—11），分别是根据汽车行驶速度资料和成年男子体重资料绘制的。

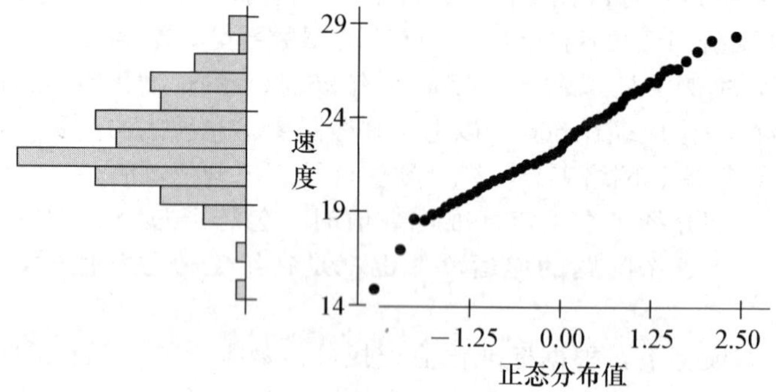

图 5—10　汽车行驶速度

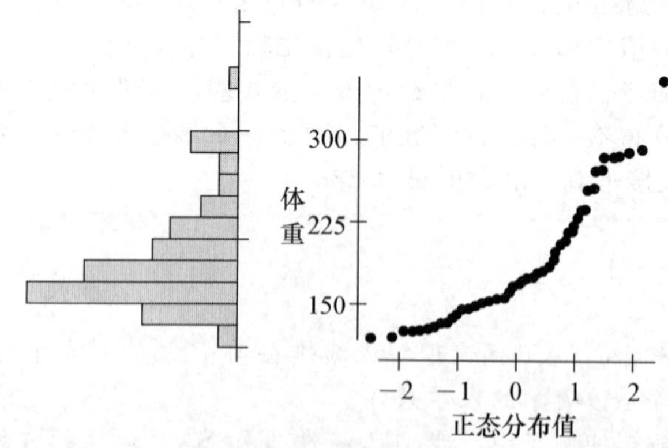

图 5—11　成年男子体重

图 5—10 所示的现象适合用正态模型处理，图 5—11 所示的成年男子体重不能采用正态分布假定。

为什么画出来的正态概率图像图 5—10、图 5—11 那样呢？这涉及正态概率图的绘制方法。画正态概率图有多种方法，这里只简单介绍其中的一种。首先将数据资料按从小到大的顺序排列，用 i 表示排列的序号，然后用连续性校正因子 0.5 校正排列序号，并计算出百分比（百分位数），得到这个百分位数后在标准正态分布的假定条件下，计算相应的标准化变量值，最后将原始数据的标准化值与假定条件下得到的标准化值绘制在一起。下面，以表 3—4 的资料为例说明这一过程，具体见表 5—4。

表 5—4　　绘制正态概率图的计算过程

汽车油耗排序	均值	标准差	原始数据标准化值	序号 (i)	累积百分比 $(i-0.5)/100$	正态假定下标准化值
14.684	22.412	2.447	−3.16	1	0.005	−2.58
16.767	22.412	2.447	−2.31	2	0.015	−2.17
18.362	22.412	2.447	−1.65	3	0.025	−1.96
18.374	22.412	2.447	−1.65	4	0.035	−1.81
18.693	22.412	2.447	−1.52	5	0.045	−1.70
18.824	22.412	2.447	−1.47	6	0.055	−1.60
19.125	22.412	2.447	−1.34	7	0.065	−1.51
19.343	22.412	2.447	−1.25	8	0.075	−1.44
19.375	22.412	2.447	−1.24	9	0.085	−1.37
19.512	22.412	2.447	−1.19	10	0.095	−1.31
19.551	22.412	2.447	−1.17	11	0.105	−1.25
19.700	22.412	2.447	−1.11	12	0.115	−1.20
19.789	22.412	2.447	−1.07	13	0.125	−1.15
19.948	22.412	2.447	−1.01	14	0.135	−1.10
20.139	22.412	2.447	−0.93	15	0.145	−1.06
20.201	22.412	2.447	−0.90	16	0.155	−1.02
20.256	22.412	2.447	−0.88	17	0.165	−0.97
20.260	22.412	2.447	−0.88	18	0.175	−0.93
20.351	22.412	2.447	−0.84	19	0.185	−0.90
20.563	22.412	2.447	−0.76	20	0.195	−0.86
20.573	22.412	2.447	−0.75	21	0.205	−0.82
20.625	22.412	2.447	−0.73	22	0.215	−0.79
20.748	22.412	2.447	−0.68	23	0.225	−0.76
20.762	22.412	2.447	−0.67	24	0.235	−0.72
20.815	22.412	2.447	−0.65	25	0.245	−0.69
20.851	22.412	2.447	−0.64	26	0.255	−0.66
20.900	22.412	2.447	−0.62	27	0.265	−0.63
20.903	22.412	2.447	−0.62	28	0.275	−0.60
21.064	22.412	2.447	−0.55	29	0.285	−0.57
21.111	22.412	2.447	−0.53	30	0.295	−0.54
21.169	22.412	2.447	−0.51	31	0.305	−0.51
21.194	22.412	2.447	−0.50	32	0.315	−0.48
21.197	22.412	2.447	−0.50	33	0.325	−0.45
21.232	22.412	2.447	−0.48	34	0.335	−0.43
21.374	22.412	2.447	−0.42	35	0.345	−0.40
21.399	22.412	2.447	−0.41	36	0.355	−0.37
21.400	22.412	2.447	−0.41	37	0.365	−0.35
21.405	22.412	2.447	−0.41	38	0.375	−0.32

续前表

汽车油耗排序	均值	标准差	原始数据标准化值	序号 (*i*)	累积百分比 (*i*−0.5)/100	正态假定下标准化值
21.441	22.412	2.447	−0.40	39	0.385	−0.29
21.511	22.412	2.447	−0.37	40	0.395	−0.27
21.514	22.412	2.447	−0.37	41	0.405	−0.24
21.613	22.412	2.447	−0.33	42	0.415	−0.21
21.667	22.412	2.447	−0.30	43	0.425	−0.19
21.667	22.412	2.447	−0.30	44	0.435	−0.16
21.739	22.412	2.447	−0.28	45	0.445	−0.14
21.806	22.412	2.447	−0.25	46	0.455	−0.11
21.810	22.412	2.447	−0.25	47	0.465	−0.09
21.964	22.412	2.447	−0.18	48	0.475	−0.06
21.980	22.412	2.447	−0.18	49	0.485	−0.04
22.035	22.412	2.447	−0.15	50	0.495	−0.01
22.067	22.412	2.447	−0.14	51	0.505	0.01
22.091	22.412	2.447	−0.13	52	0.515	0.04
22.147	22.412	2.447	−0.11	53	0.525	0.06
22.344	22.412	2.447	−0.03	54	0.535	0.09
22.576	22.412	2.447	0.07	55	0.545	0.11
22.650	22.412	2.447	0.10	56	0.555	0.14
22.687	22.412	2.447	0.11	57	0.565	0.16
22.747	22.412	2.447	0.14	58	0.575	0.19
22.810	22.412	2.447	0.16	59	0.585	0.21
22.847	22.412	2.447	0.18	60	0.595	0.24
22.958	22.412	2.447	0.22	61	0.605	0.27
23.158	22.412	2.447	0.30	62	0.615	0.29
23.235	22.412	2.447	0.34	63	0.625	0.32
23.356	22.412	2.447	0.39	64	0.635	0.35
23.381	22.412	2.447	0.40	65	0.645	0.37
23.385	22.412	2.447	0.40	66	0.655	0.40
23.407	22.412	2.447	0.41	67	0.665	0.43
23.652	22.412	2.447	0.51	68	0.675	0.45
23.678	22.412	2.447	0.52	69	0.685	0.48
23.694	22.412	2.447	0.52	70	0.695	0.51
23.768	22.412	2.447	0.55	71	0.705	0.54
23.803	22.412	2.447	0.57	72	0.715	0.57
23.806	22.412	2.447	0.57	73	0.725	0.60
23.867	22.412	2.447	0.59	74	0.735	0.63
23.979	22.412	2.447	0.64	75	0.745	0.66
24.000	22.412	2.447	0.65	76	0.755	0.69
24.122	22.412	2.447	0.70	77	0.765	0.72
24.226	22.412	2.447	0.74	78	0.775	0.76

续前表

汽车油耗排序	均值	标准差	原始数据标准化值	序号 (i)	累积百分比 (i−0.5)/100	正态假定下标准化值
24.353	22.412	2.447	0.79	79	0.785	0.79
24.500	22.412	2.447	0.85	80	0.795	0.82
24.514	22.412	2.447	0.86	81	0.805	0.86
24.632	22.412	2.447	0.91	82	0.815	0.90
24.885	22.412	2.447	1.01	83	0.825	0.93
25.088	22.412	2.447	1.09	84	0.835	0.97
25.111	22.412	2.447	1.10	85	0.845	1.02
25.188	22.412	2.447	1.13	86	0.855	1.06
25.206	22.412	2.447	1.14	87	0.865	1.10
25.385	22.412	2.447	1.21	88	0.875	1.15
25.403	22.412	2.447	1.22	89	0.885	1.20
25.603	22.412	2.447	1.30	90	0.895	1.25
25.785	22.412	2.447	1.38	91	0.905	1.31
25.794	22.412	2.447	1.38	92	0.915	1.37
26.113	22.412	2.447	1.51	93	0.925	1.44
26.370	22.412	2.447	1.62	94	0.935	1.51
26.462	22.412	2.447	1.65	95	0.945	1.60
26.540	22.412	2.447	1.69	96	0.955	1.70
26.894	22.412	2.447	1.83	97	0.965	1.81
27.434	22.412	2.447	2.05	98	0.975	1.96
28.037	22.412	2.447	2.30	99	0.985	2.17
28.175	22.412	2.447	2.36	100	0.995	3.00

将表5—4中第4列和第7列的资料在直角坐标系中同时显示出来，便得到正态概率图。

用手工绘制正态概率图是比较麻烦的，一般都会借助软件。几乎所有的统计数据分析软件都带有绘制正态概率图的功能。这里，我们简单介绍两款软件中正态概率图的绘制步骤。（1）MINITAB。MINITAB是一款较为常用的统计数据分析软件，在企业管理和社会统计数据分析中经常为人们所使用。利用MINITAB绘制正态概率图时，首先打开菜单栏“图形”中的“概率图”，在弹出的对话框中选择“单一（图形）”，将需要检查的数据输入“图形变量”框，最后按回车键即可。（2）SPSS。运用SPSS绘制正态概率图的步骤：从菜单栏“分析”的“描述统计”中找到“P—P”，打开后将需要处理的数据输入“变量”框，在“检验分布”中选择正态，最后按确定键。

复习思考题

1. 一家在线销售纺织用品的公司称，邮运的包裹的中位数重量为68盎司、四分位数差为40盎司。如果用磅作为计量单位，此时包裹的中位数重量及其四分位数差是多少？

2. 某公司的客户服务热线提供用户的订货、赔偿等事宜的电话服务，根据通话记录，通话时间长度的中位数为4.4分钟、四分位数差为2.3分钟。要求回答：

（1）如果用秒计通话的持续时间，这时的中位数及四分位数差各是多少？

（2）为了提高客户服务效率，该公司通过改进通话系统使得电话服务用时减少了24秒，这时的中位数及四分位数差又会发生怎样的变化？

3. 根据某小企业每周发放工资资料所做的统计结果如下：最低工资300美元，平均工资700美元，中位数500美元，极差1 200美元，四分位数差600美元，下四分位数350美元，标准差400美元。要求回答：

（1）工资分布是不是对称的？如果不对称，是左偏还是右偏？为什么？

（2）位于中间的50%的员工工资在哪两个值之间？

（3）假如该企业运营状况良好，准备给每位员工都增加50美元工资，此时最低工资、平均工资、中位数、极差、四分位数差、下四分位数以及标准差分别将发生什么变化？

（4）假如该企业准备将每位员工的工资提高10%，此时最低工资、平均工资、中位数、极差、四分位数差、下四分位数以及标准差又是多少？

4. 某专业食品生产企业通过邮购方式销售一款食品，该款食品的重量从4.15到7.45磅不等，平均重量是6磅，标准差是0.65磅，上下四分位数分别是5.6磅和6.2磅，中位数是6.55磅。要求回答：

（1）给出极差和四分位数差。

（2）该款食品的重量分布是不是对称的？如果不对称，是左偏还是右偏？

（3）如果用盎司作为计量单位，此时均值、标准差、四分位数、中位数、四分位数差、极差会发生什么变化？

（4）如果这家企业用邮运方式交货，包装材料重30盎司。此时均值、标准差、四分位数、中位数、四分位数差、极差各为多少？

（5）如果某个客户要求再增加一件10磅的订货，问题（4）中的哪些特征数字有可能不发生变化？

5. 每年都有成千上万的高中毕业生参加SAT或ACT等大学入学考试，SAT的数学和语文两项测试的分数就高达1 600分，而ACT的总分只有36分。由于这两项考试采用不同的计分方式，直接对他们的考试成绩进行比较有难度。所以，考试的组织者给出了一个换算公式：SAT＝40×ACT＋150。有一年申请某大学的2 355名学生中，ACT考试的统计结果如下：最低分19，均分27，标准差3，上四分位数30，中位数28，四分位数差6。对这些统计结果，它们对应的SAT统计结果分别是多少？

6. 你所选修统计学课程的授课教师喜欢给出学生考试的标准化后的分值，假如你得到的标准化后的分值是2.2，请解释它是什么意思。

7. 本书的作者之一曾收养了一个孤儿，在孩子2岁时的体检中，儿科医生给出的报告称，与同龄的美国小孩相比，这个小孩的身高的标准化得分是－1.88。请解释－1.88是什么意思。

8. 在一次统计学考试中，全班均分75、标准差5，假如某个学生标准化后的分值是－2，这个学生考了多少分（百分制）？

9. 智商测试中，如果标准化后的得分高于2.5，那么这个人就会被认为是天才。假定智商测试均分100、标准差16，被认为是天才的人的智商测试分数是多少？

10. 一名新入学的学生参加了学校组织的法语和数学的排名考试，结果法语考了80分，数学考了86分。从参加考试的所有学生来看，法语均分72、标准差8，数学均分68、标准差12。同新入学的学生相比，这名学生的法语与数学哪门课学得更好？

11. 第一次统计学测试的均分65、标准差10，第二次统计学测试的均分80、标准差5。德里克在两次测试中都考了80分，朱莉第一次测试得了70分，第二次得了90分。德里克和朱莉两次测试的总分完全一样，但朱莉认为自己比德里克学得好。对于这个问题你是怎么看的，理由是什么？

12. 安娜主修语言，在期末考试中，法语和西班牙语都考了83分。安娜同宿舍的同学梅甘也参加了法语和西班牙语考试，其中法语考了77分，西班牙语考了95分。法语考试的均分81、标准差5，西班牙语的均分74、标准差15。要求回答：

（1）要想达到语言专业毕业条件，选修的语言课程平均分不能低于85分，那么安娜和梅甘谁更符合条件？

（2）安娜和梅甘两门课的总成绩哪个更好？

13. 比尔花了两个多月时间，记录下从他家门前经过的车辆的行驶速度，按交通规则，该路段限速20英里/小时。100个测试记录的均值是23.84英里/小时，标准差是3.56英里/小时。要求回答：

（1）车速低于20英里/小时离均值有几个标准差？

(2) 就车速 34 英里/小时和 10 英里/小时来说，哪个更不正常？

14. 下表是在某限速路段观察到的汽车行驶速度：

16.27	21.17	22.96	24.23	27.28
16.57	21.22	23.04	24.26	27.34
16.70	21.23	23.07	24.30	27.49
17.17	21.53	23.11	24.56	27.61
17.84	21.54	23.25	24.76	27.87
18.50	21.57	23.43	25.19	28.06
18.59	21.60	23.45	25.21	28.28
18.71	21.75	23.46	25.30	28.45
18.88	21.78	23.50	25.45	28.81
19.11	21.79	23.52	25.49	28.96
19.64	21.89	23.53	25.52	28.98
20.10	21.91	23.54	25.60	29.51
20.20	21.97	23.59	25.70	29.53
20.28	21.97	23.75	25.70	29.94
20.62	22.33	23.86	25.71	29.97
20.64	22.35	24.02	25.81	30.03
20.65	22.41	24.07	26.07	30.10
20.73	22.47	24.12	26.09	30.72
20.76	22.58	24.18	26.33	31.26
20.82	22.73	24.19	26.65	34.06

要求：

(1) 根据上述资料绘制直方图、箱线图、概率图；

(2) 说说能不能用正态模型进行分析，为什么。

15. 在 2006 年冬奥会男子高山滑雪赛上，参赛选手一共有 53 名，以下是各位选手的比赛成绩（单位：秒）：

108.80	110.29	110.72	111.48	112.87	115.73	118.77
109.52	110.33	110.84	111.51	112.90	116.10	119.24
109.82	110.35	110.88	111.55	113.34	116.58	119.41
109.88	110.44	110.88	111.70	114.07	116.81	119.79
109.93	110.45	110.90	111.72	114.65	117.45	120.93
110.00	110.64	110.91	111.93	114.70	117.54	—
110.04	110.68	110.98	112.17	115.01	117.56	—
110.12	110.70	111.37	112.55	115.03	117.69	—

在这届冬奥会上，金牌获得者的比赛成绩是 1 分 48.8 秒。要求回答：

(1) 参赛选手成绩的均值为 113.02 秒，标准差为 3.24 秒。假如运动员的比赛成绩可以用正态模型模拟，比赛用时少于 109.78 秒的分位数值是多少？

(2) 比赛用时少于 109.78 秒的实际发生比例是多少？

(3) 为什么以上确定的百分比不一样？

(4) 绘制直方图，从中你能看出什么？

16. 给定正态模型 $N(1\,152, 84)$，问：大于 1 250 的发生概率是多少？小于 1 200 的概率是多少？在 1 000～1 100 范围内的概率是多少？

17. 给定正态模型 $N(1\,152, 84)$，问：高于 90%的变量值是多少？低于 20%的变量值是多少？中间的 40%的变量值是多少？

18. 下表是 2006 年冬奥会上 500 米速滑前 25 名选手的比赛成绩（单位：秒）：

选手	来自的国家	比赛用时
J. Cheek	美国	69.76
D. Dorofeyev	俄罗斯	70.41
Lee Kang Seok	韩国	70.43
Yuya Oikawa	日本	70.56
于凤桐	中国	70.68
Joji Kato	日本	70.78
M. Ireland	加拿大	70.88
Choi Jae-Bong	韩国	71.04
J. Wotherspoon	加拿大	71.05
P. Koskela	芬兰	71.09
J. Bos	荷兰	71.11
C. Fitzrandolph	美国	71.12
Keiichiro Nagashima	日本	71.14
D. Lobkov	俄罗斯	71.17
J. Hanninen	芬兰	71.25
E. Wennemars	荷兰	71.30
Lee Kyou-Hyuk	韩国	71.38
Hiroyasu Shimizu	日本	71.44
安伟江	中国	71.56
E. Zachrisson	瑞典	71.61
E. Ioriatti	意大利	71.68
M. Poutala	芬兰	71.74
S. Kuipers	荷兰	71.84
A. Proshin	俄罗斯	71.90
T. Fredricks	美国	72.01
S. Zhurova	俄罗斯	76.57
王曼丽	中国	76.78
任慧	中国	76.87
Tomomi Okazaki	日本	76.92
LeeSang Hwa	韩国	77.04

续前表

选手	来自的国家	比赛用时
J. Wolf	德国	77.25
王北星	中国	77.27
SayuriOsuga	日本	77.39
Sayuri Yoshii	日本	77.43
C. Simionato	意大利	77.68
J. Rodriguez	美国	77.70
A. Gerritsen	荷兰	78.09
邢爱华	中国	78.35
Sanne Van Der Star	荷兰	78.59
Yukari Watanabe	日本	78.65
S. Rempel	加拿大	78.85
A. Sannes	美国	78.89
Choi Seung-Yong	韩国	79.02
J. Hesse	德国	79.03

续前表

选手	来自的国家	比赛用时
Kim You Lim	韩国	79.25
K. Simpson	加拿大	79.34
K. Myers	加拿大	79.43
E. Ochowicz	美国	79.48
P. Zoellner	德国	79.56
Lee Bo Ra	韩国	79.73

要求回答：

（1）由上述资料计算得到的均值为78.21秒、标准差为1.03秒。假定给定资料适合正态模型，落在78.21±0.5秒范围内的比例是多少？

（2）在这一区间实际发生的频率是多少？

（3）比较得出结果的差别，并说明原因。

第6章

散点图与相关关系

旅游鞋的价格与其耐用性是否有关系，闹钟是否有助于你前天晚上的睡眠，回答这些问题需要进行相关性分析。本章将介绍两个数量变量之间的相关关系，首先从散点图开始，说明通过散点图观察相关关系的方向、类型和强度，然后介绍相关关系特征数字的计算等。

6.1 散点图

有记录以来最大的卡特里娜飓风，造成了 1 836 人死亡，累计损失超过 1 000 亿美元，之所以带来这么大的破坏，主要是卡特里娜飓风几乎完全正面袭击了新奥尔良。为此，人们想了解它的行走路线。隶属于美国国家海洋和大气管理委员会（National Oceanic and Atmospheric Administration，NOAA）的飓风研究中心（National Hurricane Center，NHC），有一项常备课题就是预报飓风的行走路径。然而，飓风总是漫无目的地游走，并受到海面上冷暖空气的前锋和其他天气条件的影响，从而使它极难预报。另外，飓风运动轨迹即使只发生很小的改变，由此带来的破坏也会大相径庭。

为了改进飓风的预报，NOAA 研制了十分复杂的计算机模型，并且花了 10 多年的时间加以完善。结果究竟怎么样呢？近年来的预报效果有没有提高，有没有得到持续改善呢，图 6—1 是 1970 年以来，NHC 对大西洋生成飓风 72 小时预报平均误差（单位：海里）的时间序列。

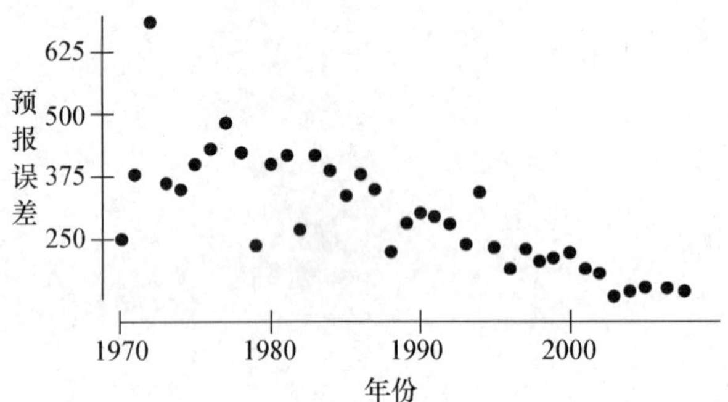

图 6—1　NHC 对大西洋飓风 72 小时预报平均误差

注意：图 6—1 中的“who”是指 1970—2005 年发生的飓风，“what”是指每年 NHC 对大西洋生成飓风 72 小时预报的平均误差，单位是海里和年，“when”是指 1970—2005 年，“where”为大西洋和墨西哥湾，“why”是指改进飓风的预报效果。由图 6—1 能看出，NHC 对飓风的预报效果是不断改善的，因为图中的散点由左上方向右下方倾斜，从 1970 年的平均误差 500 海里降为 2005 年的 140 海里，不过某些年份的预报不够理想，特别是 1972 年的那次预报极不准确。

散点图是显示数据资料的十分常用的一种图形，图 6—1 只是一个特例。通过这样的散点图，我们只需留意一下，便能看出其中可能反映出来的规则、趋势、关系，甚至包括一些异常变化的数值，借用大哲学家约吉·贝拉（Yogi Berra）曾经说过的一句话，“通过观察我们可以看到很多”。总之，散点图是考察两个数量变量之间关系的最有效的办法，而变量间的关系是我们想从数据中了解的核心内容之一，比如：学籍分现在与过去相比有没有实质性提高；现在的一代的青春期与老一辈相比是否提前了；磁疗是否有助于减轻疼痛，如果是，强磁的效果是不是更好；利用计算机是否更有助于学生学习；等等。这样的问题往往涉及两个变量，需要回答的是变量之间是否存在关联关系，散点图是描述相关关系的比较理想的手段。

怎样描述飓风预报误差随着时间的变化而得到改善呢？我们可借助散点图来做到。不过，如果你有兴趣向周围的人了解一下，可能发现许多人难以讲清楚从散点图中看出了什么。你不妨自己尝试说明一下图 6—1 的情况。

看到散点图时，我们可能首先关注的是方向，比如我们从图 6—1 中可以看出，随着时间的推移，NHC 的预报误差一直在降低。散点图的方向主要是：散点从左上方向右下方散布，这是负相关；散点由左下方向右上方散布，这是正相关；除此之外，就是不相关。

其次，关注散点图反映出来的相关类型。如果是直线关系，绘制的散点图中的点将呈直线状持续散布，尽管图 6—1 中的某些点比较特殊，但总体上是直线相关。通过散点图，我们可以发现各种各样的相关类型。画出来的散点图并不都是直线型，但毋庸讳言，直线关系是统计学最常见、最有用的一种相关类型。即使不是直线关系，如果散点在某处发生轻微的改变，然后又保持持续上升或下降，也仍然可以把它当成直线关系处理。如果改变的程度很大，那就另当别论了。

再次，关注散点图显示出来的相关程度。有两种比较极端的情形：一是散点图中的点比较紧密地呈单一流线状，这是高度的相关关系；二是散点像一团乌云，看不出任何趋势或规则，这是不相关关系。处于这两者之间的，叫做一般相关关系，比如图 6—1 呈现出来的就是中等程度的直线相关关系。

最后，观察散点图中是否存在异常点。通常，我们最感兴趣的是观察散点图中是否出现了我们根本不想看到的那些比较特殊的点，比如异常值。异常点总是比较有趣的，并且值得给予特别的关注。图 6—1 中 1972 年那个点预报误差很大，上网搜索发现，原来 1972 年有场极不寻常的艾格尼丝飓风，尽管该飓风发生在非高发的季节，但与另一个低压中心并发，使得它非常难以预报，该飓风登陆后横扫了美国的东北部，结果造成 122 人死亡，经济损失达到 13 亿美元。从散点图中，也许会看到一族或一部分点与其他的散点分离开来，或者表现出不同的趋势方向，由此便产生了另外一个问题，那就是为什么这些点会分离开，这可能提醒我们需要将数据进行分组处理。

例 6—1

飓风的风速与气压有很大的关系，表 6—1 是 1851 年以来正面袭击美国的 163 场飓风的气压和风速资料：

表 6—1　　1851 年以来正面袭击美国的飓风的气压和风速

气压（百帕）				风速（海里/小时）			
977	980	948	989	80	80	115	65
960	973	955	945	100	90	105	100
977	985	975	962	80	70	90	100
961	960	955	949	100	100	105	100
985	970	973	1 002	70	90	65	65
969	963	973	987	90	90	85	80
965	971	985	959	70	100	70	100
985	964	960	942	70	90	110	90
950	950	981	971	100	110	75	75
969	931	985	967	90	110	70	85
950	972	980	990	110	90	75	75

续前表

气压（百帕）				风速（海里/小时）			
934	987	938	990	130	70	115	65
969	985	979	993	90	70	85	65
961	970	945	984	80	90	105	70
976	975	955	986	80	90	95	70
985	949	936	934	70	100	125	120
950	969	983	983	110	90	70	75
969	985	973	962	90	70	80	90
969	965	976	922	90	90	80	145
970	953	990	960	70	100	70	100
985	973	985	973	70	85	70	85
985	973	985	942	70	85	70	100
969	973	979	974	90	85	75	90
969	985	977	954	90	70	80	100
969	925	958	984	90	135	95	70
985	973	953	964	70	80	105	95
969	955	989	987	90	105	55	70
969	981	985	964	90	75	70	90
985	946	972	951	70	65	85	100
963	973	959	956	100	85	100	90
965	981	955	987	90	75	65	70
985	985	952	963	70	70	105	80
970	945	957	979	70	110	100	80
977	985	965	957	80	55	95	90
955	970	955	972	100	95	95	70
965	985	985	941	90	70	70	130
985	977	972	985	70	80	85	65
985	985	988	960	70	70	65	90
959	986	973	946	100	75	85	105
985	954	988	950	70	100	65	105
960	973	976	—	100	85	75	—

根据以上资料绘制出来的散点图见图 6—2。

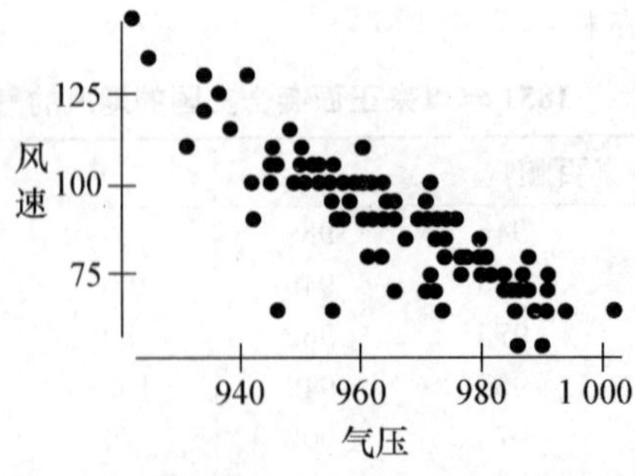

图 6—2　气压与风速

对图 6—2 进行描述性说明。

答： 图 6—2 中的纵坐标表示风力，横坐标表示气压。由图 6—2 可知，气压与风速呈负相关关系，气压越低，风速会越快，气压与风速之间是线性、中等强度的相关关系。

6.2 相关系数

6.2.1 相关系数的计算公式

相关关系的散点图中有横坐标和纵坐标，哪个变量放在横坐标，哪个变量放在纵坐标，取决于我们想从相关关系分析中了解什么。

得分越高的棒球队的比赛门票是不是卖得越好？同样面积和质量的新房子是不是比老房子售价更高？SAT 成绩越好的学生在之后的大学学习中是否学分也越高？腰围或手腕大小与人的肥胖程度有没有关系？在诸如此类问题中，存在两个变量，这两个变量扮演的角色是不一样的。一般地，把我们感兴趣的变量当作响应变量，把另一个变量看成是解释变量或预测变量。根据习惯，响应变量也可称为 y 变量，用纵轴表示，解释变量或预测变量称为 x 变量，用横轴表示。绘制散点图时，我们需要仔细识别，并确定到底哪个变量放在横坐标，哪个放在纵坐标。设定变量角色更多地取决于我们是怎样想的，而不是变量本身。把某个变量放在 x 轴并不必然意味着它解释或预测了另一个变量，而放在 y 轴的变量也有可能不会做出什么响应。图 6—1 中，我们用 y 轴表示预报误差，x 轴表示年份，原因可能是 NHC 想了解预报效果是怎样随着时间的推移得到改进的。试想一下，如果把预报误差放在横坐标，年份放在纵坐标，是不是觉得很不便理解。当然，在绘制其他散点图时，每个坐标代表什么样的变量，原则上也可以自由指派，只要有助于问题的说明就可以了。

表 6—2 中的数据是选修统计学课程学生的身高（单位：英寸）和体重（单位：磅）。

表 6—2　　学生身高与体重

编号	体重	编号	体重	编号	体重	编号	体重	编号	身高	编号	身高	编号	身高	编号	身高
1	110	21	125	41	150	61	130	1	64	21	67	41	66	61	70
2	123	22	117	42	150	62	210	2	63	22	67	42	68	62	73
3	110	23	135	43	115	63	150	3	64	23	64	43	66	63	72
4	134	24	88	44	140	64	140	4	71	24	61	44	70	64	72
5	129	25	130	45	120	65	130	5	64	25	67	45	63	65	69
6	129	26	150	46	185	66	160	6	62	26	62	46	66	66	72
7	123	27	135	47	110	67	145	7	65	27	66	47	66	67	69
8	115	28	130	48	130	68	130	8	64.5	28	66	48	70	68	67
9	122	29	120	49	125	69	130	9	68.5	29	63	49	64	69	67
10	120	30	150	50	145	70	125	10	65.5	30	69	50	67	70	67
11	111	31	160	51	105	71	185	11	64	31	70	51	63	71	74
12	115	32	120	52	120	72	120	12	64	32	64	52	61	72	67
13	117	33	126	53	145	73	275	13	63	33	68	53	65	73	71
14	107	34	130	54	185	74	170	14	62	34	66	54	77	74	70
15	170	35	130	55	172	75	130	15	75	35	69	55	71	75	67
16	91	36	140	56	130	76	150	16	61	36	68	56	64	76	71
17	118	37	180	57	155	77	150	17	62	37	64	57	66	77	67
18	130	38	135	58	150	78	200	18	63	38	68	58	70	78	71
19	135	39	145	59	175	79	145	19	66	39	68	59	73	79	69
20	120	40	130	60	164	80	145	20	63	40	62	60	72	80	71

身高与体重之间存在正相关关系，身材越高的学生，体重相应也越重。如果反过来说，体重重的学生，身材也比较高。所以，这两个变量无论哪个放在横坐标，哪个放在纵坐标，都不会产生影响。根据表6—2的资料绘制的散点图见图6—3。

图6—3中散点图的横坐标是身高，纵坐标是体重，散点的分布比较接近直线，并且存在一个异常大的点。

下面，我们改变计量单位，身高用厘米计量，体重用千克计量，由此绘制出来的散点图见图6—4。

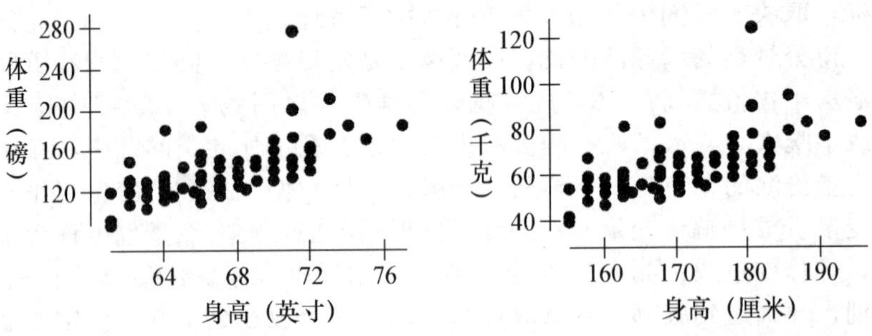

图6—3　身高与体重散点图一　　**图6—4　身高与体重散点图二**

图6—4与图6—3仍然比较相像。

图6—3或图6—4都反映出身高与体重之间是直线关系，并且呈正相关，现在的问题是：它们的相关强度如何呢？如果不得不用一个具体的数字来说明相关的程度，那这个数字是多少呢？无论采用什么样的相关程度测量手段，计算结果应该不受变量计量单位改变的影响。对比图6—4和图6—3就能明白，图6—4中身高的计量单位已改用厘米，体重的计量单位由磅换成了千克，但并没有改变散点图的相关方向、形式和强度，因此，变量计量单位的改变也应该不影响相关程度的计算结果。

既然计量单位对测量相关程度无关紧要，我们就可以通过标准化将计量单位去除掉。为此，对散点图中成对的点（x，y），可以直接用标准化后的坐标点（z_x，z_y）来取代。根据标准化的规则，应有：

$$(z_x, z_y)=\left(\frac{x-\overline{x}}{s_x}, \frac{y-\overline{y}}{s_y}\right) \tag{6.1}$$

由于标准化把两个变量的均值变成了0，因此根据标准化后的数据绘制的散点图，其中心点应在原点处。标准化后的身高和体重的散点图见图6—5。

将图6—3与图6—5进行比较可知，标准化处理没有从根本上影响到散点图的形式。

对正相关关系，x值增大，y值也随之变大，那么绘制出来的散点图中的点，将更密集地散布在第一象限和第三象限。第一象限、第三象限的标准化值z_x和z_y取同样的符号，所以它们的乘积z_xz_y一定是正数，并且这两个象限的标准化值z_x和z_y离原点越远，它们的乘积也越大。在正相关关系中，落在第二象限和第四象限的点，会减弱正相关的程度，由于第

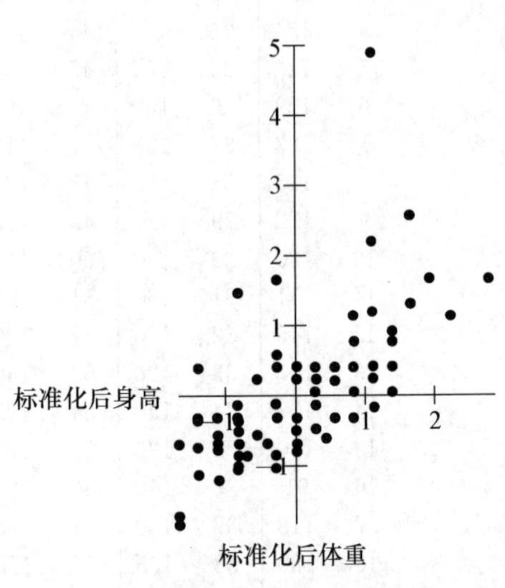

图6—5　标准化后的身高与体重散点图

二象限、第三象限的标准化值 z_x 和 z_y 取不同的符号，因此它们的乘积是负数。位于图 6—5 参考线 0 上的点，z_xz_y 一定等于 0。为了考察 x 和 y 之间的相关程度，只需将乘积 z_xz_y 直接加总，即 $\sum z_xz_y$。$\sum z_xz_y$ 不仅能反映 x，y 的相关方向，而且能测度 x，y 的相关程度。如果标准化后的坐标点（z_x，z_y）落在第一象限、第三象限多，意味着 x，y 是正相关关系，与此相反，如果落在第二象限、第四象限的点多，则是负相关关系。

$\sum z_xz_y$ 值与数据量大小有一定关系，为了消除数据量大小的影响，很自然的想法是用 $n-1$ 除 $\sum z_xz_y$，由此得到相关系数的计算公式：

$$r=\frac{1}{n-1}\sum z_xz_y \tag{6.2}$$

式中，n 表示数据量；r 表示相关系数。

式（6.2）另外的表达形式如下：

$$\begin{aligned} r &= \frac{\sum(x-\overline{x})(y-\overline{y})}{\sqrt{\sum(x-\overline{x})^2}\sqrt{\sum(y-\overline{y})^2}} \\ &= \frac{\sum(x-\overline{x})(y-\overline{y})}{(n-1)s_xs_y} \end{aligned} \tag{6.3}$$

根据式（6.2）或式（6.3），我们可以很方便地计算出变量间的相关系数。相比之下，式（6.2）更有助于理解相关关系的意义，式（6.3）则更便于手工计算。

下面，我们用表 6—2 的资料说明相关系数的计算过程，具体见表 6—3。

表 6—3　　学生身高与体重的相关关系计算过程

编号	身高（x）	体重（y）	$x-\overline{x}$	$y-\overline{y}$	$(x-\overline{x})(y-\overline{y})$
1	64	110	−2.97	−28.70	85.24
2	63	123	−3.97	−15.70	62.33
3	64	110	−2.97	−28.70	85.24
4	71	134	4.03	−4.70	−18.94
5	64	129	−2.97	−9.70	28.81
6	62	129	−4.97	−9.70	48.21
7	65	123	−1.97	−15.70	30.93
8	64.5	115	−2.47	−23.70	58.54
9	68.5	122	1.53	−16.70	−25.55
10	65.5	120	−1.47	−18.70	27.49
11	64	111	−2.97	−27.70	82.27
12	64	115	−2.97	−23.70	70.39
13	63	117	−3.97	−21.70	86.15
14	62	107	−4.97	−31.70	157.55
15	75	170	8.03	31.30	251.34
16	61	91	−5.97	−47.70	284.77
17	62	118	−4.97	−20.70	102.88
18	63	130	−3.97	−8.70	34.54
19	66	135	−0.97	−3.70	3.59

续前表

编号	身高（x）	体重（y）	$x-\bar{x}$	$y-\bar{y}$	$(x-\bar{x})(y-\bar{y})$
20	63	120	−3.97	−18.70	74.24
21	67	125	0.03	−13.70	−0.41
22	67	117	0.03	−21.70	−0.65
23	64	135	−2.97	−3.70	10.99
24	61	88	−5.97	−50.70	302.68
25	67	130	0.03	−8.70	−0.26
26	62	150	−4.97	11.30	−56.16
27	66	135	−0.97	−3.70	3.59
28	66	130	−0.97	−8.70	8.44
29	63	120	−3.97	−18.70	74.24
30	69	150	2.03	11.30	22.94
31	70	160	3.03	21.30	64.54
32	64	120	−2.97	−18.70	55.54
33	68	126	1.03	−12.70	−13.08
34	66	130	−0.97	−8.70	8.44
35	69	130	2.03	−8.70	−17.66
36	68	140	1.03	1.30	1.34
37	64	180	−2.97	41.30	−122.66
38	68	135	1.03	−3.70	−3.81
39	68	145	1.03	6.30	6.49
40	62	130	−4.97	−8.70	43.24
41	66	150	−0.97	11.30	−10.96
42	68	150	1.03	11.30	11.64
43	66	115	−0.97	−23.70	22.99
44	70	140	3.03	1.30	3.94
45	63	120	−3.97	−18.70	74.24
46	66	185	−0.97	46.30	−44.91
47	66	110	−0.97	−28.70	27.84
48	70	130	3.03	−8.70	−26.36
49	64	125	−2.97	−13.70	40.69
50	67	145	0.03	6.30	0.19
51	63	105	−3.97	−33.70	133.79
52	61	120	−5.97	−18.70	111.64
53	65	145	−1.97	6.30	−12.41
54	77	185	10.03	46.30	464.39
55	71	172	4.03	33.30	134.20
56	64	130	−2.97	−8.70	25.84
57	66	155	−0.97	16.30	−15.81
58	70	150	3.03	11.30	34.24
59	73	175	6.03	36.30	218.89
60	72	164	5.03	25.30	127.26
61	70	130	3.03	−8.70	−26.36

续前表

编号	身高（x）	体重（y）	$x-\bar{x}$	$y-\bar{y}$	$(x-\bar{x})(y-\bar{y})$
62	73	210	6.03	71.30	429.94
63	72	150	5.03	11.30	56.84
64	72	140	5.03	1.30	6.54
65	69	130	2.03	−8.70	−17.66
66	72	160	5.03	21.30	107.14
67	69	145	2.03	6.30	12.79
68	67	130	0.03	−8.70	−0.26
69	67	130	0.03	−8.70	−0.26
70	67	125	0.03	−13.70	−0.41
71	74	185	7.03	46.30	325.49
72	67	120	0.03	−18.70	−0.56
73	71	275	4.03	136.30	549.29
74	70	170	3.03	31.30	94.84
75	67	130	0.03	−8.70	−0.26
76	71	150	4.03	11.30	45.54
77	67	150	0.03	11.30	0.34
78	71	200	4.03	61.30	247.04
79	69	145	2.03	6.30	12.79
80	71	145	4.03	6.30	25.39
求和	—	—	—	—	5 107.25
均值	$\bar{x}=66.97$	$\bar{y}=138.70$	—	—	—
标准差	$s_x=3.58$	$s_y=27.72$	—	—	—

最后，由式（6.3）得：

$$r=\frac{\sum(x-\bar{x})(y-\bar{y})}{(n-1)s_xs_y}=\frac{5\,107.25}{(80-1)\times3.58\times27.72}=0.652\,2$$

□ 6.2.2　相关系数的性质

根据式（6.2）、式（6.3）计算的相关系数，具有如下几个特征：

- 相关系数的符号表明了相关关系的方向。$r>0$ 是正相关，$r<0$ 是负相关。
- 相关系数的值总是在−1 与+1 之间，即 $-1\leqslant r\leqslant+1$。$r=-1$ 或 $r=+1$，表明现象之间是完全的直线函数关系。对一般意义上的相关关系，存在 $-1<r<+1$。
- 在相关关系中，现象 x 和现象 y 的地位完全相等。这表明，由 x 对 y 的相关关系，与由 y 对 x 的相关关系，得到的计算结果完全相同。
- 相关关系的计算结果不带有计量单位，并且只能用小数表示，不能画蛇添足地把它转换成百分比。
- 改变变量的计量单位或中心位置，不会影响相关系数的计算结果。
- 式（6.2）或式（6.3）仅限于计算变量间呈线性相关关系的情形，不适用于非线性关系。两个变量如果呈非线性关系，即使它们之间存在很强的关系，用式（6.2）或式（6.3）计算出来的结果也会显得偏小。

- 用式（6.2）或式（6.3）计算相关系数，受异常值的影响比较大。对存在异常值的情形，相关系数有可能会变得很大，也有可能会变得很小。

6.2.3 相关关系的适用条件

在运用式（6.2）或式（6.3）计算相关系数之前，需要考虑以下条件是否得到满足：

第一，是不是数量变量。式（6.2）或式（6.3）给出的相关关系测度方法，仅适用于两个数量变量之间呈线性关系的情形。对于不是数量变量的情形，式（6.2）或式（6.3）都不适用。在这一过程中，尤其需要注意那些以数字形式出现的非数量性质的变量。

第二，是不是线性关系。对任何一组成对的数据，我们都可以运用式（6.2）、式（6.3）计算它们之间的相关系数。但式（6.2）、式（6.3）适用于计算呈线性关系的变量间的相关关系，对非线性关系的变量，运用式（6.2）、式（6.3）得到的计算结果可能给出误导的结论。

第三，有没有异常值出现。异常值会歪曲相关系数的计算结果，有可能会把本来较小的相关程度放大，也有可能会把本来较大的相关程度减小，除此之外，在极端的情况下，甚至会改变相关关系的方向。因此，在怀疑有异常值时，最好同时计算包括异常值和不包括异常值的相关系数。

上述三个条件，通过散点图比较容易进行检查。许多研究文献报告的相关系数，没有用数据或散点图展示相关关系的测算条件是否得到满足，但我们不能受它们的影响，应该坚持认真检查相关关系分析的条件。即使在不能清楚说明相关关系分析条件时，我们也要慎重地对得到的结果进行解释。

6.2.4 相关阵或相关表

有时，我们需要在若干变量中进行两两相关系数的计算，并把计算的结果用矩阵表的形式展现出来，此时就适用相关阵或相关表。在相关阵或相关表中，行和列都是变量名，行和列交叉的地方就是对应变量间的相关系数，见表6—4的示例。

表6—4　相关阵或相关表示例

	资产	销售额	市值	利润	现金流	员工数
资产	1.000					
销售额	0.746	1.000				
市值	0.682	0.879	1.000			
利润	0.602	0.814	0.968	1.000		
现金流	0.641	0.855	0.970	0.989	1.000	
员工数	0.594	0.924	0.818	0.762	0.787	1.000

相关表是个对称阵，主对角线的元素始终为1。大多数统计应用软件都带有相关阵的计算功能。

6.2.5 伪相关问题

对高强度的相关关系，我们总是经不住诱惑，试图把预测变量当成是引起响应变量变化的原因，但值得注意的是，影响是一回事，因果关系是另一回事。如果把相关关系当成了因果关系，会引起一些令人啼笑皆非的解释。历史上有人注意到这样一种现象：1930—1937 年，德国奥登堡地区的居民数与在该地筑巢的鹳的数量存在非常高的相关性。看过电影《小飞象丹波》的人，都会记住小飞象的妈妈珍宝太太焦急等待鹳带着她的孩子飞回来的神情。是不是因为鹳带来了人口的增加？谁都知道这是不可能的事，然而散点图却显示出鹳的数量与人口变化的关系，但这并不能证明鹳带来了人口增长。

那么鹳的数量与人口变化怎么会发生关系了呢？原因是鹳把它们的巢筑在房屋的烟囱上，人口增加，房屋的数量会增加，烟囱数也就增加，鹳便有了更多的筑巢场所，如此一来，就有了更多的鹳。因此，鹳的数量的变化不是人口增加的原因，而是人口变化带来的结果，但这些从散点图上看不出来。对诸如此类的现象，我们需要额外的信息才能决定现象之间的真实作用机制，这样的信息不仅仅指数据本身。散点图可能显示出，房屋火灾造成的损失与当地消防员的数量呈高度相关关系。火灾损失不可能是消防员数量变化的原因，也不要认为是消防员在救火过程中到处喷水和砸墙招致了损失。火灾损失与消防员之间的关系，可能是有个潜在的变量在起作用，比如城市面积、火险等级。

隐藏在两个变量之外的且同时与这两个变量存在关系的变量，统计上称为潜伏变量。通过潜伏变量，我们经常能够揭露出数据分析结论中存在的问题。

绘制散点图也好，计算相关关系也罢，都不可能完全证明因果关系的存在。就像吸烟与肺癌的关系一样，尽管吸烟人群伴随着肺癌的高发率，但处于吸烟是不是一定会导致肺癌，依然是公说公有理，婆说婆有理。

6.3 定序变量的相关性

6.3.1 肯德尔和谐相关系数

在调查活动中，调查员经常把要询问的问题设计成若干备选答案，然后让被调查人从中选择，以此来了解被调查人的意见或态度。这些备选答案一般都带有等级顺序，比如对于“就目前来看，你怎样评价统计学课程的教学进度?”这一问题，设定的选项有：1＝很慢，2＝比较慢，3＝正好，4＝有点快，5＝很快。注意：数字代表着相应答案的数量化表征。这样的分类测度是为了了解被调查人的看法，所采用的工具一般是李克特量表。

李克特量表中的备选答案都有某种顺序。拿这里的例子来说，最大的数字是 5，表示你觉得课程推进得太快，最小的数字 1 表示课程进度很慢。这些都是示意性质的，如果选择的是“4＝有点快”，并不意味着它是“2＝比较慢”的两倍。对诸如此类的资料，前面介绍的相关关系的计算方法可能就不适用了。

肯德尔相关系数专门用来衡量两个单调变化的变量间关系的紧密程度。单调关系是指持续增加或下降的情形，但仅限于此，并不要求一定是线性形式。这正是我们的兴趣所在，因此，当我们只在意连续变化状态时，至于变量是不是数量变量，就不用担心了。

肯德尔相关系数直接测量的是单调变化，那么对散点图中的每个点，只需记录下两个点间连线的斜率符号是正的、负的还是0即可。在单调变化的散点图中，这些成对点间连线的斜率要么是正的要么是负的，而在非单调变化的散点图中，斜率的正负数目不完全相等。肯德尔相关系数（通常用希腊字母τ表示）可以用正符号数减去负符号数，然后除以成对数据点连线间斜率的总数得到。

很显然，肯德尔相关系数的值在-1和$+1$之间。如果每个成对点间连线的斜率是负的，则肯德尔相关系数一定是-1。如果每个成对点间连线的斜率都是正的，则肯德尔相关系数值一定是$+1$。假如成对点间连线的斜率符号正负数相当，肯德尔相关系数就等于0。

□ 6.3.2 斯皮尔曼等级相关系数

式（6.2）或式（6.3）给出的相关关系的计算，对线性假定条件要求比较严格，一旦条件得不到满足，计算结果会受到很大的影响。若存在异常值，数据资料显示出来的趋势线呈弯曲状，依据相关系数解释相关关系就没有什么可能了。斯皮尔曼相关系数（一般用希腊字母ρ表示）能够较好地处理这些方面的难题。计算斯皮尔曼相关系数时，需要把变量的原始数据转换成定序资料，也就是对它们进行排序。把x变量的最小值赋予1，第二小的值赋予2，依此类推，直至最大的值n。与此同时，把与x变量值对应的y变量的值，也做同样的排序变换。对得到的排序后的（x，y）值绘制散点图，其一般变化趋势与原始资料的散点图一样。不过，当原始数据散点图变化方向一致但呈弯曲状时，排序后资料的散点图却呈现比较好的直线状。另外，对存在异常值的变量，通过排序处理基本上消除了极端值的影响。

斯皮尔曼相关系数是针对两个定序变量计算的，由于它仍然没有改变相关系数的身份，因此其取值一定在-1和$+1$之间。

肯德尔相关系数和斯皮尔曼相关系数具有皮尔逊相关系数不具备的优点，表现在：

第一，对定序资料也适用。

第二，对线性假定条件没有特别的要求。

第三，不受异常值过多的干扰。斯皮尔曼相关系数将异常值转换成排序值，肯德尔相关系数仅关心每个数据点的斜率符号，这样不管异常值大小如何，都不可能对计算结果产生影响。另外，变量数据间的排序安排，比如对最小数赋予最大顺序值还是最小顺序值，也不会影响最终结果。

当然，肯德尔相关系数和斯皮尔曼相关系数也有自身的缺陷，它们不像式（6.2）或式（6.3）相关系数计算公式（也可叫做皮尔逊相关系数计算公式）那样，能作为更复杂、更高级相关性分析的基础。相比较而言，肯德尔相关系数和斯皮尔曼相关系数只能作为特殊的相关性分析方法，只有当我们在意变量间变化趋势能否保持一致性时，使用它们的效果才比较好。

在正态模型中，皮尔逊相关系数用于估计两个数量变量间的相关关系，须知相关系数也是一类特殊的参数。肯德尔相关系数和斯皮尔曼相关系数只是测量两个变量的相伴随关系，对分布类型没有具体要求，所以，肯德尔相关系数和斯皮尔曼相关系数属于非参数方法。

6.4 几个注意事项

第一，不要把“关联或伴随关系”当成“相关关系”。“相关”一词如雷贯耳，如同我们听到“机会”一样感到很美妙，但它多半被错误地使用。为了听起来显得专业，当人们在谈论两个变量之间的关系时，总是喜欢说“相关关系”。现在，“相关关系”已经成了滥用最严重的统计学词汇。表现之一就是，意指一般的关联或伴随关系，却不加区分地使用了特别专业的词“相关”。“关联关系”或“伴随关系”是一个相当含糊的术语，仅描述两个变量间的大致关系。与此相比，“相关关系”是一个精确化用词，专门用于测量两个数量变量间线性关系的强度和方向。

第二，不能在分类变量间建立相关。对“相关关系”一词的滥用还表现在，不注意区分讨论的变量是不是数量变量，须知分类变量不适合计算相关系数。

第三，不能把相关关系当成因果关系。在统计解释中，一个司空见惯的错误便是把两个变量间的高相关性，不自觉地当成了因果关系。无论是散点图还是相关系数，从来不会证明因果关系。散点图、相关系数这些统计方法只揭示了两个变量间的伴随关系，它们离因果关系还远得很。即使某些伴随关系可能存在因果性，如何确定因果关系的性质及其作用方向仍然困难重重，另外还需要注意忽视潜在变量的风险。

第四，确保伴随关系呈线性。两个变量间的伴随关系并不都是线性的，有可能的情况是，伴随关系非常强，但不是线性的相关关系。所以，在计算相关关系时，需要注意线性假定条件是否得到满足。

第五，不要因为相关系数值大，就认为呈线性关系。可能的情况是，变量间的关系呈线性，也适合计算相关系数，但反过来就不可行了，高相关性不能保证变量间存在线性关系。

第六，关注异常值的影响。如果事先没有检查是否存在异常值，就不能放心大胆地对相关系数做出解释。原因是，哪怕只有一个异常值，也有可能对相关系数值带来非常大的影响。

复习思考题

1. 假设收集到如下成对变量的数据资料，准备绘制散点图。

(1) 以克为单位的苹果重量与以盎司为单位的苹果重量；

(2) 苹果的直径（英寸）与重量（盎司）；

(3) 大学新生的鞋子尺码与学分；

(4) 加过油后汽车行驶的路程与油箱中剩下的油量。

你将哪个变量作为响应变量，哪个变量作为解释变量，为什么？从散点图中你有可能看到什么？讨论可能存在的相关关系的方向、类型和强度。

2. 假设收集到如下成对变量的数据资料，准备绘制散点图。

(1) T恤衫的定价与销售量；

(2) 潜水深度与海水压力；

(3) 潜水深度与能见度；

(4) 中学生的体重与阅读测验得分。

你将哪个变量作为响应变量，哪个变量作为解释变量，为什么？从散点图中你有可能看到什么？讨论可能存在的相关关系的方向、类型和强度。

3. 假设收集到如下成对变量的数据资料，准备绘制散点图。

(1) 登山时的海拔高度与温度；

(2) 冰淇淋蛋筒的销售量与空调销售量；

(3) 人的年龄与手的抓力；

(4) 司机血液中的酒精度与刹车反应时间。

你将哪个变量作为响应变量，哪个变量作为解释变量，为什么？从散点图中你有可能看到什么？

讨论可能存在的相关关系的方向、类型和强度。

4. 假设收集到如下成对变量的数据资料，准备绘制散点图。

(1) 长途电话的通话时间与费用；

(2) 闪电的远近与听到雷声的时间；

(3) 看得清东西与离路灯的距离；

(4) 汽车自身重量与汽车拥有人的年龄。

你将哪个变量作为响应变量，哪个变量作为解释变量，为什么？从散点图中你有可能看到什么？讨论可能存在的相关关系的方向、类型和强度。

5. 一项研究从大学生中抽取了一部分人，测量了他们脑的大小（借助对大脑横截面进行的数字化磁共振成像）和智商（IQ）水平，得到如下一组资料：

智商（IQ）水平	脑的大小（像素）
124	816 932
124	1 001 121
150	1 038 437
128	965 353
134	951 545
110	928 799
131	991 305
98	854 258
84	904 858
147	955 466
124	833 868
128	1 079 549
124	924 059
147	856 472
90	878 897
96	865 363
120	852 244
102	945 088
84	808 020
86	889 083
86	892 420
84	905 940
134	790 619
128	955 003
102	831 772
131	935 494
84	798 612
110	1 062 462
72	793 549

续前表

智商（IQ）水平	脑的大小（像素）
124	866 662
132	857 782
137	949 589
110	997 925
86	879 987
81	834 344
128	948 066
124	949 395
94	893 983
74	930 016
89	935 863

试据此绘制散点图，并讨论智商水平与脑的大小之间的相关关系。

6. 肯塔基德比赛马会史上最快的赛马出现在1973年那场比赛，下图是根据1875—2007年每届比赛冠军马的时速资料绘制的散点图：

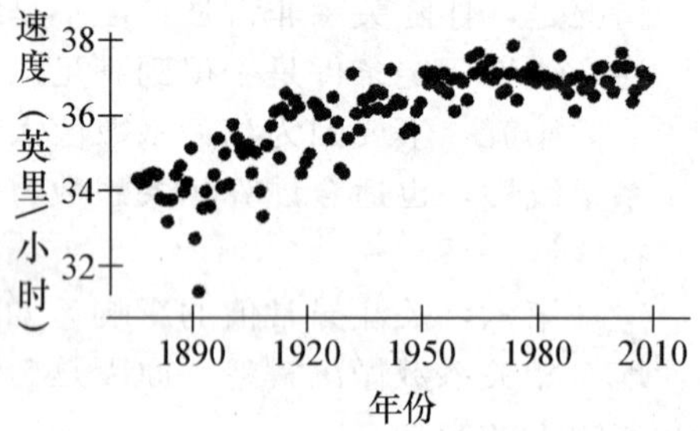

从这张图你能看出什么？散点呈什么样的形状？

7. 某公职竞选候选人声称：“看电视所用的时间与犯罪之间存在相关关系”，请你从统计学的角度对这一说法做出评论。

8. 美国国家保险犯罪调查局的一份文件曾指出，本田雅阁、本田思域、丰田凯美瑞三款车被偷盗的频率最大，与此相比，福特 Tauruses、通用汽车 PontiacVibes、别克 LeSabres 则较少接到被盗的报告。据此，我们能不能说被盗风险与汽车款式有关？

9. 过山车滑下来的速度与其高度落差有很大关系，以下资料是世界各地最有名的75座过山车的速度和高度资料：

编号	速度	高度落差
1	93	300
2	85	255

续前表

编号	速度	高度落差
3	85	255
4	82	228
5	82	130
6	80	225
7	80	133
8	80	215
9	80	225
10	78.4	214
11	77	221
12	76	215
13	75	205
14	75	205
15	74	196
16	73	210
17	73	208
18	73	166.5
19	73	205
20	72	194.6
21	70	171
22	70	80
23	68	155
24	67	170
25	67	105
26	67	144
27	66.3	150
28	66	147
29	66	155
30	65.6	177
31	65	148
32	65	151
33	65	144
34	65	155
35	65	150
36	65	115
37	65	124
38	65	146
39	65	150
40	65	137
41	64.8	141
42	63	144
43	63	141
44	63	128
45	62	115
46	62	92
47	55	95

续前表

编号	速度	高度落差
48	55	100
49	55	138
50	55	90
51	55	95
52	55	95
53	55	75
54	55	76
55	55	95
56	55	95
57	53	95
58	53	88
59	52	90
60	50	70
61	50	52
62	50	78
63	47	75
64	46	62
65	45	47
66	42	64
67	41	66
68	40	72
69	95	306.75
70	80.8	218.1
71	71.5	178
72	68	180
73	65.6	177
74	60.3	124.67
75	56	93

要求：

（1）根据上述资料绘制散点图；

（2）说说是否适合计算相关系数；

（3）对存在的相关关系进行解释。

10. 在关于阿迪朗达克山区溪流的一项研究中发现，水的pH值与水的硬度有一定的关系，根据采集到的数据绘制的散点图如下：

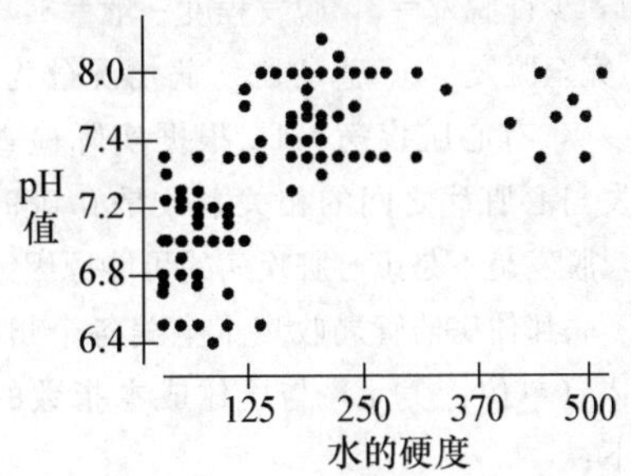

要求回答：

（1）对上述散点图，一般的相关关系计算方法是否适用？为什么？

（2）用肯德尔和谐相关系数计算方法是否合适？

11. 一项针对小学生的研究称，学生的身高和他们的阅读能力之间存在很强的正相关关系。问：

（1）这是不是意味着身材高的孩子有更强的阅读能力？

（2）这是不是伪相关？

12. 2004年的一项研究称，手机普及率高的国家或地区，人口预期寿命也长。问：

（1）这是不是意味着手机有益于人的身体健康？

（2）手机普及率与人口预期寿命之间的高度相关关系是不是伪相关？为什么？

13. 100个人的样本调查结果表明，年龄与其收入之间的相关系数 $r=0.75$。这个结论能证实下列哪几种说法：

（1）年龄增长，收入也随之增加；

（2）年龄与收入之间的相关类型呈线性；

（3）收入与年龄相关图中没有异常值；

（4）年龄用周岁或周月计算，不会改变相关系数值。

14. 汽车油耗（单位：英里/加仑）与购买价格之间的相关系数 $r=-0.34$。这个结论能证实下列哪几种说法：

（1）汽车购价越高，油耗会越低；

（2）汽车购价与油耗之间是中等程度的直线相关关系；

（3）这种低相关关系是异常值造成的；

（4）如果将汽车油耗的计量单位改成千米/升，会改变相关系数值。

15. 医学科研人员花5年时间，跟踪观察了1 435位中年男子，对他们的脱发、心脏疾病情况进行了检查，其中脱发分成5个等级，分别是：没有脱发=1，少许脱发=2，脱发程度一般=3，脱发较重=4，完全脱发=5；患心脏疾病情况分为：无心脏疾病=0，有心脏疾病=1。根据实际检查数据，得到脱发与心脏病之间的相关系数是0.089。试据此分析，脱发是不是患心脏疾病的可能原因。

16. 联邦住房监管局收集了全美各个州的居民家庭收入（单位：美元）与居住成本指数的资料，具体如下：

州名	收入中位数	居住成本指数
亚拉巴马	37 150	251.88
阿拉斯加	55 891	238.56
亚利桑那	45 245	341.23
阿肯色	36 658	234.85
加利福尼亚	51 755	562.56
科罗拉多	50 449	348.48
康涅狄格	56 835	439.77
华盛顿哥伦比亚特区	44 993	548.02
特拉华	51 235	440.17
佛罗里达	42 990	393.72
佐治亚	45 926	311.35
夏威夷	59 586	446.81
爱达荷	44 176	274.06
伊利诺伊	48 398	343.68
印第安纳	42 437	247.81
艾奥瓦	46 500	236.61
堪萨斯	42 027	229.41
肯塔基	36 699	269.32
路易斯安那	37 236	208.12
缅因	43 923	476.08
马里兰	60 512	449.25
马萨诸塞	56 017	707.6
密歇根	45 933	318.91
明尼苏达	54 215	353.91
密西西比	32 875	217.69
密苏里	42 986	280.2
蒙大拿	37 313	314.47
内布拉斯加	47 923	246.32
内华达	48 209	369.73
新罕布什尔	56 984	475.79
新泽西	63 368	511.64
新墨西哥	38 947	272.97
纽约	47 176	595.75
北卡罗来纳	42 056	294.06
北达科他	42 192	221.34
俄亥俄	44 203	266.63
俄克拉何马	37 645	185.72
俄勒冈	44 159	363
宾夕法尼亚	46 300	360.62
罗得岛	49 484	571.43
南卡罗来纳	40 230	280
南达科他	43 151	260.46

续前表

州名	收入中位数	居住成本指数
田纳西	39 406	269.27
得克萨斯	41 422	199.03
犹他	54 813	285.94
佛蒙特	50 704	405.25
弗吉尼亚	51 914	402.93
华盛顿	50 646	394.93
西弗吉尼亚	36 445	211.4
威斯康星	44 650	309.32
怀俄明	44 718	219

要求：

（1）根据上述资料绘制散点图，并计算出相关系数。

（2）对居住成本指数与居民家庭收入之间的关系进行描述性说明；

（3）对居住成本指数与居民家庭收入进行标准化处理后，它们之间的相关关系会不会发生改变？

（4）假如我们把华盛顿哥伦比亚特区的资料删除，居住成本指数与居民家庭收入之间的相关关系会发生什么变化？

（5）能不能证明，居民家庭收入越高的州，居住成本指数也会相应越高？

17. 1980年以来，抵押借款的利率一直在持续波动，从最低的6%以下到超过14%不等。以下是最近26年来，美国抵押借款和利率的资料：

抵押借款（百万美元）	利率（%）
122.7	12.5
116.4	14.4
112.4	14.7
117.5	12.3
121.2	12.0
127.4	11.2
141.3	9.8
153.2	8.9
160.8	9.0
164.6	9.8
155.4	9.7
152.4	9.1
151.3	7.8
144.6	6.9
144.8	7.3

续前表

抵押借款（百万美元）	利率（%）
141.5	7.7
147.8	7.6
154.1	7.5
157.9	7.0
163.3	7.1
168.2	7.9
171.7	6.9
177.4	6.4
178.2	5.7
191.8	5.7
210.8	5.9

要求：

（1）根据给定的资料绘制散点图，并计算相关关系。

（2）对抵押借款与利率之间的相关情况进行描述性说明。

（3）假如对这两个变量实施标准化处理，是否会影响相关关系的计算结果？

（4）将抵押借款的单位换成千美元，是否会影响相关关系的计算结果？

（5）能不能证明，抵押借款利率越低，申请抵押借款的数额就越大？为什么？

18. 以下资料是2007年一则宣传广告上刊登的数据：

汽车名称	功率（马力）	油耗（英里/加仑）
奥迪 A4	200	32
宝马 328	230	30
别克 LaCrosse	200	30
雪佛兰 Cobalt	148	32
雪佛兰 TrailBlazer	291	22
福特 Expedition	300	20
吉姆斯 Yukon	295	21
本田 Civic	140	40
本田 Accord	166	34
现代 Elantra	138	36
雷克萨斯 IS 350	306	28
林肯 Navigator	300	18
马自达 Tribute	212	25
丰田 Camry	158	34
大众 Beetle	150	30

要求：

（1）根据上述资料绘制散点图；

（2）描述分析散点图的变化方向、类型及相关强度；

（3）计算汽车功率与油耗之间的相关系数。

19. 在美国和西欧10个国家或地区开展的一项调查，收集了青少年中吸食大麻与其他毒品的占比资料，具体如下：

国家或地区	大麻（%）	其他毒品（%）
捷克共和国	22	4
丹麦	17	3
英格兰	40	21
芬兰	5	1
爱尔兰	37	16
意大利	19	8
北爱尔兰	23	14
挪威	6	3
葡萄牙	7	3
苏格兰	53	31
美国	34	24

要求：

（1）绘制散点图。

（2）吸食大麻与其他毒品之间的相关关系是怎样的？

（3）对相关情形进行描述性分析。

（4）能不能证明，大麻是吸毒的先导药，也就是说吸食大麻会引发吸食其他毒品？

20. 快餐食品通常被认为是不健康的，因为它富含脂肪和钠。以下是几款汉堡中脂肪和钠含量的资料：

脂肪（克）	19	31	34	35	39	39	43
钠（毫克）	920	1 500	1 310	860	1 180	940	1 260

要求：

（1）绘制散点图；

（2）计算皮尔逊相关系数；

（3）计算斯皮尔曼相关系数，并把它与皮尔逊相关系数做比较。

21. 在第20题，我们分析了快餐食品中脂肪含量与钠含量之间的关系，下面讨论脂肪含量与热量的关系，为此收集了如下资料：

脂肪（克）	19	31	34	35	39	39	43
热量	410	580	590	570	640	680	660

要求：

（1）绘制散点图；

（2）计算皮尔逊相关系数；

（3）计算斯皮尔曼相关系数，并把它与皮尔逊相关系数做比较。

22. 美国空中航线的数量近年来一直在快速增加，以下是1995—2005年已开通航线的资料：

年份	航线数
1995	5 327 435
1996	5 351 983
1997	5 411 843
1998	5 384 721
1999	5 527 884
2000	5 683 047
2001	5 967 780
2002	5 271 359
2003	6 488 539
2004	7 129 270
2005	7 140 596

要求：

（1）绘制散点图，并说明存在的趋势；

（2）分析时间变化与航线数量间的相关关系；

（3）讨论相关性分析的条件有没有被违背；

（4）计算肯德尔相关系数，并说说用肯德尔相关系数是不是更合适，为什么。

23. 2006年8月24日，国际天文联盟就冥王星是不是行星进行了投票表决，但不少人仍然抵制表决结果。以下是传统上认为的太阳系9个行星到太阳的距离资料：

名称	位置编号	到太阳的距离（百万千米）
水星	1	36
金星	2	67
地球	3	93
火星	4	142

续前表

名称	位置编号	到太阳的距离（百万千米）
木星	5	484
土星	6	887
天王星	7	1 784
海王星	8	2 796
冥王星	9	3 666

要求：

(1) 绘制散点图，并描述分析相关关系（包括方向、类型、强度）。

(2) 用这样的方式讨论行星位置与到太阳距离的相关关系有意义吗?

(3) 对行星位置和到太阳的距离的资料实施对数变换，然后绘制散点图，比较一下哪个更好。

(4) 通过散点图判断肯德尔相关系数是多少，并给出证明。

24. 明尼苏达州交通厅准备用一种新改进的装置"行驶中称重"来计量大卡车的载重，为了检查新装置的准确性，让参与测试的大卡车分别停下来称重和在行驶中称重，得到如下一组资料：

行驶中称得的重量（千磅）	停下来称得的重量（千磅）
26.0	27.9
29.9	29.1
39.5	38.0
25.1	27.0
31.6	30.3
36.2	34.5
25.1	27.8
31.0	29.6
35.6	33.1
40.2	35.5

要求：

(1) 绘制散点图；

(2) 根据散点图，分析说明相关关系的方向、类型、强度；

(3) 计算相关系数；

(4) 分析如果把单位由磅改成千克，相关关系会发生什么变化；

(5) 分析有没有异常点存在，是否需要校正新装置。

第

7

章

线性回归分析

我们知道，气压越低风越大，拿第 6 章飓风的例子来说，风速与气压之间的相关系数达到−0.88。如果已知气压 860 百帕，问风速将会是多少，仅靠相关分析是不能得到答案的。回答诸如此类的问题，需要在变量之间建立模型，然后用一个变量预测另一个变量。在本章中，我们将介绍线性回归原理。通过线性回归模型，我们能更好地理解数量变量之间的关系，并进行预测分析。

7.1 引 言

自 1957 年以来，一款名为 Whopper 的快餐食品一直是汉堡王的主打产品。一个双层带奶酪的 Whopper，含有 53 克蛋白质，这是人体一天所需蛋白质的摄入量。另外，双层带奶酪的 Whopper 含热量 1 020 卡路里、脂肪 65 克。根据每天 2 000 卡路里的饮食方案，人体每天所需的脂肪是 65 克，这样，在吃过一个双层带奶酪的 Whopper 后，不足的热量就只能由不含任何脂肪的食品来补上了。市面上出售的快餐食品不仅仅是 Whopper 这一种，所销售的各种快餐食品脂肪与蛋白质含量是怎样的关系呢？为此，收集了如下一组资料（见表 7—1）。

表 7—1 快餐食品中的脂肪与蛋白质含量

品名	脂肪含量（克）	蛋白质含量（克）
Whopper	39	29
Whopper、饮料/奶酪	47	34
双层 Whopper	57	48
双层 Whopper、饮料/奶酪	65	53
汉堡	14	18
奶酪汉堡	18	20
双层汉堡	26	31
双层奶酪汉堡	34	35
双层奶酪汉堡、饮料/熏猪肉	37	38
素汉堡	10	14
鱼片汉堡王	38	24
嫩鸡柳汉堡王	25	30
鸡柳三明治	27	14
鸡柳（4 个）	9	11
薯条（中份）	18	4
洋葱圈（中份）	16	4
香辣鸡翅（4 个）	13	7
马苏里拉乳酪条（4 个）	16	12
苹果派	14	2
Crois 三明治、饮料/火腿肠、煎鸡蛋和奶酪	36	19
松饼	15	6
松饼、饮料/火腿肠、煎鸡蛋和奶酪	46	20
松饼、饮料/火腿肠	35	13
法式吐司（5 片）	20	6
雀巢 Cini-minis（4 个）	23	6
Hash Brown Rounds（小份）	15	2

续前表

品名	脂肪含量（克）	蛋白质含量（克）
香草奶昔（中份）	8	12
巧克力奶昔（中份、饮料/甜汁）	8	13
草莓奶昔（中份）	8	12
可乐（中份）	0	0
Tropicana 橘子汁	0	2
含 1%脂肪牛奶	2.5	8

根据表 7—1 的资料绘制出来的散点图见图 7—1。

从图 7—1 中我们可以看出，快餐食品中的脂肪与蛋白质含量呈线性正相关关系。现在想问的问题是：如果一顿饭含 25 克蛋白质，此时有可能获取多少脂肪？根据表 7—1 的资料，脂肪与蛋白质含量之间的相关系数是 0.83，图 7—1 又显示出线性关系，因此，快餐食品中脂肪与蛋白质含量的相关关系是很强的。不过，相关关系只能告诉我们“两个变量之间的关系的强弱程度”，不能说明存在的线性形式是怎样的。对此，我们需要用模型来刻画变量间的线性关系，并建立相应的函数方程。通过这个方程，只要给出蛋白质含量的具体数值，就可以对快餐食品中的脂肪含量进行预测。

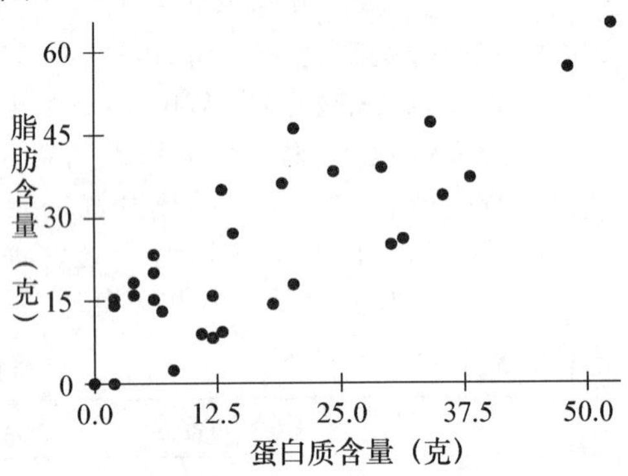

图 7—1　快餐食品脂肪与蛋白质含量的关系

在本书的第 5 章，我们接触到的一个模型就是正态模型，该模型有两个参数，即均值和标准差。对快餐食品来说，我们将用线性模型去描述蛋白质和脂肪含量之间的关系。线性模型是一个直线形式的方程，该直线方程穿过散点图中的点。当然，不存在一条能连接图 7—1 中所有点的直线，不过拟合的直线能够概括地描述图 7—1 中散点分布的一般状态。与所有反映真实世界的模型一样，这样的直线有可能与客观存在的事实不完全吻合，但能帮助我们理解变量之间的相关关系。

□ 7.1.1　残差

对于相关关系的现象，我们画不出一条能连接所有点的直线，哪怕是最好的直线也可能只穿过某些点。那么，什么样的直线才算是“最好”的呢？刻画散点图模式的直线，有的点在直线的下方，有的点在该直线的上方，和其他直线相比，“最好”的直线离所有点的距离都比较近。为了看清楚，我们在图 7—1 中加上一条拟合线，见图 7—2。

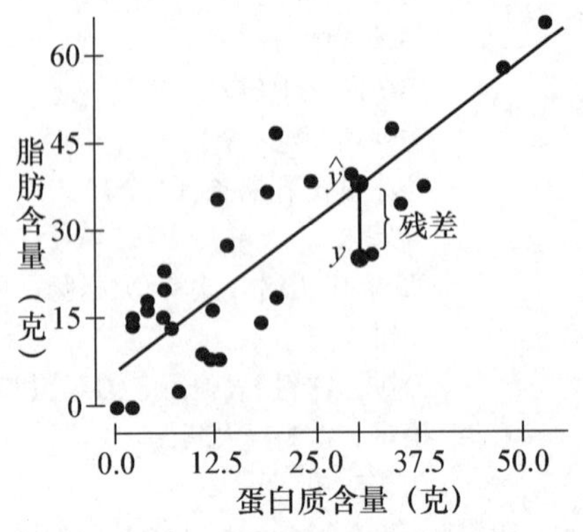

图 7—2　快餐食品脂肪与蛋白质含量的拟合线

由图 7—2 可知，当蛋白质含量为 30 克时，图中的直线显示对应的脂肪含量是 36 克，而实际脂肪含量是 25 克，两者出现了不一致。统计学中，一般把根据模型估计出来的值叫做预测值，用符号 $\hat{y}$ 表示，以区别于实际值 y。实际的观察值 y 与相应的预测值 $\hat{y}$ 之间的差称为残差。拿图 7—2 来说，残差是 $y-\hat{y}=25-36=-11$。残差能够说明预测值偏离实际值的情况。为了获得残差，通常需要用实际值减去对应的预测值。残差有可能是正数、负数或 0，正残差表示模型给出了过低的预测，负残差意味着模型给出了过高的预测，0 残差说明预测准确。有了残差，我们才好确定直线方程。

7.1.2 最优拟合

用一条直线描述散点图中的线性关系时，依据画出来的直线得到的残差，有的是正数，有的是负数。如果要评估画出来的直线是好是坏，我们不能把残差直接相加，因为正残差和负残差会在相加的过程中抵消。即使用标准差反映估计值与实际值之间的离散程度，也面临同样的问题。对此，一种常用的方法是，把所有的残差做平方处理，这样就消除了正负号的影响。一旦残差做了平方变换，就可以把它们加总起来。离直线近的点与直线保持了较好的一致性，这些点处的残差的平方变换影响不大，平方变换的最大缺陷就是放大了那些偏离直线点的残差的影响。

把残差的平方相加，便得到残差平方和，据此可以评估拟合的直线的好坏。残差平方和越小，表明拟合的直线方程越好。不同的直线方程产生不同的残差平方和，有的比较大，有的比较小。最优拟合直线或最小二乘直线方程，就是残差平方和最小的那条直线。

7.2 线性模型

7.2.1 简单线性模型的一般形式

学过代数课程的人都知道，直线方程的表达式为：

$$y=mx+b \tag{7.1}$$

这里，我们也采用该函数方程表示线性模型，但稍微做些改变，用 $\hat{y}$ 替代 y，用 b_0 表示截距项，用 b_1 替代 m。这样式（7.1）就变成：

$$\hat{y}=b_1x+b_0 \tag{7.2}$$

式中，$\hat{y}$ 表示实际值 y 的预测值，式（7.2）拟合情况比较好，实际值 y 离 $\hat{y}$ 比较近。b_0，b_1 一般被称为回归方程的系数，b_1 是式（7.2）的斜率，反映了 x 对 $\hat{y}$ 的影响。根据表 7—1 的资料拟合出来的直线方程是：

$$\widehat{\text{脂肪}}=0.97\times\text{蛋白质}+6.8$$

斜率 0.97 的意思是，蛋白质含量每增加 1 单位，平均来说脂肪含量将相应增加 0.97 克。也许有的人会认为，这表明每克蛋白质中含有 0.97 克脂肪，这样的理解可能不恰当。6.8 又是什么意思呢？从代数的角度看，它是当 x 取值为 0 时的 y 值。但在直线模型中，我们不能如此解释。如果把 6.8 当成蛋白质含量为 0 时的脂肪含量，是很不合理的。试想一下，如果是这样的话，苹果派含有 2 克蛋白质，就会含有近 14 克脂肪，怎么可能呢？在回归分析中，x 取值为 0 本身就不合理，比如 0 岁、新生婴儿体重 0千克等。所以，截距项只能被看成是预测分析的起始值，千万不能当成预测值来解释。

例 7—1

在第 6 章中，我们了解到大西洋飓风的风速与气压有相关关系。从图 6—2 能看出风速与气压表现出较强的直线形式（见图 7—3），通过计算得到两者之间的相关系数－0.879。

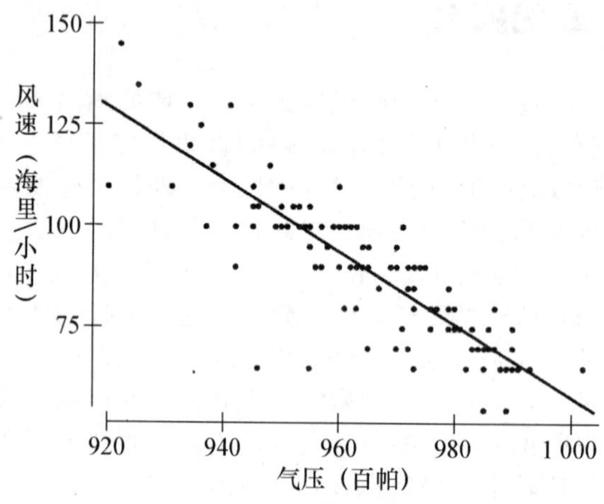

图 7—3　气压与风速

进一步地，我们能得到气压与风速的直线方程：

$$\widehat{风速}=-0.897\times 气压+955.27$$

联系具体背景说说斜率－0.897 的含义，以及截距 955.27 的含义。

答： 斜率是负数，表明气压越大风速越慢。－0.897 的意思是，气压每降低一个百帕，风速将平均增加 0.897 海里/小时。把 955.27 当作气压为 0 时的风速是没有意义的，它仅仅是拟合的模型的起始值。

□ 7.2.2　最小二乘求解

如何得到式（7.2）中斜率和截距的具体值呢？其计算公式比较简单，可以利用前面已经学过的特征数字，主要是：相关系数，衡量线性相关的强弱程度；标准差，带有计量单位；均值，反映线性方程的一般位置。通过这些特征数字，可以方便地得到斜率的计算方法：

$$b_1=r\times\frac{s_y}{s_x} \tag{7.3}$$

式中，r 是相关系数；s_y 是 y 的标准差；s_x 是 x 的标准差。由于标准差 s_y，s_x 是正数，斜率 b_1 的符号唯一取决于相关系数 r。相关系数本身不带有计量单位，但斜率 b_1 有计量单位。x，y 采用什么计量单位不影响相关系数 r，但对斜率 b_1 却有重要的影响。例如，小孩的身高每年增加 3 英寸，相当于每天长高 0.21 毫米，年龄是用年还是天、身高是用英寸还是毫米来计量，关乎年龄和身高斜率的计算结果。改变 x，y 的计量单位，会直接影响到标准差 s_y，s_x 的大小。另外，斜率 b_1 的计量单位是 s_y 与 s_x 计量单位之比，正因为如此，我们才说斜率 b_1 的单位是，每改变一单位的 x 影响

了多少单位的 y。

式（7.3）给出了斜率 b_1 的计算方法，下面讨论截距 b_0 的计算公式。对式（7.2），我们是在给定 x 值的条件下，对 y 值的一般水平进行预测。与此同时，y 的均值对应的也应该是 x 的均值，这样一来存在

$$\bar{y}=b_1\bar{x}+b_0 \tag{7.4}$$

通过移项便得到：

$$b_0=\bar{y}-b_1\bar{x} \tag{7.5}$$

由式（7.5），在给出斜率 b_1 的值和（$\bar{x}$，$\bar{y}$）后，可以计算出截距 b_0。

例 7—2

根据表 7—1 的资料，试确定直线方程。

答：用 x 表示蛋白质，y 表示脂肪。由表 7—1 的资料，计算得到：

$$r=0.83,\ s_y=16.4,\ s_x=14.0,\ \bar{y}=23.5,\ \bar{x}=17.2$$

由式（7.3）得：

$$\begin{aligned}b_1&=r\times\frac{s_y}{s_x}\\&=0.83\times\frac{16.4}{14.0}\\&=0.97\end{aligned}$$

由式（7.5）得：

$$\begin{aligned}b_0&=\bar{y}-b_1\bar{x}\\&=23.5-0.97\times17.2\\&=6.8\end{aligned}$$

因此，回归直线方程是：

$$\hat{y}=0.97x+6.8$$

即　$\widehat{\text{脂肪}}=0.97\times\text{蛋白质}+6.8$

利用估计出来的模型，我们可以在给定 x 的条件下，对 y 进行预测分析。比如：蛋白质含量是 30 克时，脂肪的含量是 0.97×30+6.8=35.9（克）。由表 7—1 可知，嫩鸡柳汉堡王的蛋白质含量是 30 克，它实际含有的脂肪是 25 克，预测的脂肪含量是 35.9，因此预测残差是 25−35.9=−10.9（克）。

通过上述方法得到的直线方程常被称为回归线。“回归”意味着“用最小二乘法拟合的线性模型”。在使用回归模型时，我们仍然需要注意以下几点，即：是不是数量性质的变量，是不是满足直线形式，有没有异常值存在。

7.2.3 相关系数和回归线

通过上一章的学习，我们已经了解到变量实施标准化变换后对散点图的影响。这里，我们再来讨论一下标准化变换与回归线求解的关系。对表 7—1 中的资料进行标

准化处理后的散点图如下（见图 7—4）：

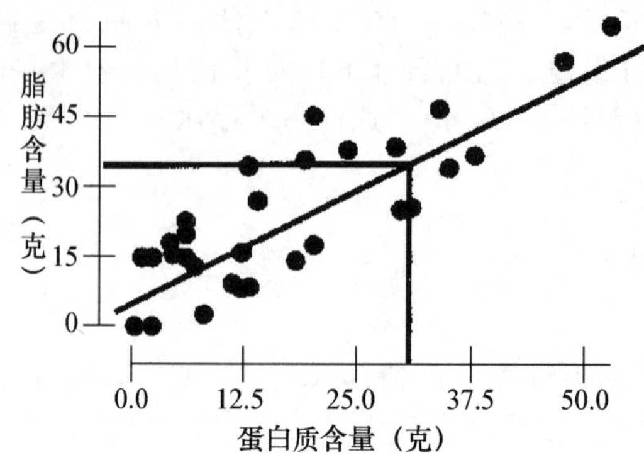

图 7—4　标准化处理后的散点图

比较图 7—4 与图 7—2，两者在散点分布形式上没有实质性差别，但经过标准化变换处理后，回归线经过了坐标轴的原点，也就是说截距项等于 0。

由于标准化变换后，x，y 的标准差等于 1，因此，标准化变换后，回归方程的斜率为相关系数 r，回归线变成：

$$\hat{z}_y = r \times z_x \tag{7.6}$$

式中，z_x 和 z_y 分别表示 x，y 的标准化值。式（7.6）的含义是：当 x 在其均值附近变动一个标准差，y 将在其均值附近平均变动 r 个标准差。例 7.2 中已经给出蛋白质与脂肪含量的相关系数 0.83，所以标准化处理后的蛋白质与脂肪含量的回归线是：

$$\hat{z}_{脂肪} = 0.83 \times z_{蛋白质}$$

该式表明，蛋白质含量在其均值附近变化一个标准差，脂肪含量将在其均值附近变动 0.83 个标准差。

如果相关系数 r 等于 0，意味着 x，y 之间不存在相关关系，此时无论对 x 变动多少个标准差，y 也不会发生改变。要是 r 等于 1 或 −1，就存在严格的直线关系，因此，对 x 变动几个标准差，y 也随之改变同样数量的标准差。

7.3　回归线的代表性分析

如果你听说有一位男生将加入你的班级，你会带着好奇心去猜他长什么样，比如他的身高是多少，你也许会估计他和你们班男生的平均身高差不多。现在假定你被告知，这位男生的学籍分（GPA）是 3.9，位于均分 2 个标准差之上，这时你对他的身高的猜测会改变吗？可能不会。为什么呢？原因就是 GPA 的分值与身高之间没有相关关系。可是，如果你被告知这位男生的身高按厘米计算在平均身高 2 个标准差以上，这时你一定会知道该男生身高是多少英寸，因为厘米和英寸之间是严格的一一对应换算关系，按照式（7.6），用英寸衡量，该男生的身高必定也在平均身高 2 个标准差以上。如果你被告知该男生的鞋码在鞋码均值 2 个标准差之上，那么你将怎样猜测他的身高呢？或许你会猜这位男生的身高比班级男生的平均身高要高些，因为鞋码与身高存在正相关关系，可是你还会认为该男生的身高在班级男生平均身高的 2 个标准差之上吗？可能不会。与变量 x 相比，每个被预测变量 y 的值，更倾向于接近它们的均值，线性模型的这个性质常被称为“回归到均值”，回归线就位于此处。

7.3.1 残差图

如果两个变量存在较为理想的直线关系，此时的残差是数据中不能通过模型得到体现的那部分，可以表示成：数据＝模型拟合的部分＋残差，也可以写成：残差＝数据－模型拟合的部分。如果用符号表达，就是：

$$e=y-\hat{y} \tag{7.7}$$

式中，e 为残差。

当我们评估模型拟合的好坏时，可以从式（7.7）出发，因为它体现的是模型没有拟合的部分。

残差能够帮助我们识别拟合的模型是否有价值，如果拟合的回归模型比较合适，那么变量之间客观存在的关系应能在模型中得到体现，并且我们不感兴趣的东西被撇开了。在拟合了回归模型后，我们可以得到残差，把残差以图展示出来，可以帮助我们判断模型拟合的效果。根据表7—1的资料拟合直线回归模型所得的残差见图7—5。

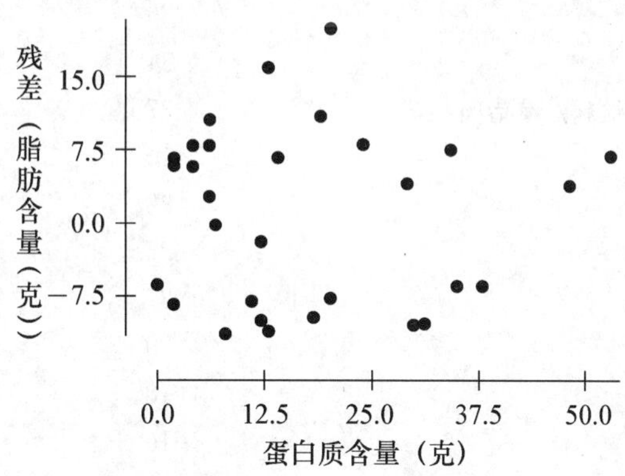

图7—5　表7—1资料的残差图

图7—5是残差的散点图，横坐标是蛋白质含量，纵坐标是对脂肪含量的预测误差。整个图像中的点杂乱无章地散布着，根本看不出有什么方向和形状，也没有显示出弯曲和异常点。这表明，采用$\widehat{脂肪}$＝0.97×蛋白质＋6.8拟合蛋白质和脂肪含量之间的关系比较合适。

大多数统计软件包给出的残差图中，横坐标采用的是因变量 y 的预测值，不像图7—5中横坐标是自变量。当斜率是正数时，除了横坐标的名称不一样外，采用因变量 y 的预测值作为横坐标，得到的散点图完全一样。当斜率是负数时，采用因变量 y 的预测值作为横坐标和采用自变量作为横坐标，得到的散点图刚好相反。不过，对于残差图，我们关注的焦点是有没有出现规则性变化，至于采取什么方式绘制散点图则不必过多计较。

7.3.2 残差的标准差

以变量 x 为横坐标绘制出来的残差图，如果没有表现出特别的形状，我们能看到残差在多大的范围上散布着。不过，要想获得理想的回归线，我们应该设法把残差控制得尽可能小。由于残差的均值等于 0，因此唯一可行的做法是，观察它们的变异情况。残差的标准差用符号 s_e表示，计算公式为：

$$s_e = \sqrt{\frac{\sum e^2}{n-2}} \tag{7.8}$$

下面以表 7—1 的资料为例，说明残差的标准差的计算。表 7—2 列出了残差平方和的计算过程。

表 7—2　　残差平方和的计算过程

品名	脂肪含量观察值	脂肪含量预测值	残差	残差平方
Whopper	39	34.7	4.3	18.1
Whopper、饮料/奶酪	47	39.6	7.4	54.4
双层 Whopper	57	53.3	3.7	13.7
双层 Whopper、饮料/奶酪	65	58.2	6.8	46.5
汉堡	14	24.0	−10.0	99.9
奶酪汉堡	18	25.9	−7.9	63.2
双层汉堡	26	36.7	−10.7	114.4
双层奶酪汉堡	34	40.6	−6.6	43.6
双层奶酪汉堡、饮料/熏猪肉	37	43.5	−6.5	42.7
素汉堡	10	20.1	−10.1	101.8
鱼片汉堡王	38	29.9	8.1	66.3
嫩鸡柳汉堡王	25	35.7	−10.7	114.9
鸡柳三明治	27	20.1	6.9	47.8
鸡柳（4 个）	9	17.2	−8.2	66.5
薯条（中份）	18	10.3	7.7	59.0
洋葱圈（中份）	16	10.3	5.7	32.3
香辣鸡翅（4 个）	13	13.2	−0.2	0.1
马苏里拉乳酪条（4 个）	16	18.1	−2.1	4.6
苹果派	14	8.4	5.6	31.8
Crois 三明治、饮料/火腿肠、煎鸡蛋和奶酪	36	25.0	11.0	121.6
松饼	15	12.3	2.7	7.4
松饼、饮料/火腿肠，煎鸡蛋和奶酪	46	25.9	20.1	402.1
松饼、饮料/火腿肠	35	19.1	15.9	252.5
法式吐司（5 片）	20	12.3	7.7	59.7
雀巢 Cini-minis（4 个）	23	12.3	10.7	115.1
Hash Brown Rounds（小份）	15	8.4	6.6	44.0
香草奶昔（中份）	8	18.1	−10.1	102.7
巧克力奶昔（中份、饮料/甜汁）	8	19.1	−11.1	123.4
草莓奶昔（中份）	8	18.1	−10.1	102.7
可乐（中份）	0	6.4	−6.4	41.1
Tropicana 橘子汁	0	8.4	−8.4	70.0
含 1%脂肪牛奶	2.5	14.2	−11.7	137.5
合计				2 601.1

由式（7.8）得：

$$s_e=\sqrt{\frac{\sum e^2}{n-2}}$$
$$=\sqrt{\frac{2\ 601.1}{32-2}}$$
$$=9.3$$

对汉堡脂肪含量的预测误差是－10.0，该误差稍大于一个残差的标准差。

把预测残差绘制成直方图，如果直方图呈单峰、对称状，我们就可以使用前面所讲的经验规则进行判断，比如大约有 95％的残差位于 $-2s_e\sim+2s_e$ 的范围内，99％的残差位于 $-3s_e\sim+3s_e$ 的范围内。

□ 7.3.3 拟合优度

残差的变异是评价模型拟合效果的关键所在，现在我们来比较响应变量和残差的变异。拿表 7—1 的资料来说，响应变量脂肪含量的标准差是 16.4 克，模型估计残差的标准差为 9.3 克。如果响应变量与预测变量之间的相关系数是 1，这时模型完全代表了两个变量间的关系，预测残差必定等于 0，没有什么变异可言。与此相反，如果两个变量间的相关系数等于 0，即使我们构造了回归模型，也只能用均值对响应变量脂肪含量进行预测，这样的话，预测残差就是响应变量脂肪含量的实际观察值与其均值的离差，因此预测残差的变异程度与脂肪含量原始数据的变异水平完全一样。

前面给出的脂肪和蛋白质含量的回归模型究竟怎样呢？为此我们将脂肪含量实际资料的离差，以及通过回归模型预测的残差，用箱线图来表示，具体见图 7—6。

从图 7—6 中可以看出，脂肪含量预测残差是模型没能解释的部分，比实际资料的变异程度小得多，但比 0 大。现在的问题是，模型没有解释的残差产生的变异占多大的份额，假如让你给出一个 0～100％之间的数，这个数值是什么呢？

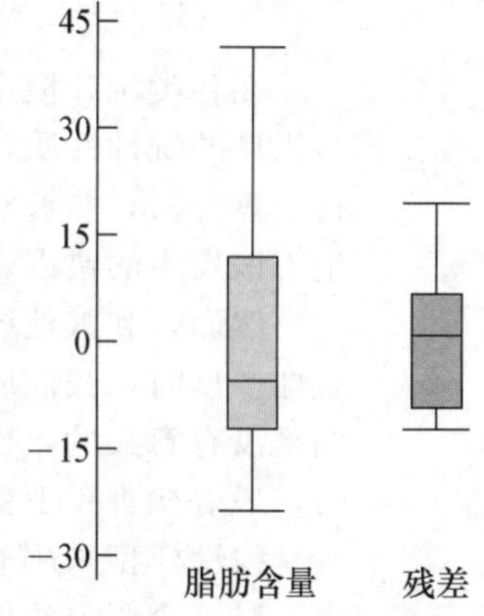

图 7—6　响应变量脂肪含量的观察值离差与预测残差箱线图

回归模型反映的是介于完全不相关和完全相关的情况，对此，我们总是希望能对拟合的回归模型有个明确的判定。能不能借助相关系数达到这一目的呢？回答是肯定的。相关系数－0.5 情形下的回归模型，与相关系数＋0.5 情形下的回归模型，除了方向不同外，其他方面应该没有差别。如果我们对相关系数进行平方变换，方向便看不出来了，并且相关系数的平方的值一定在 0 和 1 之间。相关系数的平方 r^2 能反映模型解释的变异占实际数据本身变异的百分比，$1-r^2$ 则说明了回归残差的变异占实际数据变异的百分比。拿表 7—1 的资料来说，脂肪与蛋白质含量之间的相关系数是 0.83，对其实施平方变换得到 $r^2=0.83^2=0.69$，那么 $1-r^2=1-0.69=0.31$，表明回归模型能解释的部分占到 69％，不能解释的部分占到 31％。

r^2 习惯上被称为拟合优度系数，是所有回归分析中都用到的一个统计量，一般用 R^2 表示。R^2 等于 0，意味着拟合的回归模型根本不能解释响应变量的变异，或者响应变量的变异完全等于回归残差的变异，这时构造出来的模型也就没有任何用途了。在对回归模型进行解释时，我们需要说明 R^2 的意义。前面有关蛋白质和脂肪含量的线性回归的例子中，R^2等于0.69，表明了快餐食品中脂肪含量的变异，即69%是由于所含蛋白质含量变异引起的。R^2的取值在0～100%之间，R^2的值多大才称得上好，取决于我们分析的数据性质，以及我们想要把得到的回归模型派上什么用场。相关系数值大，拟合的回归模型就比较好。来自科学实验的数据表明，R^2的值一般都在80%～90%，有的甚至更高。由于观察和调查研究难以获得被试人的真实反应，依据这类数据进行回归分析，R^2的值相对比较小，通常在30%～50%的水平，有的可能更低，但即使如此，我们也不能认为建立的回归模型没有价值。通过计算回归残差的标准差，也能给我们提供评估回归模型拟合效果的信息，因为残差的标准差小，表明残差在回归线附近变化。就像我们在前面所说的那样，R^2的值等于100%，表示回归线完全拟合，所有的散点都严格地在一条直线上，这时的s_e等于0，响应变量的变化全部由预测变量决定，根本不存在回归残差。当然，这样的情况在现实中一般是不会出现的。

就像我们报告回归方程的截距和斜率一样，在进行回归分析时，往往也需要同时给出R^2的值，以便人们能够凭自己的认识对拟合的回归模型成功与否做出评判。统计学是关于变异的科学，R^2与此一脉相承，它用百分比的形式反映响应变量y的变异有多少可以通过回归模型得到解释，并依此说明回归模型的拟合效果。散点图只能大致展示是否值得建立回归模型，并不能衡量回归模型的好坏，正因为如此，很多人特别在意拟合优度系数R^2的值。

7.4 回归分析的假定条件

7.4.1 假定条件

在各类统计模型中，线性回归模型可能是得到最广泛应用的一类模型，它拥有许多优良的统计性质，比如，模型中的参数比较容易估计出来，能够对数据拟合程度进行测算分析，能够对响应变量的取值进行预测，通过残差图还能进行自检查以避免发生不该发生的错误。

然而，和其他统计分析模型一样，线性模型也不是适用于一切场合，因此在建立线性模型时，我们应仔细斟酌它的合理性如何。比如，对分类性质的数据，绘制散点图是没有意义的，也不要对这样的资料进行回归分析。所以，在采用线性回归模型时，最好检查一下变量是不是数量性质的变量。

线性模型采用的第一个也是最重要的假定就是线性假定，即两个变量间呈线性关系。对这个假定条件，虽然我们没有办法来证实，但可以检查变量之间是否存在伴随关系，可以通过散点图看看是否呈直线状。也许我们不能指望是严格的直线，但至少能大致发现可以拟合的有意义的线性模型，而不至于把呈曲线状的散点图生硬地拟合成直线。如果散点图显示出不是很明显的直线关系，就不要构造线性模型。即使变量之间存在相关关系，也不要轻率地把它们当成线性关系。

残差的标准差可以反映残差的离散程度，但在线性回归模型中，理论上要求在每个x点处，残差的散布水平要保持一致，这就是我们常说的同方差问题。

线性回归模型要求不存在异常值，因为异常值对回归模型的干扰很大。有些异常值有可能会改变斜率的取值符号，误导我们对变量间存在的关系的认识。

总之，对原始资料绘制散点图还不够，需要回归残差散点图，因为通过残差散点图，能帮助我们更清晰地发现线性回归条件的满足情况，进而寻找更合适的分析模式，乃至找出数据中有趣的不正常现象。

下面，我们结合一个具体例子说明回归分析假定条件的检查问题。表 7—3 是 70 多款早餐麦片的热量和含糖量资料：

表 7—3　早餐麦片的热量和含糖量

代码	热量	含糖量	代码	热量	含糖量
1	70	6	40	140	9
2	120	8	41	110	3
3	70	5	42	100	6
4	50	0	43	110	12
5	110	8	44	100	3
6	110	10	45	150	11
7	110	14	46	150	11
8	130	8	47	160	13
9	90	6	48	100	6
10	90	5	49	120	9
11	120	12	50	140	7
12	110	1	51	90	2
13	120	9	52	130	10
14	110	7	53	120	14
15	110	13	54	100	3
16	110	3	55	50	0
17	100	2	56	50	0
18	110	12	57	100	6
19	110	13	58	100	0
20	110	7	59	120	12
21	100	0	60	100	8
22	110	3	61	90	6
23	100	10	62	110	2
24	100	5	63	110	3
25	110	13	64	80	0
26	110	11	65	90	0
27	100	7	66	90	0
28	120	10	67	110	15
29	120	12	68	110	3
30	110	12	69	90	5
31	100	15	70	110	3
32	110	9	71	140	14
33	100	5	72	100	3
34	110	3	73	110	3
35	120	4	74	110	12
36	120	11	75	100	3
37	110	10	76	100	3
38	110	11	77	110	8
39	110	6			

所要讨论的问题是，早餐麦片中热量和含糖量是怎样的相关关系。

对诸如此类的问题，其处理过程大致是：

第一步，陈述研究的主题。对这个例子，我们感兴趣的问题是，早餐麦片中的含糖量和热量之间是什么样的关系。

第二步，界定研究变量。每份早餐麦片中的热量、含糖量都是数量变量，一共采集了77个样品资料，食物热量的计量单位是卡路里，含糖量的计量单位是克。

第三步，检查回归分析的条件能否满足。在没有考察散点图之前，先不急于拟合回归模型。根据表7—3的资料绘制的散点图见图7—7。

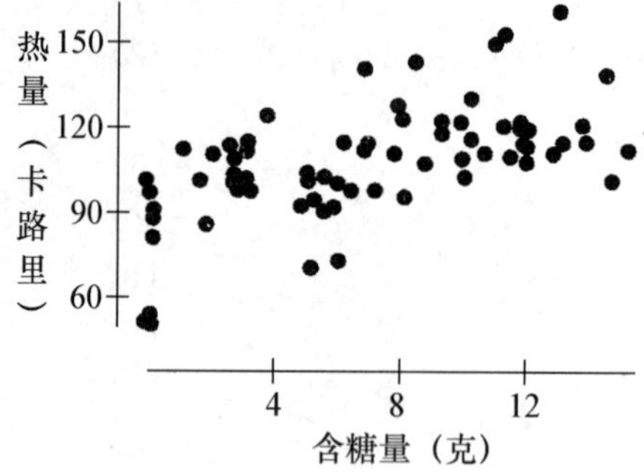

图7—7 热量和含糖量散点图

由图7—7可知，散点中没有异常值，也不存在明显的分组现象。根据散点的分布形状，大致能拟合直线模型。围绕着直线的散点，大致都保持了同等的变异程度，但这个问题尚待进一步做残差分析。

第四步，拟合直线模型。在没有明显违反假定条件的前提下，可以拟合线性模型。

用 x 表示含糖量，y 代表热量。根据表7—3给定的资料，计算得到：

$$\bar{y}=107.0，s_y=19.5$$
$$\bar{x}=7.0，s_x=4.4$$
$$r=0.564$$

由式（7.3）得：

$$\begin{aligned} b_1 &= r\times\frac{s_y}{s_x} \\ &= 0.564\times\frac{19.5}{4.4} \\ &= 2.50 \end{aligned}$$

由式（7.5）得：

$$\begin{aligned} b_0 &= \bar{y}-b_1\bar{x} \\ &= 107.0-2.50\times 7.0 \\ &= 89.5 \end{aligned}$$

这样一来，由最小二乘法得到的回归方程是：

$$\hat{y}=89.5+2.50x$$

即 $$\widehat{\text{热量}}=89.5+2.50\times\text{含糖量}$$

第五步，对模型的代表性进行必要的分析。进行模型的代表性分析，主要是计算拟合优度系数 R^2，计算残差的标准差，以及绘制残差图等。

计算拟合优度系数 R^2 的值。热量与含糖量之间的相关系数是0.564，因此有：

$$\begin{aligned} R^2 &= r^2 \\ &= 0.564^2 \\ &= 0.318(31.8\%) \end{aligned}$$

残差的标准差的计算过程如下，表7—4列出了热量与含糖量回归残差。

表 7—4　　热量与含糖量回归残差

代码	热量	热量预测值	残差	残差平方
1	70	104.6	−34.6	1 194.4
2	120	109.5	10.5	109.6
3	70	102.1	−32.1	1 028.8
4	50	89.6	−39.6	1 572.1
5	110	109.5	0.5	0.2
6	110	114.5	−4.5	20.2
7	110	124.4	−14.4	208.5
8	130	109.5	20.5	419.0
9	90	104.6	−14.6	212.0
10	90	102.1	−12.1	145.8
11	120	119.5	0.5	0.3
12	110	92.1	17.9	319.2
13	120	112.0	8.0	63.8
14	110	107.0	3.0	8.7
15	110	122.0	−12.0	142.9
16	110	97.1	12.9	166.3
17	100	94.6	5.4	29.0
18	110	119.5	−9.5	89.7
19	110	122.0	−12.0	142.9
20	110	107.0	3.0	8.7
21	100	89.6	10.4	107.1
22	110	97.1	12.9	166.3
23	100	114.5	−14.5	210.2
24	100	102.1	−2.1	4.3
25	110	122.0	−12.0	142.9
26	110	117.0	−7.0	48.8
27	100	107.0	−7.0	49.6
28	120	114.5	5.5	30.3
29	120	119.5	0.5	0.3
30	110	119.5	−9.5	89.7
31	100	126.9	−26.9	724.9
32	110	112.0	−2.0	4.1
33	100	102.1	−2.1	4.3
34	110	97.1	12.9	166.3
35	120	99.6	20.4	416.6
36	120	117.0	3.0	9.1
37	110	114.5	−4.5	20.2
38	110	117.0	−7.0	48.8
39	110	104.6	5.4	29.6
40	140	112.0	28.0	783.2
41	110	97.1	12.9	166.3
42	100	104.6	−4.6	20.8
43	110	119.5	−9.5	89.7

续前表

代码	热量	热量预测值	残差	残差平方
44	100	97.1	2.9	8.4
45	150	117.0	33.0	1 090.0
46	150	117.0	33.0	1 090.0
47	160	122.0	38.0	1 447.5
48	100	104.6	−4.6	20.8
49	120	112.0	8.0	63.8
50	140	107.0	33.0	1 086.1
51	90	94.6	−4.6	21.3
52	130	114.5	15.5	240.3
53	120	124.4	−4.4	19.7
54	100	97.1	2.9	8.4
55	50	89.6	−39.6	1 572.1
56	50	89.6	−39.6	1 572.1
57	100	104.6	−4.6	20.8
58	100	89.6	10.4	107.1
59	120	119.5	0.5	0.3
60	100	109.5	−9.5	90.8
61	90	104.6	−14.6	212.0
62	110	94.6	15.4	236.6
63	110	97.1	12.9	166.3
64	80	89.6	−9.6	93.1
65	90	89.6	0.4	0.1
66	90	89.6	0.4	0.1
67	110	126.9	−16.9	286.4
68	110	97.1	12.9	166.3
69	90	102.1	−12.1	145.8
70	110	97.1	12.9	166.3
71	140	124.4	15.6	242.1
72	100	97.1	2.9	8.4
73	110	97.1	12.9	166.3
74	110	119.5	−9.5	89.7
75	100	97.1	2.9	8.4
76	100	97.1	2.9	8.4
77	110	109.5	0.5	0.2
合计				19 671.3

由式（7.8）得：

$$s_e = \sqrt{\frac{\sum e^2}{n-2}} = \sqrt{\frac{19\,671.3}{77-2}} = 16.2$$

残差的标准差是16.2，相对来说比较大，这个值只比依实际观察资料计算的标准差19.5稍小一点。

由热量预测值和残差绘制的散点图见图 7—8。

图 7—8 中的点呈水平状态散布，没有出现规则性状况，在每个预测值处的残差分布大致相同。

第六步，给出分析结论。综合残差标准差、拟合优度系数和残差图分析，可以判断在热量和含糖量之间构造线性回归模型可能比较合适。得到的回归方程表明，含糖量每增加 1 克，热量平均增加 2.5 卡路里。早餐麦片的一般热量是 89.5 卡路里，含糖量对热量的解释程度是 31.8%。

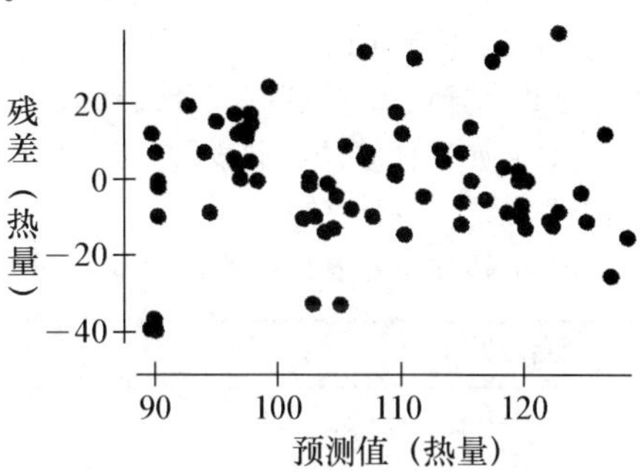

图 7—8　热量预测值与残差散点图

□ 7.4.2　注意事项

在进行线性回归分析时，以下事项值得注意：

第一，不要把非线性关系当成线性关系来拟合回归模型。线性回归仅适合于线性关系的情形，当然对那些非线性关系的现象，我们可以通过变换使之线性化，然后采用线性形式的回归模型。

第二，当心数据中有可能存在不正常数据。回归分析中有可能会遇到两种类型的极不正常的数据，一是响应变量 y 中的某些值特别大或特别小，二是预测变量 x 出现极端值，无论是哪种情况，都需要予以重视。

第三，不能对回归方程进行逆运算。在脂肪和蛋白质含量的例子中，我们建立了这样的回归模型：$\widehat{\text{脂肪}}=0.97\times\text{蛋白质}+6.8$，如果给定蛋白质含量，我们能对脂肪含量的值进行预测，但不能反过来利用该模型在给定脂肪含量的前提下预测蛋白质的含量。x 对 y 的回归模型，由最小二乘法确定的斜率是 $b_1=r\times\frac{s_y}{s_x}$，而 y 对 x 的回归模型，斜率的计算公式是 $b_1=r\times\frac{s_x}{s_y}$，绝对不是前者的倒数，除非相关系数恰好等于 1。在变量 x，y 之间转换响应变量和预测变量的角色，需要拟合新的回归方程。

第四，不能毫无节制地进行外推预测。在 x 观察值较小的变化范围内，线性模型能较好地用于预测分析。一旦我们在变量之间建立了回归关系，总是经不住诱惑毫无节制地使用它。利用 x 观察值之外的数值对 y 进行预测时，我们必须小心。在观察数据范围之外，拟定的模型也许不再适合，越远离观察数据的外推风险越大。

第五，不能因为得到了较好的线性模型，就把 x 当成是 y 的原因。线性关系就是线性关系，没有特别的证据就不要认为变量间存在因果关系。

第六，不能仅仅根据 R^2 的值决定模型的取舍。尽管 R^2 的大小能够反映线性关系的强度，但大的 R^2 值有时并不合适做线性回归分析。因为异常值或资料不同质都有可能使 R^2 的取值变大，与此相反，取值较小的 R^2 值，也有可能是由于异常值造成的。所以，借助散点图观察有没有异常值和数据的同质性很重要。

复习思考题

1. 对许多人来讲，早餐麦片是通过饮食获取人体所需纤维的重要来源。麦片还含有钾元素，这是一种矿物质，与正常血压有一定的关系。对 77 款早餐麦片样本资料的分析表明，钾含量（单位：毫克）

和纤维含量（单位：克）的回归模型为：$\widehat{钾}=38+27\times$纤维。回答下列问题：

（1）解释一下斜率27是什么意思。

（2）如果你吃的早餐麦片每份含有9克纤维，大概能获取多少毫克钾？

（3）假如早餐麦片中的钾含量与纤维含量之间的相关系数是0.903，纤维含量在多大程度上解释了早餐麦片中的钾含量？

（4）回归残差的标准差是30.77，试说明这反映了什么。

2. 把下表中的缺省项填写完整：

标号	$\bar{x}$	s_x	$\bar{y}$	s_y	r	$\hat{y}=b_0+b_1x$
A	10	2	20	3	0.5	
B	2	0.06	7.2	1.2	−0.4	
C	12	6			−0.8	$\hat{y}=200-4x$
D	2.5	1.2		100		$\hat{y}=-100+50x$

3. 把下表中的缺省项填写完整：

标号	$\bar{x}$	s_x	$\bar{y}$	s_y	r	$\hat{y}=b_0+b_1x$
A	30	4	18	6	−0.2	
B	100	18	60	10	0.9	
C		0.8	50	15		$\hat{y}=-10+15x$
D			18	4	−0.6	$\hat{y}=30-2x$

4. 117套商品房销售价格（单位：千美元）和面积（单位：平方英尺）回归模型的拟合优度系数R^2为71.4%，残差图显示，在商品房销售价格和面积之间建立线性模型比较合适。回答下列问题：

（1）这个回归模型中的变量及其计量单位分别是什么？

（2）斜率的单位是什么？

（3）斜率是正的还是负的？为什么？

5. 在小汽车的长度（单位：英尺）和重量（单位：磅）之间建立回归模型，斜率的取值更有可能是3，30，300，3 000，为什么？

6. 为了估计松树的高度（单位：英尺），用松树树干的周长（单位：英寸）作为解释变量，斜率最有可能取值0.1，1，10，100，为什么？

7. 就香烟中尼古丁含量与焦油含量是否存在关系这个问题专门采集了如下一组资料：

品牌	尼古丁含量	焦油含量
American Filter	1.2	16
Benson & Hedges	1.2	16
Camel	1	16
Capri	0.8	9
Carlton	0.1	1
Cartier Vendome	0.8	8
Chelsea	0.8	10
GPC Approved	1	16
Hi-Lite	1	14
Kent	1	13
Lucky Strike	1.1	13
Malibu	1.2	15
Marlboro	1.2	16
Merit	0.7	9
Newport Stripe	0.9	11
Now	0.2	2
Old Gold	1.4	18
Pall Mall	1.2	15
Players	1.1	13
Raleigh	1	15
Richland	1.3	17
Rite	0.8	9
Silva Thins	1	12
Tareyton	1	14
Triumph	0.5	5
TRUE	0.6	6
Vantage	0.7	8
Viceroy	1.4	18
Winston	1.1	16

要求：

(1) 讨论在尼古丁含量和焦油含量之间建立线性回归模型的条件能否得到满足；

(2) 建立回归模型，并给出具体方程；

(3) 对建立的回归模型的代表性进行分析。

8. 2006年美国棒球联盟赛主要球队获胜的比赛场次和主场上座率的资料如下：

球队	获胜的场次	主场上座率
Minnesota Twins	96	28 210
New York Yankees	97	51 858
Toronto Blue Jays	87	28 422
Cleveland Indians	78	24 667
Chicago White Sox	90	36 511
Texas Rangers	80	29 490
Baltimore Orioles	70	26 583
Los Angeles Angels	89	42 059
Detroit Tigers	95	32 048
Seattle Mariners	78	30 626
Kansas City Royals	62	17 158
Boston Red Sox	86	36 182
Oakland Athletics	93	24 402
Tampa Bay Devil Rays	61	16 901

要求：

(1) 讨论在获胜的场次和主场上座率之间建立线性回归模型的条件能否得到满足；

(2) 建立回归模型，并给出具体方程；

(3) 对建立的回归模型的代表性进行分析。

9. 根据第6章复习思考题第16题的资料，试讨论分析以下问题：

(1) 在家庭收入和居住成本指数之间建立线性回归分析的条件能否得到满足？

(2) 给出家庭收入与居住成本指数的回归方程。

(3) 假定某个州居民家庭收入是44 993美元，其居住成本指数大概是多少？

(4) 如果对家庭收入和居住成本指数实施标准化处理，这时的回归方程是什么？回归系数的含义是什么？

10. 美国国家消防中心网站（www.nifc.gov）有一组关于1982—2005年山林野火的统计数据，具体见下表：

年份	火灾起数	过火面积
2005	66 552	8 686 753
2004	77 534	6 790 692
2003	85 943	4 918 088
2002	88 458	6 937 584
2001	84 079	3 555 138
2000	122 827	8 422 237
1999	93 702	5 661 976
1998	81 043	2 329 709
1997	89 517	3 672 616
1996	115 025	6 701 390
1995	130 019	2 315 730
1994	114 049	4 724 014
1993	97 031	2 310 420
1992	103 830	2 457 665
1991	116 953	2 237 714
1990	122 763	5 452 874
1989	121 714	3 261 732
1988	154 573	7 398 889
1987	143 877	4 152 575
1986	139 980	3 308 133
1985	133 840	4 434 748
1984	118 636	2 266 134
1983	161 649	5 080 553
1982	174 755	2 382 036

要求：

(1) 绘制火灾起数和过火面积散点图，并判断相关性；

(2) 讨论火灾起数和过火面积之间是否适合构建线性回归模型。

11. 以下是某款二手车的使用年数及其报价资料：

使用年数（年）	报价（美元）
1	13 990
1	13 495
3	12 999
4	9 500
4	10 495
5	8 995
5	9 495
6	6 999
7	6 950

续前表

使用年数（年）	报价（美元）
7	7 850
8	6 999
8	5 995
10	4 950
10	4 495
13	2 850

要求：

(1) 绘制散点图，描述这款二手车的使用年数和报价之间的相关性；

(2) 讨论是否适合建立线性回归模型；

(3) 拟合回归方程并求解；

(4) 分析模型的代表性。

12. 快餐食品中的脂肪含量（单位：克）和热量（单位：卡路里）存在一定的相关关系，以下是采集的一组资料：

脂肪含量	19	31	34	35	39	39	43
热量	410	580	590	570	640	680	660

要求回答：

(1) 绘制散点图；

(2) 计算拟合优度系数 R^2 的值，并给出解释；

(3) 建立线性回归模型；

(4) 运用残差分析线性回归模型的拟合效果；

(5) 解释截距和斜率的含义；

(6) 现在引进一款新的快餐食品，脂肪含量为28克，根据建立的线性回归模型，预测一下该款食品的热量。

13. “生活成本调查机构”对世界主要城市的生活费用做过排名，以下是2005年和2006年的资料：

城市	2006年	2005年
莫斯科	123.9	119.0
首尔	121.7	115.4
东京	119.1	134.7
香港	116.3	109.5
伦敦	110.6	120.3
大阪	108.3	121.8
日内瓦	103.0	113.5
哥本哈根	101.1	110.0
苏黎世	100.8	112.1
奥斯陆	100.0	105.3
纽约	100.0	100.0
圣彼得堡	99.7	99.5
米兰	96.9	104.9
北京	94.9	95.6
伊斯坦布尔	93.1	93.8
巴黎	93.1	102.2
新加坡	92.0	88.0
都柏林	91.8	100.0
悉尼	91.3	95.2
上海	91.2	90.4
罗马	89.8	97.3
基辅	89.8	84.5
维也纳	89.8	97.8
特拉维夫	89.7	87.6
赫尔辛基	87.8	95.2

要求：

(1) 绘制散点图，描述2005年和2006年生活成本的相关关系；

(2) 计算2005年和2006年生活成本的相关系数，确定拟合优度系数 R^2 的值；

(3) 分析用2005年生活成本解释2006年生活成本时，能不能建立线性回归分析模型。

14. 下表是美国15～44岁妇女生育率的资料：

年份	生育率（%）
1965	19.4
1970	18.4
1975	14.8
1980	15.9
1985	15.6
1990	16.4
1995	14.8
2000	14.4
2005	14.0

要求：

(1) 绘制散点图，描述生育率变化的趋势；

(2) 建立线性回归模型；

(3) 分析模型的代表性；

(4) 解释截距项的含义；

(5) 表中给出的是每隔5年的资料，估计1978

年的生育率；

(6) 预测一下 2010 年的生育率水平，并进行适当的评论。

15. 假定有 4 个点：(10，10)，(20，50)，(40，20)，(50，80)，得到的最小二乘回归线为 $\hat{y}=7.0+1.1x$。运用给定的资料，说说最小二乘的实现过程。

16. 假定有 4 个点：(200，1 950)，(400，1 650)，(600，1 800)，(800，1 600)，得到的最小二乘回归线为 $\hat{y}=1\,975-0.45x$。运用给定的资料，说说最小二乘的实现过程。

17. 一项关于环境引起疾病的调查，采集了英格兰和威尔士 61 个城镇的男性年死亡率（单位：死亡人数/10 万人），另外，也收集了饮用水中钙的浓度（单位：毫克/升），具体如下：

年死亡率	钙浓度
1 702	44
1 309	59
1 259	133
1 427	27
1 724	6
1 175	107
1 486	5
1 456	90
1 696	6
1 236	101
1 711	13
1 444	14
1 591	49
1 987	8
1 495	14
1 369	68
1 257	50
1 587	75
1 713	71
1 557	13
1 640	57
1 709	71
1 625	20
1 527	60
1 627	53
1 486	122
1 485	81
1 378	71

续前表

年死亡率	钙浓度
1 519	21
1 581	14
1 625	13
1 247	105
1 668	17
1 466	5
1 800	14
1 609	18
1 558	10
1 807	15
1 299	78
1 637	10
1 359	84
1 392	73
1 755	12
1 307	78
1 254	96
1 491	20
1 555	39
1 428	39
1 318	122
1 260	21
1 723	44
1 379	94
1 742	8
1 574	9
1 569	91
1 096	138
1 591	16
1 402	37
1 772	15
1 828	8
1 704	26

要求：

(1) 绘制散点图，并进行描述性分析；

(2) 用钙浓度作为预测变量，在年死亡率和钙浓度之间建立回归方程；

(3) 解释截距的具体含义；

(4) 假定英格兰某地饮用水中钙的浓度为 100 毫克/升，运用建立的回归方程预测该地男性的年死亡率水平；

(5) 计算该模型的 R^2，说说它的含义。

第8章

线性回归分析再讨论

8.1　残差图的应用
8.2　回归分析的外推
8.3　不正常值与隐变量
8.4　分组资料特征数字的回归

对不是直线形式的数据拟合回归模型，将给预测分析造成什么样的危害？怎样看待异常值的影响？通过数据分组处理究竟能产生什么样的结果？本章着重对诸如此类的问题进行讲解。

8.1 残差图的应用

在回归分析中，用好残差图很有必要。通过残差图，我们可以揭示线性假定是否成立，据此进行分组回归处理等。

8.1.1 运用残差图进行线性诊断

回归分析是应用最广泛的一类统计方法，人们经常利用它来预测顾客忠诚度、医院接收的病人数、汽车销售量等，但回归分析的使用中也存在大量的滥用和误用现象。

为检验线性拟合模型是否合理，在做回归分析时，通常都会报告残差图。残差是模型不能解释的部分，残差图所反映的微妙关系，是原始数据散点图不能清晰展现出来的。借助残差图的信息，可以更好地证实和揭示回归分析必备的条件是否得到满足。拟合线性模型的一个基本假定就是，现象之间客观上存在线性关系。这一点看似显而易见，但在具体拟合回归模型时，不能认为是理所当然的事。拟合回归模型时，仅仅观察散点图可能难以判断存在什么样的关系，比如是直线还是曲线。要很好地回答这个问题，绘制残差图不失为一种有效手段。

加利福尼亚大学海洋生物技术与生物医学中心的两位研究帝企鹅的科学家迈尔和蓬甘尼斯（J. Meir and P. Ponganis）指出：在鸟类当中，帝企鹅最擅长潜水，潜入水中 5～12 分钟是小菜一碟，其中最高纪录是 27 分钟，潜入深度超过 500 米。帝企鹅是在陆地上生存的动物，潜入水中需要屏住呼吸，因此持续待在水下的时间取决于三个因素，即潜水之初有多少氧气储存在体内，储存的氧气以什么速度被消耗，以及它能承受的最低水平的有氧量。研究表明，氧气消耗水平主要受制于帝企鹅的心律。如果观察帝企鹅潜水期间的心律变化情况，也许就能帮助我们了解帝企鹅是怎样控制氧气消耗的。根据这一想法，研究人员在受试帝企鹅的身上置入仪器，以跟踪采集帝企鹅潜水过程中的心律变化，得到表 8—1 的一组数据。

表 8—1　帝企鹅的心律、潜水深度和潜水时间资料

观察代码	心律（次/分钟）	潜水深度（米）	持续时间（分钟）	观察代码	心律（次/分钟）	潜水深度（米）	持续时间（分钟）
EP19	88.8	5.0	1.1	EP19	99.8	10.5	1.5
EP19	103.4	9.0	1.2	EP19	104.5	6.0	1.2
EP19	97.4	22.0	1.9	EP19	78.0	19.5	2.7
EP19	85.3	25.5	3.5	EP19	54.2	27.5	7.3
EP19	60.6	30.5	7.1	EP19	79.0	33.5	4.8
EP19	77.6	32.5	4.8	EP19	42.9	40.5	11.9
EP19	44.3	38.0	9.1	EP19	134.0	12.0	1.1
EP19	32.8	32.0	11.0	EP19	54.1	43.0	8.0
EP19	94.2	6.0	1.3	EP19	31.8	45.5	11.3

续前表

观察代码	心律（次/分钟）	潜水深度（米）	持续时间（分钟）	观察代码	心律（次/分钟）	潜水深度（米）	持续时间（分钟）
EP19	49.4	35.0	8.1	EP32（05）	41.0	30.6	11.7
EP19	57.1	33.5	6.1	EP32（05）	71.5	35.9	4.8
EP22	50.2	147.0	9.0	EP32（05）	74.7	33.4	3.7
EP22	97.3	66.5	2.3	EP32（05）	37.7	46.5	14.5
EP22	32.3	116.0	10.9	EP32（05）	67.8	31.7	4.7
EP22	42.1	40.0	6.1	EP32（05）	41.1	56.1	12.6
EP22	40.2	46.5	9.8	EP32（05）	29.6	53.6	15.4
EP22	34.6	37.0	8.8	EP39（05）	70.5	12.3	1.1
EP22	81.0	11.0	2.0	EP39（05）	47.1	25.9	5.4
EP22	44.5	20.5	6.4	EP39（05）	34.1	36.3	9.0
EP22	106.3	30.5	2.1	EP39（05）	43.3	34.7	8.5
EP22	36.3	45.0	9.9	EP39（05）	35.8	66.5	9.8
EP22	87.7	26.0	2.1	EP39（05）	32.7	43.8	10.9
EP22	24.1	66.0	18.2	EP39（05）	40.3	50.5	10.5
EP43（2001）	47.8	170.0	10.0	EP39（05）	36.2	44.4	10.5
EP43（2001）	44.9	160.0	10.0	EP39（05）	84.4	31.0	2.3
EP43（2001）	45.5	140.0	10.5	EP39（05）	31.3	38.0	11.8
EP43（2001）	47.7	40.0	5.3	EP39（05）	31.3	57.3	12.2
EP43（2001）	49.1	25.0	5.1	EP39（05）	78.5	29.9	1.5
EP43（2001）	43.6	49.0	7.3	EP39（05）	31.5	44.6	9.2
EP43（2001）	68.1	100.0	3.4	EP31（05）	57.5	20.4	2.4
EP43（2001）	51.7	52.0	5.9	EP31（05）	67.8	22.4	1.9
EP43（2001）	91.1	39.0	2.8	EP31（05）	48.5	35.4	3.3
EP43（2001）	34.0	47.0	9.0	EP31（05）	33.7	74.5	10.8
EP43（2001）	52.0	39.0	4.7	EP31（05）	27.5	57.8	13.5
EP43（2001）	103.8	26.0	1.9	EP31（05）	29.9	53.9	11.9
EP43（2001）	34.8	42.0	7.0	EP31（05）	39.2	76.0	9.5
EP43（2001）	36.9	90.0	9.2	EP31（05）	32.1	55.0	10.8
EP43（2001）	48.6	160.0	7.5	EP31（05）	30.3	45.3	14.1
EP43（2001）	43.8	160.0	8.0	EP31（05）	81.3	47.9	2.0
EP43（2001）	52.5	130.0	6.9	EP35（05）	113.6	10.9	1.1
EP32（05）	67.2	32.3	3.7	EP35（05）	80.9	16.9	1.4
EP32（05）	48.2	29.8	5.8	EP35（05）	76.6	22.2	2.5
EP32（05）	52.3	66.9	8.1	EP35（05）	39.5	47.1	7.1
EP32（05）	40.1	34.4	10.1	EP35（05）	38.8	63.8	8.5
EP32（05）	83.6	35.1	2.6	EP35（05）	22.8	53.6	12.6
EP32（05）	55.4	49.2	6.2	EP35（05）	34.3	59.9	10.7
EP32（05）	47.1	36.4	8.6	EP35（05）	121.7	22.6	1.1
EP32（05）	48.3	51.4	10.8	EP35（05）	35.5	44.0	9.1
EP32（05）	104.5	19.2	1.1	EP35（05）	36.3	49.5	9.8
EP32（05）	54.9	37.4	8.8	EP35（05）	25.5	46.2	12.0

续前表

观察代码	心律（次/分钟）	潜水深度（米）	持续时间（分钟）	观察代码	心律（次/分钟）	潜水深度（米）	持续时间（分钟）
EP35（05）	33.0	40.9	9.0	EP39（01）	77.5	225.0	7.5
EP35（05）	111.2	31.6	1.8	EP39（01）	71.6	225.0	8.6
EP35（05）	30.6	52.5	11.1	EP39（01）	101.8	28.0	2.9
EP35（05）	119.5	38.7	1.8	EP39（01）	46.8	145.0	11.8
EP35（05）	28.1	56.2	14.7	EP39（01）	50.6	175.0	10.8
EP36（05）	73.3	22.8	2.2	EP39（01）	127.8	8.6	1.5
EP36（05）	39.0	34.4	5.8	EP39（01）	42.1	165.0	13.5
EP36（05）	28.5	45.7	9.9	EP39（01）	48.4	170.0	11.5
EP36（05）	24.2	46.4	10.4	EP39（01）	50.8	37.0	8.2
EP36（05）	23.5	54.5	12.4	EP39（01）	49.6	160.0	11.3
EP36（05）	25.3	67.4	11.6	EP39（01）	56.4	180.0	10.3
EP39（01）	46.6	37.0	8.3	EP39（01）	55.2	170.0	10.4
EP39（01）	77.1	135.0	7.1				

根据表 8—1 的资料绘制的散点图见图 8—1。

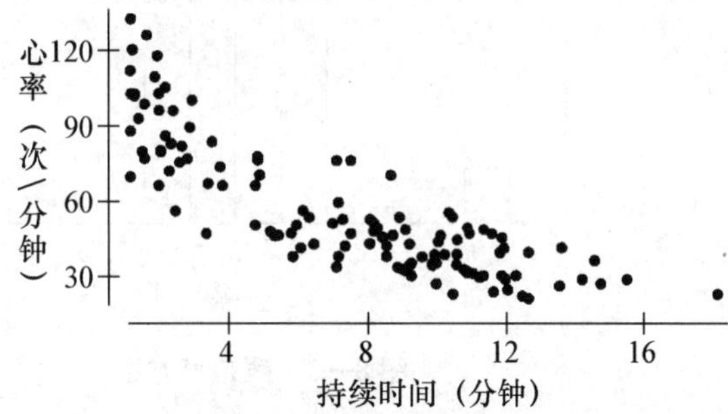

图 8—1　心律和潜水时间散点图

由图 8—1 可知，帝企鹅的心律与潜水时间大致呈中等程度的负相关关系（$R^2=71.5\%$），并且散点分布接近直线形状。线性回归方程为：

$$\widehat{心律}=96.9-5.47\times 持续时间$$

上式表明，帝企鹅的心律的一般水平是 96.9 次，此后潜水持续时间每延长 1 分钟，心律减少 5.47 次。

在上述直线回归方程的基础上得到的残差图见图 8—2。

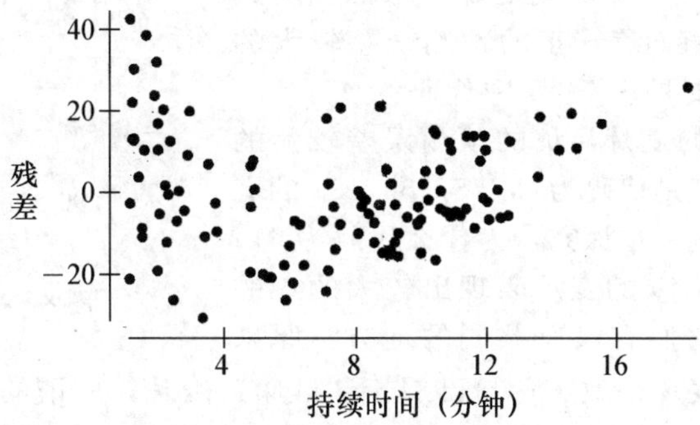

图 8—2　回归残差图

线性假定条件表明，以自变量为横轴、残差为纵轴的回归残差图，不应该出现带有某种明显模式的形状，但图 8—2 展现出来的情况并非如此。图 8—2 中左边的残差比较大，然后逐渐减小，在中间部分达到最低点，之后又开始逐渐上升，整个散点变化呈一个较为明显的抛物线形状。须知，根据原始资料绘制的散点图可能不易反映出来的非直线情形，在回归残差图中却能较好地反映出来。因此，我们建议在诊断变量间是否为直线关系时，最好也能与残差图的检查相结合。

□ 8.1.2 运用残差进行分组

第 7 章根据早餐麦片的含糖量对食物热量进行预测的例子中，给出了残差散点图（见图 7—8）。从该图中，我们并没有看出什么带有规则的形状，貌似回归的条件能得到支持，但换个角度看也许不是这样。

对表 7—4 中的残差资料，这里我们再用直方图显示，得到图 8—3。

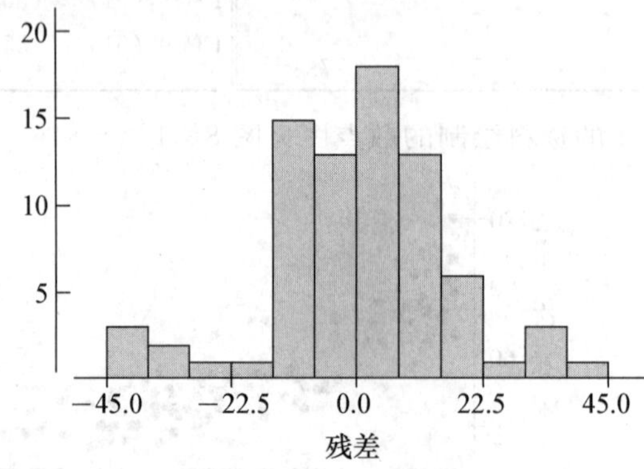

图 8—3 残差直方图

在图 8—3 中心点的左右两侧，各有一个比较小的众数，一个是比较大的正的预测误差，意味着既定的模型对麦片热量给出了过高的估计，另一个是比较大的负的预测误差，说明采用的模型对麦片热量给出了过低的预测。每当我们怀疑残差直方图有多个众数时，都要想想它们究竟有什么不同。

下面，我们以预测值（热量）为横坐标、残差为纵坐标，绘制散点图（见图 8—4）。

图 8—4 中，纵坐标 20 以上的点，是正的预测误差较大的样本单位，－20 以下的点，是负的预测误差较大的观察样本，它们明显偏离－20～20 间的那些散点。就具体的残差数值而言，正的预测误差较大的样本单位主要是表 7—4 中代码为 47，45，46，50，40 的麦片，负的预测误差较大的观察样本单位是代码为 4，55，56，31 的麦片。如果要进一步深究，为什么代码为 47，45，46，50，40 的麦片表现出较大的正的预测误差，它们有没有共同的地方？原来这些品种的麦片一致声称自己属于“健康”麦片，所谓的“健康”麦片可能富含脂肪，因而会产生更多的热量，这就不单单是糖的含量所能解释的了。对代码为 4，55，56，31 的麦片，如果不进行残差分析，是很难将它们归集在一起的，尽管这些

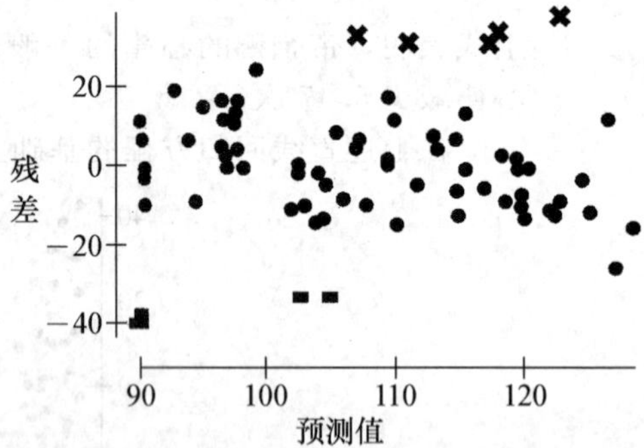

图 8—4 预测值与残差散点图

品种麦片的含糖量存在相当大的差异，但它们的共同点是热量都较低。

各种形式的残差图也许并不能让我们全面推翻拟合的线性模型，却可以帮助我们了解可能存在的其他因素对因变量的干扰。另外，通过残差分析，也可以帮助我们将观察样本划分成不同的组。一旦能将资料分成不同的组别，就可以针对不同的组进行相应的回归分析，即使不这样做，至少也会改变我们对数据的理解。

□ 8.1.3　按组分别建立回归模型

麦片生产商一般都是根据市场细分的结果，加工不同品种的麦片，超市在经销麦片时，为了吸引不同的消费者，往往将适合不同消费者的麦片摆放在货架不同的位置，比如儿童食用的麦片多半放在货架下层。我们能不能将这些额外的信息引入回归分析中呢？

表 8—2 是摆放在货架上层、中层、下层不同品种的麦片的资料：

表 8—2　不同位置上麦片的含糖量及其对应的热量

位于货架下层		位于货架中层		位于货架上层	
热量	含糖量	热量	含糖量	热量	含糖量
110	10	110	14	70	6
90	6	120	12	120	8
110	1	120	9	70	5
110	3	110	13	50	0
100	2	110	12	110	8
110	11	110	13	130	8
100	15	100	0	90	5
110	10	110	13	110	7
110	11	100	7	110	7
100	6	110	12	110	3
100	0	110	9	100	10
110	2	120	11	100	5
110	3	110	3	120	10
80	0	100	6	120	12
90	0	110	12	100	5
90	0	100	3	110	3
110	3	120	9	120	4
100	3	120	12	110	6
100	3	110	15	140	9
110	8	90	5	150	11
		110	12	150	11
				160	13
				140	7
				90	2
				130	10
				120	14
				100	3
				50	0

续前表

位于货架下层		位于货架中层		位于货架上层	
热量	含糖量	热量	含糖量	热量	含糖量
				50	0
				100	6
				100	8
				90	6
				110	3
				140	14
				100	3
				110	3

根据表 8—2 绘制的散点图及对应的拟合直线见图 8—5。

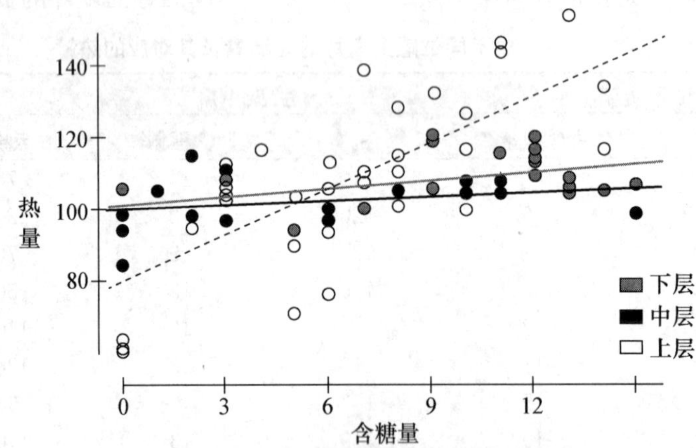

图 8—5　货架不同位置上麦片的含糖量与热量散点图

从图 8—5 可以看出，位于货架上层麦片的含糖量与热量的相关关系及回归线，明显不同于位于货架中层和下层麦片的含糖量与热量的回归关系。为此，最好对位于货架上层麦片的含糖量和热量的资料单独建立回归直线方程，位于货架中层和下层麦片的含糖量和热量的资料可以合在一起做回归分析。总之，在拟合回归模型时，要求资料必须来自相同的总体。

8.2　回归分析的外推

对样本数据中每一个点，利用线性模型都能给出相应的预测值。具体做法是：根据样本资料建立线性回归模型，求解回归方程之后，将 x 值直接代入方程，便得到对应于 x 值的 y 的预测值 $\hat{y}$。然而，当代入方程的 x 值与构建回归方程的 x 值相差很大时，这样的预测结果是否还有价值？

对此，有个简单的结论：当新的 x 值离 x 观察值的均值 $\bar{x}$ 越远时，给出的 y 的预测结果可信度越差。代入方程的新的 x 值在 x 观察值范围之外，这时的预测被称为外推。外推的结果一般没有把握，因为它本身就建立在值得怀疑的假定条件上，这个假定的前提是，无论 x 取什么样的值，x 与 y 之间的关系不发生改变。

通过外推可以检查模型可能存在的局限性，不过运用这一手段需谨慎。对于时间序列资料，人们总试图据此对未来进行管窥。对未来进行前瞻，这是人与生俱来的特质。过去，预言家、神谕、术士被当成能预言未来的人，即使是现在，巫师、算命者、星象家、占卜师仍然有很大的市场。那些披着科学外衣的预测，也许使用了所谓的模型。一些物理现象确实存在“惯性”，因此有理由相信当前的状态能持续到未来，但这仍然依赖于现象存在的规律性，对于诸如股价、市场销售、飓风行走路线、社会舆论之类的东西，在进行预测时还是需要当心。

基于观察到的趋势对未来进行预测是如此诱人，以至于专门做预测分析的人，对他们建立的分析模型抱有太多的期望，然而，预测的失真同样让人失望，正所谓期望越大失望也越大。20 世纪 70 年代，石油价格飞涨，排长队加油司空见惯。1970 年，油价为每桶 17 美元（按 2005 年价格调整），当时预测这个价格可能要持续 20 年左右，然而在随后的几年，油价上涨超过 40 美元。1975 年，15 个顶级经济预测模型（有些还是诺贝尔经济学奖获得者创建的）预言，到 1985 年油价可能会上升到 300～700 美元/桶（按 2005 年币值计价）。这样的预测有多大的准确性呢？

图 8—6 是根据 1971—1981 年的油价绘制的散点图：

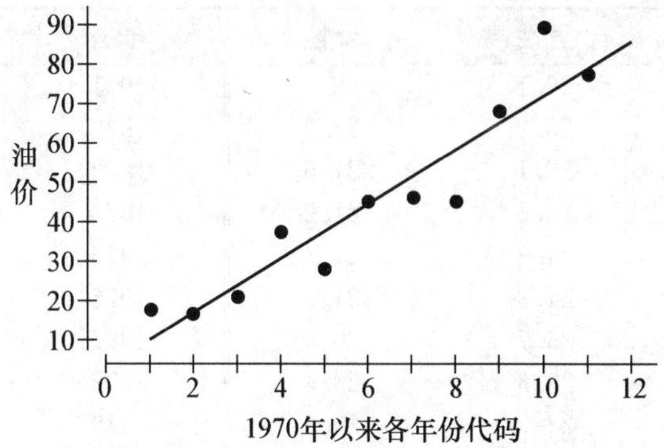

图 8—6　1970—1981 年油价散点图

图 8—6 显示，1971—1981 年，油价每年大约上涨 7 美元/桶。用回归模型表示如下：

$$\widehat{价格}=3.08+6.90\times 1970\text{ 年以来各年份代码}$$

这表明油价每年递增 6.9 美元，或者说每 10 年增加 69 美元。如果坚信这个递增态势会一直保持下去，我们就能想象到未来 20 年、30 年后的价格水平了。然而，1982—1998 年油价没有延续这样的增长，而是一直大幅下降，剔除通货膨胀的影响，到 1998 年，油价已是第二次世界大战以来的最低水平。1981—1998 年，油价平均每年大约下降 3 美元/桶，详见图 8—7。

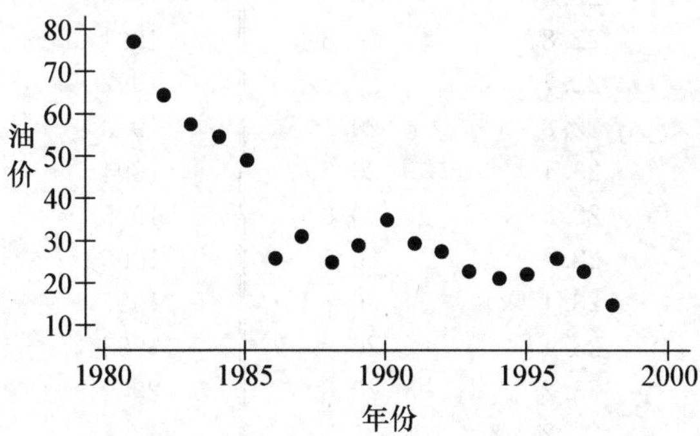

图 8—7　1981—1998 年油价散点图

有哪位专家的模型能预测到这样的情况呢？当然，油价也不会像1981—1998年那样持续下降，不然到现在汽油岂不是完全免费使用了吗？美国国家能源信息管理中心对1998年后的油价，曾发布过两份不同的预测报告，都声称油价会出现相对温和的上扬。可是油价在2004—2008年出现了迅速上涨，在2009年初开始急速下跌，直至回落到每桶60美元。你能想象下个十年油价会在什么水平上吗？我们认为你的猜测不会比其他人的预期高明。不过，虽然对外推需要慎思慎行，但不能阻止人们对未来进行展望，所以非常现实的忠告是：对外推分析的结果，不能盲目地相信，不能认为这样的预测结果一定会变成现实。

例8—1

美国人口普查局公布了1890年以来，男性和女性初婚年龄的中位数资料，具体见表8—3。

表8—3　男性和女性初婚年龄中位数

年份	男性	女性	年份	男性	女性
1890	26.1	22.0	1971	23.1	20.9
1900	25.9	21.9	1972	23.3	20.9
1910	25.1	21.6	1973	23.2	21.0
1920	24.6	21.2	1974	23.1	21.1
1930	24.3	21.3	1975	23.5	21.1
1940	24.3	21.5	1976	23.8	21.3
1947	23.7	20.5	1977	24.0	21.6
1948	23.3	20.4	1978	24.2	21.8
1949	22.7	20.3	1979	24.4	22.1
1950	22.8	20.3	1980	24.7	22.0
1951	22.9	20.4	1981	24.8	22.3
1952	23.0	20.2	1982	25.2	22.5
1953	22.8	20.2	1983	25.4	22.8
1954	23.0	20.3	1984	25.4	23.0
1955	22.6	20.2	1985	25.5	23.3
1956	22.5	20.1	1986	25.7	23.1
1957	22.6	20.3	1987	25.8	23.6
1958	22.6	20.2	1988	25.9	23.6
1959	22.5	20.2	1989	26.2	23.8
1960	22.8	20.3	1990	26.1	23.9
1961	22.8	20.3	1991	26.3	24.1
1962	22.7	20.3	1992	26.5	24.4
1963	22.8	20.5	1993	26.5	24.5
1964	23.1	20.5	1994	26.7	24.5
1965	22.8	20.6	1995	26.9	24.5
1966	22.8	20.5	1996	27.1	24.8
1967	23.1	20.6	1997	26.8	25.0
1968	23.1	20.8	1998	26.7	25.0
1969	23.2	20.8	2000	26.8	25.1
1970	23.2	20.8			

根据表8—3中1890—1940年男性初婚年龄中位数资料绘制的散点图见图8—8。

由图 8—8 可知，男性初婚年龄每 25 年大约下降 1 岁。进一步得到的回归分析结果如下：拟合优度系数 92.6%，回归标准误差 0.2417，截距项 26.48，斜率－0.04。

$$\widehat{初婚年龄}=26.48-0.04\times 1890\text{ 年以来各年份代码}$$

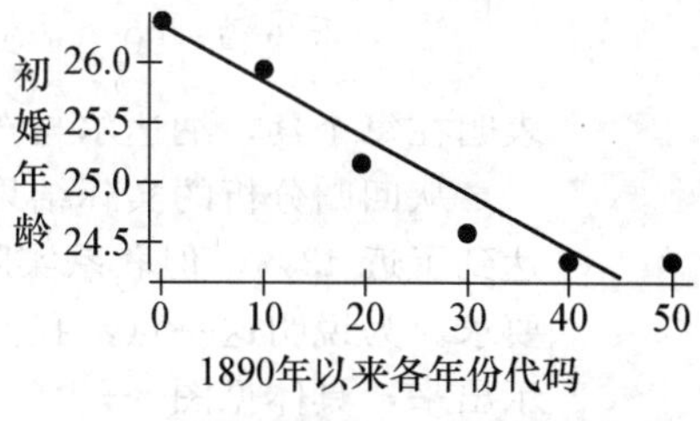

图 8—8　1890—1940 年男性初婚年龄中位数散点图

(1) 根据以上给出的模型，男性初婚年龄到 2000 年时可能是多少？

答：假如用 0 表示 1890 年，那么 2000 年的代码是 110。这样有：

$$\widehat{初婚年龄}=26.48-0.04\times 110=22.08$$

所以，依据设定的模型，到 2000 年美国男性初婚年龄中位数约为 22.08。

(2) 2000 年，美国男性初婚年龄中位数实际值约为 27 岁，为什么会出现这么大的差错？

答：我们根据 1890—2006 年的资料绘制散点图，具体见图 8—9。

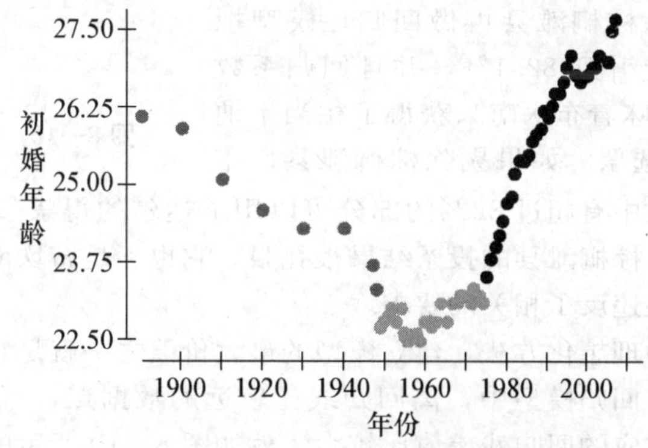

图 8—9　1890—2006 年男性初婚年龄散点图

从图 8—9 可以看出，1890—2006 年的前 50 年美国男性初婚年龄中位数呈线性变化，但这个状态没有持续下去，实际上正相反，后 50 年男性初婚年龄的变化无论是方向还是斜率和强度，都发生了很大改变。所以，一味地依赖于外推预测，难免会出现较大的差错。

8.3　不正常值与隐变量

8.3.1　不正常数据点：离群值、杠杆点与影响点

2000 年，当时的美国总统大选存在诸多争议，最终谁能赢得佛罗里达州的选票，谁就会获得总统宝座。这次总统选举主要在乔治·布什和阿尔·戈尔之间展开，但另外两个陪衬候选人起到了关键的作用，一个是政治观点右倾的候选人布坎南，另一个是政治观点左倾的纳达尔。总体上看，在佛罗里达州，纳达尔赢得了比较多的选票。以下是布坎南对纳达尔在佛罗里达州各县得票数的回归结果：拟合优度系数 42.8%，截距项 50.3，回归系数 0.14，回归模型为：

$$\widehat{布坎南}=50.3+0.14\times 纳达尔$$

表明在每个县，纳达尔与布坎南的得票数之比为 1∶0.14。

从回归分析的实际结果看，这可能是个比较合理的回归模型，毕竟拟合优度系数达到了近 43%。但联系实际得票数，上述回归分析模型可能违反了数据分析的基本要求。为说明这一点，我们把布坎南和纳达尔在佛罗里达州各县的得票数用散点图表示出来，具体见图 8—10。

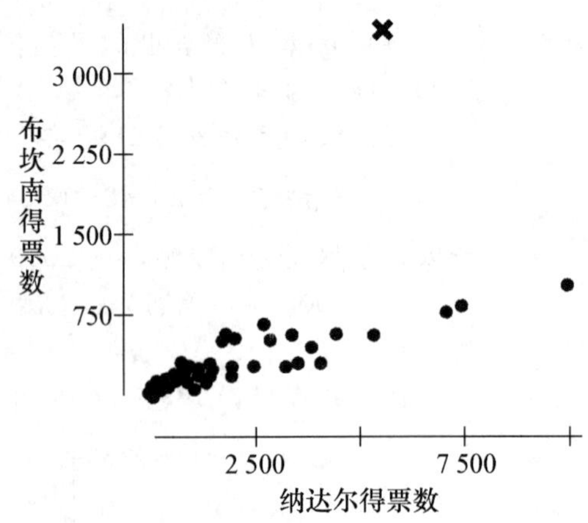

图 8—10　布坎南和纳达尔得票散点图

图 8—10 显示出存在一个高强度的、正的线性相关，但有个离群点，查阅原始数据，该离群值出现在棕榈滩县。正是这个棕榈滩县的"蝶形选票"（候选人名字排成两列的选票），导致 2000 年的美国总统大选出现争议。这种格式的选票把选民搞得晕头转向，把本该投给民主党戈尔的票，莫名其妙地投给了布坎南。

包括棕榈滩县在内的拟合优度系数是 42.8%，剔除棕榈滩县再做回归，模型拟合优度系数上升到 82.1%，并且回归系数变成 0.1，意味着布坎南只获得了相当于纳达尔 10%的选票。如果剔除棕榈滩县，布坎南的得票数中有超过 82%的部分可以用纳达尔的得票数来解释，同时模型的拟合效果也更好。棕榈滩县的投票结果很扎眼，它也不是布坎南的大本营，从模型分析的角度看，明显违反了相关的要求。

作为一种理想化方法，建立模型的最大价值之一就是它能帮助我们识别数据中的不正常值。在回归模型中，离回归线比较远的数据点，可能会以两种不同的方式出现。其一是对应的回归残差值比较大，就如图 8—10 所示的那样，原因是这样的样本观察值本身与其他样本观察值有所不同，因此，对那些残差较大的观察值需要给予特别的注意。其二是远离 x 均值的数据也可能不正常，一般地，我们把这样的观察值称作高杠杆点。这里，我们运用物理学上的杠杆术语来表达是恰如其分的。我们知道，回归线经过变量 x，y 的均值点即（$\bar{x}$，$\bar{y}$），这好比杠杆的支点，像我们玩跷跷板一样，离中心点越远，由于杠杆的作用就越能把人抛得老高，离 x 均值远的 x 对应的点，对回归直线起到了很强的拉动作用。

不过，杠杆点只具有改变回归线的潜质，能不能真正产生作用是另外一回事。如果杠杆点与其他观察值在一条线上，即使包含了杠杆点也可能不会改变对回归线的估计，这时远离 x 均值的点可能只是增强了关系、提高了相关系数和拟合优度值。那么我们怎样说明杠杆点确实改变了拟合的模型呢？答案是：拟合两次线性模型，一次包含杠杆点，一次不包含杠杆点，如果后者与前者存在很大的差别，则认为这样的杠杆点存在杠杆影响，可以称之为影响点。

影响点可能是杠杆点，也可能是离群值。有时杠杆点恰好与其他数据拟合出来的回归线在一条线上，此时是否包括这样的杠杆点会改变拟合优度系数的大小，但不会对模型产生太大的影响，因此不能说这样的杠杆点是影响点。有时杠杆水平较低但明显离群，此时有可能对模型产生干扰，这样的样本观察数据也是影响点。当然，如果一个样本观察值确实是杠杆点，就会拉动回归线向它靠拢。也许存在这样的情形：属于强影响点但不太离群。各种情况都有可能存在，最好的识别方法是同时拟合包括和不包括不正常值的回归模型。

不正常值有以下几种情况：(a) 完全正常，既不存在离群值也没有杠杆点和影响点；(b) 存在不正常值，没有杠杆点但有离群点，对回归线有一定程度的影响，属于影响点；(c) 存在不正常值，有离群点和较大杠杆点，但对回归线没有影响，不是影响点；(d) 存在不正常值，既是离群点也是很大杠杆点，对回归方程有影响，同时具有离群、杠杆和影响效应；(e) 存在不正常值，杠杆点、离群点较小，属于影响点。

在回归分析中，相对于那些正常值，从不正常值中我们能获得额外的对数据和模型的认识。我们面临着一个矛盾的选择，就是识别不正常值的最好方法是建立模型，而受不正常值影响的模型有可能对诊断不正常值没有什么作用。但我们不能经不住诱惑，将不适合线性处理的那些数据点一删了之。可以先搁置怀疑，分别讨论包含和不包含疑问数据点的模型中哪一个更合适。要是武断地删除有怀疑的不正常数据，得到的模型虽然能很好地拟合数据，但也许只是一种错误的结论。毕竟数据分析的目的在于如何获取更好的认知，而不是怎样提高拟合优度系数。

8.3.2　隐变量与因果关系

无论两个变量间的相关关系有多强，我们都不能说一个变量的变化导致了另一个变量的变化，这在第 6 章的 6.4 节已提到。在散点图中添加回归线，可能又会让人想说变量 x 引起了变量 y 的变化。这里再一次重申：无论变量间的伴随关系多么强，无论拟合优度系数的值多么大，无论拟合的回归线多么直，仅靠回归分析都不能得到变量间存在因果关系的结论。往往存在这样的可能性：因为另外某个变量即所谓的隐变量，使得我们能观察到变量 x 引起了变量 y 的变化。

下面，我们举个例子。表 8—4 是 40 个国家或地区的人口期望寿命资料：

表 8—4　　40 个国家或地区的人口预期寿命

国家或地区	人口期望寿命	人均拥有医生数均方根	人均拥有电视机数均方根
阿根廷	70.50	0.50	0.05
孟加拉	53.50	0.06	0.01
巴西	65.00	0.50	0.04
加拿大	76.50	0.77	0.05
中国大陆	70.00	0.35	0.04
哥伦比亚	71.00	0.42	0.03
埃及	60.50	0.26	0.04
埃塞俄比亚	51.50	0.04	0.01
法国	78.00	0.62	0.05
德国	76.00	0.62	0.05
印度	57.50	0.15	0.02
印度尼西亚	61.00	0.20	0.01
伊朗	64.50	0.21	0.02
意大利	78.50	0.51	0.07
日本	79.00	0.75	0.04
肯尼亚	61.00	0.10	0.01
朝鲜	70.00	0.11	0.05
韩国	70.00	0.45	0.03
墨西哥	72.00	0.39	0.04
摩洛哥	64.50	0.22	0.01

续前表

国家或地区	人口期望寿命	人均拥有医生数均方根	人均拥有电视机数均方根
缅甸	54.50	0.04	0.02
巴基斯坦	56.50	0.12	0.02
秘鲁	64.50	0.27	0.03
菲律宾	64.50	0.34	0.03
波兰	73.00	0.51	0.05
罗马尼亚	72.00	0.41	0.04
俄罗斯	69.00	0.56	0.06
南非	64.00	0.30	0.03
西班牙	78.50	0.62	0.06
苏丹	53.00	0.21	0.01
中国台湾	75.00	0.56	0.03
坦桑尼亚	52.50	0.00	0.01
泰国	68.50	0.30	0.01
土耳其	70.00	0.45	0.03
乌克兰	70.50	0.58	0.07
英国	76.00	0.58	0.04
美国	75.50	0.88	0.05
委内瑞拉	74.50	0.42	0.04
越南	65.00	0.19	0.02
扎伊尔	54.00	0.00	0.01

根据表8—4中的人口期望寿命和人均拥有医生数均方根资料，绘制的散点图见图8—11。

从图8—11可以看出，人口期望寿命与人均拥有医生数均方根呈现较强的正向相伴随关系。这似乎表明人均拥有医生数越多，由于改善了医疗卫生条件，从而延长了寿命，提高了人口期望寿命。试想一下，如果人均拥有医生数是人口期望寿命长短的原因，那么我们只要向发展中国家不断输送医生，岂不就能稳步地提高人口期望寿命了？

如果还不清楚这一点，下面根据表8—4中人口期望寿命和人均拥有电视机数资料绘制散点图，得到图8—12。

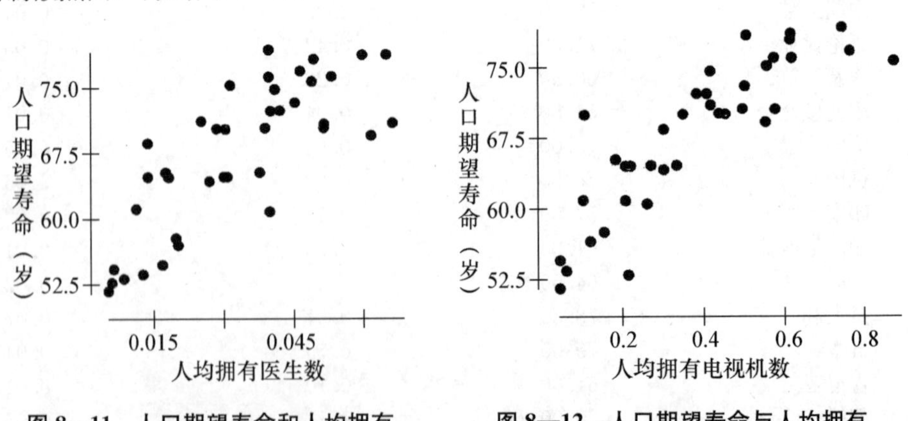

图8—11 人口期望寿命和人均拥有医生数均方根散点图

图8—12 人口期望寿命与人均拥有电视机数均方根散点图

图8—12与图8—11比较近似，人均拥有电视机数均方根和人口期望寿命也存在正向伴随关系，要是依此建立线性回归模型，我们就可以用人均拥有电视机数去预测

人口期望寿命。这合适吗？如果真的以为人均拥有电视机数是人口期望寿命长短的原因，那么要提高发展中国家的人口期望寿命，我们就不必改善医疗卫生条件了，只要送一批电视机过去就可以，这比培养医生的成本低得多。

把人均拥有医生数、人均拥有电视机数当成是人口期望寿命长短的原因，这一认识错在哪里呢？之所以有这样的错误认识，可能和我们急于下结论有关，此时应该想一想是否还存在隐变量。生活水平比较高的国家或地区，人口期望寿命比较长，同时也拥有较多的医生（当然也有更多的电视机），因此我们能不能这样认为，较高的生活水平导致了人口期望寿命延长，这是人均拥有医生数、人均拥有电视机数和人口期望寿命之间存在伴随关系的真正原因。

上面所举的例子提醒我们，一不小心就会根据回归分析掉入因果关系错误认识的陷阱，这是需要加以注意的。

8.4 分组资料特征数字的回归

在分组的基础上，计算出各个组中变量 x、变量 y 的均值，然后据此绘制散点图，则这样的散点图比根据原始资料绘制的散点图所呈现出来的离散程度要小。其中的原因很简单：分组资料均值间的变异水平比不分组资料的变异水平要低。

根据表 6—2 的资料绘制的散点图见图 6—3，这里我们再次给出散点图，并添加上回归线，具体见图 8—13。

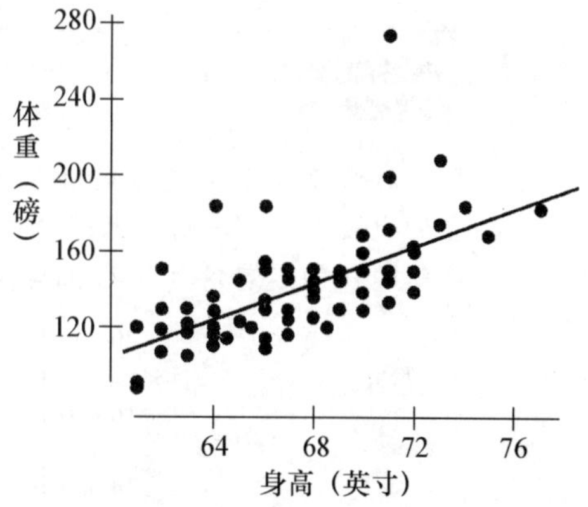

图 8—13　身高与体重散点图

图 8—13 是根据每个学生的身高和体重资料绘制的。如果对表 6—2 的资料进行分组，把相同身高的值当成一组，同样身高的学生的体重采用他们的平均值，得到表 8—5。

表 8—5　学生身高与体重

身高	平均体重	身高	平均体重
61.0	131.49	68.5	122.00
62.0	128.54	69.0	147.84
63.0	129.40	70.0	146.98
64.0	130.93	71.0	139.65
64.5	115.00	72.0	154.86
65.0	130.00	73.0	169.75
65.5	120.00	74.0	185.00
66.0	136.23	75.0	170.00
67.0	143.46	77.0	185.00
68.0	141.60		

根据表 8—5 的资料绘制出来的散点图见图 8—14。

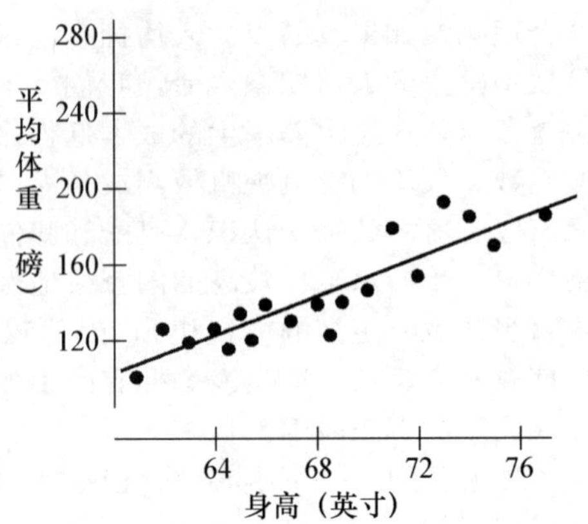

图 8—14　资料分组后的散点图

比较图 8—13 和图 8—14 可以明显地看出，图 8—14 的离散程度小于图 8—13，并且拟合优度系数也得到了大幅增加。对此，我们不能把分组后资料的分析结果直接当成是变量间关系的真实情况。

例 8—2

越野摩托车一般都经过了特殊的改装。2005 年面世的 104 款越野摩托车，最便宜的也要 3 000 美元。越野摩托车售价与发动机排量和型号有很大的关系，以下是制造商建议的零售价和发动机排量的散点图（见图 8—15）和回归结果：

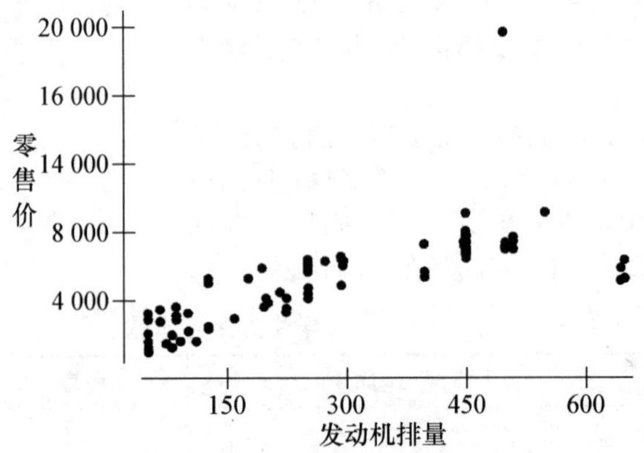

图 8—15　发动机排量与零售价散点图

关于发动机排量与零售价的回归分析如下：拟合优度系数 49.9%，估计标准误差1 737，截距项 2 273.67，回归系数 10.029 7。

（1）图 8—15 告诉了我们哪些信息？

答：从图 8—15 中我们可以看出，越野车的发动机排量与零售价之间存在较强的正相关关系。存在一个离群值，对应的这款越野摩托车的零售价比其他摩托车的零售价大约高两倍。通过进一步检查，这款越野摩托车是胡思华纳 TE510C，标价 19 500 美元。这款摩托车之所以这么贵，是因为它的绝大多数零部件都是手工打造的，并且全部使用了最贵的碳化纤维材料。

（2）现在剔除胡思华纳 TE510C 这款摩托车，对剩下的越野摩托车的零售价和发动机排量做分析。剔除胡思华纳 TE510C 对回归分析有什么影响？具体说明回归系数、拟合优度系数、回归估计标准误差的变化情况。

答：将胡思华纳 TE510C 剔除后，回归分析结果如下：拟合优度系数 61.3%，回归估计标准误差 1 237，截距项 2 411.02，回归系数 9.0545。

剔除离群值胡思华纳 TE510C 后，回归线被拉低了，回归系数比原来的小。拟合优度系数有所增大，由原来的 49.9%上升到 61.3%。回归估计标准误差变小，由原来的 1 737 变成现在的 1 237。

(3) 剔除离群值胡思华纳 TE510C 后，残差图能说明什么？

答：剔除离群值胡思华纳 TE510C 后，由预测值和回归残差绘制的散点图见图 8—16。

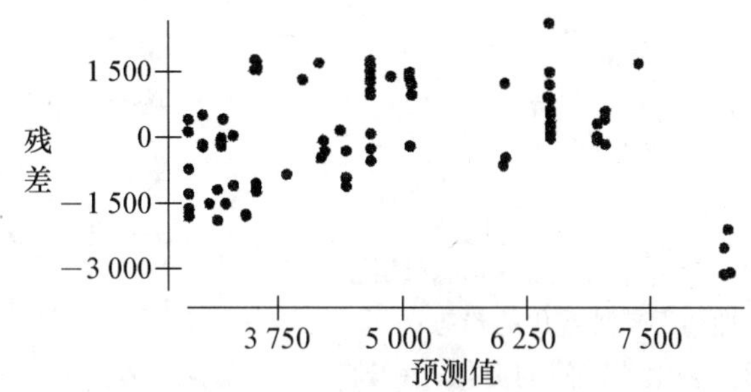

图 8—16　预测值和回归残差散点图

根据图 8—16，容易看出右端的几个点明显远离其他的残差值，所以从总体上看，即使剔除离群值胡思华纳 TE510C，剩下的观察资料也可能存在弯曲情况，表明用直线拟合可能不合适。

(4) 图 8—15 的横坐标为发动机排量，计量单位是立方厘米，现在对其开立方处理，将横坐标的计量单位改成厘米。另外根据马达的冷却方法，将其区分为水冷和气冷两组。问：这样处理后的数据又能带来哪些新的信息？

答：根据要求，对原始资料进行相应的变换处理，然后绘制散点图并添加回归线，得到图 8—17。

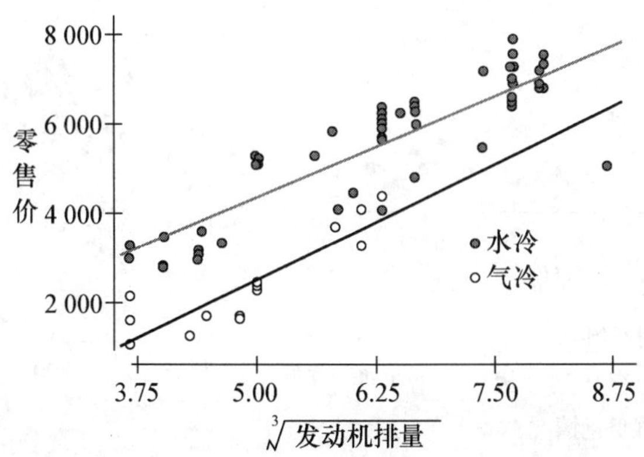

图 8—17　分组后发动机排量与零售价散点图

由图 8—17 可知，无论是水冷还是气冷，越野摩托车的零售价与发动机排量都呈现出正的线性相关关系。总体来说，发动机排量越大，零售价也越高。相对而言，水冷摩托车的价格比气冷的高。但对一些水冷摩托车而言，在同样的发动机排量下，其售价比想象的低。

复习思考题

1. 下图是根据表8—3的女性初婚年龄资料绘制的散点图：

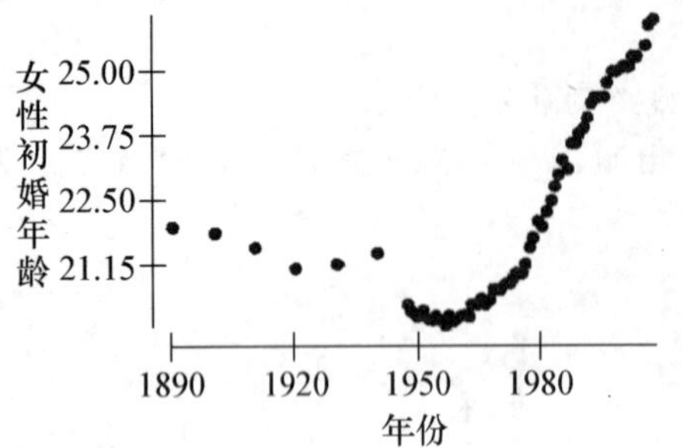

要求回答：

（1）上述散点图中有没有某种模式存在？试说明过去100年来美国女性初婚年龄变化的趋势。

（2）女性初婚年龄是否随着时间的变化存在较强的伴随关系？

（3）相关程度高还是低？请给出解释。

（4）拟合线性模型是否合适？为什么？

2. 20世纪下半叶以来，人们对吸烟是否会引起癌症的认识日渐明晰。为此，美国疾病预防与控制中心开展了一系列有关吸烟的跟踪调查。以下散点图是根据1965—2006年调查资料估计的年龄在18～24岁的吸烟男性占比资料绘制的：

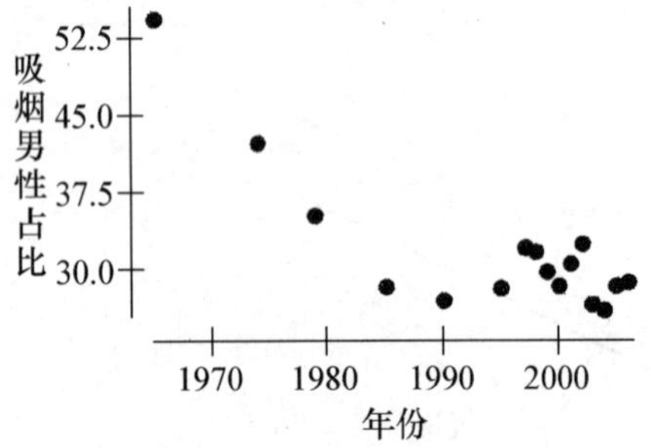

试根据上述散点图回答：

（1）散点图中是否存在某种规律？请说明不同年份的吸烟男性占比的变化情况。

（2）是否存在较强的伴随关系？

（3）拟合线性模型是否合适？请给出解释。

3. 联合国发展规划局采用人文发展指数（HDI）衡量一个国家或地区的发达程度，该指数由代表健康、教育和经济的三项指标组合而成。2006年，HDI最高的是挪威，达到0.965，最低是尼泊尔，只有0.331。我们知道，人均国内生产总值（GDPPC）常被用来说明一个国家或地区的总体经济实力。根据2006年世界各国或地区的HDI和GDPPC资料绘制的散点图如下：

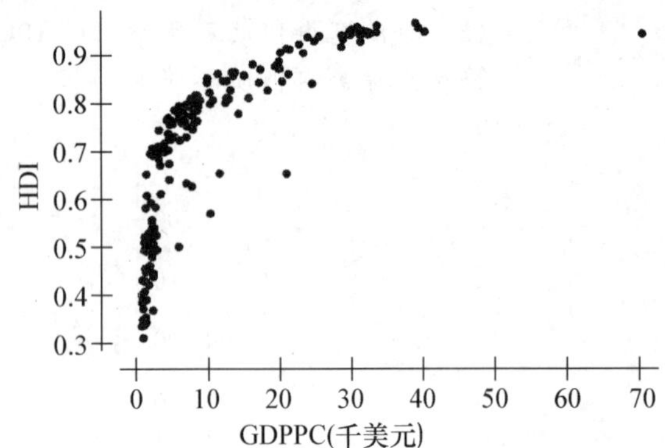

要求回答：

（1）为什么不能拟合线性模型？

（2）假如拟合线性模型，HDI预测值对回归残差的散点图有可能出现什么形状？

（3）上述散点图中存在一个离群值，如果剔除这个离群值，对回归模型有什么实质性影响？

4. 据有关研究，每千人手机用户数（CPS）与一个国家或地区的经济发展呈正向关系。下面，我们用每千人手机用户数替换第3题中的GDPPC，用HDI和CPS成对资料绘制如下散点图：

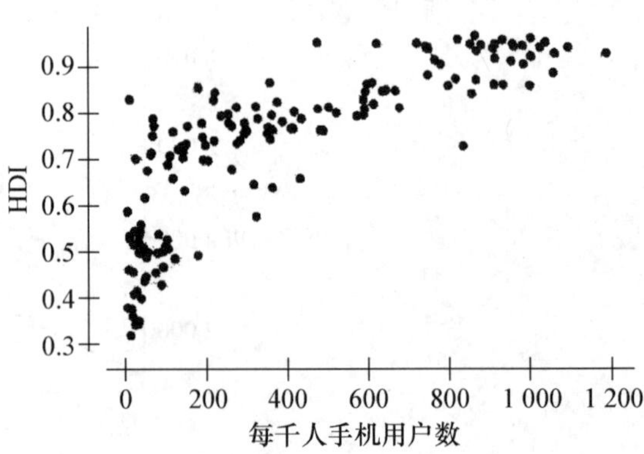

要求回答：

（1）针对上述散点图，拟合线性模型为什么会产生错误的认识？

（2）假如拟合线性模型，HDI预测值对残差的散点图有可能出现什么形状？

5. 在论证模型选择时，一位学生写道："我认为我选择的模型是正确的，因为它的拟合优度系数

R^2达到 99.4%”。

要求回答：

（1）这个理由有说服力吗？为什么？

（2）采用这样的模型能不能获得精确的预测结果？为什么？

6. 某学生建立了线性模型，结果失望地发现，拟合优度系数 R^2非常低，只有 13%。

要求回答：

（1）这是否意味着线性模型不适用？为什么？

（2）利用这样的模型能够获得精确的预测吗？为什么？

7. 根据 2005 年上映影片的生产预算（百万美元）和放映时间（分钟）的资料，绘制了如下散点图，其中“×”代表戏剧类影片，“·”表示其他类题材。翻拍的《金刚》单独用“-”表示，这部影片虽然不是主流题材，却是当年耗时最长的一部。

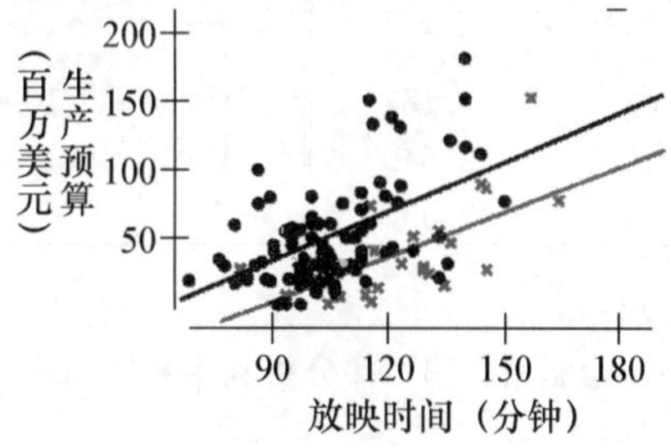

要求回答：

（1）两条回归线回归系数的计量单位是什么？

（2）就相关性而言，戏剧类和其他题材类影片有什么异同之处？

8. 第 2 题对 18～24 岁吸烟男性占比情况进行了考察，女性的情况是怎样的呢？下图是 1965—2004 年男性与女性吸烟人口占比散点图：

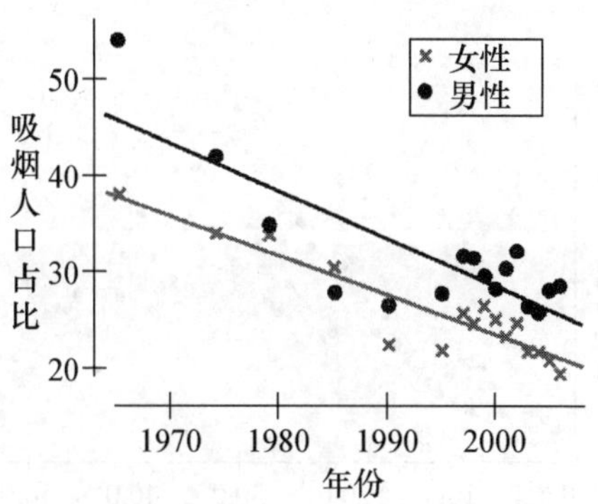

要求回答：

（1）男性与女性吸烟人口占比的变化趋势有什么相似之处？

（2）女性吸烟人口占比与男性相比有何差别？

（3）从男性吸烟人口占比的散点图看，拟合线性模型可能不符合线性模型的假定条件，从女性的散点图看，是否也存在这样的情况？

9. 下面的散点图是根据 1990.1—2000.4 各月从奥克兰机场出发的旅客人数绘制的，各月份的编码规则是：1990 用 0 表示，1991 为 1，其他年份类推，每年的月份折算成年，即某月份除以 12，如 1991 年 6 月的代码是 1.5。

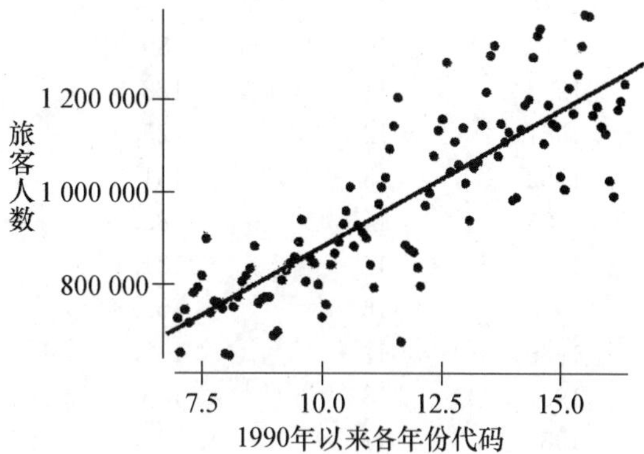

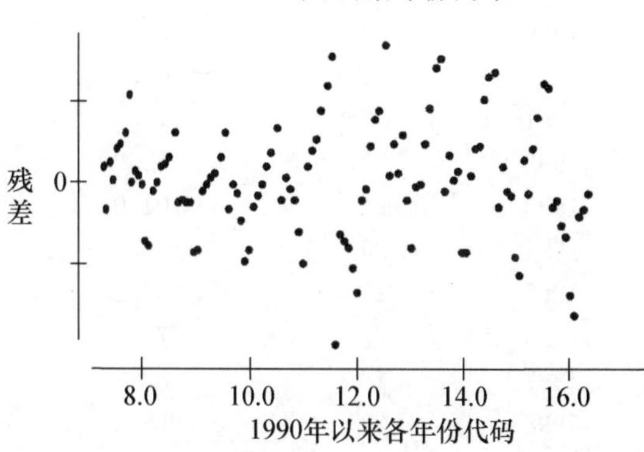

回归分析的结果为：拟合优度系数 83.71%，回归估计标准误差 98 352.484 5，截距项 451 649.20，回归系数 46 811.76。

要求回答：

（1）解释模型中截距项和回归系数项的含义。

（2）拟合优度系数对解释模型有什么作用？

（3）联系题目的具体背景，解释回归标准误差。

（4）你会根据这个模型预测 2010 年（代码 20）的出港旅客数吗？为什么？

（5）由残差图可以看出，有个负的较大的残差，这算不算离群值？你能加以说明吗？

10. 下表中的资料来自美国国家飓风研究中心网站（www.nhc.noaa.gov），第一列是年份，第二列为年份的代码，第三列是飓风行走路线 24 小时的预报误差（单位：海里）。

年份	代码	24 小时预报误差
1970	1	84.3
1971	2	112.4
1972	3	142.3
1973	4	116.7
1974	5	97.1
1975	6	117.0
1976	7	127.9
1977	8	132.9
1978	9	144.2
1979	10	89.5
1980	11	128.6
1981	12	125.9
1982	13	131.3
1983	14	83.4
1984	15	131.7
1985	16	109.6
1986	17	107.4
1987	18	108.6
1988	19	70.4
1989	20	95.6
1990	21	100.8
1991	22	113.5
1992	23	82.9
1993	24	101.0
1994	25	102.7
1995	26	87.3
1996	27	72.0
1997	28	87.2
1998	29	83.9
1999	30	70.2
2000	31	70.6
2001	32	74.1
2002	33	66.6
2003	34	57.3
2004	35	53.7
2005	36	55.2

要求：

（1）根据给定的资料绘制散点图。

（2）求出线性拟合方程，并解释截距项和回归系数的含义。

（3）美国国家飓风研究中心宣称，到 2009 年争取把飓风预报误差控制在 125 海里，它能做到吗？你是怎样看待这个问题的？

（4）如果把飓风预报误差控制在 90 海里，又将会怎样？

（5）在陈述你的分析结论时需要注意什么问题？

11. 下表是 1950—1980 年 3 个月国债的联邦储备利率资料（www.gpoaccess.gov）：

年份	利率	年份	利率
1950	1.218	1966	4.881
1951	1.552	1967	4.321
1952	1.766	1968	5.339
1953	1.931	1969	6.677
1954	0.953	1970	6.458
1955	1.753	1971	4.348
1956	2.658	1972	4.071
1957	3.267	1973	7.041
1958	1.839	1974	7.886
1959	3.405	1975	5.838
1960	2.928	1976	4.989
1961	2.378	1977	5.265
1962	2.778	1978	7.221
1963	3.157	1979	10.041
1964	3.549	1980	11.506
1965	3.954		

要求：

（1）绘制散点图，并分析利率和时间变化之间的相关性；

（2）拟合线性模型，解释截距项和回归系数的含义；

（3）指出能不能对 2000 年的利率进行预测，并说明预测的精度如何。

12. 第 11 题只给出了 1950—1980 年的资料，可是 1980 年后利率的变化趋势发生了很大的改变，具体见下图：

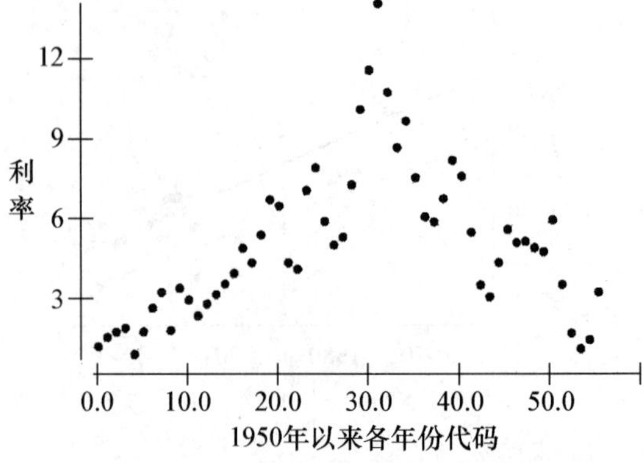

运用 1980—2005 年的资料进行线性回归，得到如下结果：拟合优度系数 74.47%，估计标准误差

1.629 3，截距项 21.421 9，回归系数－0.356 5。

要求回答：

（1）由 1950—1980 年、1980—2005 年的资料拟合的模型有什么差别?

（2）由 1950—1980 年、1980—2005 年的资料分别估计 2000 年的利率，它们之间有什么不一样?你更相信哪一个预测结果?

（3）根据基于 1950—1980 年、1980—2005 年的资料建立的模型，你是否会预测 2020 年 3 月期国债的利率?

13. 下表是 1890—2000 年美国男性和女性初婚年龄资料：

年份	男性	女性	年份	男性	女性
1890	26.1	22.0	1971	23.1	20.9
1900	25.9	21.9	1972	23.3	20.9
1910	25.1	21.6	1973	23.2	21.0
1920	24.6	21.2	1974	23.1	21.1
1930	24.3	21.3	1975	23.5	21.1
1940	24.3	21.5	1976	23.8	21.3
1947	23.7	20.5	1977	24.0	21.6
1948	23.3	20.4	1978	24.2	21.8
1949	22.7	20.3	1979	24.4	22.1
1950	22.8	20.3	1980	24.7	22.0
1951	22.9	20.4	1981	24.8	22.3
1952	23.0	20.2	1982	25.2	22.5
1953	22.8	20.2	1983	25.4	22.8
1954	23.0	20.3	1984	25.4	23.0
1955	22.6	20.2	1985	25.5	23.3
1956	22.5	20.1	1986	25.7	23.1
1957	22.6	20.3	1987	25.8	23.6
1958	22.6	20.2	1988	25.9	23.6
1959	22.5	20.2	1989	26.2	23.8
1960	22.8	20.3	1990	26.1	23.9
1961	22.8	20.3	1991	26.3	24.1
1962	22.7	20.3	1992	26.5	24.4
1963	22.8	20.5	1993	26.5	24.5
1964	23.1	20.5	1994	26.7	24.5
1965	22.8	20.6	1995	26.9	24.5
1966	22.8	20.5	1996	27.1	24.8
1967	23.1	20.6	1997	26.8	25.0
1968	23.1	20.8	1998	26.7	25.0
1969	23.2	20.8	2000	26.8	25.1
1970	23.2	20.8			

根据上表绘制的男性和女性初婚年龄的变化曲线如下：

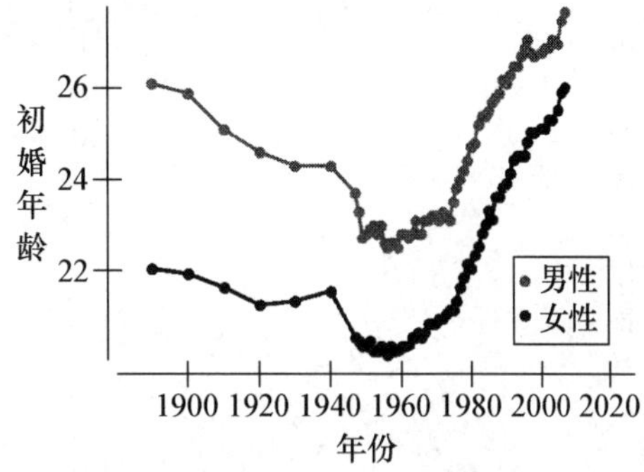

由上图可以看出，男性和女性初婚年龄的变化情况有一定的相似性。现在以男性初婚年龄与女性初婚年龄差为因变量、以时间为自变量做回归分析，得到如下结果：拟合优度系数 77.4%，估计标准误差 0.233 4，截距项 36.263 9，回归系数－0.017 2。

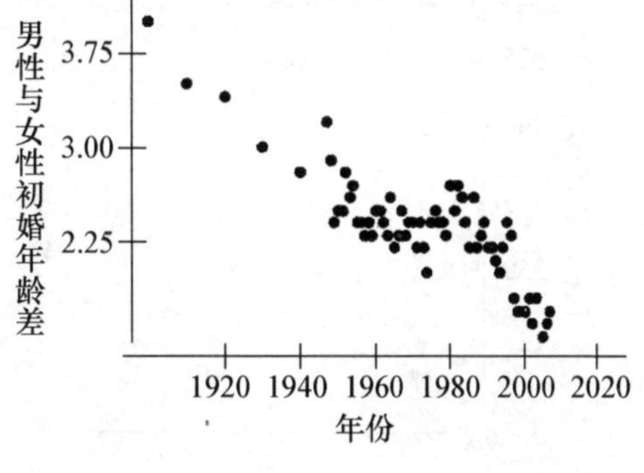

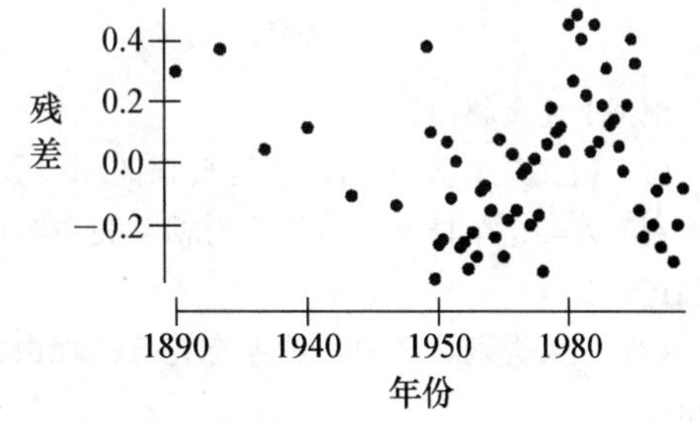

要求回答：

（1）男性和女性初婚年龄差与时间变化之间的相关性如何?

（2）解释男性和女性初婚年龄差回归系数的含义。

（3）预测 2015 年男性和女性初婚年龄差可能是多少，你认为可信度有多大?

14. 不同人种的孕期大约都是 280 天，但其他动物从受精到分娩的时间差别很大。怀孕时间与动物的寿命长短是否有关系呢？为此研究人员搜集了如下一组资料：

动物名称	怀孕时间（天）	寿命（年）
驴	365	19
猫	63	11
奶牛	280	10.5
狗	62	11
大象	624	35
狐狸	57	9
山羊	151	12
豚鼠	88	3
仓鼠	16	2
河马	240	30
马	336	22.5
狮	108	10
人	278	81
猪	115	10
兔子	31	7
绵羊	151	12
松鼠	44	8.5
狼	61	11

由上述资料绘制的散点图如下：

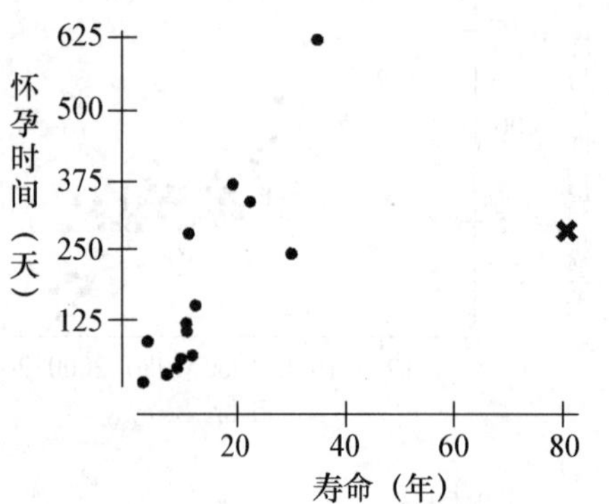

根据上述资料回答：

(1) 相关系数为0.54，不是太强的相关关系，假如剔除人类这个样本点，你认为相关关系有可能变强还是变弱？

(2) 把人类剔除出去，是否有充分的理由？请给出解释。

(3) 对不含人类数据的回归分析结果给出解释。

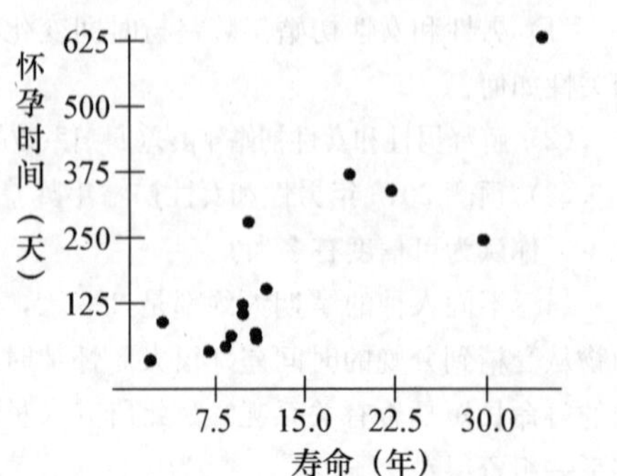

拟合优度系数72.2%，截距项－39.517 2，回归系数15.498 0。

(4) 假如某种猴子的寿命是20年，估计该种猴子的孕期大概为多长时间。

15. 1974—2006年间，有45人次横渡安大略湖，以下是横渡人用时（分钟）资料：

姓名	发生年份	用时（分钟）
C. Nicholas	1974	910
D. Nyad	1974	1 095
D. Roach	1975	1 110
A. Kondrak	1976	1 428
K. Lumsdon	1976	1 287
J. Kinsella	1978	829
C. Plit	1978	901
R. Villagomez	1978	909
M. Mandour	1978	919
B. Heiss	1978	957
L. Passfield	1979	943
J. Muir	1981	955
M. Korzekwa	1983	1 289
C. Kamula	1984	1 207
M. Korzekwa	1984	1 283
K. Middleton	1985	1 114
V. Keith	1986	1 619
V. Keith	1987	3 370
V. Keith	1988	1 413
R. Wood	1989	1 293
B. Weir	1989	1 328
V. Keith	1989	1 860
P. Pinto	1990	1 437
C. Shields	1990	1 076
P. Thompson	1991	1 158
J. Scott	1992	890
C. Costa	1993	1 963
S. Freedman	1993	1 563
K. Middleton	1993	1 740
K. Middleton	1994	1 574
J. Scott	1994	882
R. Goodwin	1994	1 626
I. Martin	1996	1 405
P. Stephanson	1996	1 360
N. Mallette	1997	970
D. Foster	1998	1 152
G. Taylor	2003	1 163
P. Gibbs	2004	1 120
M. Brannagan	2005	971
K. Lumsdon	2006	1 598
S. Whiteside	2006	912
C. Shields	2006	991

由上述资料得到用时对发生年份的回归分析结果如下：拟合优度系数 1.256 8%，估计标准误差 443.77，截距项−8 950.4，回归系数 5.141 7。

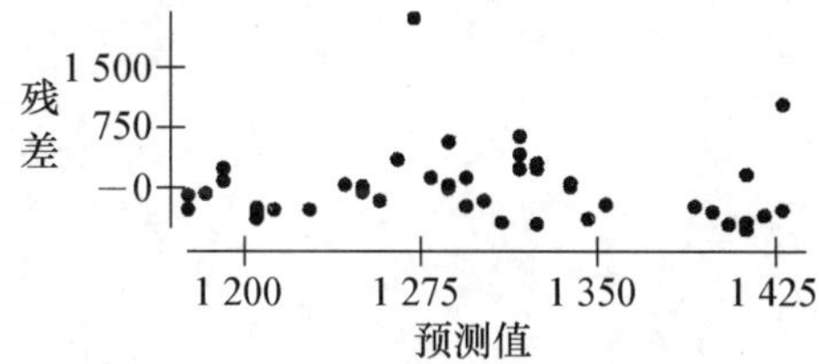

要求回答：

(1) 这样的拟合优度系数对模型来说意味着什么?

(2) 横渡用时是否越来越少?

(3) 从残差图中能看出存在一个离群值，去掉这个值会不会令模型有所改善?

16. 世界银行曾汇编了西半球一些国家女性期望寿命与生育孩子数的资料，具体如下：

国家或地区	平均生育孩子数	女性期望寿命
阿根廷	2.3	74.6
巴哈马	2.3	70.5
巴巴多斯	1.7	75.4
伯利兹	3.0	71.9
玻利维亚	3.7	64.5
巴西	2.3	70.9
加拿大	1.5	79.8
智利	2.0	78.0
哥伦比亚	2.4	72.6
哥斯达黎加	2.4	78.7
多米尼加	2.8	67.8
厄瓜多尔	2.7	74.5
萨尔瓦多	2.8	71.1
危地马拉	4.4	67.6
洪都拉斯	3.6	68.2
牙买加	2.4	70.8
墨西哥	2.2	75.1
尼加拉瓜	3.2	70.1
巴拿马	2.6	75.1
巴拉圭	3.7	71.2
秘鲁	2.8	70.4
波多黎各	1.9	77.5
美国	2.0	77.4
乌拉圭	2.1	75.2
委内瑞拉	2.7	73.7
维京群岛	2.2	78.6

要求：

(1) 绘制散点图，并说明相关关系。

(2) 指出是否存在离群值。

(3) 计算相关系数，谈谈它与拟合优度系数间的关系。

(4) 建立直线回归模型，并通过残差图说明建立线性回归模型是否合适。

(5) 假若政府努力延长女性的期望寿命，会不会鼓励育龄妇女少生孩子?

17. 下表是美国 1914—2006 年的 CPI 资料：

年份	CPI
1914	10.0
1918	15.1
1922	16.8
1926	17.7
1930	16.7
1934	13.4
1938	14.1
1942	16.3
1946	19.5
1950	24.1
1954	26.9
1958	28.9
1962	30.2
1966	32.4
1970	38.8
1974	49.3
1978	65.2
1982	96.5
1986	109.6
1990	130.7
1994	148.2
1998	163.0
2002	179.9
2006	201.6

要求：

(1) 通过散点图描述说明 CPI 的变化趋势；

(2) 利用模型对 0002010 年的 CPI 进行预测分析。

第 9 章

数据变换与回归分析

为了尽可能保证回归分析的条件得到满足，经常需要对数据资料做变换处理。本章将介绍进行数据变换的理由，以及数据变换常用的方法等。

9.1 引　言

你能把自行车骑得多快？回答这一问题可能要用到速度的概念，比如每小时多少英里或千米。2005 年环法自行车赛一段 12 英里的公路计时赛中，选手扎布里斯基（D. Zabrieski）的时速将近 35 英里（约 54.7 千米），以 2 秒的优势战胜了这届总冠军阿姆斯特朗（L. Armstrong）。这是个相当快的速度，几乎可以用一闪而过来形容。你可能意识到跟上扎布里斯基是件困难的事，也根本不会去想他每小时骑行了多少路程。对此我们再换个说法。假如骑行 1 英里，时速达 12.5 英里（20.1 千米），这快不快呢？和 100 米跑的速度相比哪个快呢？即使你经常骑行 1 英里，也可能不得不停下来计算一番。在 5 分钟内骑完 1 英里（相当于时速 12 英里），这是比较快的速度。以时速 16 英里骑行 1 英里，将创世界纪录，这相当于骑完 1 英里用时 3 分 45 秒。对于速度，没有唯一的表示方法。有时我们会说单位距离用了多长时间，有时我们使用它的倒数即单位时间走了多长距离来表述。无论采用哪种表述方式，它们都是正确的，只是根据不同场合有所选择而已。

有了这样的概念，对处理数据有怎样的帮助呢？对数量变量，我们总是用某种测量办法得到数据，并且都带有具体的计量单位。也许这些计量单位不一定有助于加深认识，比如测量水深时用米就不如用英寻（长度单位，约等于 1.828 8 米），测量海路距离时与其用米不如用里格（长度单位，约等于 3 海里或 5 千米）等。因此，计量单位之间的换算是常有的事。不仅如此，数据变换还包括诸如开平方根、取对数、取倒数等。尽管你可能还没有意识到，但这些常用的变换方法已经在使用了，翻翻物理书，绝大多数物理方程式都是用幂方或倒数、对数表示的。

这是为什么呢？主要是出于认识和理解的需要，此外也是为了便于应用统计方法。我们已经知道，对于对称分布的数据可以采用一般的统计描述方法。在回归分析中，把数据变换成对称状，有助于建立回归模型。总之，对数据进行变换处理，根本目的在于使其更适合所采用的分析方法。

由常识和物理学知识可知，自身重量大的小汽车耗油量也比较大，但问题是小汽车自身重量是怎样影响油耗的呢？表 9—1 是采集的若干款小汽车车身重量（磅）和燃油效率即每加仑汽油行驶英里数（mpg）的资料：

表 9—1　　小汽车车身重量和每加仑汽油行驶英里数

产地	品牌	每加仑汽油行驶英里数	车身重量（磅）
美国	Buick Estate Wagon	16.9	4 400
美国	Ford Country Squire Wagon	15.5	4 100
美国	Chevy Malibu Wagon	19.2	3 600
美国	Chrysler LeBaron Wagon	18.5	3 900
美国	Chevette	30.0	2 200
日本	Toyota Corona	27.5	2 600
日本	Datsun 510	27.2	2 300
美国	Dodge Omni	30.9	2 200
德国	Audi 5000	20.3	2 800

续前表

产地	品牌	每加仑汽油行驶英里数	车身重量（磅）
瑞典	Volvo 240 GL	17.0	3 100
瑞典	Saab 99 GLE	21.6	2 800
法国	Peugeot 694 SL	16.2	3 400
美国	Buick Century Special	20.6	3 400
美国	Mercury Zephyr	20.8	3 100
美国	Dodge Aspen	18.6	3 600
美国	AMC Concord D/L	18.1	3 400
美国	Chevy Caprice Classic	17.0	3 800
美国	Ford LTD	17.6	3 700
美国	Mercury Grand Marquis	16.5	4 000
美国	Dodge St Regis	18.2	3 800
美国	Ford Mustang 4	26.5	2 600
美国	Ford Mustang Ghia	21.9	2 900
日本	Mazda GLC	34.1	2 000
日本	Dodge Colt	35.1	1 900
美国	AMC Spirit	27.4	2 700
德国	VW Scirocco	31.5	2 000
日本	Honda Accord LX	29.5	2 100
美国	Buick Skylark	28.4	2 700
美国	Chevy Citation	28.8	2 600
美国	Olds Omega	26.8	2 700
美国	Pontiac Phoenix	33.5	2 600
美国	Plymouth Horizon	34.2	2 200
日本	Datsun 210	31.8	2 000
意大利	Fiat Strada	37.3	2 100
德国	VW Dasher	30.5	2 200
日本	Datsun 810	22.0	2 800
德国	BMW 320i	21.5	2 600
德国	VW Rabbit	31.9	1 900

根据表 9—1 的资料绘制的散点图见图 9—1。

散点图显示，小汽车身重量与每加仑汽油行驶英里数之间呈负相关关系，大致表现出线性形状。由上述资料绘制的预测值和残差的散点图见图 9—2。

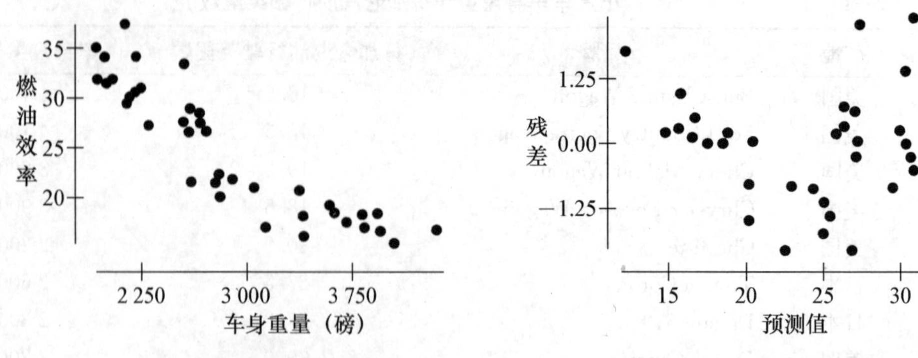

图 9—1 车身重量与每加仑汽油行驶英里数散点图

图 9—2 预测值残差图

尽管小汽车车身重量对每加仑汽油行驶英里数回归的拟合优度系数 R^2 达到 81.55%，但从图 9—2 中能看出，预测值残差图并没有呈现出随机性散布，而是存在一个较为明显的弯曲形状，这从图 9—1 中是难以看出来的。看看图 9—1 中的回归线，小汽车车身重量达到多少时，每加仑汽油行驶英里数将是 0？目测一下，估计小汽车车身重量超过 6 000 磅时，每加仑汽油行驶英里数将变成负数。悍马 H2 是公认的耗油量大的一款车型，它的自身重量大约 6 400 磅，那么根据图 9—1 拟合的线性模型，估计其每加仑汽油行驶英里低于－5。进行外推预测需要格外谨慎，如果依据的模型本身不正确，有可能产生更加危险的错误。

表 9—1 中的小汽车车身重量与每加仑汽油行驶英里数之间存在弯曲形状，是不符合回归分析条件要求的，因此需要对数据实施变换处理。现在对每加仑汽油行驶英里数进行倒数变换，即把它变成油耗，也就是每行驶 100 英里需要多少汽油（加仑/100 英里），然后对此和小汽车自身重量绘制散点图，得到图 9—3。

与图 9—1 相比，图 9—3 呈正相关关系，表明小汽车车身重量越大，每行驶 100 英里消耗的汽油也越多。

每行驶 100 英里消耗汽油数对车身重量回归的残差图见图 9—4。

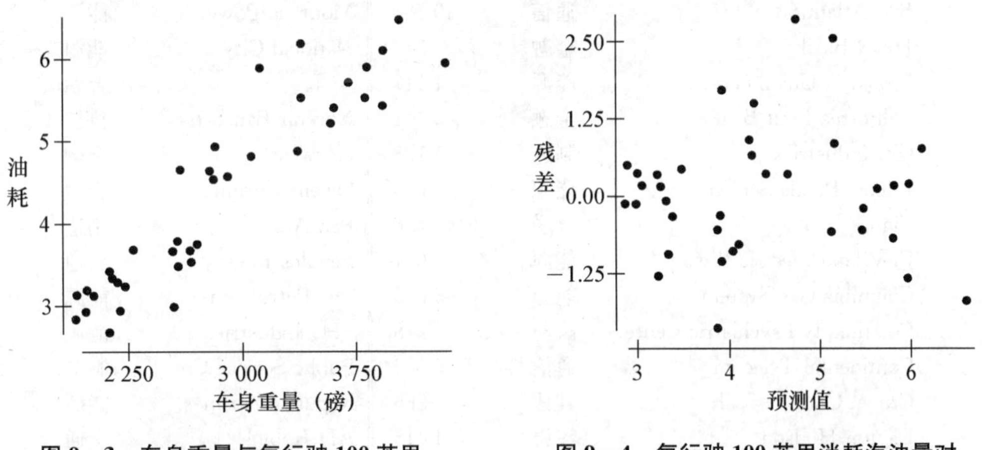

图 9—3　车身重量与每行驶 100 英里消耗汽油量散点图

图 9—4　每行驶 100 英里消耗汽油量对自身重量回归的残差图

与图 9—2 相比，图 9—4 中不存在有规则的形状。

据此我们可以认为，通过对每加仑汽油行驶英里数进行倒数变换，在每行驶 100 英里消耗汽油量和车身重量之间建立回归分析的条件得到了较好的满足。运用该模型对悍马 H2 每 100 英里需要的汽油进行预测，得到约为 9.7 加仑，于是有：

$$\frac{100\ \text{英里}}{9.7\ \text{加仑}}=10.3\ \text{英里/加仑}$$

这是一个比较靠谱的预测，非常接近实际测试的结果 11.0 英里/加仑。

9.2　数据变换的理由

为什么要实施数据变换？进行数据变换能给我们的分析带来什么好处？本节将详细说明这些问题。

理由一：将有偏变量转换成对称分布。

对于对称分布的数据，我们很容易运用常用的中心趋势特征数字进行描述。在那些接近于对称分布的情况下，我们能计算均值和标准差。如果是对称且单峰分布，那么由此导出的分布将是正态模型，这样，正态分布的规则就能直接利用。

表 9—2 列出了《福布斯》排行榜上 79 家公司的资产总额。

表 9—2 **79 家公司的资产总额**

公司名称	行业	资产（10 万美元）	公司名称	行业	资产（10 万美元）
Air Products	其他	2 687	IU International	科技	999
Allied Signal	其他	13 271	Kansas Power & Light	交通	1 679
American Electric Power	能源	13 621	Kroger	能源	4 178
American Savings Bank FSB	金融	3 614	Liz Claiborne	零售	223
AMR	交通	6 425	LTV	其他	6 307
Apple Computer	科技	1 022	Marine Corp	制造	3 720
Armstrong World Industries	制造	1 093	May Depart Stores	金融	3 442
Bally Manufacturing	其他	1 529	Mellon Bank	零售	33 406
Bank South	金融	2 788	Mesa Petroleum	金融	1 257
Bell Atlantic	通信	19 788	Montana Power	能源	1 743
H&R Block	金融	327	National City	能源	12 505
Brooklyn Union Gas	能源	1 117	NCR	金融	3 940
California First Bank	金融	5 401	Norstar Bancorp	科技	8 998
CBI Industries	制造	1 128	Norwest	金融	21 419
Illinois Public Service	能源	1 633	Owens-Corning	金融	2 366
Cigna	金融	44 736	Pan Am	制造	2 448
Cleveland Electric Illu.	能源	5 651	Peoples Energy	交通	1 440
Columbia Gas System	能源	5 835	Phi. Petroleum	能源	14 045
Community Psychiatric Centers	医药	278	PPG Industries	能源	4 084
Continental Telecom	通信	5 074	Public Service Co	制造	3 010
Crown Cork & Seal	其他	866	Republic Airlines	能源	1 286
Dayton-Hudson	零售	4 418	AH Robins	交通	707
Digital Equipment	科技	6 914	San Diego Gas	医药	3 086
Dillard Department Stores	零售	862	Shared Medical	能源	252
Dreyfus	金融	401	Southeast Banking	医药	11 052
Eg&G	科技	430	Sovran Financial	金融	9 672
Ex-Cell-O	其他	799	Stop & Shop Cos	金融	1 112
First American	金融	4 789	Supermarkets	零售	1 104
First Empire State	金融	2 548	Telex	零售	478
First Tennessee National	金融	5 249	Textron	科技	10 348
Florida Progress	能源	3 494	TWA	制造	2 769
Fruehauf	制造	1 804	Turner	交通	752
General Electric	科技	26 432	Financial Group	制造	4 989
Giant Food	零售	623	Technologies	金融	10 528
Great A&P Tea	零售	1 608	Valero Energy	制造	1 995
Halliburton	制造	4 662	Warner Communi	能源	2 286
Hewlett-Packard	科技	5 769	Western Air Lines	其他	952
Hospital Corp of America	医药	6 259	Wickes Cos	交通	2 957
Idaho Power	能源	1 654	FW Woolworth	零售	2 535
IBM	科技	52 634			

根据表 9—2 的资料绘制的直方图见图 9—5。

图 9—5 显示存在右拖尾情形，是极端不对称的。把表 9—2 中 79 家公司的资产总额取对数，然后绘制直方图（见图 9—6）。

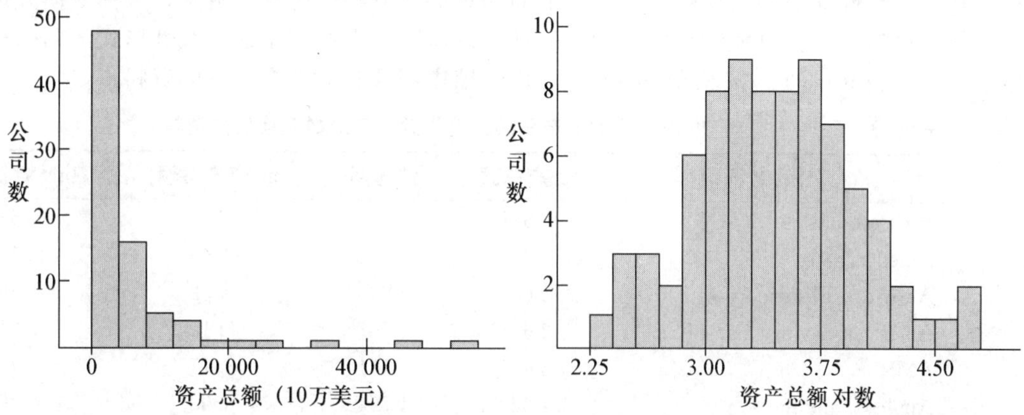

图 9—5　79 家公司资产总额直方图　　**图 9—6　79 家公司资产总额对数直方图**

与图 9—5 相比，图 9—6 表现出对称状态。

理由二：确保分组资料间的离散程度具有某种相似性，以便于比较分析。

不同组的资料，如果它们的离散程度有某种共性，将对比较分析非常有利。对表 9—2 中的资料，按公司所在的行业分组，并绘制箱线图，得到图 9—7。

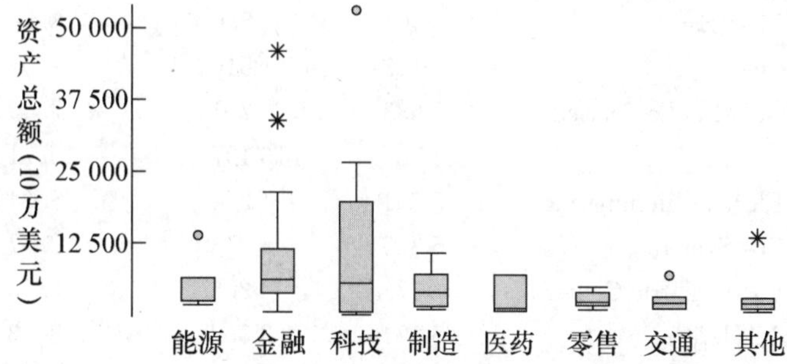

图 9—7　79 家公司资产总额按行业分组箱线图

图 9—7 显示有一些比较大的异常值，难以比较各个行业公司资产总额的中心趋势和离散趋势。如果对各行业公司资产总额取对数，然后绘制散点图，得到图 9—8。

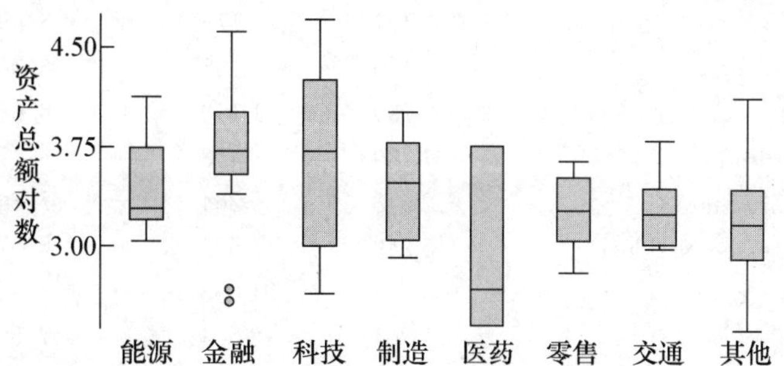

图 9—8　各行业公司资产总额对数箱线图

通过对公司资产总额实施对数变换处理，得到的箱线图显示出各行业的公司资产总额对数基本上具有对称性，并且离散程度具有一定的相似性。资产总额没有变换之前存在的异常值，在资产总额对数变换处理后不再有那么多，这对于比较各行业公司资产的统计特征是非常有利的。

理由三：将非线性形状做线性化处理。

线性建模相对比较容易，在前面的有关章节我们已经了解到，数据变换处理的最大价值之一就是能增强数据间的线性关系，这非常有利于建立线性形式的回归模型。

表 9—3 是 79 家公司的资产总额、销售额及其对数变换后的资料：

表 9—3　79 家公司的资产总额、销售额及其对数变换后的资料

公司名称	资产总额	销售额	ln(资产总额)	ln(销售额)
Air Products	2 687	1 870	7.90	7.53
Allied Signal	13 271	9 115	9.49	9.12
American Electric Power	13 621	4 848	9.52	8.49
American Savings Bank FSB	3 614	367	8.19	5.91
AMR	6 425	6 131	8.77	8.72
Apple Computer	1 022	1 754	6.93	7.47
Armstrong World Industries	1 093	1 679	7.00	7.43
Bally Manufacturing	1 529	1 295	7.33	7.17
Bank South	2 788	271	7.93	5.60
Bell Atlantic	19 788	9 084	9.89	9.11
H&R Block	327	542	5.79	6.30
Brooklyn Union Gas	1 117	1 038	7.02	6.95
California First Bank	5 401	550	8.59	6.31
CBI Industries	1 128	1 516	7.03	7.32
Central Illinois Public Service	1 633	701	7.40	6.55
Cigna	44 736	16 197	10.71	9.69
Cleveland Electric Illuminating	5 651	1 254	8.64	7.13
Columbia Gas System	5 835	4 053	8.67	8.31
Community Psychiatric Centers	278	205	5.63	5.32
Continental Telecom	5 074	2 557	8.53	7.85
Crown Cork & Seal	866	1 487	6.76	7.30
Dayton-Hudson	4 418	8 793	8.39	9.08
Digital Equipment	6 914	7 029	8.84	8.86
Dillard Department Stores	862	1 601	6.76	7.38
Dreyfus	401	176	5.99	5.17
Eg&G	430	1 155	6.06	7.05
Ex-Cell-O	799	1 140	6.68	7.04
First American	4 789	453	8.47	6.12
First Empire State	2 548	264	7.84	5.58
First Tennessee National	5 249	527	8.57	6.27
Florida Progress	3 494	1 653	8.16	7.41
Fruehauf	1 804	2 564	7.50	7.85
General Electric	26 432	28 285	10.18	10.25
Giant Food	623	2 247	6.43	7.72
Great A&P Tea	1 608	6 615	7.38	8.80
Halliburton	4 662	4 781	8.45	8.47

续前表

公司名称	资产总额	销售额	ln(资产总额)	ln(销售额)
Hewlett-Packard	5 769	6 571	8.66	8.79
Hospital Corp of America	6 259	4 152	8.74	8.33
Idaho Power	1 654	451	7.41	6.11
IBM	52 634	50 056	10.87	10.82
IU International	999	1 878	6.91	7.54
Kansas Power & Light	1 679	1 354	7.43	7.21
Kroger	4 178	17 124	8.34	9.75
Liz Claiborne	223	557	5.41	6.32
LTV	6 307	8 199	8.75	9.01
Marine Corp	3 720	356	8.22	5.87
May Department Stores	3 442	5 080	8.14	8.53
Mellon Bank	33 406	3 222	10.42	8.08
Mesa Petroleum	1 257	355	7.14	5.87
Montana Power	1 743	597	7.46	6.39
National City	12 505	1 302	9.43	7.17
NCR	3 940	4 317	8.28	8.37
Norstar Bancorp	8 998	882	9.10	6.78
Norwest	21 419	2 516	9.97	7.83
Owens-Corning Fiberglas	2 366	3 305	7.77	8.10
Pan Am	2 448	3 484	7.80	8.16
Peoples Energy	1 440	1 617	7.27	7.39
Phillips Petroleum	14 045	15 636	9.55	9.66
PPG Industries	4 084	4 346	8.31	8.38
Public Service Co of New Mexico	3 010	749	8.01	6.62
Republic Airlines	1 286	1 734	7.16	7.46
AH Robins	707	706	6.56	6.56
San Diego Gas & Electric	3 086	1 739	8.03	7.46
Shared Medical Systems	252	312	5.53	5.74
Southeast Banking	11 052	1 097	9.31	7.00
Sovran Financial	9 672	1 037	9.18	6.94
Stop & Shop Cos	1 112	3 689	7.01	8.21
Supermarkets General	1 104	5 123	7.01	8.54
Telex	478	672	6.17	6.51
Textron	10 348	5 721	9.24	8.65
TWA	2 769	3 725	7.93	8.22
Turner	752	2 149	6.62	7.67
United Financial Group	4 989	518	8.51	6.25
United Technologies	10 528	14 992	9.26	9.62
Valero Energy	1 995	2 662	7.60	7.89
Warner Communications	2 286	2 235	7.73	7.71
Western Air Lines	952	1 307	6.86	7.18
Wickes Cos	2 957	2 806	7.99	7.94
FW Woolworth	2 535	5 958	7.84	8.69

在此，分别绘制资产总额与销售额对数、资产总额对数与销售额对数的散点图，具体见图9—9。

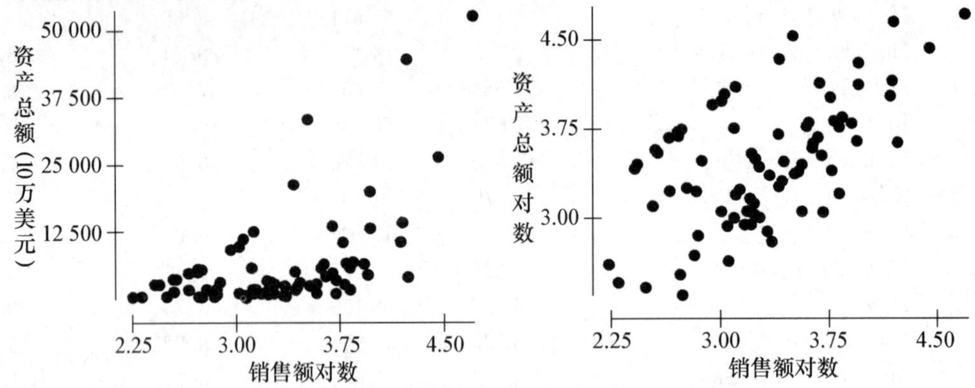

图9—9　销售额对数与资产总额及其对数散点图

由图9—9容易看出，销售额对数与资产总额散点图中没有表现出线性关系。对销售额和资产总额同时取对数后，得到的散点图表现出很强的直线关系。

理由四：将数据的离散程度变得更加均匀，而不是在某一端出现堆集现象。

数据变换的这一理由与上述理由二有关，并且与理由三往往是同步发生的。图9—9中，销售额对数与资产总额散点图存在散点的堆集情况，相比较而言，销售额对数与资产总额对数散点图中的散点就显示出比较好的均匀分布。须知，散点分布是否匀称，是许多统计方法应用的一个条件。

例9—1

第8章中我们利用资料对帝企鹅在潜水过程中的心律变化情况做了一些分析。下面，根据表8—1的有关资料，分别绘制散点图、直方图、箱线图（见图9—10）：

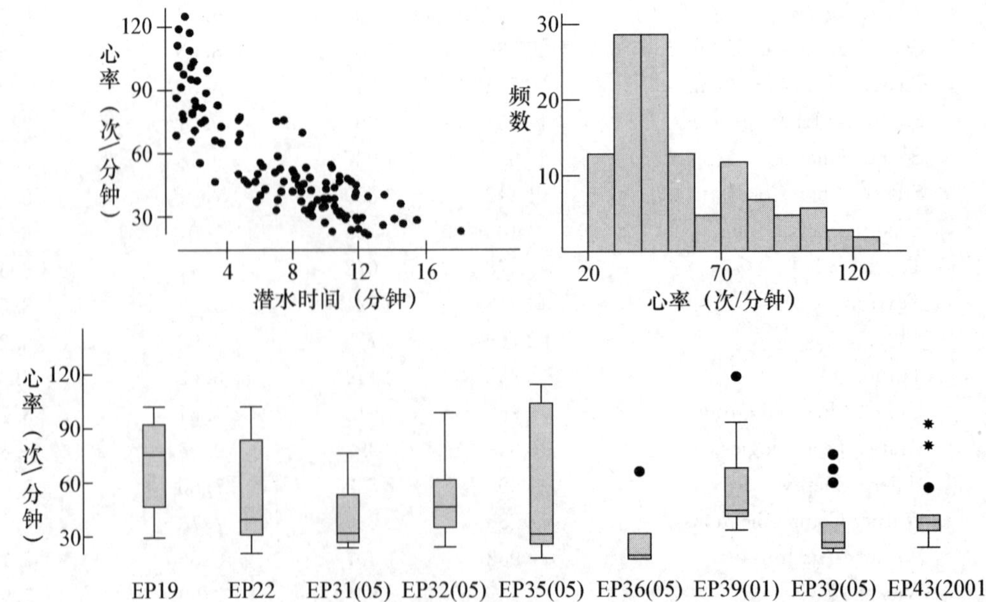

图9—10　帝企鹅心律散点图、直方图、箱线图

根据上述三类图形，说说需要进行什么样的数据变换处理。

答： 散点图显示，帝企鹅的潜水时间和心律之间可能存在某种非线性关系，因为存在向上弯曲的情形。对潜水时间或心律数据实施变换，可能会获得更明显的直线形状。

根据帝企鹅的心律资料绘制的直方图呈现出一定程度的右拖尾，即呈右偏态分布，如果进行数据变换处理，可能会增加它的对称性。

箱线图表明，各种帝企鹅的心律都存在右偏现象，心律中位数值较小，有部分异常值，据此可以实施对数变换处理。

9.3 常用的数据变换方法

9.3.1 数据变换类型

既然我们已经看到了数据变换可能带来的好处，那么，我们怎样选择变换的方法呢？不同类型的数据，采用不同的变换方式可能更有效。但最终使用哪种变换方法，尚需要通过试验来考察。

表 9—4 列出了数据变换的常用方法与类型。

表 9—4　　**数据变换方法一览**

次方	类型	说明
2	平方变换，y^2	适合左偏的单峰分布数据。
1	原始数据，没有做变换处理，y	数据有正有负，不存在截断，且两边比较对称，这样的数据一般不需要实施变换处理。
1/2	平方根变换，$\sqrt{y}$	计数类数据最好采用这种变换方法。
“0”	数学上关于 0 次幂的定义各有不同。在这里，我们把它当成取对数处理。	没有负数，特别是那些以增长率变化的数值，需要实施对数变换。对数有以 10 为底和以 e 为底的，不管是哪种对数变换，都不会改变对数据的认识。另外，数据中如果存在 0，那么在实施对数变换前，可以给每个数据同时加上一个正的微小的常数。
−1/2	平方根倒数变换，$-\frac{1}{\sqrt{y}}$	这是一种不太常见的变换方法，但有时比较有用。平方根变换不会改变相关的方向，但平方根倒数会改变相关方向，为此我们用−1 乘以平方根倒数变换，这样能保证变换后的数据与没有变换数据的相关方向一致。
−1	倒数变换，$-\frac{1}{y}$	比率类数据（如时速等）经常需要采用倒数变换。数据中存在 0 值时，事先需要给所有数据加上一个微小的常数，再做倒数变换。

随着现代计算机技术的发展和普及，如何找到一种更好的数据变换方法不再是件困难的事，只需要敲敲键盘就可以了。

例 9—2

在例 9—1 中，我们提到帝企鹅潜水时的心律与潜水时间之间存在某种弯曲关系，并给出了心律与潜水时间的散点图。如图8—1和图9—10的散点图所示，心律采用的计量单位是每分钟跳动多少次，这是一个类似于速度的概念，现在采用倒数变换将心律变成每跳动一次需要多长时间，这样得到的散点图、直方图、箱线图见图9—11。

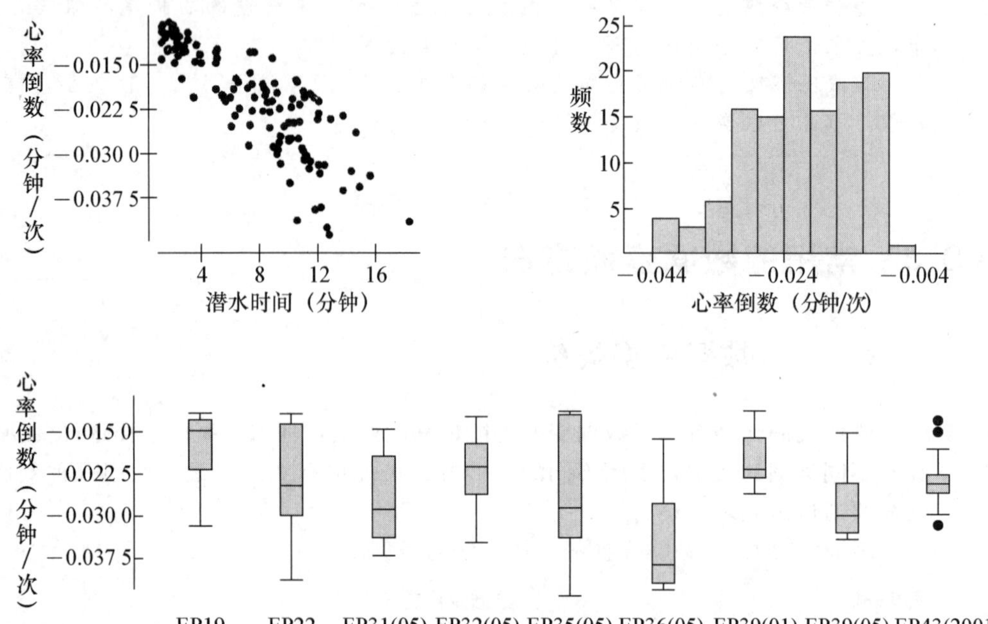

图9—11　心律倒数与潜水时间散点图、直方图、箱线图

做这样的变换处理是否有效？

答：从图9—11的散点图看，散点的弯曲程度有所减弱，但可能存在轻微的向下弯曲。对帝企鹅心律做倒数变换后，绘制的直方图有左偏态势。心律倒数变换箱线图比原始资料的箱线图似乎更好。

□ 9.3.2　实例应用讲解

按照拉力值大小出售的单丝鱼线，通常又称磅数线，比如5磅钓鱼线表示能承受住5磅的拉力。鱼线出售的惯例是，什么拉力值的鱼线定什么样的价格，但相同拉力值的鱼线的长度可能有所差别。同等用材量的鱼线，要想拉力值大，鱼线就会比较粗，因而线的长度也就短些。表9—5给出的是某个商店销售的同一制造商、相同价格单丝鱼线的长度和拉力值资料。

所要讨论的问题：鱼线的长度与其拉力值是否存在相关关系，通过数据变换能否增加它们之间的线性关系。

第一步，陈述研究的问题。根据给定的背景资料和要求，主要是在鱼线长度和拉力值之间建立线性模型。

第二步，识别分析的对象（变量）。本问题涉及两个变量，一是鱼线的长度（单位：码），用符号 L 表示，二是鱼线的拉力值（单位：磅），用字母 S 表示。

第三步，绘制散点图。由表9—5的资料绘制的散点图见图9—12。

表 9—5　　鱼线长度与拉力值

长度	拉力值	长度	拉力值
68	300	700	40
75	250	800	30
100	200	1 000	25
125	150	1 200	20
150	125	1 500	15
250	100	2 000	12
300	80	2 700	10
400	60	3 150	8
500	50		

由图 9—12 可知，鱼线长度与拉力的离散程度比较小，呈现出负的相关关系，但不是直线关系。

第四步，对数据实施变换处理。

1. 对鱼线长度做平方根变换，拉力值暂不做变换处理，得到如下散点图（见图 9—13）。

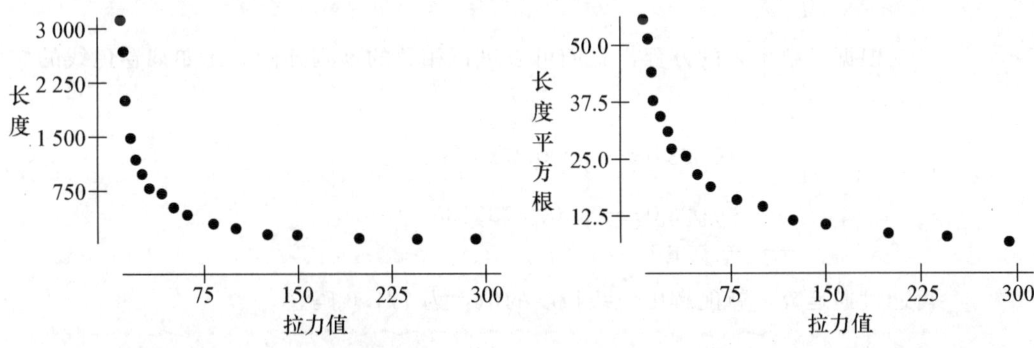

图 9—12　鱼线长度与拉力值散点图　　图 9—13　鱼线长度平方根与拉力值散点图

对鱼线长度做平方根变换后，鱼线长度平方根与拉力值散点图显示的弯曲程度有所减缓，但仍然不是直线形状。

2. 对鱼线长度进行对数变换，得到长度对数与拉力值的散点图，见图 9—14。

对鱼线长度实施对数变换后，散点图显示又有了较好的改善，但仍然没有呈现出直线形状。

3. 对鱼线长度做倒数变换，得到长度倒数与拉力值的散点图，见图 9—15。

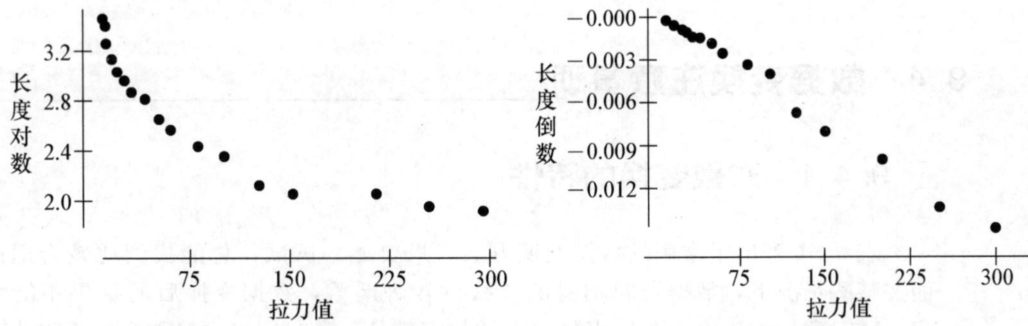

图 9—14　鱼线长度对数与拉力值散点图　　图 9—15　鱼线长度倒数与拉力值散点图

现在，我们已经获得了较好的线性形式的散点图。不过，为了告诉大家如何使用表 9—4，下面我们再对鱼线长度做平方根倒数变换。

4. 对鱼线长度做平方根倒数变换。对鱼线长度取平方根，然后做倒数处理，得到的散点见图 9—16。

比较图 9—15 和图 9—16，我们难以在两者之间做出选择。也就是说，对鱼线长度是取倒数还是平方根倒数，可以自行决定。

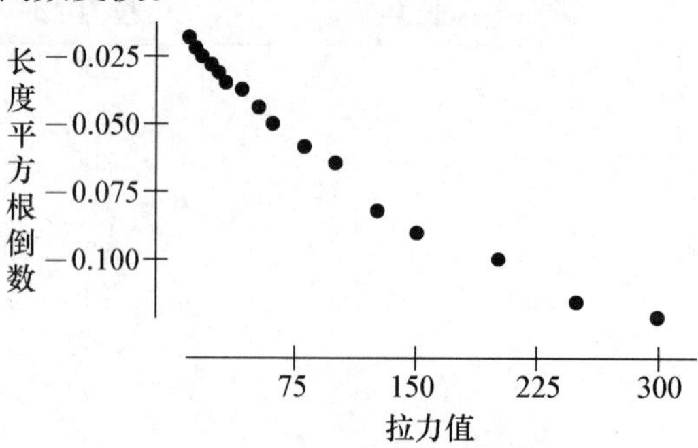

图 9—16　鱼线长度平方根倒数与拉力值散点图

第五步，给出总结性说明。对于给定的资料，对鱼线长度取倒数或平方根倒数，可以帮助我们获得鱼线长度与拉力值间的直线关系。不论是倒数变换还是平方根倒数变换，基本上都满足了线性回归分析的条件，为此可以拟合线性模型，并可以按照最小二乘方法进行求解。假如在这里，我们偏爱平方根倒数变换，则得到的回归方程是：

$$\frac{-1}{\sqrt{L}}=-0.023\,06-0.000\,373\times S$$

根据求解出来的方程，我们可以进行相关的预测分析。比如某卷鱼线的拉力值是 35 磅，这样有：

$$\begin{aligned}\frac{-1}{\sqrt{L}}&=-0.023\,06-0.000\,373\times S\\&=-0.023\,06-0.000\,373\times 35\\&=-0.036\,1\end{aligned}$$

再通过逆运算，就能解出鱼线长度的值，为 771.6 码。

例 9—3

在例 9—1、例 9—2 中，分别给出了帝企鹅心律与潜水时间的原始资料的有关图形，图 9—11 显示了帝企鹅心律对数和倒数变换的情形。请比较说明，你会选择什么类型的变换方法。

答：无论是倒数变换还是对数变换，得到的相关图、直方图都明显表现出较好的直线性和对称性。但相对而言，对数变换带来的改善可能更大。

9.4 数据变换注意事项

9.4.1 对数变换的特性

表 9—4 列出了常用的数据变换方法，只要逐一试试，总能找到比较合适的。然而在某些情况下，数据资料本身的非线性较为严重，数据变换后的结果不能令人满意，这时我们应该怎么办？当数据中的数字都是正数时，采用对数变换不失为有益的尝试。对变量 x 和 y 实施对数变换，有时会用单对数，有时会用双对数，具体搭配

情况见表 9—6。

表 9—6　变量 x 和 y 对数变换

模型名称	x	y	说明
指数模型	x	$\ln(y)$	这种模型刻画以增长率变换的现象比较有用。
对数模型	$\ln(x)$	y	x 变量的数值变化比较大，或者数据图像从左端开始呈几何级数向右边上升，这时最好采用对数模型。
幂函数模型	$\ln(x)$	$\ln(y)$	这是一种人见人爱的模型，当幂次方太大或太小，效果都不太好时，采用幂函数模型也许就是理想的选择。

拿前面的鱼线长度和拉力值的例子来说，我们对选择倒数变换还是平方根倒数变换，感到比较纠结。如果采用倒数变换，散点图呈现出一定程度的上凹（见图 9—15），要是换成平方根倒数变换，此时散点图又存在下凹（见图 9—16）。现在我们对鱼线长度和拉力值同时取对数，得到的散点图见图 9—17。

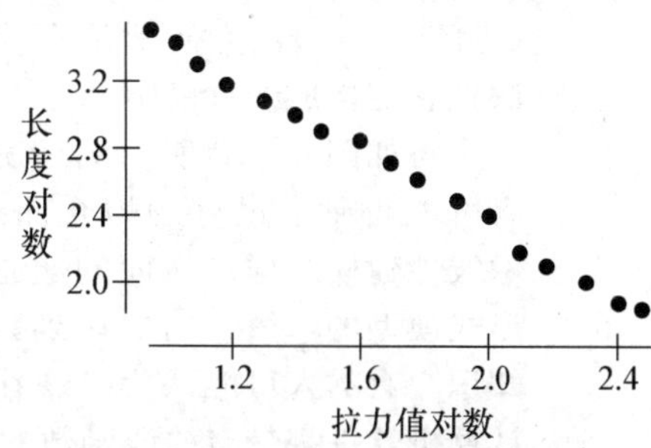

图 9—17　长度对数与拉力值对数散点图

这时的散点图基本上完全是直线的形状，由此得到的回归方程是：

$$\widehat{\ln(L)}=10.3488-1.0782\ln(S)$$

要通过数据变换将图像拉直，可能需要点运气。要明白，并不是所有的情形下，数据变换处理后都能增加线性性，有时我们会找不到有效的数据变换手段。为此，记住这一点很重要：建立模型只是为了发挥它的作用，如果追求完美无缺可能就是过分的要求了。

9.4.2　数据变换的多重效果

出于某种目的，我们对数据实施了变换处理，结果发现变换后的数据还有助于其他问题的分析。例如，为了使绘制出来的直方图更具有对称性而做的数据变换，也许同时将散点图拉直了，或者带来了点的散布更均匀这样的效果。诸如此类的现象，往往会鼓励我们使用数据变换的方法。对某些变量，确实存在一个明显“最好”或“正确”的变换方法，比如按一定百分比递增的现象，由于呈指数变化大的观察值增长得快（像人口、细菌数、财富类现象），这时采用对数变换可能就比较理想。在前面的公司资产的例子中，我们做了对数处理，数据变换的四个目的基本上都实现了。通过这一简单的变换，我们收获了多方面的好处。

测量误差总是不可避免的，量值大的事物，其测量误差会大，量值小的事物，其测量误差也小。人的身高纵使有测量误差，也不过是 1～2 厘米的事，如果是一棵树的高度，测量误差可能就不会这么小了。因此，在可能存在较大测量误差的情况下，取对数变换或许更有帮助。当一项工作根本没有办法完成时，完成该工作所需的时间就会无限大，如果对“完成一项工作需要的时间”做倒数变换，变成“每分钟完成了多少工作”，那么没有办法完成的工作与时间的关系就是 0。所有这些再次表明，数据变换采用哪一种方法，似乎别无选择。

对那些没有明显特征的现象，做数据变换处理只能取决于我们的偏好，判别的标准只能是采用的变换方法是不是效果更好，是不是更便于建立简单一点的模型。当然，我们希望能找到一种变换方法，毕其功于一役，也就是同时满足分布的对称性、线性化关系、散布均匀等要求，从而给数据分析提供更大的便利并提高效率。

9.4.3 为什么不直接使用曲线模型

散点图中明显存在曲线形状，为什么我们不直接拟合曲线模型呢？比如表 9—1 的小汽车车身重量与每加仑汽油行驶英里数资料，我们原本就可以拟合曲线方程（见图 9—18），为何偏偏自找麻烦想方设法把它变换成线性的呢？

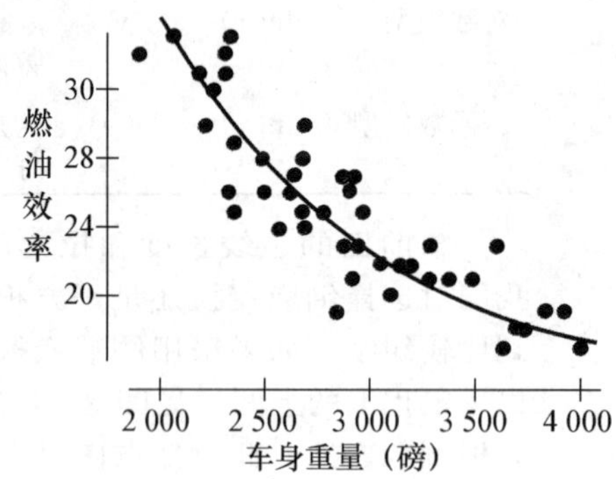

图 9—18 车身重量与每加仑汽油行驶英里数

对如图 9—18 所示的情况，我们完全有可能得到"最好的拟合曲线方程"，就像线性建模一样。然而问题是，对非线性形式模型的求解，需要用到数学微积分的知识。有的人可能认为，现在的计算器和计算机软件都带有曲线函数的求解功能，直接构造曲线形式的模型也很方便。对此我们要说的是，曲线求解用到的方法，或多或少都有缺陷。

线性模型比较容易理解，比如线性方程的截距和斜率（回归系数）的社会经济含义比较明显。更何况实施数据线性化变换后，还能得到其他方面的好处。所以建议，对非线性形式的函数，最好运用数据变换把它变成线性形式的模型。

9.4.4 运用数据变换进行回归分析需要注意的问题

运用数据变换进行回归分析，有以下几点值得注意：

第一，不要过度追求模型的完美。统计学家鲍克斯（G. Box）曾说过："从某种意义上讲，所有的模型都有错误，但它们确实有用。"要知道，真实的事物是极其复杂的，单纯依靠数据不能得到全面反映。因此，不要指望借助数据变换就能魔术般地熨平散点图中的所有弯曲之处，进而期望获得完美无缺的模型。建立模型的意义在于获得有用的函数方程，然后使用它。

第二，不要过度地进行数据变换。表 9—4 给出的是部分比较常用的数据变换方法，原则上讲，通过各种各样的数据变换，总可以不断提高拟合优度系数的值，但由此得到的模型可能没有什么意义，也不能发挥其应有的作用，结果是事倍功半。所以，通常情况下，实施平方根变换、倒数变换、对数变换也就够了。

第三，不能一味地依据拟合优度系数 R^2 决定选什么样的模型。通过数据变换能将曲线形式转换成直线，并获得很高的拟合优度系数值，但这并不表明现象之间存在的模式就一定是直线形式的。因此，我们要牢记：拟合模型之前，需要认真观察散点图的形状，在拟合模型之后，尚需进一步运用散点图对线性性关系进行仔细的检查。

第四，注意多众数问题。通过数据变换，可以把一个单峰、有偏的直方图，转换成对称分布，却无法把多众数的资料完全整合在一起。合理的数据变换，应该能更清晰地区分不同的众数，进而有助于分组讨论。

第五，小心对待波状变化的数据。通过数据变换，可以将非线性形式的数据转变成线性形式，但对波状变化的数据可能无能为力。波状变化是指散点先逐渐下降，到达一定点后开始逐渐上升，上升到一定程度后又逐渐下降，用物理语言来说，就是振荡变化。如果是波状变化的数据，很难通过简单的变换处理来获得线性形式的散点图。

第六，注意考察数据中是否存在负数和 0 这样的数值。数据中如果存在负数，根据数学运算规则，对这些数值是不能实施平方根、对数变换的。对数变换还要求数据中不能出现 0，不然取了对数也没有意义。如果数据中确实存在负数或 0，这时采用的变换就不符合条件，对此，可以给所有数值加上一个较小的常数，以使处理后的数值都变成正数。

复习思考题

1. 下表是 1990—2010 年各月进出奥克兰机场　　的旅客人数：

月＼年	1990	1991	1992	1993	1994	1995	1996	1997	1998	1999	2000
1	329 695	465 014	457 473	502 243	556 067	683 692	731 582	653 038	646 388	698 621	757 506
2	389 161	523 667	510 264	594 182	637 880	795 881	823 312	745 798	751 903	809 801	842 180
3	456 288	516 343	513 418	630 804	628 794	821 444	827 306	718 150	771 455	829 614	867 809
4	487 582	554 601	524 939	660 361	666 555	823 129	851 089	781 158	804 696	846 391	891 146
5	525 004	509 546	572 210	670 489	728 011	897 389	828 905	795 127	817 789	858 985	931 048
6	530 800	539 940	614 805	685 281	759 704	900 149	822 492	819 281	834 326	892 736	960 355
7	584 371	600 020	683 024	729 377	801 146	960 799	939 342	897 085	882 187	942 458	1 013 726
8	457 120	490 545	545 942	605 594	683 504	792 645	828 348	738 083	758 714	806 481	882 534
9	457 811	504 741	553 405	635 498	733 758	811 645	822 289	764 115	769 816	857 422	929 831
10	471 904	489 761	549 228	613 308	779 163	817 363	729 883	760 021	770 993	847 199	914 716
11	472 682	515 285	557 833	631 980	787 692	846 833	803 681	747 223	773 845	799 737	900 278
12	471 788	459 579	534 665	583 451	683 900	726 630	725 727	649 441	690 073	729 669	844 497

要求：

(1) 根据上述资料绘制时间序列图，并说说能拟合什么模型。

(2) 对选择的拟合模型，绘制回归残差图，说说它有什么特征。

(3) 如何对数据进行变换处理，能否得到更好的拟合模型？

2. 由表 4—1 的资料绘制的时间序列图如下：

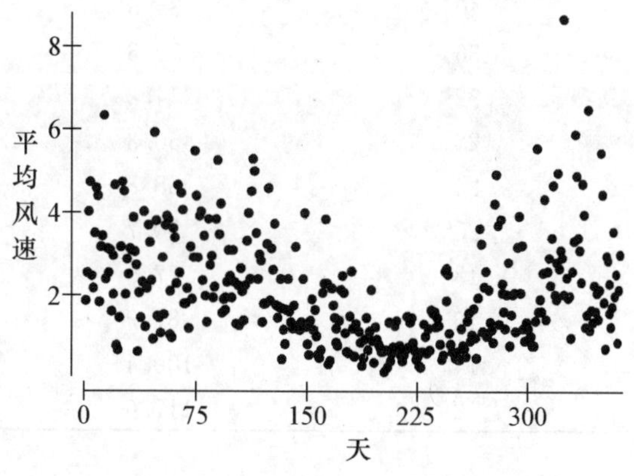

要求：

(1) 描述一下图像中你认为可能存在的模型。

(2) 如果实施数据变换，能不能拟合线性模型？为什么？

3. 给定如下回归模型，当 $x=2$ 时，预测 y 的值。

$$\ln\hat{y}=1.2+0.8\times x，\ \hat{y}=1.2+0.8\times\ln x$$

$$\sqrt{\hat{y}}=1.2+0.8\times\ln x，\ \ln\hat{y}=1.2+0.8\times\ln x$$

$$\frac{1}{\hat{y}}=1.2+0.8\times x，\ \hat{y}^2=1.2+0.8\times\ln x$$

$$\frac{1}{\sqrt{\hat{y}}}=1.2+0.8\times\ln x，\ \frac{1}{\sqrt{\hat{y}}}=1.2+0.8\times x$$

4. 2005 年《机会》杂志刊登过瓦西列斯库和怀纳的文章，在这篇文章中，两位作者讨论了世界各地家庭住房的拥挤程度与经济发展水平之间的关系。

国家或地区	住房拥挤程度	人均 GDP
阿鲁巴	0.7	20 100
奥地利	0.7	31 187
阿塞拜疆	2.1	853
巴哈马	1.3	14 462
比利时	0.6	29 257
百慕大	0.6	51 991
巴西	0.7	2 700
保加利亚	1.0	2 533
喀麦隆	1.2	803
加拿大	0.5	27 097
中国澳门	1.1	17 007
哥伦比亚	1.4	1 744
哥斯达黎加	0.9	4 189
克罗地亚	1.2	6 398
古巴	1.0	2 762
塞浦路斯	0.6	16 038
捷克	1.0	8 834
埃及	1.3	1 062
芬兰	0.8	31 069
法国	0.7	29 222
法属圭亚那	1.1	9 705
冈比亚	1.5	224
德国	0.5	29 137
瓜德罗普	0.9	14 518
圭亚那	0.8	424
洪都拉斯	2.2	980
匈牙利	0.8	8 384
印度	2.7	555
伊拉克	1.5	594
以色列	1.2	18 101
日本	0.8	33 819
朝鲜	1.1	11 059
科威特	1.7	13 641
莱索托	2.1	594
马提尼克	0.9	14 504
毛里求斯	1.2	4 594
荷兰	0.7	31 759
新喀里多尼亚	1.2	16 751
新西兰	0.5	19 350
尼加拉瓜	2.6	750
挪威	0.6	48 881
巴基斯坦	3.0	498
巴拿马	1.6	3 400

续前表

国家或地区	住房拥挤程度	人均 GDP
秘鲁	2.0	2 238
波兰	1.0	5 355
葡萄牙	0.7	14 645
波多黎各	0.7	20 812
留尼汪	1.0	14 614
罗马尼亚	1.3	2 550
圣马力诺	0.7	38 397
塞尔维亚和黑山	1.2	1 843
斯洛文尼亚	1.2	6 019
斯里兰卡	2.2	913
瑞典	0.5	33 925
瑞士	0.6	43 486
叙利亚	2.0	1 497
土耳其	1.3	3 418
英国	0.5	30 355
美国	0.5	36 924
乌拉圭	1.0	3 274

要求：

（1）根据人均 GDP 和住房拥挤程度的资料绘制散点图，说说在拟合模型时是否需要对数据进行变换处理。

（2）假如对人均 GDP 实施对数变换，能否符合线性拟合的要求？

（3）如果对人均 GDP 进行倒数变换，情况又会怎样？

5. 科学家波义耳研究过气体和压强的关系，他在实验中设计了一个带有活塞的气缸，测量了相同容积时的活塞高度（单位：英寸）和压强（单位：大气压）。以下是实验得到的资料：

活塞高度	压强
48	29.1
44	31.9
40	35.3
36	39.3
32	44.2
28	50.3
24	58.8
20	70.7
18	77.9
16	87.9
14	100.4
12	117.6

要求：根据给定的资料，建立合适的回归分析模型。

6. 为了解小汽车的制动效果，研究人员在 5 种速度下，各做了 3 次测试，并分别记录了刹车距离。

速度（英里/小时）	刹车距离（英尺）
20	64
20	62
20	59
30	114
30	118
30	105
40	153
40	171
40	165
50	231
50	203
50	238
60	317
60	321
60	276

要求回答：

（1）解释为什么直接由原始资料拟合线性模型不合适。

（2）通过数据变换能否获得线性形式的散点图？

（3）构造合适的回归模型，并估计车速为 55 英里/小时时刹车距离是多少？

（4）根据拟合的模型，估计车速为 70 英里/小时时的刹车距离。

（5）对于问题（3）、问题（4）的预测结果，你更相信哪个？为什么？

7. 一名学生为了解挂摆的摆动次数做了一次试验，方法是：对不同长度的坠线，满力推动挂摆，然后纪录下 20 秒钟内挂摆的摆动次数。

摆动次数	坠线长度
22	6.5
20	9.0
17	11.5
16	14.5
14	18.0
13	21.0
13	24.0
12	27.0
11	30.0
10	37.5

要求回答：

（1）为什么直接由给定的资料拟合线性模型不适用？

（2）采用什么样的变换才能将散点图拉直？

（3）在数据变换的基础上，构造回归模型。

（4）坠线长度分别为 4 英寸、48 英寸时，挂摆的摆动次数各是多少？对于两者的预测结果，你更相信哪个？为什么？

8. 球类运动员的薪酬一般都比较高，下表列出了各年著名运动员的最高薪酬。

运动员	年份	薪酬（百万美元）
Nolan Ryan	1980	1.0
George Foster	1982	2.0
Kirby Puckett	1990	3.0
Jose Canseco	1990	4.7
Roger Clemens	1991	5.3
Ken Griffey，Jr.	1986	8.5
Albert Belle	1997	11.0
Pedro Martinez	1998	12.5
Mike Piazza	1999	12.5
Mo Vaughn	1999	13.3
Kevin Brown	1999	15.0
Carlos Delgado	2001	17.0
Alex Rodriguez	2001	22.0
Manny Ramirez	2004	22.5
Alex Rodriguez	2005	26.0

要求回答：

（1）绘制散点图，并做适当的描述性说明。

（2）用薪酬的预测值及其残差绘制散点图，说说能否构造线性模型。

（3）利用数据变换能否得到线性形式的散点图？

（4）如果要求对薪酬进行预测，你会选择什么样的模型？

9. 2006 年国际天文学会在葡萄牙召开年会，决定把冥王星踢出太阳系大行星行列，降格为矮行星。但从投票结果看，这个决定尚存在一定的争议。

行星名称	编号	到太阳距离（百万英里）	公转时间（地球年）
水星	1	36	0.24
金星	2	67	0.61
地球	3	93	1.00
火星	4	142	1.88
木星	5	484	11.86
土星	6	887	29.46
天王星	7	1 784	84.07
海王星	8	2 796	164.82
冥王星	9	3 707	247.68

要求回答：

(1) 用公转时间和到太阳距离的资料绘制散点图，说说散点图中可能存在的形状。

(2) 能不能通过数据变换将散点图的散点分布拉直？

(3) 借助数据变换拟合回归模型。

10. 以下资料是2004年奥运会上各个级别举重金牌获得者的成绩：

获胜选手（国家）	级别（公斤）	成绩（公斤）
H. Mutlu（土耳其）	56	295.0
石智勇（中国）	62	325.0
张国政（中国）	69	347.5
T. Sagir（土耳其）	77	375.0
G. Asanidze（格鲁吉亚）	85	382.5
M. Dobrev（保加利亚）	94	407.5
D. Berestov（俄罗斯）	105	425.0

要求：

(1) 在选手成绩和级别间建立线性回归模型；

(2) 绘制回归残差图，并说说建立的线性回归模型是否合适；

(3) 通过数据变换，找到更好的回归模型；

(4) 根据得到的回归模型，谈谈哪位获胜选手的成绩属于超常发挥。

11. 以下资料是美国男性人口20世纪以来每10年的预期寿命：

预期寿命（岁）	时间代码（1=1900—1910年）
46.6	1
48.6	2
54.4	3
59.7	4
62.1	5
66.5	6
67.4	7
68.0	8
70.7	9
72.7	10
74.9	11

要求：拟合回归模型，并对下一个10年的男性人口预期寿命进行预测。

12. 研究人员为了解汽车的行驶速度与油耗之间的关系，通过测试得到了如下一组数据：

速度（英里/小时）	35	40	45	50	55	60	65	70	75
油耗（英里/加仑）	25.9	27.7	28.5	29.5	29.2	27.4	26.4	24.2	22.8

要求：拟合线性模型，并说说模型的拟合效果。

13. 果树上结的果子越多，可能果实的个头就会越小。以下是采集到的一组资料：

平均重量（磅）	果实数量（个）
0.60	50
0.58	100
0.56	150
0.55	200
0.53	250
0.52	300
0.50	350
0.49	400
0.48	450
0.46	500
0.44	600
0.42	700
0.40	800
0.38	900

拟合回归模型，并对模型的拟合效果进行评价。

14. 观察发现，柚子树树龄越长，树干直径也越大。以下是采集到的一组资料：

树干直径（英寸）	树龄（年）
2.1	2
3.9	4
5.2	6
6.2	8
6.9	10
7.6	12
8.3	14
9.1	16
10.0	18
11.4	20

要求回答：

(1) 拟合线性模型，并对拟合效果进行说明。

(2) 假如上述资料不是单棵树的树龄而是均值，你认为回归拟合的效果是变好了、变差了，还是保持不变？

第10章

样本比例与均值的抽样分布

基于一个随机样本的美国成年人的民意测验表明，受试者当中29%的人承认在开车时接打过手机。对于这个调查结果，你会相信吗？毕竟这样的调查没有囊括所有的人，说不定真实的比例是33%或25%。根据随机样本得到的比例，究竟有多大的可信度？回答这些方面的问题，需要用到统计抽样分布。

10.1 中心极限定理：样本比例情形

2005年11月，哈里斯民意测验中心访问了889个成年人，要求就“是否相信有鬼神存在”这一问题做出回答，结果40%的人认为有鬼神存在。几乎在同一时间，CBS News就同样的问题也采访了808人，得出的比例是48%。为什么同样的问题，用同样的随机抽样方法，从相同的总体中抽取调查样本，得到的统计结果却不一样呢？这正是统计的本质特征所在，由样本得出的比例不一样，原因是样本中包含的调查对象存在差别。要理解这些估计结果之间的变异性，只能使用变异的方法。

为了搞清楚CBS News测验结果的变异情况，我们应该想象一下，从总体中抽取容量为808人的所有样本，它们的比例分布是什么样的，如果用直方图来描述，这样的直方图可能是什么形状。就是否相信有鬼神存在这项调查来说，我们能预料到样本比例（样本中感兴趣事件发生数与样本容量之间的比值，用符号 $\hat{p}$ 表示）直方图的中心点在哪里吗？对此我们没有办法给出回答，可能永远也不知道答案，但我们确信，样本比例直方图的中心应该是对所有人进行调查后得到的那个比例，即总体比例（这里用字母 p 表示）。

10.1.1 样本比例的极限分布

出于分析讨论的需要，这里姑且假定相信有鬼神存在的所有成年人的占比为45%，也就是 $p=45\%$。据此，我们来看看直方图的分布形状。我们无法将容量为808人的所有可能样本都抽取出来，然后根据调查结果分别计算相信有鬼神存在的回答的占比，再据之绘制直方图，但可以进行模拟。图10—1是假定总体比例 $p=45\%$ 时，通过2 000个模拟样本得到的容量为808时的样本比例直方图。

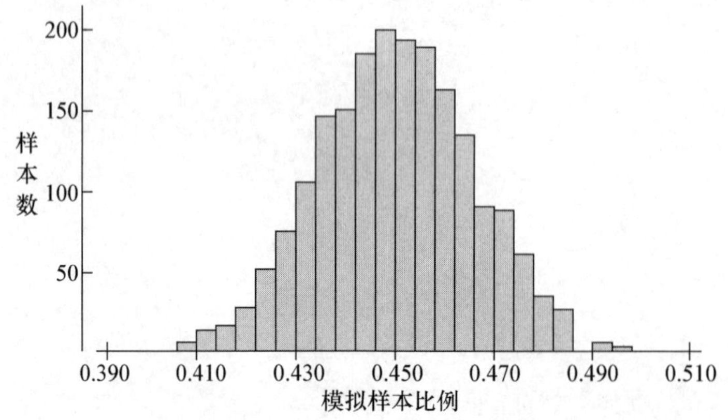

图10—1　总体比例为45%时2 000个模拟样本比例直方图

由图10—1可知，不同的样本中回答相信有鬼神存在的比例有很大的差别，但2 000个模拟样本的中心点却是假定的总体比例45%。

出现这样的情况，我们一点也不感到意外。对不同的样本，我们不会得到相同的样本比例，尽管如此，所有样本比例（$\hat{p}$）的均值应该就是总体比例（p）。由所有样本比例绘制的频数分布，在统计学上常称为抽样分布。样本比例的极限分布是单峰的、对称的，这不禁让我们想到了前面讨论过的一个模型，那就是正态模型。也就是说，样本比例的极限分布服从正态模型。对于这样的结论，早在 1810 年法国伟大的数学家皮埃尔-西蒙·拉普拉斯（Pierre-Simon Laplace）就给出了证明。极限分布的价值极大，可以帮助我们衡量样本比例的变异程度，有助于进行样本区间估计。

要想利用正态模型，需要确定两个参数，即均值和标准差。由于样本比例直方图的中心位置就是总体比例 p，因此，我们直接把总体比例 p 当作样本比例极限分布这个正态模型的均值。现在的问题是，怎样确定标准差呢？一般情况下，仅仅依据均值无法获取标准差的信息，例如知道一批自行车头盔的平均直径 26 厘米，要求回答这批自行车头盔直径的标准差是多少，你只能说“我不知道”，因为无法从已知的均值 μ 得到标准差 σ。但这只是就一般情形来说的，联系到比例问题，情况就不一样了，一旦给定 p，就意味着也同时给出了标准差。根据概率论原理，二项分布感兴趣事件发生数的标准差是 $\sqrt{npq}$。那么对样本比例 $\hat{p}$，其标准差就是：

$$\sigma(\hat{p})=SD(\hat{p})=\frac{\sqrt{npq}}{n}=\sqrt{\frac{pq}{n}} \tag{10.1}$$

为什么可以把 p 当作均值对待，又为何其标准差是$\sqrt{\frac{pq}{n}}$？下面，我们给出解释。

做 n 次相互独立的实验，实验结果要么是 0 要么是 1，当感兴趣事件发生时记为 1，不感兴趣事件出现时记为 0，实验中出现感兴趣事件的概率为 p，那么不感兴趣事件出现的概率为 $1-p=q$，用 Y 表示 n 次实验中出现感兴趣事件的总数，用 $\hat{p}$ 表示 n 次实验中出现感兴趣事件的比例，则有：

$$\hat{p}=\frac{Y}{n} \tag{10.2}$$

根据数学期望原理，应该存在：

$$\hat{E}(\hat{p})=E\left(\frac{Y}{n}\right)=\frac{np}{n}=p$$

感兴趣事件出现的概率为 p，那么 n 次实验中出现感兴趣事件次数的期望值就是 np，所以上式成立。也就是说，样本比例 $\hat{p}$ 的期望等于总体真实的比例 p。

由于是贝努里实验，因此有：

$$SD(\hat{p})=SD\left(\frac{Y}{n}\right)=\frac{SD(Y)}{n}=\frac{\sqrt{npq}}{n}=\sqrt{\frac{pq}{n}}$$

这样，当从总体中抽取一个容量为 n 的简单随机样本时，只要 n 足够大，样本比例的极限分布近似服从正态分布，即：

$$\hat{p}\sim N\left(p,\sqrt{\frac{pq}{n}}\right) \tag{10.3}$$

拿 CBS News 民意测验的例子来说，假定成年人中相信有鬼神存在者的比例就是 45%，这样，正态模型的均值为 45%，由式（10.1）得到的标准差便是：

$$\sigma(\hat{p})=SD(\hat{p})=\frac{\sqrt{npq}}{n}=\sqrt{\frac{pq}{n}}=\sqrt{\frac{0.45\times 0.55}{808}}=0.0175(1.75\%)$$

CBS News 样本比例的极限分布为：

$$\hat{p} \sim N(45\%, 1.75\%)$$

由此，该问题的±1σ，±2σ，±3σ在正态分布中的位置见图10—2。

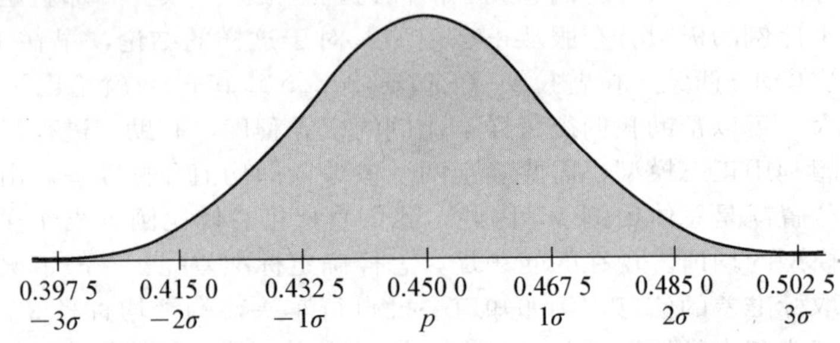

图10—2　离均值0.45±1×0.017 5，±2×0.017 5，±3×0.017 5的位置

在得到了正态分布图之后，就可以利用正态分布的一套规则加深对统计的认识。比如：根据正态分布性质，大约有95%的观察值位于均值附近2个标准差范围内。据此，我们就不应该惊诧，相信有鬼神存在的成年人占比在41.5%～48.8%之间，大约占到受试者总数的95%。由于2×1.75%=3.5%，这样45%+3.5%=48.5%，CBS News估计的结果是48%，由此可以认为CBS News估计的结果与我们假定的总体比例是一致的。换句话说，在95%的水平下，CBS News估计的结果比哈里斯民意测验的估计结果更接近真实的情况。像3.5%这样的值，统计上一般称为抽样误差。不能把抽样误差理解成真实的误差，它只是样本估计结果间差异程度的一种衡量，如果不出意外，最好把它叫做抽样变异度。

□ 10.1.2　样本比例极限分布的再认识

这里把前面介绍的内容再重述一下：从总体中重复抽取容量为 n 的样本，$\hat{p}$ 表示样本比例，每个抽出来的样本都对应着一个样本比例，这一系列的样本比例将会汇集在总体比例 p 周围，如果把它们用直方图表示出来，则表现出较好的正态形状。

不过，也有一些意料之中的事情需要加以注意。

其一，样本容量不能太小。假如样本容量为2，那么每个样本比例不是0，就是0.5或1，这时由样本比例绘制出来的直方图怎么看都不像正态分布（见图10—3）。

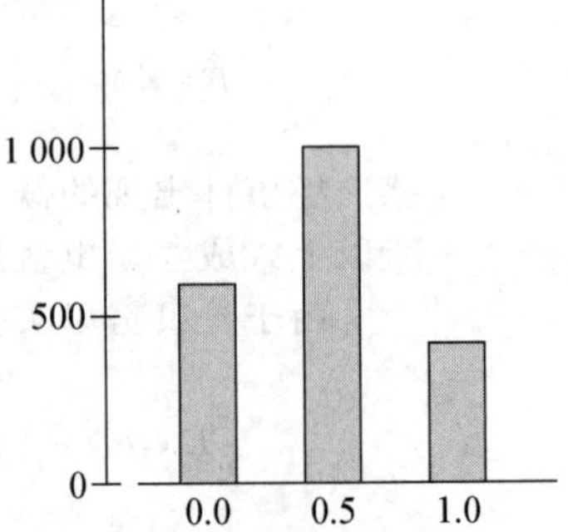

图10—3　样本容量为2时的样本比例分布

其二，以上所说的只是一个近似结果。要想使样本比例的抽样分布更好地逼近正态分布，需要样本容量足够大。如果样本偏小，难以保证样本比例的抽样分布具有正态性。

□ 10.1.3　样本比例极限分布的假定前提和要求

在建立和运用模型时，我们通常需要遵守一些基本的假定前提。讨论样本比例抽样分布模型，有两个基本假定：样本观察值间相互独立，样本容量必须足够大。这两个假定是很难甚至不可能被检查的，退而求其次，我们提出如下要求：

第一，随机性。这一要求表明，资料来自实验时，要随机地安排实验方案，样本观察值是通过调查取得的，调查样本应按简单随机原则从总体中抽取。在设计抽样方案时，要注意采用不产生偏差的抽样方法，提高样本对总体的代表性。

第二，10%准则。样本容量 n 最好不超过总体规模的 10%。应该明白，在一项大规模的调查中，与总体相比，样本只是其中很小的一部分。

第三，np 和 nq 都不低于 10。在比例推断情形下，样本容量必须足够大，至少要保证感兴趣事件在调查样本中出现的次数不低于 10。感兴趣事件出现不到 10 次，就不能得到良好的分析结果。同样，不感兴趣事件出现的次数也不要低于 10。拿前面有关 CBS News 调查的例子来说，在假定总体比例 45%的情况下，在 CBS News 调查的 808 个人当中，相信有鬼神存在的有 808×45%＝364 人，不相信有鬼神存在的有 808×55%＝444 人，都不低于 10，符合这一要求。

乍看起来，上面的第二和第三个要求似乎相互矛盾，其实不然。np 和 nq 不低于 10，要求的是有充分的数据，与总体比例 p 有关。如果总体比例 p 是 0.5，那么只要求抽样容量为 20 左右就可以了。如果总体比例 p 是 0.01，就需要抽取 1 000 个观察单位。10%准则是指，样本量不超过总体规模的 10%，与“太大的样本是不是不好”这样的问题有关。

图 10—1 是 2 000 次抽样的模拟情况，我们已经指出，它可以使用正态模型来刻画。为什么要这样做呢？原因就是依据这样的模型，我们可以深入地了解样本比例的变异程度。样本比例的抽样分布逼近正态分布，可以从理论上得到证明，样本越大，这种逼近效果越好。样本比例的抽样分布与正态分布关系的数学证明比较复杂，对增进我们的理解也没有太大的帮助。由样本观察计算出来的样本比例是个随机变量，它的数值随着抽到的样本不同而变化。既然是随机变量，认识它就需要借助概率分布。当样本足够大，并且观察值之间相互独立时，样本比例 $\hat{p}$ 的抽样分布服从正态分布。

没有抽样分布，统计估计和假设检验可能就无法进行。运用抽样方法时，抽样分布可以帮助计算样本统计量的变异程度。为检查硬币的材质是否均匀，把硬币抛掷 100 次，如果有 52 次正面向上，我们可能不能判断硬币的材质不均匀，如果出现 90 次正面朝上，我们就会认为硬币材质不够均匀。假如是 64 次呢？这就令人犯难了。回答这样的问题，也需要借助抽样分布。抽样分布发挥着桥梁的作用，连接着观察数据和统计推断结果，我们据此才能对统计总体进行认识。再也不要把样本比例当成是一个固定不变的量，应该将之看成是随机变量。

例 10—1

美国疾病控制与预防中心报告，在 18 岁的女性中，有 22%人的体质指数超过了 25。在一所规模很大的大学中，随机抽取 200 名 18 岁女生，检查发现有 31 名体质指数超标。试据此分析，这所学校肥胖女生的占比是不是很小。

答：首先，我们来检查一下有关分析的条件是否具备。由于采用的是随机性抽样，因此每个样本观察单位是相互独立的。这所大学规模很大，18 岁女学生应该不在少数，那么 200 人的样本占该校 18 岁女生的比例应该不会超过 10%。体质指数超标的 18 岁女性的比例为 22%，于是有 200×22%＝44，200×78%＝156，显然也符合条件“np 和 nq 都不低于 10”。

接下来，我们用正态分布刻画样本比例的抽样分布。

样本比例为：

$$\hat{p}=\frac{31}{200}=0.155(15.5\%)$$

由于总体比例 p 为 22%，因此有：

$$SD(\hat{p})=\sqrt{\frac{pq}{n}}=\sqrt{\frac{0.22\times0.78}{200}}=0.029$$

由此得到：

$$z=\frac{\hat{p}-p}{SD(\hat{p})}=\frac{0.155-0.22}{0.029}=-2.24$$

z 是标准化变换后的值，服从均值为 0、标准差为 1 的标准正态分布。−2.24 超过 0 均值以下 2 个标准差，所以在−2.24 以下的人数不会超过 2.5%。表明这所学校 18 岁肥胖女生的占比，相对于疾病控制与预防中心报告的 22%偏小，当然也可能是因抽样产生的估计不精确造成的。

10.1.4 实例应用讲解

据说人群中有 13%的人是左撇子，某学校礼堂一共有 200 个座位，只建有 15 个适合左撇子人的座位。假定某班级的 90 名学生准备在礼堂举行活动，问：左撇子座位不够用的概率是多少？

第一步，陈述所要讨论的问题。90 名学生当中，出现 15 个以上左撇子，即学生中左撇子占比超过 16.7%时，礼堂的左撇子座位将不够用。现在要解决的问题是：在左撇子占比 13%的假定条件下，求学生中左撇子比例大于 16.7%的概率。

第二步，检查假定条件是否满足。某个学生是左撇子不会让他的另一个同学也变成左撇子，所以独立性要求是符合的。在左撇子占比 13%的假定下，$np=90\times13\%=11.7>10$，$nq=90\times87\%=78.3>10$，这样，"np 和 nq 都不低于 10" 的条件也符合。

第三步，建立抽样分布模型。由于总体比例 $p=13\%$，因此有：

$$SD(\hat{p})=\sqrt{\frac{pq}{n}}=\sqrt{\frac{0.13\times0.87}{90}}=0.035$$

于是存在：

$$\hat{p}\sim N(0.13,0.035)$$

第四步，确定问题发生的概率。我们先通过图像来看看样本比例大于 16.7%在正态分布中的位置，见图 10—4 中的阴影部分。

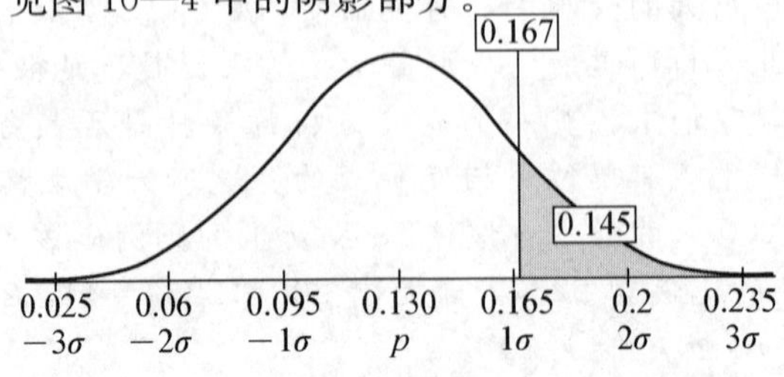

图 10—4　样本比例大于 16.7%的位置

标准化变换的结果是：

$$z=\frac{\hat{p}-p}{SD(\hat{p})}=\frac{0.167-0.130}{0.035}=1.06$$

所以有：$P(\hat{p}>0.167)=P(z>1.06)=0.1446$

第五步，结论总结。出现左撇子座位不够用的概率大约是 0.144 6。

10.2 中心极限定理：样本均值情形

比例针对的是属性变量，用正态模型刻画样本比例的抽样分布很有用。这样的结论对于数值类资料是否也适用呢？回答是肯定的，这样讲一点都不为过，不仅上述关于样本比例抽样分布的有关概念可以完全移植过来，甚至连抽样分布的正态模型也同样适用。

10.2.1 均值抽样分布的模拟

将 1 个均匀的骰子抛掷 10 000 次，记录出现的点数的次数。对这个问题，我们很容易给出模拟的结果（见图 10—5）。

现在我们将 2 个均匀的骰子同时抛掷 10 000 次，记录每次的平均点数。由于同时抛掷两个骰子，因此出现的平均点数可能是 1.0，1.5，2.0，2.5，3.0，3.5，4.0，4.5，5.0，5.5，6.0。与图 10—5 相比，这时的直方图有什么不同？10 000 次模拟抛掷的直方图见图 10—6。

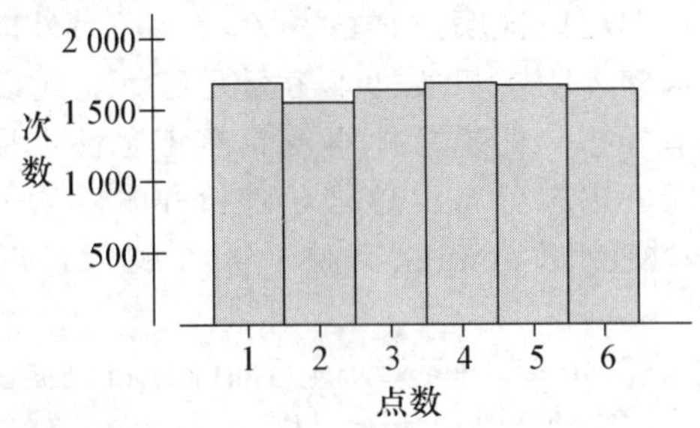

图 10—5　1 个骰子抛掷 10 000 次的模拟结果　　图 10—6　2 个骰子抛掷 10 000 次的模拟结果

从图 10—6 中可以看出，平均点数出现次数最多的是 3.5，平均点数 1.0 和 6.0 出现的次数最少。这种情况的出现一点也不奇怪，即使我们不用古典方法计算平均点数出现的概率，简单想想也会明白，因为平均点数为 1.0 或 6.0，必须是 2 个骰子同时出现 1 点和 6 点，而平均点数 3.5 的组合机会要多得多，比如（1，6），（2，5），（3，4）。

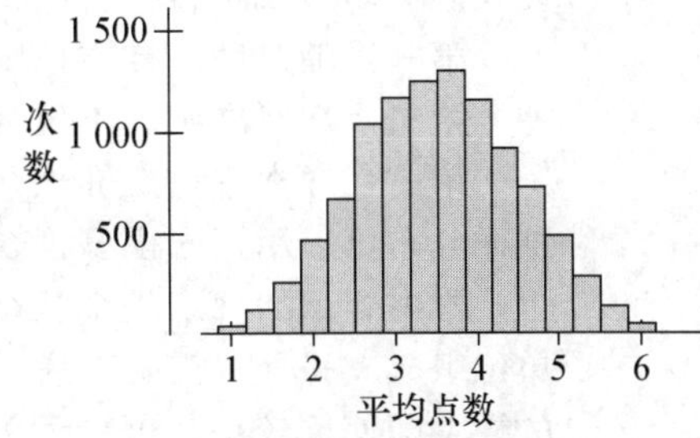

图 10—7　同时抛掷 3 个骰子的平均点数分布

假如同时将 3 个骰子抛掷 10 000 次，记录出现的平均点数，这时的抛掷结果见图 10—7。

图 10—7 比图 10—6 更向中间靠拢。下面，我们继续进行这样的模拟，同时抛掷 5

个骰子、20 个骰子 10 000 次，它们的平均点数出现的情况分别见图 10—8、图 10—9。

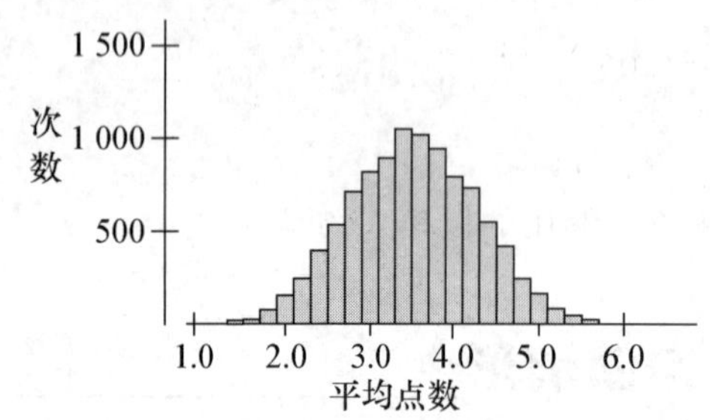

图 10—8　同时抛掷 5 个骰子的平均点数分布

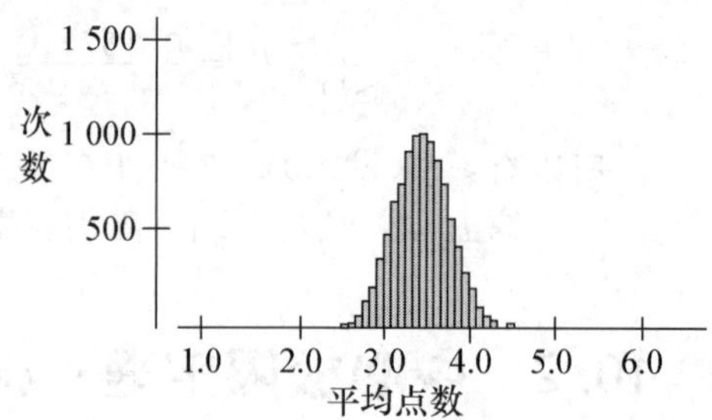

图 10—9　同时抛掷 20 个骰子的平均点数分布

从上面的模拟实验结果可以看出，随着样本容量（抛掷的骰子数）不断增加，出现的平均点数越来越接近总体的均值，并且越来越紧密地朝 3.5 靠拢，另外，分布的形状逐渐呈现钟形乃至逼近正态分布。

□ 10.2.2 均值的极限分布

掷骰子的模拟可能看上去有点特别，但要指出的是，几乎在所有情形下，重复抽取随机样本的均值都是如此。

均值的中心极限定理：如果样本是按随机原则抽取的，并且观察值之间相互独立，不论样本来自的总体服从什么样的分布，随着样本抽取规模的不断增大，均值的抽样分布将越来越接近正态分布。

与样本比例抽样分布的讨论一样，为什么在讨论样本均值抽样分布时，我们又再次提到正态分布？原因是：理论上确实可以证明这样的结论成立，另外即使样本是从有偏的总体中抽取的，中心极限定理表明，只要样本容量足够大，重复抽取的随机样本的均值抽样分布将趋向于正态分布。如果总体本身具有正态性，那么随机样本均值的抽样分布将会更好更快地逼近正态分布。总之，随机样本的均值是一个随机变量，它的抽样分布可以用正态模型进行近似反映，样本越大，近似效果越好。

如同样本比例抽样分布，根据中心极限定理，样本均值的抽样分布也需要遵守以下两个基本假定：独立性假定，样本观察值之间相互独立；样本量假定，样本容量必须充分大。独立性假定和样本量假定能否得到满足，不容易用检查手段做出说明，对此我们可以考虑是否符合以下方面的要求：

第一，随机性。样本按随机原则抽取，否则抽样分布就无从谈起。

第二，10%准则。不重复抽取的样本，其容量 n 应不超过总体规模的 10%。

第三，样本容量足够大。中心极限定理表明，当样本容量足够大时，样本均值的抽样分布可以用正态模型拟合，但这并没有告诉我们究竟需要抽取多大的样本。事实上，样本容量的确定是个复杂的问题，需要考虑诸多因素。比如，样本不能只由一个单位组成。另外，需要考虑总体本身的分布情况。对于单峰、对称的总体，从中抽取的样本即使比较小也可能无关大体，不会影响正态模型的使用。如果总体严重偏斜，就需要抽取相当大的样本，这样才有可能保证样本均值的抽样分布趋向于正态分布。因此，在确定抽样规模时，需要了解样本所来自的总体的背景。

中心极限定理告诉我们，不论是样本比例还是样本均值，它们的抽样分布都趋向于正态分布。那么对样本均值而言，它的抽样分布服从什么样的正态分布呢？前面我们已经多次提到，正态分布由均值和标准差这两个参数唯一确定，因此讨论样本均值的抽样分布，需要给出相应的均值和标准差。样本比例抽样分布的中心是总体比例，与此一样，样本均值抽样分布的均值点也是总体的均值。下面，我们着重分析样本均值抽样分布的标准差。

在前面掷骰子的模拟中，我们已经直观地看到，随着一次同时抛掷骰子数的增加，出现的平均点数的直方图变得越来越紧凑。对此，我们不应感到奇怪，因为均值的变异肯定比单个值的变异要小，对照图 10—5 和图 10—6、图 10—7、图 10—8、图 10—9，应该不难明白。

样本均值抽样分布的标准差为：

$$SD(\bar{y})=\frac{\sigma}{\sqrt{n}} \tag{10.4}$$

式中，σ 是总体标准差；$\bar{y}$ 是样本均值；n 是样本容量。为避免混淆，这里不像式（10.1）那样用 $\sigma(\bar{y})$ 来表示标准差。

下面，对式（10.4）做一点说明。y_1，y_2，…，y_n 为来自均值为 μ、标准差为 σ 总体的简单随机样本，$\bar{y}$ 为样本均值，则有：

$$\bar{y}=\frac{y_1+y_2+\cdots+y_n}{n}$$

对上式求方差，有：

$$\begin{aligned}\mathrm{Var}(\bar{y})&=\mathrm{Var}\left(\frac{y_1+y_2+\cdots+y_n}{n}\right)\\&=\frac{\mathrm{Var}(y_1+y_2+\cdots+y_n)}{n^2}\\&=\frac{\mathrm{Var}(y_1)+\mathrm{Var}(y_2)+\cdots+\mathrm{Var}(y_n)}{n^2}\end{aligned}$$

由于样本来自均值为 μ、标准差为 σ 的总体，因此存在：

$$\begin{aligned}\mathrm{Var}(\bar{y})&=\frac{\mathrm{Var}(y_1)+\mathrm{Var}(y_2)+\cdots+\mathrm{Var}(y_n)}{n^2}\\&=\frac{\sigma^2+\sigma^2+\cdots+\sigma^2}{n^2}\\&=\frac{\sigma^2}{n}\end{aligned}$$

开平方根得到：

$$SD(\bar{y})=\sqrt{\mathrm{Var}(\bar{y})}=\sqrt{\frac{\sigma^2}{n}}=\frac{\sigma}{\sqrt{n}}$$

样本均值抽样分布的中心极限定理：按随机原则，从均值为 μ、标准差为 σ 的总体中抽取样本，当样本足够大时，样本均值 $\bar{y}$ 的抽样分布是：

$$\bar{y}\sim N\left(\mu,\frac{\sigma}{\sqrt{n}}\right) \tag{10.5}$$

式（10.3）和式（10.5）分别给出了样本比例、样本均值的抽样分布，在具体使用它们时，只需辨别清楚所占有资料的类型即可。对属性变量资料，需要计算样本比例，采用的是式（10.3）给出的抽样分布。对数值变量资料，需要计算样本均值，采用的是式（10.5）给出的抽样分布。

例 10—2

据美国疾病控制与预防中心的报告，18 岁女性的平均体重为 143.74 磅、标准差为 51.54 磅。从某大学随机抽选 200 名 18 岁女生，她们体重的平均值为 140 磅。试据此分析说明，调查样本的平均体重是不是偏低了。

答：200 名女生是按随机原则抽取出来的，每个人的体重不相关。所以，随机性和独立性条件符合。由于是同一所大学，并且年龄相仿，有理由认为 18 岁女生组成的总体，其体重应该具有单峰、对称性特征，这样的 200 人的样本不算小。根据前面所说的原理，存在：

$$E(\bar{y})=143.74$$

由式（10.4）得：

$$SD(\bar{y})=\frac{\sigma}{\sqrt{n}}=\frac{51.54}{\sqrt{200}}=3.64$$

根据中心极限定理，有：

$$\bar{y}\sim N(143.74, 3.64)$$

由正态分布的法则，得到如下样本均值抽样分布（见图 10—10）：

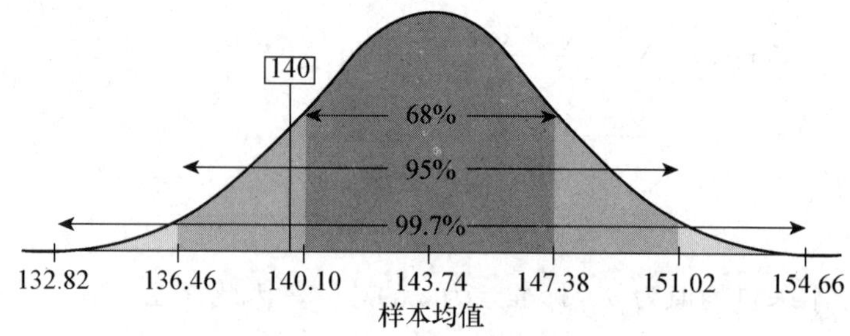

图 10—10　样本均值抽样分布

由图 10—10 可知，样本均值虽然比总体均值小，但并没有表现特别的不正常。

□ 10.2.3　实例应用讲解

美国疾病控制与预防中心报告，成年男性的平均体重为 190 磅、标准差为 59 磅。一部电梯的最大载重量相当于 10 个成年男性的体重即约 2 500 磅，问：10 个人同时走进电梯，超过电梯载重量的概率是多少？

第一步，陈述所要讨论的问题。电梯的载重量是 2 500 磅，如果同时走进电梯的 10 个成年男性的总体重大于 2 500 磅，就超过了电梯的载荷。换句话说，走进电梯的 10 个人，若平均体重在 250 磅以上，电梯就不能正常工作了。因此，要根据背景资料估计同时走进电梯的 10 个成年男性，总体重过大导致电梯不能工作的概率。

第二步，检查中心极限定理所要求的基本条件是否符合。人的体重的大小，不会发生相互影响，除非乘电梯的人都来自同一个家庭，或者这部电梯是专门为那些肥胖症患者设计的。和可能乘坐这部电梯的人相比，10 个人占总体的比例显然很小，符合“10%准则”的要求。成年男性的体重服从单峰、对称分布，据此 10 个人的样本不算小。总之，符合中心极限定理的条件要求。

第三步，确定样本均值抽样分布。成年男性的平均体重为 190 磅、标准差为 59 磅，由式（10.4）得到：

$$SD(\bar{y})=\frac{\sigma}{\sqrt{n}}=\frac{59}{\sqrt{10}}=18.66$$

由中心极限定理得：

$$\bar{y}\sim N(190,18.66)$$

第四步，确定问题发生的概率。在此，我们先用图形展示一下个人体重超过 250 磅在正态概率图上的位置（见图 10—11）。

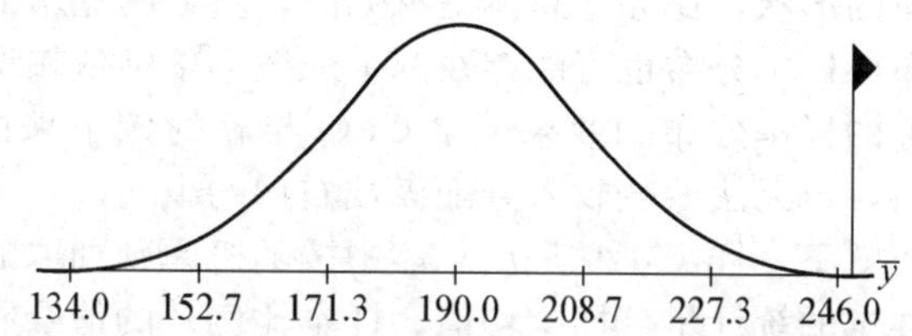

图 10—11　每个人体重超过 250 磅的位置

把 250 磅转换成标准化值，则得到：

$$z=\frac{250-190}{18.66}=3.21$$

这表明，250 磅相当于在 3 个标准差之上，因此

$$P(\bar{y}>250)=P(z>3.21)=0.0007$$

第五步，分析结论。同时走进电梯的 10 个人，他们的体重超过电梯载荷的概率大约只有 0.000 7。如果不是刻意安排，发生这样的情况纯属偶然。

10.3　几点总结

10.3.1　关于抽样分布的变异性

由式（10.4）可知，样本容量 n 是分母，因此样本均值的变异性会随着 n 的增大而不断减小。确切地讲，抽样分布的标准差是随着 $\sqrt{n}$ 的增大而减小。假如一个随机样本由 4 个单位组成，那么这时样本均值的标准差只相当于总体标准差的 1/2，要是再将抽样分布的标准差减小一半，就需要抽取容量为 16 的样本，若将抽样分布标准差降低到总体标准差的 1/8，则需要抽样容量为 64 的随机样本。如果有个很大的样本，就能把抽样分布的变异控制在想要的水平之内，这样样本均值就会稳步地趋向于未知的总体均值。所以，增大抽样规模对降低抽样分布的变异程度是很有帮助的。然而，过大的样本的调查费用会很高，调查所需的时间也会更长，也许还会出现各种各样的登记性错误。如何处理好这些矛盾，需要慎重权衡。

□ 10.3.2 关于样本分布与抽样分布

这里所讲的样本分布，不是指样本在总体中的分配或落点情况，而是指样本观察资料的统计图形展示。

从理论上讲，按随机原则可以从总体中抽取若干容量为 n 的样本，但在实际应用中，我们占有的只是某个样本的观察资料。如果样本观察结果是属性资料，我们能采用诸如柱形图或统计表的形式来展示。对于样本观察中数值型的数据，通常会用直方图来描述。因此，即使绘制出来的直方图具有正态分布的特征，也不能错误地认为这就是中心极限定理的内容，更不要以为不断增大样本观察规模，就一定能得到正态模型特征的样本分布。与此相反，当样本容量很大时，我们得到的样本分布可能会不断接近总体分布的形状，比如：总体是有偏的，直方图显示的样本分布可能会有偏；总体是双峰分布，样本分布也可能存在两个众数。单纯依赖增大样本观察规模，不能获得单峰、对称的样本分布的效果。拿 CEO 年薪的例子来说，即使我们再增加 1 000 年的观察资料，也无法改变收入分配极端右偏的事实。

抽样分布就不一样了，它是从总体中按随机原则抽取的容量为 n 的所有样本，然后根据这些样本的统计量（样本均值、样本比例）的值绘制直方图，这才是中心极限定理讨论的问题。中心极限定理指出，不管总体呈什么形态的分布，只要不断增大样本观察规模，样本统计量的分布将趋向于正态分布。

总结起来就是一句话：注意样本分布和抽样分布的区别，不能混为一谈。

□ 10.3.3 几点重申事项

尽管在前文中我们已经多次提到相关内容，但在这里我们仍然不厌其烦地再次提醒要注意以下事项：

第一，不能把样本分布当作抽样分布，也不能把抽样分布看成是样本分布。一旦从总体中获得一个样本，我们总会通过一些统计图形对样本观察资料进行描述，并且会计算一些特征数字（统计量）。对样本资料进行诸如此类的描述性分析，往往是必要的，同时也是必需的。但是要小心，用直方图展示的样本观察资料，不是统计学上所说的抽样分布。抽样分布的理解可能比较玄妙，它是想象的从总体中随机抽取的所有可能样本统计量值的汇集结果，反映了统计量取值的变异情况。

第二，观察值之间要相互独立。中心极限定理对独立性假定有严格要求，实例应用讲解中提到的电梯的例子中，如果同一批乘电梯的人来自同样的单位，或者因其他原因不是随机组成的，那么上述答案肯定就有问题了。样本资料间是否互不影响，不好直接检测，取决于样本抽取方式或实验是怎样安排的。

第三，有偏总体需要增大抽样规模。当样本容量 n 足够大时，中心极限定理表明抽样分布具有正态性。如果样本来自正态总体，抽取较小规模的样本就行了。反之，当样本来自的总体极端地偏斜时，就需要抽取很大容量的样本。所以，在正式使用抽样分布之前，最好能通过合适的方式检查一下总体的对称性。

复习思考题

1. 根据经验，用信件方式募集资金，成功率在5%左右。以下直方图显示了寄出 20 封、50 封、100 封、200 封信各 1 000 次的模拟结果：

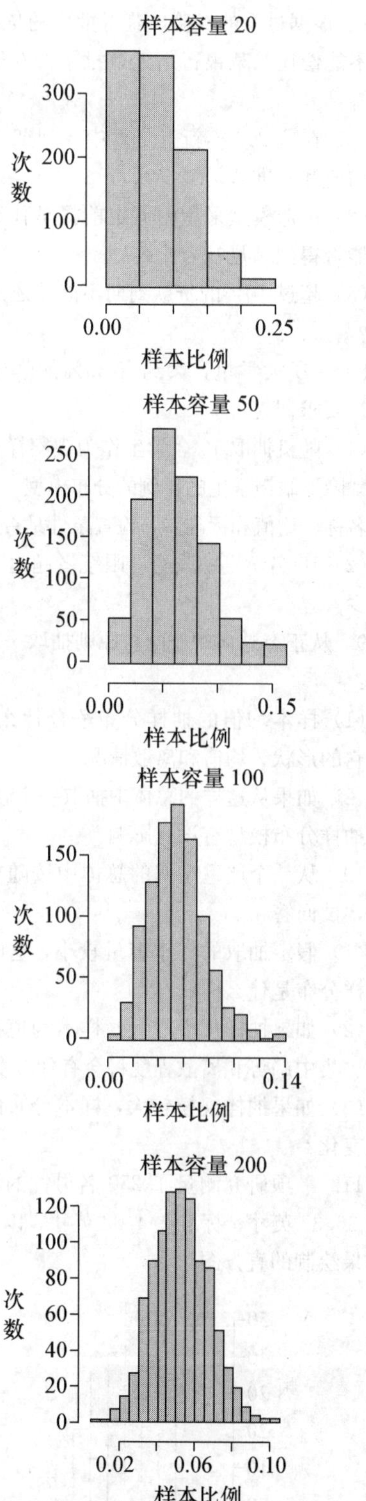

要求回答：对于上述四个模拟结果，从形状、集中趋势、离散性等方面，说明哪个比较符合中心极限定理的结论。

2. 一款字符识别自动装置能正确地读出 85% 的手填信用卡申请表。为了检验这款识别装置的实际效果，决定做模拟测试，分别让自动识别机阅读 20 份、50 份、75 份、100 份信用卡申请表，每个实验都做 1 000 次，得到如下模拟结果：

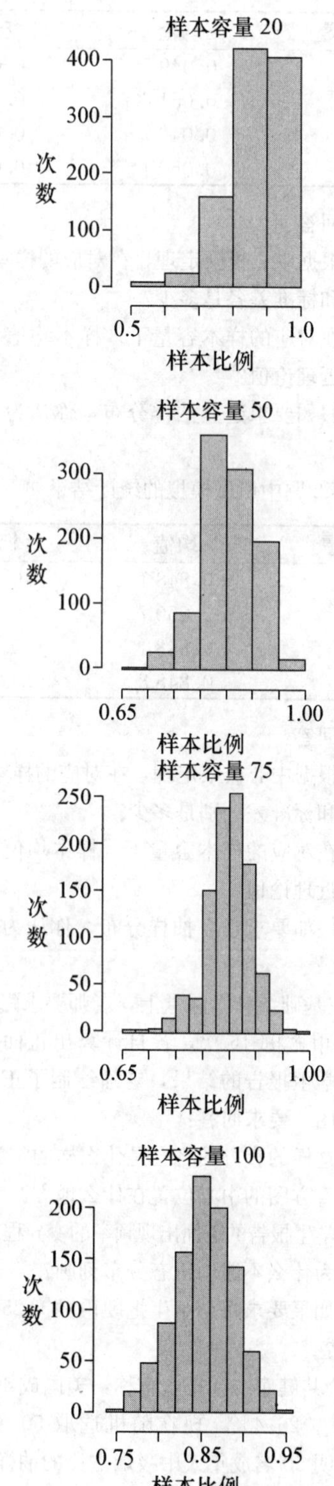

要求回答：从形状、集中趋势、离散趋势等方面，说明哪个比较符合中心极限定理的结论。

3. 第1题中寄出20封、50封、100封、200封信各1 000次模拟的统计结果如下：

样本容量	均值	标准差
20	0.049 7	0.047 9
50	0.051 6	0.030 9
100	0.049 7	0.021 5
200	0.050 1	0.015 2

要求回答：

（1）根据中心极限定理，在对应的样本容量下，理论均值和标准差各是多少？

（2）在对应的样本容量下，样本均值和标准差哪个更接近理论值？

（3）假如要求建立抽样分布，你认为选择哪个更合适？

4. 第2题中所做模拟的统计结果如下：

样本容量	均值	标准差
20	0.848 1	0.080 3
50	0.850 7	0.050 9
75	0.848 1	0.040 6
100	0.848 8	0.035 4

要求回答：

（1）根据中心极限定理，在对应的样本容量下，理论均值和标准差分别是多少？

（2）在对应的样本容量下，样本均值和标准差哪个更接近理论值？

（3）假如要求建立抽样分布，你认为选择哪个更合适？

5. 在基础统计学课堂上，老师要求每个学生拿出一枚硬币抛掷16次，各自计算出正面出现的频率。根据学生报告的结果，老师绘制了正面出现频率的直方图。要求回答：

（1）这样的直方图将会是什么样的？为什么？

（2）直方图的中心位置在什么地方？

（3）学生报告的正面出现频率的变异程度有多大？

（4）为什么不能用正态分布刻画？

（5）如果要求每个学生把硬币抛掷25次，情况又将如何？

6. 公共健康统计报告宣称，美国成年人中吸烟人口大约占26.4%，现在随机选取50名成年人，试据此说明50名成年人中吸烟占比的抽样分布，并讨论所需的分析条件能否得到满足。

7. 根据过去的经验，获得批准的贷款中有7%到期不能偿还。某银行新近审批了200笔贷款，要求回答：

（1）在这200笔新批贷款中，到期不能偿还占比的均值和标准差是多少？

（2）构造模型采用的假定前提是什么？所需的条件能否得到满足？为什么？

（3）超过10%的贷款到期不能偿还的可能性有多大？

8. 一所大学里，大约有30%的学生戴了隐形眼镜。要求回答：

（1）随机抽取10名学生作为观察样本，分析样本中戴隐形眼镜学生的比例的分布模型，并确定该分布的名称、均值和标准差，检查条件是否得到满足。

（2）10名学生中戴隐形眼镜者超过1/3的概率是多少？

9. 从正态总体中按随机原则抽取一个样本，试回答：

（1）样本均值的抽样分布适合什么样的模型？说说它的形状、均值和离散情况。

（2）如果从这样的总体中抽取一个较大的样本，它对抽样分布模型有没有影响？

10. 从一个严重左偏的总体中按随机原则抽取样本，试回答：

（1）假定抽取的样本容量较小，这时的样本均值抽样分布是什么样的？

（2）如果抽样规模较大，样本均值抽样分布的形状、集中趋势和离散程度将会有什么变化？

（3）如果抽样规模较大，样本分布的情况会有什么变化？

11. 一项研究测量了250名男性的腰围，得到均值36.33英寸、标准差4.02英寸。以下是根据测量结果绘制的直方图：

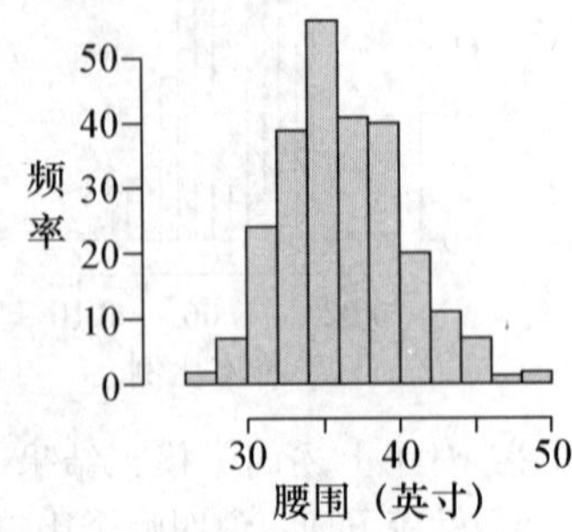

要求：

（1）描述说明腰围直方图；

（2）为了展示腰围均值随着样本变化发生变化的情况，从 250 个测量值中分别模拟抽取容量为 2，5，10 和 20 的样本，得到如下直方图：

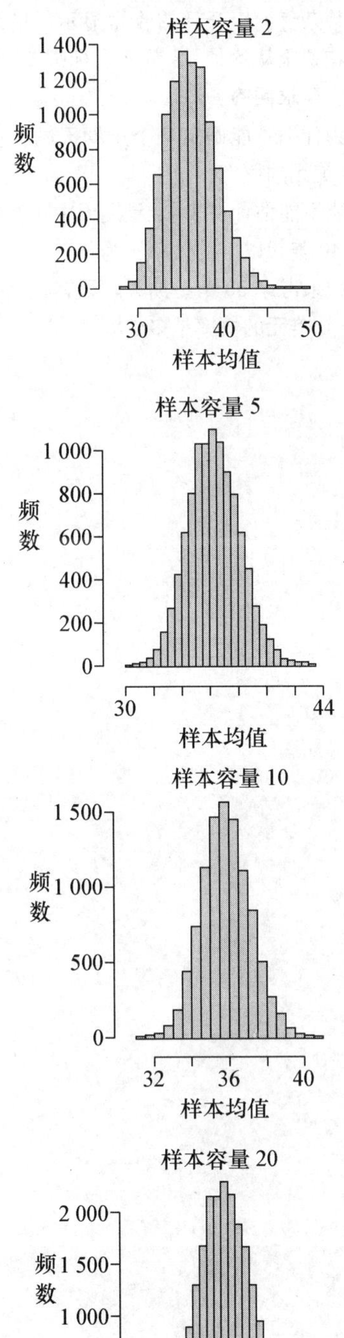

试运用中心极限定理，说说样本均值抽样分布的情况。

12. 就第 11 题的资料，分别做 2 次、5 次、10 次、20 次模拟，得到的统计结果如下：

样本容量	均值	标准差
2	36.314	2.855
5	36.314	1.805
10	36.341	1.276
20	36.339	0.895

要求回答：

（1）根据中心极限定理，在相应的样本容量下，样本均值抽样分布的理论均值和标准差是多少？

（2）哪个样本容量下的均值和标准差更接近理论值？

（3）样本容量的大小对样本均值抽样分布有没有影响？

13. 教务处将 2006 年参加应用统计学课程考试的学生的成绩做了如下汇总：

得分	占比（%）
5	12.6
4	22.2
3	25.3
2	18.3
1	21.6

要求回答：

（1）学生得分的均值和标准差分别是多少？

（2）从参加这门课程考试的学生中随机抽取 40 人，这些学生的考分是否服从正态分布？为什么？

（3）40 名学生的平均得分服从什么分布？均值、标准差分别是多少？

14. 假定妇女孕期服从正态分布，且均值为 266 天、标准差为 16 天。要求回答：

（1）孕期在 270～280 天的占比是多少？

（2）孕期最长的 25% 的孕妇至少怀孕了多少天？

（3）假如某位妇产科医师要管理 60 名孕妇，根据中心极限定理，分析这 60 名孕妇的平均孕期服从什么分布，给出该抽样分布的均值、标准差。

（4）60 名孕妇平均孕期在 260 天以下的概率是多少？

15. 某款汽车排出的尾气一氧化碳的含量服从均值 2.9 克/英里、标准差 0.4 克/英里的分布。从这款汽车中抽取 80 辆，$\bar{y}$ 表示一氧化碳的平均水平。要求回答：

(1) 说明 $\bar{y}$ 的分布模型是什么样的。

(2) $\bar{y}$ 的取值在 3.0～3.1 之间的概率是多少？

(3) 一氧化碳的平均水平大于哪个值的概率是 5%？

16. 某位服务生认为，客人给他的小费服从均值 9.60 美元、标准差 5.40 美元的轻微的右偏分布。要求回答：

(1) 为什么不能确定该服务生在某次服务过程中获得至少 20 美元的概率？

(2) 能不能估计该服务生在 4 次服务过程中，平均获得的小费在 15 美元以上的概率？

(3) 在 10 次服务过程中，该服务生获得的小费平均在 15 美元以上的概率是多少？

17. 某杂货商店开具的收据显示，星期天顾客在该店的花费服从均值 32 美元、标准差 20 美元的有偏分布。要求回答：

(1) 为什么不能确定某个星期天顾客在该店花费超过 40 美元的概率？

(2) 能不能估计在 10 个星期天中顾客在该店花费至少在 40 美元以上的概率？为什么？

(3) 如果考虑 50 个星期天，顾客在该店平均花费不低于 40 美元的概率是多少？

第11章

样本比例的区间估计

2006 年 3 月，皮尤研究中心调查了 1 286 个手机用户，声称 22%的人承认他们对接到的电话做了不实回答，并且认为这个结果的误差不会超过 3%。在对 18～29 岁的年轻人的调查中，承认给出不实回答的比例达到 39%。对此皮尤研究中心的研究人员解释说，年轻人组的抽样极限误差偏大。这到底意味着什么呢？是不是说 18～29 岁年轻人的诚信程度差？抽样极限误差的准确含义是什么？怎样计算抽样极限误差，又怎样给出合理的解释？本章将对诸如此类的问题进行讲解。

11.1 样本比例的置信区间

珊瑚礁群是 1/4 海洋植物和动物的家园，是许多鱼类的产卵和栖息地，孕育着巨大的渔业资源。珊瑚礁是天然的屏障，保护着海岸线抵御潮汐、风暴潮、飓风的侵袭。珊瑚礁还拥有石灰岩、沙子“加工厂”的美誉。远离海滩的珊瑚礁，对喜欢潜水的人有很大的吸引力，潜水旅游业每年产生了数以亿计的收入。然而海洋科学家声称，近年来大约 10%的珊瑚礁被破坏，按照目前的衰败速度，不到 40 年 70%的珊瑚礁将不复存在。环境污染、气候变暖、岛礁的成片开发、海洋酸化日益严重，这些因素都在加剧这种状况。哈维尔（D. Harvell）博士带领的团队对珊瑚及其发病机理开展了研究，他们沿着尤卡坦半岛在 19 个随机选取的暗礁上对海扇取样，以检测是否受到了曲菌病的影响。在位于墨西哥艾库玛尔的 Las Redes 礁附近 40 英尺深的海面下，研究人员采集到的样品表明，104 块海扇中有 54 块受到了曲菌病的影响。

当然，我们最终关心的并不是这 104 块海扇的情况，而是整个加勒比海地区珊瑚礁群的健康状况。那么，这项研究能告诉我们海扇曲菌病流行的什么信息呢？根据上述背景，我们很容易得到样本比例：

$$\hat{p}=\frac{54}{104}=51.9\%$$

这给我们带来的第一印象可能是，所有海扇感染曲菌病的比例大概也是 51.9%。但是我们不应忘记，由于抽样天然存在变异性，即使我们在大致相同的时间再抽取 104 块海扇，得到的感染曲菌病的比例也不会恰好是 51.9%。

根据样本资料，能对总体的比例得出什么认识？在开始回答这个问题时，要想想如果从同一总体中随机抽取另一个样本，样本比例间可能存在的差异。不过我们不会真的去抽取另外的样本，需要考虑的仅是样本比例的抽样分布。

通过前面的学习我们已经知道，在一定的条件下，样本比例服从正态分布，并且所有样本比例的均值等于总体比例。

所有感染曲菌病的海扇的比例是不是 51.9%？不是的，我们不知道海扇感染曲菌病的真实比例 p，这里算出的 51.9%只是样本比例 $\hat{p}$，它是用来估计总体比例 p 的。不过，中心极限定理告诉我们，样本比例 $\hat{p}$ 的抽样分布的中心位置就是总体比例 p，并且其抽样分布的标准差为$\sqrt{\frac{pq}{n}}$。现在我们面临的问题是：由于不知道总体比例 p，因而抽样分布标准差$\sqrt{\frac{pq}{n}}$的真实值也就计算不出来，要想计算出$\sqrt{\frac{pq}{n}}$的值，只能用 $\hat{p}$ 代替 p，这不是什么大不了的事，但需要起个新名字。估计抽样分布的标准差，其结果称为标准误差，计算公式为：

$$SE(\hat{p})=\sqrt{\frac{\hat{p}\hat{q}}{n}} \tag{11.1}$$

拿上面的例子来说，估计标准误差的计算结果是：

$$SE(\hat{p})=\sqrt{\frac{\hat{p}\hat{q}}{n}}=\sqrt{\frac{0.519\times0.481}{104}}=0.049(4.9\%)$$

因此，式（10.3）给出的样本均值 $\hat{p}$ 的抽样分布模型可以改写成：

$$\hat{p}\sim N\left(p,\sqrt{\frac{\hat{p}\hat{q}}{n}}\right) \tag{11.2}$$

依据式（11.2），可以认为在容量为 104 块海扇的所有观察样本中，大约有 68%包含在总体比例 p 的 1 个 4.9%（标准误差）的附近。同样，可以说大约有 95%的观察样本比例在 $p\pm2\times SE$ 附近。不过，到目前为止，回答的仍然不是总体比例 p 是多少的问题。现在我们换个角度看，既然有 95%的机会使得观察样本的比例不超过总体比例 p 的 2 个标准误差范围，那么岂不是说样本比例 $\hat{p}$ 的±2 个标准误差范围，有 95%的可能性覆盖了总体比例 p？至此，虽然没有给出总体比例 p 的真实值究竟是多少，但我们给出了其区间。关于怎样看待这个问题，有几种说法值得注意：

第一，“Las Redes 礁附近所有海扇中有 51.9%感染了曲菌病”。用这种肯定性语言做出如此绝对的表述，固然是很美妙的，不过我们没有足够多的信息依据，仅依靠样本观察怎能确信感染曲菌病的海扇的比例就一定是 51.9%呢？样本比例等于总体比例，基本上是不太可能的。更何况，样本比例 $\hat{p}$ 是随着样本变化而变化的，换个样本得到的比例也许就不再是 51.9%。须知，感染曲菌病的海扇的总体比例 p 是唯一存在的值。

第二，“Las Redes 礁附近所有海扇感染曲菌病的可能性是 51.9%”。这一说法比第一种说法语气上显得委婉，但仍然有点自信。这不是精确到几位小数的问题，而是这种说法本身就不够合理。

第三，“我们不知道 Las Redes 礁附近有多大比例的海扇感染了曲菌病，但我们知道它在 51.9%±2×4.9%范围内，也就是位于 42.1%～61.7%之间”。相对于前面的两种说法，这一说法比较接近我们的要求，问题是我们能确信感染曲菌病的海扇的比例就一定在此范围内吗？

第四，“我们不能准确地知道 Las Redes 礁附近有多大比例的海扇感染了曲菌病，但 42.1%～61.7%这个区间可能包含了真实的总体比例”。这一说法包括两个方面的意思，一是给出了区间范围 42.1%～61.7%，二是承认这个区间有可能包含了真实的总体比例。我们认为，这样的陈述是正确的。只不过似乎不够肯定，我们完全可以说得更明确，既然已经看到了样本比例 $\hat{p}$ 正负两个标准误差的范围，有 95%的概率包含了总体比例 p，就可以直接说总体比例 p 的 95%置信水平下的区间是 42.1%～61.7%。在给出包含总体真实值的区间的概率后，我们就能对总体真实值是多少进行最合理的猜测。

第五，“95%的概率下，感染曲菌病海扇的比例在 42.1%～61.7%之间”。这时给出的范围 42.1%～61.7%叫做置信区间，也是我们最为推崇的说法。

置信区间的种类很多，比如，单样本置信区间和多样本置信区间，比例的置信区间和均值的置信区间，正态分布下的置信区间和非正态条件下的置信区间，等等。这里所说的，只是单一比例的正态区间。

11.2 置信区间的含义

95%的置信水平下的置信区间包含了总体真实比例，这是什么意思呢？正式一点说，其含义是：容量相同的样本中，所构造出来的区间大约有95%包含了总体真实的比例。这样的解释是完全正确的，但显得冗长。因此，在不造成误解的情况下，有时我们可以直接表述为："95%的置信水平下，总体真实比例位于某个区间"。95%的置信水平表明，有可能存在由某些样本构造的区间，没有包含总体真实的比例。

第10章讲过，随着样本的变化，样本比例也会发生变化。假如另外一些研究人员也从事同样的研究工作，那么由他们抽取的海扇样本所得到的感染曲菌病海扇的比例，肯定和哈维尔博士团队得到的值不一样。但每个研究小组都会根据自己的样本，针对总体比例估计构造出各自的估计区间，可以想象，这些估计区间也是不一样的。哈维尔博士团队给出的估计区间是42%～62%，如果某个研究小组获得的样本含有更多的感染曲菌病的海扇，那么给出的估计区间可能是46%～66%，如果另外一个研究人员获得的样本含有较少的感染曲菌病的海扇，则给出的估计区间可能是23%～43%。总之，每个可能被抽取的样本都对应着一个估计区间。尽管给出的估计区间范围不一样，不能精确地将总体比例锁定在某个值，但我们能预料到给出的估计区间绝大多数包含了总体比例的真实值。当然，也会有5%的例外，它们没有包含总体比例。中心极限定理指出，在所有可能的样本给出的估计区间中，有95%包含了总体真实的比例，只有5%没有包含总体比例。

11.3 极限误差与临界值

11.3.1 抽样极限误差

在95%的置信水平下，哈维尔博士的研究团队给出了感染曲菌病的海扇比例的置信区间42.1%～61.7%。该置信区间的计算公式如下：

$$\hat{p} \pm 2 \times SE(\hat{p})$$

上述区间的上限减去下限除以2，得到的结果统计上称为抽样极限误差（ME）。这一概念在其他场合也会使用。一般地，置信区间的表达形式是：

$$\text{估计量} \pm ME \tag{11.3}$$

根据上述定义，95%置信水平（简称置信度）下的抽样极限误差为$2SE$。如果要求更高的置信度，置信区间将变得更宽。比如99.7%的置信水平，其抽样极限误差将是$3SE$。总之，置信水平越高，抽样极限误差一定会越大。问题是，过高的置信水平会使估计区间更宽，因此也会急剧降低估计的精度。所以估计精度（简称精度）和抽样极限误差是一对相反的概念，精度低意味着抽样极限误差大，精度高表明抽样极限误差小。在海扇的例子中，要求的置信水平是100%，那么对应的置信区间就是0～100%，这样的区间估计就失去了意义。与此相反，置信区间小，精度会提高，但置信水平会因此变得很小。这告诉我们，在构造置信区间时，需要在置信水平和精度之间做出合理的选择。

置信度和精度的矛盾是客观存在的，没有简单的调和余地。置信水平的选择需要我们自己确定，数据本身帮不了什么忙，所以确定置信度要借助主观判断。90%，95%，99%是三个用得最多的置信水平，不过这并不意味着只能选取它们，根据具体研究的需要，有时我们也会选择诸如92.9%，97.2%等置信水平。

例 11—1

2007 年 1 月，搜狐公众调查中心对 900 名已登记的选民做了调查，声称调查结果的抽样极限误差为 3%。根据从事民意调查者的惯例，采用的置信水平一般都是 95%，并且要基于总体比例 0.5 公布抽样极限误差。如何计算搜狐调查的抽样极限误差？

答：由于假定 $p=0.5$，那么对 900 人的随机样本，根据式（10.1）得：

$$SD(\hat{p})=\sqrt{\frac{pq}{n}}=\sqrt{\frac{0.5\times0.5}{900}}=0.016\,7$$

因此，在 95% 的置信水平下，抽样极限误差为 2×0.016 7=0.033，表明搜狐调查公布的抽样极限误差偏低。

□ 11.3.2　临界值

在海扇的例子中，我们给出了 95%置信水平的置信区间，对应的是 2 个抽样极限误差。给出不同的置信水平，能得到相应的几个标准误差，随之得到新的抽样极限误差。中心点±抽样极限误差的值，统计上叫做临界值。下面以标准正态分布为例，给出 95%置信水平下的临界值示意（见图 11—1）。

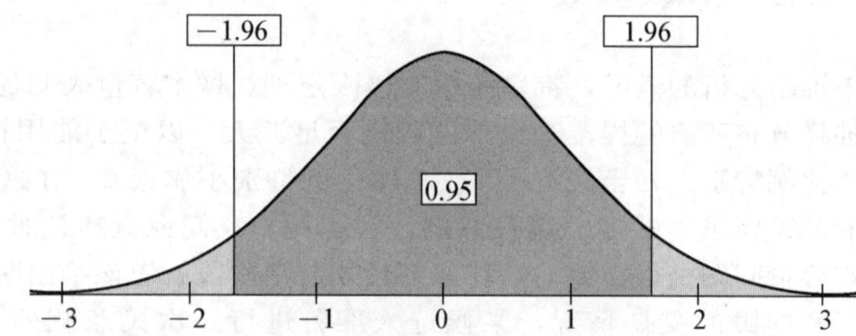

图 11—1　95%置信水平下标准正态分布的临界值

例 11—2

2007 年 1 月，搜狐公众调查中心就全球气候变暖问题对 900 名已登记的选民做了调查，声称 82%的被调查者相信气候会变暖，95%置信水平下的抽样极限误差是 3%。根据调查结果，在 90%的置信水平下确定抽样极限误差，并说说置信水平的改变带来了什么影响。

答：由于 $\hat{p}=82\%(0.82)$，$n=900$，根据式（11.1）得：

$$SE(\hat{p})=\sqrt{\frac{\hat{p}\,\hat{q}}{n}}=\sqrt{\frac{0.82\times0.18}{900}}=0.012\,8(1.28\%)$$

因此，在 90%的置信水平下，抽样极限误差为 1.645×0.016 7=0.021(2.1%)。

在 90%的置信水平下，抽样极限误差为 2.1%，比搜狐调查公布的抽样极限误差 3%小。由于抽样极限误差变小，抽样估计的精度有所提高，但样本区间估计结果的置信度降低了。

11.4 总结与注意事项

11.4.1 假定要求

统计方法大多建立在一定的假定的基础上，不同模型采用的假定前提不同。模型要求的假定条件不能满足，得到的结论就可能会有错误。置信区间的构造依赖于抽样分布的正态性，它所需要的假定和我们在第10章讨论的相同，但这个问题如此重要，故在此再次重申一下。

对于假定条件是否成立，我们没有十足的把握，但我们可以明智地想想它是否合理。首先需要关注的是独立性假定，我们可以运用一些方法判断样本之间是否存在相互影响，不仅包括对数据本身的检查，而且可以利用有关研究对象的背景知识。其次要关注随机性，考察样本单位是不是随机抽取的或实验是不是严格采用了随机性安排，须知正确的随机性能确保样本之间的独立性。最后要关注10%准则，样本抽取大多采用的是不重置抽样方式，通常人们会尽可能地抽取规模较大的样本，但样本容量超过或低于总体规模的10%，都有可能产生不合理的结果。

11.4.2 样本容量

用于推断分析的模型，都基于中心极限定理。样本容量表明的是这样的问题：样本比例抽样分布所需的样本观察单位数是否足够大，以至于能用正态分布进行刻画。如果总体比例特别大乃至接近1，或总体比例特别小靠近0，在这种比较极端的情况下，我们就需要采集更多的观察数据。问题是，我们究竟应该抽取多大规模的样本呢？样本容量问题是很重要的，在研究计划制定阶段就应该给出明确方案。

为了解选民的支持情况，某候选人准备进行一次民意测验，要求置信水平为95%、抽样极限误差不超过3%。对这个问题，可以按以下步骤来确定抽样规模。

通过前面的学习，我们已经知道，抽样极限误差的计算方法是：

$$ME=z\times\sqrt{\frac{\hat{p}\hat{q}}{n}} \tag{11.4}$$

式（11.4）中的 z 是标准正态分布下的分位数值。对给定的置信水平95%，$z=1.96$，又由于要求抽样极限误差不超过3%，故式（11.4）可以写成：

$$0.03=1.96\times\sqrt{\frac{\hat{p}\hat{q}}{n}}$$

我们的目标是确定样本容量 n 的值，但现在没正式做调查，不知道样本比例 $\hat{p}$ 的具体数值。为了获取更多的样本观察单位，可以令 $\hat{p}=0.5$，因此有：

$$0.03=1.96\times\sqrt{\frac{0.5\times0.5}{n}}$$

解出未知数 $n=1\,067$。所以，在置信水平为95%、抽样极限误差不超过3%的情况下，至少需要调查 1 067 位选民。

例 11—3

搜狐公众调查中心就全球气候变暖问题做了民意测验，报告称 82%的被调查人相信气候会变暖，抽样极限误差为 3%。假定有个环境科学研究小组打算就这一话题进行一次跟踪调查，要求置信水平为 95%、抽样极限误差为 2%。问题：需要调查多少人？

答：搜狐公众调查中心给出的样本比例是 82%，跟踪调查要求的抽样极限误差为 2%，对给定的置信水平 95%，$z=1.96$。由式（11.4）得：

$$0.02=1.96\times\sqrt{\frac{0.82\times0.18}{n}}$$

由此解出 $n=1\,418$。所以，至少需要调查 1 418 人。

样本容量不宜过小也不宜过大，过大的样本会花费很多钱，给组织实施调查工作带来负担。抽样分布标准误差仅随样本容量平方根的增加而减小，因此将标准误差降低一半，样本规模势必扩大四倍。通常情况下，抽样极限误差不超过 5%便能接受，但也不要过于僵化，因为不同场合要求的标准不一样。比如，对那些带有试验性质的先导性研究，抽样极限误差为 10%也是可以接受的，有 100 个左右的样本观察单位就能达到目的。在一场势均力敌的竞选中，或许民意测验组织想把抽样极限误差控制在 2%。然而，出于缩小抽样极限误差的目的抽取很大规模的样本，有可能会带来新的麻烦。试想一下，调查 2 400 人要花很长时间，可能持续一周甚至数周，在这一过程中，调查的目标对象、公众的意见可能已经发生了改变。另外，抽样规模的确定还需考虑采集资料的方式，访问调查的应答率显然比邮寄调查问卷的回收率要高得多，也许选择一个应答率高的中等规模的样本，就能得到有用的结果。

例 11—4

信用卡公司为了摸清一款新信用卡的市场前景，打算用邮寄方式做一次调查。先导性测试表明，大约 0.5%的人愿意使用这款信用卡。在置信水平 95%、抽样极限误差 0.1%的要求下，估计要做多大规模的正式调查？

答：先导性测试给出的样本比例是 0.5%，允许抽样极限误差是 0.1%（0.001），对给定的置信水平 95%，$z=1.96$。由式（11.4）得：

$$0.001=1.96\times\sqrt{\frac{0.005\times0.995}{n}}$$

解得 $n=19\,112$。所以，至少需要调查 19 112 人。

这个调查规模比较大，但在邮寄类调查方式下是合理的。如果不采用先导性测试给出的样本比例 0.5%，而是采用 50%（0.5），此时有：

$$0.001=1.96\times\sqrt{\frac{0.5\times0.95}{n}}$$

这时调查规模将是 960 400。由此可见，两者相差很大。

复习思考题

1. 电视新闻主持人报道了选民的投票结果，然后补充说“抽样极限误差大约是4%”。试解释这是什么意思。

2. 医学研究人员报告了铅中毒儿童的比例，并指出估计结果的抽样极限误差大约是3%。试解释这是什么意思。

3. 根据下面的背景材料，指出总体和样本是什么，总体比例和样本比例分别代表的是什么，能不能给出置信区间估计。

(1) 为摸清路上行驶的存在安全问题汽车的情况，警察局设立一个自动检测站，供过往驾乘人员停车进行安全检查。观察发现134辆车中有14辆自行做了安全检查，其中至少有1辆存在安全隐患。

(2) 为了解公众的支持率，某电视脱口秀节目要求观众将自己的意见发布到某个指定的网站上，在602位发表意见的人当中，488人表示赞成。

(3) 一所学校正考虑要求学生穿校服，为了解家长们的意见，学校让该校1 245名学生将调查问卷带回家，请家长填写。在收回来的380份问卷中，228份表示支持。

(4) 某大学有一年招收了1 632名新生，四年后有1 388人能按时毕业。能不能根据这个资料，对某年招收的所有新生按时毕业的比例进行估计？

4. 根据下面的背景材料，指出总体和样本是什么，总体比例和样本比例各代表的是什么，能不能给出置信区间估计。

(1) 消费者行为研究小组想评估汽车经销商和顾客的关系，为此对新近购买汽车的167人做了调查，其中有3%的人表示不满意。

(2) 为了解学生中手机的普及情况，调查人员对进入足球场的2 883名学生做了询问，其中2 430名学生回答自己有手机。

(3) 为了解西红柿枯萎病的发病情况，研究人员在缅因州随机检查了240株西红柿苗，结果发现有7株感染了枯萎病。(根据这个资料，能不能对美国的西红柿枯萎病的严重程度进行说明?)

(4) 某公司有员工309人，在过去的一年中有12人发生了工伤。(根据这个资料，能不能对该公司来年的工伤发生率进行预测?)

5. 一家网店承诺所有的网上订单将在3天之内送达，该公司售后服务人员通过电话随机访问了一些在网店购物的顾客，得到的结论是：95%的置信水平下，能准时接到订购物品的顾客的占比在82%～94%之间。这是什么意思？以下说法中哪些是正确的？请给出解释。

(1) 82%～94%的订单能及时送达；

(2) 95%的随机受访的顾客表示，88%的订单能准时收到；

(3) 95%的随机受访的顾客表示，82%～94%的订单能准时收到；

(4) 我们有95%的置信度相信，被调查的顾客有82%～94%的订单能及时送达；

(5) 在95%的日子里，82%～94%的订单能及时送达。

6. 在构造置信区间时，需要考虑许多因素，比如样本容量、置信水平、抽样极限误差等。以下说法中哪些是正确的？

(1) 在给定的样本容量下，置信水平越大，抽样极限误差越小；

(2) 对给定的置信水平，样本容量越大，抽样极限误差越小；

(3) 在抽样极限误差一定时，样本容量越大，置信水平越高；

(4) 对给定的置信水平，将抽样极限误差减小一半，需要将样本扩大两倍。

7. 在构造置信区间时，需要考虑许多因素，比如样本容量、置信水平、抽样极限误差等。以下说法中哪些是正确的？

(1) 在给定的样本容量下，减小抽样极限误差意味着更低的置信水平；

(2) 在一定的置信水平下，可以通过增加样本观察单位降低抽样极限误差；

(3) 对给定的抽样极限误差，样本容量小，置信水平也小；

(4) 对给定的置信水平，样本扩大9倍，抽样极限误差将扩大1/3。

8. 有多少小汽车是日本制造的？以下是样本容量为50时的计算机处理结果，请说明这个结果告诉了你什么。

z-interval for proportion
with 90% confidence

0.299 4<p(Japan)<0.469 8

即　z—比例置信区间

置信水平 90%

0.299 4<日本汽车占比<0.469 8

9. 2007 年 1 月，《消费者》公布了一项有关美国市场上销售的鸡感染病菌情况的研究。该项研究的做法是：从美国 23 个州各类食品店中购买了 525 只烤鸡，分别检测是否含有会引起食物中毒的病菌，实验分析结果表明，83%的烤鸡受到弧形杆菌的污染。根据这些背景资料，回答下列问题：

(1) 构造 95%的置信区间；

(2) 解释置信水平表明的是什么意思；

(3) 针对《消费者》的研究结论，美国农业部新闻发言人举行了记者招待会，指出："检测样本 500 多只烤鸡，这和美国每年宰售的 9 亿多只鸡相比……我真的不知道这样的研究结果能不能改变美国人吃烤鸡的习惯"。美国农业部新闻发言人的说法对吗？为什么？

10. 沿用第 9 题的背景资料，这项研究还发现 15%的烤鸡携带沙门氏菌。要求回答：

(1) 分析构造置信区间的条件能否得到满足。

(2) 构造 95%的置信区间。

(3) 给出的置信区间说明了什么问题？

11. 2007 年 3 月，盖洛普民调中心就"是否热衷于棒球运动"做了民意测验，在全国范围内一共询问了 1 006 名成年人，36%的人表示喜欢棒球运动。可是，一年前同样规模的调查样本中表示喜欢的人占比为 37%。要求回答：

(1) 在 90%的置信水平下，计算 2007 年调查的抽样极限误差。

(2) 联系具体背景，解释抽样极限误差的含义。

(3) 如果置信水平是 99%，抽样极限误差是变大还是变小了？

(4) 2006—2007 年喜爱棒球运动的人的占比有没有发生改变？

12. 2007 年 5 月，盖洛普民调中心 1 003 个成年人样本中，有 11%的人支持克隆人。要求回答：

(1) 在 95%的置信水平下，计算该项调查的抽样极限误差。

(2) 联系具体背景，解释抽样极限误差的含义。

(3) 如果置信水平是 90%，抽样极限误差是变大还是变小了？

(4) 一般情况下，假定所有其他因素都相同，较小的观察样本对抽样极限误差的影响是什么？

13. 美国伤残退伍军人协会是一家慈善机构，经费主要依靠社会各界捐助。该机构经常通过寄送免费邮件标签和贺卡，向捐助人募集资金。最近该机构向 100 000 人发出了募集信件，结果获得了 4 781 笔捐款。根据这些资料，回答下列问题：

(1) 置信水平为 95%时，接到募集信件后表示愿意捐款的人占比的置信区间是怎样的？

(2) 一位工作人员认为，愿意捐助的人的真实比例为 5%。你认为这个判断是否合理？

14. 保险公司从警察部门的交通事故记录中，随机抽取了 582 条记录做检查，发现其中的 91 起交通事故是青少年驾驶造成的。据此回答下列问题：

(1) 青少年驾驶出现交通事故的占比的 95%置信区间是多少？

(2) 联系具备背景，解释置信区间的含义。

(3) 95%的置信水平指的是什么？

(4) 警察敦促严控对青少年颁发的驾驶执照，理由是"每 5 起交通事故中就有 1 起是青少年驾驶造成的"。上面给出的置信区间是否支持这一说法。

15. 野生生物学家对猎人捕获的 153 只鹿进行了检查，发现其中 32 只携带蜱虫的鹿患上了莱姆病。要求回答：

(1) 在 90%的置信水平下，对携带蜱虫的鹿的占比进行区间估计。

(2) 假如研究人员打算把抽样极限误差减小一半，至少需要检查多少只鹿？

(3) 对这个问题的取样，你最担心的是什么？

16. 为了准备一份报告，需要估计未来 60 天里增加招工的企业的占比。要求回答：

(1) 如果要求抽样极限误差不超过 5%、置信水平 95%，需要随机抽取多少家企业做调查？

(2) 若把抽样误差减小到 3%，需要抽取多家企业？

(3) 为什么不值得把抽样极限误差限定在 1%？

17. 在常规筛查中，某医生注意到她的病人中有 22%血糖偏高。对此，一些医学研究人员决定启动更正式的研究。问题：如果要求抽样极限误差不超过 4%、置信水平 95%，需要随机选取多少人做检查？

第 12 章

总体比例的假设检验

年轻人是不是更青睐可口可乐？新型过敏药物的治疗效果是不是更好？人们经常会遇到像这样的问题，对此可以采用统计学上的假设检验方法来处理。本章将对总体比例的假设检验原理进行介绍，包括假设的提法、假设检验的过程等。

12.1　几个概念

铸件是大块合金体，有的重达 20 000 磅，制造它们需要用巨大的模具。用于汽车、飞机的铸件，在加工过程中必须一次性成型，并且不能出现裂纹。对飞机使用的铸件，飞机制造商不允许缺陷存在，一旦检测出缺陷只能重新再做。虽然有裂纹的铸件可以回收利用，但投入的高额费用却难以收回。所以，铸件生产商总希望尽一切可能避免出现裂纹。可是，铸造工艺很复杂，不能将所有影响裂纹的因素完全控制住。能保证 80%的铸件没有裂纹，已经非常了不起了。为进一步降低有裂纹铸件的比例，工程师和金属化学家尝试改进工艺流程。用新的工艺制造 400 件铸件，发现有裂纹铸件占比在 17%左右。据此我们能不能宣称试验成功了呢？有裂纹铸件的占比是真的降低了，还是偶然出现的结果？用统计语言来说，把用新工艺加工的 400 件铸件当成一个随机样本，每个样本含有裂纹铸件的比例可能各不相同，那么我们观察到的有裂纹铸件占比 17%，是样本变异造成的吗？有没有充分的证据表明裂纹铸件的占比真正下降了？诸如此类的问题很常见，比如，自 4 月份以来总统的支持率有没有变化？过去 5 年里青少年吸烟人数有没有减少？全球气温有没有升高？所做的广告有没有带来销售的改善？等等。要解决这些方面的问题，可以采用假设检验的方法。

12.1.1　统计假设

拿有裂纹铸件来说，我们怎样陈述和检验假设呢？假设是关于临时采用的工作模型的。为检验工程师所说的铸件裂纹的改善效果，我们假定采用新工艺制造的有裂纹铸件的占比与原来没有什么两样，现在的这个比例水平 17%只是抽样随机波动（抽样误差）带来的。这样，便得到零假设，即采用新工艺制造的有裂纹铸件的占比仍然是 20%。

零假设通常用符号 H_0表示，描述的是我们感兴趣的总体参数以及建议的取值，表达形式为：

H_0：总体参数＝假设的取值

这是一个非常简明的表述形式，有两个方面的含义，一是我们想了解的参数性质如何，二是对参数赋予的假设值。给被检验的参数赋予假设的取值很有必要，这样我们就可以把它与观察到的统计量值做比较。对被检验的总体参数赋予什么样的假设值，大多数情况下都显而易见，只要稍微分析一下资料中表明的主题和内容即可。但有的时候，需要认真想想如何把要求回答的问题转述成有关总体参数的假设。就铸件的例子而言，零假设是：$H_0: p=0.2$。

和零假设相对应的是备择假设，用符号 H_A表示，它涵盖了零假设不成立时总体参数的倾向性取值。拿铸件的例子来说，零假设是 $H_0: p=0.2$，由于我们希望有裂纹铸件的占比有所减小，因此该问题的备择假设就是：$H_A: p<0.2$。

现在的问题是，怎样让人相信有裂纹铸件的占比确实已经降低了呢？通过样本观察得到的比例如果比 20%小得多，我们就可能相信有裂纹铸件的发生比例的确降低了。比如，在用新工艺加工的 400 个铸件中，只有 3 个有裂纹，占比为 0.75%，对此绝大多数人都会认可新工艺带来的改进。要是样本比例只比 20%略小，我们就不敢做出肯定的回答了。因为样本比例会随着样本的变化而变化，对它们之间一定程度的差异不应感到大惊小怪。那么，有裂纹铸件的样本比例小到什么程度，我们才能相信新工艺产生了改进效果呢？无论何时讨论统计差别的程度，我们都要想到使用标准差这个概念。下面，我们就来介绍有裂纹铸件样本比例的标准差。

用新工艺加工出来的 400 个铸件，作为样本容量应该是足够大的。另外，没有任何理由认为铸件之间存在相关关系，因此可以认为有裂纹铸件样本比例的抽样分布服从正态分布，根据前面的学习，该抽样分布的标准差是：

$$SD(\hat{p})=\sqrt{\frac{pq}{400}}=\sqrt{\frac{0.20\times0.80}{400}}=0.02$$

这样一来，在零假设成立时，有裂纹铸件样本比例的抽样分布为：

$$\hat{p}\sim N(0.2,0.02)$$

有裂纹样本比例为 17%，我们能找到它出现的可能性。为方便起见，把 17%（0.17）做标准化变换处理，得到：

$$z=\frac{0.17-0.20}{0.02}=-1.5$$

由图 12—1 可以看出，有裂纹样本比例 17%相当于标准正态分布 −1.5 个标准差，在零假设 $H_0: p=0.2$ 成立时，对应的概率是 0.067。至此，我们需要判断，有裂纹铸件比例小于 17%发生的概率为 0.067 是不是一个强有力的证据。

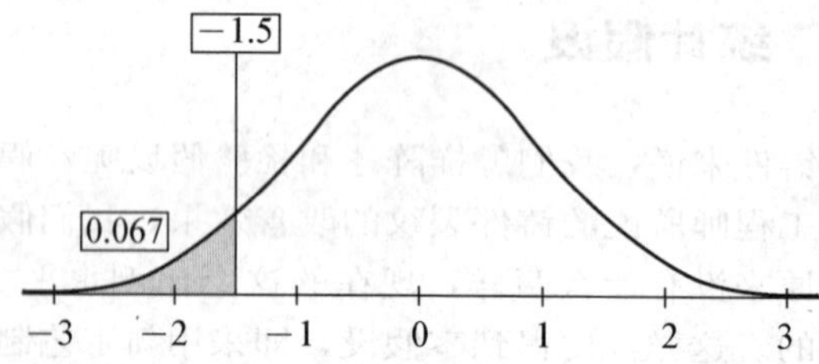

图 12—1 样本比例 17%标准化值的位置

□ 12.1.2 假设检验的逻辑

通过前面的介绍，能不能感觉到假设检验带有逆向推理的味道？我们认为，情况的确如此。因为通常情况下，人们总是优先考虑如何证明某个结论正确，而不是在先假定结论正确的前提下，反复论证这个假定是不是有错误。通俗地讲，假设检验采取的就是“无罪推定”的逻辑。

现在假设某位嫌疑犯被指控犯了抢劫罪，按照英国（美国也是这样）不成文的法律规定及其衍生出的司法制度，审判员首先要假定这位犯罪嫌疑人没有罪（好比假设检验中的零假设），这一点在陪审制度中有着很明确的规定。搜集证据就是提供与无罪推定相矛盾的事实，类似于统计假设检验中的采集数据。在案件审判过程中，公诉人展示各种各样的证据，比如警察在现场逮到这个嫌疑人时他手里是不是拿着装满钱的袋子，是不是用面罩蒙住自己的脸，屋外是不是停有接应的车辆等。在公诉人展示了证据后，审判员开始对这些证据逐项进行甄别，这相当于假设检验的具体做法了。

审判员在无罪推定的前提下，研判指证嫌疑人的证据是否合理。在做假设检验时，你会和审判员一样不断地问自己："如果零假设正确，样本出现的可能性是怎样的?"要是观察样本没有可能出现，就有理由增强对零假设的怀疑。"没有理由怀疑"的度是相当模糊的，需要审判员自行决定与无罪假定相矛盾的证据的偏向程度。当然，审判员不会用概率的大小决定是否拒绝"无罪推定"。但在进行假设检验时，我们可以用概率精确地回答零假设在什么水平上正确。

怎样的概率水平才说明了不可能？有的人会采用比较严格的标准，比如：20 次观察中出现 1 次（0.05），或者 100 次观察中出现 1 次（0.01）。当没有人告诉我们这些标准时，我们只能根据问题研究的需要自己做出选择，主要策略是考虑样本出现的概率是否小到能产生"合理的怀疑"。

□ 12.1.3 *P*-值

假设检验推理的核心问题是："在给定的零假设下，观察样本的出现是不是偶然现象?"因此，关键在于计算观察到的样本有多大可能性表明零假设是真实的。这要用到概率的概念，具体而言，就是在零假设正确的前提下，确定样本观察值出现的概率。它有一个特别的名称叫做 *P*-值，这是统计学家绞尽脑汁想出来的。

P-值大，表明样本观察值出现的机会大，也意味着观察样本出现绝不是偶然的。因此，可以认为观察资料与零假设成立假定下的总体存在某种一致性，如此一来没有理由拒绝零假设。当然我们要注意到，还有很多和具体给出的某个零假设相似的零假设，它们也能说明我们观察到的样本能不能出现，所以零假设的结论不是使用证明的方式给出的。*P*-值大时，我们最好这样来看待零假设：观察结果表明，零假设不会出现错误；或者正式一点说，我们不能拒绝零假设。总之，接受零假设时，我们不要使用绝对化的用语。因为不拒绝零假设只是由观察到的某个样本做出的决定，并不意味着基于所有能观察到的样本都不能拒绝零假设。

反之，*P*-值比较小时，表明在零假设成立的条件下，我们不可能拥有这样的样本观察值。换句话说，从零假设成立对应的模型出发，我们观察的样本不可能出现。当采用的假定模型与观察到的数据不一致时，我们不得不在两者之间做出选择。也许零假设正确，只不过我们观察到的样本出现了异常；也许零假设错误，据此计算得到较小的 *P*-值，或者零假设错误，但样本观察值始终没有表现出异常。对此，如果我们相信样本观察值甚于采用的零假设，那么需要做出选择，拒绝零假设。

12.2 假设检验过程

假设检验的过程有着固定的步骤，一般包括以下四步：

1. 提出假设

在进行假设检验时，我们首先需要提出零假设，通常表述为无差别。比如，能认为新的或改进后的方法更好吗？该问题的零假设的言下之意就是："请说服我吧，新的或改进后的方法与原来的一样"。

统计假设检验中，提出的假设几乎都与总体参数有关。为评估观察值有多大可能性出现，我们需要事先提出零假设。零假设给出了模型参数的具体数值，通常为了省事把它写成 H_0:参数＝假设的取值。备择假设 H_A 是拒绝零假设后，我们关心的那些总体参数的值。

例 12—1

某城市摩托车管理中心宣称，等待领取牌照的人中，有 80%通过了交规考试。但报纸报道称，随机调查当地参加交规考试的 90 名青少年，结果是只有 61%的人通过了考试。就这是否表明报纸报道通过考试的比例比摩托车管理中心宣称的低，写出检验假设。

答： 在没有找到强有力的证据之前，我们只好先采纳摩托车管理中心的说法。因此，该问题的检验假设为：

$$H_0: p=0.8,\ H_A: p<0.8$$

2. 确定检验统计量及其分布

对零假设进行检验，需要构造检验统计量。在这一过程中，需要指出相关的条件是否得到满足。只有当统计量抽样分布的条件确实得到满足，我们才能进行后面的工作。正态条件下单总体比例检验所需的条件，与单样本比例区间估计的假定条件一样。对零假设 $H_0: p=p_0$（这里的 p_0 为总体参数 p 的指定值），使用的检验统计量为：

$$z=\frac{\hat{p}-p_0}{SD(\hat{p})} \tag{12.1}$$

注意，为了计算出 $SD(\hat{p})$，我们采用总体参数 p 的指定值 p_0，即：

$$SD(\hat{p})=\sqrt{\frac{p_0 q_0}{n}} \tag{12.2}$$

当假定条件得到满足，在零假设成立的前提下，由式（12.1）得出的检验统计量服从标准正态分布。这样，我们就可以使用正态分布的一套规则进行假设检验。

例 12—2

具体背景资料见例 12—1，分析假设检验的条件是否符合。

答： 90 名被调查的青少年是按照随机原则抽取的，符合抽样调查的随机性要求。对一座城市来说，青少年肯定不在少数，所以 90 人的样本在全部青少年中的占比不会超过 10%。90×0.8=72，90×0.2=18，都比 10 大，符合最低数要求。

3. 计算统计量值

在这一步中，我们将根据样本观察数据，对检验统计量的取值进行计算，并据此在零假设成立的条件下，确定计算结果出现的概率，即 P-值。如果 P-值非常小，我们就拒绝零假设。

例 12—3

具体背景资料见例 12—1，计算该问题的统计量值和 P-值。

答：样本规模为 90 人，通过交规考试的有 61 人，检验的零假设 $H_0: p=0.8$。因此有：

$$\hat{p}=\frac{61}{90}=0.678$$

$$SD(\hat{p})=\sqrt{\frac{p_0 q_0}{n}}=\sqrt{\frac{0.8\times 0.2}{90}}=0.042$$

样本比例 0.678 在正态概率分布中的位置见图 12—2。对应的标准化值及 P-值为：

$$z=\frac{\hat{p}-p_0}{SD(\hat{p})}=\frac{0.678-0.8}{0.042}=-2.90$$

$$P\text{-值}=P(z<-2.90)=0.002$$

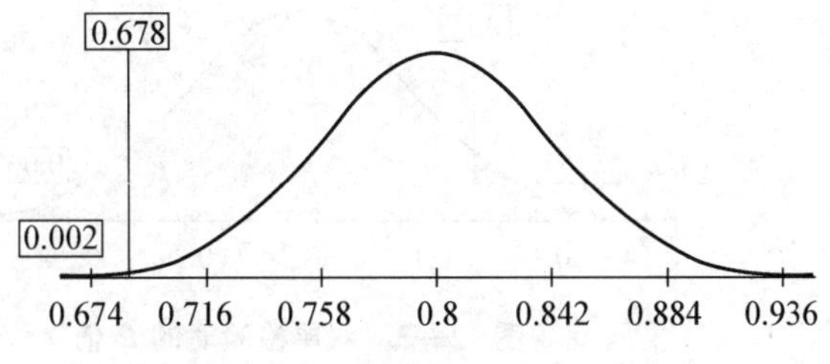

图 12—2　检验统计量的 P-值

4. 给出检验结果

假设检验的结论，通常都是有关零假设是否成立的说明。

例 12—4

具体背景资料见例 12—1，现在已经计算出 P-值为 0.002。说明检验的结果。

答：因为 P-值为 0.002，是比较小的值，所以应该拒绝零假设。这个补充调查提供了非常有力的证据，表明青少年参加交规考试的通过率低于 80%。如果青少年交规考试的通过率像摩托车管理中心说的那样是 80%，怎么会出现这么低的概率（0.2%）？所以有理由认为摩托车管理中心的说法不适合青少年这类人群。

对零假设做出检验结论后，并不意味着假设检验的过程完全结束了。在实际应用中，我们还会面临如何采取行动或制定相应的改进措施等问题。拿铸件的例子来说，企业必须决定是否让工程师继续改进加工的工艺流程。除此之外，还需要考虑是否值得投入资金。如果拒绝了有裂纹铸件占比 20%的假设，转而采用备择假设，那么要继续评估应该将有裂纹铸件占比降到什么水平，降到这个水平需要花费多少资金。

12.3　备择假设概述

12.3.1　备择假设类型与 P-值

关于有裂纹铸件占比的检验，可以用两种不同的方式提出假设。老工艺加工出来的铸件中，有裂纹铸件的占比是20%，这样零假设就是：

$H_0: p=0.2$

然而，对上述零假设对应的备择假设，我们可以提出不一样的形式。在该企业工作的冶金专家也许对采用新工艺加工的有裂纹铸件的占比的任何变化都感兴趣，比如大于20%或小于20%。这时，采用的备择假设就是：

$H_A: p \neq 0.2$

由于是对零假设 $H_0: p=0.2$ 两边的变化表现出同等的兴趣，给出的备择假设 $H_A: p \neq 0.2$ 叫做双尾备择假设。如果采用的是双尾备择假设，P-值就是零假设两端的尾部概率，具体见图12—3。

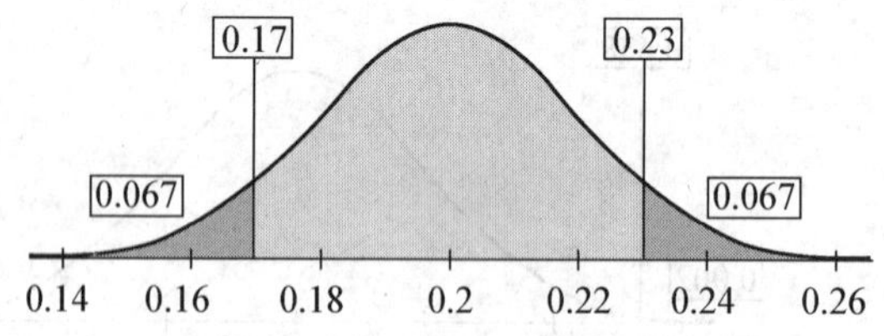

图12—3　双尾检验时的P-值

对铸件的例子来说，管理人员的真正诉求是采用新工艺后，有裂纹铸件的出现比例是不是小于20%，这样假设检验采用的备择假设就是：

$H_A: p<0.2$

该备择假设关注的焦点是与零假设相比某个方向上的尾部值，这样的备择假设形式叫做单尾备择假设（见图12—4）。

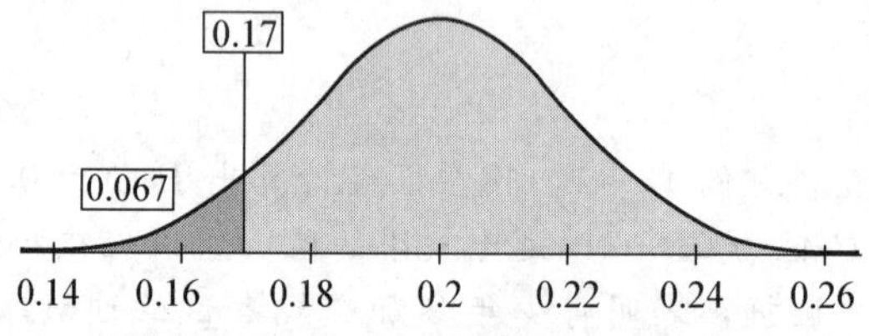

图12—4　单尾检验时的P-值

进行单边假设检验时，P-值是备择假设离零假设某一端尾部的概率值。对同样的一组资料，单尾P-值是双尾P-值的一半，所以单尾检验会更经常地做出拒绝零假设的判断。由此提醒我们，如果不能确信是用单尾检验还是用双尾检验，就采用相对比较保守的双尾检验。

□ 12.3.2　实例应用讲解

参加过或观看过体育比赛的人，可能都听说了“主场优势”，也就是球队在自家门口打比赛，获胜的机会相对更多。如果不存在所谓的主场优势，主场比赛的球队能赢一半的比赛。在2009年美国职业棒球大联盟的赛季中，一共举行了2 430场常规赛，统计结果显示，主场作战赢得比赛的有1 333场，占比54.81%。这个比例比50%稍大，它是由抽样变异造成的，还是真的存在主场优势呢?

第一步，陈述所要讨论的问题。主要讨论在棒球职业比赛中，主场作战的球队是不是有更多的获胜机会。数据资料是2009年美国职业棒球大联盟赛季的2 430场比赛的结果，涉及的变量是主场球队的比赛结果，主要参数是主场获胜球队的占比。

第二步，提出检验假设。零假设就是主场和非主场比赛的胜负结果之间没有差别。由于我们好奇是不是存在主场优势，因此备择假设应表示成单边情形。该问题的检验假设为：

$$H_0: p=0.5,\ H_A: p>0.5$$

第三步，分析假设检验的条件是否得到满足。原则上讲，一场比赛的结果不会对下一场比赛的结果产生太大的影响，当然从严格意义上讲，这是有点问题的，因为假如某场比赛中主力队员受伤了，那么该球队要赢得下场比赛的可能性就会有所下降，不过，独立性假定大致上能够得到满足，理由是这个赛季全部比赛的结果不会在下个赛季中同样出现。我们掌握的数据资料是 2009 年全部 2 430 场比赛的结果，但我们并不仅仅对 2009 年的情况感兴趣，可以把它看成是美国职业棒球大联盟历年和将来的比赛的一个缩影，如果这样来理解，随机性条件也是勉强能得到满足的。尽管 2009 年的 2 430 场比赛不是随机抽样得来的，但和美国职业棒球大联盟赛季所有年份的比赛相比，其占比不会超过 10%。假如主场球队主场作战的胜负机会相等，则 $2\,430\times0.5=1\,215$，$2\,430\times(1-0.5)=1\,215$，都比 10 大。总之，该假设检验问题的主要条件基本上能得到满足。

第四步，确定检验统计量及其抽样分布。由于假定条件基本上能得到满足，因此可以采用单总体比例正态性假设检验。

第五步，计算统计量值与 P-值。在零假设成立的前提下，存在：

$$SD(\hat{p})=\sqrt{\frac{p_0q_0}{n}}=\sqrt{\frac{0.5\times0.5}{2\,430}}=0.010\,14$$

由于观察到的比例是 0.548 1，标准正态变量值是：

$$z=\frac{0.548\,1-0.5}{0.010\,14}=4.74$$

从图 12—5 中可以看出 0.548 1 的位置。

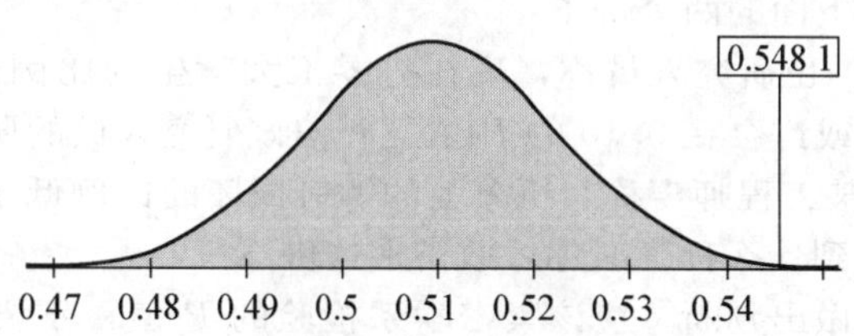

图 12—5　样本比例在正态分布中的位置

P-值小于 0.001。

第六步，给出检验结果。由于求出的 P-值小于 0.001，这是个相当小的概率水平，这么小概率的事件之所以能发生，是因为假定不存在主场效应，所以有理由拒绝零假设。换句话说，可能存在一定程度的主场优势。主场优势究竟有多大？回答这个问题需要考虑区间估计。

12.4　P-值与决策

12.4.1　P-值的选取

在决策的场合，假设检验有着特殊的用途。嫌疑人是不是有罪？是投放平面广告还是投放电视广告？对这样一些问题，用置信区间中的抽样极限误差并不能给出令人满意的回答。然而假设检验与生俱来的特性，使其难以被理解。所以，在对我们关注的参数进行假设检验的同时，也要尽可能给出其区间估计。

P-值小到什么样的程度，我们才能处变不惊地拒绝零假设呢？对审判员来说，他需要足够的证据，无合理疑点地指证嫌疑人有罪。那怎样用 P-值的概念表达呢？这完全取决于具体情境。我们去体检，目的就是看看有没有患病，对此我们可能使用 0.10 这样大的 P-值，更希望拒绝无病这样的零假设。也就是说，我们宁愿相信一个健康的人有病，也不愿意把有病的人看成无病的人。但对一个由来已久、被许多人认为正确的假设，我们就需要更有力的证据（相应地更小的 P-值），才能做出拒绝的决定。

考虑以下列举的背景，在同样的 P-值下，我们会不会拒绝零假设？

背景 1：某著名音乐理论家声称，随机挑选出两位音乐家的一些音乐作品，只要播放 20 秒钟，他就能分辨出哪个是莫扎特的，哪个是海顿的。要是完全靠瞎猜，平均来说猜对猜错的机会各是 50%，这样，检验的零假设就是 $p=0.5$。现在我们随机地播放 10 首莫扎特或海顿的作品，该音乐家正确地辨别出了 9 首。对应的 P-值为 0.011，意思是说，如果瞎猜，要从 10 首作品中正确地识别出 9 首，其概率大概只有 1%。对此，我们应该做出怎样的判断呢？就大多数人而言，可能会给出拒绝零假设的结论，相信这位音乐理论家所说不虚。原因是，P-值实在是太小了，我们没有任何特别的理由怀疑备择假设。

背景 2：有个学生打赌称，他能让一枚硬币在抛掷中按照他想要的一面出现，现场抛掷 10 次，该学生做到了 9 次。这个问题的 P-值也是 0.011，对此我们会不会拒绝零假设？我们会不会认为这只是运气使然？如果要论证，需要试验多少次呢？所以，拒绝那些与根深蒂固的观念或所谓科学结论有关的零假设，我们就需要有更多的证据。

还有其他的一些因素也会影响对 P-值的认识，比如被检验问题的重要程度等。我们再来看看下面的两个例子：

背景 1：一位研究人员称，现在打零工大学生的比例比 10 年前要高得多。对这个问题，我们或许会在 0.10 的 P-值下相信该研究人员的研究结论。

背景 2：某工程师声称，机翼上的铆钉损坏的比例低于铆钉脱落的比例。这种情况下，P-值小到什么程度时你才敢搭乘这班飞机？

对零假设做出判断，应该紧密联系检验的 P-值，不要轻率地做出拒绝零假设或不拒绝零假设的判断。P-值的大小能揭示拒绝零假设所依赖的证据的强度和检验效果，据之我们可以决定是否拒绝零假设，是否考虑在统计意义显著时做出判断可能带来的后果。因此，出于完善统计推断分析的目的，在进行假设检验时，最好也要报告区间估计的结果。

□ 12.4.2 实例应用讲解

随着医疗护理行业的发展，现在运用超声波技术很容易在妊娠早期检查出胎儿的性别。但由此产生了不良的社会后果，在一些国家或地区，受传统观念的影响，有的人利用这项技术堕胎。关于印度旁遮普地区的一项研究表明，1993 年该地区某家医院 550 名新生婴儿中，男性婴儿的占比是 56.9%。医学上揭示的事实是，男性婴儿的出生比例只比女性婴儿略高，男性婴儿的占比正常情况下是 51.7%。根据这一背景，试说明旁遮普地区的新生婴儿中男性占比是不是不正常。

第一步，陈述所要讨论的问题。我们的目的是检验旁遮普地区新生婴儿性别比与正常情况相比是不是显得不正常。数据资料是旁遮普地区某医院 1993 年 550 名新生婴儿的性别记录，研究的参数是新生婴儿中男性占比。

第二步，提出研究假设。该问题要求对新生婴儿中男性占比是不是不正常做检验，所以备择假设是双边的。具体的研究假设是：

$$H_0: p=0.517, \ H_A: p\neq 0.517$$

第三步，检查假设检验条件是否符合。没有理由怀疑婴儿性别之间存在相互影响，所以观察单位间可看成是独立的。550 名新生婴儿性别记录来自某家医院，它不是随机样本，所以我们应该慎重对待分析的结论，不能把分析结果上升为普遍情况。但我们可以相信，该家医院的情况在印度有一定的典型性。和旁遮普地区这家医院类似的医院，在印度有很多，每家医院都有产科，每年有大量的婴儿出生，所以观察的 550 名新生婴儿在当年出生的新生婴儿中的占比应该不会超过 10%。在零假设成立时，$550\times 0.517=284.35$，$550\times 0.483=265.65$，都比 10 大。

第四步，确定检验统计量及其抽样分布。由于假设检验的基本条件大致能得到满足，因此观察到的样本比例的抽样分布具有正态性，可以使用单总体比例正态性检验。

第五步，计算检验统计量值与 P-值。在零假设成立时，抽样分布标准差为：

$$SD(\hat{p})=\sqrt{\frac{p_0 q_0}{n}}=\sqrt{\frac{0.517\times 0.483}{550}}=0.0213$$

由于观察到的比例是 0.569，标准正态变量值是：

$$z=\frac{0.569-0.517}{0.0213}=2.44$$

样本比例位于均值右端 2.44 个标准差处，见图 12—6。

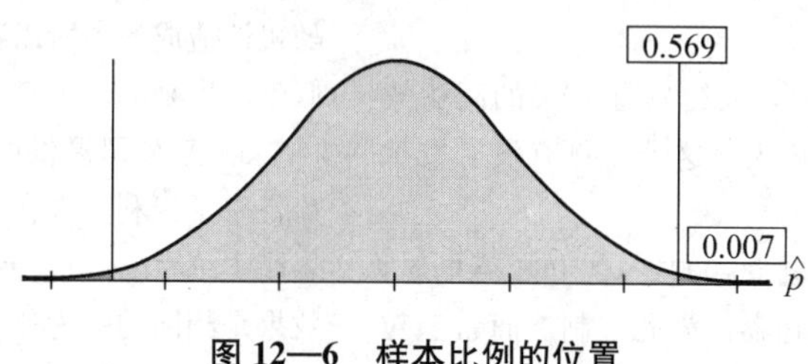

图 12—6　样本比例的位置

这样便有：

$$P=2\times P(z>2.44)=2\times 0.0073=0.0146$$

第六步，给出检验结果。P-值是 0.014 6，这表明在零假设成立时，随机观察的 1 000 名新生婴儿中，大约有 15 名是男性婴儿，发生的概率比较小，所以应该拒绝零假设，这意味着新生婴儿中，男性婴儿占比偏大。

男性婴儿占比偏大到什么程度呢？下面，我们再进行区间估计分析。

第一步，检查条件。做区间估计需要的条件和假设检验一样，唯一的区别是在分析样本数时，我们采用的是 0.569，$550\times 0.569=313$，$550\times 0.431=237$，它们都比 10 大。

第二步，确定抽样分布。由于区间估计的假定条件都能得到满足，可以采用单样本比例正态性区间估计。

第三步，给出置信区间。前面已经说过，零假设不成立时，我们不能从假设检验的零假设出发计算抽样分布标准差，只能依据观察记录的结果，因此有：

$$SE(\hat{p})=\sqrt{\frac{\hat{p}\hat{q}}{n}}=\sqrt{\frac{0.569\times 0.431}{550}}=0.0211$$

由于抽样分布服从正态分布，置信水平为 95%时，临界值为 1.96，因此，抽样极限误差是：

$$ME=1.96\times 0.0211=0.041$$

95%的置信区间为（0.528，0.610）。

第四步，分析结论。新生男性婴儿占比可能在 52.8%～61.0%之间，比公认的新生男性婴儿占比 51.7%要大。

复习思考题

1. 对下列问题，写出它们的零假设与备择假设：

（1）某政府官员很关心当地居民对他的执政能力的负面评价，该官员的顾问团队先后开展了一系列电视广告造势活动，希望能把居民负面评价的占比控制在 30%以下。广告有没有产生应有的效果？

（2）硬币是不是均匀的？

（3）大约 20%的人能成功戒烟。某销售商宣称，只要听了他经销的一盘励志磁带就能帮助吸烟人成功戒烟。

2. 对下列问题，写出它们的零假设与备择假设：

（1）20 世纪 50 年代，大约只有 40%的高中毕业生能升入大学读书。今天，这个比例有没有发生改变？

（2）某款小汽车行驶 50 000～100 000 英里时，大约有 20%需要更换变速器。为此，制造商希望对变速器重新设计以解决这个问题。

（3）为开拓一款新型饮料的销售市场，厂家做了一次现场品尝测试，如果有 60%的品尝者表示喜欢，厂家就上马投产。

3. 一场政治造势活动之后，调查人员想去检查产生的效果。采用的零假设是居民负面评价占比没有改变，仍然是 30%，对应的备择假设是负面评价占比低于 30%，得到的 P-值是 0.22。下列说法哪个是正确的？为什么？

（1）造势发挥作用的可能性是 22%；

（2）造势活动产生作用的可能性是 78%；

（3）调查结果正确的可能性是 22%；

（4）假如零假设成立，抽样本身的变异可能产生的影响是 22%。

4. 某推销商宣称，他卖出的假骰子掷出 6 点的机会比较多。为了知道这位推销商说的对不对，我们把他的骰子投掷了 200 次，得到的 P-值为 0.03。下列说法哪个是正确的？为什么？

（1）骰子做得均匀的可能性是 3%；

（2）骰子做得均匀的可能性是 97%；

（3）我们观察到假骰子有 3%的可能性是生产随机性造成的，所以我们有理由不认为骰子不均匀；

（4）我们观察到假骰子有 3%的可能性是生产随机性造成的，所以我们有理由认为骰子是通过造假生产出来的。

5. 某公司提供的老款防酸配剂给其 70%的用户带来了福利，现在该公司研制了新的品种，检测表明 P-值为 0.27。能否据此认为新老款防酸配剂的效果是相同的？为什么？

6. 在一项关于现在的高中生会开车者的比例是否比 10 年前高的调查研究中，得到的 P-值是 0.017。有没有理由认为这个比例从统计意义上看确实有所提高？为什么？

7. 你的一位朋友声称，他能控制硬币的抛掷结果。带着将信将疑的态度，你想现场比试一下。你猜正面朝上时，结果往往是反面朝上，再来一次仍不是你想要的结果。

（1）在连续两次抛掷中都与你猜的结果相反，这是否让你相信你的朋友确实能控制硬币抛掷的结果？为什么？

（2）再试一次，又不是你想要的结果。假如硬币的材质是均匀的，连续三次出现与你想要的结果相反的概率是多少？

（3）连续三次都不是你想要的结果，能否使你相信你朋友说的是真的？为什么？

（4）要连续抛掷多少次都与你想要的结果相反，你才能相信你朋友所说的不假？请从概率的角度验证你的回答。

8. 某人送给你一盒 12 粒装的糖果，其中一半是香草味，一半是花生味。随机拿出 3 粒，发现这 3 粒都是香草味的。

（1）如果这盒糖果中香草味和花生味各占一半，那么接连拿出 3 粒香草味糖果的概率是多少？

（2）你会认为盒子里的香草味糖果和花生味糖果真的各占一半吗？

（3）假如再拿一粒仍然是香草味的，你还会认为盒子里的香草味糖果和花生味糖果真的各占一半吗？

9. 许多人在对自己的手机进行个性化设置时会遇到麻烦，针对这一情况厂家准备改进设置介绍，目标是保证至少 96%的用户能成功地操作。为了检验新的安装系统的效果，让 200 人操作，结果 188 人能顺利完成。这是不是一个很有力的证据，表明新的操作方式不能满足公司的目标要求？对此，某学生所做的假设检验如下，你能看出错误在哪里吗？

$$H_0: \hat{p}=0.96, H_A: \hat{p}\neq 0.96$$

$$0.96\times 200>10$$

$$\frac{188}{200}=0.94$$

$$SD(\hat{p})=\sqrt{\frac{0.94\times 0.06}{200}}=0.017$$

$$z=\frac{0.96-0.94}{0.017}=1.18$$

$$P=P(z>1.18)=0.12$$

新的操作说明没有达到目标要求。

10. 2001 年 11 月的一篇时事通讯报道称，90%的成年人喝牛奶。某地区的农民协会为进一步推动当地人饮用牛奶，决定做一次调查。在该地区随机抽取了 750 人的样本，有 657 人表示有喝牛奶的习惯。根据这个调查结果，能不能说该地区喝牛奶的居民的比例没有达到 90%？据此，某位学生所做的假设检验如下，你能看出错误在哪里吗？

$$H_0: \hat{p}=0.90, H_A: \hat{p}\neq 0.90$$

$$750>10$$

$$\frac{657}{750}=0.876$$

$$SD(\hat{p})=\sqrt{\frac{0.88\times 0.12}{750}}=0.012$$

$$z=\frac{0.876-0.90}{0.012}=-2$$

$$P=P(z>-2)=0.977$$

这说明该地区 90%居民饮用牛奶的可能性超过 97%。

11. 在某个农村地区，挖掘深度在 100 英尺左右的井有 30%能找到充足的水。有个风水先生宣称，他用风水罗盘能找到水。在风水先生做过的 80 次勘察中，有 27 次挖掘深度不到 100 英尺就发现了水。根据背景资料，回答下列问题：

（1）写出该问题的检验假设。

（2）检查假设检验的条件能否得到满足。

（3）计算检验统计量，并给出 P-值。

（4）联系问题的背景，说说 P-值的意思。

（5）你的结论是什么？

12. 在 20 世纪 80 年代流行着一种说法：5%的小孩患有先天性畸形。随着环境中化学有害物质增加，人们相信先天性畸形的发病率在上升。最近的一项研究调查了 384 名小孩，发现 46 人不太正常。根据背景资料，回答下列问题：

（1）写出该问题的检验假设。

（2）检查假设检验的条件能否得到满足。

（3）计算检验统计量，并给出 P-值。

（4）联系问题的背景，说说 P-值的意思。

（5）你的结论是什么？环境中的化学物质会不会引起先天性畸形？

13. 美国国家教育统计中心对全美初等教育和中等教育开展全方位的跟踪调查，调查的学生总数一般不低于 1 996 人。1996 年，34%的学生表示从没有逃过学。2000 年对 8 302 名学生的调查结果显示，这一比例下降到 33%。根据背景资料，回答下列问题：

（1）写出该问题的检验假设。

（2）检查假设检验的条件能否得到满足。

（3）计算检验统计量，并给出 P-值。

（4）联系问题的背景，说说 P-值的意思。

（5）你的结论是什么？

14. 某公司有 150 辆汽车，在被检测的 22 辆车中有 7 辆没有达到清洁排放标准。据此能不能说该公司拥有的车辆中有超过 20%的不达标？给出假设检验过程，并说明所得到的结论是什么。

15. 某设备制造商把生产出来的洗衣机码放在

仓库里，在搬运过程中经常发生损坏，即使损坏非常轻微，生产商也只能以极低的价格销售出去。为此，该企业制定了严格的管理目标，要把损坏率控制在2%以下。在随机抽检的60台洗衣机中，有5台存在刮痕或凹陷。根据背景资料，运用假设检验方法说明管理目标有没有实现。

16. 据全美统计资料，2001年双胞胎的出生比例大约为3%。对很年轻的孕妇来说，生双胞胎的比例也是3%吗？带着这个问题，在某大城市的医院调查了469位很年轻的孕妇，结果发现有7人生了双胞胎。试据此进行假设检验，并给出分析的结果。

17. 2006年赛季里，美国足球联盟240场常规赛中主场球队获胜的有136场。能否据此认为职业足球比赛中存在主场效应？试运用假设检验进行分析说明。

18. 某种子公司打算把没有卖掉的袋装蔬菜种子储藏起来，以待来年春季销售，可是又担心放了一年的种子发芽率达不到92%。管理人员找到了一袋去年留下的嫩菜豆种子做试验，结果种植的200粒种子中有171粒发了芽。根据背景资料，运用假设检验说明陈年种子的发芽率是不是降低了。

19. 某公司被指责存在性别歧视，因为在公司43名经理人员中只有13名是女性员工。公司辩称女性任经理的比例比想象的要低，但是该公司的女性员工只占40%。你有何看法？试运用假设检验方法进行分析说明。

20. 关于霍普金斯森林地区酸雨对树木影响的一项研究，随机抽取了100棵树进行检查，结果发现有25棵树受到酸雨不同程度的损害。《环境计量学》杂志曾刊登一篇研究论文，指出美国东北部地区酸雨损害的树木平均为15%，对照看来霍普金斯森林地区树木受酸雨影响的比例比较高。根据背景资料，通过假设检验说明你的分析结论是什么。

21. 某创业公司打算上马一款新型打印机，为此决定在美国国家橄榄球联盟赛期间投放在线广告，公司的目标是记住该公司品牌和产品的观众不少于40%。为检查这次广告的实际效果，该公司委托调查机构做了调查，在随机访问的420位成年人中，有181人表示知道了这家公司和它的产品。根据背景资料，你会不会建议该公司继续在橄榄球联盟赛期间投放广告？对你的结论给出必要的解释。

第13章

假设检验与区间估计的再讨论

全球气候变暖具有“统计意义上的显著性”，服用维生素C对预防感冒没有“统计意义上的显著性”功效。像这样的表述，我们经常能看到。那么“统计意义上的显著性”是什么意思呢？本该拒绝的零假设没有拒绝，不该拒绝的零假设却拒绝了，可能会产生什么后果？本章将对这些问题进行更深入的讨论。

13.1 零假设概述

13.1.1 零假设中的“零”

2000年，佛罗里达州修改了骑摩托车戴头盔的规定，对21岁以上骑摩托车的人不再要求戴头盔。按照该州新的法律，21岁以下的人仍然必须戴头盔，可是压力集团称由于放宽了骑摩托车戴头盔的规定，导致21岁以下骑摩托车戴头盔的人也减少了。压力集团的说法不是实际调查的结果，要是开展实际调查，我们就需要考虑如何构造抽样框，怎样保证被调查的人如实回答是否违反规定不戴头盔驾驶摩托车。由于不是专项的调查，不同的人依据的资料不一样，得出的认识则有所差异。警察部门对摩托车引起的交通事故，只记录驾驶人员有没有戴头盔、年龄多大。据统计，在实施新交规之前，青少年骑摩托车发生的交通事故中，60%的人戴着头盔。压力集团的做法是，把新政实行后2001—2003年骑摩托车的人当成样本，然后考察这一期间警方发布的781起21岁以下的人骑摩托车引起交通事故的报告，结果有396起（约占50.7%）事故中驾驶者戴着头盔。这能不能说明戴头盔驾驶摩托车的人减少了，或者仅仅是统计方式引发的偶然波动？

零假设有个特别的要求。为了实施统计假设的检验，零假设中所说的那个“零”，必须是总体参数一个指定的值。我们需要根据这个值，计算观察到的样本统计量可能发生的概率。那么，我们应该怎样选择零假设呢？合适的零假设中那个“零”的值，应根据所研究问题的背景直接给出，它是强制性的指定，不是由观察数据决定的，需要联系具体情境。辨别零假设和备择假设，一种比较好的办法就是考虑具体问题要求做什么。比如，服用新药恢复健康的病人的比例是否与接受安慰剂恢复健康的病人的比例相同，使用新器械训练的运动员平均增加的体力是否与使用旧器械一样，这类问题的零假设一般都表述为：“服用新药恢复健康的病人的比例与接受安慰剂恢复健康病人的比例相同”，“使用新器械训练的运动员平均增加的体力与使用旧器械一样”。与此相对应，备择假设表述为：“服用新药恢复健康的病人的比例比接受安慰剂恢复健康病人的比例高”，“使用新器械训练的运动员平均增加的体力比使用旧器械多”。

表述零假设时，不能按照个人的喜好给参数赋值。零假设中的“零”必须和所面对的问题有关。即使零假设中的这个“零”通常意味着无差别或无改进，我们也不能自作主张把它当成真正的0看待。前面佛罗里达州的例子中，如果我们把零假设表述为没有哪个骑摩托车的人戴着头盔，那将大错特错。这个问题的零假设应该是，新政之后21岁以下驾驶摩托车戴头盔者的比例与新政之前一样，这个比例的具体数值是多少，需要根据问题的背景来决定。

最后还需要提醒，不能把我们的诉求当成零假设。对于零假设，我们不是要去证明它是否真实，而是要做出是否拒绝的结论。因此，把倾向性的兴趣当成备择假设显得很有意义。一旦拒绝了零假设中的那个“零”，剩下的可能就是我们想要的结论。

例 13—1

1999 年，文迪雅被核准用作Ⅱ型糖尿病的治疗用药。但在 2007 年，一篇发表在《新英格兰医学》（*New England Journal of Medicine*）杂志上的论文提出质疑，认为文迪雅可能增加患心脏病的风险。这篇文章把与同类研究相关的一系列文章公开的样本资料整合在一起，得到了 4 485 位服用文迪雅的糖尿病病人的资料，发现在 7 年内，服用文迪雅药物的Ⅱ型糖尿病病人患有心脏病的可能性是 20.2%。论文作者史蒂文·尼森（Steven E. Nissen）博士等人认为，服用文迪雅超过 7 年，患上心脏病的可能性将上升到 28.9%。如果他们的研究成果可信，美国食品药品监督管理局就有责任重新标示服用文迪雅的风险警告。对这个问题进行假设检验，采用的零假设和备择假设是什么？

答：我们感兴趣的参数是服用文迪雅 7 年的糖尿病病人患上心脏病的比例。美国食品药品监督管理局关心的是，服用文迪雅是否将糖尿病患上心脏病的风险提高到 20.2%以上，所以这是个单尾检验问题，检验的假设是：

$$H_0: p=0.202, H_A: p>0.202$$

13.1.2　实例应用讲解

下面，我们继续讨论本章一开始提到的骑摩托车戴头盔的例子，分析佛罗里达州修改交规后，21 岁以下骑摩托车戴头盔者的比例是不是降低了。

第一步，陈述所要讨论的问题。主要是讨论佛罗里达州修改交规后，21 岁以下骑摩托车戴头盔者的比例仍然保持在 60%，依据的资料主要是交通事故记录。

第二步，提出检验假设。零假设就是在新交规实施前戴头盔者的比例，由于我们关注的是戴头盔者的比例是否下降，因此备择假设应表示成单边情形。该问题的检验假设为：

$$H_0: p=0.6, H_A: p<0.6$$

第三步，分析假设检验的条件是否得到满足。观察资料来自 2001—2003 年摩托车交通事故记录，每起交通事故的发生没有什么联系，所以独立性条件能够得到满足。由于交通事故记录不是随机产生的，尽管这些观察到的结果是所有骑摩托车者的一个代表，但仍然要谨慎，不能把得到的结论推广到更一般的情形。与所有骑摩托车的人相比，781 人是个比较小的样本，其占比应该不会超过 10%。$781\times0.6=468.6$，$781\times(1-0.6)=312.4$，都比 10 大。总之，该假设检验问题的主要条件基本上能得到满足。

第四步，确定检验统计量及其抽样分布。由于假定条件基本上能得到满足，因此可以采用单总体比例正态性假设检验。

第五步，计算统计量值与 P-值。781 起摩托车引起的交通事故中，396 人戴了头盔，所以样本比例为：

$$\hat{p}=\frac{396}{781}=0.507(50.7\%)$$

在零假设成立的前提下，存在：

$$SD(\hat{p})=\sqrt{\frac{p_0q_0}{n}}=\sqrt{\frac{0.6\times0.4}{781}}=0.0175$$

由于观察到的比例是0.507，标准化变换后的值是：

$$z=\frac{0.507-0.6}{0.0175}=-5.31$$

从图13—1中可以看出0.507的位置，P-值小于0.001。这是单尾检验问题，根据标准正态变量值−5.31可知，P-值非常小。

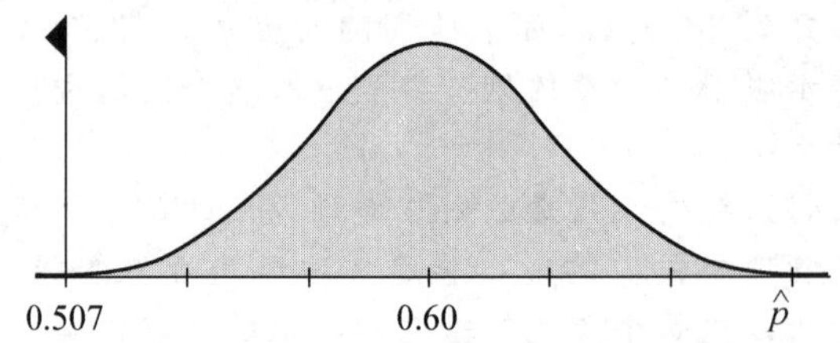

图13—1　样本比例在正态分布中的位置

第六步，给出检验结果。由于求出的P-值小于0.001，这是个相当小的概率水平，这么小概率的事件之所以能发生，是因为假定了戴头盔者的比例为60%，所以有理由拒绝零假设。换句话说，21岁以下骑摩托车戴头盔者的比例下降了。

13.2　P-值概述

13.2.1　P-值的含义

P-值本质上是一个条件概率，表明在给定的零假设成立的条件下，获得的结果即观察到的统计量出现不寻常值的概率，可以表示成：P-值＝P(观察到的统计量值(或更极端结果)$|H_0$)。注意：由这个表达式，我们可以更清楚地看出，P-值反映的不是零假设是否正确的概率，而是样本观察结果发生的情况。P-值＝P(观察到的统计量值（或更极端结果）$|H_0$）与P($H_0|$观察到的统计量值)，根本不是一回事，后者也是条件概率的形式，与前者刚好相反，表示的是在观察到的统计量值条件下零假设发生的概率。但如果没有额外的补充条件，P($H_0|$观察到的统计量值）无法计算出来。用P(观察到的统计量值（或更极端结果）$|H_0$）给出的P-值，是可以计算得到的，因为在零假设成立的条件下，对应的总体分布便确定下来了，这样就可以计算观察到的统计量值出现的概率。假如P-值为0.03，有人认为其含义是零假设成立的概率是3%，这是不正确的，它表明在给定的零假设条件下，实际观察到的统计量值(或与零假设值不同的一个值）出现的机会是3%。

例13—2

一篇发表在《新英格兰医学》杂志上的论文指出，糖尿病病人服用文迪雅将患心脏病风险由20.2%提高到了28.9%，其P-值是0.03。联系具体背景材料，对P-值0.03进行解释。

答：P-值的意思是：$P(\hat{p}\geqslant 28.9\% \mid p=20.2\%)=0.03$，假如糖尿病病人服用文迪雅不可能加重患上心脏病风险，被观察的服用文迪雅的糖尿病病人患上心脏病超过28.9%的可能性是3%。

□ 13.2.2 P-值的大小

在许多护理学校中，都会讲授触摸疗法。运用这种治疗方法时，医师在不正面接触的情况下把自己的手移近患者，以试图操控“人的能量场”。这类医师相信，通过调整人的能量场，可以达到促进康复的效果。然而，没有仪器能探测到人的能量场，也没有实验能验证采用触摸疗法的医师能够察觉到这样的现象。

1998 年，美国《医学协会杂志》(*Journal of the American Medical Association*)刊登了一篇文章，报告了对当时只有 9 岁的一个小女孩所做的实验。实验过程是：用一块板将医师和小女孩隔开，每位医师（一共 15 人）把双手从隔板底下伸出，通过抛掷硬币方式让小女孩随机地把手悬放在某位医师左手或右手上方，然后由医师做出判断。当能看到小女孩的手放在哪个方位时，医师们感到自己的手变得温暖起来，都说能探测到表明小女孩存在的“人的能量场”。然而当医师看不到小女孩的手时，每位医师各测试 10 次，在总共 150 次测试中，医师答对小女孩的手悬放位置的有 70 次，占比 46.7%。根据这个实验结果，能不能说触摸疗法的医师能探测到“人的能量场”呢？

P-值较小时，也许我们依然坚持相信零假设，并辩解是运气不好导致出现了稀有事件。这不是运气不运气的事，我们要相信观察的结果，依据观察资料决定是否做出拒绝零假设的决策。拿触摸疗法的例子来说，假如医师们的回答是瞎蒙的，那他们猜对的机会各有一半，因此零假设是 $H_0: p=0.5$。如果医师们都认为能探测到“人的能量场”，那回答正确的比例应该比纯粹瞎猜的高，备择假设就是 $H_A: p>0.5$。对这样的单尾假设检验问题，P-值就是医师们能更多次回答正确的概率。

如果医师们多次回答正确，那将是比瞎猜更令人称奇的幸运，由此我们可能获得一个很低的 P-值。对此，我们不认为是什么稀有事件，只相信这不是瞎猜的。不过，现在这种事情没有发生，测试结果为答对率只有 0.467，比 0.5 低。答对率在 0.467 以上的概率是 0.793，要拒绝零假设，P-值不能太大，所以没有证据能让我们拒绝零假设。

P-值大意味着我们观察到的样本不值得大惊小怪，也就是说观察的结果与我们假设的零假设模型完全一致，因而没有理由拒绝零假设。P-值大不表明零假设是真实的，但肯定地给出了零假设不一定不正确的证据。总之，一旦出现较大的 P-值，我们只能说“不可拒绝零假设”。

例 13—3

一篇发表在《新英格兰医学》杂志上的论文指出，糖尿病病人服用文迪雅将患心脏病的风险由 20.2%提高到了 28.9%，其 P-值是 0.03。在稍早前，一篇同样性质的论文（ADOPT）的结论是，服用文迪雅患心脏病的风险是 26.9%，报告的 P-值是 0.27。为什么 ADOPT 的研究没有得出患心脏病的警示结论？

答：P-值 0.27 是个比较大的概率，表明没有充分的理由拒绝零假设。

13.2.3 α 水平

对于是否拒绝零假设，有时我们必须坚定地做出决定。就像审判员必须决定控方提供的证据是否达到有理由怀疑有罪的程度，企业必须从各种网页设计方案中选择一种，你要决定参加统计学哪类课程的学习一样。

我们已经知道，P-值小，表明在既定的零假设成立的前提下，观察到的样本数据不常出现，如前面所讲的“人的能量场”，就可以怀疑它不是稀有事件。如果观察样本的出现足以称得上稀有，我们就不可能认为它的发生纯属偶然，但如果真的出现了这样的观察结果，其原因必定在零假设身上，也就是说需要拒绝零假设。

问题是：怎样的稀有事件才是真正的“稀有事件”？对此，我们可以对 P-值主观地设定一个阈值，以识别观察样本出现是不是稀有事件。一旦 P-值落在这个阈值之外，我们就认为稀有事件发生了，可以做出拒绝零假设的决定。用这样的办法得到的结论称为“统计意义上显著”，这个阈值一般叫做 α 水平或显著性水平。α 是希腊字母，通常取 0.10，0.05，0.01，0.001。至于选择什么样的 α 水平，需要根据问题研究的需要自行决定。对于气囊安全性评估这样的问题，α 水平应该选得低一些，即使 α 水平定为 0.01 也可能嫌大，而像人们吃比萨时是不是偏好加香肠这样的问题，α 水平选择 0.10 可能就够了。如果还不知道选择什么样的 α 水平合适，通常可以采用 0.05。不管怎么说，在进行数据分析之前，我们必须先确定 α 水平，不然会被人认为是针对数据处理结果而故意迎合。

α 水平也叫做显著性水平，拒绝零假设时，我们就会说该检验“在 α 水平下显著”，比如在 5%显著性水平下拒绝零假设。但当 P-值没有落在 α 水平之外时，我们得到的结论是什么呢？按照既定的检验办法，如果没有充分的证据拒绝零假设，我们应该说“样本观察没有充分的信息表明拒绝零假设”，而不要说“接受零假设”。零假设只是假设检验的出发点，我们不是要证明或证实它，所以一般总是说不能拒绝零假设。仍以触摸疗法为例，该问题的 P-值为 0.788，比任何合理的 α 水平都大，以至于不能拒绝零假设 H_0。对这个检验做出的结论应该这样表述：“没有拒绝零假设，表明在零假设成立的前提下，没有充分的证据说明医师能感受到人的能量场。”

使用 α 水平做出拒绝或不拒绝零假设的决定，有时也可能让我们感到无所适从。假如 P-值只比 α 水平大一点点，或者比 α 水平小一点点，这时应该怎么办呢？对这样的情形，也别太担心，许多统计学家建议，与其把假设检验的结论建立在人为给定的 α 水平上，还不如多关心 P-值。

13.2.4 显著性与重要性及临界值

检验结果表明具有统计意义上的显著性，这是什么意思呢？它说的只是检验统计量的 P-值低于 α 水平，千万不能把统计意义上的显著性与重要性混为一谈。有的情况下，与零假设即使有很小的、微不足道的差别，也可能存在统计意义上的显著性。还存在这样的情况，从财务或科学意义上讲存在重要的差别，但没有统计意义上的显著性。所以，在实际应用时，我们最好报告统计量值与零假设值之间的差别，同时给出 P-值。

在介绍区间估计时，我们提到过临界值这个概念。进行假设检验，临界值（见图13—2）也可以派上用场。在计算机和计算器普及之前，P-值的计算都是靠手工，难度大且很麻烦。为方便起见，人们对标准正态分布下 0.10，0.05，0.01 等 α 水平，编制出了相应的临界值表，使用时只需查表就可以了。就戴头盔骑摩托车的例子来说，假定 α 水平定为 0.05，由于是单尾检验，从标准正态概率表中查得的值是 -1.645，根据样本资料，在零假设成立的前提下，将样本统计量进行标准化变换，得到标准化值 -5.31，它比 -1.645 小得多，因此拒绝零假设。每种做法各有利弊，运用临界值做假设检验判断，在得到临界值和标准化统计量值后，似乎就面临“是”或“不是”的选择，问题随之变得简单，但它没有报告出 P-值，这会减少我们的认识信息，因为 P-值能告诉我们样本观察结果出现的可能性大小。

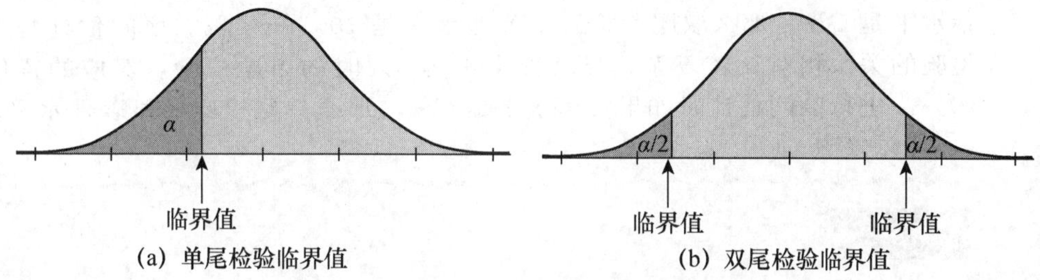

图 13—2　临界值示意图

13.3　区间估计与假设检验

13.3.1　区间估计与假设检验的耦合关系

在戴头盔骑摩托车的例子中，95% 的置信区间为（0.472，0.542）或者（47.2%，54.2%）。假如在新交规实行之前，骑摩托车戴头盔的比例是 50%，由于 50%在（47.2%，54.2%）之间，因此不能拒绝零假设。对零假设任何指定的值，只要在置信区间内，就表明它与样本观察的结果一致。反之，要是不在置信区间内，我们就做出拒绝零假设的判断。

对区间估计和假设检验的这种关系，下面我们更详细地介绍它们的数学原理。

如果检验假设是：

$$H_0: p=p_0, H_A: p\neq p_0$$

给定的显著性水平为 0.05。

在各项假定条件都满足的情形下，检验统计量是：

$$z=\frac{\hat{p}-p_0}{SD(\hat{p})}$$

显著性水平为 0.05，对应的临界值为 1.96。

这时，如果 $z=\frac{\hat{p}-p_0}{SD(\hat{p})}<-1.96$ 或 $z=\frac{\hat{p}-p_0}{SD(\hat{p})}>1.96$，则拒绝零假设。

由 $z=\frac{\hat{p}-p_0}{SD(\hat{p})}<-1.96$ 或 $z=\frac{\hat{p}-p_0}{SD(\hat{p})}>1.96$，解出 p_0，得：

$$p_0>\hat{p}+1.96\times SD(\hat{p}) \quad 或 \quad p_0<\hat{p}-1.96\times SD(\hat{p})$$

这两个不等式是对称变化的，因此当零假设值 p_0 落在 $\hat{p}\pm 1.96\times SD(\hat{p})$ 之外时，就拒绝零假设。

这与参数 p 的 95%的置信区间是完全相似的，也就是说参数 p 的置信区间是：

$$\hat{p} \pm 1.96 \times SE(\hat{p})$$

$\hat{p} \pm 1.96 \times SD(\hat{p})$和 $\hat{p} \pm 1.96 \times SE(\hat{p})$之间的区别，仅在于一个使用的是$SD(\hat{p})$，另一个使用的$SE(\hat{p})$。在绝大多数情况下，$SD(\hat{p})$和$SE(\hat{p})$之间的差别很小。当置信区间没有覆盖总体参数 p 时，就拒绝零假设。

区间估计也好，假设检验也罢，它们的计算过程大致相同，对假定条件的要求完全一致，只不过区间估计都是双向的，对应的也应该是双尾检验，比如 95%的区间估计对应的就是显著性水平 5%的双尾检验。一般地，进行区间估计时如果置信水平是 $C\%$，那么双尾检验的显著性水平是 $100\%-C\%$。区间估计与单尾假设检验的关系相对比较复杂，显著性水平为 5%时的单尾检验，对应的置信水平为 90%。进行区间估计时如果置信水平是 $C\%$，那么单尾检验的显著性水平是 $0.5\times(100\%-C\%)$。

例 13—4

糖尿病病人患上心脏病的比例是 20.2%，2007 年发表在《新英格兰医学》杂志上的一篇论文指出，95%置信水平下，服用文迪雅的糖尿病病人患心脏病比例的置信区间是（20.8%，40.0%）。这个置信区间给美国食品药品监督管理局提供了文迪雅用药管理方面的什么建议？

答：由于95%的置信区间是（20.8%，40.0%），20.2%比该置信区间的下限值小，说明得到的置信区间没有覆盖 20.2%，因此可以认为服用文迪雅的糖尿病病人患心脏病的风险有所提高。

□ 13.3.2 实例应用讲解

在交通事故中，年轻人发生伤亡的风险很大。据美国高速公路安全管理局（National Highway Traffic Safety Administration，NHTSA）的报告，没有系安全带在交通事故中死亡的人中，年轻人占到 65%。2001 年，机动车碰撞中死亡的年轻人总数为 3 322 人，平均每天将近 9 人。大多数这类事故，只要系上安全带都是可以避免的。为此，美国的一些州开始发起系安全带运动。马萨诸塞州行动最快，系安全带的比例由 2002 年的 51%迅速提高到 64.8%，该州的最终目标是使这一比例达到 82%以上。最近，该州的地方报纸报道，在接受检查的 134 例中有 23 例没有系安全带。根据这一背景资料，系安全带的比例超过 82%的目标实现了吗？

第一步，陈述所要讨论的问题。观察资料来自地方报纸报道，讨论的问题是遵守系安全带规定的比例是不是超过 82%。

第二步，提出检验假设。该问题的零假设是遵守系安全带规定的比例达到 82%，对应的备择假设是这一比例超过 82%，这是个单尾检验问题，检验的假设是：

$$H_0: p=82\%,\ H_A: p>82\%$$

注意：如果使用区间估计对零假设做出判断，我们需要考虑置信水平怎样确定。

第三步，讨论假定条件。开车系不系安全带，彼此之间不可能发生相互影响。这可能不是一个随机样本，但我们可以假定被拦下接受检查的人是所有开车者的一个代表。警察只拦下 134 辆车进行检查，其比例肯定不会超过 10%。$134\times0.82=110$，$134\times(1-0.82)=24$，都比 10 大。

第四步，确定检验统计量及其抽样分布。由于假定条件基本上能得到满足，因此可以采用单总体比例正态性假设检验。

第五步，计算统计量值与 P-值。134 例检查中，111 人系了安全带，所以样本比例为：

$$\hat{p}=\frac{111}{134}=0.828(82.8\%)$$

在零假设成立的前提下，存在：

$$SE(\hat{p})=\sqrt{\frac{\hat{p}\hat{q}}{n}}=\sqrt{\frac{0.828\times 0.172}{134}}=0.033$$

如果要用置信区间做决策，需要根据显著性水平确定相应的置信水平。假定显著性水平采用 0.05，由于是单尾检验，因此对应的置信水平应是 90%。查得的临界值是 1.645，因此抽样极限误差是：

$$ME=1.645\times SE(\hat{p})=1.645\times 0.033=0.054$$

得到的置信区间为 0.828±0.054，即（77.4%，88.2%）。

第六步，给出分析结论。零假设是 82%，90%的置信区间包含了这个值，所以没有理由拒绝零假设。换句话说，马萨诸塞州推行系安全带运动与目标要求可能还有差距。

13.3.3　小样本下的置信区间问题

对于区间估计问题，当感兴趣事件出现不到 10 次时，区间估计因条件得不到满足往往遇到困难。不过也不必紧张，可以采用修正的办法来处理。

设想再增加 4 次观察，其中感兴趣和不感兴趣的事件各出现 2 次，这样原来的样本比例为：

$$\hat{p}=\frac{y}{n} \tag{13.1}$$

式中，y 表示感兴趣事件出现的次数；n 为样本观察总数。在增加了 4 次观察之后，式（13.1）可以写成：

$$\tilde{p}=\frac{y+2}{n+4}=\frac{y+2}{\tilde{n}} \tag{13.2}$$

然后根据式（13.2）进行置信区间估计，结果是：

$$\tilde{p}\pm z^{*}\times\sqrt{\frac{\tilde{p}(1-\tilde{p})}{\tilde{n}}} \tag{13.3}$$

式（13.3）给出的置信区间，是阿格雷斯蒂和库尔（A. Agresti and A. Coull）提出的，所以可以称为 Agresti-Coull 区间，也可直接叫做“加 4 区间”。当样本比例趋向 0或 1 时，Agresti-Coull 区间的优势比较明显，其最大好处是我们不需要再检查样本中感兴趣的事件出现的次数是否小于 10 这个条件。虽然 Agresti-Coull 置信区间并不常用，但它对样本容量没有过多的要求。

例 13—5

某外科医生比较新老两种方法治疗腕关节疼痛的效果，用老方法治疗 45 例只有

3 例不成功，失败率为 6.7%。由于 3 小于条件要求的 10，这时我们应该怎么做区间估计（置信水平 95%）?

答：失败的次数为 3，小于条件要求的 10。因此，样本比例采用式（13.2）计算，即：

$$\tilde{p}=\frac{3+2}{45+4}=0.102$$

在给定的 95%置信水平下，由式（13.3）得到置信区间：

$$\tilde{p}\pm z^{*}\times\sqrt{\frac{\tilde{p}(1-\tilde{p})}{\tilde{n}}}=0.102\pm1.96\times\sqrt{\frac{0.102\times(1-0.102)}{49}}$$
$$=0.102\pm0.085(1.7\%,18.7\%)$$

13.4 假设检验的错误

13.4.1 假设检验的两类错误

正所谓金无足赤人无完人，即使有了足够的样本，我们仍有可能做出错误的决定。在假设检验中，经常出现的两类错误是：

Ⅰ型错误：零假设原本正确，却错误地做出了拒绝的决定。

Ⅱ型错误：零假设本身不正确，但没有拒绝。

Ⅰ型错误有时又被称为第一类错误，因为假设检验总是从零假设成立出发的。在检查内科疾病时，通常采用的零假设是假定就医人健康。相应的备择假设是，就医人患有疾病。那么Ⅰ型错误就是假阳性，没病的人被诊断为有病。Ⅱ型错误是把有病的人诊断为无病，给出假阴性的结论。Ⅰ型错误和Ⅱ型错误的叫法不是一成不变的，可以根据具体的学科和场景改变。哪一类错误更为严重，要具体问题具体对待。在审判的例子中，审判员宣判一个无辜的人有罪，这就可能出现Ⅰ型错误，如果没有宣判有罪的人有罪，这就是Ⅱ型错误。对Ⅰ型错误和Ⅱ型错误，哪个更严重呢？医学诊断中，假阴性意味着有病的人没有得到治疗，假阳性意味着对无病的人进行医治。就统计学课程期终考试而言，如果零假设是 H_0：合格，Ⅰ型错误就是对本来能通过的学生给了不合格，Ⅱ型错误就是把不能通过考试的学生给了合格。Ⅰ型错误和Ⅱ型错误的严重性，需要联系具体情境、费用和个人的判断来决定。表 13—1 给出了两类错误的关系。

表 13—1　　假设检验的两类错误

		零假设	
		正确	不正确
判断	拒绝零假设	Ⅰ型错误	正确
	没有拒绝零假设	正确	Ⅱ型错误

Ⅰ型错误和Ⅱ型错误通常是如何出现的呢？零假设 H_0 本身正确，但由于不幸抽到了不正常的样本，这时就会产生Ⅰ型错误。拒绝零假设时，P-值必须小于显著性水平 α。所以在零假设成立时，拒绝零假设的概率就是 α。给出什么样的显著性水平

α，也就意味着发生Ⅰ型错误的概率是多少。零假设不正确时，我们不可能犯Ⅰ型错误。试想一下，如果一个人真的有病，我们又怎么可能检查出是假阳性呢？因此，Ⅰ型错误只可能在零假设成立时发生。零假设不正确，但我们没有做出拒绝的判断，便产生了Ⅱ型错误。对Ⅱ型错误发生的概率，一般用希腊字母 β 表示。确定 β 值是比确定 α 值更困难的事，原因在于我们不知道总体参数取值究竟是多少。零假设成立，就给定了总体参数的具体值，然而零假设不成立，总体参数取值是个变化的范围，不能确切地知道它究竟取什么样的值。如果要计算 β 值，那么只能根据备择假设 H_A 所有可能的取值，逐一计算相应的 β 概率。通过提高 α 值，能够降低 β 值。但 α 值提高，很容易就会拒绝零假设。因此如果降低 β 值，即降低没能拒绝错误零假设的概率，就存在发生更多Ⅰ型错误的可能。Ⅰ型错误和Ⅱ型错误之间这种此消彼长的关系很难避免。

要想同时减少Ⅰ型错误和Ⅱ型错误，只有一个办法，那就是采集更多的样本观察资料。实际应用中，经常很难做到同时减少Ⅰ型错误和Ⅱ型错误，根本原因在于样本容量太小。不过，我们真正想要做的是把错误的零假设找出来。零假设错误时，做出拒绝的决定，这便做出了正确的决策。查找错误零假设的检验能力，统计学上常称为检验功效。在审判的例子中，检验功效就是法庭能把有罪的人宣判有罪。

□ 13.4.2　检验功效

在触摸治疗的例子中，零假设没有被拒绝，是不是就证明了医师们的猜测呢？不是的，可能医师们实际上能辨别出人的能量场，但我们绝不可能这样说。比如，假定医师们确实有能力答对 53%，但在测试中该值仅为 47%。那么由置信区间出发，我们不能拒绝零假设。如果答对率实际上超过了 50%，仍坚持零假设，那将犯Ⅱ型错误。

须知，我们永远不可能证明零假设是不是正确，最多仅是不拒绝它。但当我们没有拒绝零假设时，自然地就会怀疑自己是不是足够仔细。也许零假设事实上是错误的，我们的检验却难以反映出来。

对零假设错误，我们希望能根据检验的结果正确地做出拒绝的决定。为此，我们很想知道有多大的把握成功做到。检验功效给我们提供了一种很好的方法。检验功效就是正确地拒绝错误零假设的概率。检验功效很大时，就能相信我们辨别得很仔细。我们知道，β 是对错误的零假设没有拒绝的概率，那么检验功效就是对错误的零假设予以拒绝的概率，即 $1-\beta$。无论什么时候，若没有拒绝零假设，检验功效就成为值得讨论的问题。影响检验功效的因素很多，主要是：样本量的大小、观察资料的质量、总体的变异程度等。

□ 13.4.3　检验效果量

检验功效与零假设错误有关，功效值取决于真实值与假定值之差的大小。统计学一般把零假设值 p_0 与总体真实值 p 之间的距离称为检验效果量。总体真实值 p 未知，在衡量检验效果量时，只能采用估计的做法，即用 $\hat{p}$ 代替 p。效果量是考虑假设检验功效的核心，效果量大，假设检验的功效就大，效果量小，要想把错误的零假设识别出来难度就比较大，因此假设检验的功效降低。知道了效果量和样本容量，能帮助我们决定检验的功效。但在我们进行研究设计时，效果量是未知的，所以只能设想可能的效果量并兼顾可能出现的后果。那么，如何决定期待的效果量呢？

考虑有关效果量的问题的办法之一就是想想“差距多大才要紧”，它与谁提出问题、为什么提出有很大关系。例如，进行触摸治疗的医师只有53%的可能探察到人的能量场，医疗保险方可能认为这与猜测结果没有太大的差别。但对科学家来说，这可是件了不起的事。

检验功效取决于效果量和总体标准差，另外与样本容量也有很大关系。我们知道，总体比例的估计量是 $\hat{p}$，其标准差是$\sqrt{\frac{pq}{n}}$。研究人员在进行研究设计时，大多知道效果量对可能得到的结论至关重要，并且对被估计的总体比例多少有些模糊的认识。有了这两个因素，经过简单的代数运算，就能得到需要的抽样规模。样本观察水平过低（比如仅有3次观察），将不可能获得大的效果量。

复习思考题

1. 根据下列背景资料，写出检验假设，并指出备择假设是单尾的还是双尾的。

（1）某工商管理专业的学生举行了一次品尝活动，来了解同学们更喜欢健怡可乐还是无糖百事可乐；

（2）百事可乐公司为了使自己的产品无糖百事可乐更适合青少年，决定举行一次品尝活动，以了解青少年是喜欢传统配方的无糖百事可乐，还是更喜欢新配方的无糖百事可乐；

（3）一项新的预算方案需要2/3的市民赞成才能获得通过，为了解市民的想法，市政府决定做一次民意调查看看这项提案能否得到通过；

（4）金融学揭示股票价格的上涨和下跌是等概率发生的，某学生采集了过去几年的股价资料，想检验这种说法对不对。

2. 根据下列背景资料，写出检验假设，并指出备择假设是单尾的还是双尾的。

（1）某大学食堂做了一次调查，以了解同学们是喜欢塑料餐具还是金属餐具；

（2）过去几年大约有10%的大三学生申请去国外深造，某大学的教务部门做了一次调查，以了解今年的申请比例是否有所改变；

（3）某制药公司做了一次临床实验，以了解新款头疼药能否减轻患者的症状，服用安慰剂的患者有22%声称症状得到了缓解；

（4）某计算机外部设备公司的硬盘驱动器一次性合格率为60%，公司最近对加工系统进行了投资改造，想知道新的生产系统有没有提高一次性合格率。

3. 医药研究人员对皮疹新的治疗方法和传统的膏药疗法进行了比较，得到的结论是新治疗方法效果更好，其中报告的P-值为0.047。联系背景材料，说说P-值的含义。

4. 为了解严厉处罚和广告宣传是否有助于增强驾乘人员系安全带的意识，做了一次调查，发现与3年前相比，系安全带的情况没有发生明显的改变。对这一问题的P-值0.17，联系具体背景进行解释说明。

5. 研究人员改进了机场的安检设备，结果发现在0.05水平下，改进后的安检设备比原来的效果更好。如果显著性水平换成0.10，0.01，还能不能得出这样的结论？为什么？

6. 为了解高频无线电通信是否对鸟类产生影响，环境科学家做了一次调查研究，结果发现手机基站附近鸟巢中孵化出来的雏鸟的死亡率在0.05水平下不显著。如果显著性水平是0.10，0.01，还能不能得出这样的结论？为什么？

7. 公共健康部门相信90%的小孩接种了预防麻疹疫苗。来自全美多所学校的13 000名小孩的医学调查记录表明，打过疫苗的小孩仅占89.4%。对这个问题进行假设检验，得到的P-值是0.011。要求回答：

（1）联系背景资料谈谈P-值是什么含义。

（2）检验结果是显著的，但能不能认为重要呢？

8. 据说新的阅读方案能提高小学生阅读水平，开发该方案的机构对不同学校8 500名小学生做了测试，分析结果表明没达到阅读水平要求的学生由15.9%降为15.1%。该问题的零假设是新的阅读方法没有改变小学生的阅读能力，拒绝零假设的P-值为0.023。要求回答：

（1）联系背景资料谈谈P-值是什么含义。

（2）检验结果是显著的，但为什么你不向学校建议采用呢？

9. 2004 年，《时代》杂志刊登了钉峰网络的电话随机调查结果。在被调查的 1 302 人中，只有 39 人表示衡量成功最重要的因素是工作。要求回答：

(1) 给出置信水平 98%的估计区间。

(2) 有的人坚信，没有多少人用自己的工作来衡量是否成功，假定相信工作和成功有关的人占到 5%，你给出的区间估计表明了什么？

(3) 这个检验的显著性水平是多少？为什么？

10. 欧元作为流通货币面世不久，人们就发现欧元硬币的材质不够均匀。好事者声称，把一枚欧元硬币抛掷 250 次，结果 140 次正面朝上。要求回答：

(1) 给出置信水平 95%的估计区间。

(2) 由置信区间能不能认为欧元硬币不均匀？

(3) 这个检验的显著性水平是多少？为什么？

11. 2007 年 5 月，CBS 和《纽约时代》对 1 125 人进行了随机调查，结果表明当时的总统乔治・布什的支持率大约为 30%。

(1) 就支持率问题，给出置信水平 95%的估计区间。

(2) 美国总统支持率的最低值是由理查德・尼克松创下的，因水门事件，他的支持率一度降至 27%。根据得到的置信区间，能不能说乔治・布什总统的支持率与查德・尼克松总统 27%的支持率没有什么差别？

12. 钉峰网络通过电话方式就“你是不是家庭妇男”随机地对 712 位男性做了调查，得到的肯定回答比例为 22%。

(1) 给出置信水平 95%的估计区间；

(2) 家庭妇男的比例至少为 25%时，一家专门推介爸爸用婴儿背兜的广告商将准备购买电视广告时段，利用置信区间进行假设检验，并给这家广告商提出建议。

13. 髋关节发育不正常是一种退化变异性病变，给狗带来很大痛苦。在小狗 6 个月大的时候，如果患上髋关节发育病就能发现症状。某兽医对 42 只小狗做检查，发现 5 只有髋关节病变。要求：

(1) 解释为什么不能直接构造置信区间；

(2) 运用“加 4 法”构造置信区间（置信水平为 95%）。

14. 对鱼贯进入球场观看比赛的观众，随机地访问 81 位，结果 73 位说是主场球队的粉丝。要求：

(1) 解释为什么不能直接根据背景材料构造置信区间；

(2) 运用“加 4 法”构造置信区间（置信水平为 95%）。

15. 对贷款人的贷款申请，银行会评估贷款人有没有能力到期偿还贷款，其中常用的手段就是评分法。审批员根据贷款人提供的贷款申请资料，比如收入水平、信用记录、债务负担等，逐项进行评分，然后汇总。贷款人的得分越高，表明贷款越安全。一旦贷款人获得的评分低于底线，贷款申请就不会被批准。对这个问题，可以采用假设检验来帮助决策。银行的利润来自贷款的利息，因此检验的零假设可以表示为：贷款人偿还贷款，银行获得本息。要求回答下列问题：

(1) 贷款人不能偿还贷款，银行会犯什么类型的错误？

(2) 贷款人有能力偿还贷款，但银行没批准，会犯什么类型的错误？

(3) 假如银行把贷款评分底线由 250 分降到 200 分，这时进行假设检验，你会选择高的显著性水平还是低的显著性水平？

(4) 评分底线的变化会对两类错误的发生概率产生什么影响？

16. 垃圾邮件过滤器试图对发给你的邮件进行分类，区分哪些是有用的，哪些是你不想要的。垃圾邮件过滤也采用评分策略，根据邮件的主题、关键词等，对发送邮件的人进行评分。综合得分越高，越有可能是垃圾邮件。过滤器设置了一个得分阈值，一旦评分低于这个阈值，过滤器不予拦截，反之则会实施拦截，将怀疑的邮件存放在垃圾箱。对这个问题，可以将它转化为假设检验来处理。零假设是，邮件是真实的信件。要求回答下列问题：

(1) 过滤器将垃圾邮件放进了邮箱，这是什么类型的错误？

(2) 过滤器把有用邮件当成了垃圾邮件，会犯什么类型的错误？

(3) 过滤器允许用户调整阈值，假如把阈值由 50 分提高到 60 分，这时进行假设检验，你会选择高的显著性水平还是低的显著性水平？

(4) 阈值的变化会对两类错误的发生概率产生什么影响？

17. 2005 年美国普查局公布，68.9%的家庭拥有自己的住房。根据普查资料，某个小城市的住房自有率很低。于是，该市市政部门正在拟定一项计划，对首次购房家庭实施税收减免，以提高市民自有住房率。由于税收减免会使该市少收很多税款，为慎重起见，市政决定先做个为期两年的试验。只有当税收减免确实促进了市民购买自有住房时，这项计划才会继续实施下去。要求回答：

（1）检验的假设是什么？

（2）可能犯的Ⅰ型错误是什么？

（3）可能犯的Ⅱ型错误是什么？

（4）对可能犯的每类错误，受害人是谁？

（5）联系具体背景，谈谈检验功效说明了什么。

18. 流水线生产管理人员需要对加工出来的产品进行检测，以防止不合格产品出现。具体做法是，每隔一定周期进行取样检查，一旦发现不合格产品明显增加，就会要求停止作业，直到找出原因并得到改正为止。要求回答：

（1）根据背景资料，谈谈Ⅰ型错误是什么。

（2）可能犯的Ⅱ型错误是什么？

（3）企业对可能犯的哪类错误更关心？

（4）产品消费者对可能犯的哪类错误更关心？

（5）联系具体背景，谈谈检验功效说明了什么。

（6）现在的抽检办法是每小时抽检5件，对此有的人建议最好抽检10件，改变抽样规模的优缺点是什么？

（7）将显著性水平由5%改为1%，其优缺点是什么？

（8）假如流水线上有台设备加工出来的不合格品一天比一天多，这将怎样影响检验功效？

19. 某企业遭到种族歧视方面的投诉，因为来该企业应聘的少数族裔占到27%，但只有19%的少数族裔被录用。是否有充分的证据表明，该企业在录用新员工时存在歧视？要求回答：

（1）这是单尾检验还是双尾检验？为什么？

（2）联系背景资料，可能犯的Ⅰ型错误是什么？

（3）联系背景资料，可能犯的Ⅱ型错误是什么？

（4）假如把显著性水平5%改为1%，这对检验功效会产生什么影响？

（5）假如投诉的37人变成87人，检验功效会发生什么变化？

20. 高速公路安全工程师为检测新型路标是否醒目，招聘了一批志愿者，让他们各自驾驶车辆分别经过新路标和老路标，然后报告哪个更好。

（1）这是单尾检验还是双尾检验？为什么？

（2）联系背景资料，可能犯的Ⅰ型错误是什么？

（3）联系背景资料，可能犯的Ⅱ型错误是什么？

（4）联系背景资料，谈谈检验功效是什么含义。

（5）假如把显著性水平1%改为5%，这对检验功效会产生什么影响？

（6）假如志愿者有50人，现在因时间和预算费用限制，只能用20人，这时检验功效会发生什么变化？

21. 统计学教授根据几年的观察发现，选修这门课程的学生有大约13%没能坚持到学期结束。某统计软件经销商建议教学时使用一款软件，让学生更有兴趣学习统计，这将会降低学生的退选率。由于这款统计软件价格很高，经销商只答应免费试用一学期，如果用后能明显降低学生的退选率，要想继续使用则必须付费。要求回答：

（1）这是单尾检验还是双尾检验？为什么？

（2）写出零假设和备择假设。

（3）联系背景资料，这位统计老师可能犯的Ⅰ型错误是什么？

（4）联系背景资料，这位统计老师可能犯的Ⅱ型错误是什么？

（5）联系背景资料，谈谈检验功效是什么含义。

22. 如果无线电台不能把企业广告的收听率提高到20%以上，企业将解除与它的协议。于是，无线电台做了400位居民的随机样本调查。要求回答：

（1）检验的假设是什么？

（2）无线电台采用10%的显著性水平，但企业为什么要求低于5%的显著性水平？

（3）联系背景资料，谈谈检验功效是什么含义。

（4）哪个显著性水平将会使检验功效增强？为什么？

（5）双方经协商决定采用5%的显著性水平，但企业要求样本量达到600，此时犯Ⅱ型错误的风险变大了还是变小了？为什么？

23. 抽屉里有两枚硬币，看上去没有什么区别。抛掷其中一枚，90%的概率正面朝上，抛掷另一枚却只有30%的概率正面朝上。现在让你从中挑选一枚，允许你抛掷一次，然后确定哪枚是90%的概率正面朝上的硬币，哪枚是30%的概率正面朝上的硬币。零假设为："这一枚是90%的概率正面朝上的硬币"。要求回答：

（1）检验的备择假设是什么？

（2）假如你抛掷的硬币反面朝上，此时你会做出什么决定？如果抛掷的硬币正面朝上，你的决定又是什么？

（3）显著性水平是多少？

（4）检验功效是多少？

（5）怎样才能同时降低Ⅰ型错误风险和增强检验功效？

24. 某罚球水平比较差的篮球运动员，在非赛季里加强了这方面的训练。经过一段时间的刻苦训练，该运动员告诉教练他的罚球命中率已由 60%提高到了 80%。抱着将信将疑的态度，教练让他定点投 10 个球，结果有 9 个命中。这位运动员有没有证明自己的进步？

（1）假如该运动员的罚球命中率仍然是 60%，那么此时 10 投 9 中的概率是多少？

（2）假如该运动员 10 投 9 中，但实际上罚球命中率并没有提高，而教练却认为他进步了，这是什么类型的错误？

（3）假如该运动员现在的罚球命中率确实是 80%，并且在测试中 10 投 9 中，此时检验功效是多少？

（4）改进教练对运动员是否进步的检验，至少列出两种方法。

第14章

两总体比例的比较分析

对新网页，表示喜欢的男性与女性各自的占比是否一样？与上个月相比，这个月人们是不是真的更看好经济形势？在实际应用中，对两个总体比例进行比较是经常遇到的事。两总体比例的比较与单总体比例检验有很多相似之处，有关概念完全相同，只是标准误差有所区别。

14.1　两总体比例差的估计

关于男性是不是比女性更爱冒险，心理学家曾做过研究，指出在很多情形下男性与女性相比会做出更冒险的行为。但是如果男性身边有女性在，这种情况还存在吗？美国高速公路安全管理局在马萨诸塞州随机选择 161 个地点，做了一项观察研究，结果表明男性驾驶汽车系安全带的比例明显比女性低，但当男性驾驶汽车身边有女性时，系安全带的比例猛增了 16 个百分点，而女性驾驶汽车不管身边有没有男性，系安全带的比例都在 70%以上。该项研究观察的 4 208 位身边有女性的驾驶汽车的男性中，2 777 人系了安全带，占比 66.0%。2 763 位身边没有女性的驾驶汽车的男性中，1 363 人系了安全带，占比仅为 49.3%。虽然只是一个随机样本，但反映了这样一种情况：有女性在场，男性的冒险行为会发生改变。现在的问题是：有无女性在场的情况下，驾驶汽车的男性系上安全带的比例的真实差别有多大？

对两个百分比进行比较，可能比对单个百分比做检验更为常见，也似乎更有趣。因为我们经常想去了解诸如此类的问题，比如，两个组相比是不是有差别，服用药物和服用安慰剂的治疗效果是不是一样，今年的收成是不是好于去年等。

就上面的例子来看，有无女性在场，男性驾驶汽车系安全带的比例相差 16.7%，这是样本观察的结果，真实的差距究竟是多少呢？估计的结果不可能完全准确，为了更好地说清楚这件事，需要了解两样本比例差抽样分布的标准差。两个样本比例都会随样本的变化而发生改变，我们最感兴趣的当然是它们之间的差，那么这个差的抽样分布标准差是什么呢？

14.1.1　两样本比例差的标准差

在概率论课程的学习中，我们已经知道，对两个独立的随机变量，它们的和或差的方差等于这两个变量各自方差的和。

X，Y 是相互独立的随机变量，则有：

$$\mathrm{Var}(X \pm Y)=\mathrm{Var}(X)+\mathrm{Var}(Y) \tag{14.1}$$

$$SD(X \pm Y)=\sqrt{SD^2(X)+SD^2(Y)}=\sqrt{\mathrm{Var}(X)+\mathrm{Var}(Y)} \tag{14.2}$$

要求 X，Y 相互独立很重要，不然得不到式（14.1）和式（14.2）。

两个相互独立样本的样本比例也是相互独立的，这样可以利用式（14.1）和式（14.2）的结论。

$\hat{p}_1$为第一个容量为 n_1 的随机样本比例，相应的总体比例为 p_1，$\hat{p}_2$为第二个容量为 n_2 的随机样本比例，对应的总体比例为 p_2。通过前面章节的学习，我们已经知道：

$$SD(\hat{p}_1)=\sqrt{\frac{p_1 q_1}{n_1}} \tag{14.3}$$

$$SD(\hat{p}_2)=\sqrt{\frac{p_2q_2}{n_2}} \tag{14.4}$$

所以存在：

$$\mathrm{Var}(\hat{p}_1-\hat{p}_2)=\left(\sqrt{\frac{p_1q_1}{n_1}}\right)^2+\left(\sqrt{\frac{p_2q_2}{n_2}}\right)^2=\frac{p_1q_1}{n_1}+\frac{p_2q_2}{n_2} \tag{14.5}$$

对式（14.5）取平方根，得到两样本比例差的标准差：

$$SD(\hat{p}_1-\hat{p}_2)=\sqrt{\left(\sqrt{\frac{p_1q_1}{n_1}}\right)^2+\left(\sqrt{\frac{p_2q_2}{n_2}}\right)^2}=\sqrt{\frac{p_1q_1}{n_1}+\frac{p_2q_2}{n_2}} \tag{14.6}$$

由于总体比例 p_1，p_2 未知，可以用它们各自的样本比例 $\hat{p}_1$，$\hat{p}_2$进行估计，由前面章节的学习可知，应该存在：

$$SE(\hat{p}_1-\hat{p}_2)=\sqrt{\left(\sqrt{\frac{\hat{p}_1\hat{q}_1}{n_1}}\right)^2+\left(\sqrt{\frac{\hat{p}_2\hat{q}_2}{n_2}}\right)^2}=\sqrt{\frac{\hat{p}_1\hat{q}_1}{n_1}+\frac{\hat{p}_2\hat{q}_2}{n_2}} \tag{14.7}$$

例 14—1

一项调查随机抽取了年龄在 12～17 岁的 886 名青少年作为样本，结果表明有一半的人曾在网络上发布过有关个人情况的信息。网络信息研究人员和隐私保护提倡者非常想知道，这是否会给这些涉世不深的孩子带来隐患。为搞清楚男生、女生上网行为的异同，研究人员随机抽取了年龄在 15～17 岁的 248 名男生，其中有 57%在网络上发布过有关个人情况的信息。同样年龄段的 256 名女生组成的样本中，有 70%的人在网络上发布过有关个人情况的信息。由给定资料，计算青少年男生、女生样本比例差的标准误差。

答：由于男生、女生样本是独立抽取的，因此男生样本比例和女生样本比例应该相互独立。根据式（14.7）得：

$$\begin{aligned}SE(\hat{p}_1-\hat{p}_2)&=\sqrt{\frac{\hat{p}_1\hat{q}_1}{n_1}+\frac{\hat{p}_2\hat{q}_2}{n_2}}\\&=\sqrt{\frac{0.57\times 0.43}{248}+\frac{0.70\times 0.3}{256}}\\&=0.0425\end{aligned}$$

□ 14.1.2 假定条件

在进行数据分析之前，需要对相关的假定条件进行必要的检查。

独立性假定

在每个组里，要求观察资料间相互独立。独立性假定检查起来比较困难，所以可以考察如下方面：

第一，随机性。组中的每个观察值，应该是从相同总体中按照随机原则获得的，或者是从随机比较试验中产生的。

第二，10%准则。对不重置随机抽样，样本不能超过总体规模的 10%。

第三，组与组之间相互独立。对于被比较的两个组，也要求必须相互独立。因为如果没有这样的假定要求，就不能使用式（14.6）、式（14.7）的结论。

样本容量要求

被比较的两个组，每个组的观察规模都必须足够大。与单比例情形一样，对那些总体比例接近于 0 或 100%的场合，每个组的观察规模尤其要大，需要保证每个组中感兴趣事件和不感兴趣事件发生的次数不低于 10。

例 14—2

背景材料见例 14—1。根据这些资料进行统计推断分析，检查其基本条件能否得到满足。

答： 由于男生样本和女生样本是分别独立抽取的，因此统计推断分析对独立性要求的条件能够得到满足。如果我们把 15～17 岁有上网条件和能力的青少年人口当成总体，显然 248 名男生样本和 256 名女生样本各自的占比不会超过 10%。因为样本是随机选择的，男生样本和女生样本应该也是相互独立的。对男生组来说，248×0.57＝141，248×0.43＝107，对女生组来说，256×0.70＝179，256×0.30＝77，都比 10 大。总之，统计推断分析的假定条件都能得到满足，可以利用这些资料进行男生、女生有关推断分析。

□ 14.1.3　两样本比例差的抽样分布

样本容量足够大时，样本比例的抽样分布趋向于正态分布，这一结论也适用于两样本比例差的情况。

两样本相互独立，每个样本中的观察之间也相互独立，抽样规模足够大，则两样本比例差的抽样分布具有正态特征，且为：

$$\hat{p}_1-\hat{p}_2 \sim N\left(p_1-p_2, \sqrt{\frac{p_1 q_1}{n_1}+\frac{p_2 q_2}{n_2}}\right) \tag{14.8}$$

由式（14.8）可以计算出两样本比例差的抽样极限误差。可是总体比例 p_1，p_2 未知，此时可用样本 $\hat{p}_1$，$\hat{p}_2$进行估计，因此抽样分布标准差的估计量可用式（14.7）得到。

□ 14.1.4　两总体比例差的区间估计

在相应的条件要求得到满足的情况下，由式（14.8）可以得到两总体比例差的置信区间，具体见式（14.9）。

$$(\hat{p}_1-\hat{p}_2) \pm z^* \times \sqrt{\frac{\hat{p}_1 \hat{q}_1}{n_1}+\frac{\hat{p}_2 \hat{q}_2}{n_2}} \tag{14.9}$$

式中，z^* 为给定置信水平下标准正态分布的临界值。

例 14—3

背景材料见例 14—1。在置信水平 95%的要求下，给出男、女青少年比例差的置信区间。

答： 置信水平为95%时正态分布的临界值为1.96，由于

$$\hat{p}_1=57\%(0.57),\ \hat{p}_2=70\%(0.70),\ n_1=248,\ n_2=256$$

由式（14.9）得：

$$(\hat{p}_2-\hat{p}_1)\pm z^*\times\sqrt{\frac{\hat{p}_1\hat{q}_1}{n_1}+\frac{\hat{p}_2\hat{q}_2}{n_2}}$$

$$=(0.70-0.57)\pm1.96\times\sqrt{\frac{0.57\times0.43}{248}+\frac{0.70\times0.30}{256}}$$

$$=0.13\pm0.083$$

式中，下标1代表男生，下标2代表女生。

因此，95%置信水平下，15～17岁青少年中男生、女生上网发布个人资料比例差的置信区间为（4.7%，21.3%）。容易看出，女生较男生更有可能发布个人信息资料。

14.1.5 实例应用讲解

下面对前面介绍的例子中男性驾驶汽车时有无女性在场系安全带的比例差进行分析。

第一步，陈述所要讨论的问题。根据具体的调查资料，主要讨论有无女性在场男性开车时系安全带的比例差究竟有多大。

第二步，确定研究变量。涉及的变量是不同情形下的比例，在此用 p_{nf} 表示无女性在场男性开车系安全带的比例，p_f 表示有女性在场男性开车系安全带的比例。$\hat{p}_{nf}$ 表示无女性在场男性开车系安全带的样本比例，$\hat{p}_f$ 表示有女性在场男性开车系安全带的样本比例。这样，关心的主要参数是 p_f-p_{nf}。在给定的95%置信水平下，给出 p_f-p_{nf} 的置信区间。

第三步，检查假定要求。驾驶汽车的男性司机的行为，相互之间不会产生影响。由于是随机选择的观察点，随机性条件能够得到满足。虽然调查只在马萨诸塞州开展，但可以作为全美的一个缩影，这样调查的样本规模应该不会超过10%。有女性在场男性开车与无女性在场男性开车，也应该是不存在相互关系的。有女性在场：4 208×0.66=2 777，4 208×0.34=1 431，无女性在场：2 763×0.493=1 363，2 763×0.507=1 400，都比10大。

第四步，构建抽样分布模型。根据第三步的讨论分析，其基本条件要求都能得到满足，所以进行置信区间构造，可以采用两样本比例差正态模型。

第五步，给出具体的置信区间。因为

$$\hat{p}_f=66\%(0.66),\ \hat{p}_{nf}=49.3\%(0.493),\ n_f=4\,208,\ n_{nf}=2\,763$$

由式（14.7）得：

$$SE(\hat{p}_f-\hat{p}_{nf})=\sqrt{\frac{\hat{p}_f\hat{q}_f}{n_f}+\frac{\hat{p}_{nf}\hat{q}_{nf}}{n_{nf}}}$$

$$=\sqrt{\frac{0.66\times0.34}{4\,208}+\frac{0.493\times0.507}{2\,763}}$$

$$=0.012$$

置信水平为 95%，对应的临界值为 1.96。这样，再由式（14.9）得：

$$
\begin{aligned}
(\hat{p}_f-\hat{p}_{nf})\pm z^* \times SE(\hat{p}_f-\hat{p}_{nf}) &= (0.66-0.493)\pm 1.96\times 0.012 \\
&= 0.167\pm 0.024
\end{aligned}
$$

所以，置信区间是（14.3%，19.1%）。

第六步，分析结论。在 95%的置信水平下，有无女性在场男性驾驶汽车系安全带的比例差在 14.3%～19.1%之间，这是一个很有趣的结果。

14.2 两总体比例差的假设检验

2001 年秋天，全美睡眠基金会就睡眠问题随机调查了 1 010 位美国成年人。为保证男性与女性样本观察单位数相当，采用了按地区和性别的分层抽样。该调查中的一个题项是关于睡觉打呼噜的。995 位做了有效回答的被调查者中，有 37%称自己一周至少有几个晚上睡觉时打呼噜。按年龄分组，30 岁以下的 184 位被调查者中，有 26%说自己睡觉打呼噜。30 岁以上的 811 位被调查者中，39%的人承认打呼噜。两者相差 13%，是真的有这么大的差别，还是因调查样本随机变化造成的？对此，我们可以采用假设检验来处理。

14.2.1 样本比例的合并

进行假设检验，首先需要提出检验的假设。那么，上述问题的零假设怎么给出呢？很自然地我们会写出 $H_0: p_1=p_2$，不过也可以表示为 $H_0: p_1-p_2=0$，两者说明的问题完全一样。利用式（14.7），只要把每个样本比例分别代入，就可以计算出 $SE(\hat{p}_1-\hat{p}_2)$。但在假设检验中，我们还可以更好地处理这个问题。既然假定零假设成立，那么可以把两个总体比例 p_1，p_2 合并成一个值，同样，它们各自的比例 $\hat{p}_1$，$\hat{p}_2$估计也可以进行合并。拿前面提到的睡眠的例子来说，在零假设成立的前提下，30 岁以上组和 30 岁以下组应该有一个相同的样本比例，调查总人数 184+811=995，打呼噜的人数 48+318=366，此时样本中打呼噜的比例就是 366/995=0.367 8（36.78%）。用这种方法得到的比例，通常称为合并后的比例。借助合并处理，能提高估计的效果。合并比例的一般计算方法是：

$$\hat{p}_{合}=\frac{n_1^1+n_2^1}{n_1+n_2} \tag{14.10}$$

式中，$\hat{p}_{合}$为两个样本合并后的比例；n_1，n_2 分别为样本容量；n_1^1，n_2^1 为样本 1 和样本 2 观察中出现的感兴趣事件数。

如果我们只有样本观察规模和相应的样本比例，要利用式（14.10），只需要做些简单的变换处理，比如：

$$n_1^1=n_1\times\hat{p}_1, n_2^1=n_2\times\hat{p}_2$$

在式（14.10）的基础上，由式（14.7）得：

$$SE_{合}(\hat{p}_1-\hat{p}_2)=\sqrt{\frac{\hat{p}_{合}\ \hat{q}_{合}}{n_1}+\frac{\hat{p}_{合}\ \hat{q}_{合}}{n_2}} \tag{14.11}$$

由于 $q=1-p$，同理得，$q_{合}=1-p_{合}$。

根据打呼噜例子中的资料，由式（14.11）计算出来的标准误差是：

$$SE_{合}(\hat{p}_1-\hat{p}_2)=\sqrt{\frac{\hat{p}_{合}\ \hat{q}_{合}}{n_1}+\frac{\hat{p}_{合}\ \hat{q}_{合}}{n_2}}$$

$$=\sqrt{\frac{0.368\,7\times(1-0.368\,7)}{184}+\frac{0.368\,7\times(1-0.368\,7)}{811}}$$

$$=0.039$$

对样本比例进行合并，还能得到其他的好处。做假设检验，要求样本中感兴趣、不感兴趣事件出现的次数不能低于10。如果这一要求得不到满足，就需要加以修正处理，但如果借助合并方法，也许能在不进行修正的情况使这一条件要求得到满足。下面来看一个例子。

加德西疫苗常被用来预防人乳头瘤病毒（human papillomavirus，HPV）产生的菌株，女性一旦携带了HPV极可能会患上宫颈癌。在一项随机安排的临床试验中，7 897名打过疫苗的女性中有1例被确诊为HPV患者，包括7 899名女性的对照组中有91例被诊断出患有宫颈癌。打过疫苗的女性中出现1例HPV，显然小于10，不符合条件要求。现在把试验组和对照组进行合并，得到的样本比例是：

$$\hat{p}_{合}=\frac{91+1}{7\,899+7\,897}=0.005\,8$$

此时有：

$$n_1^1=n_1\times\hat{p}_{合}=7\,899\times0.005\,8=46$$

$$n_2^1=n_2\times\hat{p}_{合}=7\,897\times0.005\,8=46$$

两个值都大于10。在不进行修正的情况下，也能满足假设检验的要求。

□ 14.2.2 两总体比例差假设检验的做法

两样本比例的差别悬殊，自然就有理由做出拒绝零假设的决策。那么差别多大时，才能给出这样的结论呢？对于两总体比例的比较问题，需要采用两比例的正态性检验。

假定两比例假设检验的条件得到满足，检验的零假设是：

$$H_0: p_1-p_2=0$$

在零假设成立的前提下，合并后的样本比例见式（14.10），标准误差根据式（14.11）计算，则检验统计量为：

$$z=\frac{(\hat{p}_1-\hat{p}_2)-0}{SE_{合}(\hat{p}_1-\hat{p}_2)} \tag{14.12}$$

且服从标准正态分布。

□ 14.2.3 实例应用讲解

就前面提到的睡眠资料，检验分析30岁以下和30岁以上年龄组的人，打呼噜的比例有没有差异。

第一步，陈述所要讨论的问题。根据给定的调查资料，分析30岁以下和30岁以上年龄组的人，睡觉打呼噜的比例有没有差异。

第二步，提出研究假设。用下标 1 表示 30 岁以上年龄组，用下标 2 表示 30 岁以下年龄组，则检验假设是：

$$H_0: p_1 - p_2 = 0$$
$$H_A: p_1 - p_2 \neq 0$$

第三步，分析条件要求。全美睡眠基金会是采用随机抽样的方式确定调查样本的，所以独立性假定能够得到满足。每位被调查者是随机选择，并按性别和地区分层处理的，应该说被调查的样本单位具有随机性。30 岁以下和 30 岁以上年龄组的人数众多，此次调查 30 岁以下年龄组有 184 人，30 岁以上年龄组有 811 人，他们在各自年龄段的占比会小于 10%。由于样本是随机确定的，这样 30 岁以下年龄组和 30 岁以上年龄组也相互独立。30 岁以下年龄组中，打呼噜的 48 人，不打呼噜的 136 人；30 岁以上年龄组中，打呼噜的 318 人，不打呼噜的 493 人，都比最低要求 10 大。总之，做假设检验的基本条件能得到满足。

第四步，假设检验模型。由于上述条件都符合，因此可以采用两比例正态性检验。

第五步，计算检验统计量。计算样本比例，根据上述关于下标的约定，则有：

$$\hat{p}_1 = \frac{n_1^1}{n_1} = \frac{318}{811} = 0.392$$

$$\hat{p}_2 = \frac{n_2^1}{n_2} = \frac{48}{184} = 0.261$$

在零假设成立的前提下，对样本比例进行合并处理，由式（14.10）得：

$$\hat{p}_{合} = \frac{n_1^1 + n_2^1}{n_1 + n_2} = \frac{318 + 48}{811 + 184} = 0.367\,8$$

根据合并后的样本比例计算标准误差，由式（14.11）得 0.039（具体过程见前面的介绍）。这样，检验统计量为：

$$z = \frac{(\hat{p}_1 - \hat{p}_2) - 0}{SE_{合}(\hat{p}_1 - \hat{p}_2)} = \frac{(0.392 - 0.261) - 0}{0.039} = 3.33$$

第六步，给出分析结论。这是一个双尾检验问题，其 P-值是：

$$P\text{-值} = 2 \times P(z \geqslant 3.33) = 0.000\,8$$

这是个非常小的概率，所以从统计意义上应该拒绝零假设。也就是说，不同年龄组的人睡觉打呼噜的情况存在一定的差别。

14.3 总结与注意事项

前面的有关章节对单比例的估计和检验问题做了介绍，本章对两比例比较的统计推断问题进行了说明。两比例比较和单比例分析，采用的概念和基本原理完全一样，主要的区别在于衡量抽样分布的变异的方法。特别是，在进行两比例比较假设检验时，最好先把样本比例合并处理，并据此计算标准误差，因为这样做能提高假设检验的效果。

对两比例问题进行分析时，以下几点值得关注：

第一，如果样本间不相互独立，则不能进行两比例推断分析。在进行两比例推断分析时，一旦样本间独立性条件得不到满足，就有可能得出错误的结果。要保证组与组间相互独立，最好采用随机性抽样方法，力求做到组与组间不发生相互联系。比如，询问受访者是否拥有 SUV 时，就不能同时询问这些人是否赞成取消燃油附加费，由此得到的两组数据存在明显的相关关系，怎么能比较它们之间的差别呢？对这个问题，可以针对拥有和没有 SUV 的人分别询问他们是否赞成取消燃油附加费，这样的分析才是有意义的。

第二，进行两比例推断分析，要求样本观察具有随机性。如果样本数据不是来自代表性随机样本，而是根据非随机性安排的实验产生的，两比例统计推断就有可能产生错误。

第三，不能把两比例间存在的显著性差别解释成因果关系。把受试对象按收入高低分组，得到的结论可能是收入越高的人越有可能睡觉打呼噜，难道这意味着收入水平会影响人们的睡眠方式？拿前面的例子来说，30 岁以上的人打呼噜的比例高于 30 岁以下的人，则 30 岁以上年龄组的人的收入可能也会高于 30 岁以下的年轻人？在前瞻性或追溯性研究中，要注意防范潜变量的影响，或许是这些潜变量导致了组与组之间的差别。

复习思考题

1. 对 12～17 岁年龄段的 935 名青少年的调查表明，15～17 岁的女孩明显地更有可能使用在线社交网络，在被调查的女孩中 70%的人承认使用过社交网络，与此相比，男孩的比例只有 54%。这是否说明了女孩、男孩使用社交网络比例差是很明显的？

2. 2007 年，就获取科学知识和最新动态的渠道问题，皮尤研究中心调查了 1 447 位互联网用户，家里接入宽带的受访者中有 34%称更多地通过互联网，有 33%称一般都是通过收看电视。能不能说这两个比例差别不显著？

3. 某政党候选人做了一周的电视宣传，旨在吸引市民对他的关注。宣传前和宣传后的民意测验对比表明，这位候选人的受众比例存在某种程度的提高，P-值为 0.033。有理由认为电视宣传起到作用了吗？

4. 1993 年盖洛普公司就“是否认为上帝创造了人类”这一话题做了一次民意测验，47%的受访者给出了肯定的回答。2001 年盖洛普公司又就同样的问题进行了民意调查，给出肯定回答的受访者占 45%。给出的 P-值为 0.37，能不能得出民众就这一话题的回答发生了改变的结论？

5. 就“可以告诉刚认识的人哪些个人信息”这一话题随机调查了 886 名未成年人，结果 44%的受访者回答可以告诉电子邮箱，有 29%同意告诉电话号码。某研究人员声称通过两比例正态检验，可以分析这两个比例是否存在差别。对此你是怎样看的？为什么？

6. 由 935 位家长组成的随机样本，其中 77%表示他们家对小孩能看哪些电视节目有明确的要求。再询问这 935 位受访家长中的 790 位，有 85%表示对小孩能浏览哪些网站有规定。对这个问题能不能做两比例正态性推断？为什么？

7. 某总统候选人担心女性选民对他不利，于是他的竞选团队准备做一次民意调查以评估情况究竟如何。随机选取了 300 名男性和 300 名女性，男性样本中表示对该候选人有好印象的占到 59%，女性样本中做出同样回答的比例为 53%。要求回答：

(1) 竞选团队采用了什么样的抽样设计？

(2) 男性选民、女性选民回答比例差的标准差是多少？

(3) 男性选民和女性选民对候选人有好印象的占比是否存在差别？

8.《消费者》杂志准备对购买了某款小汽车的用户做一次调查，目的是了解这些用户如果换新车，是否还会购买同样款式的小汽车。随机选取了美国制造的小汽车的用户 450 人，其中 76%的人表示因为用起来比较舒服，他们换新车的话还会购买美国制造的同款汽车。在 450 人组成的日本制造小汽车的用户样本中，78%的人表示还会购买日本制造的同款汽车。要求回答：

(1) 该调查采用了什么抽样方法？

(2) 不同国别制造的小汽车的用户比例差的标

准差是多少?

(3) 再购买同一国别制造的小汽车的用户比例是否存在差别?

9. 美国疾病控制与预防中心做过调查，1 012 名 65 岁以上的男性样本中 411 人患有关节炎，1 062名 65 岁以上的女性样本中 535 人患有这种疾病。要求回答：

(1) 开展统计推断分析的条件要求是否得到满足?

(2) 对患有关节炎的老年男性和老年女性比例差构造 95%的置信区间?

(3) 根据得到的置信区间，谈谈关节炎发病情况在老年男性和女性人群中哪个更严重。

10. 为了解高中生完成学业的情况，2000 年 10 月，美国商务部举行了一次大规模的调查，受访对象超过 25 000 名高中生。结果发现，12 460 名男生中 84.9%获得了高中毕业证书，12 678 名女生中 88.1%取得了毕业文凭。要求回答：

(1) 开展统计推断分析的条件要求是否得到满足?

(2) 对男生、女生获得高中毕业文凭的比例差构造 95%的置信区间。

(3) 根据得到的置信区间，谈谈男生、女生完成高中学业是否存在差别。

11. 美国国家癌症研究中心的研究人员，就除草剂对家庭宠物的危害问题发布了调研报告。该项研究对经常使用除草剂家庭的 827 只宠物狗做检查，发现其中 473 只患有恶性淋巴瘤，而不使用除草剂家庭的 130 只狗中仅有 19 只患有这种疾病。要求回答：

(1) 两个比例差的标准误差是多少?

(2) 95%的置信水平下，构造比例差的置信区间。

(3) 对得出的结果进行适当的说明。

12. 腕管综合征引起的腕关节疼痛，可以采用外科手术治疗，也可以打上夹板。2002 年 11 月，《时代》杂志报道了 176 例腕关节疼痛病人的治疗情况，其中一半人采用外科手术治疗，80%的人 3 个月后症状得到改善，另一半人采用夹板疗法，有所好转的只有 48%。要求回答：

(1) 两个比例差的标准误差是多少?

(2) 95%的置信水平下，构造比例差的置信区间。

(3) 对得出的结果进行适当的说明。

13. 婴儿很容易周期性感染疼痛性耳炎，现在有一款新的疫苗可能有助于治疗这种疾病。为了检验其效果，选取了 4 907 个 1 周岁左右的婴儿，随机地把他们分成两组，一组打疫苗，另一组不打疫苗。一年后，打了疫苗的 2 455 个婴儿中仅有 333 个患了耳炎，而不打疫苗的 2 452 个婴儿中患上耳炎的有 499 个。要求回答：

(1) 统计推断分析的条件要求是否得到满足?

(2) 95%的置信水平下，构造比例差的置信区间。

(3) 根据得到的置信区间，谈谈疫苗的效果如何。

14.《美国医学协会》杂志曾报道过一个关于百忧解能否用于治疗进食障碍症的实验。实验中将就诊的患有进食障碍症的妇女随机地分成两个组。一个组 49 人，服用百忧解，一年后有 35 人表示健康状况有所好转；另一组 44 人，作为对照组服用安慰剂，有 32 人症状得到缓解。要求回答：

(1) 检验的假设是什么?

(2) 95%的置信水平下，构造两比例差的置信区间。

(3) 能不能认为百忧解对治疗进食障碍症有效?

15. 第 13 题要求的是用置信区间判断疫苗对耳炎的治疗效果，现在要求用假设检验来做出分析。试回答下列问题：

(1) 检验的假设是什么?

(2) 在进行假设检验时，你会选择什么样的显著性水平?

(3) 假如得到的结论错误，你犯的是什么类型的检验错误?

(4) 检验错误会带来什么样的影响?

16. 第 14 题要求的是用置信区间判断百忧解对治疗进食障碍症的效果，现在要求用假设检验来做出分析。试回答下列问题：

(1) 检验的假设是什么?

(2) 根据得到的置信区间，陈述所得出的结论。

(3) 在进行假设检验时，你会选择什么样的显著性水平?

(4) 假如得到的结论错误，你犯的是什么类型的检验错误?

(5) 检验错误会带来什么样的影响?

17. 就家长对青少年吸烟行为的影响这一问题，美国儿科学会于 2001 年 12 月公布了一项在佛蒙特州开展的研究的成果。对从未吸过烟的一些学生，研究人员询问了他们的家长对吸烟所持的态度，两年之后再对这些学生进行调查，看他们是否开始吸烟了。在家长不赞成小孩吸烟的284名学生中，54人有了吸烟行为。先前回答自己的爸爸妈妈对小孩吸烟不置可否的41名学生中，11人成了烟民。要求回答：

（1）研究人员采用的是什么类型的调查方法？

（2）写出检验假设。

（3）分析统计推断的条件和要求能否得到满足？

（4）进行假设检验，并谈谈得到的结论。

（5）联系背景材料，说说P-值的含义。

（6）假如结论错误，犯的是什么类型的检验错误？

18. 关于抑郁症对心脏病患者的存活能力是否有影响，《精神病学文献》曾在2001年3月刊登了一项研究成果。研究人员先找到450位心脏病患者，并把他们分成有抑郁症组和无抑郁症组。4年后，361名没有抑郁症的心脏病患者中有67人死亡，89名有抑郁症的心脏病患者中有26人死亡。要求回答：

（1）研究人员采用的是什么类型的资料采集方法？

（2）写出检验假设。

（3）分析统计推断的条件和要求能否得到满足？

（4）进行假设检验，并谈谈得到的结论。

（5）联系背景材料，说说P-值的含义。

（6）假如结论错误，你犯的是什么类型的检验错误？

19. 背景材料见第17题，现在要求回答：

（1）对家长反对吸烟和不反对吸烟的学生吸烟比例差进行95%的区间估计。

（2）联系背景材料，对得到的置信区间进行说明。

（3）说说95%的置信水平是什么含义。

20. 背景材料见第18题，现在要求回答：

（1）对存活率差进行95%的区间估计。

（2）联系背景材料，对得到的置信区间进行说明。

（3）说说95%的置信水平是什么含义。

21. 1998年，圣迭戈的一家妇产科医院报告，157位38岁以下的产妇中有42人顺产，89位38岁以上的产妇中仅有7人顺产。要求回答：

（1）这是不是一个实验？为什么？

（2）进行假设检验，并联系背景谈谈你的结论。

（3）如果两比例间存在差别，请对这个比例差构造估计区间，并加以解释说明。

22. 大选前一个月，630名随机选择的选民中有54%表示会投某位候选人的票。一周后该候选人被曝出婚外情，对1 010名选民进行调查，51%的人表示支持该候选人。要求回答：

（1）根据给定的资料，进行假设检验。

（2）如果给出的结论错误，这是犯了Ⅰ型错误还是Ⅱ型错误？

（3）假定选民的支持率出现了下降，试对支持率的差进行区间估计。

23. 就网上购书问题，随机选取了430位成年人做调查。其中，222位男性中有21%表示有过网上购书的经历，208位女性中只有18%曾网上购书。

（1）能不能认为男性比女性更有可能网上购买图书？请用假设检验进行说明。

（2）假定你得出的结论实际上是错误的，这是犯了Ⅰ型错误还是Ⅱ型错误？

（3）对男性、女性网上购书的比例差进行区间估计。

（4）联系具体背景，谈谈对区间估计的理解。

24. 2001年某县报告称，3 132名已育白人妇女中有94人生了双胞胎，606位已育黑人妇女中有20人生了双胞胎。这是不是表明，生双胞胎的比例在人种之间存在差异？

（1）根据给定的资料，进行假设检验分析。

（2）假如得到的结论不正确，将会犯哪种类型的假设检验错误？

25. 瑞典医学人员对做乳房检查的21 088名妇女和不做乳房检查的21 195名妇女，开展了长达9年的研究。做过乳房检查的有63人死于乳腺癌，不做乳房检查的有66人因乳腺癌死亡。要求回答：

（1）这能不能说明常规的乳房检查有利于预防乳腺癌？

（2）假如你得出的结论是错误的，将会犯哪种类型的假设检验错误？

26. 研究人员对两种治疗疼痛药物的疗效做了比较研究，他们随机地选取一部分患有关节疼痛的病人，然后把这些人随机地划分成两个组。让其中的112人服用药物A，结果有84人表示疼痛感明显减轻了。108人服用了药物B，有66人报告疼痛有所缓解。要求回答：

（1）95%的置信水平下，对服用药物A的病人中疼痛感减轻者的比例进行区间估计。

（2）95%的置信水平下，对服用药物B的病人中疼痛感减轻者的比例进行区间估计。

(3) 服用药物 A 和服用药物 B 的置信区间有没有重叠的部分？对此你有什么看法？

(4) 95%的置信水平下，对服用药物 A 和服用药物 B 的病人中疼痛感减轻者的比例差进行区间估计。

(5) 比例差的置信区间有没有覆盖 0？这意味着什么？

(6) 为什么问题 (3) 和问题 (5) 的结论相互矛盾？哪一种属于正确的做法？

27. 竞聘政治事务处的候选人认识到，男性和女性不同的支持水平是决定其能否获胜的关键因素。某位候选人对 473 位男性做了调查，有 52%表示支持他，而对 522 位女性的调查中，这一比例只有 45%。要求回答：

(1) 95%的置信水平下，对男性支持者的比例进行区间估计。

(2) 95%的置信水平下，对女性支持者的比例进行区间估计。

(3) 男性与女性支持者的比例的置信区间有没有重叠的部分？对此你有什么看法？

(4) 95%的置信水平下，对男性和女性支持者的比例差进行区间估计。

(5) 比例差的置信区间有没有覆盖 0？这意味着什么？

(6) 为什么问题 (3) 和问题 (5) 的结论相互矛盾？哪一种属于正确的做法？

28. 就“你感觉到你的生活状况怎么样”这一问题，2004 年 8 月《时代》杂志公布了调查结果，认为“年龄小的人比年龄大的人活得更自在”。这一结论的依据是：129 位 18～24 岁的受访者中有 80 人表示他们的生活状况很舒适，与此相比，184 位 25～34 岁的受访者中有 98 人给出了同样的意见。《时代》杂志的结论能不能根据这些数据得到验证？说说你的看法。

第15章

单均值推断分析

到目前为止，我们已经对单样本比例的估计和假设检验、两样本比例差的统计推断问题，做了比较详细的介绍。可是实践中，我们看到的数据资料并不是都能用比例表示的。对数值性质的观察资料，我们应该怎么做统计推断分析呢？本章就来讨论单均值的区间估计和假设检验问题。

15.1 引　言

机动车引发的事故，是 4～33 岁人群死亡的主要原因。2006 年这一年里，机动车交通事故夺去了美国 43 300 人的生命，平均每天 119 人，即每 12 分钟就有 1 人死于交通事故。据美国高速公路安全管理局公布的资料，有人员死亡的交通事故中，31%是超速行驶造成的。纽约的大槌路是穿过居民区的一条繁忙街道，当地居民经常抱怨车辆超过限速（每小时 30 英里）行驶，为此警察局在路边设立了雷达测速仪，以提醒过往司机按规定时速驾驶车辆。但居民并不认可这种做法，他们认为应该增加交通警察巡逻，以根除超速行驶现象。为了说明雷达测速仪的提醒效果不好，某位居民在某天的一个 15 分钟的时段内，将通过该路段车辆的雷达测速的结果记录下来，具体见表 15—1。

表 15—1　　汽车行驶速度

时速	车型	时速	车型
29	小汽车	27	小汽车
34	多功能车	37	厢式货车
34	卡车	29	卡车
28	卡车	26	小汽车
30	卡车	24	厢式货车
29	厢式货车	34	小汽车
38	皮卡	36	小汽车
31	小汽车	31	厢式货车
29	卡车	34	小汽车
34	小汽车	36	小汽车
32	小汽车	21	厢式货车
31	小汽车		

根据表 15—1 的资料绘制的直方图见图 15—1。

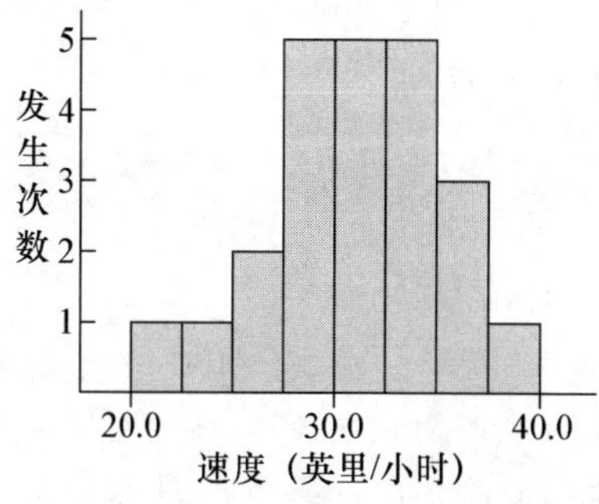

图 15—1　汽车行驶速度直方图

图15—1显示，雷达测速仪记录下的大槌路上的汽车行驶速度似乎呈单峰对称状。当然，我们的兴趣并不在于此，我们关心的是大槌路上行驶的机动车的平均时速是多少，它们有没有超过限定的速度。表15—1的资料属于方便样本的记录，不是随机观察的结果，但我们也没有充分的理由认为，某天的某个时段，大槌路上行驶的汽车的速度就一定比另一天的另一时段快或慢，所以虽然表15—1是方便观察的资料，但也有一定的代表性。

表15—1的数据同一般属性资料的一个重要区别是，它们不是简单地显示为0或1。时速是数量性质的变量，其观察结果是一个个具体的数值。通过前面的学习我们知道，对数值型资料进行分析需要用到均值和标准差概念，如果是样本观察，在推断分析时还需要考虑相应的抽样分布。

现在回顾一下之前学过的比例区间估计和假设检验的做法。在做区间估计时，我们通常把样本统计量值作为总体未知参数的估计值，然后围绕它加上和减去抽样极限误差，从而得到置信区间，拿样本比例区间估计来说，其置信区间就是 $\hat{p}\pm ME$。在正态分布的前提下，抽样极限误差是标准误差 $SE(\hat{p})$ 和临界值 z^* 的乘积，这样样本比例的置信区间可以进一步表示为 $\hat{p}\pm z^*\times SE(\hat{p})$。为什么能使用正态分布？其根据就是中心极限定理所揭示的，样本比例抽样分布服从正态分布。中心极限定理不仅适用于比例的抽样分布，而且适用于样本均值。

样本均值的中心极限定理：从均值为 μ、标准差为 σ 的总体中，随机抽取容量为 n 的样本，$\bar{y}$ 表示样本均值，则 $\bar{y}$ 抽样分布的均值为 μ，标准差是 $\sigma/\sqrt{n}$（$\sigma(\bar{y})=SD(\bar{y})=\sigma/\sqrt{n}$）。不管样本来自的总体是什么性质，当样本容量足够大时，样本均值 $\bar{y}$ 的抽样分布渐近于正态分布。样本容量越大，渐近的效果越好。

例15—1

有关研究表明，成熟的安格斯奶牛的体重服从单峰对称分布，且平均体重1 309磅、标准差157磅。现在给定100头安格斯成熟奶牛组成的随机样本，试据此对奶牛的平均体重进行分析。

答： 由于成熟的安格斯奶牛的平均体重 $\mu=1\,309$、标准差 $\sigma=157$。样本观察规模 $n=100$，因此，这是一个比较大的观察样本。根据中心极限定理，样本均值 $\bar{y}$ 的抽样分布近似服从正态分布，且有：

$$E(\bar{y})=1\,309$$

$$SD(\bar{y})=\frac{\sigma}{\sqrt{n}}=\frac{157}{\sqrt{100}}=15.7$$

也即：

$$\bar{y}\sim N(1\,309,15.7)$$

根据正态分布规则，可以得到：100头安格斯奶牛中，大约有68%体重在1 293.3～1 324.7磅的范围内，有95%体重在1 277.6～1 340.4磅之间，有99.7%体重在1 261.9～1 356.1磅之间，具体见图15—2。

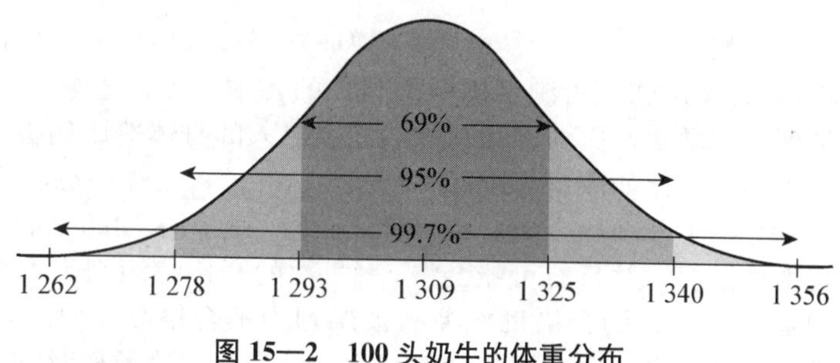

图 15—2　100 头奶牛的体重分布

从上面的例子中可以看出，对数值型资料，利用随机样本的均值进行统计分析，我们只需要找到该样本均值的抽样分布就可以了。不过问题在于，总体的标准差未知时怎么办？在比例统计分析中，这个问题似乎不难解决，因为比例（相当于均值）与标准差存在某种联系，比如：

$$SD(\hat{p})=\sqrt{\frac{pq}{n}}$$

根据样本观察资料，很容易得到：

$$SE(\hat{p})=\sqrt{\frac{\hat{p}\ \hat{q}}{n}}$$

但对于样本均值，即使由中心极限定理得知

$$SD(\bar{y})=\frac{\sigma}{\sqrt{n}}$$

仍然不可能由样本均值 $\bar{y}$ 计算出 $SD(\bar{y})$。也就是说，计算样本均值抽样分布的标准差，不能再盯着样本均值本身，需要另辟蹊径，这时可用样本标准差估计总体标准差，即：

$$SE(\bar{y})=\frac{s}{\sqrt{n}} \tag{15.1}$$

早在一个多世纪前，人们就在正态分布的假定下开始使用式（15.1）了。的确，在样本容量很大时，估计的效果很好。可是后来人们注意到，在小样本情形下，运用式（15.1）会出现问题。和其他统计量一样，样本标准差 s 随着样本的变化而变化，如果它出现某种异常，那么运用式（15.1）就会给 P-值和抽样极限误差的计算带来困境。戈赛特（William S. Gosset）是世界上最先注意到这一现象的人，他意识到当样本标准差出现异常时，不仅需要关注抽样极限误差和 P-值过大的问题，而且需要积极寻找新的抽样分布。客观上讲，我们确实需要这种类型的抽样分布，它与样本容量密切相关。这种抽样分布也应该是单峰的、对称的，像钟形分布那样，只不过样本容量越小，分布的两端向尾部延展得越长。毋庸置疑，戈赛特的发现改变了现代统计学，但绝大多数人在利用其成就时没有想起他的名字。

15.2　样本均值的置信区间

15.2.1　构造置信区间

正所谓无巧不成书，戈赛特在爱尔兰都柏林健力士酿造厂从事的质量管理工作成就了他的一世英名。当时，戈赛特的主要职责是检测出厂的斯托特啤酒（一种味道很浓的黑啤），看其口感是否满足挑剔的客户的要求。可以想象，大量地检测这种啤酒显然不是理想的做法，更何况大量饮酒还会对人的身体造成伤害。为此，戈赛特只好经常使用小样本，比如测试3个、4个样本。不过，戈赛特也注意到，如此小的样本的检测结果并不十分准确。戈赛特对啤酒质量的检测采用的是假设检验，他知道检验结果会犯Ⅰ型错误，并且有可能会将5%批次的合格啤酒判为不合格品。但实际检测的结果却是，有15%的合格批次啤酒被误判为不合格品。对此，戈赛特感到十分困惑。于是，他下定决心要去研究这个问题，并为此攻读了那时刚设立不久的统计学硕士学位。当戈赛特运用 $s/\sqrt{n}$ 去估计抽样分布标准差时，发现抽样分布的形状发生了改变，并断定这是一种新的分布类型，命名为学生 t 分布。

健力士酿造厂不仅没有对戈赛特的研究工作给予更多的支持，反而反对他发表任何研究成果。戈赛特不断地做企业的工作，保证不涉及企业的商业秘密，并对自己的研究成果使用了假名“学生”。戈赛特的研究成果也因此一直被称为学生 t 分布。戈赛特发现的分布总是呈现出钟形，但伴随样本容量的变化有微小的差异。因此，戈赛特的学生 t 分布是一类分布的总称，它受到自由度这个参数的影响。通常人们习惯用 df 表示自由度，用 t_{df} 表示 t 分布。

对均值进行区间估计或假设检验，需要用到戈赛特的学生 t 分布，其自由度 $df=n-1$。

定理：当假定条件得到满足时，样本均值的标准化为：

$$t=\frac{\bar{y}-\mu}{SE(\bar{y})} \tag{15.2}$$

服从戈赛特的学生 t 分布，其自由度 $df=n-1$。

当样本发生偏差时，使用正态分布的抽样极限误差会变得很大，这一点想必大家都能想象得到。此时如果运用戈赛特的学生 t 分布，得到的置信区间的范围不像正态分布那样大，这正是 t 分布的价值所在。

定理：在假定条件得到满足时，总体均值 μ 的置信区间为：

$$\bar{y}\pm t_{n-1}^{*}\times SE(\bar{y}) \tag{15.3}$$

式中，$SE(\bar{y})=s/\sqrt{n}$，t_{n-1}^{*} 为给定置信水平和自由度下 t 分布的临界值（见本书附录“常用统计表”中的表C）。

例 15—2

2004年，某研究团队公布了养殖的三文鱼受污染情况的研究成果。该项研究关心的主要问题之一是，三文鱼体内含有灭蚁灵（杀虫剂）的浓度（单位：毫克/升）。以下为样本观察资料：

$$n=150,\bar{y}=0.091\,3\text{ 毫克/升},s=0.049\,5\text{ 毫克/升}$$

95%的置信水平下，三文鱼体内含灭蚁灵的置信区间是怎样的？

答：自由度 $df=150-1=149$，查表得 $t_{149}^{*}=1.977$，由式（15.1）得：

$$SE(\bar{y})=\frac{s}{\sqrt{n}}$$

$$=\frac{0.049\,5}{\sqrt{150}}=0.004\,0$$

再由式（15.3）得到：

$$\bar{y} \pm t_{n-1}^{*} \times SE(\bar{y}) = 0.0913 \pm 0.000$$
$$= (0.0834\ 0.0992)$$

所以，在 95%的置信水平下，养殖的三文鱼体内含灭蚁灵的平均浓度是 0.083 4～0.099 2。

前面我们曾提到，t 分布是单峰的、对称的，呈钟形，形式上与正态分布曲线很相似。但样本容量较小时，t 分布的尾部比正态分布显得肥厚些（见图 15—3）。随着自由度的增加，t 分布越来越接近正态分布。

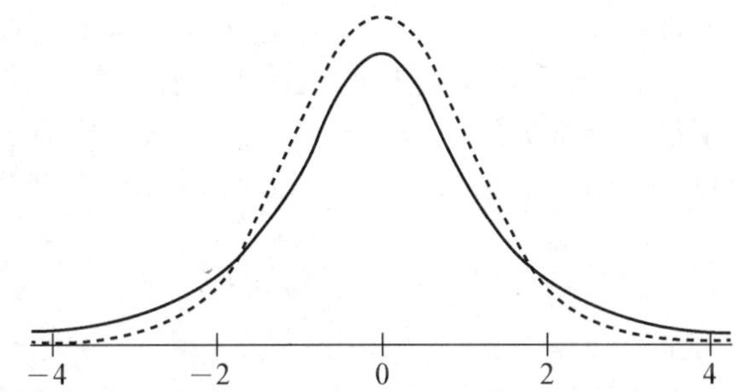

图 15—3　自由度为 2 时的 t 分布与正态分布的比较

图 15—3 中的实线为自由度为 2 的 t 分布，虚线为标准正态分布曲线。

因此，当样本观察数目较大时，t 分布和正态分布几乎没有什么区别，也就是说，是使用 t 分布模型还是正态分布模型做统计推断，对结果的影响不大。另外，如果已知总体标准差，我们也没有必要使用 t 分布模型。

15.2.2　假定与条件要求

戈赛特是通过模拟的方式获得 t 分布的，若干年后，费暄（Ronald A. Fisher）从数学上证明了戈赛特的结论。在这一过程中，费暄指出要得到戈赛特的 t 分布，需要遵从一系列的假定条件。因此，我们在使用 t 分布模型做统计推断时，也需要考虑这些假定条件是否得到满足。

独立性假定

样本观察结果应是相互独立的，但实践中我们没有办法直接在样本观察中检查独立性要求，只能分析独立性是否合理。为此，需要检查以下要求是否符合：

1. 随机性。观察样本是按随机原则抽取的，或者来自随机性实验。随机样本数据，特别是简单随机抽样，对于戈赛特的学生 t 分布而言特别理想。

2. 10%准则。如果样本是不重置抽样得到的，原则上讲要确保抽样比例不能太大，否则会对独立性产生干扰。因此，样本应不超过总体规模的 10%。不过在做均值推断时，我们通常不经常提到 10%准则，因为与比例推断不同，使用 t 分布时，人们往往担心样本比例可能会偏大或偏小，所以总是喜欢多抽样，可是在进行均值推断时，样本观察规模一般都比较小。

正态性假定

对那些来自有严重偏态的总体的样本观察数据，戈赛特的学生 t 分布将很不适合。这表明，在使用 t 分布时，我们总是假定样本来自正态总体。但总体是不是正态的，实际应用时难以检查，因此转而考察其接近于正态的条件，也就是观察数据至少来自单峰对称的总体。

如果样本观察规模比较小，比如由不到 15 个单位组成，这时对正态性的要求就比较严格。在这种情况下，也难以说明样本是否来自正态总体，这时我们可以检查一下，样本观察中是否存在异常值、是否有严重的偏态，一旦发现存在异常值或偏态值比较大，就不能使用戈赛特的学生 t 分布模型。

如果样本观察规模属于中等水平，比如由 15～40 个单位组成，这时根据样本资料绘制出直方图，只要直方图呈现出单众数、基本对称，就说明 t 分布对样本来自正态总体的要求能得到满足。

当样本观察规模大于 40 或 50 时，只要样本观察数据不出现极端偏斜，我们就可以放心地利用 t 分布模型。如果这样的大样本中存在异常值，我们最好分两次做推断分析，一次是不包含异常值的 t 分布推断，另一次是含有异常值的 t 分布区间估计。当样本观察资料显示出多个众数时，最好分组做 t 分布区间估计。

例 15—3

研究人员从 6 个国家、8 个地区的 51 个养殖三文鱼的农场，买进了供研究用的三文鱼。以下是 150 份试样的三文鱼体内含灭蚊灵的浓度资料（见表 15—2）：

表 15—2　　养殖的三文鱼体内的灭蚊灵浓度

智利	0.055	加拿大	0.057	法罗群岛	0.097	美国	0.058	挪威	0.104	英国	0.133
智利	0.057	加拿大	0.000	法罗群岛	0.093	美国	0.054	挪威	0.119	英国	0.121
智利	0.052	加拿大	0.056	法罗群岛	0.102	美国	0.059	挪威	0.115	英国	0.141
智利	0.054	加拿大	0.000	法罗群岛	0.126	美国	0.054	挪威	0.078	英国	0.143
智利	0.057	加拿大	0.040	法罗群岛	0.119	美国	0.048	挪威	0.081	英国	0.162
智利	0.050	加拿大	0.000	法罗群岛	0.113	美国	0.063	挪威	0.087	英国	0.156
智利	0.058	加拿大	0.076	法罗群岛	0.162	美国	0.024	挪威	0.163	英国	0.073
智利	0.060	加拿大	0.084	法罗群岛	0.167	美国	0.021	挪威	0.164	英国	0.073
智利	0.052	加拿大	0.069	法罗群岛	0.156	美国	0.000	挪威	0.171	英国	0.066
智利	0.056	加拿大	0.075	法罗群岛	0.173	美国	0.022	挪威	0.136	英国	0.143
智利	0.048	加拿大	0.075	法罗群岛	0.172	美国	0.020	挪威	0.147	英国	0.137
智利	0.047	加拿大	0.078	法罗群岛	0.176	美国	0.020	挪威	0.131	英国	0.134
智利	0.084	加拿大	0.094	法罗群岛	0.162	美国	0.024			英国	0.151
智利	0.086	加拿大	0.095	法罗群岛	0.174	美国	0.019			英国	0.149
智利	0.088	加拿大	0.095	法罗群岛	0.178	美国	0.021			英国	0.152
智利	0.086	加拿大	0.091	法罗群岛	0.194					英国	0.130
智利	0.094	加拿大	0.068	法罗群岛	0.159					英国	0.131
智利	0.092	加拿大	0.073	法罗群岛	0.182					英国	0.133
智利	0.046	加拿大	0.061	法罗群岛	0.180					英国	0.127
智利	0.048	加拿大	0.059	法罗群岛	0.173					英国	0.128
智利	0.034	加拿大	0.058	法罗群岛	0.193					英国	0.135

智利	0.065	加拿大	0.067	英国	0.151
智利	0.058	加拿大	0.070	英国	0.165
智利	0.058	加拿大	0.070	英国	0.151
智利	0.050	加拿大	0.024	英国	0.145
智利	0.052	加拿大	0.026	英国	0.139
智利	0.050	加拿大	0.020	英国	0.133
智利	0.049	加拿大	0.026	英国	0.167
智利	0.060	加拿大	0.033	英国	0.149
智利	0.052	加拿大	0.026	英国	0.151
		加拿大	0.081		
		加拿大	0.073		
		加拿大	0.073		
		加拿大	0.066		
		加拿大	0.063		
		加拿大	0.071		
		加拿大	0.077		
		加拿大	0.083		
		加拿大	0.073		
		加拿大	0.089		
		加拿大	0.080		
		加拿大	0.085		

根据上述资料绘制的直方图如图 15—4 所示。

试据此分析均值推断的假定条件能否得到满足。

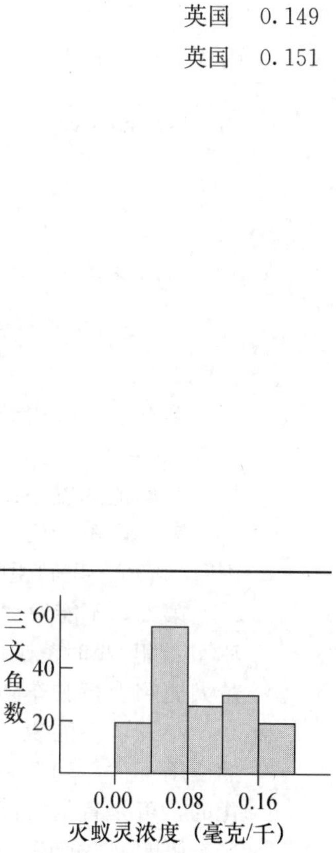

答：(1) 独立性要求。检测的三文鱼是在不同地方的农场养殖的，因此测试样本间具有独立性。

(2) 随机性要求。检测用的三文鱼是按随机原则从所买的鱼中挑选的，所以符合随机性要求。

(3) 10%准则要求。农场的三文鱼数量众多，检测的 150 条鱼在总体中的占比显然不会超过 10%。

(4) 正态性要求。从图 15—4 中可以看出，测试样本三文鱼体内灭蚊灵的浓度呈单峰分布，虽然略有点右偏，但因为测试样本是大样本，所以大致符合渐近于正态分布的要求。

三文鱼数　60　40　20

0.00　0.08　0.16

灭蚊灵浓度（毫克/千）

图 15—4　三文鱼体内灭蚊灵浓度直方图

总之，上述资料可以用来进行统计推断分析。

15.2.3　实例应用讲解

根据表 15—1 的资料，对大槌路上行驶的汽车速度进行 90%的置信区间估计。

第一步，陈述研究的目的。表 15—1 给定的是样本观察资料，在置信水平为 90%时，用这些数据对大槌路上行驶的汽车速度进行区间估计。

第二步，检查分析的条件。表 15—1 的资料虽然是方便样本观察的结果，但被观察的汽车不是列队行驶的，也就是说，汽车的行驶速度相互之间没有太多的影响。因为是方便样本，随机性要求实际上并不能得到满足，但我们有理由相信观察样本是有一定代表性的。大槌路是一条繁忙的街道，行驶的汽车为数众多，记录的数据显然不会超过总数的10%。由图15—1可知，样本观察资料显示的是单峰接近于对称的分布。总体来看，该问题基本上符合分析的假定条件要求。

第三步，构造分析模型。因为条件能得到满足，所以可以使用单样本 t 分布对汽车行驶速度均值做区间估计，且自由度为23－1＝22。

第四步，计算统计量值。根据表15—1的资料，应有：

$$n=23, \bar{y}=31.0, s=4.25$$

由式（15.1）得：

$$SE(\bar{y})=\frac{s}{\sqrt{n}} =\frac{4.25}{\sqrt{23}}=0.886$$

自由度 $df=23-1=22$，置信水平为90%时，查表得 $t_{22}^{*}=1.717$，由式（15.3）得：

$$\bar{y}\pm t_{n-1}^{*}\times SE(\bar{y})=31.0\pm1.717\times0.886 =31.0\pm1.5$$

第五步，分析结论。在给定的90%置信水平下，大槌路上行驶的汽车平均时速在29.5～32.5之间。

对均值的置信区间，理解和说明时需要注意：

第一，不能说“大槌路上90%的机动车行驶速度在29.5～32.5英里/小时范围内”。须知，我们说的是平均速度，而不是每辆车的速度。

第二，不能说“我们有90%的信度认为随机观察一辆车，它行驶的速度在29.5～32.5英里/小时范围内”。这句话之所以错误，原因在于针对的是个别车辆，没有说清楚大槌路上行驶车辆的平均时速。

第三，不能说“90%的情况下机动车的平均速度是31英里/小时”。这种说法虽然使用了“平均”一词，但仍然是错误的，因为它隐含着机动车的真正平均速度是变化的，可是置信区间的变化不能这么理解。

第四，不能说“90%的观察样本中，机动车的平均速度在29.5～32.5英里/小时范围内”。其实，均值置信区间的真正含义是，90%的置信区间有可能覆盖总体真实的均值。

15.3 样本均值的假设检验

大槌路两旁的居民可能不会太在意行驶在这条路上车辆的平均速度，为了能争取到更多的巡逻警力，居民们更想证实这条路上车辆行驶的速度比限定的30英里/小时快。如果是这样的话，问题便转化为单样本均值 t 假设检验。

15.3.1 t 检验统计量

学到这里，我们应该比较熟悉如何进行假设检验，其基本做法就是：把统计量的值与假定的参数值相减，然后除以统计量的标准误差。只不过对均值假设检验来说，我们要使用自由度为 $n-1$ 的 t 分布模型。

定理：在假定和相关的条件要求得到满足时，对于检验假设 H_0：$\mu=\mu_0$，其检验统计量为：

$$t_{n-1}=\frac{\bar{y}-\mu_0}{SE(\bar{y})} \tag{15.4}$$

在零假设成立时，式（15.4）服从自由度为 $n-1$ 的 t 分布。

例 15—4

研究人员对 150 条三文鱼样本进行了检测，结果发现三文鱼体内灭蚁灵平均含量是 0.091 3 毫克/升、标准差是 0.049 5 毫克/升。从食用安全的角度出发，环保组织（EPA）建议三文鱼体内灭蚁灵的含量最好不要超过 0.08 毫克/升。养殖的三文鱼体内灭蚁灵含量是否达到了 EPA 建议的标准？

答：该问题的检验假设是：

$$H_0:\mu=0.08, H_A:\mu>0.08$$

在例 15—3 中，我们已经分析得知，假设检验的条件能得到满足，所以对这个问题可以使用 t 检验。

由于 $n=150$，$df=150-1=149$，$\bar{y}=0.091\,3$ 毫克/升，$s=0.049\,5$ 毫克/升

$$\begin{aligned}SE(\bar{y})&=\frac{s}{\sqrt{n}}\\&=\frac{0.049\,5}{\sqrt{150}}=0.004\,0\end{aligned}$$

根据式（15.4）得：

$$\begin{aligned}t_{149}&=\frac{\bar{y}-\mu_0}{SE(\bar{y})}\\&=\frac{0.091\,3-0.08}{0.004\,0}\\&=2.825\end{aligned}$$

因此有：

$$P(t_{149}>2.825)=0.002\,7$$

P-值非常小，所以我们应该拒绝零假设，从统计意义上讲，养殖的三文鱼体内含有的灭蚁灵超过了 EPA 建议的标准。

□ 15.3.2　实例应用讲解

根据表 15—1 的资料，运用假设检验方法，讨论大槌路上的汽车是否按限速行驶。

第一步，陈述所要讨论的问题。通过这一步讲清楚我们要干什么，明确研究的总体及其参数，辨别分析的变量等。

第二步，提出分析假设。本问题的检验假设是：

$$H_0:\mu=30\text{ 毫克/升}, H_A:\mu>30\text{ 毫克/升}$$

第三步，分析假设检验的条件是否得到满足。

观察记录是方便样本，每辆车不是排队行驶的，所以有理由能认为每辆车的速度相互之间不相关。尽管是方便样本，但观察样本有一定的代表性。图 15—1 显示了单峰、对称分布。总之，假设检验的基本条件要求能得到满足。

第四步，构造检验模型。由于假设检验的条件能得到满足，因此可以使用单样本 t 分布检验。

第五步，计算检验统计量。

$$n=23, df=23-1=22, \bar{y}=31.0\text{ 毫克/升}, s=4.25\text{ 毫克/升}$$

$$SE(\bar{y})=\frac{s}{\sqrt{n}}=\frac{4.25}{\sqrt{23}}=0.886$$

根据式（15.4）得：

$$t_{22}=\frac{\bar{y}-\mu_0}{SE(\bar{y})}=\frac{31.0-30.0}{0.886}=1.13$$

因此有：

$$P(t_{22}>1.13)=0.136$$

第六步，给出分析结论。P-值不是太小，没有理由拒绝零假设，据此可以认为，大槌路上的车辆没有超速行驶。

□ 15.3.3 区间估计与假设检验

前文中，我们给出了大槌路上车辆平均行驶速度 90%的置信区间，其结果是 31.0±1.5，或（29.5，32.5）。在做假设检验时，我们假定车辆行驶的实际平均速度为每小时 30 英里。将区间估计和假设检验联系起来，你有什么样的感觉呢？如果假定车辆行驶速度是每小时 35 英里，你又会有什么看法？

90%的置信区间（29.5，32.5）包含了 30，所以我们可以认为大槌路上的车辆是按限速每小时 30 英里行驶的。在假设检验中，在零假设每小时 30 英里的假定下，得到的 P-值是 0.136，这是个比较大的概率，因此不能拒绝零假设。一旦零假设值位于对应的置信区间，我们就认为这是个合理的均值取值。

假设检验与区间估计存在某种互补关系，也就是说，当置信区间包含零假设值时，我们不能拒绝零假设。对双尾检验来说，如果置信水平是 C，则其对应的显著性水平就是 $1-C$，比如 95%的置信水平，对应的显著性水平是 $1-95\%=5\%$。如果是单尾检验，则对应的显著性水平就是 $(1-C)/2$。

□ 15.3.4 假设检验中的抽样规模

在进行假设检验时，需要多大的样本呢？笼统地说就是多多益善。问题是，过多的样本观察，需要花费很多费用和时间，有没有这么多人手、时间和费用呢？当我们制定数据采集方案时，就应该考虑清楚抽样极限误差的要求。

当抽样精度要求高时，抽样极限误差必须比较小，相应地抽样观察规模就比较大。根据抽样极限误差和置信水平，我们能够确定需要的样本容量。我们知道，对均值而言，其抽样极限误差是：

$$ME = t_{n-1}^{*} \times SE(\bar{y})$$
$$= t_{n-1}^{*} \times \frac{s}{\sqrt{n}} \tag{15.5}$$

要想利用式（15.5）确定抽样规模 n，首先需要知道样本标准差 s 的值，而样本标准差 s 的计算需要用到样本观察数据，但在确定样本观察规模时，我们还没有这样的数据，为此我们可以根据过去的经验给出 s 的一个参考值。如果还不行，可以事先做个小规模的现场调查，以得到样本标准差 s 的估计值。

利用式（15.5）确定抽样规模 n 的第二个问题是，如何获得 t 分布的自由度，因为没有这个自由度，便不能查到临界值，也就无法由式（15.5）解出 n。对此，一种普遍使用的做法是，用正态分布的临界值 z^* 替代 t 分布的临界值 t_{n-1}^*。假如估算出来的样本容量超过 60，表明用 z^* 替代 t 分布的临界值 t_{n-1}^* 可能比较合理；如果估算出来的样本容量比较小，就需要再做进一步估算，做法是：在用 z^* 替代 t 分布的临界值 t_{n-1}^* 的情形下，获得样本容量的估计，然后根据式（15.5）再算一次样本容量。须知，要精确地确定样本容量可能做不到，因为它受到给定的抽样极限误差等因素的影响。

例 15—5

某软件开发公司声称，公司的应用程序能帮助快速下载电影。为了验证效果，我们准备对试用软件进行测试，要求平均下载时间估计误差不超过 8 分钟，假定下载时间的标准差是 10 分钟。置信水平为 95%时，需要做多少次测试？

答：置信水平为 95%时，正态分布的临界值 $z^* = 1.96$。由式（15.5）得：

$$8 = 1.96 \times \frac{10}{\sqrt{n}}$$

解得：　$n = 6$

这是一个比较小的样本，需要再做修正处理。在 95%的置信水平下，自由度 6−1=5 时 t 分布的临界值是 2.571。于是有：

$$8 = 2.571 \times \frac{10}{\sqrt{n}}$$

得到：　$n = 10.33$

所以，在给定的要求下，最好下载 11 部电影做测试。

15.3.5　自由度

自由度的数值 $n-1$，可能让我们联想到本书前面讲到的，计算样本观察数据标准差时分母用的是 $n-1$。这里，我们具体说明为什么这样处理。这与依赖 t 分布推断有密切的关系。

在已知总体真实均值μ时，计算样本观察值标准差往往采用下列公式：

$$s=\sqrt{\frac{\sum(y-\mu)^2}{n}}$$

然而，用样本均值$\bar{y}$代替总体未知均值μ，往往会出现问题。对任何样本，其观察结果对样本均值的离差总体上会小于样本观察结果对总体均值μ的离差。为什么会是这样？让我们来想象一下：从高中毕业生中随机抽取10人，假定全美大学入学考试的平均分为500分，这10个人的平均分不会刚好也是500分，那么10个学生的分数是与他们得分均值$\bar{y}$更近，还是与总体平均得分500分更近呢？答案肯定是前者。因此，用$\sum(y-\bar{y})^2$代替式（15.6）中的分子$\sum(y-\mu)^2$，计算出来的样本标准差会变小。作为一个调整，在总体均值未知时，计算样本标准差的公式中分母用的就是$n-1$。

□ 15.3.6 符号检验

关于大槌路上车辆行驶速度的检验，还有更简单的做法。对过往车辆不记录具体速度是多少，只记下是否超速行驶，行驶车辆速度超过限速30英里/小时的记为1，低于30英里/小时的记为0，恰好是30英里/小时的忽略掉。

如果是这样的话，零假设是怎样的呢？假如驾驶人员确实按照限速30英里/小时行驶，那么在观测路段车辆行驶速度高于或低于30英里/小时就是不经意间变化的，这样车速超过30英里/小时的车辆数和车速低于30英里/小时的车辆数相等，而30英里/小时就是中位数。因此，我们可以这样来提出零假设：车辆行驶速度为30英里/小时。在零假设成立的前提下，超速行驶的车辆占比和低于限速行驶的车辆占比应该各为50%。要是这样来考虑，我们就把数值型的资料转换成属性数据，这时就可以运用比例检验的方法进行假设检验了。

把一组数与它们的中位数相比，记录下大于和小于中位数的次数，这种假设检验称为符号检验。符号检验属于非参数方法，也叫分布自由方法。顾名思义，就是做符号检验时，不用考虑样本数据来自的总体服从什么样的分布。

符号检验的具体做法是：

第一步，陈述研究的问题，识别研究变量。在大槌路车辆行驶速度的例子中，我们讨论的是行驶在这条路上的车辆的速度是不是30英里/小时。

第二步，提出检验假设。行驶在大槌路上车辆的速度高于、低于中位数速度30英里/小时的占比各为50%，这样检验的假设就是：

$$H_0: p=0.5, H_A: p>0.5$$

第三步，检查假定条件和要求是否得到满足。车辆不是编队行驶的，相互之间应该不存在影响。抽取样本虽然是为了方便观察，但不影响它对总体的代表性。有效观察结果是22个，其占比应该不超过总体的10%。另外，在零假设成立时，$22\times0.5=11$，$22\times(1-0.5)=11$，感兴趣事件出现的次数都不低于10。所以，假设检验的基本条件大致符合。

第四步，构造检验统计量。可以采用符号检验方法。

第五步，计算检验统计量值。表15—1的资料中，剔除一个恰好是30英里/小时的值，剩下22个，其中超过30英里/小时的13个，占比0.591。抽样分布的标准差为：

$$SD(\hat{p})=\sqrt{\frac{0.5\times0.5}{22}}=0.107$$

对样本观察结果进行标准化处理：

$$\begin{aligned} z &= \frac{0.591-0.5}{0.107} \\ &= 0.850 \end{aligned}$$

对应的 P-值是 0.197。

第六步，给出分析结论。P-值 0.197 不是很小的概率，所以不能拒绝零假设。也就是说，没有充分的证据表明，车辆行驶超过限速。

符号检验相对于 t 检验显得比较简单，对资料的测量水平要求不高，只是记录下 0或 1 即可，同时也不需要考虑太多的假定要求，其缺点是检验效果不如 t 检验。所以，在进行均值检验时，如果 t 检验的条件得到满足，我们就使用 t 检验，反之可以考虑采用符号检验。符号检验对处理异常值以及显示有偏的样本观察资料，可能会比较有价值。

复习思考题

1. 研究人员给饲养的家畜投喂微量元素，以促进体重增加。在受试的 77 头奶牛中，平均增重 56 磅，95%的置信水平下抽样极限误差为±11 磅。试据此对下列说法的正确性进行分析：

(1) 95%的受试奶牛增加的体重是 45～67 磅；

(2) 95%的置信水平下，喂食微量元素的某头奶牛体重增加了 45～67 磅；

(3) 95%的置信水平下，受试奶牛的体重平均增加了 45～67 磅；

(4) 100 次试验中有 95 次出现：喂食这种微量元素的奶牛平均增加的体重是 45～67 磅；

(5) 假如这种微量元素被用于另一组奶牛测试样本，有 95%的可能性奶牛体重平均将增加 45～67 磅。

2. 从内华达州教师队伍中，随机抽取 288 名教师，他们的薪酬 90%的置信区间为（38 944，42 893）。试据此对下列说法的正确性进行分析：

(1) 从内华达州所有教师中，随机抽取由 288 名教师组成的样本，构造 90%的置信区间，10 个中有 9 个的区间是（38 944，42 893）；

(2) 从内华达州所有教师中，随机抽取由 288 名教师组成的样本，构造 90%的置信区间，10 个中有 9 个包含了内华达州教师的平均薪酬；

(3) 内华达州的教师，10 个中有 9 个的薪酬在 38 944～42 893 美元之间；

(4) 被调查的内华达州教师中，10 个中有 9 个的薪酬在 38 944～42 893 美元之间；

(5) 我们以 90%的信度相信，全美教师平均薪酬在 38 944～42 893 美元之间。

3. 某学生协会对达特茅斯学院学生一个学期的生活费用做了一次调查，得到的 95%置信水平下的置信区间是（1 102，1 290）。试据此对下列说法的正确性进行分析：

(1) 95%的学生生活费用在 1 102～1 290 美元之间；

(2) 被调查的学生当中，95%的生活费用在 1 102～1 290 美元之间；

(3) 被调查的学生当中，95%的平均生活费用在 1 102～1 290 美元之间；

(4) 所有受试样本中，95%的平均生活费用在 1 102～1 290 美元之间；

(5) 有 95%的把握认为，学生生活费用的平均水平在 1 102～1 290 美元之间。

4. 根据过去 100 多年的气象记录，某地方电视台的天气预报员预报，该地区冬季平均降雪量是 23 英寸，抽样极限误差为 2 英寸。假定预报员采用的置信水平为 95%，试对以下陈述的正确性进行分析：

(1) 在最近的 100 个冬季里，有 95 个冬季该地区的降雪量在 21～25 英寸之间；

（2）该地区在这个冬天的降雪量在 21～25 英寸之间的可能性是 95%；

（3）冬季里该地区有 95%的日子降雪量在 21～25 英寸之间；

（4）该地区居民认为有 95%的可能性平均降雪量在 21～25 英寸之间；

（5）该地区居民有 95%的把握认为，在最近的一个世纪里，该地区每个冬季的平均降雪量在 21～25 英寸之间。

5. 某医学研究人员对随机产生的成年人样本测量了心率（每分钟跳多少次），并运用 t 分布给出了 95%的置信区间（70.887 604，74.497 011）。要求回答：

（1）这个置信区间的抽样极限误差是多少？

（2）假如该研究人员又计算了 99%的置信区间，此时的抽样极限误差是变大了还是变小了？为什么？

6. 儿童开发科学家搜集了婴儿几周后才能爬动的资料，在 95%的置信水平下，得到平均周数的 t 分布置信区间（29.202，31.844）。要求回答：

（1）该置信区间的抽样极限误差是多少？

（2）如果在 90%的置信水平构造置信区间，与 95%的置信水平相比，抽样极限误差是变大了还是变小了？

7. 某医学研究工作者对随机挑选出来的 52 位成年人分别测量了体温（℉），得到如下一组资料：

97.3	98.0	97.2
97.4	98.0	97.2
97.4	98.1	97.6
97.4	98.2	97.8
97.4	98.4	98.0
97.5	98.5	98.1
97.5	98.6	98.2
97.6	98.6	98.2
97.6	98.6	98.2
97.6	98.8	98.4
97.7	98.9	98.5
97.8	99.0	98.6
97.8	99.3	98.6
98.0	99.5	98.6
98.7	99.1	99.4
98.7	99.2	100.0
98.7	99.2	
98.8	99.3	

要求回答：

（1）根据上述资料，分析构造 t 分布置信区间的条件能否得到满足。

（2）给出 95%的置信水平下平均体温的置信区间。

（3）联系背景材料，解释置信区间的含义。

（4）人体正常体温是 98.6℉，根据构造出的置信区间，能否说明受试样本来自的人群体温正常？

8. 为吸引市民到市中心购物，城市管理部门在中心商业区建造了一座新型公共停车场，在最初的两个月里，平均每天收取的停车费是 126 美元，标准差为 15 美元。要求回答：

（1）如果要进行统计推断，必须给出什么样的假定条件？

（2）对这座停车场平均每天的收费，建立 90%的置信区间。

（3）联系背景材料，解释置信区间的含义。

（4）置信水平 90%是什么含义？

（5）提议建造该公共停车场的某位顾问预测，停车场平均每天收费在 130 美元左右，根据构造的置信区间，你认为这位顾问的预测是否正确？为什么？

9. 以下资料是美国交通部下属的交通统计局公布的一组数据：

时间	准时起飞率（%）	准时到达率（%）
2002.7273	89.99	87.95
2003.2727	89.17	86.84
2003.8182	89.41	86.39
2003.7273	88.90	85.63
1995.7273	89.04	85.58
2002.9091	88.42	85.21
1997.7273	88.68	85.03
2003.3636	88.37	84.93
2001.8182	85.16	84.78
2001.9091	86.54	84.71

续前表

时间	准时起飞率（%）	准时到达率（%）
2002.0909	87.47	84.69
2002.8182	87.57	84.18
2004.7273	85.84	83.91
2005.3636	85.83	83.67
2005.2727	85.90	83.44
2003	86.46	83.32
1998.9091	86.38	83.29
1997.3636	86.96	83.16
2004.2727	86.13	83.04
2002.3636	86.17	82.76
2005.7273	84.91	82.66
2002.6364	85.00	82.62
2002.2727	86.07	82.58
2003.1818	85.99	82.57
2003.4545	85.91	82.36
1995.8182	85.94	82.09
1998.8182	85.28	81.75
1997.8182	85.76	81.55
2001.3636	84.55	81.47
1999.9091	84.16	81.41
1995.2727	85.82	81.30
2004.1818	84.72	81.29
2005.8182	83.34	81.26
2002	84.72	81.02
2004.8182	84.40	81.00
1995.3636	85.58	80.68
2002	82.30	80.22
2003.9091	84.97	80.20
1996.2727	84.48	80.18
1995.5455	83.75	80.08
1999.8182	83.54	80.06
2005.9091	82.89	80.03
1995.6364	83.34	79.85
1997.2727	84.01	79.85
2002.5455	82.29	79.66
2003.5455	83.46	79.66
1999.7273	83.28	79.35
1995.1818	83.49	79.30

续前表

时间	准时起飞率（%）	准时到达率（%）
2001.2727	82.31	79.29
1998.2727	83.40	79.12
2004.9091	82.11	79.12
2003.6364	83.20	79.00
1998.7273	81.44	78.94
1996.3636	83.49	78.92
1995.0909	82.86	78.91
1999.0909	82.14	78.91
1998.5455	81.70	78.86
2006	80.99	78.76
1996.7273	84.03	78.69
2002.4545	81.60	78.64
2002.1818	82.11	78.59
1997.6364	82.68	78.56
2006.2727	80.78	78.41
2003	81.08	78.34
2004.6364	81.33	78.29
2006.3636	80.52	78.27
1997.9091	83.38	78.22
2001.5455	81.04	78.12
1997.1818	82.16	78.10
2000.7273	82.03	78.10
1999.1818	81.37	78.09
2000	81.58	78.00
1996.9091	82.56	77.91
1995.9091	81.48	77.85
2004.3636	81.74	77.62
2005.0909	81.11	77.58
1997.5455	82.29	77.50
1998.3636	81.73	77.48
2004.0909	82.00	77.48
1996.8182	82.76	77.19
1998.6364	80.62	77.03
2000.1818	80.73	76.99
2005.1818	79.77	76.94
2003.0909	80.79	76.54
2006.9091	79.97	76.52
2006.7273	80.41	76.22

续前表

时间	准时起飞率（%）	准时到达率（%）
1999.3636	81.16	76.19
2001.6364	79.86	76.18
1997.4545	81.41	76.14
2006.1818	78.57	76.12
1999.6364	80.23	76.11
2000.8182	80.17	76.07
2004	80.33	76.04
2004.5455	79.07	75.95
1995.4545	81.70	75.94
1996.1818	79.84	75.94
1998.1818	80.26	75.85
2006.6364	78.46	75.80
1999.2727	81.05	75.73
2001	78.72	75.42
1998.0909	80.91	75.39
2000.2727	79.74	75.37
2006.0909	78.47	75.30
1996.5455	79.97	75.29
2001.1818	78.26	75.22
1997.0909	80.37	75.21
2005.4545	78.06	75.20
2001.4545	78.73	75.18
2005.6364	77.92	75.16
1998	79.90	75.05
2004	79.68	74.85
2000.0909	78.89	74.76
1996.6364	79.98	74.69
1996.4545	79.57	74.67
2000.3636	78.34	74.25
1995	78.39	73.83
2000	78.26	73.75
2006.5455	75.91	73.7
1998	78.64	73.54
1999	76.89	73.22
2004.4545	77.36	72.95
2006.8182	77.76	72.91
2006.4545	75.36	72.83

续前表

时间	准时起飞率（%）	准时到达率（%）
2000.9091	77.21	72.82
2001.0909	77.17	72.73
1996.0909	76.44	71.90
2005	74.46	71.56
2005	75.17	71.39
1999.5455	75.98	71.07
2006	74.25	71.01
2005.5455	73.89	70.92
1999.4545	76.68	70.88
2007	73.28	70.8
1998.4545	75.47	70.42
2000.5455	74.31	70.31
2000.6364	74.56	69.96
1997	74.19	68.41
1999	71.95	67.66
1996	71.62	67.66
2001.7273	68.53	67.66
1997	71.37	66.63
2000.4545	71.11	66.34
2001	66.52	62.75
1996	68.49	62.67

要求：

(1) 对统计推断分析所需的假定条件进行检查说明；

(2) 在90%的置信水平下，对飞机准时起飞率进行区间估计；

(3) 对得到的置信区间进行说明。

10. 沿用第9题的资料，要求对准时到达率进行统计分析：

(1) 检查进行均值区间估计时的假定条件；

(2) 对准时到达率进行95%的区间估计；

(3) 解释置信区间的含义。

11. 为了检查热狗的平均钠含量是否低于325毫克，营养专家检测了40份热狗，对测试数据的假设检验中，由于得到的P-值为0.142，因此没有拒绝原假设。90%的置信区间估计，这种热狗的平均钠含量在317.2～326.8毫克之间。试据此从P-值、置信水平等方面，对假设检验和区间估计判断的一致性进行说明。

12. 研究人员对食用冷冻比萨的人进行了检查，目的是分析这些人体内的胆固醇平均含量是否超过了不利于健康的值，得到的 P-值是 0.07。请联系背景，解释“7%”究竟表示了什么意思。

13. 全美高尔夫协会对高尔夫用球的性能有明确的规定，比如用协会指定的仪器测试时，球的初速不能超过每秒 250 英尺。某高尔夫球制造商声称生产出了一款新的高尔夫球，并向高尔夫协会提供一批检测样品。检测结果得到的 P-值是 0.34。请联系背景，解释“34%”表示了什么意思。

14. 为家用电视机配套生产金属支架的厂商，必须保证金属支架能承受得起电视机的重量。由于家用电视机的大小、重量不一，金属支架的生产厂商出于安全考虑，规定支架的承受重量不低于 500 磅。产品检验人员对如下假设：H_0：$\mu=500$，H_A：$\mu>500$，在 0.01 的显著性水平上进行检验，如果没有拒绝零假设，检验人员将不会签发产品出厂证书。就这一问题，请回答：

(1) 这是一个上单尾检验还是下单尾检验？为什么要考虑这个问题？

(2) 假如产品检验员犯了Ⅰ型错误，会发生什么事情？

(3) 假如产品检验员犯了Ⅱ型错误，又会发生什么事情？

15. 血管造影是把一根小管子（导管）从病人大腿血管处塞进去直达心脏，常用来检查病人心脏方面的问题。对生产这种导管的厂家来说，最重要的是确保导管的直径是 2.00 毫米。产品质量检验员每天会抽检一些产品，并在 0.05 的显著性水平上对如下假设进行检验：H_0：$\mu=2$，H_A：$\mu\neq 2$。一旦发现问题，检验员就发出停止生产的指令，直到问题解决为止。试根据背景材料回答如下问题：

(1) 这是单尾检验还是双尾检验？为什么要考虑这个问题？

(2) 假如产品检验员犯了Ⅰ型错误，将会发生什么事情？

(3) 假如产品检验员犯了Ⅱ型错误，又将会发生什么事情？

16. 根据人口普查资料，20 世纪 60 年代美国男性初婚平均年龄为 23.3 岁。现在人们越来越怀疑，男性初婚年龄可能推迟了。假如要求用假设检验进行分析，试回答如下问题：

(1) 写出检验的假设。

(2) 为检验假设，从去年初婚的男性中随机抽取一个 40 人的样本，这时假设检验的假定条件是否得到满足？为什么？

(3) 对观察样本平均年龄的抽样分布进行说明。

(4) 假定观察样本的平均初婚年龄为 24.2 岁，标准差为 5.3 岁，此时检验的 P-值是多少？

(5) 联系题目的背景，说说 P-值的含义；

(6) 你的分析结论是什么？

17. 一家拥有大量车辆的公司打算把汽油费用降下来，并为此设定了管理目标，要求车队的车辆每加仑汽油平均行驶里程不低于 26 英里。为检查管理目标有没有得到执行，从该公司所属车辆中随机抽取 50 辆做调查，发现每加仑汽油平均行驶里程为 25.02 英里，标准差为 4.83 英里。试根据背景资料回答如下问题：

(1) 写出检验的假设；

(2) 分析假设检验的假定条件是否得到满足；

(3) 对观察样本每加仑汽油平均行驶里程的抽样分布进行说明；

(4) 给出检验的 P-值；

(5) 联系题目的背景，说说 P-值的含义；

(6) 讲讲你的假设检验的结论。

18. 袋装薯片标示的净重是 28.3 克，为检查厂家是否诚实，随机购买了这种品牌的薯片 6 袋，测得的结果分别是：29.3，28.2，29.1，28.7，28.9，28.5。要求回答：

(1) 抽检资料是否符合统计推断的条件要求？

(2) 根据检测资料，计算袋装薯片净重的均值和标准差。

(3) 在 95%的置信水平下，构造袋装薯片的平均净重的置信区间。

(4) 联系背景资料，说说置信区间的含义。

(5) 根据区间估计的结果，对袋装薯片标示的净重 28.3 克进行评判。

19. 袋装多力兹（一款零食）标示的净含量是 28.3 克，随机抽查了 6 袋多力兹，得到的净含量分别是：29.2，28.5，28.7，28.9，29.1，29.5。要求回答：

(1) 抽检资料是否符合统计推断的条件要求？

(2) 根据检测资料，计算袋装多力兹净含量的均值和标准差。

（3）在95%的置信水平下，构造袋装多力兹平均净重的置信区间。

（4）联系背景资料，说说置信区间的含义。

（5）根据区间估计的结果，对袋装多力兹标示的净重量28.3克进行评判。

20.《消费者》检查了14份香草奶昔，得到每份的热量数据分别是（单位：卡路里）：

160 200 220 230 120 180 140

130 170 190 80 120 100 170

要求：

（1）检查推断分析的假定条件能否得到满足。

（2）95%的置信水平下，对香草奶昔的平均热量进行区间估计。

（3）根据营养指南，吃一份这种奶昔将会获取120卡路里热量。根据上述检查资料，能不能验证这样的说法？请通过区间估计进行说明，并给出你的分析结论。

21. 某研究人员需要就一个迷宫进行实验，该迷宫的复杂程度确定为受试小白鼠能在1分钟之内跑出来。对初步选定的迷宫，该研究人员用不同的小白鼠进行了测试，得到如下一组测试数据：

38.4	57.6
46.2	55.5
62.5	49.5
38.0	40.9
62.8	44.3
33.9	93.8
50.4	47.9
35.0	69.2
52.8	46.2
60.1	56.3
55.1	

要求回答：

（1）对给定的资料进行绘图，并分析统计推断分析的假定条件是否得到满足。

（2）对假设小白鼠跑出迷宫需要60秒钟进行检验，你得到的结论是什么？

（3）剔除异常值后，再对假设小白鼠跑出迷宫需要60秒钟进行检验，这时得到的结论又是什么？

（4）这个迷宫能否符合该研究人员的需要？

22. 对职业高尔夫选手来说，球能开出多远？以下资料显示了顶级高尔夫运动员开球的距离：

选手	距离	选手	距离	选手	距离	选手	距离
T. Woods	306.4	J. Rose	291.4	C. Barlow	294.1	M. Dawson	291.9
J. Furyk	281.9	F. Funk	272.8	D. Maruyama	284.5	B. Faxon	270.3
A. Scott	301.1	S. Garcia	292.7	D. Howell	289.1	R. Garrigus	309.8
V. Singh	293.7	R. Johnson	283.4	P. Goydos	274.3	A. Cejka	288.8
G. Ogilvy	295.3	I. Poulter	287.9	H. Frazar	304.6	L. Janzen	282.7
P. Mickelson	300.7	C. Howell	295.4	B. Haas	296.7	K. Cox	298.4
T. Immelman	294.9	C. DiMarco	279.3	W. MacKenzie	296.7	T. Ridings	305.3
S. Appleby	289.7	D. Chopra	298.5	K. Jones	287.1	C. Riley	284.5
L. Donald	283.7	A. Baddeley	288.3	B. Baird	285.1	R. Gamez	279.5
B. Wetterich	307.8	R. Allenby	293.9	P. Lonard	280.6	H. Bjornstad	296.8
D. Toms	285.4	J. Rollins	295.5	K. Perry	293.1	M. Allen	291.8
R. Sabbatini	290.4	B. Crane	285.8	J. Sindelar	284.2	C. Franco	293.4
J. Durant	289.1	J. Holmes	318.8	B. Jobe	297.2	R. Damron	281.7
C. Campbell	290.9	J. Maggert	281.5	J. Gove	289.8	M. Wilson	282.0
S. Cink	292.0	S. Flesch	286.2	F. Jacobson	290.7	S. Kendall	281.2
D. Love III	301.9	S. O'Hair	292.7	J. Leonard	282.3	J. Lewis	279.6
R. Pampling	288.2	J. Byrd	298.1	F. Couples	301.5	John Huston	292.0
C. Pettersson	286.6	Bo. Pelt	297.4	K. Triplett	281.0	D. McKenzie	284.4

续前表

选手	距离	选手	距离	选手	距离	选手	距离
R. Goosen	297.6	B. Mayfair	282.3	D. Hart	286.3	W. Short	291.6
B. Quigley	289.6	C. Couch	299.7	B. Davis	286.6	D. A. Points	289.4
L. Glover	299.4	B. Estes	286.4	O. Browne	276.6	T. Fischer	274.6
D. Wilson	282.9	P. Harrington	294.7	K. Sutherland	293.5	D. Barron	275.5
A. Oberholser	285.0	G. Owen	295.1	S. Leaney	276.4	P. Sheehan	287.5
Zach Johnson	283.7	B. Bryant	282.2	Pat Perez	298.4	Danny Ellis	293.6
T. Pernice	283.9	J. Parnevik	290.5	J. Gore	299.6	S. Gutschewski	303.3
S. Ames	289.8	Corey Pavin	265.9	D. Branshaw	287.7	I. Leggatt	291.9
K. J. Choi	287.0	E. Axley	294.6	M. alcavecchia	282.4	T. Armour III	282.4
E. Els	295.1	J. Sluman	279.8	P. Azinger	285.8	P. Stankowski	295.4
J. Henry	295.9	N. Watney	300.6	J. P. Hayes	287.2	D. Duval	297.4
B. Curtis	278.8	T. Purdy	287.8	S. Bertsch	279.1	S. Jones	277.1
J. Olazabal	287.2	H. Slocum	281.2	M. Gronberg	295.1	R. Whittaker	281.8
T. Clark	276.7	W. Austin	287.7	Rich Beem	295.6	Bob Tway	284.5
M. Weir	281.2	S. Maruyama	286.3	B. Dickerson	298.8	G. Kraft	275.8
S. Stricker	285.3	S. Lowery	287.1	B. Bateman	296.7	N. Thompson	295.6
V. Taylor	286.6	R. Moore	292.2	J. Cook	277.0	S. Elkington	285.8
T. Matteson	298.7	C. Hoffman	304.4	D. Waldorf	286.6	T. Van. Walt	282.7
T. Herron	294.8	H. Mahan	295.0	T. Petrovic	281.0	J. Driscoll	296.4
C. Villegas	302.1	R. Palmer	295.8	B. Geiberger	286.9	L. Mize	278.3
J. Kelly	278.1	M. Goggin	296.0	O. Uresti	280.5	M. Brooks	274.3
S. Verplank	276.1	J. Ogilvie	287.3	J. Kaye	294.6	V. Veazey	285.8
N. Green	282.0	B. Andrade	285.6	J. Overton	299.1	M. OMeara	274.4
T. Lehman	286.6	B. Gay	274.8	J. Smith	277.9	J. Daly	307.1
J. Bohn	289.0	D. Trahan	291.5	B. Langer	285.8	M. Hansen	300.5
F. Lickliter.	286.1	B. Watson	319.6	J. Brehaut	286.1	C. Smith	299.2
J. Senden	296.2	C. Warren	300.1	A. Atwal	287.7	T. Hamilton	283.6
S. Micheel	288.4	R. Imada	284.9	B. May	292.7	T. Levet	286.9
J. Walker	296.9	G. Chalmers	286.4	J. Schultz	293.1	—	—

要求回答：

（1）根据上述资料，在 95%的置信水平下，对职业高尔夫选手的开球平均距离进行区间估计；

（2）剔除异常值后，在 95%的置信水平下，职业高尔夫选手开球平均距离的估计区间是多少？

第16章

两均值推断分析

服用有紫锥菊成分的药物是否有助于快速治疗感冒？胎教播放莫扎特音乐是否会让宝宝更聪明？品牌和非品牌电池哪个使用的时间更长？诸如此类的决策分析问题，在商业、医药和科学研究领域俯拾即是。这些问题有一个共同的特点，就是对两组资料的均值进行统计比较。

16.1　两总体均值差的区间估计

人们都喜欢品牌商品，可能你也不例外，那是不是就不买普通商品了呢？一位学习统计学的学生为了比较品牌电池和普通电池使用寿命的差异，专门设计了研究方案。具体做法是：用以电池为动力的光碟播放机连续播放同一张碟片；使用双耳式耳机接听；音量都调在最大挡；从主要生产电池的厂家购买电池，其中一家专门生产品牌电池，另一家生产普通电池；品牌电池和普通电池各买 6 个做测试；记录每种电池持续播放碟片的时间（单位：分钟）。得到如下一组资料（见表 16—1）：

表 16—1　　电池使用时间

知名品牌电池	普通电池
194.0	190.7
205.5	203.5
199.2	203.5
172.4	206.5
184.0	222.5
169.5	209.4

现在的问题是，品牌电池和普通电池的使用时间是否存在差异？像这样在两个组别之间开展比较研究，无论在科学研究领域还是工业生产领域，都是司空见惯的事。例如：比较新药品和老药品的治疗效果，对比两种型号的汽车发动机的燃油效率，分析新产品在两个城市的销售情况，电池制造商把自己生产的电池与竞争对手的电池做比较，等等。

对两组资料进行对比，描述性分析的常用方法就是绘制箱线图。根据表 16—1 的资料，绘制的箱线图见图 16—1。

从图 16—1 中可以看出，普通电池的使用寿命似乎更长些。所以，尽管箱线图既不能帮助我们进行区间估计，也不能实现假设检验，但在数据组之间开展比较时，绘制箱线图总是必要的步骤。图 16—1 显示普通电池的寿命比品牌电池要长，问题是：这样的差别是统计意义上的差别，还是随机波动产生的结果？此时仅依赖箱线图显然是不够的，还需要进行统计推断分析。

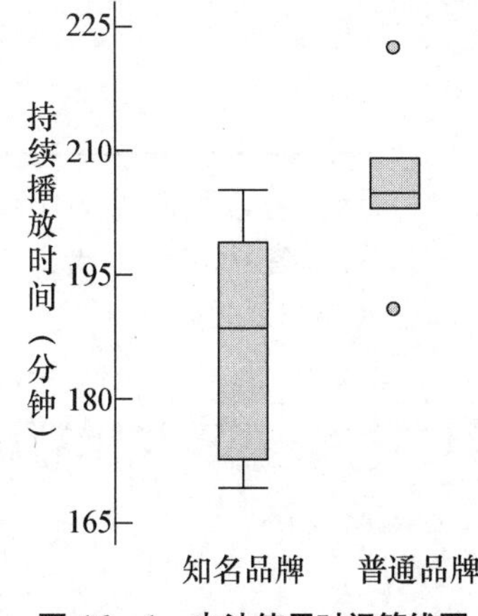

图 16—1　电池使用时间箱线图

16.1.1　两总体均值差区间估计公式

比较两个均值与比较两个比例，并没有太大的不同。只不过我们现在关心的总体参数是两个总体均值差 $\mu_1-\mu_2$，与此对应的统计量变成了两个样本均值差 $\bar{y}_1-\bar{y}_2$。一般地，我们从 $\bar{y}_1-\bar{y}_2$ 出发构造 $\mu_1-\mu_2$ 的置信区间。

我们已经知道，两个独立随机变量之差的方差，等于这两个随机变量方差的和，即 $\mathrm{Var}(Y-X)=\mathrm{Var}(Y)+\mathrm{Var}(X)$。据此，两个独立样本均值差的标准差，等于这两个样本均值方差和的平方根，也就是：

$$SD(\bar{y}_1-\bar{y}_2)=\sqrt{\mathrm{Var}(\bar{y}_1)+\mathrm{Var}(\bar{y}_2)}$$
$$=\sqrt{\frac{\sigma_1^2}{n_1}+\frac{\sigma_2^2}{n_2}} \tag{16.1}$$

式（16.1）存在两个总体的方差，所以不一定能由式（16.1）算出结果。对此，与通常的做法一样，可以用它们的样本方差进行估计，这样便得到两个独立样本均值差的标准误差计算公式：

$$SE(\bar{y}_1-\bar{y}_2)=\sqrt{\mathrm{Var}(\bar{y}_1)+\mathrm{Var}(\bar{y}_2)}$$
$$=\sqrt{\frac{s_1^2}{n_1}+\frac{s_2^2}{n_2}} \tag{16.2}$$

由于是用样本均值差估计总体均值差，且标准误差中也用到了样本标准差，因此样本均值差的抽样分布是 t 分布。

例 16—1

研究人员挑选了 54 名受试人员，将他们随机地分成两个组。一个组用普通碗喝西红柿汤，当碗里的汤不到 1/4 时，用勺子往碗里加汤。另一个组使用与普通碗看上去几乎一样的碗喝汤，但通过改进装置，当碗里汤少时，可以自动地往碗里加汤。测试资料经过汇总，得到如下结果（见表 16—2）：

表 16—2　测试结果

	用勺子加汤（1）	自动加汤（2）
n	27	27
$\bar{y}$	8.5	14.7
s	6.1	8.4

就给定的资料计算标准误差。

答： 由于受试人员是随机分配的，两组别相互之间应该不存在影响。由式（16.2）得：

$$SE(\bar{y}_1-\bar{y}_2)=\sqrt{\frac{s_1^2}{n_1}+\frac{s_2^2}{n_2}}$$
$$=\sqrt{\frac{6.1^2}{27}+\frac{8.4^2}{27}}$$
$$=2.0$$

构造总体均值差置信区间，需要采用两样本 t 区间估计。相应地，有关假设检验也被叫做两样本 t 检验。两样本 t 区间估计的公式为：

$$(\bar{y}_1-\bar{y}_2)\pm ME=(\bar{y}_1-\bar{y}_2)\pm t^*\times SE(\bar{y}_1-\bar{y}_2) \tag{16.3}$$

两样本 t 区间估计需要用到 t 分布临界值 t^*，而 t^* 的取得少不了自由度。在进行两样本 t 区间估计时，t^* 的自由度可以采用如下公式确定：

$$df=\frac{\left(\frac{s_1^2}{n_1}+\frac{s_2^2}{n_2}\right)^2}{\frac{1}{n_1-1}\times\left(\frac{s_1^2}{n_1}\right)^2+\frac{1}{n_2-1}\times\left(\frac{s_2^2}{n_2}\right)^2} \tag{16.4}$$

□ 16.1.2　假定与条件要求

进行两样本 t 区间估计或假设检验，也需要符合必要的假定和条件要求。

独立性假定

进行两样本 t 区间估计或假设检验时，要求每组观察样本必须是从相同总体中独立、随机地抽取，或者是随机安排对比实验产生的。随机性至关重要，如果样本不是随机抽取的，就无法讨论抽样分布，也就不便进行推断分析。所以，在通过调查取得观察资料时，需要注意样本是不是随机样本、其代表性如何。如果采用实验手段获取资料，必须保证是随机化实验。

正态性假定

两样本 t 推断要求每个样本来自的总体呈正态分布，完全符合这一条件可能做不到，对此，我们可以检查是否接近正态性。当样本容量较小时，要特别注意正态性条件能不能得到满足。如果每组样本小于 15，且样本观察资料的直方图显示出严重的偏态，这时就根本不必用 t 分布做推断分析。每组观察样本约为 40 时，轻微的偏态可能影响不大，但若偏斜程度很大，且存在异常值，就需要小心对待。如果每组观察样本数都大于 40，根据中心极限定理，不管样本观察结果的分布状况如何，应该能够符合正态性条件。不过需要提醒的是，即使是大样本，我们仍然需要重点关注样本资料是否出现了异常值、严重偏斜、多众数等问题。

样本间的独立性假定

为了能运用两样本 t 推断分析，被比较的两个观察样本相互之间必须保持独立性。可是，没有哪种统计方法能验证这样的假定，我们只能从样本观察资料的采集背景的分析入手。比如，一组样本由丈夫组成，另一组样本是他们的妻子，这时样本间的独立性假定就不成立，因为生活在一起的两口子，无论怎样都存在相互影响。又比如，对病人治疗前的身体状况与治疗后的身体状况进行比较，显然独立性要求也不能得到满足。像这样的两组样本的推断分析，就不能利用本章介绍的方法。

例 16—2

研究人员随机地将受试人员分成两组，让其中的 27 个人使用普通碗并用勺子加汤，另外的 27 个人使用自动加汤碗。该研究人员能不能使用这样的两组样本资料，分析视觉提示对受试人员喝汤多少的影响？

答：受试样本中，每个人喝汤多少相互之间应该不会有影响，所以独立性假定能得到满足。受试人员是按随机原则分派的，这样随机性要求也能得到满足。根据原始测试数据，用普通碗和自动加汤碗喝汤情况的直方图见图16—2。

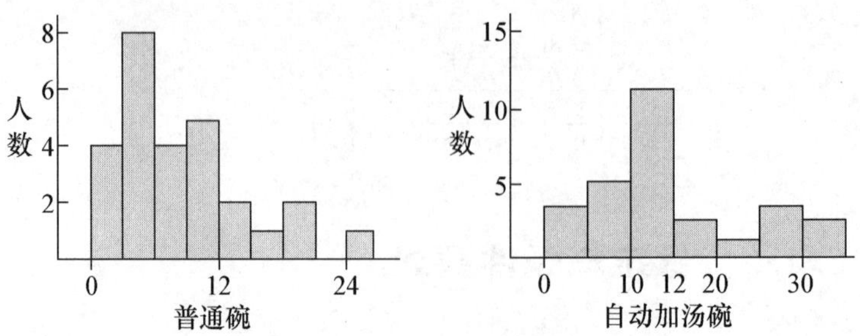

图16—2 不同碗喝汤量情况的直方图

从图16—2可以看出，用不同碗喝汤的两组人的直方图是单峰的，但存在一定程度的右偏态，如果观察样本规模再大些，相信可以运用 t 分布做统计推断。两组受试人员是随机分配的，所以也符合样本间独立性要求。

□ 16.1.3 实例应用讲解

在两均值推断所需的假定条件得到满足的情况下，我们就可以对两个总体均值差 $\mu_1-\mu_2$ 进行置信区间估计，结合式（16.3）和式（16.4），两个总体均值差 $\mu_1-\mu_2$ 置信区间的计算公式是：

$$(\bar{y}_1-\bar{y}_2)\pm t_{df}^{*}\times SE(\bar{y}_1-\bar{y}_2)=(\bar{y}_1-\bar{y}_2)\pm t_{df}^{*}\times\sqrt{\frac{s_1^2}{n_1}+\frac{s_2^2}{n_2}} \tag{16.5}$$

下面，我们通过一个实例对两总体均值差的区间估计的应用进行讲解。在前面介绍的电池使用时间的例子中，由箱线图大致能看出，普通电池比品牌电池的使用时间长大约20分钟，在此我们对品牌电池和普通电池使用时间之差做区间估计。

第一步，陈述所要讨论的问题。首先要识别估计的参数是什么，我们讨论的估计参数是两组均值之差，不是每个组的均值估计问题。为此，实验中分别测量了6组普通电池和6组品牌电池，得到了它们各自的播放时长。根据表16—1的资料，对品牌电池和普通电池平均使用时间之差进行估计。假定给定的置信水平是95%。

第二步，检查分析的假定条件。实验用的电池是随机挑选的，可能不是严格的简单随机抽样，但有理由认为是有代表性的随机样本。电池是用盒子装在一起的，每块电池的使用寿命可能相互之间存在影响，但只要从不同盒子里取电池，就有可能避免这样的问题。品牌电池和普通电池分别来自不同的生产厂家，所以做实验的两组电池是相互独立的。根据表16—1的资料绘制的直方图见图16—3。

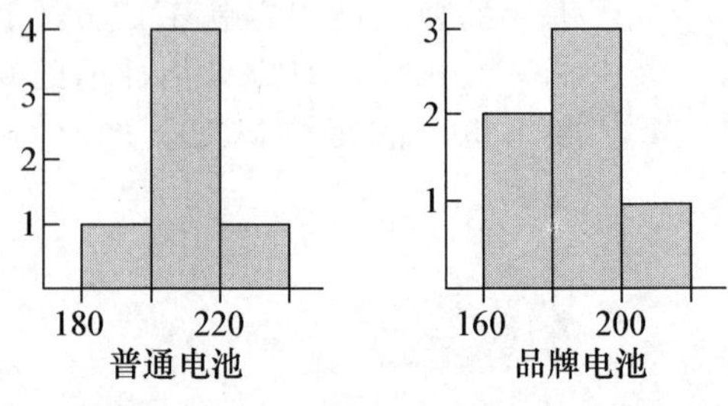

图16—3 表16—1资料的直方图

尽管实验样本比较小，但图16—3显示两类电池的使用寿命都呈单峰对称分布。综合起来考虑，表16—1的资料可以进行 t 分布推断分析。

第三步，确定采用的分析模型。在条件基本得到满足的情况下，该问题可以使用

两样本 t 分布区间估计。

第四步，计算统计量并做出区间估计。由表 16—1 的资料可以得到表 16—3。

表 16—3　　电池使用寿命统计

	普通电池（1）	品牌电池（2）
n	6	6
$\bar{y}$	206.0	187.4
s	10.3	14.6

由式（16.2）得：

$$SE(\bar{y}_1-\bar{y}_2)=\sqrt{\frac{s_1^2}{n_1}+\frac{s_2^2}{n_2}}=\sqrt{\frac{10.3^2}{6}+\frac{14.6^2}{6}}=7.29$$

为了能运用 t 分布的临界值，需要知道 t 分布的自由度。由式（16.4）得：

$$df=\frac{\left(\frac{s_1^2}{n_1}+\frac{s_2^2}{n_2}\right)^2}{\frac{1}{n_1-1}\times\left(\frac{s_1^2}{n_1}\right)^2+\frac{1}{n_2-1}\times\left(\frac{s_2^2}{n_2}\right)^2}=\frac{\left(\frac{10.3^2}{6}+\frac{14.6^2}{6}\right)^2}{\frac{1}{6-1}\times\left(\frac{10.3^2}{6}\right)^2+\frac{1}{6-1}\times\left(\frac{14.6^2}{6}\right)^2}=8.99\approx 9$$

在给定的 95%置信水平下，$t_9^*=2.263$。再由式（16. 5）得到置信区间：

$$(\bar{y}_1-\bar{y}_2)\pm t_{df}^*\times SE(\bar{y}_1-\bar{y}_2)=(206.0-187.4)\pm 2.263\times 7.29=18.6\pm 16.5(2.1,35.1)$$

第五步，给出分析结论。在 95%的置信水平下，普通电池与品牌电池平均使用寿命差的置信区间为（2.1，35.1）。如果普通电池比较便宜，可以考虑购买；如果普通电池价格较高，则需要考虑是否值得。

16.2 两总体均值差的检验

16.2.1 两总体均值差检验统计量及模型

假如你从朋友那儿购买了一台保养得较好的二手相机，同样的新旧程度、同样的价钱，你会不会从陌生人手里购买呢？为了分析友谊是如何影响人的购买行为的，康奈尔大学的哈尔彭（J. J. Halpern）对这一现象进行了研究，她把受试对象随机地分成两组，然后向每组的受试人员说清楚假定他们想要买的东西的情况，其中一组购买对象是朋友，另一组是陌生人，这个实验得到如下资料（见表 16—4）。

表 16—4　　二手相机价格　　单位：美元

从朋友处购买	从陌生人处购买
275	260
300	250
260	175
300	130
255	200
275	225
290	240
300	

过去人们一直怀疑友谊对价格的影响能不能测量，哈尔彭的研究试图推翻这一说法。就表 16—4 的资料来看，其实可以通过两总体均值差 t 检验进行对比分析。

两总体均值差 t 检验，就是将两样本均值之间的差作为假定的两总体均值差的比较依据。对假定的两总体均值差 $\mu_1-\mu_2$，用符号 Δ_0 表示，即 $\mu_1-\mu_2=\Delta_0$，一般情况下，总是假定 $\Delta_0=0$。如果所需的假定条件能得到满足，对两总体均值差 t 检验，其零假设就是：

$$H_0:\mu_1-\mu_2=\Delta_0$$

检验的统计量为：

$$t=\frac{(\bar{y}_1-\bar{y}_2)-\Delta_0}{SE(\bar{y}_1-\bar{y}_2)} \tag{16.6}$$

当零假设成立时，式（16.6）确定的检验统计量服从 t 分布。

□ 16.2.2　实例应用讲解

通常用得最多的零假设就是两总体均值之间不存在差别。在上述二手相机的例子中，零假设的正确提法是：从朋友处和从陌生人处购买同样品质的二手相机的价格一样。该问题的假设检验过程是：

第一步，陈述所要讨论的问题。讨论的主要问题是，根据表 16—4 的实验资料，从朋友处购买的二手相机所花的钱与从陌生人处购买同样品质的相机所花的钱没有差别。

第二步，提出研究假设。用 S 表示陌生人，F 表示朋友，则该问题的研究假设是：

$$H_0:\mu_F-\mu_S=0, H_A:\mu_F-\mu_S\neq 0$$

第三步，检查分析的条件。哈尔彭的研究设计采用的是随机实验，每位受试人员被随机地安排在不同的组别中，他们是随机挑选出来的，相互之间应该不存在相互影响，同时组与组之间也是相互独立的。根据表 16—4 的资料绘制的直方图见图 16—4。

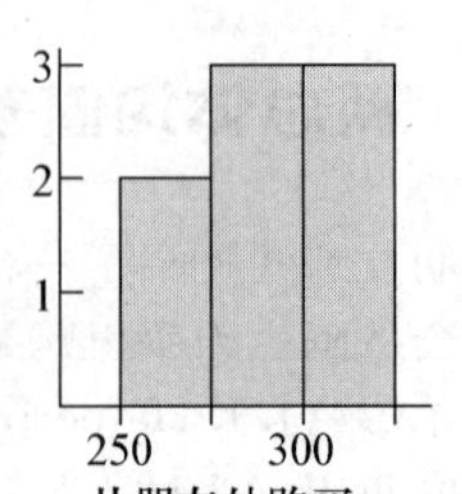

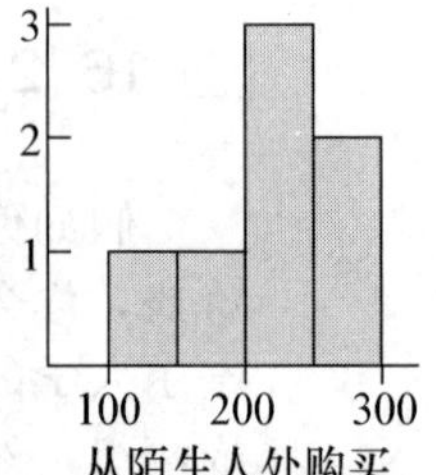

图 16—4　购买价格直方图

由图 16—4 可看出，从朋友处购买的价格和从陌生人处购买的价格基本上呈单峰对称分布。

第四步，假设检验模型。由于条件和要求能大致得到满足，可以使用 t 分布做两总体均值差检验。

第五步，计算检验统计量并进行假设检验。根据表 16—4 的资料得到表 16—5。

表 16—5　　购买价格统计

	从朋友处购买（F）	从陌生人处购买（S）
n	8	7
$\bar{y}$	281.88	211.43
s	18.31	46.43

由式（16.2）得：

$$SE(\bar{y}_F-\bar{y}_S)=\sqrt{\frac{s_F^2}{n_F}+\frac{s_S^2}{n_S}}=\sqrt{\frac{18.31^2}{8}+\frac{46.43^2}{7}}=18.70$$

为了能运用 t 分布的临界值，需要知道 t 分布的自由度。由式（16.4）得：

$$df=\frac{\left(\frac{s_F^2}{n_F}+\frac{s_S^2}{n_S}\right)^2}{\frac{1}{n_F-1}\times\left(\frac{s_F^2}{n_F}\right)^2+\frac{1}{n_S-1}\times\left(\frac{s_S^2}{n_S}\right)^2}=\frac{\left(\frac{18.31^2}{8}+\frac{46.43^2}{7}\right)^2}{\frac{1}{8-1}\times\left(\frac{18.31^2}{8}\right)^2+\frac{1}{7-1}\times\left(\frac{46.43^2}{7}\right)^2}=7.62\approx 8$$

当零假设成立时，由式（16.6）计算检验统计量：

$$t=\frac{(\bar{y}_F-\bar{y}_S)-\Delta_0}{SE(\bar{y}_F-\bar{y}_S)}=\frac{(281.88-211.43)-0}{18.70}=3.77$$

由于是双尾检验，因此有：

$$P\text{-值}=2\times P(t_8>3.77)=0.006$$

第六步，给出分析结论。P-值非常小，只有 0.006，意味着在零假设成立的条件下，1 000 次实验中仅出现 6 次，这是稀有事件，所以应该拒绝零假设，表明“杀熟”不是没有统计依据的。

例 16—3

办公场所设立了自助式咖啡点，员工可以根据个人的需要付费使用。据此研究人员做了观察测试，他们把一张画着人的眼睛的图片和一张画着鲜花的图片，每周轮换一次张贴在摆放杯子的橱柜上方，并记录下取饮料的量和支付的钱，得到如表 16—6

所示的汇总资料。

表 16—6　　每周支付费用的均值和标准差

	眼睛图片（E）	鲜花图片（F）
n	5	5
$\bar{y}$	0.417	0.151
s	0.181 1	0.067

分析张贴不同图片是否会影响人的诚信行为。

答： 上述问题可以通过假设检验进行分析，检验的假设是：

$$H_0: \mu_E - \mu_F = 0, H_A: \mu_E - \mu_F \neq 0$$

取咖啡的人自主支付的费用，相互之间应该不会产生影响。由于该研究采用的是观察方法，每周张贴什么图片对所有办公室员工都是一样的，因此随机性要求能大致满足。尽管没有具体的观察记录，但我们认为出现异常值的可能性不大。对所有的员工来说，各周之间的影响应该不会存在。所以，可以使用 t 分布进行假设检验。

由式（16.2）得：

$$SE(\bar{y}_E - \bar{y}_F) = \sqrt{\frac{s_E^2}{n_E} + \frac{s_F^2}{n_F}} = \sqrt{\frac{0.181\,1^2}{5} + \frac{0.067^2}{5}} = 0.086\,4$$

为了能运用 t 分布的临界值，需要知道 t 分布的自由度。由式（16.4）得：

$$df = \frac{\left(\frac{s_E^2}{n_E} + \frac{s_F^2}{n_F}\right)^2}{\frac{1}{n_E - 1} \times \left(\frac{s_E^2}{n_E}\right)^2 + \frac{1}{n_F - 1} \times \left(\frac{s_F^2}{n_F}\right)^2} = \frac{\left(\frac{0.181\,1^2}{5} + \frac{0.067^2}{5}\right)^2}{\frac{1}{5-1} \times \left(\frac{0.181\,1^2}{5}\right)^2 + \frac{1}{5-1} \times \left(\frac{0.067^2}{5}\right)^2} \approx 5.07$$

当零假设成立时，由式（16.6）计算检验统计量：

$$t = \frac{(\bar{y}_E - \bar{y}_F) - \Delta_0}{SE(\bar{y}_E - \bar{y}_F)} = \frac{(0.417 - 0.151) - 0}{0.086\,4} = 3.08$$

由于是双尾检验，因此有：

$$P\text{-值} = 2 \times P(t_5 > 3.08) = 0.027$$

P-值比较小，只有 0.027，意味着在零假设成立的条件下，1 000 次测试中平均仅出现 27 次，这是发生概率较小的事件，所以应该拒绝零假设。

□ 16.2.3　合并后的 t 检验

我们之前说过，在比例问题分析中，只要给定比例，就意味着得到了它们的标准差。对两总体比例进行假设检验，如果零假设成立（假定两总体比例相等），便表明我们可以假定这两个总体的方差是相同的。正是这个原因，使得我们能将两组资料合并在一起，估计两总体比例假设检验统计量的标准误差。

对于两总体均值检验问题，我们也能采用合并后的 t 检验。如同两总体比例问题的检验，合并后的均值 t 检验需要假定两个总体的方差相等。问题是，纵使有了均值，我们也不知道总体的方差是什么，换句话说，即使假定两总体的均值相等，也并不表明相应的两个总体的方差相同。假如能假设两总体的方差相等，我们就可以把两个不同样本的观察资料合并在一起去估计总体的方差。由样本资料估计合并后的总体方差，并仍然采用 t 检验方法，这种检验常被叫做两总体均值差合并后的 t 检验。

合并后的 t 检验有两点好处，其一是能增加自由度，其二是自由度的计算不像式（16.4）那么复杂。但与此同时，也产生了其他方面的困难，比如，需要对方差进行合并处理，必须考虑同方差假定能否得到满足，这是一个要求十分严格的假定，且检查是不是同方差相对比较困难。所以，在没有充分理由的情况下，不主张采用合并后的 t 检验。

接下来，我们介绍合并后的 t 检验方法。为了防治白蚁，全球每年的花费数以百亿计，然而有些热带树种自身能抵御白蚁的危害。研究人员从这些树液中提取出某种混合物，将白蚁 25 只组成一组，分别用两种不同浓度的混合物随机地饲喂白蚁，5 天后，饲喂低浓度混合物的 8 个组，平均存活的白蚁 20.875 只、标准差 2.23 只，饲喂高浓度混合物的 6 个组，平均存活的白蚁 6.667 只、标准差 3.14 只。据此，能不能说高浓度混合物更能灭杀白蚁呢？为了能够使用合并后的 t 检验方法，假定样本来自的两个总体的方差相同，即 $\sigma_1^2=\sigma_2^2$。此时，总体方差的估计需要采用合并后的样本方差，具体是：

$$s_{合}^2=\frac{(n_1-1)s_1^2+(n_2-1)s_2^2}{(n_1-1)+(n_2-1)} \tag{16.7}$$

如果两个样本的容量一致，式（16.7）可以直接写成：

$$s_{合}^2=\frac{s_1^2+s_2^2}{2} \tag{16.8}$$

在对方差进行合并后，估计标准误差的公式变成：

$$\begin{aligned}SE_{合}(\bar{y}_1-\bar{y}_2)&=\sqrt{\frac{s_{合}^2}{n_1}+\frac{s_{合}^2}{n_2}}\\&=s_{合}\sqrt{\frac{1}{n_1}+\frac{1}{n_2}}\end{aligned} \tag{16.9}$$

合并后的 t 检验方法，其自由度为：

$$df=n_1+n_2-2 \tag{16.10}$$

此后，就可以进行相应的区间估计和假设检验，其中，区间估计的公式为：

$$\begin{aligned}&(\bar{y}_1-\bar{y}_2)\pm t_{df}^*\times SE_{合}(\bar{y}_1-\bar{y}_2)\\=&(\bar{y}_1-\bar{y}_2)\pm t_{n_1+n_2-2}^*\times\left(s_{合}\sqrt{\frac{1}{n_1}+\frac{1}{n_2}}\right)\end{aligned} \tag{16.11}$$

假设检验的统计量是：

$$t=\frac{(\bar{y}_1-\bar{y}_2)-\Delta_0}{SE_{合}(\bar{y}_1-\bar{y}_2)}=\frac{(\bar{y}_1-\bar{y}_2)-\Delta_0}{s_{合}\sqrt{\frac{1}{n_1}+\frac{1}{n_2}}} \quad (16.12)$$

下面对两总体均值差 t 检验与两总体均值差合并后的 t 检验进行比较：

第一，两总体方差确实相等时，不论运用两总体均值差 t 检验还是两总体均值差合并后的 t 检验，得到的结论基本相同。相比之下，运用两总体均值差合并后的 t 检验有一定的优势，由于合并处理后自由度有所增加，置信区间的范围变小，假设检验的效果会有所改善，但并不是太明显。

第二，两总体方差不相等时，采用两总体均值差合并后的 t 检验，不仅不符合要求，而且结果也比较差，所以在确信两总体方差不相等时，最好不要运用合并后的 t 检验。

第三，样本容量较大时，通过合并处理增加的自由度所带来的影响会越来越小。增加自由度的优势，只有在样本容量较小时才比较明显。

总之，运用两总体均值差 t 检验应该是上上之策。

16.3 Tukey 检验与秩和检验

16.3.1 Tukey 检验

图基是著名的统计学家，提出了一种更为简单的两总体均值检验方法，并给出了可能更容易记住的临界值。这种检验方法被称为 Tukey 快速检验法，只需要计数和记住三个数字 7，10，13 即可。

使用 Tukey 快速检验法时，观察数据中不能出现大量重复的数据。具体步骤是：

第一步，绘制两组观察资料的箱线图。

第二步，根据箱线图区分出高位置和低位置观察组，并分别找出它们各自的最大值和最小值。

第三步，把高位置组的所有观察值与低位置组的最大值进行对比，记录下高位置组观察值比低位置组最大值大的次数，再将低位置组的观察值与高位置组的最小值比较，记录下低位置组观察值比高位置组最小值小的次数。比较时一旦出现相同的值，则取 0.5。

第四步，将第三步得到的三个次数值相加，作为 Tukey 快速检验的统计量。

第五步，进行判断，次数值之和在 7～10 之间，则以 0.05 的显著性水平拒绝零假设；次数值之和在 10～13 之间，则以 0.01 的显著性水平拒绝零假设；次数值之和大于 13，则以 0.001 的显著性水平拒绝零假设。

下面以表 16—4 的资料为例，说明 Tukey 快速检验法。根据表 16—4 的资料，绘制的箱线图见图 16—5。

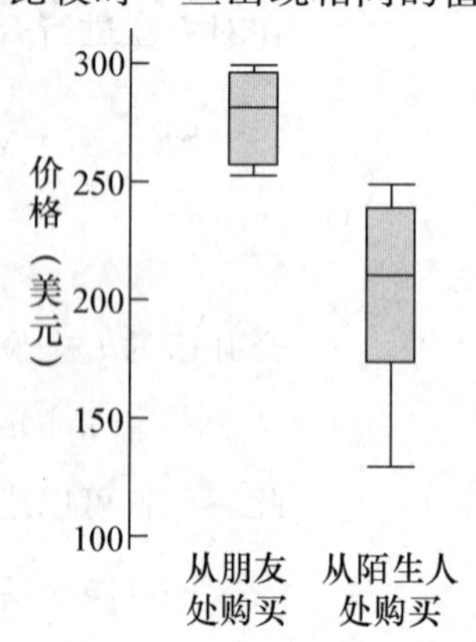

图 16—5 购买价格箱线图

由图 16—5 可知，从朋友处购买的价格箱线图的位置比从陌生人处购买的价格箱线图高。从朋友处购买的最高价格是 300 美元、最低价格是 255 美元，从陌生人处购买的最高价格是 260 美元、最低价格是 130 美元。联系到表 16—4 的具体数值，从朋友处购买有 8 个价格，其中高于 260 美元的一共出现 6 次，其中一次恰好是 260 美元，记为 0.5，这样得到的比较结果总计 6.5。从陌生人处购买有 7 个价格，比 255 美元低的出现 6 次。所以，Tukey 快速检验统计量的值是 6.5＋6＝12.5。该值大于 10 小于 13，按照 Tukey 快速检验法，其对应的 P-值在 0.01～0.001 之间。

Tukey 检验是一种非常有价值的检验方法，唯一需要的假定条件就是两个样本相互独立。

□ 16.3.2　秩和检验

秩和检验属于非参数方法，也可以用于分析两总体均值是否相等。秩和检验全称为威尔克森（Wilcoxon）秩和检验，或者曼-惠特尼（Mann-Whitney）检验。具体方法是：首先把两组观察样本混合在一起，然后按从小到大的顺序排列，给每个观察值指派一个相应的秩值，秩值就是观察值排序的序号，其中最小的秩是 1，最大的秩为 $N(n_1+n_2)$，也就是两组观察数的总和，对同样大小的观察值，用它们的自然序号的平均数作为秩。把被比较组的秩值加总起来，作为检验统计量，用 W 表示。如果 W 的值特别大或特别小，可能表明两个组的均值不相等。

当零假设成立时，检验统计量 W 的均值为：

$$\mu_W=\frac{n_1(N+1)}{2} \tag{16.13}$$

方差是：

$$\mathrm{Var}(W)=\frac{n_1 n_2(N+1)}{12} \tag{16.14}$$

这时，只要观察样本不是太小，可以采用正态分布进行假设检验，检验统计量是：

$$z=\frac{W-\mu_W}{SD(W)} \tag{16.15}$$

在此，我们用表 16—4 的资料说明秩和检验的过程。表 16—4 中资料的排序结果见表 16—7：

表 16—7　　购买价格排序

数据	130	175	200	225	240	250	255	260
排序	1	2	3	4	5	6	7	8.5
组别	S	S	S	S	S	S	F	S
数据	260	275	275	290	300	300	300	
排序	8.5	10.5	10.5	12	14	14	14	
组别	F	F	F	F	F	F	F	

把从朋友处购买二手相机的价格的秩相加，得到：

$$W=7+8.5+10.5+10.5+12+14+14=90.5$$

由式（16.14）和式（16.15）得：

$$\mu_W = \frac{n_1(N+1)}{2} = \frac{8\times(15+1)}{2} = 64$$

$$SD(W) = \sqrt{\mathrm{Var}(W)} = \sqrt{\frac{n_1 n_2 (N+1)}{12}} = \sqrt{\frac{8\times7\times(15+1)}{12}} = 8.64$$

再由式（16.15）得：

$$z = \frac{W-\mu_W}{SD(W)} = \frac{90.5-64}{8.64} = 3.07$$

这是个双尾检验问题，对应的 P-值是 0.002 1，所以应该拒绝零假设。这与两总体均值差 t 检验和 Tukey 检验的结论完全一样。

秩和检验与 Tukey 检验相似，优点是不依赖于正态性假定。但当假设检验的条件得到满足时，秩和检验的效果不如两总体均值差 t 检验，原因在于它没有充分利用观察资料本身的信息。

复习思考题

1. 2007 年 7 月那一期的《消费者》公布了肉类（猪肉、火鸡肉、鸡肉）热狗和纯牛肉热狗的检查结果，其中肉类热狗的平均热量为 111.7 卡路里，纯牛肉热狗平均热量为 135.4 卡路里。零假设是肉类热狗和纯牛肉类热狗平均热量没有差别，得到的 P-值为 0.124。分析该问题要用到置信区间，两类热狗平均热量差的 95%置信区间是不是包含了 0？为什么？

2. 2007 年 7 月那一期的《消费者》同时也公布了肉类和纯牛肉类热狗的钠含量，零假设是肉类热狗和纯牛肉类热狗平均钠含量没有差别，得到的 P-值为 0.11。分析该问题要用到置信区间，两类热狗平均钠含量差的 95%置信区间是不是包含了 0？为什么？

3. 2007 年 7 月那一期的《消费者》还公布了肉类和纯牛肉类热狗的脂肪含量（单位：克），肉类热狗对纯牛肉类热狗平均脂肪含量差的 90%置信区间为（−6.5，−1.4）。要求回答：

（1）给出的置信区间的两个端点都是负数，这表明了什么？

（2）置信区间没有包含 0，这意味着什么？

（3）90%的置信水平对应的显著性水平是多少？

4.《消费者》公布过前开式洗衣机和顶开式洗衣机的检测结果，主要变量是洗好一桶衣物花费的时间，顶开式洗衣机对前开式洗衣机洗完一桶衣物平均时间差的 98%置信区间为（−40，−22）。要求回答：

（1）给出的置信区间的两个端点都是负数，这表明了什么？

（2）置信区间没有包含 0，这意味着什么？

（3）98%的置信水平对应的假设检验的显著性水平是多少？

5. 第 3 题给出了肉类热狗对纯牛肉类热狗平均脂肪含量差的 90%置信区间（−6.5，−1.4），试据此对下列说法是否正确进行解释：

（1）吃肉类热狗的人，90%的可能性获取了比吃纯牛肉类热狗少的脂肪；

（2）90%的肉类热狗比纯牛肉类热狗少 1.4～6.5 克脂肪；

（3）有 90%的把握认为，肉类热狗比纯牛肉类热狗平均少 1.4～6.5 克脂肪；

（4）100 次样本观察中，有 90 次出现肉类热狗比纯牛肉类热狗平均少 1.4～6.5 克脂肪；

(5) 100 次样本观察中，期望有 90 次肉类热狗与纯牛肉类热狗平均脂肪含量差的置信区间 (−6.5，−1.4)，包含了这两种热狗平均脂肪含量差的真实值。

6. 第 4 题给出了顶开式洗衣机对前开式洗衣机洗完一桶衣物平均时间差的 98％置信区间（−40，−22)，试据此对下列说法是否正确进行解释：

(1) 98％的顶开式洗衣机洗衣物比前开式洗衣机快 22～44 分钟；

(2) 如果到自助洗衣店洗衣物，与选择前开式洗衣机相比，选择顶开式洗衣机有 98％的可能性快速洗好衣物；

(3) 对这两种类型洗衣机进行大量测试，大约有 98％的试验结果表明，顶开式洗衣机洗衣物比前开式洗衣机平均快 22～40 分钟；

(4) 对这两种类型的洗衣机进行大量测试，大约有 98％的置信区间包含了总体均值之间的真实差别；

(5) 有 98％的把握认为，顶开式洗衣机洗衣物比前开式洗衣机平均快 22～40 分钟。

7. 一位刚来到一座新城市生活的人，从他的住处到上班地点有两条路，邻居告诉他走 A 这条路比走 B 这条路平均要快 5 分钟。这个人决定自己试验一下，每天通过抛硬币决定走哪条路，每条路都走 20 次。得到的结果是：A 这条路平均花 40 分钟、标准差 3 分钟，B 这条路平均花 43 分钟、标准差 2 分钟。A 和 B 两条路每天花的时间的直方图显示不存在异常值，且接近对称。要求回答：

(1) 在 95％的置信水平下，构造两条路平均用时差的置信区间；

(2) 如果听邻居的话走 A 这条路，这个人平均每天能不能节省 5 分钟？为什么？

8. 研究人员想了解男性与女性心律之间是否存在显著性差别，采集了如下一组资料：

男性	女性
69	66
70	68
68	61
72	71
78	73
70	81
75	64
74	65
69	57
73	81
77	83
65	82
74	86
78	77
64	72
78	79
73	64
72	73
68	74
68	77
83	66
66	68
82	77
78	78
80	
75	
63	
75	

要求：

(1) 绘制箱线图，并说说箱线图有没有显示男性与女性心律之间的差别；

(2) 对男性与女性心律构造 90％置信水平下的置信区间；

(3) 将置信区间与箱线图所显示结论进行比较。

9. 下表的资料是儿童和成年人吃的麦片中糖的含量：

儿童麦片	成年人麦片
40.3	20.0
55.0	30.2
45.7	2.2
43.3	7.5
50.3	22.2
53.5	16.6
43.0	14.5

续前表

儿童麦片	成年人麦片
44.2	21.4
44.0	3.3
47.4	6.6
44.0	7.8
33.6	10.6
55.1	16.2
48.8	14.5
50.4	4.1
37.8	15.8
60.3	4.1
46.6	2.4
	3.5
	8.5
	10.0
	1.0
	4.4
	1.3
	8.1
	4.7
	18.4

要求：

(1) 检查统计推断分析的假定条件能否得到满足；

(2) 95%的置信水平下，构造儿童麦片和成年人麦片含糖量差的置信区间。

10. 考古学理论认为，在长达数千年的时间里，古埃及人与不同地区迁移来的人种杂婚而居，为探究是否存在人的身体结构发生变化的证据，考古学家测量了公元前 4 000 年 30 个男性头骨的宽度，以及公元前 200 年 30 个男性头骨的宽度。具体资料如下：

公元前 200 年	公元前 4 000 年
141	131
141	125
135	131
133	119
131	136
140	138
139	139
140	125
138	131
132	134
134	129
135	134
133	126
136	132
134	141
131	131
129	135
136	132
131	139
139	132
144	126
141	135
130	134
133	128
138	130
131	138
136	128
132	127
135	131
141	124

要求回答：

(1) 这些资料是否适合进行统计推断分析？为什么？

(2) 95%的置信水平下，构造两个时期男性头骨平均宽度差的置信区间。

(3) 是否有证据表明，两个时期男性头骨平均宽度发生了变化？

(4) 运用 Tukey 快速检验法检验不同时期男性头骨宽度的差别。

(5) 运用秩和法检验不同时期男性头骨宽度的差别。

11. 某教育工作者坚信，新的阅读活动有助于提高小学生的阅读理解能力。她将三年级学生随机地分成两组，一组采用新的阅读训练方案，另一组使用传统的方法。经过 8 周的训练后，对这些参加实验的学生进行了一次测试。得到如下用分组茎叶图汇总的数据：

新方案		老方案
	1	07
4	2	068
3	3	377
96333	4	12222238
9876432	5	355
721	6	02
1	7	
	8	5

要求回答：

(1) 新的训练方案能否提高小学生的阅读理解能力？

(2) 能不能用 Tukey 快速检验法进行假设检验？结论是什么？

(3) 能不能用秩和法进行假设检验？结论又是什么？

12. 为了解酸雨的影响，研究人员从阿第伦达克山区的溪流中采集了水样，并根据溪水流过的岩石类型（石灰岩、混合岩、页岩），分类检测水样中的 pH 值，得到如下一组资料：

页岩	混合岩	石灰岩
7.0	7.5	7.5
7.0	7.5	7.5
6.8	7.8	7.8
7.2	7.5	8.0
6.8	7.0	7.8
6.8	7.3	7.8
7.0	7.3	8.0
7.2	7.0	8.0
7.0	7.0	8.0
6.5	7.5	7.0
6.8	7.2	8.0
6.8	7.2	8.0
7.0	7.5	8.0
6.8	7.0	8.0
7.0	7.0	7.5
7.0	7.5	7.8
6.5	7.0	8.0
7.0	7.7	7.8
6.8	7.0	7.5

续前表

页岩	混合岩	石灰岩
7.3	7.0	7.9
7.0	7.0	7.7
7.0	7.5	7.9
7.0	7.2	7.3
6.8	7.0	7.6
6.8	7.3	8.1
6.8	7.1	7.8
7.5		7.3
7.0		7.5
7.0		8.0
7.0		8.0
7.0		7.5
7.0		7.5
6.8		8.0
6.5		7.5
7.0		8.0
7.0		8.0
7.0		7.5
7.0		8.0
7.0		8.0
6.7		8.0
6.5		7.5
7.2		7.5
7.5		7.4
7.5		7.5
7.0		7.0
7.0		7.0
7.0		7.5
7.0		8.0
6.9		7.5
7.0		7.9
7.0		8.0
7.0		8.0
7.0		7.5
6.7		7.5
6.8		8.2
7.2		7.4
6.8		7.6

续前表

页岩	混合岩	石灰岩
6.5		6.4
7.0		6.8
6.5		7.9
7.0		7.7
7.0		7.5
7.1		7.6
6.8		7.6
7.0		8.0
7.2		8.0
7.0		7.5
7.0		7.8
7.0		7.8
		7.5
		7.8
		7.7
		7.8
		7.7
		7.7
		7.7
		7.3

要求：

（1）根据给定的资料绘制箱线图，并说说流经不同地面溪水的 pH 值的差别；

（2）分析统计推断的假定条件能否得到满足。

（3）运用合适的检验方法进行假设检验，并谈谈得到的结论是什么。

13. 某工厂正在招聘流水线上的操作工，应聘人员需要通过动作的敏捷性测试，要求是把奇形怪状的钉子装配进相应的孔中，看看 1 分钟之内能完成多少个。50 名男性和 50 名女性的测试结果汇总如下：

	男性	女性
人数	50	50
均值	19.39	17.91
标准差	2.52	3.39

要求回答：

（1）分别对男性和女性应聘人员完成情况的均值做 95%的区间估计。

（2）所得到的置信区间是否存在重叠？这能不能说明男女应聘人员动作敏捷性上有差异？

（3）95%的置信水平下，构造男性和女性应聘人完成情况均值差的置信区间。

（4）比较问题（1）和问题（3）结论的异同，你认为哪种做法更合理？

14. 为了改善员工的工作满意度，企业开始推行工间操。不久后进行问卷调查，要求随机选出的 10 名员工填写满意度调查表，以评估开展该项活动前后员工满意度是否有变化。受试员工在该项活动前后的满意度资料如下：

员工编号	活动之前	活动之后
1	34	33
2	28	36
3	29	50
4	45	41
5	26	37
6	27	41
7	24	39
8	15	21
9	15	20
10	27	37

对这一问题，能不能采用本章介绍的方法进行统计推断分析？为什么？

15. 6 月份举行的数学期末考试中，有 6 位学生考得不好，决定暑期补习，并于 8 月份重考。6 月份的数学成绩和重考的成绩如下：

初考成绩	重考成绩
54	50
49	65
68	74
66	64
62	68
62	72

根据上述资料，评估一下暑期补习有没有效果。

16. 在自助式服务中，碗的大小是否会影响人盛取食物的多少？带着这样的疑问，某研究人员做了一次测试。将挑选出来的受试人员随机地分成两组，一组用大号碗，另一组用小号碗，测试统计结果如下：

	小号碗	大号碗
n	26	22
$\bar{y}$	5.07	6.58
s	1.84	2.91

根据给定的资料，运用合适的方法进行假设检验，并说明所得到的结论是什么。

17. 按照奥林匹克赛跑项目赛制的规定，预赛分组是通过抽签方式确定的，这样运动员在预赛时分在哪个组，一般不会影响选手水平的发挥。以下资料是 2004 年雅典奥林匹克运动会女子 400 米，预赛第二组和第五组选手的成绩：

来自的国家	运动员	预赛分组	用时（秒）
美国	H. Monique	2	51.02
保加利亚	D. Mariyana	2	51.29
乍得	N. Kaltouma	2	51.50
牙买加	D. Nadia	2	52.04
巴西	A. Laura	2	52.10
芬兰	M. Kirsi	2	52.53
中国	卜范芳	2	56.01
巴哈马	W. Tonique	5	51.20
白俄罗斯	U. Svetlana	5	51.37
乌克兰	Y. Antonina	5	51.53
喀麦隆	N. Mireille	5	51.90
牙买加	B. Allison	5	52.85
多哥	T. Sandrine	5	52.87
斯里兰卡	D. Damayanthi	5	54.58

要求：

(1) 分析一下统计推断的假定和条件能否得到满足；

(2) 比较预赛第二组和第五组运动员平均用时的差别。

18. 1954—2003 年，一共有 43 人次成功横渡安大略湖，以下是分性别的统计结果：

	人次	平均用时（分钟）	标准差（分钟）
女性	22	1 271.59	261.111
男性	20	1 196.75	304.369

在 95%的置信水平下，构造男性和女性平均用时差的置信区间。

19. 为了应对重大的考试，边复习边听音乐是否有助于提高成绩？研究人员将挑选出来的志愿者随机地分成三个组，一组听说唱音乐，一组听纯音乐，另外一组不听音乐。让每个受试组的人观看同一张图画，实验结束后，让每个组的人回忆从图画中看到的物体数，得到如下汇总资料：

	听说唱音乐	听纯音乐	不听音乐
人数	29	20	13
均值	10.72	10.00	12.77
标准差	3.99	3.19	4.73

要求：

(1) 用假设检验方法，分析听纯音乐是否比听说唱音乐更有助于增强记忆；

(2) 给定 90%的置信水平，构造听纯音乐组与不听音乐组平均记忆效果差的置信区间，并对得到的结果进行合适的解释。

20. 杜鹃鸟不做窝也不孵蛋，它们把蛋偷偷地下在其他鸟巢里，让其他鸟代为孵化。为了让其他鸟不发现异样，杜鹃鸟会让蛋的大小发生相应变化。以下是研究人员采集到的杜鹃鸟下在不同鸟巢中蛋的尺寸（单位：毫米）：

麻雀窝	知更鸟窝	鹡鸰窝
20.85	21.05	21.05
21.65	21.85	21.85
22.05	22.05	21.85
22.85	22.05	21.85
23.05	22.05	22.05
23.05	22.25	22.45
23.05	22.45	22.65
23.05	22.45	23.05
23.45	22.65	23.05
23.85	23.05	23.25
23.85	23.05	23.45
23.85	23.05	24.05
24.05	23.05	24.05
25.05	23.05	24.05
	23.25	24.85
	23.85	

要求：

(1) 运用 Tukey 快速检验法，对不同鸟窝中杜鹃蛋的平均长度进行两两比较。

(2) 运用秩和检验，对不同鸟窝中杜鹃蛋的平均长度进行两两比较。

(3) 能不能认为，杜鹃鸟下在不同鸟窝中蛋的平均长度没有差别？

第17章

配对样本推断分析

法学入学考试的辅导课程能帮助应试学生提高多少分？男生的电脑游戏是不是玩得比女生好？像这样的一些问题便涉及成对变量。两个观察值客观存在并相伴随发生，意味着它们不可能相互独立，这样前面介绍的两样本 t 推断方法就不适用了。

17.1　成对数据的假设检验

速滑比赛每组两个选手，他们同时上场，一人在内道，一人在外道，哪个人在内道、哪个人在外道由抽签确定。发令枪一响比赛开始，比赛中途两个选手交换道次，以确保每位选手滑行距离相同。这看起来似乎比较公平，但在 2006 年的冬季奥林匹克运动会上，有些热衷于滑冰运动的人提出质疑，认为出发时站在外道的选手占了便宜。在这届冬奥会上，女子 1 500 米速滑金牌获得者克拉森（C. Klassen）出发时就在外道，她比第二名选手领先了 1.47 秒。2006 年冬奥会女子 1 500 米速滑成绩详见表 17—1。

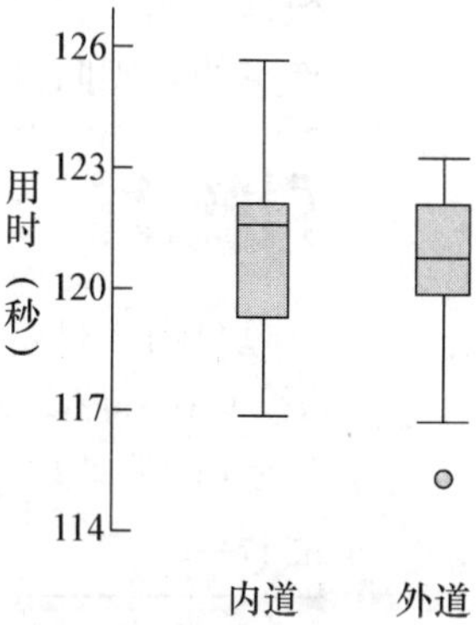

图 17—1　2006 年冬奥会女子 1 500 米速滑成绩

根据表 17—1 的资料绘制的箱线图见图 17—1。直观地看，内道和外道运动员 1 500 米速滑用时并没有多大差别。不过，这样的比较是不正确的，原因在于每对选手所处的比赛条件可能发生变化，一对选手比赛用时之间不是完全独立的。

表 17—1　2006 年冬奥会女子 1 500 米速滑成绩

出发时分在内道			出发时分在外道		
选手	来自的国家	用时	选手	来自的国家	用时
O. Daniela	罗马尼亚	129.24	—	—	—
张晓磊	中国	125.75	NEMOTO Nami	日本	122.34
A. Yekaterina	俄罗斯	121.63	L. Maria	美国	122.12
R. Shannon	加拿大	122.24	NOH SeonYeong	韩国	123.35
LEE Ju-Youn	韩国	120.85	T. Marianne	荷兰	120.45
R. Natalia	奥地利	122.19	M. Adelia	意大利	123.07
Y. Valentina	俄罗斯	122.15	O. Lucille	德国	122.75
B. Hedvig	挪威	122.16	H. Maren	挪威	121.22
I. Eriko	日本	121.85	W. Katarzyna	波兰	119.96
R. Catherine	美国	121.17	B. Annette	挪威	121.03
O. Hiromi	日本	124.77	L. Yekaterina	俄罗斯	118.87
S. Chiara	意大利	118.76	吉佳	中国	121.85
A. Daniela	德国	119.74	王霏	中国	120.13
B. Varvara	俄罗斯	121.60	van D. Paulien	荷兰	120.15
G. Renate	荷兰	119.33	G. Kristina	加拿大	116.74
R. Jennifer	美国	119.30	N. Christine	加拿大	119.15
F. Anni	德国	117.31	K. Cindy	加拿大	115.27
W. Ireen	荷兰	116.90	TABATA Maki	日本	120.77

□ 17.1.1 成对数据及其分析特点

速滑比赛在每组两个选手之间展开，不可能完全不相关。如此一来，两个独立样本 t 推断方法所需的假定条件得不到满足，因而也就不能采用，取而代之的只能是针对每对选手比赛用时之差进行比较。

成对数据有多种产生方式，最为典型的是，收集某个现象在采取处理方法前后的数据。如果成对数据是通过实验产生的，这样的配对类型叫做区组；如果是通过观察产生的，则叫做配对数据。

例 17—1

伊利诺伊州的莱克县卫生局尝试采用每周4天工作制，实验期为一年。该局记录下11名实地巡视员在每周4天工作制和此前的每周5天工作制情形下行走的里程（单位：英里），具体见表17—2。

表 17—2　　4天工作制和5天工作制实地巡视员行走的里程

实地巡视员姓名	5天工作制	4天工作制
Jeff	2 798	2 914
Betty	7 724	6 112
Roger	7 505	6 177
Tom	838	1 102
Aimee	4 592	3 281
Greg	8 107	4 997
G. Larry	1 228	1 695
Tad	8 718	6 606
M. Larry	1 097	1 063
Leslie	8 089	6 392
Lee	3 807	3 362

分析表17—2的资料是不是成对数据。

答：表17—2的资料是将同一个实地巡视员每周工作制修改前后的行走里程列示在一起，所以它们是配对资料，并且不是相互独立的，因为某位巡视员在每周5天工作制的情况下行走的里程比另一位巡视员多，有理由相信改为每周4天工作制后，该巡视员行走的路程也会比另一位巡视员多。

对于成对数据，我们必须尊重这一事实，不能再使用两独立样本和合并后的推断方法，因为这些方法是建立在独立性条件基础上的，配对资料显然不符合这一要求。至于数据是不是配对的，没有办法去检验，只能根据数据是怎样采集的、它们说明的是什么来判断。

表17—1显示的是配对资料，这时我们考察每组的两个选手速滑用时之差是有意义的，具体见表17—3。

表 17—3　　2006 年冬奥会女子 1 500 米速滑每对选手成绩差

出发时分在内道		出发时分在外道		内道外道选手
选手	用时	选手	用时	成绩之差
张晓磊	125.75	NEMOTO Nami	122.34	3.41
A. Yekaterina	121.63	L. Maria	122.12	−0.49
R. Shannon	122.24	NOH SeonYeong	123.35	−1.11
LEE Ju-Youn	120.85	T. Marianne	120.45	0.40
R. Natalia	122.19	M. Adelia	123.07	−0.88
Y. Valentina	122.15	O. Lucille	122.75	−0.60
B. Hedvig	122.16	H. Maren	121.22	0.94
I. Eriko	121.85	W. Katarzyna	119.96	1.89
R. Catherine	121.17	B. Annette	121.03	0.14
O. Hiromi	124.77	L. Yekaterina	118.87	5.90
S. Chiara	118.76	吉佳	121.85	−3.09
A. Daniela	119.74	王霏	120.13	−0.39
B. Varvara	121.60	van D. Paulien	120.15	1.45
G. Renate	119.33	G. Kristina	116.74	2.59
R. Jennifer	119.30	N. Christine	119.15	0.15
F. Anni	117.31	K. Cindy	115.27	2.04
W. Ireen	116.90	TABATA Maki	120.77	−3.87

成对观察资料有两列，但我们关注的是两者之差，这样只需要对表 17—3 最后一栏中的数据进行分析就可以了，并仍然可以使用单样本 t 推断方法。从统计处理方式上讲，配对样本差的均值推断与单样本 t 推断没有不同，其样本容量就是成对观察的数目。

□ 17.1.2　假定与条件

观察数据成对

观察数据必须成对，这是成对数据统计推断的首要假定条件。当两个观察样本本身相互独立时，我们决不能强行将它们配对处理。千万不能一看到具有同样观察数目的两组资料，就硬性地认为它们是配对的，除非有足够的理由。观察数据成对是严肃的要求，如何检查占有的数据是否成对，需要从了解数据是怎样采集的入手。

独立性假定

就成对数据而言，每组内的数据不是相互独立的，但成对数据之差在组与组之间要求相互独立。要检查成对数据差在各组之间是不是相互独立的往往不太容易，因此我们可以考虑检查与独立性假定相关的如下要求。

（1）随机性。如果是在观察的情形下，成对数据必须来自随机样本。如果是在实验的情形下，要求两个处理的顺序是随机安排的，或者处理是随机指派给两个配对对象的。总之，要时刻关心随机性是否能得到遵守。

（2）10%准则。这一规则在通过实验取得数据的情形下无须考虑，但在抽样调查时，还是有所要求的，即样本观察的规模不超过总体规模的10%。

正态性假定

对成对资料的统计推断分析，我们可以不考虑每组资料中每一个资料来自的总体是不是具有正态性，但需要关注配对资料差的总体是不是服从正态分布。严格地检验配对资料差总体的正态性可能比较复杂，对此我们可以通过直方图或正态概率图大致判断是否呈正态性。不过，配对问题的正态性假定通常是能得到满足的。

例 17—2

沿用例 17—1 的资料，分析配对样本推断的假定条件是否得到满足。

答：因为表 17—2 的资料是同一个实地巡视员每周工作制改变前后的结果，所以符合配对性假定。每位实地巡视员行走的里程，彼此之间不会产生相互影响。表 17—2 中的每项数据是各实地巡视员每次巡视路程的总和，其值的变化具有随机性。根据表 17—2 的资料计算出的行走里程差见表 17—4。

表 17—4　　4 天工作制和 5 天工作制下实地巡视员行走里程之差

实地巡视员姓名	5 天工作制	4 天工作制	行走里程差
Jeff	2 798	2 914	−116
Betty	7 724	6 112	1 612
Roger	7 505	6 177	1 328
Tom	838	1 102	−264
Aimee	4 592	3 281	1 311
Greg	8 107	4 997	3 110
G. Larry	1 228	1 695	−467
Tad	8 718	6 606	2 112
M. Larry	1 097	1 063	34
Leslie	8 089	6 392	1 697
Lee	3 807	3 362	445

由表 17—4 中最后一栏的资料绘制的直方图见图 17—2。

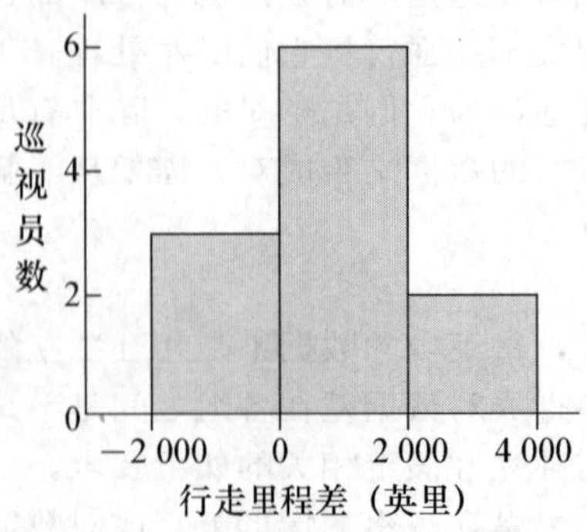

图 17—2　实地巡视员行走里程差

图 17—2 中，直方图显示为单峰对称状。所以，例 17—1 的资料具备了成对数据样本推断分析的假定条件。

17.1.3　成对数据假设检验原理

对成对数据，如果假定条件都能得到满足，则成对数据之差的均值的检验假设是：

$$H_0: \mu_d = \Delta_0$$

式中，d 表示成对数据之差；Δ_0 为指定的值，通常为 0。

当零假设成立时，检验统计量为：

$$t_{n-1} = \frac{\bar{d} - \Delta_0}{SE(\bar{d})} \tag{17.1}$$

式中，$\bar{d}$ 为成对数据之差的均值；n 是成对观察数目，并且

$$SE(\bar{d}) = \frac{s_d}{\sqrt{n}} \tag{17.2}$$

在假定条件得到满足，且零假设成立时，式（17.1）服从 t 分布。

17.1.4　实例应用讲解

下面，我们用表 17—3 的资料说明配对样本假设检验的做法。

第一步，陈述所要讨论的问题，识别需要处理的参数。该问题要检验内道和外道速滑选手成绩之差的均值是否为零。

第二步，提出假设。检验的假设是：

$$H_0: \mu_d = \Delta_0, H_A: \mu_d \neq \Delta_0$$

式中，零假设表达的意思是，不管选手在内道还是外道起跑，都不会影响其成绩。

第三步，检查假设检验的假定条件。每组比赛相互之间不存在影响，所以每组运动员成绩之差也是相互独立的。1 500 米速滑项目，两名运动员一组进行比赛，这样得到的成绩可看成是配对的。起跑时运动员站在哪条滑道，是随机确定的。根据表 17—3 中最后一栏的资料绘制的直方图见图 17—3。

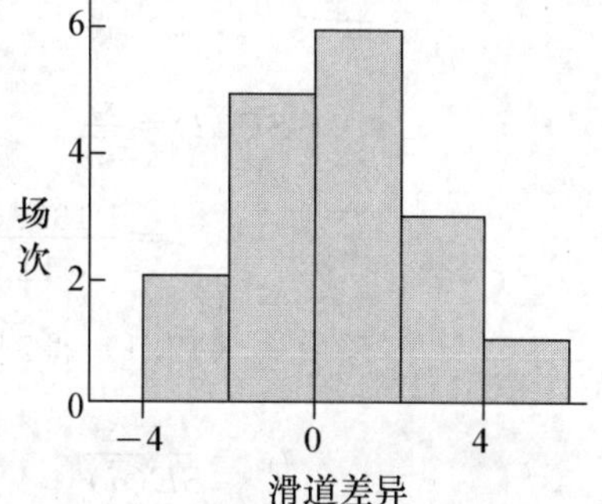

图 17—3　内外道选手成绩差直方图

图 17—3 显示出单峰对称分布。总之，表 17—3 的资料适用于配对资料的样本推断。

第四步，构造检验模型。由于假定条件符合，当零假设成立时，可以采用成对数据 t 分布检验，该分布的自由度为 $17-1=16$。

第五步，计算检验统计量。由表 17—3 中最后一栏的资料计算得到：

$$\bar{d}=0.499, s_d=2.333, n=17$$

由式（17.2）得：

$$SE(\bar{d})=\frac{s_d}{\sqrt{n}}$$
$$=\frac{2.333}{\sqrt{17}}=0.5658$$

再由式（17.1）得到检验统计量值：

$$t_{16}=\frac{\bar{d}-\Delta_0}{SE(\bar{d})}$$
$$=\frac{0.499-0}{0.5658}$$
$$=0.882$$

这是个双尾检验问题，所以有：

$$P\text{-值}=2\times P(t_{16}>0.882)=0.39$$

第六步，给出检验结论。在零假设成立的条件下，P-值等于 0.39，比较大，因此不能拒绝零假设。

例 17—3

例 17—2 分析了假设检验的假定条件，结论是符合假设检验的基本要求，现在要求通过假设检验说明，每周工作时间的改变是否影响了实地巡视员的行走里程。

答：该问题检验的假设是：

$$H_0:\mu_d=0,H_A:\mu_d\neq0$$

零假设表达的意思是，莱克县卫生局将每周 5 天工作制改成每周 4 天工作制，对实地巡视员平均行走里程没有产生影响。

根据表 17—4 中最后一栏的资料，计算得：

$$\bar{d}=982,s_d=1139.6,n=11$$

由式（17.2）得：

$$SE(\bar{d})=\frac{s_d}{\sqrt{n}}$$
$$=\frac{1139.6}{\sqrt{11}}=343.6$$

再由式（17.1）得到检验统计量值：

$$t_{10}=\frac{\bar{d}-\Delta_0}{SE(\bar{d})}$$
$$=\frac{982.0-0}{343.6}$$
$$=2.86$$

这是个双尾检验问题，所以有：

$$P\text{-值}=2\times P(t_{10}>2.86)=0.017$$

在零假设成立的条件下，P-值等于 0.017，比较小，因此拒绝零假设，表明将每周 5 天工作制改成每周 4 天工作制可能会减少实地巡视员的行走里程。

17.2 成对数据的区间估计

在发达国家，女性的平均年龄总体上比男性大，原因在于女性寿命比较长。然而，当我们观察夫妻年龄时，丈夫的年龄一般都比妻子的年龄稍大。那么平均来说，丈夫的年龄比妻子的年龄大多少呢？带着这一问题，我们从英国的夫妻中随机地抽取了调查样本，得到如下一组资料（见表 17—5）。

表 17—5　　样本夫妻的年龄

妻子	丈夫	妻子	丈夫	妻子	丈夫
43	49	32	27	50	53
28	25	31	32	55	55
30	40	53	54	58	62
57	52	39	37	38	42
52	58	45	55	44	50
27	32	33	36	35	37
52	43	32	32	44	51
43	47	55	57	25	25
23	31	52	51	43	54
25	26	50	50	31	34
39	40	32	32	35	43
32	35	54	54	41	43
35	35	32	34	50	58
33	35	41	45	23	28
43	47	61	64	43	45
35	38	43	55	49	47
32	33	28	27	59	57
30	32	51	55	38	34
40	38	41	41	42	57
29	29	41	44	21	27
55	59	21	22	42	48
25	26	28	30	35	37
45	50	47	53	26	25
44	49	37	42	57	57
40	42	28	31	34	40
31	33	35	36	63	61
25	27	55	56	23	25
51	57	45	46	23	24

续前表

妻子	丈夫	妻子	丈夫	妻子	丈夫
31	34	34	34	46	47
25	28	51	55	40	44
35	37	39	44	53	52
55	56	35	45	40	45
23	27	45	48	22	20
35	36	44	44	60	60
28	31	47	59	32	36
52	57	57	64	24	25
53	55	33	34	28	25
43	47	38	37	40	35
61	64	59	54	48	49
23	31	46	49	33	33
35	35	60	63	49	50
35	36	47	48	64	63
39	40	55	64	55	57
24	30	45	33	41	41
29	32	47	52	38	38
21	20	24	27	31	30
39	45	32	33	52	52
52	59	47	46	43	51
52	43	57	54	51	46
26	29	46	54	47	50
48	47	42	49	32	52
53	54	63	62	33	30
42	43	32	34	18	20
50	54	24	23	45	51
64	61	32	36	64	64
26	27	56	59	43	44
39	40	56	59		

显然，表17—5的资料属于配对资料，并且符合随机调查要求。现在我们关心的问题是：夫妻年龄差的平均值是多少，或者大概在什么范围？

假如配对样本统计推断的假定条件能得到满足，那么配对样本差的均值的置信区间为：

$$\bar{d} \pm t_{n-1}^{*} \times SE(\bar{d}) \tag{17.3}$$

式中，$SE(\bar{d})$ 的计算见式（17.2）；t_{n-1}^{*} 为 t 分布的临界值。

这里，我们以表17—5的资料为例，说明区间估计的过程：

第一步，陈述所要讨论的问题。主要目的是根据给定的样本观察资料，从统计角度分析夫妻间年龄差的均值的变化范围。

第二步，检查统计推断的假定条件。每个样本单位是一对夫妻，所以属于成对观察。样本由随机方式产生，并且每对夫妻年龄之间不存在相互影响。抽样观察规模为

170 对夫妻，和英国所有夫妻总数相比，所占的比例应该不超过 10%。根据表 17—5 的资料，由夫妻年龄差绘制的直方图见图 17—4。

图 17—4 显示，夫妻年龄差呈单峰对称分布。所以，配对样本统计推断的假定条件基本上都能得到满足。

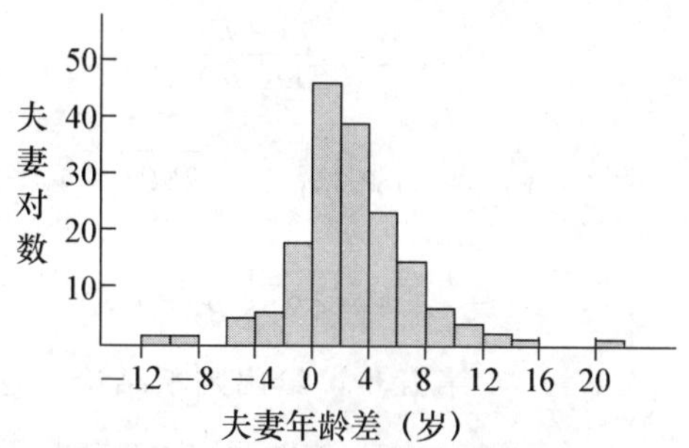

图 17—4　夫妻年龄差直方图

第三步，构建区间估计分析模型。由于统计推断的假定条件能得到满足，该问题适合运用配对样本 t 区间估计。

第四步，计算统计量并给出估计区间。根据表 17—5 的资料计算得到：

$$\bar{d}=2.2, s_d=4.1, n=170$$

由式（17.2）得：

$$SE(\bar{d})=\frac{s_d}{\sqrt{n}}$$
$$=\frac{4.1}{\sqrt{170}}=0.31$$

假定置信水平为 95%，自由度 170－1＝169，这样 t 分布的临界值为 1.97。那么，由式（17.3）得到 95%置信水平下的置信区间为：

$$\bar{d}\pm t_{n-1}^{*}\times SE(\bar{d})=2.2\pm1.97\times0.31$$
$$=2.2\pm0.6(1.6, 2.8)$$

第五步，给出分析结论。在 95%的置信水平下，丈夫年龄比妻子年龄平均大 2.2 岁左右。

17.3　符号检验

对成对数据，把它们相减得到两者之差，然后就可以采用单样本 t 检验方法处理。由此得到启示：我们也可以利用非参数方法对配对资料实施样本推断。符号检验也许不失为一种较好的选择。运用符号检验处理配对资料，其优点是：不需要正态性假定条件；由于只关心配对资料之差的方向（正的、负的或 0），因此不受异常值（特别大的差）的干扰；计算过程相对简单。当然，符号检验也有自身的缺陷，它只考虑配对资料的大小、方向，而不关心具体的差值，对资料的信息利用得不够充分。所以，如果推断分析的假定条件都能得到满足，最好使用单样本 t 检验方法，因为符号检验的效率不如它。

符号检验的做法非常简单，具体实施过程是：

第一步，对每对资料进行比较，如果是负数记为 0，正数记为 1，要是恰好为 0 则忽略不计。

第二步，计算样本比例，用出现 1 的次数和除以配对样本数，得到样本比例 $\hat{p}$。

第三步，提出检验假设，对配对资料进行符号检验，其零假设是 $p=0.5$。

第四步，构造检验统计量，符号检验的统计量与单总体比例检验统计量相同，即：

$$z=\frac{\hat{p}-p_0}{SD(\hat{p})} \tag{17.4}$$

式中，$SD(\hat{p})=\sqrt{\frac{p_0 q_0}{n}}$，考虑到零假设为0.5，式（17.4）可以进一步写成：

$$z=2\sqrt{n}(\hat{p}-0.5) \tag{17.5}$$

第五步，给出判断结论，这与前面介绍的判断规则一样。

例 17—4

根据表17—5的资料，对丈夫和妻子年龄是否存在差别，运用符号法检验。

答：将表17—5的资料转换成符号表示，丈夫年龄大于妻子年龄的记为1，小于妻子年龄的记为0，与妻子年龄相同的忽略不计，这样得到表17—6。

表 17—6　　夫妻年龄符号

1	1	1	1	1	1	1			
		1	1	1	1				1
1		1	1	1	1			1	
	1	1		1	1	1	1		1
1	1	1	1			1	1	1	
1	1	1		1	1		1	1	
	1		1		1	1	1	1	
1	1	1	1	1	1		1	1	
1	1	1		1		1	1		1
1	1	1	1	1		1	1	1	
1	1	1	1	1	1	1			1
1	1			1	1				1
	1	1	1	1	1	1		1	
1	1	1		1	1	1	1	1	1
1	1			1		1	1		1
1	1	1		1	1	1	1		
1	1	1	1		1	1	1	1	1

由表17—6可知，一共出现119个1，19对夫妻二人年龄相同，忽略不计，这样配对样本比例为：

$$\hat{p}=\frac{119}{151}=0.788$$

根据式（17.5）得到统计量值：

$$\begin{aligned} z &= 2\sqrt{n}(\hat{p}-0.5) \\ &= 2\times\sqrt{151}\times(0.788-0.5) \\ &= 7.08 \end{aligned}$$

上述统计量值对应的P-值小于0.000 01，所以拒绝零假设，可以认为丈夫的年龄普遍比妻子的年龄大。

复习思考题

1. 就饲料中掺拌添加剂是否有助于提高蛋鸡的产蛋量这一问题，研究人员准备做一次实验。挑选了 100 只母鸡，使用一般饲料和含有添加剂的饲料喂养，实验期限为 1 个月，观察记录每只母鸡的产蛋数。要求回答：

(1) 对该实验进行设计，使得实验数据能够运用一般的两样本 t 推断分析。

(2) 对该实验进行设计，使得实验数据能够运用配对样本 t 推断分析。

(3) 分析问题 (1)、问题 (2) 的实验，哪种做法更好？为什么？

2. 学生在做家庭作业时，喜欢开着电视机。为研究注意力分散与否对人的工作效率是否会有影响，研究人员挑选了一批志愿者，将他们随机地分配在两个房间里，其中一个房间保持安静，另一个房间打开电视播放 MTV，然后让他们各自做填字游戏，记录下每个人所用的时间。要求回答：

(1) 就这一问题设计实验，使得实验数据能够运用一般的两样本 t 推断分析。

(2) 就这一问题设计实验，使得实验数据能够运用配对样本 t 推断分析。

(3) 分析问题 (1)、问题 (2) 的实验，哪种做法更好？为什么？

3. 许多商品在做广告时使用了性感的人物形象，以期吸引人们注意广告产品。为检验这种做法到底有没有效果，我们准备做实验分析，看看性感的人物形象是否有助于人们记住广告中的产品。要求：

(1) 就这一问题设计实验，使得实验数据能够运用一般的独立样本 t 推断分析；

(2) 就这一问题设计实验，使得实验数据能够运用配对样本 t 推断分析。

4. 许多人认为大学新生在入学后体重会增加。现在要求就这一问题进行研究，看看是否有这么回事。

(1) 设计一个实验，使得实验数据能够运用一般的独立样本 t 推断分析；

(2) 设计一个实验，使得实验数据能够运用配对样本 t 推断分析。

5. 美国劳工统计局曾公布女性社会劳动参与率资料 (LFPR)，我们比较感兴趣的是，在 1968 年和 1972 年这两个对女性来讲变化比较大的年份，她们的就业率是否存在差别。为此，从统计资料中分别随机地抽选了 1968 年和 1972 年 19 个城市的资料做分析，得到如下结果：

配对样本 t 检验：

检验假设 $H_0: \mu(1972-1968)=0$，

$H_A: \mu(1972-1968)\neq 0$

配对样本差的均值 0.033 7

检验统计量 2.458，自由度 18，P-值 0.024 4

两独立样本 t 检验：

检验假设 $H_0: \mu_{1972}-\mu_{1968}=0$，

$H_A: \mu_{1972}-\mu_{1968}\neq 0$

两样本均值差 0.033 7

检验统计量 1.496，自由度 35，P-值 0.143 4

要求回答：

(1) 上述两种检验方法哪个更合适？为什么？

(2) 根据你自己选定的检验，说说得到的结论是什么。

6. Simpson，Alsen and Eden (1975) 报告了人工造云及其降雨量的实验结果，针对种子云和非种子云各做了 26 次实验，根据实验数据做了如下两类检验分析：

配对样本 t 检验：

检验假设 $H_0: \mu(1-2)=0, H_A: \mu(1-2)\neq 0$

配对样本差的均值 $-277.396\ 15$

检验统计量 -3.641，自由度 25，P-值 0.001 2

两独立样本 t 检验：

检验假设 $H_0: \mu_1-\mu_2=0, H_A: \mu_1-\mu_2\neq 0$

两样本均值差 -277.4

检验统计量 -1.998，自由度 33，P-值 0.053 8

要求回答：

(1) 上述两种检验方法哪个更合适？为什么？

(2) 根据你自己选定的检验，说说得到的结论是什么。

7. 1993 年《英国医学杂志》刊登了一篇文章，题目是“逢 13 号的星期五是不是对人的身心健康产生不良影响”。文章的作者试图观察分析逢 13 号的周五是怎样影响人的行为的，人们在这一天是不是更倾向于待在家里。作者选择英国高速公路 M25 作为观察点，对 1990—1992 年逢 6 号的周五和逢 13

号的周五，经过该公路的第 9 和第 10 两个出入口的车辆进行统计，得到如下资料：

时间	逢 6 号的周五 (1)	逢 13 号的周五 (2)
1990 年 7 月	134 012	132 908
1991 年 11 月	133 732	131 843
1991 年 12 月	121 139	118 723
1992 年 3 月	124 631	120 249
1992 年 11 月	117 584	117 263

根据上述资料，采用了两种假设检验，结果分别是：

配对样本 t 检验：

检验假设 $H_0:\mu(1-2)=0, H_A:\mu(1-2)>0$
配对样本差的均值 2 022.4
检验统计量 2.937 7，自由度 4，P-值 0.021 2

两独立样本 t 检验：

检验假设 $H_0:\mu_1-\mu_2=0, H_A:\mu_1-\mu_2>0$
两样本均值差 2 022.4
检验统计量 0.427 3，自由度 7.998，P-值 0.340 2

要求回答：

(1) 上述两种检验方法哪个更合适？为什么？

(2) 根据你自己选定的检验，说说得到的结论是什么。

(3) 推断分析的假定条件是否得到满足？

8. 在第 7 题提及的那篇文章中，作者也考察了逢 6 号和逢 13 号的 12 个周五晚上因车祸急诊就医的人数，具体如下：

时间	逢 6 号的周五 (1)	逢 13 号的周五 (2)
1989 年 10 月	9	13
1990 年 7 月	6	12
1991 年 11 月	11	14
1991 年 12 月	11	10
1992 年 3 月	3	4
1992 年 11 月	5	12

根据上述资料，采用了两种假设检验，结果分别是：

配对样本 t 检验：

检验假设 $H_0:\mu(1-2)=0, H_A:\mu(1-2)<0$
配对样本差的均值 3.333 3
检验统计量 2.711 6，自由度 5，P-值 0.021 1

两独立样本 t 检验：

检验假设 $H_0:\mu_1-\mu_2=0, H_A:\mu_1-\mu_2<0$
两样本均值差 3.333 3
检验统计量 1.664 4，自由度 9.940，P-值 0.063 6

要求回答：

(1) 上述两种检验方法哪个更合适？为什么？

(2) 根据你自己选定的检验，说说得到的结论是什么。

(3) 推断分析的假定条件是否得到满足？

9. 下表是欧洲一些重要城市 1 月份（冬季）和 7 月份（夏季）的平均最高气温：

城市	1 月份	7 月份
维也纳	34	75
哥本哈根	36	72
巴黎	42	76
柏林	35	74
雅典	54	90
罗马	54	88
阿姆斯特丹	40	69
马德里	47	87
伦敦	44	73
爱丁堡	43	65
莫斯科	21	76
贝尔格莱德	37	84

要求：

(1) 分析统计推断的假定条件是否得到满足；

(2) 给出 90%置信水平下的夏季与冬季气温差均值的置信区间；

(3) 对得到的置信区间进行合理的解释。

10. 下表的资料是 1978—2006 年美国纽约马拉松赛历年的男、女优胜者的比赛用时（单位：分钟）：

年份	男子	女子
1978	132.2	152.5
1979	131.7	147.6
1980	129.7	145.7
1981	128.2	145.5
1982	129.5	147.2
1983	129.0	147.0
1984	134.9	149.5
1985	131.6	148.6

续前表

年份	男子	女子
1986	131.1	148.1
1987	131.0	150.3
1988	128.3	148.1
1989	128.0	145.5
1990	132.7	150.8
1991	129.5	147.5
1992	129.5	144.7
1993	130.1	146.4
1994	131.4	147.6
1995	131.0	148.1
1996	129.9	148.3
1997	128.2	148.7
1998	128.8	145.3
1999	129.2	145.1
2000	130.2	145.8
2001	127.7	144.4
2002	128.1	145.9
2003	130.5	142.5
2004	129.5	143.2
2005	129.5	144.7
2006	130.0	145.1

在 90%的置信水平下，构造男、女马拉松优胜者用时差均值的置信区间。

11. 戈赛特中学每年都在体育课上对学生的体能进行测试，其中一项测试就是俯卧撑。某个班级男生和女生做的俯卧撑数如下表所示：

男生	女生
17	24
27	7
31	14
17	16
25	2
32	15
28	19
23	25
25	10
16	27
11	31
34	8

在 90%的置信水平下，构造男生和女生俯卧撑数差的均值的置信区间，并给出相应的说明。

12. 为研究超过一定时间的感官剥夺是否会对人脑中的阿法波形态产生影响，研究人员从加拿大的监狱中挑选出 20 名受试人员，随机地分成两组，一组实行单独拘禁，另一组仍然在他们原来的监房中起居。一周后，对这些受试人员进行阿法波测量，得到如下资料：

非单独禁闭者	单独禁闭者
10.7	9.6
10.7	10.4
10.4	9.7
10.9	10.3
10.5	9.2
10.3	9.3
9.6	9.9
11.1	9.5
11.2	9.0
10.4	10.9

要求回答：

(1) 检验的零假设和备择假设是什么？

(2) 假设检验的基本假定条件能否得到满足？

(3) 选择合适的假设检验方法进行检验。

(4) 对得到的结论进行适当的解释。

13. 背景资料见第 16 章的复习思考题第 14 题，要求回答：

(1) 进行假设检验的条件能否得到满足？

(2) 选择合适的假设检验方法进行检验，并对得到的结论进行适当的解释。

(3) 假定你的结论不正确，这是哪类假设检验错误？

(4) 运用符号检验法进行假设检验，并把得到的结论与问题 (2) 进行比较。

14. 为分析草莓味酸奶和香草味酸奶含热量是否存在差别，采集了如下资料：

品牌	草莓味	香草味
America's Choice	210	200
Breyer's Lowfat	220	220
Columbo	220	180
Dannon Light'n Fit	120	120
Dannon Lowfat	210	230
Dannonla Creme	140	140
Great Value	180	80
La Yogurt	170	160

续前表

品牌	草莓味	香草味
Mountain High	200	170
Stoneyfield Farm	100	120
Yoplait Custard	190	190
Yoplait Light	100	100

要求：根据上述资料，对草莓味酸奶和香草味酸奶的含热量差别进行假设检验。

15. 某轮胎制造商在测试车道上测试一款轮胎的制动效果，分别让10辆汽车在干燥和潮湿两种路面上行驶，测量刹车的距离，得到如下资料：

汽车编号	干燥路面	潮湿路面
1	150	201
2	147	220
3	136	192
4	134	146
5	130	182
6	134	173
7	134	202
8	128	180
9	136	192
10	158	206

要求：

(1) 在95%的置信水平下，构造两种路面上平均刹车距离的置信区间。

(2) 根据上述资料，能不能说明汽车轮胎在两种路面上的刹车距离不存在差别？

16. 公立文理学院和综合性大学对外地学生比本地学生每学期多收多少学费？为了说明这一问题，从美国教育网站上随机选择了19所大学，并采集了如下资料：

大学	本地学生	外地学生
Univ of Akron (OH)	4 200	8 800
Athens State (AL)	1 900	3 600
Ball State (IN)	3 400	8 600
Bloomsburg U (PA)	3 200	7 000
UC Irvine (CA)	3 400	12 700
Central State (OH)	2 600	5 700
Clarion U (PA)	3 300	5 900
Dakota State	2 900	3 400
Fairmont State (WV)	2 200	4 600
Johnson State (VT)	3 400	7 300
Lock Haven U (PA)	3 200	6 000
New College of Florida	1 600	8 300
Oakland U (MI)	3 300	7 700
U Pittsburgh	6 100	10 700
Savannah State (GA)	1 600	5 400
SE Louisiana	1 700	4 400
W Liberty State (WV)	2 000	4 800
W Texas College	800	1 000
Worcester State (MA)	2 800	5 800

要求：

(1) 在90%的置信水平下，构造学费差均值的置信区间。

(2) 对得到的估计区间进行合理的解释说明。

(3) 据披露，公立文理学院和综合性大学对外地学生平均比本地学生每学期多收3 500美元，你得到的估计区间能不能验证这个数字？

17. 就广告画面中嵌入性感形象是否有助于增强广告效果问题，某研究人员采集了如下一组资料：

编号	带有性感形象	没有性感形象	编号	带有性感形象	没有性感形象
1	2	2	21	2	3
2	6	7	22	4	2
3	3	1	23	3	3
4	6	5	24	5	3
5	1	0	25	4	5
6	3	3	26	2	4
7	3	5	27	2	2
8	7	4	28	2	4
9	3	7	29	7	6
10	5	4	30	6	7
11	1	3	31	4	3
12	3	2	32	4	5
13	6	3	33	3	0
14	7	4	34	4	3
15	3	2	35	2	3
16	7	4	36	3	3
17	4	4	37	5	5
18	1	3	38	3	4
19	5	5	39	4	3
20	2	2			

试据此进行假设检验，分析性感肖像是否存在影响。

18. 一则关于教学辅导录像的广告声称，这部教学录像能教会小棒球手投球的技巧，按照教学录像带介绍的要领练习，棒球手有可能投出 60%以上的好球。出于检查广告真实性的目的，挑选了 20 名小棒球手，让他们每人各投 50 个球，记录下每个人投出好球的个数。然后组织这 20 名小棒球手观看教学录像，之后让他们每人再各投 50 个球。以下是小棒球手观看教学辅导录像前后，所投出的 50 个球中好球的个数。

观看录像前	观看录像后
28	35
29	36
30	32
32	28
32	30
32	31
32	32
32	34
32	35
33	36
33	33
33	35
34	32
34	30
34	33
35	34
36	37
36	33
37	35
37	32

要求回答：

（1）根据上述资料，能不能验证观看录像后小棒球手投出的好球超过 60%?

（2）通过检验说明观看录像有没有产生效果。

（3）运用配对样本的符号检验法，对提出的假设进行检验，并谈谈所得出的结论与用其他检验方法得出的结论有无出入。

19. 第 4 题提到了大学新生的体重增加问题，以下资料是学生入学和学期结束时的体重：

编号	入学时体重	学期结束时体重	编号	入学时体重	学期结束时体重
1	168	171	35	150	148
2	111	110	36	165	164
3	136	134	37	138	137
4	119	115	38	201	198
5	155	150	39	124	122
6	106	104	40	146	146
7	148	142	41	151	150
8	124	120	42	192	187
9	148	144	43	96	94
10	154	156	44	105	105
11	114	114	45	130	127
12	123	121	46	144	142
13	126	122	47	143	140
14	115	120	48	107	107
15	118	115	49	105	104
16	113	110	50	112	111
17	146	142	51	162	160
18	127	127	52	134	134
19	105	102	53	151	151
20	125	125	54	130	127
21	158	157	55	108	106
22	126	119	56	188	185
23	114	113	57	128	125
24	128	120	58	126	125
25	139	135	59	158	155
26	150	148	60	120	118
27	112	110	61	150	149
28	163	160	62	149	149
29	224	220	63	121	122
30	133	132	64	158	155
31	147	145	65	161	160
32	141	141	66	119	115
33	160	158	67	170	167
34	134	135	68	131	131

根据上述资料，估计入学新生平均增加了多少体重，并对“入学新生体重平均增加了 15 磅”的说法进行假设检验。

第
18
章

拟合优度、一致性和独立性检验

人喜欢的颜色与其受到的教育有没有相关关系呢？一项有关成年人的调查发现，与接受过较多教育的成年人相比，只有高中教育背景的人更偏爱蓝色，同时也较少喜欢红色。这是因调查样本的随机波动造成的，还是颜色偏好的分布和受教育程度之间确实存在差别呢？在本书的第 2 章已经介绍了交叉分类（列联）表，本章将介绍如何检验行列之间关系的强度。

18.1　拟合优度检验

18.1.1　拟合优度检验的含义

由生辰八字能不能预知人的一生运势？《财富》杂志曾搜集了全球 400 家实力最强公司的 256 名高管的星座，具体见表 18—1。

表 18—1　《财富》400 强公司 256 名高管的星座

人数	星座
23	白羊
20	金牛
18	双子
23	巨蟹
20	狮子
19	处女
18	天秤
21	天蝎
19	射手
22	摩羯
24	水瓶
29	双鱼

从表 18—1 能看出，256 名高管的星座分布不一样，双鱼座的人数相对较多，这能不能表明成功人士命中注定就一定大富大贵呢？假定人的出生在一年中是均匀分布的，那么 256 名高管在每个星座出现的频率应该都是 1/12，也就是说，每个星座的人数是 256/12 或者 21.3。现在的问题是，表 18—1 的分布与我们设想的状况是不是吻合呢？用假设检验处理诸如此类的问题，叫做“拟合优度检验”。确切地说应该是拟合坏度检验，只不过人们习惯这样称呼而已。拟合优度问题也是假设检验的一种类型，它事先指定一个分布模型，然后根据样本观察，将样本来自的总体分布与指定的分布相对比，以判断总体分布是不是服从指定的分布。拟合优度检验不是针对某个参数的估计，所以没有必要讨论区间估计。如果我们关心的只是某个星座，比如成功人士是否更有可能是双鱼座，这时只要运用单比例 z 检验就可以了，可是现在处理的是 12 个星座的比例，而且不能把它们分开来一个一个地做检验，这时就需要学习新的假设检验方法了。

例 18—1

能不能当上CEO，可能与出生的月份没有什么关系，但对球类运动员而言是否也是这样呢？一些研究人员坚持认为，班级里出生月份较大的孩子在体育方面表现出明显优势，也因此得到更多的指导和鼓励，这对那些后来步入职业运动生涯的孩子有可能会产生影响。

在美国棒球是深受人们喜爱的一项运动，因而积累了大量可供使用的数据资料。1 478名棒球运动员出生的月份和相应月份的全国出生率见表18—2。

表 18—2　　1 478 名棒球运动员出生月份

月份	人数	出生率（%）
1	137	8
2	121	7
3	116	8
4	121	8
5	126	8
6	114	8
7	102	9
8	165	9
9	134	9
10	115	9
11	105	8
12	122	9
合计	1 478	100

根据全美人口出生月份分布比例，计算1 478名棒球运动员中在各月份出生的人数。

答：在1 478名棒球运动员中，我们有理由期望他们当中有8%的人出生在1月份，这样得到1 478×8%=118.24（人），同理，有1 478×7%=103.46（人）出生在2月份，依此类推，详见表18—3。

表 18—3　　1 478 名棒球运动员各月份出生人数的估计

出生率（%）	估计数	观察数
8	118.24	137
7	103.46	121
8	118.24	116
8	118.24	121
8	118.24	126
8	118.24	114
9	133.02	102
9	133.02	165
9	133.02	134
9	133.02	115
8	118.24	105
9	133.02	122

注意：虽然也是计数，但这样得到的估计数如果带有小数，不需要四舍五入取整。

□ 18.1.2 假定与条件

进行拟合优度检验，需要把观察资料整理成像第 2 章列联表那样的形式，因此我们讨论拟合优度检验的假定条件，也要考虑这一特点。不同于每个个体的观察资料，拟合优度检验特别要求把观察结果用列联表形式汇总起来，比如表 18—1 没有给出每位 CEO 的出生月份，只有 256 人出生所在月份的汇总数。

计数数据

拟合优度检验依据的资料，必须是属性变量每个类别的计数结果。这个要求看起来似乎过于幼稚甚或有点愚蠢，但需要明白，对任何数值我们都可以用列联表的形式来表示，如果每个属性类别的值不是计数值，如比例、百分比等，就不能使用本章所介绍的卡方检验方法。所以，在进行拟合优度检验时需要核实每个单元格里是不是计数性质的资料。

独立性假定

该假定条件要求，每个单元格中的数字应是相互独立的。为了做到这一点，每个被计数的对象应从总体中独立抽取。要想根据观察样本对总体进行推断，独立性假定是必要的前提。

随机性条件

每个被计数的个体，应是从目标总体中随机抽取出来的。

样本容量要求

进行拟合优度检验，必须有足够多的数据，尤其是列联表每个单元格中的数字不能小于 5。

例 18—2

职业棒球运动员的生日是不是更有可能集中在某些月份？为此我们考察了 1975 年后出生的 1 478 名棒球运动员，记录并估计了他们当中出生在某个月的人数。试据此分析拟合优度检验的假定条件能否得到满足。

答：该问题中，对棒球运动员是按其生日所在的月份进行计数的，所以计数性条件完全符合。每位棒球运动员出生在哪个月，相互之间应该没有联系。尽管 1 478 名棒球运动员不是随机样本，但是我们姑且可以将之当作过去和未来所有职业棒球运动员的一个代表性样本。从表 18—3 中可以看出，无论是观察数还是估计数，它们都不小于 5。总之，表 18—2 给出的资料适合做拟合优度检验。

□ 18.1.3 拟合优度检验统计量

得到了每个类别的观察数（*Obs*），并在检验假设假定的条件下估计出相应类别的期望发生数（Exp），这时要检验零假设是否成立，我们自然会想到比较观察数和期望发生数之差（$Obs-Exp$），但我们关注的不是一个个的差别，而是它们的总体情况。不过不能直接把每个单元格的 $Obs-Exp$ 相加，因为这些差值有正有负，在直接相加的过程中会相互抵消，因此需要对 $Obs-Exp$ 进行平方化处理。$Obs-Exp$ 的平方和与样本观察规模有很大关系，样本观察数目越多，$Obs-Exp$ 的平方和也越大，为减少 $Obs-Exp$ 的平方和受样本观察规模的干扰，可以先用期望发生数除 $Obs-Exp$ 的平方，然后进行加总。

拟合优度检验的统计量，称为卡方统计量（用符号 χ^2 表示），计算公式为：

$$\chi^2=\sum_{\text{所有单元格}}\frac{(Obs-Exp)^2}{Exp} \tag{18.1}$$

与 t 分布一样，卡方模型也有自由度问题。进行拟合优度检验时，卡方检验统计量的自由度是 $n-1$。不过 n 不是样本观察数目，只是分类的个数。拿星座的例子来说，一共有 12 个类别，这样自由度就是 $12-1=11$。

式（18.1）仅用于拟合优度的假设检验，如果观察数和期望数不匹配，式（18.1）的计算结果一定很大，反之则较小。如果卡方统计量的值较小，就意味着采用的假定对数据拟合效果好。计算出来的卡方统计量值较大时，我们就拒绝零假设。注意：卡方检验总是单尾的。

例 18—3

表 18—3 给出了职业棒球运动员出生月份的分布及其期望数，例 18—2 检查了拟合优度检验的假定条件。试对提出的假设进行检验。

答： 该问题的检验假设是：

H_0：棒球运动员出生的月份分布与总人口出生月份分布一样

H_A：棒球运动员出生的月份分布与总人口出生月份分布不一样

利用表 18—3 的结果，由式（18.1）得到卡方检验统计量的值：

$$\begin{aligned}\chi^2&=\sum_{\text{所有单元格}}\frac{(Obs-Exp)^2}{Exp}\\&=\frac{(137-118.24)^2}{118.24}+\frac{(121-103.46)^2}{103.46}+\cdots+\frac{(122-133.02)^2}{133.02}\\&=26.48\end{aligned}$$

卡方概率密度函数不对称且呈右拖尾，见图 18—1。

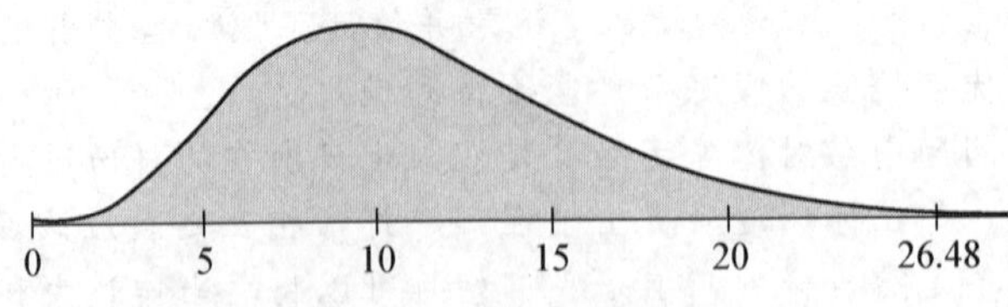

图 18—1 卡方概率密度函数

对于卡方统计量值 26.48，其右端的面积即概率为：

$$P\text{-值}=P(\chi_{11}^2\geqslant 26.48)=0.005\,5$$

由于 P-值比较小，只有 0.005 5，因此可以拒绝零假设。也就是说，从统计意义上讲，棒球运动员出生月份分布与总人口出生月份分布存在一定的差异。

□ 18.1.4　实例应用讲解

表 18—1 给出了《财富》400 强公司 256 名高管的星座分布，一共有 12 个星座，如果这些高管出生月份分布没有出现某种异常，每个星座预期的人数应是 256×1/12=21.333 3（人）。下面，检验《财富》400 强公司的 256 名高管出生月份分布是否均匀。

第一步，陈述所要讨论的问题。根据要求，对《财富》400 强公司的 256 名高管出生月份分布是否均匀进行假设检验。

第二步，提出研究假设。该问题的检验假设是：

H_0:256 名高管的星座分布均匀

H_A:256 名高管的星座分布不均匀

当零假设成立时，256 名高管的星座分布的期望人数和实际人数见图 18—2。

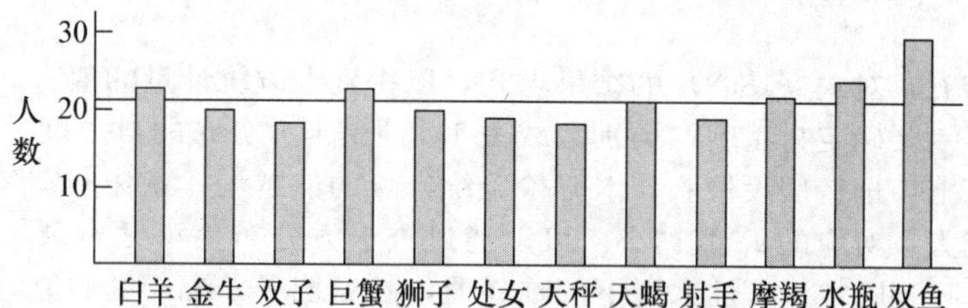

图 18—2　高管的星座分布的比较

由图 18—2 可知，零假设成立时期望人数条形图中条形一样高，也就是呈均匀分布状，实际人数在各个星座的分布有高有低，双鱼座的人数相对比较多。

第三步，检查假设检验的假定条件。表 18—1 对《财富》400 强公司的 256 名高管是按星座分别统计人数的，所以符合计数性条件要求。每位高管是哪个月份出生，相互之间应该没有联系。《财富》400 强公司的 256 名高管，虽然不是随机样本（事实上是方便观察样本），但是我们也没有理由怀疑它不具有代表性。由表 18—1 能看出，每个星座出现的人数都大于 5，在零假设成立时，每个类别期望的人数是 256×1/12=21.333 3（人），也都不小于 5，所以最低数条件能得到满足。

第四步，构造假设检验模型。由于拟合优度检验的假定条件能得到满足，因此可以运用卡方统计量进行假设检验，且自由度是 12−1=11。

第五步，计算检验统计量并给出检验结果。

由式（18.1）得：

$$
\begin{aligned}
\chi^2 &= \sum_{\text{所有单元格}} \frac{(Obs-Exp)^2}{Exp} \\
&= \frac{(23-21.333\,3)^2}{21.333\,3}+\frac{(20-21.333\,3)^2}{21.333\,3}+\cdots+\frac{(29-21.333\,3)^2}{21.333\,3} \\
&= 5.094
\end{aligned}
$$

根据卡方分布，统计量值 5.094 的位置见图 18—3。

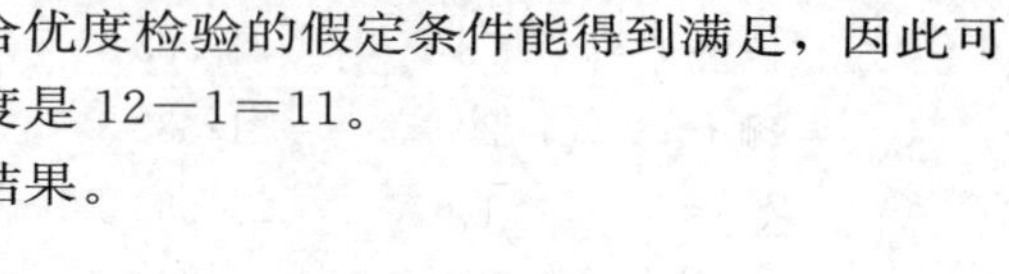

这样便得到：

$$P\text{-值}=P(\chi^2_{11}>5.094)=0.926$$

5　10　15　20

图 18—3　统计量值的位置

第六步，给出分析结论。P-值达到 0.926，非常大，所以不能拒绝零假设，表明《财富》400 强公司高管的星座分布没有什么特殊之处。

□ 18.1.5 卡方拟合优度检验的程序

卡方拟合优度检验的计算相对比较复杂，下面我们把计算及检验的过程重新梳理一遍。

第一，计算期望数。每个类别期望数需要根据零假设来确定。零假设给出了每个类别的比例，比如前面用到的 1/12、表 18—2 所示的总人口中出生月份的占比，将观察总数与这个比例相乘便得到相应类别的期望数。

第二，计算实际数与期望数之差。每个类别的实际观察数减去相应类别的估计数，即 $Obs-Exp$。

第三，对 $Obs-Exp$ 进行平方处理。

第四，对每个类别，将 $Obs-Exp$ 的平方值除以期望数，即

$$\frac{(Obs-Exp)^2}{Exp} \tag{18.2}$$

第五，对式（18.2）的结果求和，以得到卡方统计量的值。

第六，确定自由度。类别数减去 1，便是卡方分布的自由度。

第七，进行假设检验。卡方检验统计量的值越大，意味着实际数与期望数之间的差别越大，对应的 P-值越小。可以通过查卡方分布表（见附录“常用统计表”中的表 D）找到既定显著性水平下的临界值，然后把卡方统计量的值与其比较，以做出是否拒绝零假设的判断。

上述过程可以在表中进行，在此以表 18—1 的资料为例加以说明，具体见表 18—4。

表 18—4　卡方拟合优度检验的计算过程

星座	*Obs*	*Exp*	*Obs*−*Exp*	(*Obs*−*Exp*)²	$\frac{(Obs-Exp)^2}{Exp}$
白羊	23	21.333 3	1.666 7	2.777 8	0.130 2
金牛	20	21.333 3	−1.333 3	1.777 8	0.083 3
双子	18	21.333 3	−3.333 3	11.111 1	0.520 8
巨蟹	23	21.333 3	1.666 7	2.777 8	0.130 2
狮子	20	21.333 3	−1.333 3	1.777 8	0.083 3
处女	19	21.333 3	−2.333 3	5.444 4	0.255 2
天秤	18	21.333 3	−3.333 3	11.111 1	0.520 8
天蝎	21	21.333 3	−0.333 3	0.111 1	0.005 2
射手	19	21.333 3	−2.333 3	5.444 4	0.255 2
摩羯	22	21.333 3	0.666 7	0.444 4	0.020 8
水瓶	24	21.333 3	2.666 7	7.111 1	0.333 3
双鱼	29	21.333 3	7.666 7	58.777 8	2.755 2
合计	256	256	—	—	5.093 8

18.2 一致性检验

某大学为做好学生的毕业工作，对该校即将毕业的学生做了一次调查，意在了解

他们的毕业去向，调查结果汇总如表 18—5 所示。

表 18—5　　毕业去向

	农学	艺术	工程	社会学	合计
直接就业	379	305	243	125	1 052
读研究生	186	238	202	96	722
其他	104	123	37	58	322
合计	669	666	482	279	2 096

表 18—5 中，行表示学生们的毕业去向，列为学生所在的专业。由于每个专业的学生人数不同，要比较毕业去向间的差别，需要把表 18—5 的资料转化成百分比（见表 18—6），而不是直接比较计数的结果。

表 18—6　　毕业去向百分比（%）

	农学	艺术	工程	社会学	合计
直接就业	56.7	45.8	50.4	44.8	50.2
读研究生	27.8	35.7	41.9	34.4	34.4
其他	15.5	18.5	7.7	20.8	15.4
合计	100.0	100.0	100.0	100.0	100.0

对于两个比例是否相同这一问题，我们已经知道了假设检验的做法，比如比较农学专业的学生和工程专业的学生选择读研究生的比例。然而，现在面临的是两个以上的类别，要同时检验四个专业学生的毕业去向，前面介绍的两比例 z 检验可能无能为力，需要采用卡方一致性检验。

□ 18.2.1　一致性检验的含义

卡方一致性检验采用的做法与拟合优度检验基本相同。既然做法一样，为什么要用不同的名称呢？拟合优度检验是将实际发生数与假定的理论下估计的发生数相比较，一致性检验则是处理不同类别各个可能选择之间是否具有一致性，因此一致性检验中各个单元格期望发生数完全由观察数据本身来确定。另外，虽然同属于卡方检验，一致性检验卡方分布的自由度也与拟合优度检验的自由度的确定办法不同。

一致性的含义是指相同或同质，拿上述毕业生的毕业去向来说，我们要考察的就是：四个专业的学生，他们的毕业去向是不是不存在差别。因此，一致性检验的零假设是：组与组之间的分布一样，或者分布不随组的改变而发生变化。检验的规则便是在零假设成立时，整体上比较实际观察数与期望数之间的差别是不是足够大。

□ 18.2.2　假定与要求

一致性检验与拟合优度检验的假定和要求相同。卡方一致性检验所依赖的数据必须是计数型的，它不检验比例的一致性，也不检验诸如 GPA 这样的测量值数据。卡方一致性检验的目的不在于推断总体，因此也没有必要要求是随机观察。运用卡方统计量进行一致性检验，每个单元格的期望数必须在 5 以上，只有这样才能保证结论的有效性。

□ 18.2.3 一致性检验统计量的计算

考虑毕业去向的例子，一致性检验的零假设是：每个专业毕业生选择的去向相同。据此，在计算出每个毕业去向中四个专业的总比例后，以这些比例分别作为每个专业毕业生相应去向的比例。比如：被调查的毕业后直接就业的学生，四个专业共有 1 052 人，占调查总数 2 096 人的 50.2%。假定零假设成立，这时农学专业的 669 名毕业生中，毕业后直接就业人数的占比就是 50.2%，估计的人数是 669×50.2%＝335.777。同理，工程专业的 482 名毕业生中，毕业后直接就业人数的占比也应是 50.2%，估计的人数是 482×50.2%＝241.96，依此类推，得到学生毕业去向的估计人数（见表 18—7）。

表 18—7 毕业去向估计人数

	农学	艺术	工程	社会学	合计
直接就业	335.777	334.271	241.920	140.032	1 052
读研究生	230.448	229.414	166.032	96.106	722
其他	102.776	102.315	74.048	42.862	322
合计	669	666	482	279	2 096

表 18—7 中每个单元格的估计数都不小于 5，那么可以利用式（18.1）计算一致性检验统计量：

$$\chi^2=\sum_{\text{所有单元格}}\frac{(Obs-Exp)^2}{Exp}$$
$$=\frac{(379-335.777)^2}{335.777}+\frac{(305-334.271)^2}{334.271}+\cdots+\frac{(58-42.862)^2}{42.862}$$
$$=54.51$$

如何确定卡方统计量的自由度呢？我们确实没有必要计算每个单元格中的估计数，拿表 18—7 来说，既然我们已经知道直接就业的毕业生总数是 1 052，只要估计出四个专业中任何三个专业直接就业的毕业生人数，剩下的一个专业直接就业的毕业生估计数也就得到了。同理，对某个专业来说，只要估计出三个毕业去向中的任何两个去向的人数，剩下的一个去向的估计数也能得到。这就是说，要想把表 18—7 填满，行（R）只需估计 3 个（4－1），列（C）只需估计 2 个（3－1），因此得到的自由度为 $(R-1)\times(C-1)=(4-1)\times(3-1)=6$。所以，在进行卡方一致性检验时，自由度的确定方法是，行数和列数各减去 1 后再相乘。

□ 18.2.4 实例应用讲解

以表 18—5 的资料说明卡方一致性检验的过程。

第一步，陈述所要讨论的问题。运用卡方一致性检验方法，检验四个专业学生的毕业去向是否具有一致性。

第二步，提出检验假设。由表 18—5 的资料可知，各个专业学生毕业去向彼此间是存在差异的，具体见图 18—4。

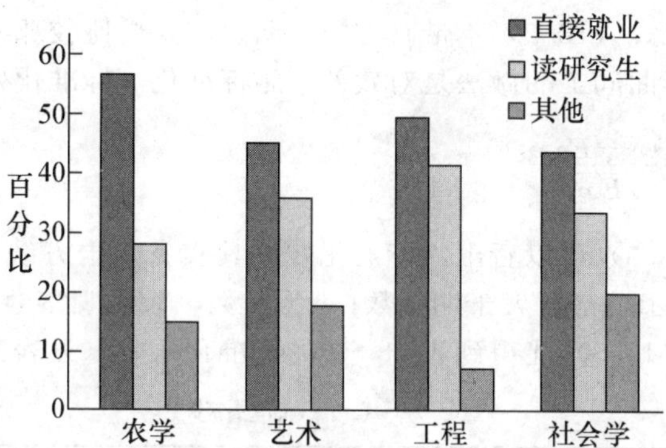

图 18—4　四个专业学生毕业去向的实际分布

由图 18—4 可看出，四个专业学生毕业去向的实际人数分布存在一定的差别。但这种差别是不是统计意义上的，需要进行检验来验证。该问题的检验假设是：

H_0：不同专业的学生毕业去向相同

H_A：不同专业的学生毕业去向不同

第三步，检查分析的假定要求能否得到满足。表 18—5 是某大学四个专业学生的毕业去向调查资料，每个属性是按人数统计的，所以符合计数性条件要求。每个专业每位学生毕业后的打算，相互之间应该没有太大的联系，即使有部分学生的毕业去向相互之间会存在一定的影响，但整体上不会干扰一致性检验方法的应用。由于不需要上升到统计推断分析，因此随机性要求可以不予考虑。由表 18—7 能看出，每个单元格出现的人数都大于 5，所以最低数条件能得到满足。

第四步，构造一致性检验模型。由于假定要求能得到一定程度的满足，因此具有进行卡方一致性检验的条件。可使用式（18.1）计算检验统计量值，且自由度为 $(4-1)\times(3-1)=6$。

第五步，计算检验统计量值并给出检验结果。

根据表 18—5 和表 18—7 的资料，由式（18.1）得：

$$\chi^2 = \sum_{\text{所有单元格}} \frac{(Obs - Exp)^2}{Exp} = 54.51$$

这样便得到：

$$P\text{-值} = P(\chi_6^2 > 54.51) < 0.0001$$

第六步，给出检验分析结论。因为 P-值比较小，所以拒绝零假设。

□ 18.2.5　残差检查

对一致性检验假设做出拒绝判断时，如果感到还不满意，可以再进一步分析残差。在上面的例子中，我们对零假设即不同专业的学生毕业去向相同做出了拒绝的判断，我们可能想去了解差别究竟是什么，哪些方面大、哪些方面小。对此，仅靠一致性检验是回答不了这些问题的，但一致性检验过程所提供的证据能帮助我们寻找到答案。

不论什么情况，拒绝零假设后，再去分析残差不失为一种好的做法。这里所说的残差就是观察数与期望数之间的离差，也可以使用式（18.2）来反映。问题是，没有做出拒绝零假设的判断，表明卡方值比较小，这同时也意味着卡方值中的每一项都比较小，更何况式（18.2）不带有方向。所以，要想比较那些计数结果差别较大的单元格的残差，异曲同工的做法是对残差实施标准化。标准化残差的计算公式为：

$$c=\frac{Obs-Exp}{\sqrt{Exp}} \tag{18.3}$$

从式（18.3）可以看出，标准化残差其实就是卡方统计量和各组成项的平方根；c 为正数，表示观察数大于期望数；c 为负数，表明观察数小于期望数。

根据式（18.3）能得到表 18—7 的标准化残差（见表 18—8）。

表 18—8 标准化残差

	农学	艺术	工程	社会学
直接就业	2.359	−1.601	0.069	−1.270
读研究生	−2.928	0.567	2.791	−0.011
其他	0.121	2.045	−4.305	2.312

由表 18—8，我们一眼就能看出工程专业毕业生与其他专业毕业生的不同之处，它同时拥有最大的标准化正残差和最小的标准化负残差，表明工程专业的毕业生更有可能选择进一步深造读研究生，这些学生一般不会直接就业。与此相对照，农学专业学生的毕业去向也比较有特点，选择直接就业的比较多，考虑去读研究生的比较少。

例 18—4

表 18—9 是根据表 18—3 的资料计算出来的标准化残差。试对棒球职业运动员的出生月份的特征进行说明。

表 18—9 表 18—3 的标准化残差

月份	*Exp*	*Obs*	*Obs*−*Exp*	$\sqrt{Exp}$	$\frac{Obs-Exp}{\sqrt{Exp}}$
1	118.24	137	18.76	10.87	1.73
2	103.46	121	17.54	10.17	1.72
3	118.24	116	−2.24	10.87	−0.21
4	118.24	121	2.76	10.87	0.25
5	118.24	126	7.76	10.87	0.71
6	118.24	114	−4.24	10.87	−0.39
7	133.02	102	−31.02	11.53	−2.69
8	133.02	165	31.98	11.53	2.77
9	133.02	134	0.98	11.53	0.08
10	133.02	115	−18.02	11.53	−1.56
11	118.24	105	−13.24	10.87	−1.22
12	133.02	122	−11.02	11.53	−0.96

答：与总人口出生月份的分布相比，出色的棒球运动员出生在 7 月份的比较少，出生在 8 月份的比较多。例 18—3 给出了拒绝零假设的判断，但表 18—9 所示的标准化残差似乎也不支持出生月份大的人在此后的职业运动生涯中占有优势。

18.3 独立性检验

18.3.1 独立性检验的含义

得克萨斯大学西南医学中心曾做过一项研究，调查了患丙型肝炎的人与他们的纹身以及在什么场所纹身是否存在相关关系。在美国，患丙型肝炎死亡的人数每年约有10 000 人，许多人患上丙型肝炎多年也没有被诊断出来，结果错失了最佳治疗时机。

表 18—10 是根据得克萨斯大学西南医学中心的研究资料整理的二维列联表。

表 18—10　　丙型肝炎与纹身

	患丙型肝炎	未患丙型肝炎	合计
美容院纹身	17	35	52
其他场所纹身	8	53	61
没有纹身	22	491	513
合计	47	579	626

细看一下，表 18—10 的资料与表 18—1 和表 18—5 有所不同，它将受试对象同时按两个属性进行分类。表 18—10 中一共有两个属性变量，一是丙型肝炎，另一是纹身，其中丙型肝炎区分为患丙型肝炎和未患丙型肝炎两种状态，纹身区分为美容院纹身、其他场所纹身、没有纹身三种情况，两个属性变量各种状态交叉的地方是相应的计数。所以，表 18—10 是典型的列联表。列联表同时按两个或两个以上的属性进行分类计数，据此可以分析某个属性变量的变化是否受到其他属性变量变化的影响。

拿表 18—10 的资料来说，很自然的问题是，能不能根据这些资料说明是否患丙型肝炎与是否纹身不存在关系。想一想独立性的定义。独立性是指，对事件 A 和事件 B，事件 A 发生的概率等于事件 A 在事件 B 下的条件概率，即 $P(A)=P(A \mid B)$。如果是否患丙型肝炎与是否纹身相互独立，那么随机挑选一人，患丙型肝炎的概率应该不受他是否纹身的影响。我们多次提到独立性，但都没有给出很好的检验说明。现在有了数据资料，我们就能处理这一问题。这里介绍卡方独立性假设检验的目的之一也正在于此。

假如是否患丙型肝炎与是否纹身相互独立，我们应该能期望丙型肝炎检查呈阳性的人的比例，在纹身的三种情况下是相同的。这看起来与一致性检验没有什么两样，事实上独立性检验的计算过程与一致性检验是完全相同的。它们的差别在于，一致性检验是对两个或两个以上对象只测量一个属性变量，独立性检验则是对一个对象的两个属性变量进行分析。所以，我们对一致性检验考虑的问题是“每个对象之间是否具有一致性”，对独立性检验考虑的则是“两个属性变量是否相互独立”。这看上去似乎差别不大，但在假设表述和检验结论方面值得重视。

例 18—5

美国许多州和城市采集有关司机种族方面的交通管制资料，起初的目的是管制黑人司机。随着数据的日积月累，引起了对其他问题的重视。例如来自辛辛那提市的2 522份交通管制资料，记录了驾驶员的种族（黑人、白人、其他）和车辆搜查情况

（见表 18—11）。

表 18—11　　司机种族和车辆搜查情况

		种族			合计
		黑人	白人	其他	
搜查	不搜查	787	594	27	1 408
	搜查	813	293	19	1 125
合计		1 600	887	46	2 533

对种族是不是车辆搜查的影响因子做假设检验时，检验的假设是什么？

答：表 18—11 是辛辛那提市交通管制的资料，采用了两个属性变量分组，一个是种族，另一个是搜查，可以使用卡方独立性检验。检验的假设是：

H_0：警察搜不搜查车辆与司机的种族无关

H_A：警察搜不搜查车辆与司机的种族有关

□ 18.3.2　假定与条件

进行独立性假设检验，依赖的仍然是计数性质的资料，并且观察规模要足够大，以确保每个单元格的期望数不小于 5。独立性假设检验的结论通常带有推断的意味，有可能会上升到对总体问题的说明，因此在进行独立性假设检验时，需要检查观察资料是否有代表性或来自随机样本。样本的观察规模需要小于总体的 10%。

□ 18.3.3　实例应用讲解

下面，我们用表 18—10 的资料讲解独立性检验的过程。

第一步，陈述所要讨论的问题。表 18—10 给出的资料有两个属性变量，一个是丙型肝炎，另一个是纹身。我们的目的是讨论纹身与患丙型肝炎是否相互独立。

第二步，提出检验假设。该问题检验的假设是：

H_0：纹身与患丙型肝炎相互独立

H_A：纹身与患丙型肝炎存在相关关系

第三步，检查分析的假定条件是否得到满足。首先来看表 18—10 资料中纹身与患丙型肝炎的柱状图，见图 18—5。

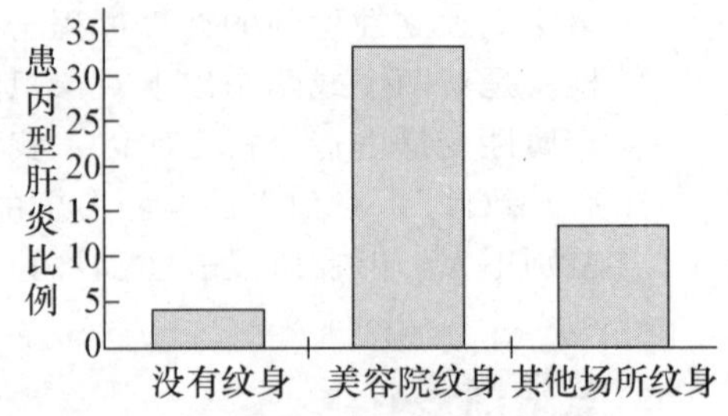

图 18—5　纹身与患丙型肝炎柱状图

从图 18—5 可以看出，因纹身患上丙型肝炎的潜在风险很大。

表 18—5 是纹身和丙型肝炎这两个属性变量的分类计数资料，所以进行独立性假设检验的数据性质要求能得到满足。每个被调查或观察的人，应该彼此之间不相关。尽管表 18—10 的资料不是来自随机抽样，但得克萨斯大学西南医学中心研究人员在获取资料时，应该会保证受试样本不发生偏差。与纹身或患丙型肝炎的人数相比，表

18—5 中 626 人的占比远远小于 10%。在假设成立的前提下，表 18—12 给出了相应的估计数，估计方法和一致性检验的做法完全一样。

表 18—12　　纹身与丙型肝炎情况估计数

	患丙型肝炎	未患丙型肝炎	合计
美容院纹身	3.904	48.096	52
其他场所纹身	4.580	56.420	61
没有纹身	38.516	474.484	513
合计	47	579	626

表 18—12 中，有两个单元格的期望估计数小于 5，所以每个单元格发生数不少于 5 的条件没有满足，但这里先暂且不考虑。

第四步，构造独立性检验模型。由于独立性假设检验的假定和要求基本符合，可以进行卡方独立性假设检验，自由度为 (3－1)×(2－1)＝2。

第五步，计算检验统计量值并给出 P-值。

卡方独立性假设检验的统计量与一致性检验的统计量相同，由式 (18.1) 得：

$$\begin{aligned}\chi^2 &= \sum_{\text{所有单元格}} \frac{(Obs - Exp)^2}{Exp} \\ &= \frac{(17-3.904)^2}{3.904} + \frac{(35-48.096)^2}{48.096} + \cdots + \frac{(491-474.484)^2}{474.484} \\ &= 57.91\end{aligned}$$

这样便得到：

$$P\text{-值} = P(\chi_2^2 > 57.91) < 0.0001$$

第六步，给出检验分析结论。因为 P-值比较小，所以拒绝零假设。

□ 18.3.4　残差检查

列联表中的每个单元格，在计算卡方独立性检验统计量时都构成一项。如同一致性检验，在拒绝零假设后，还应检查一下残差。在本小节的实例应用讲解中，由于两个单元格的期望数小于 5，因此检查残差显得很有必要。

根据式 (18.3)，利用表 18—10 和表 18—12 的资料，得到的纹身和丙型肝炎的标准化残差见表 18—13。

表 18—13　　纹身与丙型肝炎的标准化残差

	患丙型肝炎	未患丙型肝炎
美容院纹身	6.628	－1.888
其他场所纹身	1.598	－0.455
没有纹身	－2.661	0.758

卡方独立性检验统计量值为 57.91，就是表 18—13 的 6 项数字的平方和。其中表 18—13 的第一个单元格即美容院纹身与患丙型肝炎交叉处，计算出来的残差最大，达到 6.628，这意味着与零假设预期相比，有更多的人归集在这一单元格里。由此可能表明，美容院纹身是感染上丙型肝炎的源头，或者说那些去美容院纹身的人感染上丙型肝炎的风险更大。没有纹身与患丙型肝炎交叉处的值是－2.661，属于最大的负

残差值。没有纹身的人，比零假设下预期患丙型肝炎的人数少。

单元格期望数小会产生什么后果呢？由式（18.3）我们知道，标准化残差是将残差与期望数平方根相除得到的，太小的期望估计数有可能任性地放大了残差，进而导致卡方统计量值过大，有可能造成弃真错误（假设检验的Ⅰ型错误）。所以，期望估计数接近最小的硬性标准5时，就需要检查相应单元格的残差是不是特别大。表18—13中的−2.661不算是特别大，但残差6.628就不一样，它确实很大。

鉴于单元格期望数不能小于5，有的人也许不会坚持去做卡方检验。不过有个折中的办法，那就是把期望数小于5的单元格所在的行合并到其他行中。比如对表18—12，可以把对应原始表18—10的美容院纹身和其他场所纹身合并处理，这样得到表18—14。

表18—14　　合并处理的纹身与丙型肝炎观察数据

	患丙型肝炎	未患丙型肝炎	合计
纹身	25	88	113
没有纹身	22	491	513
合计	47	579	626

基于表18—14的资料，在零假设成立时，估计的纹身与丙型肝炎期望数见表18—15。

表18—15　　估计的纹身与丙型肝炎期望数

	患丙型肝炎	未患丙型肝炎	合计
纹身	8.484	104.516	113
没有纹身	38.516	474.484	513
合计	47	579	626

基于表18—15中所有的单元格期望数都不小于5，这样可以放心地计算卡方统计量值，得到42.42，且自由度为1。虽然检验的结果表明，纹身与患丙型肝炎不相互独立，残差分析又反映出纹身与感染丙型肝炎有千丝万缕的联系，但如果上升到对总体的认识，尚需要搜集足够的数据资料。

复习思考题

1. 许多人都知道数学中的常量π，它的常用近似值是3.14。但这并不精确，这里给出精确到20位小数的π值3.141 592 653 589 793 238 46，不过即使如此，仍谈不上精确，因为π是个无限不循环小数。在带有20位小数的π值中，可以发现不含0，另外7只出现一次。这样的特征是否会持续表现出来，或者说0，1，2，…，9在π的小数部分是否会等可能出现？下表是π的前100万位小数部分出现数字0，1，2，…，9的次数：

数字	出现次数
0	99 959

续前表

数字	出现次数
1	99 758
2	100 026
3	100 229
4	100 230
5	100 359
6	99 548
7	99 800
8	99 985
9	100 106
合计	1 000 000

要求检验假设：π 的前 100 万位小数部分出现数字 0，1，2，…，9 的次数相同。

2. 美国国家飓风预防中心网站公布了自 1851 年以来每 10 年正面袭击美国的大飓风（等级在 3 级以上）发生数（http://www.nhc.noaa.gov/Deadliest_Costliest.shtm），具体见下表：

时期	观察次数	时期	观察次数
1851—1860 年	6	1931—1940 年	8
1861—1870 年	1	1941—1950 年	10
1871—1880 年	7	1951—1960 年	9
1881—1890 年	5	1961—1970 年	6
1891—1900 年	8	1971—1980 年	4
1901—1910 年	4	1981—1990 年	4
1911—1920 年	7	1991—2000 年	5
1921—1930 年	5	2001—2006 年	7

近年来，人们比较关心袭击美国的大飓风数量是不是在逐年增加，对此进行假设检验的零假设是：不同时期袭击美国的大飓风数量保持不变。根据背景材料回答下列问题：

(1) 在 16 个时期，一共有 96 次大飓风袭击过美国，那么每个时期的期望数是多少？

(2) 针对上述资料，用什么类型的卡方检验比较合适？

(3) 该问题假设检验的自由度是多少？

(4) 卡方统计量值是 12.67，对应的 P-值是多少？

(5) 陈述检验的结论。

3. 产妇生产时打麻醉剂能减轻疼痛，但麻醉剂有可能进入婴儿的血液，从而导致婴儿嗜睡和母乳喂养困难。2006 年 12 月，《国际母乳喂养》杂志刊登了悉尼大学研究人员的一篇论文，该论文的作者跟踪观察了 1 178 名婴儿，将产妇按是否打了麻醉剂、婴儿 6 个月后是否喂养母乳进行分类，得到如下一组资料：

		生产时是否打了麻醉剂		合计
		是	否	
6 个月后是否喂养母乳	是	206	498	704
	否	190	284	474
合计		396	782	1 178

根据背景资料，要求回答：

(1) 上述问题采用什么样的检验比较合适？

(2) 给出该检验的零假设和备择假设。

(3) 分析假设检验的假定条件能否得到满足。

(4) 根据给定的资料，进行假设检验，并陈述所得到的结论。

(5) 进行残差分析，并指出得出的结论是什么。

4. 对自 1978 年以来发表在《新英格兰医学》杂志上的文章，按照刊登年份和有没有运用统计方法进行分类，得到如下资料：

		刊登时间			合计
		1078—1979 年	1989 年	2004—2005 年	
运用统计方法	没有	90	14	40	144
	有	242	101	271	614
合计		332	115	311	758

根据背景资料，要求回答：

(1) 上述问题采用什么样的检验比较合适？

(2) 给出该检验的零假设和备择假设。

(3) 分析假设检验的假定条件能否得到满足。

(4) 根据给定的资料，进行假设检验，并陈述所得到的结论。

(5) 进行残差分析，并指出得出的结论是什么。

5. 下表是泰坦尼克号沉船统计资料：

		船舱等级				合计
		散舱	一等舱	二等舱	三等舱	
生还情况	生	212	202	118	178	710
	死	673	123	167	528	1 491
合计		885	325	285	706	2 201

根据背景资料，要求回答：

(1) 上述问题采用什么样的检验比较合适？

(2) 给出该检验的零假设和备择假设。

(3) 分析假设检验的假定条件能否得到满足。

(4) 根据给定的资料，进行假设检验，并陈述所得到的结论。

(5) 进行残差分析，并指出得出的结论是什么。

6. 下表资料是纽约警察署男性与女性职位数：

		男性	女性
职级	警察	21 900	4 281
	侦探	4 058	806
	警官	3 898	415
	助理	1 333	89
	队长	359	12
	高层	218	10

根据背景资料，要求回答：

（1）上述问题采用什么样的检验比较合适？

（2）给出该检验的零假设和备择假设。

（3）分析假设检验的假定条件能否得到满足。

（4）根据给定的资料，进行假设检验，并陈述所得到的结论。

（5）进行残差分析，并指出得出的结论是什么。

7. 对某大学学生停车区和教职工停车区停放的小汽车，进行了随机调查，按照小汽车产地做了如下分类统计：

		学生	教职工
小汽车产地	美洲	107	105
	欧洲	33	12
	亚洲	55	47

根据背景资料，要求回答：

（1）上述问题采用什么样的检验比较合适？

（2）给出该检验的零假设和备择假设。

（3）分析假设检验的假定条件能否得到满足。

（4）根据给定的资料，进行假设检验，并陈述所得到的结论。

8. 蒙大拿大学做过一次民意调查，得到如下一组资料：

		民主党	共和党	独立党派
性别	男性	36	45	24
	女性	48	33	16

根据背景资料，要求回答：

（1）上述问题采用什么样的检验比较合适？

（2）给出该检验的零假设和备择假设。

（3）分析假设检验的假定条件能否得到满足。

（4）根据给定的资料，进行假设检验，并陈述所得到的结论。

9. 医学研究人员花了30年时间，跟踪调查了6 272名瑞典男性，旨在了解食鱼和患前列腺癌之间是否存在相关关系，得到如下资料：

		未患癌	患癌
食鱼状况	从不或很少	110	14
	比较少	2 420	201
	一般	2 769	209
	比较多	507	42

根据背景资料，要求回答：

（1）上述问题采用什么样的检验比较合适？

（2）给出该检验的零假设和备择假设。

（3）分析假设检验的假定条件能否得到满足。

（4）根据给定的资料，进行假设检验，并陈述所得到的结论。

10. 1991年7月和2001年4月，盖洛普公司就夫妻工作问题随机访问了1 015名成年人，分类资料如下：

		1991年	2001年
夫妻工作状况	双方全职	142	131
	一人全职，另一人半职	274	244
	一人工作，另一人在家工作	152	173
	一人工作，另一人全职家务	396	416
	无回答	51	51

根据背景资料，要求回答：

（1）上述问题采用什么样的检验比较合适？

（2）给出该检验的零假设和备择假设。

（3）分析假设检验的假定条件能否得到满足。

（4）根据给定的资料，进行假设检验，并陈述所得到的结论。

11. 两位教师同时开设应用统计课程，以下是他们期末给出的学生考试的分数：

	教师1	教师2
A	3	9
B	11	12
C	14	8
D	9	2
F	3	1

要求回答：

（1）对上述问题，是运用拟合优度检验、一致性检验还是独立性检验？

（2）给出检验的假设。

（3）计算每个单元格的期望数，并讨论是否适合进行卡方检验。

12. 不少人坚信月圆会引发人的行为反常。下表是某个小城镇某年6个满月周和随机挑选的6个非满月周，遭到逮捕的人数资料：

	满月周	非满月周
暴力犯罪（谋杀、斗殴、强奸等）	2	3
财产犯罪（盗窃、毁坏财物）	17	21
吸毒、酗酒	27	19
家庭暴力	11	14
其他违法行为	9	6

要求回答：

(1) 对上述问题，是运用拟合优度检验、一致性检验还是独立性检验?

(2) 给出检验的假设。

(3) 计算每个单元格的期望数，并讨论是否适合进行卡方检验。如果单元格的期望数达不到要求，准备怎样处理?

(4) 对提出的假设运用卡方统计量进行检验。

13. 种族歧视的一个微妙形式就是租房时出现所谓的“居住操控”。房屋中介根据租房人的特征，只给租房人出示相应肤色的人居住区位的待租房，这违反了美国 1968 年制定的《居住公平法案》。《机会》杂志在 2001 年第 2 期刊登过一篇文章，分析了一幢大型公寓楼租户受到的居住操控的起诉案件，该公寓楼由 A，B 两个区位构成，原告声称凡是白人来租房，中介暗示租 A 区的房子，非洲裔人租房，则被引导到 B 区。下表是相关的统计资料：

		租房人		合计
		白人	非洲裔人	
待租房的位置	A 区	87	8	95
	B 区	83	34	117
合计		170	42	212

试根据上述资料分析，房屋租赁是否存在种族操控现象。

14. 绝大多数孕妇最后都能顺利生下宝宝，也有一些人会流产或死产。2001 年 6 月，美国国家生育统计中心公布 1997 年的统计结果如下：

	活产	流产或死产
20 岁以下	49	13
20～29 岁	201	41
30～34 岁	88	21
35 岁以上	49	21

根据上述资料，分析孕妇年龄与生育状态是否没有关系。

15. 有关美国成年人的受教育程度按年龄分类的资料如下：

		年龄组				
		25～34 岁	35～44 岁	45～54 岁	55～64 岁	65 岁以上
受教育程度	高中肄业	27	50	52	71	101
	高中毕业	82	19	88	83	59
	1～3 年高等教育	43	56	26	20	20
	4 年以上高等教育	48	75	34	26	20

要求：分析不同年龄分组中成年人的受教育程度存在的差别。

第19章 回归推断分析

IQ 和脑袋大小散点图呈现出中等程度的正相关关系，这是不是纯粹源于偶然？要回答这样的问题，需要运用假设检验。所估计的回归系数的可靠程度如何？本章将把假设检验和区间估计的原理推广到回归分析的应用中。

19.1 回归推断的假定条件

19.1.1 总体回归与样本回归

男性身体中脂肪大致占到 3%，女性的这一比例接近 12.5%。对正常、健康的身体而言，脂肪是必需的物质。脂肪储存在体内，分布于人的全身。然而，体态比较胖的人有可能面临健康风险。18～39 岁的健康男性，脂肪含量应该为 8%～19%，同一年龄段的健康女性，脂肪含量可能是 21%～32%。

测量人体脂肪含量，是件费力不讨好的事情。检测人体脂肪的“标准”做法是，借助双能 X 射线吸收测量法（dual-energy X-ray absorptiometry，DEXA）。运用这种脂肪检测方法，需要使用两个低辐射的 X 射线发生器，通常用时10～20 分钟。能不能通过那些容易测量的变量（如身高、体重和腰围等）对身体的脂肪进行精确的预测呢？由 250 名不同年龄成年男性的体内脂肪含量和腰围资料绘制的散点图见图 19—1。

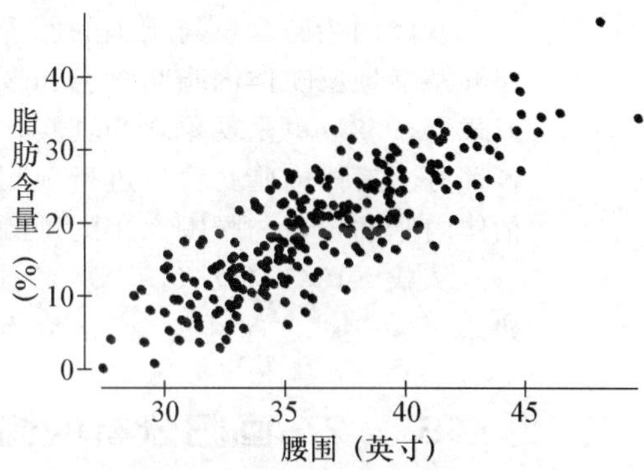

图 19—1 250 名男性的体内脂肪含量与腰围散点图

由图 19—1 可知，体内脂肪含量与腰围大小之间呈现出高强度、正相关的直线关系。在前面的有关章节我们已经提过，可以通过最小二乘法对图 19—1 的资料拟合方程，由于散点图很明显是直线形状，对此可以拟合直线模型，得到的结果是：

$$\widehat{\text{脂肪含量}}(\%)=-42.7+1.7\times\text{腰围}$$

这表明，腰围每增加 1 英寸，脂肪含量将增加 1.7 个百分点。

这样的模型有多大的用途呢？在一般的描述性分析中，我们用散点图显示变量间的关系，对得到的截距和斜率的估计值进行解释。可是我们更想知道，能不能利用由 250 项观察资料得到的回归方程，对观察资料之外的情况进行研究。要做到这些，需要对回归方程的截距和斜率进行假设检验和区间估计。

对单个均值做区间估计时，我们想象存在一个真实的均值。对两个均值或比例是否相等做假设检验，我们也想象存在一个真实的均值或比例差。对回归进行推断，能不能也这样做呢？对回归分析，即使掌握了总体的每个数值，即使这些数据精确地排列在一条直线上，我们最好也不要这么想。毕竟就上面的资料而言，腰围同为 38 英寸的人，其体内脂肪含量并不完全一样。实际上，体内脂肪含量在每个腰围值处都有一个分布。

不过，我们的目的是在体内脂肪含量和腰围尺寸之间建立模型，为此，我们设想存在一条理想的回归线。该模型假定，对应于每个腰围尺寸，脂肪分布的均值呈直线形状。我们知道，这条直线没有精确地描述变量间的伴随关系，但它对理解腰围大小与体内脂肪含量的关系，并据此对体内脂肪进行预测，可能是有用的。

只要拥有所有总体单位的数值资料，我们通过最小二乘法就一定能够得到这条理想化回归线的截距和斜率的值。按照通常的习惯，为了有别于样本的截距和斜率，我们用希腊字母 β_0，β_1 表示理想化回归线的截距和斜率，并把它们称为参数。与拟合的回归线 $\hat{y}=b_0+b_1x$ 相对应，理想化的回归线可以写成：

$$\mu_y=\beta_0+\beta_1x \tag{19.1}$$

之所以要用 μ_y 替代 $\hat{y}$，是因为对每个腰围尺寸，体内脂肪含量呈分布变化，而回归线表达的是位于每个腰围值处体内脂肪含量的均值。

当然，并不是每个 y 值都恰好等于均值 μ，有一些 y 值大于 μ，另一些 y 值小于 μ，只要 y 与 μ 不相等就会产生误差。这些误差大量存在，且随机变化，有的是正数，有的是负数。它们是模型产生的结果，我们用希腊字母 ε 表示。把误差 ε 引入式(19.1)，则理论上的回归直线可以写成：

$$y=\beta_0+\beta_1x+\varepsilon \tag{19.2}$$

就体内脂肪含量与腰围的例子来说，构造式（19.1）或式（19.2）那样的模型，能够概括地反映体内脂肪含量和腰围大小之间的关系。和所有模型一样，式（19.1）或式（19.2）也是现象之间真实状况的简化处理。除了腰围大小这个因素，我们还有各种方法对体内脂肪含量进行预测，但是模型的优势在于简化，由此可以帮助我们评估体内脂肪含量与腰围大小的预测。

从式（19.1）或（19.2）来看，是拟合回归线 $\hat{y}=b_0+b_1x$ 对参数进行估计的。残差 $e=y-\hat{y}$ 是理论误差 ε 的样本估计，通过残差 e，可以对回归模型进行评价。

□ 19.1.2 回归分析的假定条件

由随机样本观察资料，最小二乘法能对理论模型中的参数给出合理的估计。问题是如何对不确定性做出解释，为此需要对采用的回归模型做出假定。

对数据拟合直线时，我们仅需要检查直线这个充分条件，可是对回归方程的系数进行推断时，我们需要设置更多的假定。幸运的是，我们可以从检查条件入手，以便判断对观察数据来说采用的假定是否合理。一般地，对假定的检查是在获得回归方程之后进行的。另外，在检查条件是否满足时，注意要按照一定的顺序。如果前面的假定不正确，就没有必要再检查后面的假定了。下面，我们就按照先后次序对假定进行介绍。

第一，线性假定。如果现象之间的关系根本不是线性的，我们却非要采用直线方程来拟合观察数据，那么这样的回归分析将完全没有意义，所以进行假定检查，首先需要关注的就是线性假定。对给定的数据，绘制出来的散点图看上去是直线形状的（见图19—1），那么直线这个充分条件便得到满足。在散点图中画一条线来检查线性，可能不是一个好的方法，因为这有可能让我们错误地认为存在一条很直的线。有时很容易识别线性假定是否被违背，比如用 (e, x) 或 $(e, \hat{y})$ 绘制散点图，如果这样的散点图呈水平方向变化，并且不存在某种规则，表明线性假定能成立。

用成年男性腰围尺寸和体内脂肪含量资料分别绘制的 (e, x)、$(e, \hat{y})$ 散点图见图19—2和图19—3，显然这两幅图显示了水平方向变化的特征。

如果线性假定不能满足，则回归分析要么到此为止，要么对数据实施变换处理，再看看经过数据变换后的散点图是不是接近线性形状。线性假定是针对数值资料来说的，因此，在检查线性假定时，也要先看看是不是数值性质的数据。

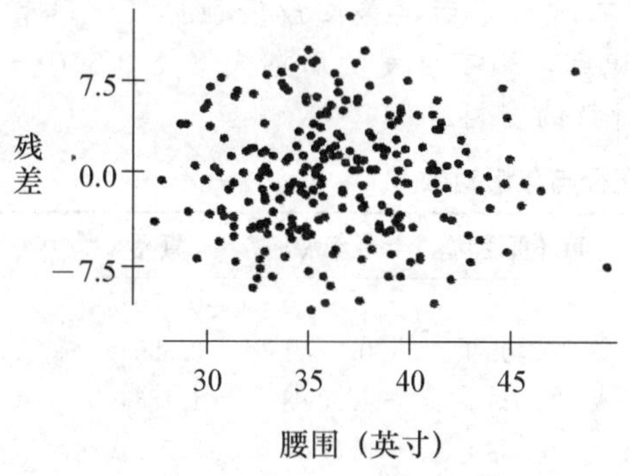

图 19—2　残差与腰围散点图

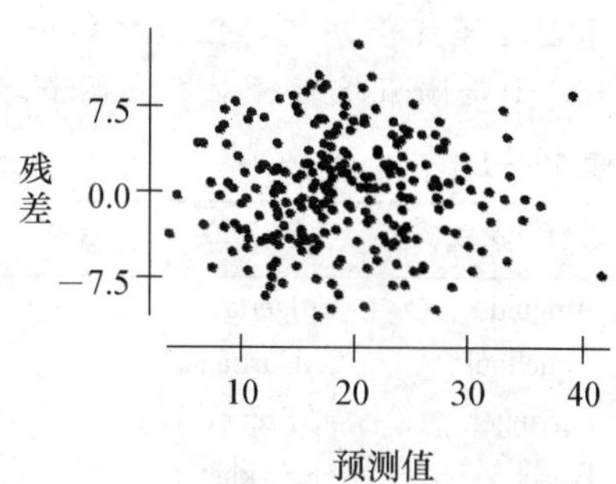

图 19—3　残差与体内脂肪含量预测值散点图

第二，独立性假定。理论回归模型要求，误差 ε 必须相互独立。不过，对于这个假定能否得到满足，很难做出确信的检查。如果回归分析的目的是对回归参数进行统计推断，在这种情况下，我们可以从检查随机性入手，分析一下观察值是不是来自某个总体的代表性样本。我们也可以检查回归残差图是否存在某种规则、趋势或堆集，只要这三种情形中的某一种出现，就表明独立性假定不能成立。根据 250 名成年男性腰围和体内脂肪回归分析绘制的腰围与残差散点图（见图 19—2）中，没有出现规则性、趋势性变化，因此可以认为独立性假定基本上符合。

在某些特别场合，自变量 x 与时间有关，这时误差之间存在相关关系，因而独立性假定普遍不能成立，在这种情况下进行独立性检查，可以绘制 (x, e) 散点图，看看是否存在某种规则。

第三，等方差假定。这一假定要求，对每一个自变量 x 的取值，对应的因变量 y 取值的变异程度保持相同。在前面的有关章节里，我们介绍了用残差的标准差 (s_e) 去反映残差的离散程度。这里，我们将利用标准化残差进行区间估计和假设检验，另外标准化残差还是所有回归参数估计标准误差的计算基础。等方差的检查比较困难，实践中我们能检查的只是散点图中是否出现厚薄不均现象。对 (x, y) 散点图，如果存在直线形式，且散点围绕这条线的散布范围变化不大，就直观地表明等方差能得到一定程度的满足。如果散点图中呈现出扇形，或者散点图中某些部分变异逐渐增大或逐渐减小，就要怀疑等方差假定是否成立了。

由 250 名成年男性腰围大小与体内脂肪含量的回归残差和预测值绘制出来的散点图没有呈现出扇形分布，具体见图 19—3。

第四，正态性假定。式（19.2）的误差项 ε，对应于每个自变量 x 的取值服从正态分布。在这个假定的前提下，才能在统计推断分析中运用 t 分布的原理。就像在其他场合运用 t 分布一样，我们退而要求残差符合渐近正态性并检查残差中是否存在异常值。如同我们前面所讲的，在大样本下，对正态性假定的重要性可以不给予过多的关注。

例 19—1

用望远镜观看月球，能看到陨石撞击形成的陨石坑。比月球大得多的地球，更是频繁地受到陨石的撞击。亚利桑那的陨石坑是第一个得到承认的陨石坑，在 20 世纪 20 年代被发现。借助卫星影像，有越来越多的陨石坑被确认，到目前为止，知晓的陨石坑大约有 180 个。当然，这仅仅是地球遭到陨石撞击为数很小的一部分，因为地球表面的陆地面积只占到29%，许多陨石坑被水面覆盖或被侵蚀掉了。尽管其中的原因还不完全清楚，但天文学家已经认识到，陨石爆发的周期大概是3 500万年。表19—1是陨石坑直径对数和陨石坑年龄对数的资料：

表19—1　　陨石坑直径与年龄对数

名称	地点	ln（直径）	ln（年龄）	直径	年龄
Amguid	Algeria	−0.346 8	−1.000 0	0.450 0	0.100 0
Aouelloul	Mauritania	−0.408 9	0.477 1	0.390 0	3.000 0
Barringer	Arizona，U. S. A.	0.074 1	−1.309 8	1.186 0	0.049 0
Bigach	Kazakhstan	0.903 1	0.699 0	8.000 0	5.000 0
Bosumtwi	Ghana	1.021 2	0.029 4	10.500 0	1.070 0
Boxhole	Northern Territory，Australia	−0.769 6	−1.267 6	0.170 0	0.054 0
CampoDel Cielo	Argentina	−1.301 0	−2.397 9	0.050 0	0.004 0
Chesapeake Bay	Virginia，U. S. A.	1.954 2	1.550 2	90.000 0	35.500 0
Crawford	Australia	0.929 4	1.544 1	8.500 0	35.000 0
Dalgaranga	Western Australia，Australia	−1.619 8	−0.568 6	0.024 0	0.270 0
El'gygytgyn	Russia	1.255 3	0.544 1	18.000 0	3.500 0
Flaxman	Australia	1.000 0	1.544 1	10.000 0	35.000 0
Haviland	Kansas，U. S. A.	−1.823 9	−3.000 0	0.015 0	0.001 0
Henbury	Northern Territory，Australia	−0.804 1	−2.376 8	0.157 0	0.004 2
Ilumetsä	Estonia	−1.096 9	−2.699 0	0.080 0	0.002 0
Kaalijärv	Estonia	−0.958 6	−2.397 9	0.110 0	0.004 0
Kalkkop	South Africa	−0.193 8	0.255 3	0.640 0	1.800 0
Kara-Kul	Tajikistan	1.716 0	0.699 0	52.000 0	5.000 0
Karla	Russia	1.000 0	0.699 0	10.000 0	5.000 0
Lonar	India	0.262 5	−1.284 0	1.830 0	0.052 0
Macha	Russia	−0.522 9	−2.154 9	0.300 0	0.007 0
Monturaqui	Chile	−0.337 2	0.000 0	0.460 0	1.000 0
Morasko	Poland	−1.000 0	−2.000 0	0.100 0	0.010 0
New Quebec	Quebec，Canada	0.536 6	0.146 1	3.440 0	1.400 0
Odessa	Texas，U. S. A.	−0.774 7	−1.301 0	0.168 0	0.050 0
Popigai	Russia	2.000 0	1.552 7	100.000	35.700 0
Ries	Germany	1.380 2	1.179 0	24.000 0	15.100 0
Rio Cuarto	Argentina	0.653 2	−1.000 0	4.500 0	0.100 0
RoterKamm	Namibia	0.397 9	0.568 2	2.500 0	3.700 0
SikhoteAlin	Russia	−1.568 6	−4.229 1	0.027 0	0.000 1
Sobolev	Russia	−1.275 7	−3.000 0	0.053 0	0.001 0
Steinheim	Germany	0.579 8	1.176 1	3.800 0	15.000 0
Talemzane	Algeria	0.243 0	0.477 1	1.750 0	3.000 0
Tenoumer	Mauritania	0.278 8	−1.669 6	1.900 0	0.021 4
Tswaing	South Africa	0.053 1	−0.657 6	1.130 0	0.220 0
Veevers	Western Australia，Australia	−1.096 9	0.000 0	0.080 0	1.000 0
Wabar	Saudi Arabia	−0.935 5	−3.853 9	0.116 0	0.000 1
Wolfe Creek	Western Australia，Australia	−0.058 0	−0.5229	0.875 0	0.300 0
Zhamanshin	Kazakhstan	1.146 1	−0.045 8	14.000 0	0.900 0

根据表19—1中的陨石坑直径和年龄对数资料绘制的散点图见图19—4。

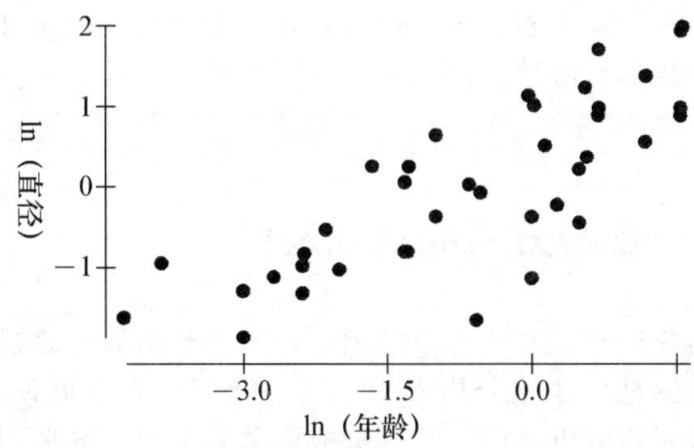

图 19—4　陨石坑直径与年龄对数散点图

根据这些数据，拟合线性回归模型的假定条件是否能得到满足?

答：由图 19—4 可以看出，陨石坑直径与年龄对数散点图呈现出直线形式，所以线性假定能得到满足。一般而言，陨石坑的大小相互之间是没有相关关系的。表 19—1 的资料反映的只是已发现的陨石坑，与尚未发现的或没有被认识的陨石坑相比，可能存在差异，所以在把分析结论上升到一般认识时需要格外小心。为了分析等方差假定是否成立，我们用预测值与残差绘制散点图（见图 19—5）。

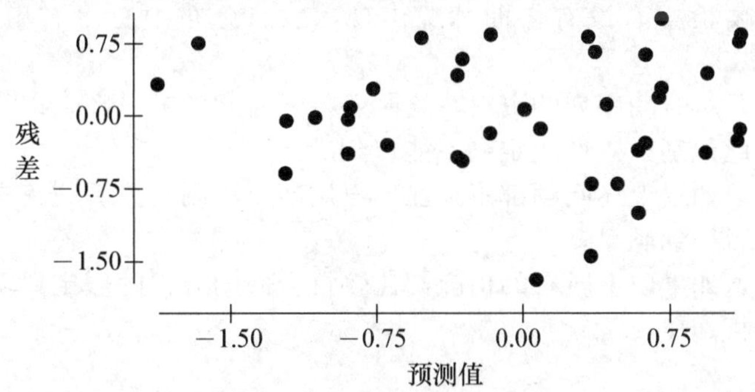

图 19—5　预测值与残差散点图

由图 19—5 可以看出，等方差假定基本上能得到满足。

根据回归残差绘制的正态概率图和直方图，分别见图 19—6 和图 19—7。

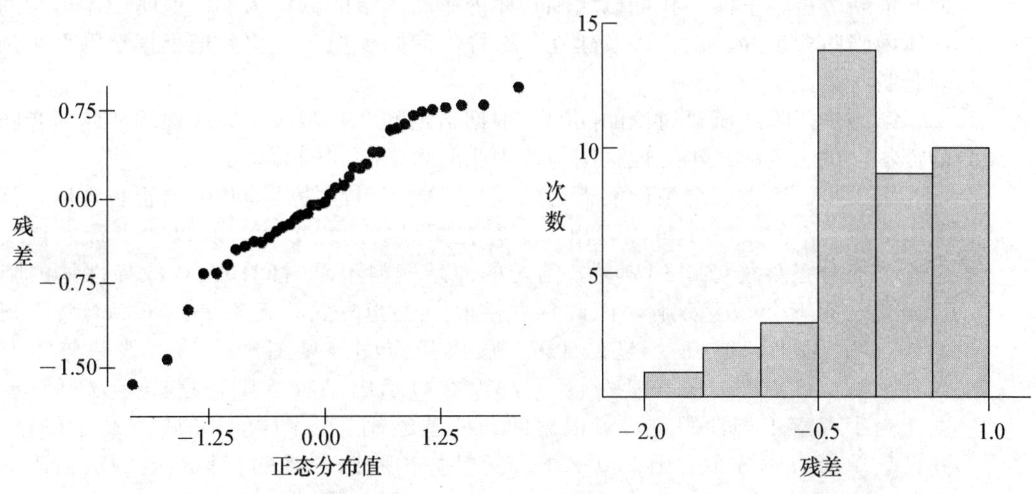

图 19—6　残差正态概率图　　**图 19—7　残差直方图**

正态概率图和直方图显示，回归残差呈左偏分布，但并没有严重地影响到回归分析，只不过在认识所给出的结论时要加以注意。

19.1.3 回归分析的实施过程

在做回归分析时，有个小小的困惑：回归分析有许多假定需要检查，检查这些假定的最好办法就是从残差分析入手，然而我们只有在做回归分析时才能得到回归残差。在没有做回归分析之前，我们最应该关心的是直线假定。下面，我们系统介绍回归分析的过程。

第一，检查直线性假定。可以根据观察资料先绘制散点图，看看是否存在直线形状。如果呈现出来的关系是曲线状，可以尝试进行变换处理把它拉直，如果没有这样的可能则不能实施线性回归。

第二，数据呈现出直线形状，拟合线性回归模型，并计算出回归残差 e 和预测值 $\hat{y}$。

第三，用(x, e)或$(x, \hat{y})$绘制散点图，观察这样的散点图是不是存在某种规则，特别要检查有没有弯曲情况出现，散点分布中有没有扇形，当然也要检查异常点。

第四，对时间序列的资料，绘制残差和时间的散点图，以检查是否存在规则性变化，并据此识别独立性假定能不能得到满足。

第五，如果上述问题都不存在，再用残差绘制直方图或正态概率图，以检查正态性假定是否得到满足。

第六，如果以上所有的情况都比较符合回归分析的假定要求，这时我们就进行统计推断分析。

19.1.4 实例应用讲解

只有样本观察数据都能通过上述检查，符合回归分析的假定条件，我们才能进行回归推断分析。下面，我们以腰围和体内脂肪含量的资料为例，说明成年男性的腰围和体内脂肪含量的关系，以及建立什么样的回归模型才能更好地根据腰围大小预测体内脂肪含量。

第一步，陈述所要讨论的问题。根据给定的 250 名成年男性腰围和体内脂肪含量的资料，试图了解成年男性腰围与体内脂肪含量之间的关系。

第二步，检查假定条件能否得到满足。成年男性的腰围和体内脂肪含量，都是数值型资料。由图 19—1 可以看出，不存在明显的曲线形状，所以初步看来直线型假定这个充分条件能够得到满足。给定的原始资料不是时间序列，故男性体内脂肪含量相互之间不会产生影响，因此独立性假定也能成立。无论是由原始资料绘制出来的散点图（见图 19—1），还是残差与腰围散点图（见图 19—2）、残差与体内脂肪含量预测值散点图（见图 19—3），都没有显示出某种规则，这样等方差假定也成立。为了考察正态性假定，可根据回归残差绘制直方图，回归残差不存在异常值，并且呈单峰对称分布。由 250 名成年男性体内脂肪含量的资料绘制的正态概率图见图 19—8。

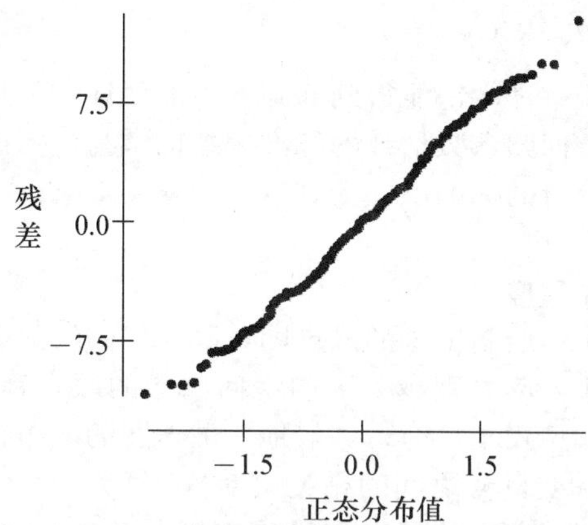

图 19—8 成年男性体内脂肪含量正态概率图

图 19—8 基本上呈一条直线，符合正态性要求。由此看来，回归分析的假定条件能够得到满足，因而可以进行回归分析。

第三步，进行回归分析，并给出分析结果。经过软件处理，得到的结果见表 19—2。

表 19—2 腰围与体内脂肪含量的回归分析

相关系数	0.823 8			
R^2	0.678 7			
标准误差	4.710 6			
观测值	250			
	估计值	标准误差	t 统计量	P-值
截距	−42.7	2.7	−15.7	0.0
腰围	1.7	0.1	22.9	0.0

这样，由 250 名成年男性腰围尺寸和体内脂肪含量的资料得到的回归方程是：

$$\widehat{\text{脂肪含量}}(\%)=-42.7+1.7\times\text{腰围}$$

第四步，对得到的分析结果进行解释和说明。腰围与体内脂肪含量的拟合优度系数为 67.87%，表明成年男性体内脂肪含量有将近 2/3 可以由腰围尺寸得到说明。回归系数为 1.7，意味着腰围每变化 1 英寸，体内脂肪含量变化 1.7 个百分点。

19.2 回归参数的统计推断

19.2.1 回归参数估计量的标准误差

在上一节的实例应用讲解中，给出了截距和斜率估计的标准误差（见表 19—2），这是怎么得到的呢？我们知道，从同一总体中随机地抽取容量相同的观察样本，每个样本都能得到一条回归线，并且每个回归方程中的斜率和截距的估计值应该不完全一样。这表明，回归参数估计量的取值，随着样本的变化而发生变化，也存在一个抽样分布的问题。由于针对的是同一理论回归模型，由不同的样本资料进行回归，都试图给出理论回归模型参数的估计，因此我们能期望回归参数估计量的均值等于理论模型的参数值，也就是：

$$E(b_0)=\beta_0,\ E(b_1)=\beta_1 \tag{19.3}$$

既然不同的观察样本都能得到回归参数的估计，并且这些估计结果随着样本的变化而变化。那么，回归参数估计的标准误差应该与这一情况有关。

回归参数估计量的标准误差受到以下因素的影响：

散点图的散布程度

由原始观察资料绘制出来的散点图，围绕回归线的散布程度越小，回归参数估计量的标准误差越小，反之则越大。围绕回归线的散布程度，是用残差的标准差 s_e 衡量的，其计算公式见式（7.8）。一般地，散点图的散布程度越小，残差的标准差也越小，表明变量 x 和变量 y 之间的相关关系越强。

一些人评估回归方程的好坏偏爱使用回归残差标准差 s_e，而不是拟合优度系数 R^2。究其原因有二：一是回归残差标准差 s_e 和因变量 y 有相同的计量单位；二是回归残差标准差 s_e 是围绕回归线误差的标准差，能够说明模型拟合数据的靠拢程度，与此相比，拟合优度系数 R^2 只反映了因变量 y 的变异有多少能被自变量 x 解释。我们的看法是，最好将拟合优度系数 R^2 和回归残差标准差 s_e 相结合，共同用于评价回归方程的拟合情况。

自变量 x 的离散程度

自变量 x 取值的离散程度越大，回归参数估计结果的变异程度将越小。换句话说，自变量 x 的标准差 s_x 越大，由样本观察资料得到的回归方程将越稳定。

样本观察规模

样本观察规模越大，不同样本之间回归参数估计结果的变异将越小。

前面我们对影响回归参数估计量的标准误差的因素做了简单说明，对回归系数斜率来说，其估计量的标准误差的计算公式为：

$$SE(b_1)=\frac{s_e}{\sqrt{n-1}\times s_x} \tag{19.4}$$

由式（19.4）容易看出，回归斜率估计量的标准误差，与回归残差标准差 s_e 成正比，与自变量标准差 s_x 和 $\sqrt{n-1}$ 成反比。

□ 19.2.2　回归参数估计量的抽样分布

我们知道，回归方程斜率 b_1 随着样本变化而变化。式（19.3）已指出，b_1 的抽样分布的均值应是理论回归模型的斜率 β_1。此时，由中心极限定理和牛人戈赛特的理论，我们能得到：

$$\frac{b_1-\beta_1}{SE(b_1)}\sim t_{n-2} \tag{19.5}$$

定理：如果回归分析的假定条件能得到满足，则统计量

$$t=\frac{b_1-\beta_1}{SE(b_1)} \tag{19.6}$$

服从自由度为 $n-2$ 的 t 分布。

同理，对截距项也存在

$$\frac{b_0-\beta_0}{SE(b_0)}\sim t_{n-2} \tag{19.7}$$

19.2.3　回归参数的统计推断方法

在得到了回归系数估计量的标准误差和抽样分布后，我们就能利用这些结论，进行理论模型中回归斜率的假设检验和区间估计。

就假设检验来说，通常零假设的提法是：H_0：$\beta_1=0$，意味着变量 y 和变量 x 之间不存在回归关系。对于这样的零假设，其检验统计量为：

$$\begin{aligned} t &= \frac{b_1-\beta_1}{SE(b_1)} \\ &= \frac{b_1}{SE(b_1)} \end{aligned} \tag{19.8}$$

假设检验是统计推断的一个方面的内容，有时也需要对回归系数做区间估计。对回归模型的斜率 β_1 来说，在给定的置信水平下，其置信区间的计算公式为：

$$b_1 \pm t_{n-2}^{*} \times SE(b_1) \tag{19.9}$$

19.2.4　实例应用讲解

每年的春天，阿拉斯加的尼拉拉都会举办一场比赛，参加比赛的人要猜测摆放在塔那那河冰面上的木制三脚架将在何时会随着冰的融化而倒下，猜得最准的人就是获胜者。这最初纯属铁路工人打发时间的消遣，后来慢慢演变成成千上万人参加的一项盛事，甚至有人通过互联网参与这项竞猜活动，奖金也由当初的 800 美元飙升到 300 000 美元。这一有趣的比赛的关键因素在于冰面融化的时间，所以获胜者猜中的精确时间一直被记录下来（见表 19—3）。

表 19—3　　1900 年以来的获胜者猜中的时间

12 月 31 日零点后的时间	年份代码	12 月 31 日零点后的时间	年份代码	12 月 31 日零点后的时间	年份代码
119.479 2	17	133.467 4	48	119.761 1	79
130.397 9	18	133.527 1	49	119.552 8	80
122.606 3	19	125.676 4	50	119.780 6	81
131.447 9	20	119.745 8	51	129.733 3	82
130.279 2	21	132.711 1	52	118.775 7	83
131.555 6	22	118.662 5	53	129.647 9	84
128.083 3	23	125.750 7	54	130.608 3	85
131.631 9	24	128.592 4	55	127.951 4	86
126.772 2	25	121.975 0	56	124.632 6	87
115.668 8	26	124.395 8	57	117.385 4	88
131.237 5	27	118.622 2	58	120.843 1	89
126.684 0	28	127.476 4	59	113.721 5	90
124.653 5	29	122.800 0	60	120.002 8	91
127.793 8	30	124.979 9	61	134.269 4	92
129.391 0	31	131.974 3	62	112.542 4	93

续前表

12月31日零点后的时间	年份代码	12月31日零点后的时间	年份代码	12月31日零点后的时间	年份代码
121.427 1	32	124.767 4	63	118.959 0	94
127.812 5	33	140.486 8	64	115.556 9	95
119.588 2	34	126.792 4	65	125.522 2	96
134.563 9	35	127.507 6	66	119.436 1	97
120.540 3	36	123.496 5	67	109.704 2	98
131.836 1	37	128.393 1	68	118.907 6	99
125.843 1	38	117.519 4	69	121.449 3	100
118.559 7	39	123.442 4	70	127.541 7	101
110.643 7	40	127.896 5	71	126.893 8	102
122.076 4	41	130.497 2	72	118.765 3	103
119.561 1	42	123.499 3	73	113.594 4	104
117.806 9	43	125.655 6	74	117.500 7	105
124.588 9	44	129.575 7	75	121.728 5	106
135.403 5	45	122.452 1	76	117.657 6	107
124.694 4	46	125.531 9	77		
122.745 1	47	119.637 5	78		

是否有足够的证据表明，冰面融化时间发生了变化？假如发生了变化，变化的速度如何？

就上述问题和给定的资料，可以运用回归分析的方法进行处理。具体过程是：

第一步，陈述所要讨论的问题。主要是根据给定的数据，分析冰面融化时间是否随着时间的推移发生改变。

第二步，提出检验假设。该问题的检验假设是：

$$H_0:\beta_1=0,\ H_A:\beta_1\neq 0$$

第三步，检查假定条件是否符合。表19—3给出的资料都是数值性质的数据，据此绘制的散点图见图19—9。

由图19—9可知，没有明显的曲线形状，所以直线性假定能够得到满足。

表19—3的资料属于时间序列，有可能存在自相关问题。为了检查独立性假定，下面我们给出残差散点图（见图19—10）。

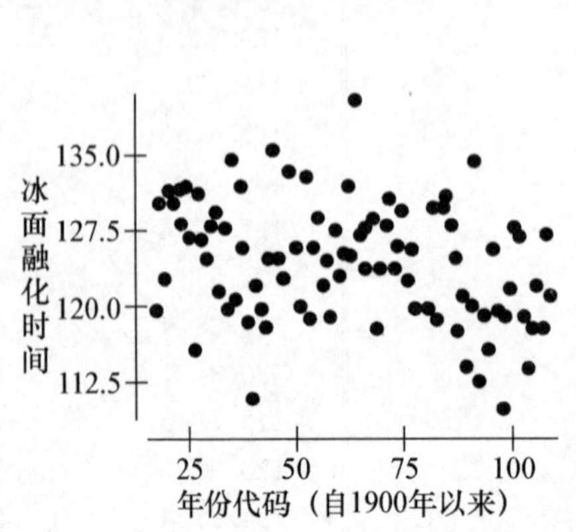

图19—9 年份代码与冰面融化时间散点图

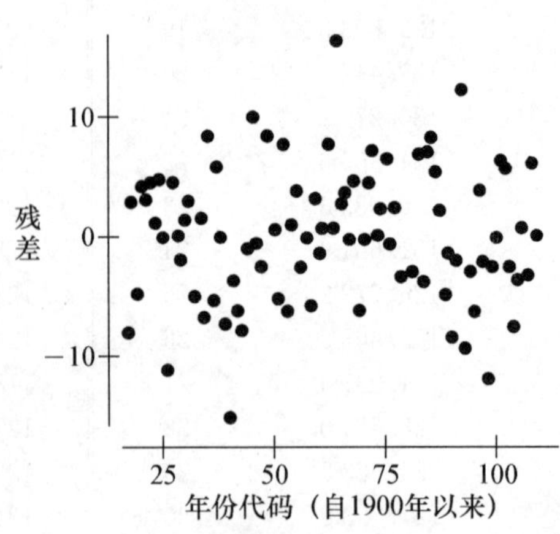

图19—10 残差散点图

由图 19—10 可知，散点出现了上下摆动，但不是很强烈，不妨碍实施回归分析。另外，残差图中也没有显示出趋势。

为了检查正态性假定是否得到满足，在此给出残差直方图（见图 19—11）。

图 19—11 表明，残差直方图呈单峰对称状，因此正态性要求能够得到满足。

第四步，构造假设检验模型。由于回归推断的假定条件基本都能符合，因此有关回归参数的推断分析可以使用 t 分布模型，且该问题的自由度是 91－2＝89。

第五步，对回归模型进行求解，并给出参数假设检验的结论。关于模型求解和回归系数的假设检验结果，见表 19—4。

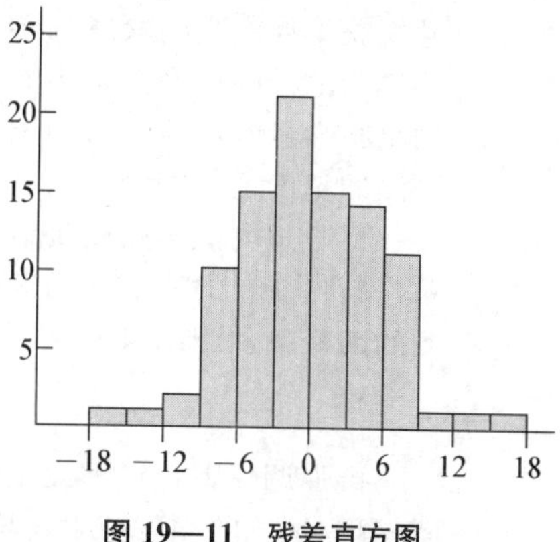

图 19—11　残差直方图

表 19—4　　回归分析

相关系数	0.335 5			
R^2	0.112 5			
标准误差	5.673 3			
观测值	91			
	参数估计值	标准误差	t 统计量	P-值
截距	128.950 1	1.524 5	84.583 7	0.000 0
年份编码	−0.076 1	0.022 6	−3.359 6	0.001 2

由表 19—4 得到的回归方程是：

$$\widehat{\text{猜中时间}}=128.950\,1-0.076\,1\times\text{年份编码}$$

在 95%的置信水平下，回归系数 β_1 的置信区间可以通过式（19.9）计算，具体是：

$$\begin{aligned}&b_1\pm t_{n-2}^{*}\times SE(b_1)\\&=-0.076\,1\pm1.987\times0.022\,6\\&=-0.076\,1\pm0.044\,9\\&=(-0.121\,0,-0.031\,2)\end{aligned}$$

第六步，给出分析结论。由表 19—4 中的斜率检验 P-值 0.001 2，可以得出拒绝零假设的判断，表明随着年份的变化，冰面融化时间发生了改变。置信区间为（−0.121 0，−0.031 2），表明自 1900 年以来，冰面融化的时间有提前的趋势。

19.3　回归预测的区间估计

19.3.1　综述

一旦获得了有用的回归方程，我们可能禁不住要利用这样的回归方程进行预测，但怎样做才是负责的态度呢？对给定的自变量 x，我们知道如何计算因变量 y 的预测值，这在前面的有关章节已经做过介绍。过去通过有用的回归方程得到的预测值也许是最好的估计结果，但它只是一个有事实根据的推测而已。然而现在不一样了，我们能计算标准误差，可以利用预测的标准误差给出预测值的置信区间，并客观地说明对预测结果的把握程度。拿腰围尺寸和体内脂肪含量的模型来说，我们可能会用腰围尺寸去获得体内脂肪含量的一个合理估计。如果同时给出这个估计的置信区间，我们就能说明估计的精度会是多大。预测的精度与我们想要讨论的问题有关，因为既可对体内脂肪含量的均值进行预测，也可对体内脂肪含量的单个值进行预测，而这两类回归预测的精度是不同的，前者的预测精度要高于后者。

不论是均值预测还是单值预测，它们的做法完全一样。对不属于观察资料范围的某个新自变量的取值，为区别起见这里用 x_v 表示，那么根据估计出来的回归方程得到的因变量预测结果就是：

$$\hat{y}_v = b_0 + b_1 \times x_v \tag{19.10}$$

再强调一下，对因变量的均值和单个值进行预测，都采用式（19.10）。同样，对式（19.10）的预测结果，均值预测和单值预测的置信区间可以统一写成：

$$\hat{y}_v \pm t^*_{n-2} \times SE$$

式中，t^*_{n-2} 为自由度 $n-2$ 的 t 分布临界值，对均值预测和单值预测在同一置信水平下完全相同。均值预测和单值预测结果的置信区间的区别，主要体现在标准误差上。

□ 19.3.2 预测值标准误差的影响因素

预测值标准误差的影响因素，与回归参数估计量抽样误差的影响因素相同。由原始资料绘制的散点图，其散布程度越大，对因变量预测的把握程度将越低。对回归模型斜率的估计信度越低，预测值的信度也会越低。样本观察规模越大，对因变量预测值的估计就会越精确。给定的自变量 x_v 值离 x 原始数据的中心越远，对因变量的预测效果越差。

□ 19.3.3 预测值的标准误差

上述每一个因素都会对因变量的预测结果带来不确定性或变异，并且这些因素是相互独立产生影响的。预测值的标准误差，实际上就是这些因素产生的变异共同作用的结果。因此，可以把这些因素产生的变异相加，以得到因变量预测值的总变异水平。

对因变量 y 的均值进行预测，其标准误差的计算公式为：

$$SE(\hat{\mu}_V) = \sqrt{SE^2(b_1) \times (x_v - \bar{x})^2 + \frac{S_e^2}{n}} \tag{19.11}$$

证明：将回归参数的估计量代入式（19.1），得到：

$$\hat{\mu}_y = b_0 + b_1 x_v \tag{19.12}$$

而 $b_0 = \bar{y} - b_1 \bar{x}$，这样存在：

$$\hat{\mu}_y = b_1(x_v - \bar{x}) + \bar{y} \tag{19.13}$$

对式（19.13）求方差，则有：

$$\begin{aligned}\mathrm{Var}(\hat{\mu}_y) &= \mathrm{Var}(b_1(x_v - \bar{x}) + \bar{y}) \\ &= \mathrm{Var}(b_1(x_v - \bar{x})) + \mathrm{Var}(\bar{y})\end{aligned}$$

$$=(x_v-\bar{x})^2\mathrm{Var}(b_1)+\mathrm{Var}(\bar{y}) \qquad (19.14)$$

对式（19.14），用标准差表示为：

$$SD(\hat{\mu}_y)=\sqrt{\mathrm{Var}(b_1(x_v-\bar{x})+\bar{y})}$$
$$=\sqrt{(x_v-\bar{x})^2SD^2(b_1)+SD^2(\bar{y})} \qquad (19.15)$$

由于需要用样本统计量对式（19.15）进行估计，因此便得到标准误差：

$$SE(\hat{\mu}_y)=\sqrt{(x_v-\bar{x})^2SE^2(b_1)+SE^2(\bar{y})} \qquad (19.16)$$

根据中心极限定理，$\bar{y}$ 的标准差是$\frac{\sigma}{\sqrt{n}}$。对总体标准差 σ，需要用 s_e 估计。所以存在：

$$SE(\hat{\mu}_y)=\sqrt{(x_v-\bar{x})^2SE^2(b_1)+SE^2(\bar{y})}$$
$$=\sqrt{(x_v-\bar{x})^2SE^2(b_1)+\left(\frac{s_e}{\sqrt{n}}\right)^2}$$
$$=\sqrt{(x_v-\bar{x})^2SE^2(b_1)+\frac{s_e^2}{n}} \qquad (19.17)$$

单个值的变异程度比均值的变异程度大，因此单个预测值的标准误差也一定比均值预测的标准误差大。单个预测值的标准误差的计算公式为：

$$SE(\hat{y})=\sqrt{SE^2(b_1)\times(x_v-\bar{x})^2+\frac{s_e^2}{n}+s_e^2} \qquad (19.18)$$

下面，我们简单地给出关于式（19.18）的说明。对式（19.2），用回归参数的样本统计量进行替代，则有：

$$y=b_0+b_1x+e \qquad (19.19)$$

将 $b_0=\bar{y}-b_1\bar{x}$ 代入式（19.19），得到：

$$y=b_1(x-\bar{x})+\bar{y}+e \qquad (19.20)$$

由于是用 x_v 去对因变量进行预测，从而也有：

$$\hat{y}_v=b_1(x_v-\bar{x})+\bar{y}+e \qquad (19.21)$$

对式（19.21）求标准误差，便得到式（19.18）。

□ 19.3.4 预测值的置信区间

在式（19.11）和式（19.18）的基础上，我们就能给出预测值的估计区间了。

拿腰围尺寸和体内脂肪含量的例子来说，假定现在要估计腰围为 38 英寸时体内的脂肪含量，得到的预测值是：

$$\hat{y}_v=-42.7+1.7\times38=21.9$$

根据表 19—2 的结果，有：

$$s_e=4.713, n=250, SE(b_1)=0.074$$

另外，由原始资料可知 $\bar{x}=36.3$。

如果是对体内脂肪含量的均值进行估计，这时根据式（19.11）得到预测值的均值的标准误差：

$$SE(\hat{\mu}_v)=\sqrt{SE^2(b_1)\times(x_v-\overline{x})^2+\frac{s_e^2}{n}}$$
$$=\sqrt{0.074^2\times(38-36.3)^2+\frac{4.713^2}{250}}$$
$$=0.32$$

假定置信水平为95%，在自由度250－2＝248下，t分布的临界值为1.97。因此，预测值均值的抽样极限误差就是：

$$ME=1.97\times0.32$$
$$=0.63$$

所以，预测值均值的95%的估计区间为：

$$21.9\pm0.63$$
$$=(21.27,22.53)$$

对单个预测值，由式（19.18）得标准误差：

$$SE(\hat{y}_v)=\sqrt{SE^2(b_1)\times(x_v-\overline{x})^2+\frac{s_e^2}{n}+s_e^2}$$
$$=\sqrt{0.074^2\times(38-36.3)^2+\frac{4.713^2}{250}+4.713^2}$$
$$=4.72$$

这时的抽样极限误差为：

$$ME=1.97\times4.72$$
$$=9.30$$

所以单个预测值的95%的估计区间为：

$$21.9\pm9.30$$
$$=(12.6,31.2)$$

相比之下，预测值均值的估计区间比单个预测值的估计区间要小。

例19—2

根据例19—1的资料，在95%的置信水平下，要求：（1）对新发现的500万年前的许多陨石坑的平均直径进行区间估计；（2）对新发现的1 000万年前的一个陨石坑的直径进行区间估计。

答：由表19—1的资料，对ln（直径）和ln（年龄）进行回归，得到如下结果（见表19—5）。

表19—5　ln（直径）对ln（年龄）回归分析结果

相关系数	0.797 7
R^2	0.636 4
标准误差	0.636 2
观测值	39

	估计值	标准误差	t 统计量	P-值
截距	0.358 3	0.110 6	3.240 4	0.002 526
ln（年龄）	0.526 7	0.065 5	8.046 7	1.2E−09

由表 19—5 的输出结果得到的回归方程是：

$$\widehat{\ln(\text{直径})}=0.358+0.527\times\ln(\text{年龄})$$

（1）对新发现的 500 万年前的许多陨石坑的平均直径进行区间估计。

对给定的自变量值 500 万年，取其以 10 为底的对数，得到 0.698 97。带入回归方程，得到的预测值是：

$$\begin{aligned}\widehat{\ln(\text{直径})}&=0.358+0.527\times\ln(\text{年龄})\\&=0.358+0.527\times0.698\,97\\&=0.726\end{aligned}$$

对均值进行预测时，根据表 19—5 的相关结果和式（19.11）得：

$$\begin{aligned}SE(\hat{\mu}_v)&=\sqrt{SE^2(b_1)\times(x_v-\bar{x})^2+\frac{s_e^2}{n}}\\&=\sqrt{0.065\,5^2\times(0.698\,97-(-0.656\,31))^2+\frac{0.636\,2^2}{39}}\\&=0.135\,1\end{aligned}$$

自由度为 39−2=37、置信水平为 95%时，t 分布的临界值为 2.030。如此便得到均值预测的估计区间：

$$\begin{aligned}&\hat{\mu}_v\pm t_{n-2}^*\times SE(\hat{\mu}_v)\\&=0.726\pm2.030\times0.135\,1\\&=(0.452,1.000)\end{aligned}$$

由于在回归分析时采用的是以 10 为底的对数刻度，因此对区间估计的结果需要进行反对数变换。这样得到的估计区间是：

$$(10^{0.452},10^{1.000})=(2.8,10)$$

所以平均起来看，500 万年前的一个新陨石坑的直径，在 95%的置信水平下大概在 2.8～10 千米之间。

（2）对新发现的 1 000 万年前的一个陨石坑的直径进行区间估计。

根据得到的回归方程，1 000 万年前的一个陨石坑直径的预测值是：

$$\begin{aligned}\widehat{\ln(\text{直径})}&=0.358+0.527\times\ln(\text{年龄})\\&=0.358+0.527\times1\\&=0.885\end{aligned}$$

对单个值进行预测时，根据表 19—5 的相关结果和式（19.18）得：

$$\begin{aligned}SE(\hat{y}_v)&=\sqrt{SE^2(b_1)\times(x_v-\bar{x})^2+\frac{s_e^2}{n}+s_e^2}\\&=\sqrt{0.065\,5^2\times(1-(-0.656\,31))^2+\frac{0.636\,2^2}{39}+0.636\,2^2}\\&=0.653\end{aligned}$$

这时的抽样极限误差为：

$$ME = 2.030 \times 0.653 = 1.325\ 59$$

所以，预测值的95%的估计区间为：

$$0.885 \pm 1.325\ 59 = (-0.441, 2.211)$$

对估计区间实施反对数变换，得到：

$$(10^{-0.441}, 10^{2.211}) = (0.36, 162.55)$$

因此，在95%的置信水平下，1 000万年前的一个陨石坑的直径在0.36～162.55千米之间。

19.4 逻辑斯蒂克回归分析

亚利桑那州南部的皮马印第安人有一个独特的社区，他们的祖先是最早一批跨洋过海来到美洲的人，距今大约30 000年。至少有2 000年，这些印第安人一直生活在希拉河附近的索诺兰沙漠里。历史上，皮马印第安人以热情好客著称，在过去的30多年里，他们对美国国家健康中心的研究人员提供了无私的帮助，配合研究人员研究糖尿病、肥胖症等疾病，因为皮马印第安人的糖尿病发病率尤其高。另外，皮马印第安人奉行内部通婚，这为遗传研究工作者提供了绝好的研究样本。

为搞清楚糖尿病的发病机理，研究人员对768名成年皮马印第安女性进行了检查，剔除11个无效样本，剩下757项资料。其中，涉及的一个自变量是体质指数（BMI，体重/身高^2），研究人员关心的是BMI与是否患糖尿病之间的关系。根据采集到的资料绘制的箱线图见图19—12。

从图19—12可以看出，患糖尿病组的成年皮马印第安女性的BMI平均值相对较大。对两个组平均BMI之差进行的t检验显示，患糖尿病组与未患糖尿病组的平均BMI之差超过9个标准误差，对应的P-值小于0.000 1。所有这些都说明，BMI和患糖尿病之间存在关系。然而，研究人员感兴趣的事情是，BMI高是否导致了患上糖尿病。

用1表示患糖尿病，0表示未患糖尿病，以BMI作为横坐标，绘制的散点图见图19—13。

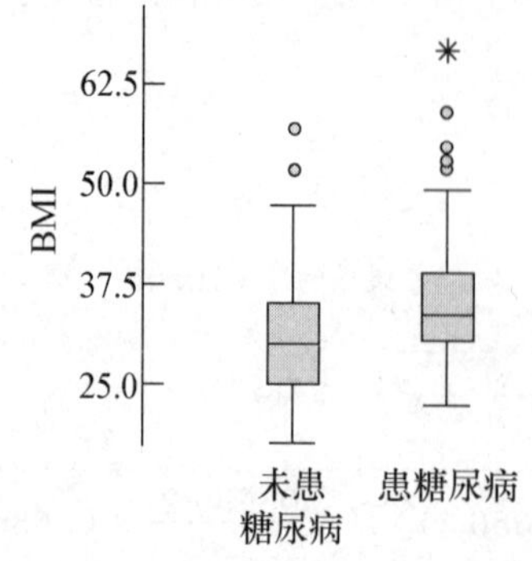

图19—12 糖尿病分组的BMI箱线图

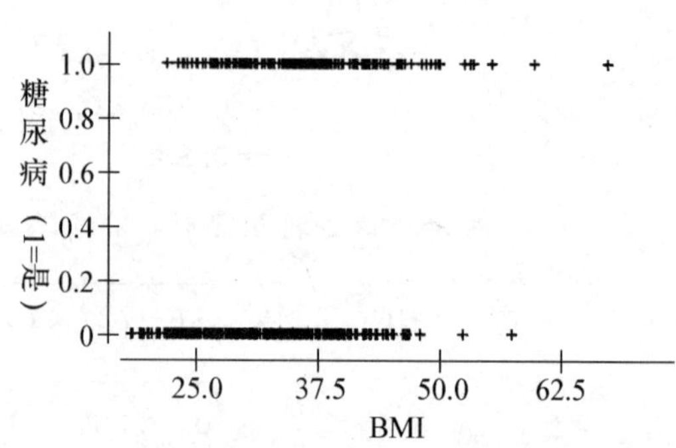

图19—13 糖尿病与BMI散点图

由图 19—13 可知，糖尿病对 BMI 散点图呈上下两条直线式分布。

是否患糖尿病属于属性变量，用 0 或 1 表示后拟合线性回归模型，情况会发生什么变化呢？请看图 19—14。

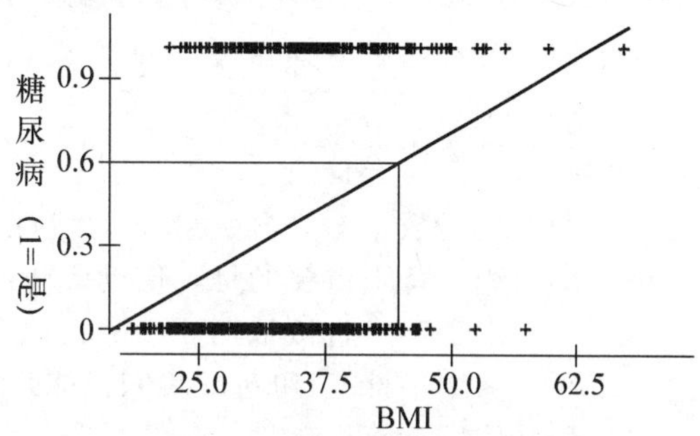

图 19—14　糖尿病对 BMI 回归

图 19—14 给出的回归线虽然表明，随着 BMI 增加，患糖尿病的风险也在增加，但这并不合理，因为糖尿病本身是属性性质的变量。尽管能得到回归方程糖尿病＝－0.351＋0.022×BMI，但这有意义吗？假如 BMI 的值是 44，由回归方程得到的糖尿病估计值为 0.6。这是什么意思呢？能不能说 BMI 为 44 的人，患糖尿病的可能性是 0.6？要是这样理解的话，那么我们通过回归方程拟合的应是患糖尿病的概率。然而，用这样的回归方程预测糖尿病发生的可能性，很显然存在问题。比如：BMI 取值是 10，这时根据得到的回归方程估计的结果为－0.13，当 BMI 为 70 时，估计的结果是 1.16，这根本不符合概率的基本要求。如果强行把负值固定为 0，大于 1 的正数固定在 1，所得到的回归方程的形式将如图 19—15 所示。

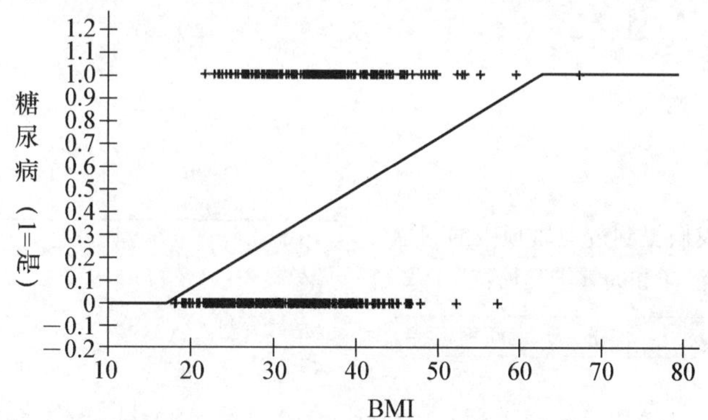

图 19—15　糖尿病对 BMI 回归线

图 19—15 的回归线虽然解决了概率不能为负数也不能大于 1 的问题，但是这样做没有科学上的意义。总的来说，构造图 19—15 的回归线不可能是真正正确的做法。仅仅依据 BMI 所得到的不可能恰好是 1（$p=1$），也不可能恰好是 0（$p=0$）。现实世界的变化更有可能是平滑的，所以我们更倾向于光滑变化、不带棱角的曲线（见图 19—16）。

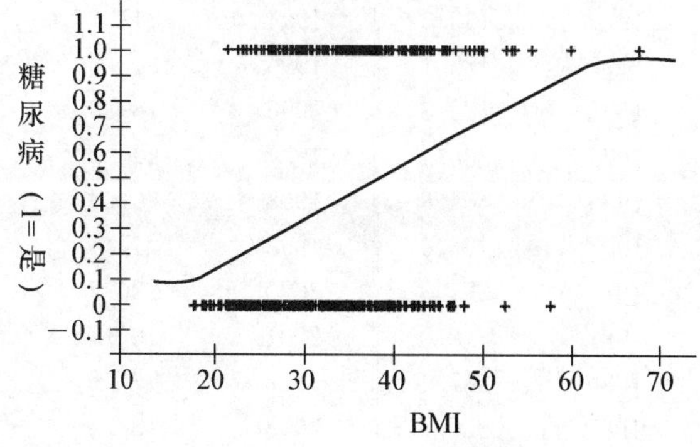

图 19—16　糖尿病对 BMI 曲线

用图 19—16 这样的光滑曲线，模拟 BMI 对糖尿病发生概率的影响，不失为明智的做法。数学中有许多诸如此类的 S 形曲线，其中最普遍的要算逻辑斯蒂克曲线。基于图 19—16 曲线所做的回归分析，称为逻辑斯蒂克回归。该模型的数学表达式为：

$$\ln\left(\frac{\hat{p}}{1-\hat{p}}\right)=b_0+b_1x \qquad (19.22)$$

式（19.22）等号左边使用了自然对数，右边是直线形式。

赛马爱好者都知道，设 p 为获胜的概率，则 $\frac{p}{1-p}$ 为获胜的优势比。比如 $p=\frac{1}{3}$，此时优势比是 $\frac{1/3}{1-1/3}=\frac{1}{2}$，可以说胜败之比为 1：2。逻辑斯蒂克模型就是用优势比的自然对数，作为自变量 x 的线性函数，通过这样的回归方程，能拟合出优美的 S 形曲线。特别重要的是，借助优势比对数，我们能反过来求出事件发生的概率。

由于不是直接根据原始资料拟合直线方程，因此对式（19.22）不能使用普通最小二乘法估计 b_0 和 b_1。我们只能采用非线性模型的估计方法。这会涉及大量的运算，最好使用计算机软件。

在前述皮马印第安人的例子中，得到的逻辑斯蒂克回归方程是：

$$\ln\left(\frac{\hat{p}}{1-\hat{p}}\right)=-4.0+0.102\times \text{BMI}$$

一旦方程通过假设检验，我们就利用求出的回归方程进行概率预测。也就是由式（19.22）出发解出 $\hat{p}$，具体是：

$$\hat{p}=\frac{1}{1+e^{-b_0+b_1x}} \qquad (19.23)$$

复习思考题

1. 在第 6 章中，我们提到过飓风预报的问题。以下资料来自美国国家海洋和大气管理局：

年份	预报误差	年份	预报误差
1970	253.8	1988	226.1
1971	381.9	1989	283.4
1972	689.2	1990	301.7
1973	363.2	1991	296.6
1974	348.3	1992	279.9
1975	402.1	1993	240.5
1976	433.0	1994	341.6
1977	485.1	1995	233.7
1978	423.3	1996	189.8
1979	238.4	1997	229.2
1980	404.8	1998	201.8
1981	423.0	1999	211.1
1982	271.3	2000	220.7
1983	418.0	2001	187.7
1984	387.4	2002	177.9
1985	339.7	2003	132.4
1986	383.5	2004	143.0
1987	349.2	2005	150.1

由上述资料得到如下回归分析结果：

相关系数	0.76			
R^2	0.58			
标准误差	75.38			
观测值	36			
	估计值	标准误差	t 统计量	P-值
截距	461.59	25.66	17.99	0.00
年份代码	−8.37	1.21	−6.92	0.00

要求回答：

（1）对回归分析结果，用文字和数字进行说明。

（2）回归系数的检验假设是什么？

（3）解释拟合优度系数的含义。

（4）根据回归分析的结果，自己动手做回归参数假设检验，并对得到的结论进行说明。

2. 出版于 1995 年的《欧洲中小学酒精和其他毒品泛滥情况研究》，调查了 11 个国家，得到如下一组资料：

其他毒品	大麻
4	22
3	17
21	40

续前表

其他毒品	大麻
1	5
16	37
8	19
14	23
3	6
3	7
31	53
24	34

由上述资料得到如下回归分析结果：

相关系数	0.934 1			
R^2	0.872 5			
标准误差	3.853 5			
观测值	11			
	估计值	标准误差	t 统计量	P-值
截距	−3.067 8	2.204 4	−1.391 7	0.197 4
大麻	0.615 0	0.078 4	7.849 3	0.000 0

要求：

(1) 根据上述资料绘制散点图，并说说吸食大麻和其他毒品（迷幻药、安非他命、可卡因）的关系。

(2) 对回归分析结果，用文字和数字进行说明。

(3) 回归系数的检验假设是什么？

(4) 解释拟合优度系数的含义。

(5) 根据回归分析的结果，自己动手做回归参数假设检验，并对得到的结论进行说明。

3. 报纸的分类广告刊登了二手丰田科鲁兹的卖价，具体如下：

卖价（美元）	使用时间（年）
13 9 90	1
13 495	1
12 999	3
9 500	4
10 495	4
8 995	5
9 495	5
6 999	6
6 950	7
7 850	7
6 999	8
5 995	8
4 950	10
4 495	10
2 850	13

要求：

(1) 绘制散点图；

(2) 根据散点图说说拟合线性模型是否合适，为什么；

(3) 求出回归方程；

(4) 用回归残差图说明推断分析的条件能否得到满足；

(5) 对回归系数斜率构造 95%的置信区间，并联系背景材料给出解释。

4. 消费者组织公布了 50 辆汽车的检测资料，主要是汽车车身重量与每加仑汽油行驶里程，由这些资料得到的散点图如下：

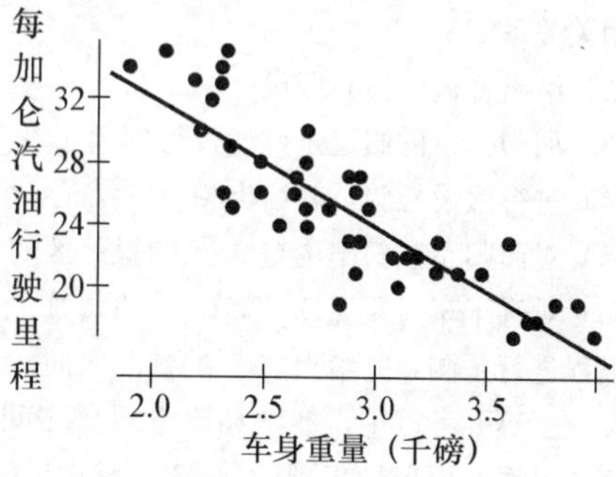

描述统计结果是：

每加仑汽油行驶里程		车身重量	
平均	25.020 0	均值	2.887 8
标准差	4.833 9	标准差	0.511 7
方差	23.366 9	方差	0.261 8
极差	18.000 0	极差	2.100 0
最小值	17.000 0	最小值	1.900 0
最大值	35.000 0	最大值	4.000 0
观测数	50	观测数	50

得到的回归分析结果是：

相关系数	0.869 4			
R^2	0.755 8			
标准误差	2.413 4			
观测值	50			
	估计值	标准误差	t 统计量	P-值
截距	48.739 3	1.975 6	24.670 9	0.000 0
车身重量	−8.213 6	0.673 8	−12.189 5	0.000 0

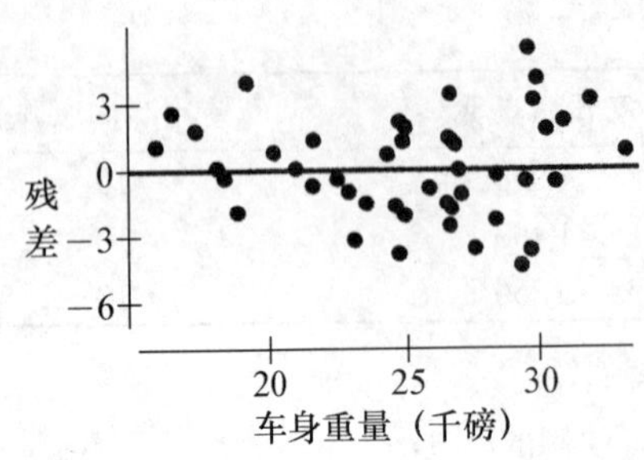

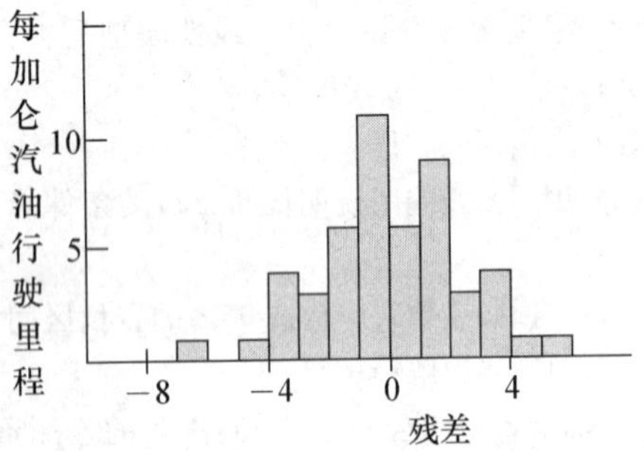

要求回答：

（1）汽车车身重量与每加仑汽油行驶里程是否存在相关关系？

（2）给出合适的检验假设。

（3）回归分析的假定条件能否得到满足？

（4）进行假设检验，并给出相应的结论。

（5）对回归系数斜率构造95%的置信区间。

（6）对汽车车身重量2 500磅时的每加仑汽油行驶里程进行预测，并给出90%的预测区间。

5. 在SAT考试中，数学和语文得分之间是否存在相关关系？根据采集到的数据，得到如下描述分析结果：

数学得分		语文得分	
均值	612.098 8	均值	596.296 3
中位数	630.000 0	中位数	610.000 0
标准差	98.134 3	标准差	99.519 9
极差	440.000 0	极差	490.000 0
最小值	360.000 0	最小值	310.000 0
最大值	800.000 0	最大值	800.000 0
四分位数差	99 160.000 0	四分位数差	96 600.000 0
观测数	162	观测数	162

回归分析的输出为：

相关系数	0.684 6
R^2	0.468 7
标准误差	71.754 6
观测值	162

	估计值	标准误差	t统计量	P-值
截距	209.554 2	34.349 4	6.100 7	0.000 0
语文	0.675 1	0.056 8	11.880 2	0.000 0

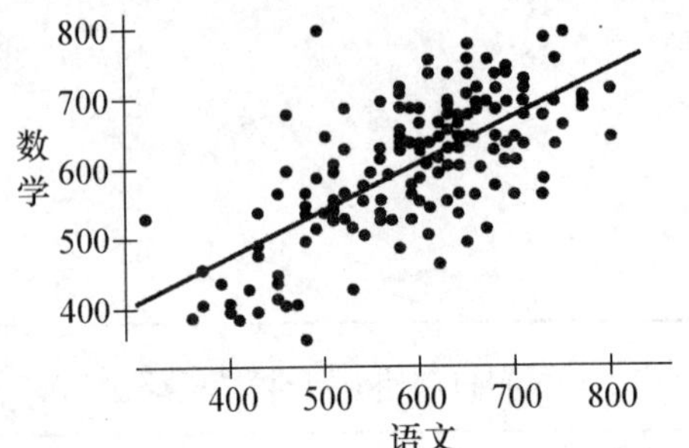

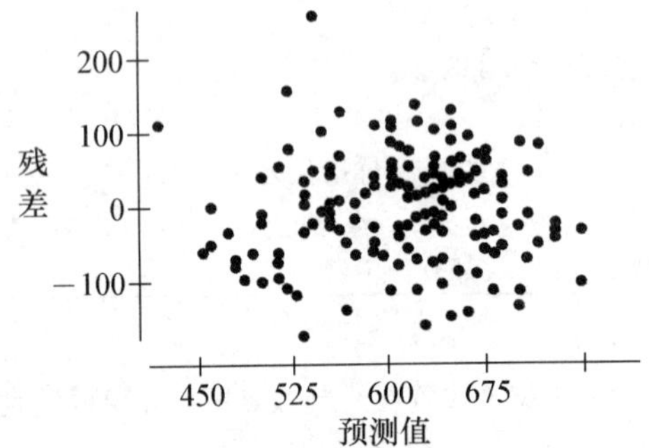

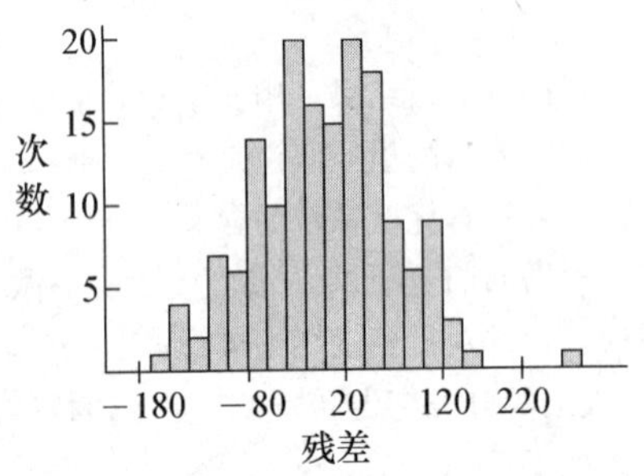

要求回答：

（1）数学得分和语文得分之间是否存在相关关系？

（2）给出合适的检验假设。

（3）回归分析的假定条件能否得到满足？

（4）进行假设检验，并给出相应的结论。

（5）对回归系数斜率构造95%的置信区间。

（6）对语文得分为500时的数学得分进行预测，并给出90%的预测区间。

6. 根据美国59座城市1月份的平均气温和城市所处纬度的资料，绘制了如下一些统计描述图形。

根据这些图形，说明1月份平均气温对纬度回归推断的哪些条件得不到满足。

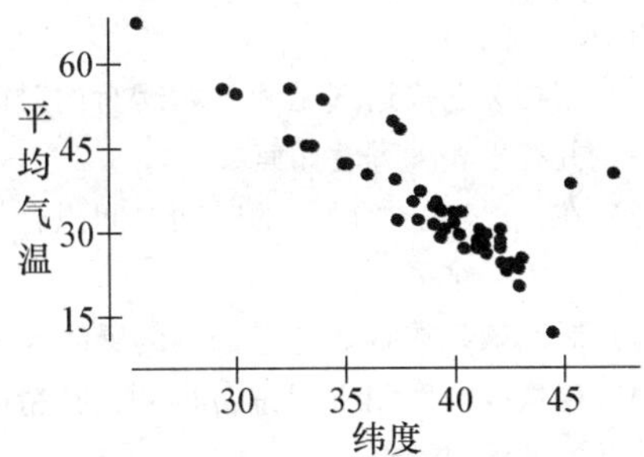

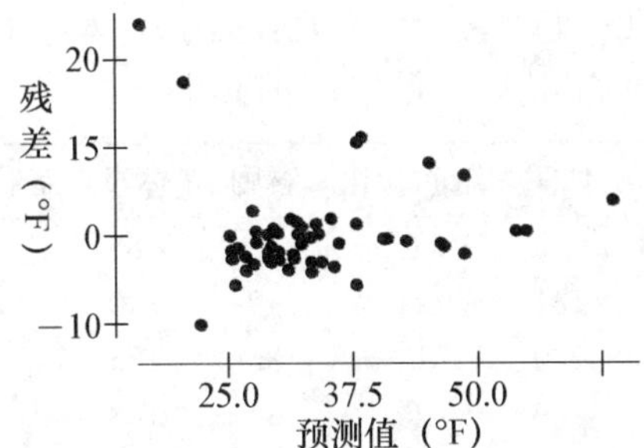

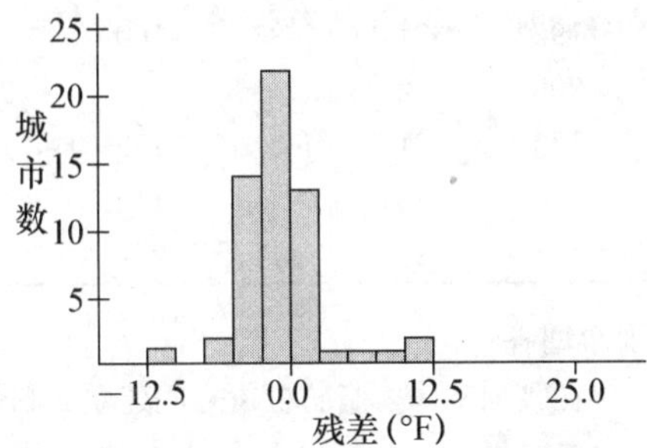

7. 生物学家研究了酸雨对动植物资源的影响，采集到艾迪龙达克山脉 163 条溪流的酸碱度（pH）和附近生物多样性的指标（BCI），得到如下散点图：

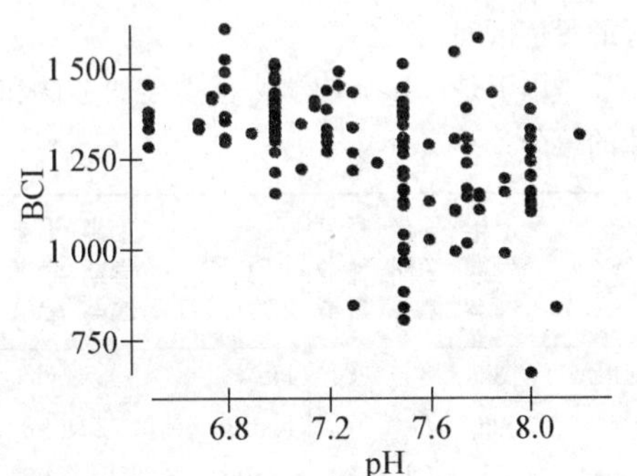

回归分析的结果如下：

相关系数	0.520 3	
R^2	0.270 7	
标准误差	140.436 6	
观测值	163	
	估计值	标准误差
截距	2 733.366 2	187.862 6
pH	−197.693 7	25.572 3

要求：

（1）陈述该问题检验的零假设和备择假设；

（2）假如回归分析的假定都能得到满足，试根据上述有关结果计算 t 统计量和 P-值；

（3）对得到的结论进行说明。

8. 厄尔尼诺现象是否会导致全球气候变暖，已经引起了人们的关注。一种说法是，大气中二氧化碳不断增加是气温升高的主要原因。以下是相关的资料：

年份	气温	二氧化碳	年份	气温	二氧化碳
1959	16.53	2 452	1978	16.55	5 066
1960	16.51	2 563	1979	16.55	5 348
1961	16.50	2 577	1980	16.57	5 279
1962	16.52	2 681	1981	16.59	5 109
1963	16.52	2 826	1982	16.56	5 069
1964	16.70	2 989	1983	16.75	5 060
1965	16.68	3 127	1984	16.53	5 231
1966	16.55	3 285	1985	16.51	5 404
1967	16.58	3 399	1986	16.58	5 596
1968	16.62	3 571	1987	16.77	5 723
1969	16.53	3 789	1988	16.74	5 947
1970	16.55	4 064	1989	16.66	6 053
1971	16.72	4 227	1990	16.83	6 109
1972	16.58	4 395	1991	16.78	6 178
1973	16.56	4 633	1992	16.60	6 084
1974	16.69	4 641	1993	16.60	6 053
1975	16.65	4 613	1994	16.73	6 199
1976	16.72	4 880	1995	16.83	6 412
1977	16.53	5 018			

要求：

（1）用相关图描述气温与二氧化碳之间的关系。

（2）在气温与二氧化碳之间拟合线性模型，并给出求解结果。

（3）能不能说明全球气候变暖与二氧化碳之间存在关系？

（4）用这样的回归方程进行预测，其精确程度究竟如何？请给出解释。

9. 2002 年 10 月，《消费者》公布了一组汽车用蓄电池的价格（单位：美元）和冷启动电流（单位：安培）的资料，具体如下：

冷启动电流	价格	冷启动电流	价格
525	60	500	60
630	60	570	40
630	80	640	41
650	80	640	70
700	80	540	60
650	90	525	60
700	80	800	80
750	90	900	75
675	80	850	100
850	80	770	60
850	90	800	75
480	60	770	70
570	80	900	90
570	75	850	90
550	75	900	60
525	40	630	40
550	80		

要求：

（1）用相关图描述冷启动电流和价格之间的关系。

（2）在冷启动电流和价格之间拟合线性模型，并给出求解结果。

（3）对回归系数斜率构造90%的置信区间。

（4）用这样的回归方程进行预测，其精确程度究竟如何？请给出解释。

10. 丹佛大学婴儿研究中心的科研人员怀疑气温会影响婴儿开始学会爬行的时间，可能的原因是，冬季出生的婴儿需要穿上更多的衣服，这将限制他们的活动能力，从而推迟学会爬行的时间。为了验证这一猜测是否可靠，科研人员采集了如下资料：

出生月份	平均气温	开始爬行的时间
1月	66	29.84
2月	73	30.52
3月	72	29.70
4月	63	31.84
5月	52	28.58
6月	39	31.44
7月	33	33.64
8月	30	32.82
9月	33	33.83
10月	37	33.35
11月	48	33.38
12月	57	32.32

要求：

（1）用相关图描述气温和开始爬行的时间的相关关系，并指出相关程度如何。

（2）在气温和开始爬行的时间之间拟合线性模型，并给出求解结果。

（3）对回归系数斜率构造95%的置信区间。

（4）用这样的回归方程进行预测，其精确程度究竟如何？请给出解释。

11. 以下是腰围（单位：英寸）、体重（单位：磅）和体内脂肪含量（%）的资料：

腰围	体重	脂肪含量	腰围	体重	脂肪含量
32	175	6	33	188	10
36	181	21	40	240	20
38	200	15	36	175	22
33	159	6	32	168	9
39	196	22	44	246	38
40	192	31	33	160	10
41	205	32	41	215	27
35	173	21	34	159	12
38	187	25	34	146	10
38	188	30	44	219	28

要求回答：

（1）在腰围和体内脂肪含量之间建立回归假设，并给出检验结果。

（2）在体重和体内脂肪含量之间建立回归假设，并给出检验结果。

（3）假如腰围是40英寸，对应的体内脂肪含量95%的置信区间是多少？

（4）某人的体重是165磅，这个人的脂肪含量95%的置信区间是多少？

12. 以下是选修统计学课程学生的考试和家庭作业的得分：

姓名	上半学期得分	下半学期得分	家庭作业得分	姓名	上半学期得分	下半学期得分	家庭作业得分
Timothy	82	30	61	Ian	93	65	66
Karen	96	68	72	Katharine	92	98	77
Verena	57	82	69	Emily	91	95	83
Jonathan	89	92	84	Brian	92	80	82
Elizabeth	88	86	84	Shad	61	58	65
Patrick	93	81	71	Michael	55	65	51
Julia	90	83	79	Israel	76	88	67
Thomas	83	21	51	Iris	63	62	67

续前表

姓名	上半学期得分	下半学期得分	家庭作业得分	姓名	上半学期得分	下半学期得分	家庭作业得分
Marshall	59	62	58	Mark	89	66	72
Justin	89	57	79	Peter	91	42	66
Alexandra	83	86	78	Catherine	90	85	78
Christopher	95	75	77	Christina	75	62	72
Justin	81	66	66	Enrique	75	46	72
Miguel	86	63	74	Sarah	91	65	77
Brian	81	86	76	Thomas	84	70	70
Gregory	81	87	75	Sonya	94	92	81
Kristina	98	96	84	Michael	93	78	72
Timothy	50	27	20	Wesley	91	58	66
Jason	91	83	71	Mark	91	61	79
Whitney	87	89	85	Adam	89	86	62
Alexis	90	91	68	Jared	98	92	83
Nicholas	95	82	68	Michael	96	51	83
Amandeep	91	37	54	Kathryn	95	95	87
Irena	93	81	82	Nicole	98	89	77
Yvon	88	66	82	Wayne	89	79	44
Sara	99	90	77	Elizabeth	93	89	73
Annie	89	92	68	John	74	64	72
Benjamin	87	62	72	Valentin	97	96	80
David	92	66	78	David	94	90	88
Josef	62	43	56	Marc	81	89	62
Rebecca	93	87	80	Samuel	94	85	76
Joshua	95	93	87	Brooke	92	90	86

要求：

（1）根据上半学期得分对下半学期得分进行预测；

（2）就下半学期得分对上半学期得分的回归方程进行讨论；

（3）在学期得分和家庭作业得分之间建立回归方程，并对得到的模型进行分析。

13. 以下是美国 58 座城市居民死亡率和受教育程度的资料：

死亡率	受教育程度	死亡率	受教育程度
921.87	11.40	861.26	12.10
997.87	11.00	989.26	9.90
962.35	9.80	1 006.49	10.40
982.29	11.10	861.44	11.50
1 071.29	9.60	929.15	11.10
1 030.38	10.20	857.62	12.10

续前表

死亡率	受教育程度	死亡率	受教育程度
934.70	12.10	961.01	10.10
899.53	10.60	923.23	11.30
1 001.90	10.50	1 113.16	9.70
912.35	10.70	994.65	10.70
1 017.61	9.60	1 015.02	10.50
1 024.89	10.90	991.29	10.60
970.47	10.20	893.99	12.00
985.95	11.10	938.50	10.10
958.84	11.90	946.19	9.60
860.10	11.80	1 025.50	11.00
936.23	11.40	874.28	11.10
871.77	12.20	953.56	9.70
959.22	10.80	839.71	12.10
941.18	10.80	911.70	12.20
891.71	11.40	790.73	12.20
871.34	10.90	899.26	12.20
971.12	10.40	904.16	11.10
887.47	11.50	950.67	11.40
952.53	11.40	972.46	10.70
968.67	11.40	912.20	10.30
919.73	12.00	967.80	12.30

要求回答：

（1）对回归推断的假定进行讨论。

（2）死亡率和受教育程度之间的相关关系如何？用假设检验方法给出说明。

（3）能不能认为受教育程度越高，人口的寿命会越长？为什么？

（4）假如接受教育的平均水平是 12 年，95%的置信水平下平均死亡率的估计区间是多少？

14. 位于纽约伊萨卡镇的 18 套房屋的估价及房屋面积的资料如下：

房屋估价（美元）	面积（平方英尺）
61 055	1 610
56 300	1 652
52 290	1 677
60 125	1 708
53 850	1 818
58 040	1 860
66 180	1 866
56 200	1 890
62 000	2 000
66 000	2 040

续前表

房屋估价（美元）	面积（平方英尺）
54 000	2 070
62 000	2 070
64 000	2 150
59 000	2 220
62 000	2 250
71 000	2 240
61 000	2 440
72 000	2 500

要求回答：

（1）对回归推断的假定条件进行讨论。

（2）房屋估价和面积之间的相关关系如何？用假设检验方法给出说明。

（3）对回归系数斜率进行90%的置信区间估计。

（4）假如某位房主拥有一套2 100平方英尺的房屋，要价70 200美元，这是高了还是低了？为什么？

第20章

单因素方差分析

我们已经学会对两个总体的均值进行比较，可是如何对两个以上总体的均值进行比较呢？本章介绍的单因素方差分析，就是在多个组间进行均值比较的有用方法。

20.1 方差分析的基本思想

20.1.1 实验因素和实验水平

吃饭之前你会用肥皂洗手吗？每个人在小的时候，都会在饭前被一次次提醒和要求去做。妈妈们认为，用肥皂洗手能杀灭手上绝大部分细菌。是不是真的这样呢？一位同学决定考察用肥皂洗手对杀灭病菌究竟有多大的效果。为此，该同学设计了 4 种不同的洗手方法，分别是：仅用清水洗手，用普通肥皂洗手，用杀菌肥皂洗手，用杀菌喷雾往手上喷洒。该实验包含一个实验因素即洗手方法，取了 4 种不同的水平。洗手之前手上的菌落数是每天变化的，为了控制这些非实验因素的影响，该同学采用随机数决定 4 种洗手方法的次序，每天早上洗手时随机地选择其中一种方法，然后计算手上残留的细菌数，得到如下一组资料（见表 20—1）。

表 20—1　　4 种方法洗手后残留的菌落数

残留菌落数	洗手方法	残留菌落数	洗手方法
74	清水洗手	105	清水洗手
84	普通肥皂洗手	119	普通肥皂洗手
70	杀菌肥皂洗手	73	杀菌肥皂洗手
51	杀菌喷雾喷洒	58	杀菌喷雾喷洒
135	清水洗手	139	清水洗手
51	普通肥皂洗手	108	普通肥皂洗手
164	杀菌肥皂洗手	119	杀菌肥皂洗手
5	杀菌喷雾喷洒	50	杀菌喷雾喷洒
102	清水洗手	170	清水洗手
110	普通肥皂洗手	207	普通肥皂洗手
88	杀菌肥皂洗手	20	杀菌肥皂洗手
19	杀菌喷雾喷洒	82	杀菌喷雾喷洒
124	清水洗手	87	清水洗手
67	普通肥皂洗手	102	普通肥皂洗手
111	杀菌肥皂洗手	95	杀菌肥皂洗手
18	杀菌喷雾喷洒	17	杀菌喷雾喷洒

根据表 20—1 的资料绘制的箱线图见图 20—1。

从图 20—1 能看出，杀菌喷雾喷洒杀菌效果最好，清水洗手似乎效果最差。但这样的直观认识可能并不靠谱，4 种洗手方法残留的平均菌落数到底是否一样，之间的差别是实质性的还是实验样本本身变异导致的呢？

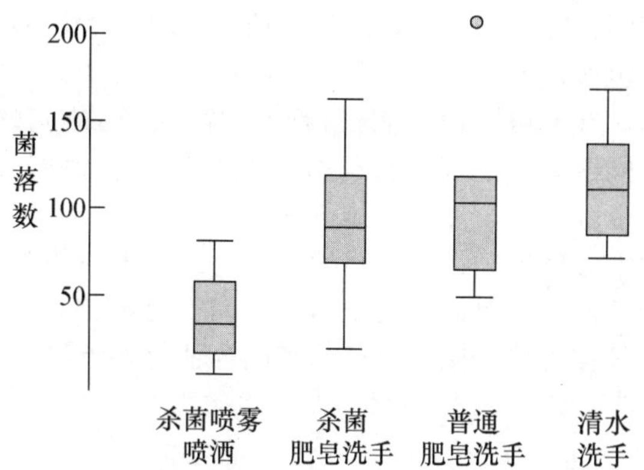

图 20—1　4 种方法洗手后残留的菌落数

20.1.2　检验假设的提法

对多个总体均值进行比较，其零假设是什么呢？一般地，零假设是：所有组的均值相等。也就是说，用什么方法洗手关系不大，不同洗手方法残留的平均菌落数一样。我们知道，总体均值间即使根本没有差别，样本均值间也可能依然存在差异。对此，我们要从统计意义上考察，这种差异的产生是不是纯属偶然。如果我们发现不同洗手方法之间的差别如此之大，那么将拒绝零假设，并认为洗手方法的效果确实存在不同。

例 20—1

将病人的手交替浸入冷水和热水中，称为“冷热交替浴”，它是外科手术之后，手病临床学最经常采用的一种治疗方法，以减轻肿胀和僵硬。有时，这样的治疗也会辅之以温和的运动锻炼。尽管这种治疗方法得到了广泛的应用，但所称的减轻肿胀的治疗效果从未得到证实。为此，研究人员将 59 名接受过腕管松解术的病人随机分配到 3 个处理组：冷热交替浴组，冷热交替浴外加运动锻炼组，运动锻炼组（控制组）。在手病治疗师不知道每位病人采用什么处理方式的情况下，把病人的手浸入水中，测量处理前后溢出了多少水（单位：毫升）。以溢出的水量（处理后减处理前）的变化作为实验报告的结果。要求详细地说明实验的情况，包括受试对象、样本容量、实验因子、处理水平、响应变量等；该检验的零假设是什么；是随机化实验、单盲实验还是双盲实验。

答：受试对象是接受过腕管松解术的病人，受试人数一共 59 人，实验因子是冷热交替浴。采用了 3 种处理水平，分别是：冷热交替浴，冷热交替浴外加运动锻炼，运动锻炼。响应变量是溢出的水量。检验的零假设是：对 3 种不同的处理水平，溢出的平均水量变化相同。病人是随机分配的，该实验研究属于单盲实验，因为手病治疗师不知道处理的情况，但每位病人知道自己被安排了什么样的处理。

在前面的章节中，我们介绍了两总体均值是否相等的 t 检验。然而，现在面临的问题不是两个总体，而是两个以上的总体。因此，我们不能简单地考察多个总体之间的均值差。即使零假设成立，也就是既定分组下的总体的均值相等，我们仍然能预料到样本均值之间存在差异。如果总体均值间差异不大，那么由样本数据计算出来的均值之间的差异也应该不大。要是总体均值间差异比较大，样本均值间的差异应该也会很大。这表明，我们可以通过假设检验去检查，均值间的差异是不是大于随机性波动。解决此类问题，仍然需要抽样分布模型，这个模型就是 F 分布。所以，比较两个以上总体均值的差异，需要采用 F 分布模型。

F 检验的中心思想是：把组间的均值差异与组内的差异进行比较，当前者大于后者时，就拒绝零假设，可以认为组与组之间均值不相等。反之，当组间的均值差异与组内的差异比较接近时，则不能认为组间均值存在差异。

例 20—2

59 名接受过腕管松解术的病人，被随机地分配到 3 个处理组：冷热交替浴组，冷热交替浴外加运动锻炼组，运动锻炼组。以溢出的水量（处理后减处理前）的变化，作为实验报告的结果，得到如下一组资料（见表 20—2）。

表 20—2　　3 种处理前后溢出的水量

冷热交替浴	冷热交替浴外加运动锻炼	运动锻炼
10	4	0
10	0	4
5	7	2
−4	6	−1
8	10	5
0	20	−10
6	11	0
−4	15	−12
10	−2	−7
0	9	−1
−5	0	0
−9	9	5
−3	14	0
0	20	0
8	0	
−5	5	
20	4	
13	11	
11	21	
2	5	
14	0	
13	0	
	15	

表 20—2 中的正数表示没有消肿，负数表示消肿效果较好。

根据表 20—2 的资料绘制的箱线图见图 20—2。

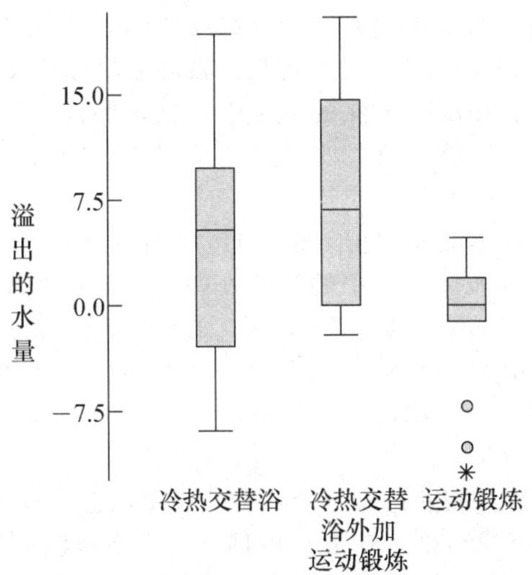

图 20—2　3 种处理下溢出的水量

试述图 20—2 表明了什么样的结论。

答： 根据箱线图，与冷热交替浴外加运动锻炼及运动锻炼相比，冷热交替浴在消肿功能上并没有显示太大的差别。运动锻炼的消肿效果从直观上看可能更好。

20.1.3　组间差异与组内差异

对多个总体均值的比较，不能再采用比较两个均值差异的方法。拿洗手的实验来说，由 4 个不同的处理得到的是 4 个组有差别的平均残留菌落数，现在应该怎样测算它们之间的差别呢？在两个组的情况下，我们很自然地将这两个均值相减，然后作为分子实施 t 检验，除此之外，很难想到其他更好的方法。我们怎样才能把比较两个组均值的方法推广到多于两个组的情形呢？当我们想了解多个观察组均值的差别程度时，测量的是它们有多大的变异水平。

在零假设成立的情况下，我们能预料到均值间变异有多大程度呢？假如零假设成立，那么每个处理下的均值都可以用于估计总体的均值。比如不同洗手方法的效果一样，这时我们仅用清水洗手时的平均残留菌落数，就可以对总体均值进行估计。对多个组均值相比较的情形，我们有几个不同的、相互独立的对总体均值的估计，对此，明智的做法是计算这些均值间的方差。通过这个方差，我们衡量不同组均值之间的差异。组间均值差异越小，由组间均值计算出来的方差也越小，反之，组间均值的方差就越大。

根据表 20—1 的资料，计算出来的 4 种洗手方法的平均残留菌落数见表 20—3。

表 20—3　**4 种洗手方法的平均残留菌落数**

处理类型	实验次数	平均残留菌落数
杀菌喷雾喷洒	8	37.5
杀菌肥皂洗手	8	92.5
普通肥皂洗手	8	106.0
清水洗手	8	117.0

如果把表 20—3 的 4 个平均残留菌落数当成一般的观察资料对待，然后计算它们

的方差，得到的结果是1 245.08。计算这样的方差本身并不难，问题是怎么才能讲清楚它是大还是小呢？要回答这个问题，就需要借助模型。该模型要基于零假设，即所有组的均值相等。在洗手方法的例子中，其零假设是 H_0：$\mu_1=\mu_2=\mu_3=\mu_4=\mu$。与一般的假设检验做法一样，在检验假设时，先假定零假设正确。假定每个组的均值相等，那么有一个总的均值 μ，它是任何时候洗手后残留在手上的期望菌落数。每个组的均值就是基于样本的总均值 μ 的估计。我们已经知道，样本均值存在变异，样本均值的方差是 σ^2/n。表20—3中的每种处理做了8次观察，样本均值的方差就是 $\sigma^2/8$。我们已计算出组间的方差是1 245.08，如果要估计总体方差 σ^2，用8乘以1 245.08就可以得到其估计值9 960.64。9 960.64是大还是小，我们需要通过假设检验来说明。这里所讲的假设检验，就是方差分析，它是费暄在20世纪早期提出的，堪称统计学中最引人注目的成果。

为了进行比较，需要找到一个相称的尺度，它是基于既定分组测量的变异性。我们需要从另外的渠道找到总体方差 σ^2 的估计，它不依赖于零假设是否成立的假定，也不受组间均值变化的影响，这就是组内差异。我们通过考察每个处理组，找到它们的方差。

对随机地把实验单位分配到每个处理组的实验，在实验一开始，每个实验单位就像是从同样的集合中随机抽取出来的，这样每个处理组的样本方差都可以用来估计总体方差 σ^2。

在洗手方法的例子中，4种处理的标准差和方差见表20—4。如果把4个处理残留菌落数的方差合并在一起，可以得到 $s_p^2=1\ 410.142\ 9$。在被合并的方差中，每一个都是以相应处理的均值为中心计算出来的，所以用合并后的方差估计总体方差，并不依赖于每种处理的均值相等的假定。然而用4种处理的均值计算方差，估计得到的总体方差却是9 960.64。这比1 410.142 9大得多，因此可以认为4种处理的均值不相等。

表20—4　　4种处理的标准差和方差

处理类型	实验次数	平均残留菌落数	标准差	方差
杀菌喷雾喷洒	8	37.5	26.559 9	705.428 6
灭菌肥皂洗手	8	92.5	41.962 6	1 760.857 1
普通肥皂洗手	8	106.0	46.958 9	2 205.142 9
清水洗手	8	117.0	31.131 1	969.142 9

下面我们总结一下，用组内变异估计总体方差得到的是1 410.142 9，它们是4个组内部离差的方差的合并，由于是合并后的方差，因此用 s_p^2 表示。习惯上，这个结果也被称为均方误差，有时也可以叫做组内均方（error mean square，MS_E）。与此同时，也有个对 σ^2 的从组间变异出发的估计，它在假定零假设成立时，计算出4个均值的方差，然后乘以8得到9 960.64。这样的方差常被称为处理均方或组间均方（treatment mean square，MS_T）。

□ 20.1.4　F统计量

现在我们有了两个不同的方差，一个是根据组间均值计算出来的 MS_T，如果像零假设声称的那样组间均值相等，它可以用于估计总体方差 σ^2，如果零假设不成立，由组间均值计算出来的方差将会比较大。另一个是基于组内观察资料计算的组内均方 MS_E，它和零假设是否成立无关。如此一来，我们怎样检验零假设呢？当零假设成立时，用于估计总体方差的 MS_T 和 MS_E 的比率应该趋向于1。如果零假设不正确，MS_T

将会变得很大，MS_E虽然是合并形成的结果，但它们本身都是根据各自组内观察资料计算的，组间均值的变化不会放大其值。因此，MS_T/MS_E完全可以用作假设检验的统计量。在零假设成立时，MS_T/MS_E的值接近于 1，如果各个处理组的均值确实存在差异，那么由于分子的值比分母的值大，MS_T/MS_E将大于 1。当然，即使零假设成立，计算出来的 MS_T/MS_E值也在 1 附近变化，不会恰好就是 1，这是由于样本变化所致。MS_T/MS_E大到什么程度时，我们才能拒绝零假设呢？要回答这个问题，我们需要了解 MS_T/MS_E的抽样分布。MS_T/MS_E的抽样分布是费暄提出的，为了纪念他，这个分布被称为 F 分布。相应地，MS_T/MS_E被称为 F 统计量。利用 F 分布，我们能得到 MS_T/MS_E的临界值 P（F 分布概率表见本书附录“常用统计表”中的表 E）。

F 检验本身比较简单，由于均值间的任何差别都会造成 F 统计量的值比较大，因此 F 检验通常采用单尾检验。如果处理效应明显，会产生组间均值较大的变异，组间均方 MS_T也随之变大，从而使 MS_T/MS_E值变大。只要 MS_T/MS_E足够大，检验的结果一定是显著的。实际应用时，只要获得 P-值就可以了。F 统计量 MS_T/MS_E的值大，对应的 P-值将比较小。

上述分析过程被称为方差分析，简写成 ANOVA。对此，也许有人认为应该叫做均值分析，理由是它是对均值相等性的检验。不过，最好还是叫做 ANOVA，因为是用组间方差和组内方差进行检验的。

与 t 分布一样，F 分布也是一个分布族，也有自由度问题。不同的是，F 分布的自由度有两个，分别是分子组间变异的自由度和分母组内变异的自由度。组间均方 MS_T是被观察的处理均值的样本方差，因为有 k 个组，所以 MS_T的自由度是 $k-1$。组内均方 MS_E是每个组内部方差合并后的结果，假如每个组的观察值为 n 个，则每个组的自由度是 $n-1$，那么所有组自由度的和就是 $k(n-1)$。确定 F 分布自由度的一种最简单的方法是从全部实验结果数 N 出发。由于每个组都有自己的均值，每个组的每个实验结果与该组均值相减之和必定等于 0，因此一共损失掉 k 个自由度，组内变异的自由度为 $N-k$。当每个组的观察规模相等时，$N-k=k(n-1)$。总之，F 分布的统计量 MS_T/MS_E的自由度分别是 $k-1$ 和 $N-k$。

拿洗手方法的例子来说，$MS_T=9\ 960.64$，$MS_E=1\ 410.14$。如果每个处理的均值都相等，那么 MS_T与 MS_E的值也应该差不多，可是 MS_T是 MS_E的 7.06 倍，即 F 统计量的值为 7.06。F 分布的自由度分别是：$4-1=3$，$4\times 8-4=28$。7.06 比 1 大得多，但我们仍然不确信这个值是不是大到能够拒绝零假设，除非我们能根据 F 分布求出 P-值。与 7.06 对应的 P-值是 0.001 1。这是一个非常小的概率，可以拒绝零假设，说明使用不同的洗手方法，残留在手上的平均菌落数不一样。

□ 20.1.5　方差分析表

把均方以及其他相关信息汇集到一张表中，这张表叫做方差分析表。洗手实验的方差分析表如表 20—5 所示。

表 20—5　　**洗手实验的方差分析表**

差异源	离差平方和	自由度	均方	F 统计量	P-值
组间	29 882	3	9 960.666 7	7.063 6	0.001 1
组内	39 484	28	1 410.142 9		
总计	69 366	31			

方差分析表起初是为了计算过程的方便而设计的，现在有了计算机软件的帮助，人们很少使用它了。不过，将方差分析的主要结果用表列示比较简洁清晰。从表20—5能看出，表中列出了重要的计算指标，包括：组间和组内离差平方和、自由度、均方、F统计量和P-值。F统计量值大，表明组间均方比组内均方大，对应的P-值将变小，由此提供了事实证据，表明各种处理的均值不完全相等。方差分析不仅用于实验数据的分析，而且经常用于处理观察数据，只要方差分析的基本条件得到满足就可以了。

例 20—3

基于表20—2进行方差分析，得到如下结果（见表20—6）：

表 20—6　　3种处理前后溢出水量差的方差分析表

差异源	离差平方和	自由度	均方	F统计量	P-值
组间	716.159 3	2	358.079 6	7.414 8	0.001 391
组内	2 704.383	56	48.292 56		
总计	3 420.542	58			

根据方差分析的结果，说说该实验的结论是什么。

答： 由表20—6可知，F统计量的值达到7.414 8，对应的P-值为0.001 391。这个P-值非常小，所以可以拒绝零假设，即可以认为3种治疗方法的效果不完全相同。

20.2 单因素方差分析模型

20.2.1 离差平方和的分解

为了更好地理解方差分析表中的内容，现在介绍单因素方差分析的模型。

y_{ij}表示第j个处理的第i个实验值，该实验值可以分解成第j个处理的均值μ_j和实验随机误差ε_{ij}之和，即：

$$y_{ij}=\mu_j+\varepsilon_{ij} \tag{20.1}$$

检验的零假设是：

$$H_0: \mu_1=\mu_2=\cdots=\mu_k \tag{20.2}$$

假如用μ表示实验的总均值，$\tau_j=\mu_j-\mu$表示每个处理的效应，则式（20.1）又可写成：

$$y_{ij}=\mu+\tau_j+\varepsilon_{ij} \tag{20.3}$$

如果用$\tau_j=\mu_j-\mu$表示处理的效应，检验的假设式（20.2）又可以写成：

$$H_0: \tau_1=\tau_2=\cdots=\tau_k \tag{20.4}$$

至此，我们有了3个不同的参数，分别是：总均值μ、处理效应τ和随机误差ε。对这些参数，需要根据实验数据进行估计。

对总均值 μ，用所有实验数据的均值进行估计，即：

$$\hat{\mu}=\overline{y} \tag{20.5}$$

对处理效应 τ，其估计方法是：

$$\hat{\tau}_j=\overline{y}_j-\overline{y} \tag{20.6}$$

对每个实验结果的随机误差 ε，用残差进行估计，也就是：

$$e_{ij}=y_{ij}-\overline{y}_j \tag{20.7}$$

由式（20.3）至式（20.7）得：

$$y_{ij}=\overline{y}+(\overline{y}_j-\overline{y})+(y_{ij}-\overline{y}_j) \tag{20.8}$$

所以，每个实验结果可以表示成：总均值、处理效应、实验残差之和。式（20.8）似乎和我们在前面所说的不一样，但这正是方差分析的巧妙之处。

在洗手方法的例子中，组内均值 $\overline{y}_j$ 的计算结果见表 20—7。

表 20—7　组内均值 y_j 的计算结果

	杀菌喷雾喷洒	杀菌肥皂洗手	普通肥皂洗手	清水洗手
	51	70	84	74
	5	164	51	135
	19	88	110	102
	18	111	67	124
	58	73	119	105
	50	119	108	139
	82	20	207	170
	17	95	102	87
均值	37.5	92.5	106.0	117.0

总均值 $\overline{y}$ 的计算结果见表 20—8。

表 20—8　洗手实验数据的总均值

杀菌喷雾喷洒	灭菌肥皂洗手	普通肥皂洗手	清水洗手
88.25	88.25	88.25	88.25
88.25	88.25	88.25	88.25
88.25	88.25	88.25	88.25
88.25	88.25	88.25	88.25
88.25	88.25	88.25	88.25
88.25	88.25	88.25	88.25
88.25	88.25	88.25	88.25
88.25	88.25	88.25	88.25

由式（20.6）得到每种处理的效应，见表 20—9。

表 20—9　每种处理的效应估计

杀菌喷雾喷洒	灭菌肥皂洗手	普通肥皂洗手	清水洗手
−50.75	4.25	17.75	28.75
−50.75	4.25	17.75	28.75
−50.75	4.25	17.75	28.75

续前表

杀菌喷雾喷洒	灭菌肥皂洗手	普通肥皂洗手	清水洗手
−50.75	4.25	17.75	28.75
−50.75	4.25	17.75	28.75
−50.75	4.25	17.75	28.75
−50.75	4.25	17.75	28.75
−50.75	4.25	17.75	28.75

根据式（20.7）得到实验的残差，见表 20—10。

表 20—10 实验残差

杀菌喷雾喷洒	灭菌肥皂洗手	普通肥皂洗手	清水洗手
13.50	−22.50	−22.00	−43.00
−32.50	71.50	−55.00	18.00
−18.50	−4.50	4.00	−15.00
−19.50	18.50	−39.00	7.00
20.50	−19.50	13.00	−12.00
12.50	26.50	2.00	22.00
44.50	−72.50	101.00	53.00
−20.50	2.50	−4.00	−30.00

把表 20—8、表 20—9 和表 20—10 对应位置的数字相加，很容易验证它们等于原始实验数据。为什么我们要这么做呢？原因很简单，要检验各处理效应是不是等于 0，只需将处理效应与实验误差相比较，这刚好与处理间均值变异和处理内部变异比较一致。

为了做到这一点，首先需要计算处理效应的平方和以及实验残差的平方和。对得到的平方和，分别除以它们的自由度，就是处理效应的均方和实验残差的均方。然后把处理效应的均方和实验残差的均方相除，便得到 F 分布统计量的值，这样就可以方便地进行 F 假设检验。

平方和很容易计算，比如处理效应平方和，就是把表 20—9 的各项数字先取平方再求和，即 $SS_T=(-50.75)^2+(-50.75)^2+\cdots+(28.75)^2=298\ 82$，因为是 4 种处理，所以处理效应的自由度是 3，这样处理效应的均方就是：

$$MS_T=\frac{SS_T}{3}$$

$$=\frac{29\ 882}{3}=9\ 960.64$$

一般地，处理效应平方和的计算公式为：

$$SS_T=\sum\sum(\bar{y}_j-\bar{y})^2 \tag{20.9}$$

注意：式（20.9）的累积求和遍历所有处理和所有实验次数。

处理效应均方的计算公式为：

$$MS_T=\frac{SS_T}{k-1}=\frac{\sum\sum(\bar{y}_j-\bar{y})^2}{k-1} \tag{20.10}$$

残差表（见表 20—10）是从实验数据中分解出总均值、处理效应后的残差，由残差计算出来的方差反映了组内变异的情况。要想得到组内变异，我们首先需要对残差表中的每一项取平方然后求和，这样的结果就是 SS_E，最后除以自由度 $N-k$，便是组内残差均方。例如 $SS_E=(13.5)^2+(-32.5)^2+\cdots+(-30)^2=39\,484$，再除以自由度 32－4＝28，得到：

$$MS_E=\frac{SS_E}{32-4}=\frac{39\,484}{32-4}=1\,410.14$$

一般地，组内残差平方和的计算公式为：

$$SS_E=\sum\sum(y_{ij}-\bar{y}_j)^2 \tag{20.11}$$

注意：式（20.11）的累积求和遍历所有处理和所有实验次数。

组内残差均方的计算公式为：

$$MS_E=\frac{SS_E}{N-k}=\frac{\sum\sum(y_{ij}-\bar{y}_j)^2}{N-k} \tag{20.12}$$

为检验零假设，F 统计量的计算公式为：

$$F_{k-1,N-k}=\frac{MS_T}{MS_E} \tag{20.13}$$

这时，将由式（20.13）计算的结果，与自由度 $k-1$ 和 $N-k$ 的 F 分布临界值相比较，当 F 统计量的值比较大（相应的 P-值比较小）时，我们就做出拒绝零假设的决定，认为所有处理组的均值不完全相等。

把表 20—7、表 20—8、表 20—9 和表 20—10 的各项数据取平方，然后将它们相加起来，一定也会存在：

$$\begin{aligned}51^2+70^2+\cdots+87^2=&(88.25^2+88.25^2+\cdots+88.25^2)\\&+((-50.75)^2+(4.25)^2+\cdots+(28.75)^2)\\&+((13.5)^2+(-22.5)^2+\cdots+(-30)^2)\end{aligned}$$

一般地有：

$$\sum\sum y_{ij}^2=\sum\sum\bar{\bar{y}}^2+\sum\sum(\bar{y}_j-\bar{\bar{y}})^2+\sum\sum(y_{ij}-\bar{y}_j)^2 \tag{20.14}$$

另外，由式（20.8）出发，存在：

$$y_{ij}-\bar{\bar{y}}=(\bar{y}_j-\bar{\bar{y}})+(y_{ij}-\bar{y}_j) \tag{20.15}$$

从数学的角度看，式（20.15）与式（20.8）是等价的。但从数值计算方面看，由式（20.15）又能生成一张新的计算表。对式（20.15）两边同时取平方并求和，可以得到：

$$\sum\sum(y_{ij}-\bar{\bar{y}})^2=\sum\sum(\bar{y}_j-\bar{\bar{y}})^2+\sum\sum(y_{ij}-\bar{y}_j)^2 \tag{20.16}$$

式（20.16）等号左边叫做总离差平方和（SS_{Total}），等号右边的两项分别就是上述处理离差平方和（SS_T）和残差平方和（SS_E）。因此，一定有：

$$SS_{\text{Total}}=SS_T+SS_E \tag{20.17}$$

大家不妨试试，把表 20—5 的组间、组内离差平方相加，它们刚好等于总离差平方和。

□ 20.2.2 标准差估计

到目前为止，我们一直使用的是方差概念，因为方差在讨论一些等量关系时比较方便。可是要联系到数据，我们应该使用标准差，原因是标准差的单位与实验指标的计量单位一样。方差分析中的标准差，指的是组内离差的标准差，也就是上述实验残差标准差。

我们知道实验残差的方差是 MS_E，对其开算术平方根便得到残差的标准差，计算公式为：

$$s_p = \sqrt{MS_E} = \sqrt{\frac{\sum e^2}{N-k}} \tag{20.18}$$

式中，s_p的下标 p 表示的是合并，指的是所有处理组内所有实验数据的残差。式（20.18）根号中的分母 $N-k$ 是自由度，与前面的解释一样。实验残差标准差感觉比较靠谱，它反映了实验因素的变异水平。

□ 20.2.3 方差分析的假定和要求

检验回归分析的假定和要求时，我们曾提醒要按照先后顺序，对方差分析的假定和要求的讨论也是如此。检查方差分析的假定，借助图形是一种非常好的做法。

独立性假定

实验采用的各个处理之间必须相互独立，这就是方差分析的独立性假定。对独立性假定，没有什么有效的验证手段，只能从考察实验数据是怎样采集的入手。比如，处理前测量实验对象，实验期间又测量一批数据，实验期结束后再进行测量，这样采集来的数据就违反了独立性假定条件。

不仅要求各个处理之间相互独立，而且要求每个处理组内部的数据也相互独立。实验数据必须是从相同的总体中，按照独立和随机办法产生的，或者是随机配对实验的结果。

独立性假定检查起来往往比较困难，为此我们可以更多地关注随机性条件的检查。比如，数据的采集是不是按照随机性要求进行的：对调查问题，调查所得到的数据是不是每个处理组的随机代表性样本；对实验问题，每个处理是不是随机分配的。

等方差假定

方差分析要求每个处理组的方差相等。这一要求是正当的，因为我们需要找到像 MS_E这样的合并的方差。为了检查等方差的假定能否得到满足，我们可以从箱线图的散布程度的检查入手。具体有以下几种选择：

第一，考察实验残差箱线图。根据各个处理组的实验资料，绘制出残差箱线图，通过观察箱线图间的散布情况，来判断等方差假定的符合程度。根据实验数据的残差，绘制出相应的箱线图，如果它们具有相同的中心位置，只须比较箱线图的散布状态就可以了。如果各个处理组残差箱线图的散布程度不一样，将会使合并的方差变得很大，从而使 F 统计量的值变小，增大犯 Ⅰ 型错误的风险。

第二，在考察实验残差箱线图的基础上，再考察原始实验数据的箱线图。主要是观察各个处理的实验数据，其箱线图的散布是不是围绕中心值呈现出某种系统性的变化。

第三，考察实验残差和实验数据预测值的散点图。这里讲的实验数据预测值，就是用各个处理组实验数据的均值代替每个处理组的各项实验数据，表 20—7 的各项实验数据的预测值见表 20—11。

表 20—11　　处理组实验数据的预测值

杀菌喷雾喷洒	杀菌肥皂洗手	普通肥皂洗手	清水洗手
37.5	92.5	106	117
37.5	92.5	106	117
37.5	92.5	106	117
37.5	92.5	106	117
37.5	92.5	106	117
37.5	92.5	106	117
37.5	92.5	106	117
37.5	92.5	106	117

实验残差和实验数据预测值的散点图，是根据表 20—10 和表 20—11 绘制出来的，具体见图 20—3。

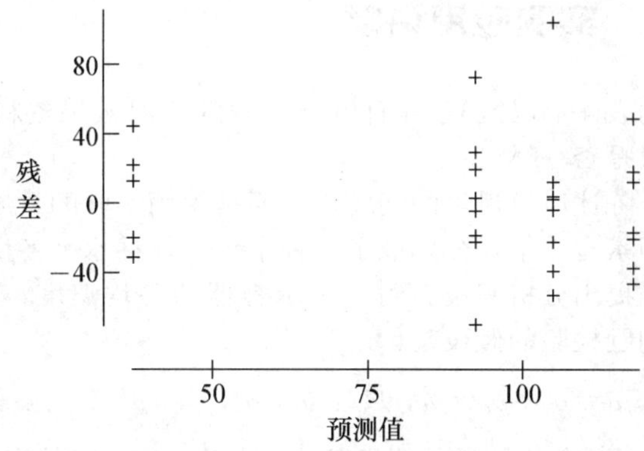

图 20—3　残差与预测值散点图

预测值大，相应的残差值也大，如果出现这样的情况，表明等方差的假定不成立。图 20—3 并没有出现某端散点堆集的现象，所以等方差假定基本没有违背。这也说明用 37.6 衡量 4 个洗手水平的标准差，似乎是合理的。

正态性假定

与 t 检验一样，方差分析的 F 检验也要求实验误差具有正态性。从统计方法上讲，需要假定每个处理组所构成的总体服从正态分布。判断正态性假定是否符合，可以观察箱线图是否存在偏斜的迹象。可以肯定的是，假如箱线图都向同一个方向偏斜，正态性要求就得不到满足。

在实验条件下，每个处理组的实验数据通常都非常少，这时要利用每个组的几个数字来评估该组是否服从正态分布，几乎不太可能。即使处理组存在严重偏斜或者极端的异常值，仅凭几个数字也是很难看出来的。但在等方差的假定下，我们可以把所有处理组的残差拢在一起，针对所有处理组的残差绘制出它们的直方图或正态概率图，以此来检查正态性条件是否满足。根据表 20—10 的资料绘制的正态概率图见图 20—4。

从图 20—4 中可以看出，洗手实验的残差比较接近于正态分布。

由于我们真正关心的是每个处理组内的正态性，因此如果任何一个处理组出现了异常值，就违背了正态性假定。在洗手实验的例子中，普通肥皂洗手组显示了一个异常点（见图 20—5），所以，我们最好分两种情形做方差分析，一种情形是根据所有实验数据做方差分析，因为毕竟正态概率图反映了实验残差接近于正态分布；另一种情形是剔除用普通肥皂洗手这一组，然后做方差分析。

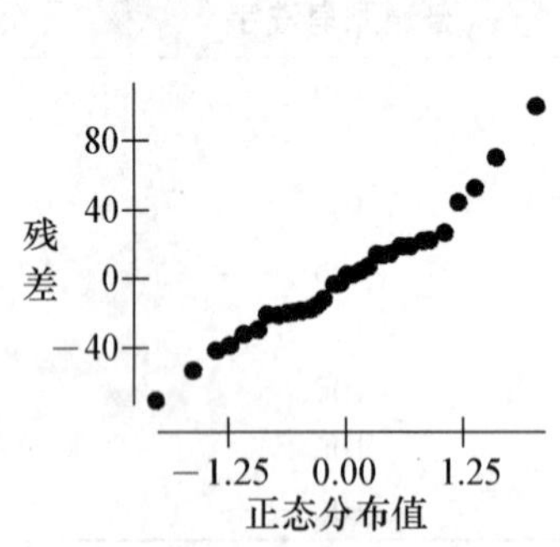

图 20—4 洗手实验残差正态概率图

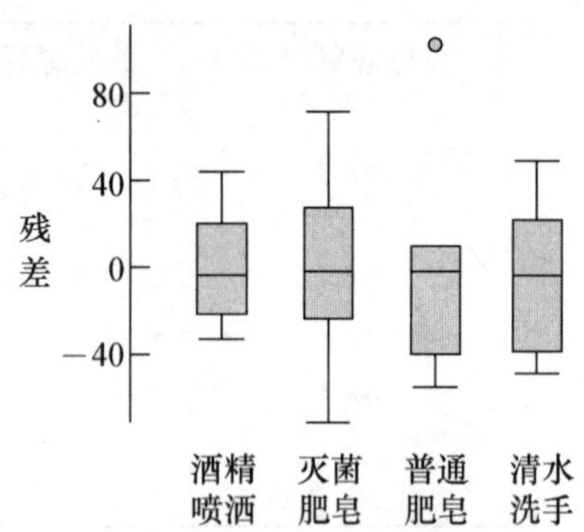

图 20—5 洗手实验残差箱线图

□ 20.2.4 实例应用讲解

第 4 章的表 4—3 给出了 4 种咖啡容器的保温效果资料，现在用方差分析的方法分析保温效果是否一样。

第一步，陈述所要讨论的问题。主要是想用实验的具体数据分析 4 种容器的保温效果。实验因素有 1 个，分别取了 4 种水平，每种水平各做了 8 次实验。

第二步，提出分析假设。用 μ 表示容器的平均温度，1，2，3，4 分别代表 4 种容器，则该问题检验的假设是：

$$H_0: \mu_1=\mu_2=\mu_3=\mu_4, H_A: \mu_1, \mu_2, \mu_3, \mu_4 \text{ 不完全相等}$$

第三步，检查假设检验的假定条件。实验中盛咖啡的容器的保温效果之间应该是没有影响的。实验人员采用的实验安排完全是随机确定的。根据表 4—3 的资料绘制的箱线图见图 4—11。由图 4—11 能看出，Nissan 牌咖啡容器的保温效果变异相对较小。由实验残差绘制的正态概率图见图 20—6，虽然图形显得不是很直，但不存在异常值。

由残差和预测值绘制的散点图没有显示出某端散点堆集，但残差直方图（见图 20—7）反映存在一定的右偏情况。

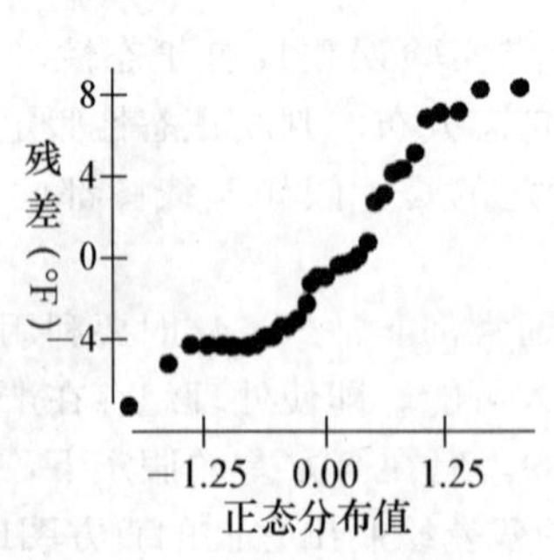

图 20—6 残差正态概率图

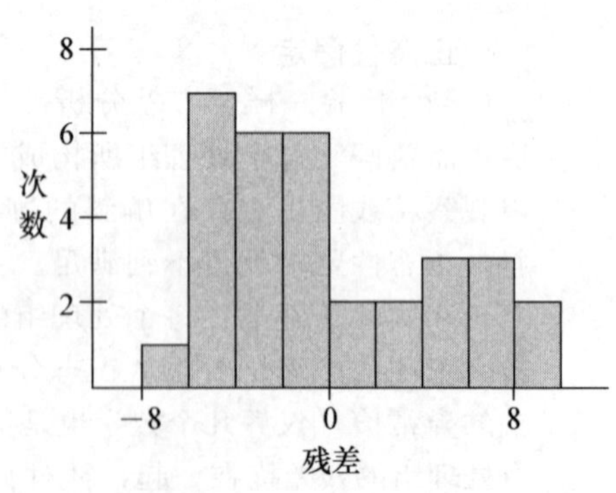

图 20—7 残差直方图

总之，该实验的方差分析条件不能全部得到满足，存在某种程度的不符合条件情况，但整体上不妨碍进行方差分析。

第四步，构建方差分析模型。如果要进行方差分析，该问题的检验统计量 F 服从自由度为 3 和 28 的 F 分布。

第五步，给出方差分析结果。详见表 20—12。

表 20—12　　**保温实验的方差分析**

差异源	离差平方和	自由度	均方	F 统计量	P-值
组间	714.187 5	3	238.062 5	10.713 4	0.000 1
组内	622.187 5	28	22.221 0		
总计	1 336.375 0	31			

第六步，给出分析结论。4 种咖啡容器的保温效果不完全相同。

20.2.5　一点提醒

洗手实验和保温实验有一个共同的特征，就是每个处理组进行了相同次数的实验。我们将这样的实验称为平衡实验，将对其进行的方差分析称为单因素等重复方差分析。平衡实验比较容易进行分析，因为计算相对不太复杂，正因为如此，我们总是希望把实验安排成等重复的。然而，在现实中也经常会遇到不等重复的实验。比如，受试人员中途退出或变得不再合适，实验用的植物死亡，再也找不到符合实验标准的实验单位等，都有可能导致每个处理实验次数不相同。

单因素等重复方差分析方法，对不等重复的实验设计完全适用，只不过计算过程稍嫌复杂。对平衡的等重复实验，能统一用 n 表示实验次数，而不平衡的实验，只能用 n_k 表示每个处理下的实验次数。对平衡的等重复实验进行方差合并时，只需进行简单的平均就可以了，但对不等重复的实验，我们不得不用加权平均的方法进行校正。不等重复实验的方差分析，运用计算机软件处理很容易，所以学习方差分析的关键是把等重复实验方差分析的原理搞明白。

例 20—4

例 20—2 中的表 20—2 列出的是单因素 3 水平不等重复实验数据，对其进行方差分析，Excel 的“数据分析——方差分析：单因素方差分析”给出了如下输出结果（见表 20—13）。

表 20—13　　**洗手实验的方差分析结果**

组	观测数	求和	平均	方差	
冷热交替浴	22	100	4.545 455	60.259 74	
冷热交替浴外加运动锻炼	23	184	8	49.545 45	
运动锻炼	14	−15	−1.071 43	26.840 66	
方差分析					
差异源	离差平方和	自由度	均方	F 统计量	P-值
组间	716.159 3	2	358.079 6	7.414 8	0.001 391
组内	2 704.383	56	48.292 56		
总计	3 420.542	58			

方差分析的结论是什么？

答：这是一个单因素不等重复的实验设计，一共有 3 个处理水平，其中冷热交替浴实验 22 次，冷热交替浴外加运动锻炼实验 23 次，运动锻炼实验只有 14 次。F 统计量值为 7.414 8，对应的 P-值比较小，所以拒绝零假设，即认为 3 种治疗方法的平均效果不一样。

20.3 均值大小的比较问题

20.3.1 问题的提出

进行单因素方差分析时，给出拒绝零假设的判断，并不意味着问题的解决，我们肯定要问：究竟是哪些处理组的均值不一样？比如：10 种治疗癌症的方法，方差分析的结论是每种治疗方法的平均效果不一样，如此轻描淡写的一句话，会让所有的人感到满意吗？要解决这样的问题，单靠 F 统计检验显然达不到目的。

如果零假设没有被拒绝，每种处理的平均效果没有差别，再讨论下去似乎没有意义。可是，如果拒绝了零假设，我们可能不会就此罢手，还会去检查某两个处理组的均值或处理组均值的组合是不是存在差别，比如，把处理组均值与控制组均值或对照组均值再进行比较。在洗手实验的例子中，我们可能会把清水洗手当成控制组，因为如果其他洗手方法的效果都不如清水洗手好，谁还会花钱买肥皂洗手呢？这样，我们就会在杀菌肥皂洗手的效果与清水洗手的效果之间建立一个检验，以进一步考察两者之间的差别。为了能进行方差分析，我们需要检查等方差条件，如果等方差的假定能成立，我们就能采用合并的 t 检验。基于方差分析，我们已经得到了合并的标准差的估计，即 s_p，在洗手实验这个例子中，该估计量的值是 37.55。现在的零假设是清水洗手和杀菌肥皂洗手之间不存在差别，如同我们在前面有关章节介绍的做法一样，可以将检验假设写成：

$$H_0: \mu_{清水}-\mu_{杀菌肥皂}=0,\ H_A: \mu_{清水}-\mu_{杀菌肥皂}\neq 0$$

相应的检验统计量就是$\bar{y}_{清水}-\bar{y}_{杀菌肥皂}$，合并后的标准误差是：

$$SE(\bar{y}_{清水}-\bar{y}_{杀菌肥皂})=s_p\sqrt{\frac{1}{n_{清水}}+\frac{1}{n_{杀菌肥皂}}}$$

根据表 20—7 的计算结果，清水洗手平均残留菌落数与杀菌肥皂洗手平均残留菌落数的差为 117.0－92.5＝24.5。由表 20—5 的数据得到：

$$\begin{aligned}SE(\bar{y}_{清水}-\bar{y}_{杀菌肥皂})&=s_p\sqrt{\frac{1}{n_{清水}}+\frac{1}{n_{杀菌肥皂}}}\\&=37.55\times\sqrt{\frac{1}{8}+\frac{1}{8}}\\&=18.775\end{aligned}$$

这样 t 统计量的值为：

$$t=\frac{24.5}{18.775}=1.31$$

当 t 分布自由度为 32－4＝28 时，该统计量值 1.31 对应的 P-值为 0.1。这不是一个足够小的 P-值，因此我们没有办法辨别出清水洗手和杀菌肥皂洗手之间的差别。考虑到买肥皂要花钱，建议还是用清水洗手吧。

上面讲的是两个处理的简单比较，我们也可能需要分析更复杂的问题，比如：2 种肥皂和 3 种杀菌喷雾平均效果之间的差别。像这样的组合问题的比较，统计上称为对照分析，不过本书不打算介绍这方面的内容。

□ 20.3.2 Bonferroni 多重比较

洗手实验的实验人员事先应该知道，用杀菌喷雾的效果更好。但杀菌喷雾对皮肤有损害，还会留下让人感到不爽的气味。如果用杀菌肥皂的效果与用杀菌喷雾的效果没有什么差别，实验人员自然希望用杀菌肥皂取代杀菌喷雾。这表明，实验人员想把其他洗手方法中的每一种与杀菌喷雾喷洒逐个做比较。我们已经知道，两个均值差的比较可以采用 t 检验。但现在我们要做几个这样的检验，每个检验都可能犯 I 型错误。这样的检验做得越多，我们犯 I 型错误的风险也随之变得越大，累积起来会超过每一个单独检验的显著性水平 α。每多做一个检验，出现错误的风险就增加一点。要是我们做足够多的检验，极可能会错误地拒绝某个零假设，尽管我们不知道到底是哪一个。

针对这样的问题，是有策略应对的，客观地讲，这样的策略还不止一个，从分类角度看，我们可以把它们统称为多重比较法。多重比较法要求我们首先运用 F 检验，对方差分析的零假设做出拒绝的判断。只有在拒绝了方差分析的零假设之后，我们才能考虑成对处理组均值的比较问题。

让我们回过头再来看看清水洗手和杀菌肥皂洗手的检验问题。这次，我们换用区间估计来做检验。假定假设检验采用的显著性水平是 0.05，对应于区间估计的置信水平就是 1－0.05＝0.95。这样，对任何两个处理的均值，其置信区间是 $(\bar{y}_1-\bar{y}_2)\pm SE$，$SE$ 是抽样极限误差，这里采用的计算方法是：

$$ME=t^{*}\times s_p\sqrt{\frac{1}{n_1}+\frac{1}{n_2}}$$

这里的 s_p 是方差分析等方差假定下 MS_E 的算术平方根，作为合并后标准差的估计，它比仅对两个处理组的标准差进行合并要好。临界值 t^{*} 的自由度采用的是 $N-k$。

对两个处理组均值相等的假设检验，要拒绝零假设，这两个组均值的差必须大于 ME，因此 0 不会出现在两个处理组均值差的置信区间内。如果我们以这样的方法使用 ME，将之称为最小显著性差（least significant difference，LSD）。对每一个单一的检验，两个处理组均值差比 ME 还大，那么它们相互之间在显著性水平下存在显著的差异。

在洗手实验的例子中，每种实验水平下各做了 8 次实验，s_p 等于 37.55，自由度为 28，在置信水平为 95%时，临界值 t^{*} 为 2.048。这样有：

$$LSD=2.048\times 37.55\times\sqrt{\frac{1}{8}+\frac{1}{8}}=38.45$$

据此，我们可以对任何两个处理组均值差构造 95%的置信区间。也就是说，对任何两种洗手方法，如果它们的均值之差超过 38.45，我们就可以说在 0.05 的显著性水平下存在差异。

不过到目前为止，我们介绍的仍是某一对的比较。假如我们要同时做若干对这样的比较，就需要调整临界值 t^*，并且要保证无论做多少对这样的比较，犯Ⅰ型错误的风险始终控制在既定的显著性水平上。达到这一目的的方法之一就是人们常说的 Bonferroni 法。这种方法从多重比较出发，对 LSD 进行调整，得到的值比 LSD 更大，叫做最低显著性差（minimum significant difference，MSD）。MSD 用略大的数替代 LSD 中的临界值 t^*，由此构造的置信区间范围比单个对照的置信区间更大，从而犯Ⅰ型错误的概率也更小，并且能保证所有Ⅰ型错误的概率不高于显著性水平。

Bonferroni 法把犯Ⅰ型错误的概率，在所有的置信区间之间进行同等分配。假如做 J 个对照比较，那么每个置信区间的置信水平为 $1-\frac{\alpha}{J}$，而不再是 $1-\alpha$。为了区别这种调整，现在我们用 t^{**} 表示 Bonferroni 法的临界值。比如：我们要将杀菌喷雾喷洒与其他3种洗手方法进行对比，给定犯Ⅰ型错误的风险为5%，这时按 Bonferroni 法得到的置信水平就是：

$$1-\frac{0.05}{3}=1-0.01667=0.98333$$

这样，将杀菌喷雾喷洒与其他3种洗手方法进行对比，得到的 t^{**} 值是2.238，相应的 MSD 是42.02，比38.45要大。

复习思考题

1. 某学生运用实验方法检查4种不同品牌的爆米花，记录下每种品牌爆米花中没有炸开的玉米粒数。实验使用同样的爆米花机，每种品牌各做4次，随机地安排测试顺序。采集到数据后，进行了方差分析，得到的 F 统计量值是13.56。

要求回答：

（1）该实验的零假设和备择假设是什么？

（2）处理平方和的自由度是多少？误差平方和的自由度又是多少？

（3）假定方差分析的条件都能得到满足，该检验的 P-值是多少？结论是什么？

（4）为了检查方差分析的假定条件，你会用什么工具（统计图像）对实验数据进行考察？

2. 某位小有名气的滑冰选手用实验设计的方法，对萨尔卡夫跳的不同练习方式进行分析。根据自身的情况，练习的焦点集中在5个不同的地方，分别是：双臂、自由腿、臀部、起跨腿、腾身。每个环节的练习各做6次，且随机安排实验顺序。同时，让两位滑冰伙伴按照0～6分予以评判。对获得的数据进行方差分析，得到的 F 统计量值是7.43。

要求回答：

（1）该实验的零假设和备择假设是什么？

（2）处理平方和的自由度是多少，误差平方和的自由度又是多少？

（3）假定方差分析的条件都能得到满足，该检验的 P-值是多少？结论是什么？

（4）为了检查方差分析的假定条件，你会用什么工具（统计图像）对实验数据进行考察？

3. 为了加快制作比萨的速度，某人设计了一个实验，以检查糖和牛奶对面团发酵时间的影响。实验采用4种配方 A，B，C，D，使用同样大小的面团，从面团放到碗里开始计时直至面团发酵到碗口的高度，随机安排实验顺序，每个实验各做4次。以下是根据实验数据绘制的箱线图和得到的方差分析结果：

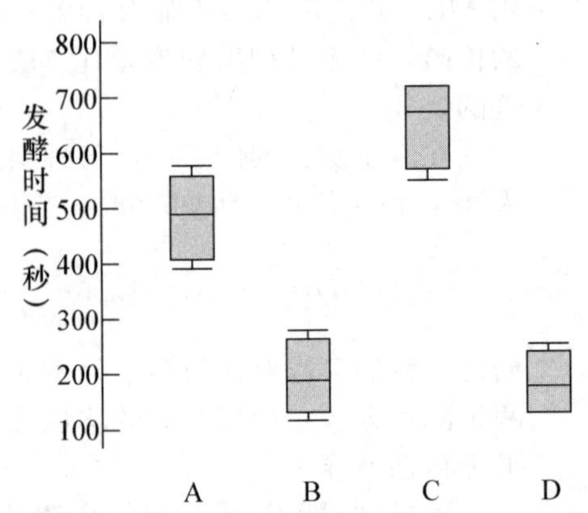

差异源	离差平方和	自由度	均方	*F* 统计量	*P*-值
组间	638 967.7	3	212 989.2	44.739 17	8.64E−07
组内	57 128.25	12	4 760.688		
总计	696 095.9	15			

要求回答：

（1）给出分析的假设。

（2）假定统计推断的条件都能符合，进行假设检验，并对得到的结果进行说明。

（3）运用多重比较是否合适？

4. 某飞盘爱好者进行了一个实验，用 3 种不同的投掷方式，观察飞盘的飞行距离。3 种投掷方式是：正手掷法、反手掷法、其他掷法。根据获得的数据所做的分析结果如下：

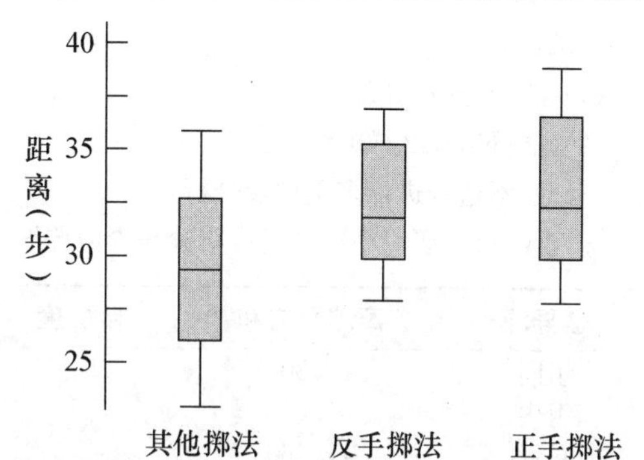

差异源	离差平方和	自由度	均方	*F* 统计量	*P*-值
组间	58.583 33	2	29.291 67	2.045 303	0.154 325
组内	300.75	21	14.321 43		
总计	359.333 3	23			

要求回答：

（1）给出分析的假设。

（2）假定统计推断的条件都能符合，进行假设检验，并对得到的结果进行说明。

（3）运用多重比较是否合适？

5. 银行选取 6 位柜员，考察他们服务每位顾客平均花费的时间。

以下是由获得的资料绘制的箱线图和方差分析结果：

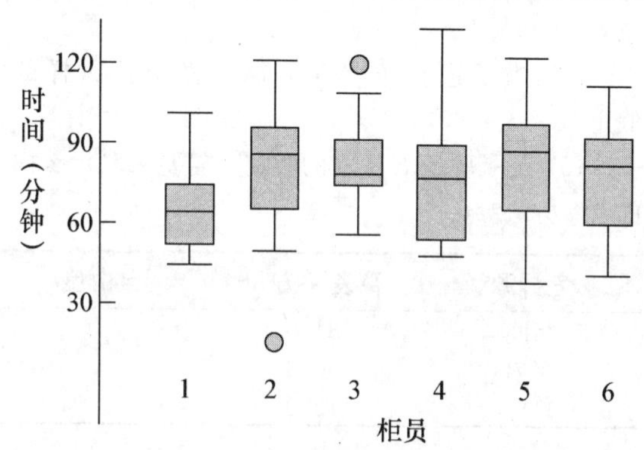

差异源	离差平方和	自由度	均方	*F* 统计量	*P*-值
组间	3 315.318	5	663.063 7	1.508 009	0.191 432
组内	58 919.09	134	439.694 7		
总计	62 234.4	139			

要求回答：

（1）给出分析的假设。

（2）能得出什么样的结论？

（3）是否适合进行多重比较分析？

6. 某研究人员对用于听力测试的 4 种不同的词汇表进行了测试，目的是评估在嘈杂的环境下这 4 种词汇表是不是有同等的难度。为此，把 96 位听力正常的受试人员，每 24 人一组随机分派去听一种词汇表，然后计算每组能正确听出来的词汇数。根据测试结果，给出了如下分析：

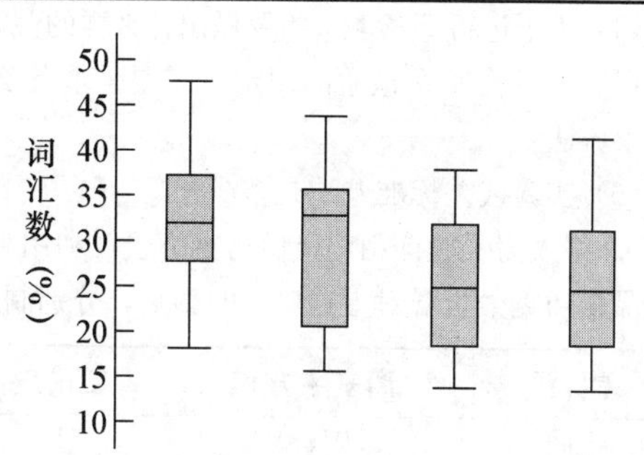

差异源	离差平方和	自由度	均方	F 统计量	P-值
组间	920.458 3	3	306.819 4	4.919 235	0.003 25
组内	5 738.167	92	62.371 38		
总计	6 658.625	95			

要求：

（1）给出分析的假设。

（2）能得出什么样的结论？

（3）适不适合进行多重比较分析？

7. 食品科学研究小组拟通过实验来弄清传统方法、超滤和逆向渗透对酸奶的影响，一共准备了3批酸奶，每批分配用一种培养基，相应水平的实验各抽取9份试样，然后让有经验的食品专家品尝打分。以下是方差分析的部分结果：

差异源	离差平方和	自由度	均方	F 统计量	P-值
组间	17.300				0.000 017
组内	0.460				
总计	17.769				

要求：

（1）计算出组间均方和组内均方。

（2）计算 F 统计量的值。

（3）F 统计量的 P-值是 0.000 017，零假设是否成立？

（4）为了进行 F 检验，需要做出什么样的假定？

（5）为了验证 F 检验的假定，需要采取什么样的考察方法？

（6）实验残差标准差 s_p 是多少？

8. 产生于工业生产活动的颗粒物（PM）能造成严重的空气污染。减少这种污染的措施之一就是在烟囱的顶端安装过滤器。为了搞清楚什么样的烟囱过滤器效果最好，决定通过实验来验证。把4种不同设计的过滤器随机安装在工厂的烟囱上，每种过滤器各检测5次，分别测量排放的颗粒物。根据采集到的数据，得到方差分析的部分结果：

差异源	离差平方和	自由度	均方	F 统计量	P-值
组间	81.0				0.000 094 9
组内	30.8				
总计	112.0				

要求：

（1）计算出组间均方和组内均方。

（2）计算 F 统计量的值。

（3）F 统计量的 P-值是 0.000 094 9，零假设是否成立？

（4）为了进行 F 检验，需要做出什么样的假定？

（5）为了验证 F 检验的假定，需要采取什么样的考察方法？

（6）实验残差标准差 s_p 是多少？

9. 某人为了验证用鸡蛋做巧克力蛋糕和用鸡蛋替代品做巧克力蛋糕对蛋糕口感的影响，分别制作了两种蛋糕各4份，然后叫来10位朋友随机地品尝，并要求按照1～10的等级进行评判。根据分数绘制的箱线图和得到的方差分析结果如下：

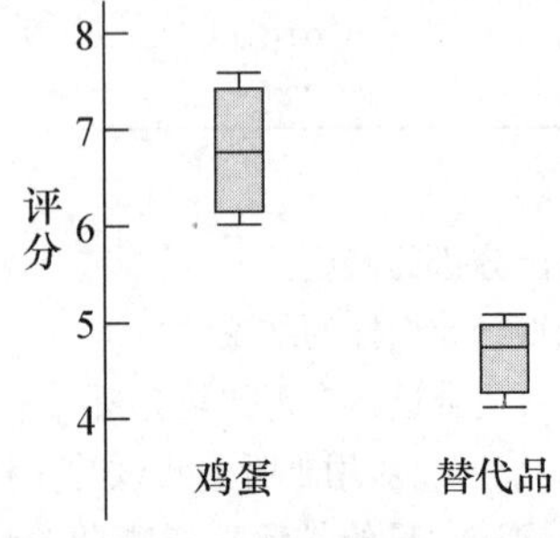

差异源	离差平方和	自由度	均方	F 统计量	P-值
组间	9.010 013	1	9.010 013	31.071 24	0.001 414
组内	1.739 875	6	0.289 979		
总计	10.749 89	7			

另外，用鸡蛋制作的巧克力蛋糕获得的平均分数是 6.78，标准差是 0.651；用鸡蛋替代品制作的巧克力蛋糕的平均分数是 4.66，标准差是 0.395。

要求回答：

(1) 零假设和备择假设是什么？

(2) 从方差分析表中能得出什么结论？

(3) 检验分析的假定是不是合理？

(4) 运用合并的 t 检验方法，对两种蛋糕的平均得分差进行检验。

(5) t 统计量的平方与 F 统计量的值是不是一样？

10. 在提交给参议院公共工程委员会的一份报告中，德士古公司的高级主管提出了一项关于汽车消音器效果的议案。讨论的是两种类型的消音器，一种是标准型，另一种是由 Associated Octel 公司开发的一款新产品。以下是由相关资料绘制的箱线图和得到的方差分析结果：

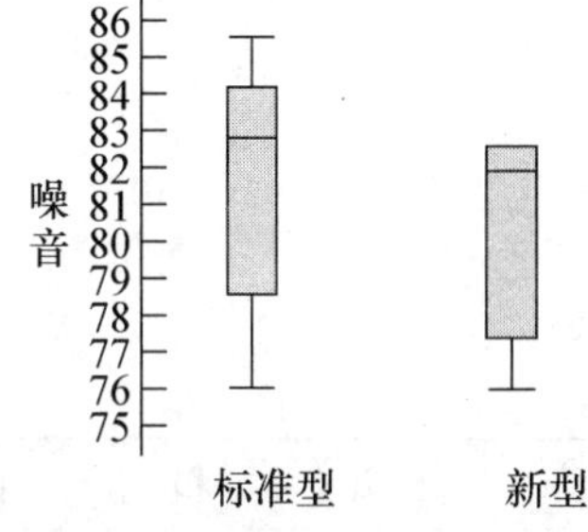

分组	观测数	求和	平均	方差	
标准型	18	14 680	815.555 6	1 037.908	
新设备	17	13 720	807.058 8	593.933 8	
方差分析					
差异源	离差平方和	自由度	均方	F 统计量	P-值
组间	631.185 8	1	631.185 8	0.767 261	0.387 397
组内	27 147.39	33	822.648		
总计	27 778.57	34			

要求回答：

(1) 零假设和备择假设是什么？

(2) 从方差分析表中能得出什么结论？

(3) 检验分析的假定是不是合理？

(4) 运用合并的 t 检验方法，对两种消音器消音效果的平均差进行检验。

(5) t 统计量的平方与 F 统计量的值是不是一样？

11. 某学区督导打算在辖区 15 所小学四年级推行新的数学课教学方法，为稳妥起见，先从每所学校挑选 8 名学生参与该项实验，为了保证参选学生资质条件相仿，首先对挑选出的 120 名学生进行测试。根据测试的分数绘制的箱线图和所做的方差分析如下：

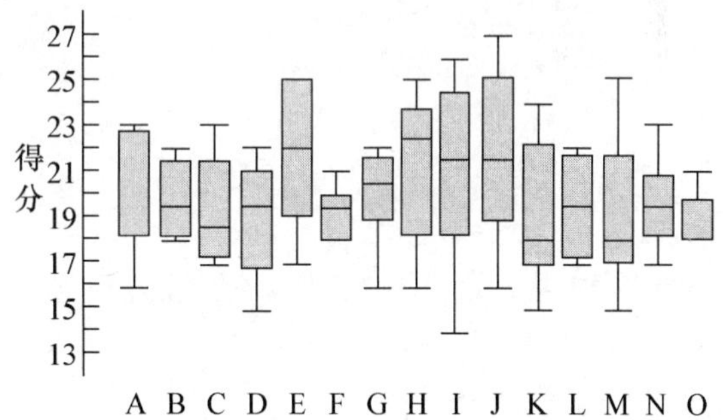

差异源	离差平方和	自由度	均方	F 统计量	P-值
组间	108.8	14	7.771 429	1.073 508	0.389 852
组内	760.125	105	7.239 286		
总计	868.925	119			

要求回答：

(1) 零假设和备择假设是什么？

(2) 从方差分析表中能得出什么结论？

(3) 对 15 所小学两两做 t 检验，结果发现某些学校学生比其他学校学生的得分高，这是否与方差分析的结论相矛盾？请给出解释。

12. 生物系的学生正在开展一项实验，主要是观察 10 种不同的肥料（代码为 A～J）对绿豆芽生长的影响。具体做法是：针对每种肥料各培育 12 粒种子，每次的施肥量一样，一周后测量绿豆芽生长的长度（单位：毫米）。以下是由实验数据绘制的箱线图和得到的方差分析结果：

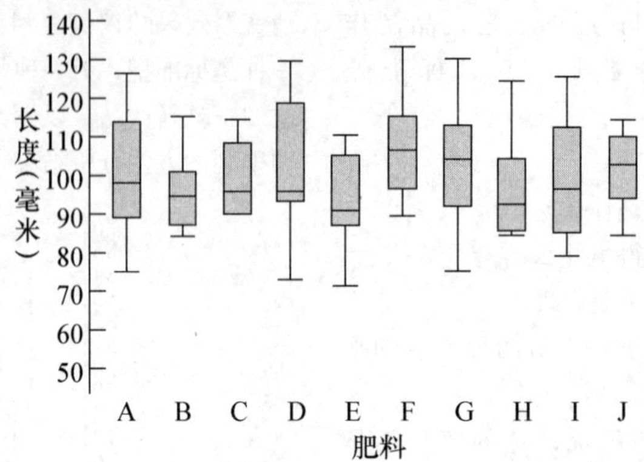

差异源	离差平方和	自由度	均方	**F** 统计量	**P**-值
组间	2 073.708	9	230.412	1.188 187	0.309 685
组内	21 331.08	110	193.918 9		
总计	23 404.79	119			

要求回答：

（1）零假设和备择假设是什么？

（2）从方差分析表中能得出什么结论？

（3）对10种肥料两两做 t 检验，结果发现某些肥料培育的绿豆芽比其他肥料培育的绿豆芽长得长，这是否与方差分析的结论相矛盾？请给出解释。

第 21 章

双因素方差分析

第 20 章介绍的是针对一个因素所做的方差分析，虽然简单，但对理解方差分析的原理很有帮助。本章将在此基础上讨论两个因素的方差分析问题。

21.1 双因素方差分析原理

21.1.1 双因素方差分析模型

能把飞镖投得多准，取决于用的是哪只手，同时也和站的位置距靶的远近有关。某学生想通过实验，检测这两个因素对飞镖投掷精准程度的影响。将用手分成两种水平，即左手、右手；将距靶的远近分成三种水平，即较远、适中、较近。将两种因素的不同水平搭配，每一种水平下各投 6 次，分别测量飞镖落点到靶心的距离。很显然，距靶越近，使用越习惯用的手，飞镖投得越精准，根据实验数据绘制的箱线图（见图 21—1）似乎也说明了这一点。

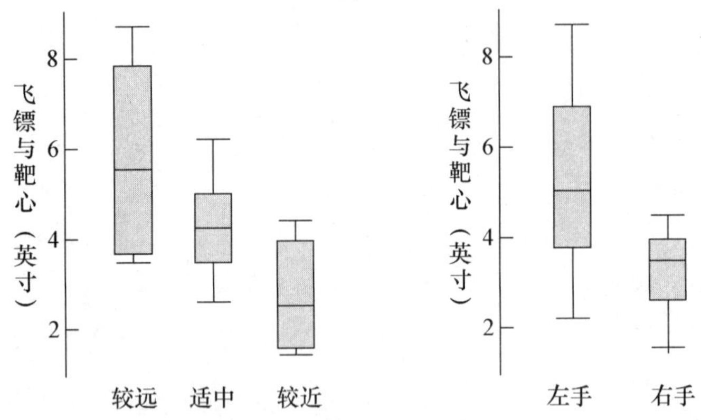

图 21—1　飞镖投掷的精准程度

飞镖投得准不准，不仅受到投镖时距靶远近的影响，受到使用哪只手的影响，而且有可能受到这两个因素水平搭配的影响。现在的问题是：怎样才能测算每个因素的影响？怎样检验观察到的差别大于随机误差？

投飞镖实验中分析的不是一个因素，而是两个因素。也许有的人会认为这很麻烦，但它确实会对实验及其结果分析带来影响。比起分别做两个单一因素的实验，同时进行两个不同因素的实验，会让我们看到一些在单一因素实验中看不到的东西。

在单因素方差分析中，我们把每个实验指标值分解成三个效应的和，这三个效应是：总均值、处理效应和随机误差，即：

$$y_{ij}=\mu+\tau_j+\varepsilon_{ij}$$

现在考虑双因素实验，这时每个处理是两个因素各个水平的组合，比如距靶较近且用左手投飞镖，就是一个处理。因此，在双因素实验中，采用的模型应该能反映两个因素的效应。仿照式（20.3）的做法，可以将双因素实验中每个实验指标值分解成：

$$y_{ijk}=\mu+\tau_j+\gamma_k+\varepsilon_{ijk} \tag{21.1}$$

式中，下标 i 表示因素 A 的第 j 个水平、因素 B 的第 k 个水平下的第 i 次实验观察值。式（21.1）的含义是：

$$y_{ijk}=\mu+\text{因素 A 效应}+\text{因素 B 效应}+\text{误差}_{ijk} \tag{21.2}$$

用所有因素各水平下观察值的平均数，作为总均值 μ 的估计。假定因素 A 取 r 个水平，因素 B 取 s 个水平，每个水平搭配下各做 l 次实验，则总均值 μ 的估计为：

$$\hat{\mu}=\bar{\bar{y}}=\frac{1}{rsl}\times\sum\sum\sum y_{ijk} \tag{21.3}$$

用处理的观察值均值减去总均值，作为每个因素的每个水平下效应的估计。因素 A 的处理效应用 τ 表示，其估计方法是：

$$\hat{\tau}_j=\bar{y}_{ijk}-\bar{\bar{y}} \tag{21.4}$$

因素 B 的处理效应用 γ 表示，其估计方法是：

$$\hat{\gamma}_k=\bar{y}_{ijk}-\bar{\bar{y}} \tag{21.5}$$

实验结果的随机误差 ϵ 用残差进行估计，也就是：

$$e_{ijk}=y_{ijk}-\hat{\tau}_j-\hat{\gamma}_k+\bar{\bar{y}} \tag{21.6}$$

一般地，对双因素方差分析的每个因素的零假设是：处理水平的效应等于 0。在投飞镖的例子中，检验的零假设为：

$$H_0: \tau_1=\tau_2, H_0: r_1=\gamma_2=\gamma_3$$

式中，τ 表示用哪只手投的效应；γ 表示距靶远近的效应。

双因素方差分析的备择假设就是：处理效应不完全相等。双因素方差分析的过程与单因素方差分析基本一样。表 21—1 是投飞镖实验的方差分析结果。

表 21—1　　投飞镖实验的方差分析

差异源	离差平方和	自由度	均方	*F* 统计量	*P*-值
距靶的远近	51.043 9	2	25.521 9	28.561	≤0.000 1
用哪只手投	39.690 0	1	39.690 0	44.416	≤0.000 1
误差	28.595 0	32	0.893 59		
总计	119.329	35			

由表 21—1 能看出，双因素方差分析把总变异分解成三个组成部分，分别是：距靶的远近、用哪只手投以及随机误差。对每个处理水平都进行重复试验，则误差均方的平方根就是总体标准差的估计，比如：误差均方的平方根 $\sqrt{0.893\ 59}=0.946$。双因素方差分析有两个 F 统计量，做出拒绝判断的规则和前面的规则相同。

净箱线图诊断

在检查双因素方差分析的假定条件之前，我们最好先绘制箱线图。通过箱线图，可以直观地发现方差分析需要重点检验的条件。将每个因素相应处理下实验数据的箱线图放在一起，可以考察每个组内部是否存在异常值。修正由于登记性错误产生的异常值，如果没办法判定异常值的性质，可以考虑删除。要借助箱线图，比较每个因素相应处理下实验数据之间的离散程度，了解它们的中间位置是相同还是不同。

对双因素方差分析实验，考察一般形式的实验数据箱线图可能存在一个弊端，主要是每个实验因素的各种水平下的实验数据，受到另外一个因素所有水平的影响。比如，用左手投飞镖，其精准程度的数据同时受到三种距离水平的影响。由此产生的结果就是，箱线图显示出变异比较大。双因素方差分析处理的是两个因素，因此要注意这样的混杂进来的变异性。对此，一种比较好的替代做法是绘制净箱线图。净箱线图中会把另外一个因素的影响效应从该因素的所有水平的观察值中剔除。怎样做到这一点呢？解决方法是，对另外一个因素做单因素方差分析，计算出效应值，然后将实验数据剔除效应值，最后根据得到的残差绘制该因素的各种水平的箱线图。

投飞镖的实验数据见表 21—2，距靶的远近和用哪只手投的效应计算见表 21—3。

表 21—2　　投飞镖的实验数据

飞镖与靶心距离	距靶的远近	用哪只手投
8.0	较远	左手
7.9	较远	左手
6.6	较远	左手
8.7	较远	左手
6.9	较远	左手
7.0	较远	左手
3.5	较远	右手
4.5	较远	右手
3.9	较远	右手
3.6	较远	右手
4.2	较远	右手
3.7	较远	右手
3.1	较近	左手
4.0	较近	左手
4.4	较近	左手
2.5	较近	左手
4.4	较近	左手
2.3	较近	左手
3.6	较近	右手
1.4	较近	右手
2.6	较近	右手
1.5	较近	右手
1.6	较近	右手
2.1	较近	右手
5.1	适中	左手
4.0	适中	左手
4.4	适中	左手
5.6	适中	左手
4.4	适中	左手
6.2	适中	左手
3.6	适中	右手
3.0	适中	右手
4.3	适中	右手
4.5	适中	右手
2.6	适中	右手
3.5	适中	右手

表 21—3　　投飞镖的因素效应

飞镖与靶心的距离	距靶的远近	距离效应	用哪只手投	用手效应
8.0	较远	1.452 8	左手	0.1
7.9	较远	1.452 8	左手	0.1
6.6	较远	1.452 8	左手	0.1
8.7	较远	1.452 8	左手	0.1
6.9	较远	1.452 8	左手	0.1
7.0	较远	1.452 8	左手	0.1
3.5	较远	1.452 8	右手	−0.7
4.5	较远	1.452 8	右手	−0.7
3.9	较远	1.452 8	右手	−0.7
3.6	较远	1.452 8	右手	−0.7
4.2	较远	1.452 8	右手	−0.7
3.7	较远	1.452 8	右手	−0.7
3.1	较近	−1.463 9	左手	0.1
4.0	较近	−1.463 9	左手	0.1
4.4	较近	−1.463 9	左手	0.1
2.5	较近	−1.463 9	左手	0.1
4.4	较近	−1.463 9	左手	0.1
2.3	较近	−1.463 9	左手	0.1
3.6	较近	−1.463 9	右手	−0.7
1.4	较近	−1.463 9	右手	−0.7
2.6	较近	−1.463 9	右手	−0.7
1.5	较近	−1.463 9	右手	−0.7
1.6	较近	−1.463 9	右手	−0.7
2.1	较近	−1.463 9	右手	−0.7
5.1	适中	0.011 1	左手	0.1
4.0	适中	0.011 1	左手	0.1
4.4	适中	0.011 1	左手	0.1
5.6	适中	0.011 1	左手	0.1
4.4	适中	0.011 1	左手	0.1
6.2	适中	0.011 1	左手	0.1
3.6	适中	0.011 1	右手	−0.7
3.0	适中	0.011 1	右手	−0.7
4.3	适中	0.011 1	右手	−0.7
4.5	适中	0.011 1	右手	−0.7
2.6	适中	0.011 1	右手	−0.7
3.5	适中	0.011 1	右手	−0.7

将表 21—3 剔除某个因素效应后得到表 21—4。

表 21—4　　剔除某个因素效应后的残差

飞镖与靶心的距离	距靶的远近	剔除距离效应	用哪只手投	剔除用手效应
8.0	较远	6.55	左手	7.90
7.9	较远	6.45	左手	7.80
6.6	较远	5.15	左手	6.50

续前表

飞镖与靶心的距离	距靶的远近	剔除距离效应	用哪只手投	剔除用手效应
8.7	较远	7.25	左手	8.60
6.9	较远	5.45	左手	6.80
7.0	较远	5.55	左手	6.90
3.5	较远	2.05	右手	4.20
4.5	较远	3.05	右手	5.20
3.9	较远	2.45	右手	4.60
3.6	较远	2.15	右手	4.30
4.2	较远	2.75	右手	4.90
3.7	较远	2.25	右手	4.40
3.1	较近	4.56	左手	3.00
4.0	较近	5.46	左手	3.90
4.4	较近	5.86	左手	4.30
2.5	较近	3.96	左手	2.40
4.4	较近	5.86	左手	4.30
2.3	较近	3.76	左手	2.20
3.6	较近	5.06	右手	4.30
1.4	较近	2.86	右手	2.10
2.6	较近	4.06	右手	3.30
1.5	较近	2.96	右手	2.20
1.6	较近	3.06	右手	2.30
2.1	较近	3.56	右手	2.80
5.1	适中	5.09	左手	5.00
4.0	适中	3.99	左手	3.90
4.4	适中	4.39	左手	4.30
5.6	适中	5.59	左手	5.50
4.4	适中	4.39	左手	4.30
6.2	适中	6.19	左手	6.10
3.6	适中	3.59	右手	4.30
3.0	适中	2.99	右手	3.70
4.3	适中	4.29	右手	5.00
4.5	适中	4.49	右手	5.20
2.6	适中	2.59	右手	3.30
3.5	适中	3.49	右手	4.20

根据表 21—4 的资料，我们来绘制剔除距靶远近效应后的用手箱线图，具体见图 21—2。

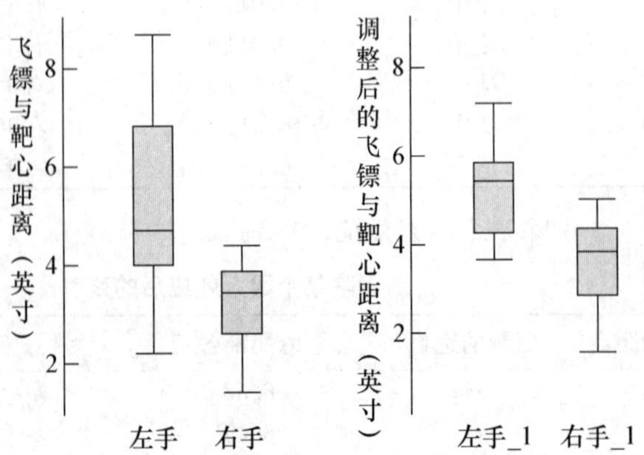

图 21—2　用哪只手投飞镖精准程度箱线图

图 21—2 中，左手 _ 1 和右手 _ 1 是由剔除距靶的远近效应后的资料绘制的。容易看出，剔除距靶的远近的影响效应后，用哪只手投飞镖箱线图的变化范围变小了。同样，剔除用哪只手的效应后，投飞镖距靶的远近的箱线图见图 21—3。

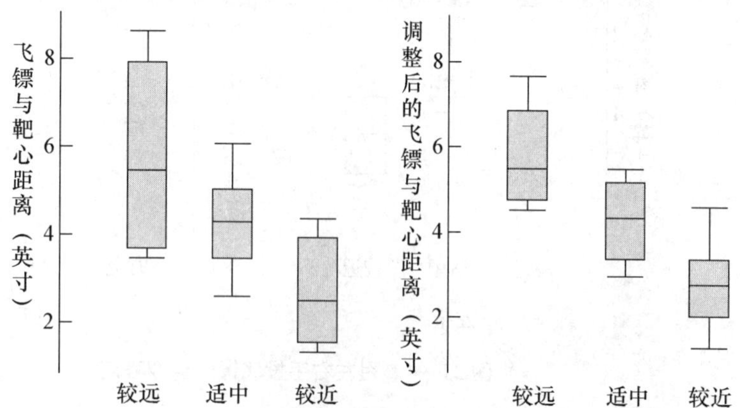

图 21—3　剔除用手效应后的距靶远近箱线图

出于诊断的目的，我们采用了净箱线图。如果净箱线图向同一个方向偏斜，或者它的离散程度在各实验水平之间表现出系统性的变化，这时可以考虑对实验数据进行变换处理。变换后的实验数据，有可能会使方差分析的条件检查更有效和更客观。

□ 21.1.2　双因素方差分析假定条件

可加性问题

在双因素实验中，每个观察都是两个因素水平联合作用的结果。采用的模型假定，两个因素水平的效应可以相加在一起，也就是：

$$y_{ijk}=\mu+\text{因素 A 效应}+\text{因素 B 效应}+\text{误差}_{ijk}$$

这看上去非常简约，但对实验数据来讲，也许不是最好的。就像回归分析中的线性假定一样，可加性也是一个假定。和所有的假定一样，它能帮助我们把模型构造得更简单，但可能产生数据错误。当然，我们不可能确定可加性是否成立，但能检查可加性这个充分条件。检查可加性的有效工具就是绘制和考察相关的统计图形。

在投飞镖的例子中，用哪只手投和距靶的远近二者的效应可加，不管距靶的远近如何，用不同的手投飞镖应该在精准程度上表现出同样的差别。就这个实验来说，可加性合理吗？请看图 21—4。

从图 21—4 能看出，用左手投飞镖精准程度明显差一些。

当一个因素的效应随另一因素各种水平的变化而变化时，我们就说因素之间存在交互效应。为了显示交互作用，通常绘制处理的均值折线图。投飞镖的交互作用图见图 21—5。

从图 21—5 可以看出，距靶较远且用左手投飞镖，其精准程度相对比较差。假如距靶远近的效应保持不变，那么图 21—5 中的两条线应该平行。如果不平行，说明因素影响效应不可加。

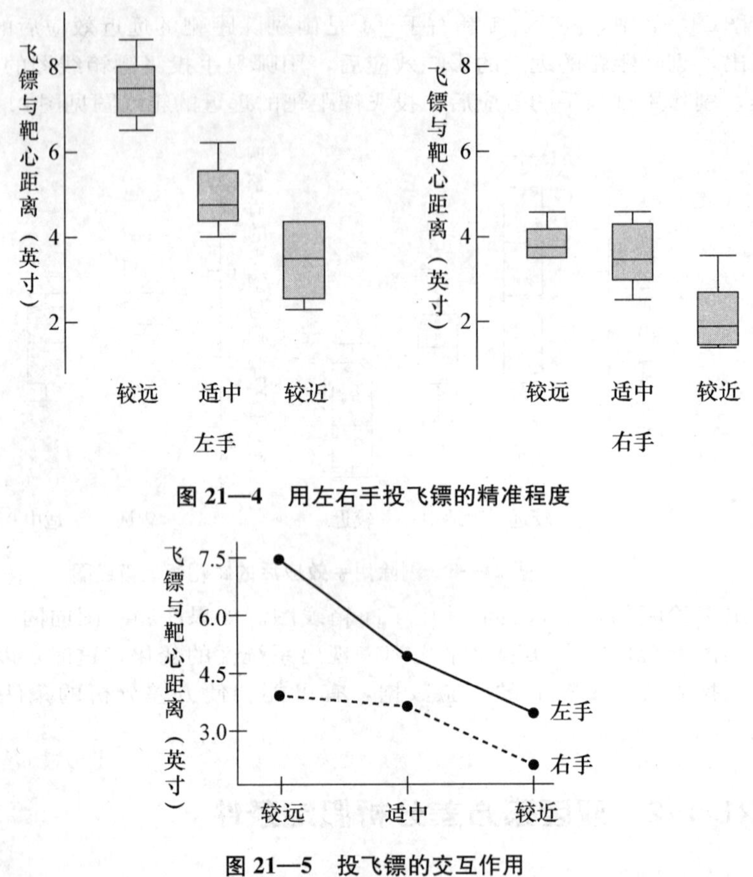

图 21—4　用左右手投飞镖的精准程度

图 21—5　投飞镖的交互作用

独立性假定

和单因素方差分析一样，双因素方差分析也要求每个处理组内部的实验观察必须相互独立。独立性假定不容易检查，理想情形是，数据产生于随机比较实验，或者是从同质总体中按照随机原则相互独立地抽取出来。如果随机化不能得到满足，计算 P-值没有意义，也不可能找到统计量的抽样分布，统计推断分析便无从展开。检查随机化条件，主要是分析是不是用合适的随机性方法采集数据的：就调查来说，即每个组的随机样本能不能代表该组；就实验问题来说，即实验是不是随机安排的。

等方差假定

和单因素方差分析一样，双因素方差分析也要求每个处理组的方差相等。在单因素方差分析中，主要是观察各种处理水平的箱线图，看看它们是不是具有大致相同的离散程度。对双因素方差分析，需要检查所有处理组是不是具有同等程度的离散性。可供选择的最方便的方法，就是绘制双因素方差分析的残差图。由残差和预测值绘制的散点图，如果没有显示出某种规则情形，则意味着方差相等，否则说明方差不相等。

正态性假定

双因素方差分析需要假定实验随机误差服从正态分布，因为这是 F 检验的必要前提。对此，可以通过残差正态概率图进行直观的判断。

□ 21.1.3　实例应用讲解

一位喜欢运动的学生，想知道打开了包装的放在汽车后备箱好几天的网球的性能是否发生了变化，是不是越贵的网球弹跳性保持得越好。为此，该同学进行了实验研究，选择的两个因子分别是品牌和温度，其中网球品牌选取了两种水平（高档、普通），温度选取了三种水平（室内温度、冷藏温度、冷冻温度），每种搭配各做 3 次实验，8 小时后让球从 1 米高处坠落到水泥地上，记录下网球的弹跳高度（单位：厘米）。这是两个因素的随机重复实验，检验的零假设是网球品牌、温度对网球性能没有影响。以下是该项实验的原始资料（见表 21—5）。

表 21—5　　品牌与温度对网球弹跳性的影响

品牌	温度	弹跳高度
普通	冷冻	37
普通	冷藏	59
普通	室内	59
高档	冷冻	45
高档	冷藏	60
高档	室内	63
普通	冷冻	37
普通	冷藏	58
普通	室内	60
高档	冷冻	39
高档	冷藏	64
高档	室内	62
普通	冷冻	41
普通	冷藏	60
普通	室内	61
高档	冷冻	37
高档	冷藏	63
高档	室内	61

第一步，陈述所要讨论的问题。该实验的目的是了解品牌、温度是否对网球的平均弹跳高度产生影响。

第二步，提出检验假设。由于是双因素实验，因此该问题检验的零假设有两个。用 τ 表示网球品牌下网球的平均弹跳高度，γ 表示实验温度下网球的平均性能，检验的零假设是：

$$H_0: \tau_{高档}=\tau_{普通},\ H_0: \gamma_{室内}=\gamma_{冷藏}=\gamma_{冷冻}$$

检验的备择假设就是：网球品牌和实验温度对网球性能有影响。

第三步，检查假定条件。

（1）净箱线图检查。根据表 21—5 的资料绘制的净箱线图分别见图 21—6 和图 21—7。

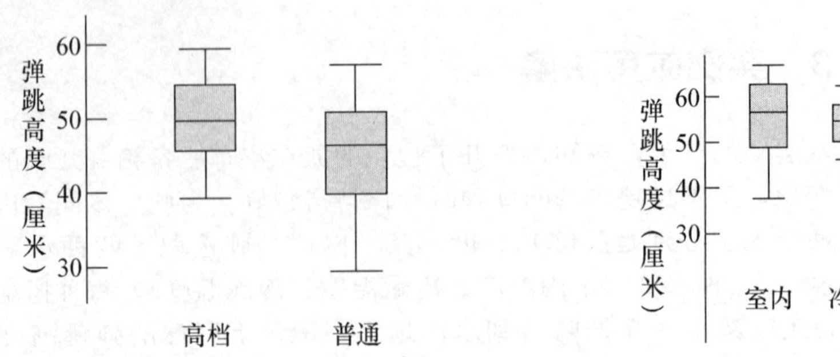

图 21—6 剔除温度效应后的网球弹跳高度

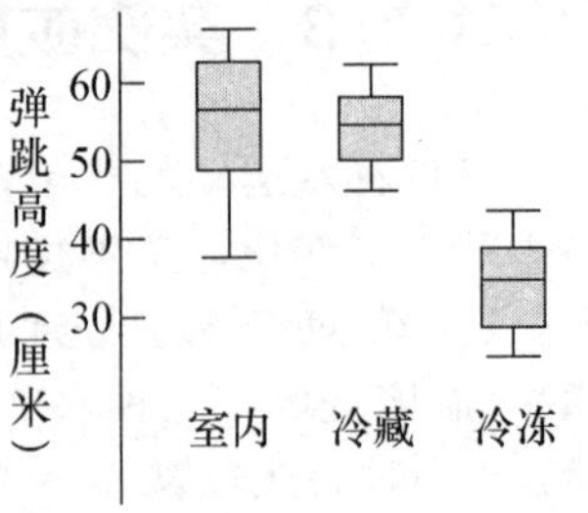

图 21—7 剔除品牌效应后的网球弹跳高度

由图 21—7 可知，温度变化对网球的弹跳效果是否有影响尚难确定，但由图 21—6 可知，网球品牌对网球的弹跳高度是有影响的。

（2）独立性检查。实验是按随机原则安排的，所以有理由认为每种实验结果相互独立。

（3）可加性假定。根据表 21—5 资料，每种搭配水平下平均弹跳高度的折线图见图 21—8。

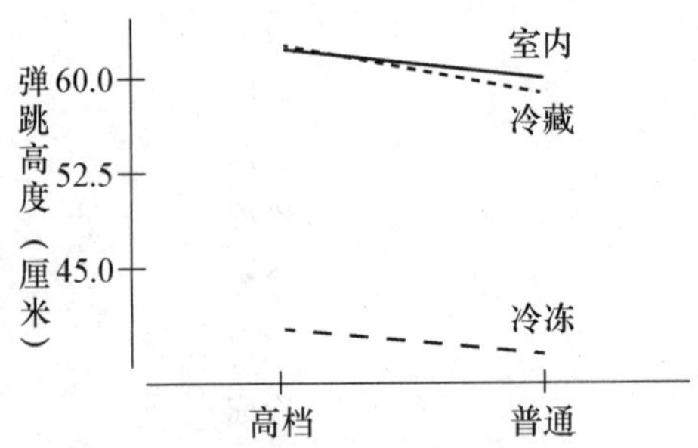

图 21—8 每种搭配水平下平均弹跳高度的折线图

由图 21—8 可知，折线之间大致平行，表明可加性条件能得到满足。因此，可以构造如下形式的方差分析模型：

$$y_{ijk}=\mu+\text{品牌效应}_j+\text{温度效应}_k+\text{误差}_{ijk}$$

在上述条件下，可以进行双因素方差分析。分析结果如表 21—6 所示：

表 21—6 网球弹跳实验的方差分析结果

差异源	离差平方和	自由度	均方	*F* 统计量	*P*-值
品牌	26.888 89	1	26.888 89	6.093 525	0.027 1
温度	1 849.333	2	924.666 7	209.546 8	<0.000 1
误差	61.777 78	14	4.412 698		
总计	1 938	17			

由表 21—6 可知，误差均方是 4.41，这意味着所有实验误差的标准差是 $\sqrt{4.41}$。

（4）等方差假定。由表 21—5 的资料绘制出来的残差与预测值散点图见图 21—9。可以看出该图的左端离散程度比较大，但因为数据量较小，只有 5 个，所以很难说等方差假定不能成立。

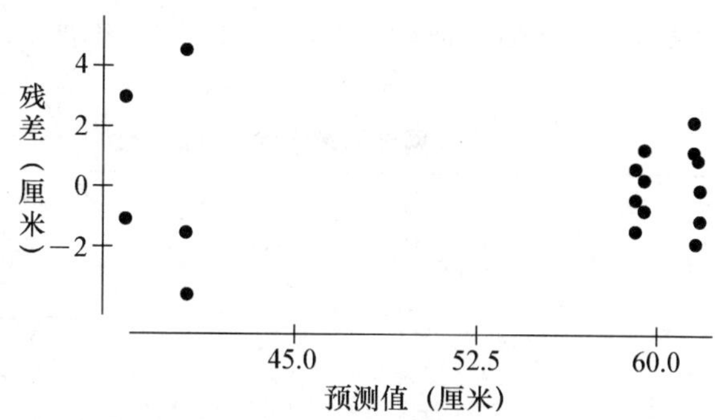

图 21—9　残差与预测值散点图

（5）正态性假定。由表 21—5 的实验数据得到实验残差正态概率图见图 21—10。直观地看，图 21—10 接近于正态分布。

第四步，讨论假设检验。由表 21—6 可知，网球品牌的检验统计量的值是 6.09，对应的 P-值是 0.027 1，温度的 F 统计量的值是 209.55，对应的 P-值小于 0.000 1。网球弹跳高度的总均值估计是 53.67 厘米，其中高档网球的效应是 1.22，普通网球的效应是 −1.22，室内温度的效应是 7.33，冷藏温度的效应是 7.00，冷冻温度的效应是 −14.33。

第五步，分析结论。总的来看，网球的品牌（高档、普通）和温度（室内温度、冷藏温度、冷冻温度），都对网球的弹跳效果产生影响，且相互之间的影响效应不完全相同。

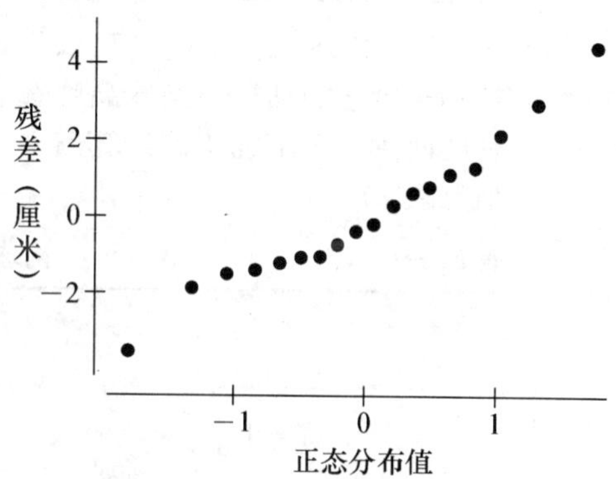

图 21—10　实验残差正态概率图

21.2　双因素方差分析过程

用手工进行双因素方差分析，工作量很大。为了对双因素方差分析的原理有深入理解，下面具体介绍双因素方差分析的一些关键环节。前面基于双因素方差分析假定条件的检查给出了网球弹跳实验的理论模型，在获得实验数据后，该模型的估计结果是：

$$y_{ijk}=\bar{\bar{y}}+\widehat{品牌效应}_j+\widehat{温度效应}_k+残差_{ijk}$$

为清晰起见，把表 21—5 的资料改写成如下形式（见表 21—7）：

表 21—7　网球弹跳实验数据

		温度		
		室内	冷藏	冷冻
品牌	普通	59	59	37
		60	58	37
		61	60	41
	高档	63	60	45
		62	64	39
		61	63	37

为了得到模型中总均值的估计，可以对表21—7的所有数据计算均值，结果见表21—8。

表 21—8　　网球弹跳实验数据总均值

		温度		
		室内	冷藏	冷冻
品牌	普通	53.67	53.67	53.67
		53.67	53.67	53.67
		53.67	53.67	53.67
	高档	53.67	53.67	53.67
		53.67	53.67	53.67
		53.67	53.67	53.67

表21—8中的53.67可以作为总均值μ的样本估计。下面，分别计算品牌效应估计和温度效应估计。网球品牌选取了两种水平，为了估计网球品牌效应，需要先把品牌的两种水平下的均值计算出来，然后与总均值相减。网球弹跳实验的品牌数据的均值见表21—9。

表 21—9　　网球弹跳实验的品牌数据均值

		温度		
		室内	冷藏	冷冻
品牌	普通	52.44	52.44	52.44
		52.44	52.44	52.44
		52.44	52.44	52.44
	高档	54.89	54.89	54.89
		54.89	54.89	54.89
		54.89	54.89	54.89

用表21—9中的数据减去表21—8中的数据，便得到网球弹跳实验的品牌效应估计（见表21—10）。

表 21—10　　网球弹跳实验的品牌效应估计

		温度		
		室内	冷藏	冷冻
品牌	普通	−1.22	−1.22	−1.22
		−1.22	−1.22	−1.22
		−1.22	−1.22	−1.22
	高档	1.22	1.22	1.22
		1.22	1.22	1.22
		1.22	1.22	1.22

由表21—10可知，普通网球的效应是−1.22，高档品牌网球的效应是1.22，两者之和等于0，这绝不是巧合，因为同一因素所有水平的影响效应和必定等于0。

各温度水平下的均值见表21—11。

表 21—11　　网球弹跳实验的温度数据均值

		温度		
		室内	冷藏	冷冻
品牌	普通	61.00	60.67	39.33
		61.00	60.67	39.33
		61.00	60.67	39.33
	高档	61.00	60.67	39.33
		61.00	60.67	39.33
		61.00	60.67	39.33

用表 21—11 中的数据减去表 21—8 中的数据，得到网球弹跳实验的温度效应估计（见表 21—12）。

表 21—12　　网球弹跳实验的温度效应估计

		温度		
		室内	冷藏	冷冻
品牌	普通	7.33	7.00	−14.33
		7.33	7.00	−14.33
		7.33	7.00	−14.33
	高档	7.33	7.00	−14.33
		7.33	7.00	−14.33
		7.33	7.00	−14.33

根据双因素方差分析模型的加法假定，表 21—7 中的数据，就是表 21—8、表 21—10、表 21—12 中的数据与实验残差的和，据此很容易获得实验残差，将实验原始数据减去表 21—8、表 21—10 与表 21—12 中数据的和，就是实验随机误差的估计即残差，具体见表 21—13。

表 21—13　　网球弹跳实验残差

		温度		
		室内	冷藏	冷冻
品牌	普通	−0.78	−0.44	−1.11
		0.22	−1.44	−1.11
		1.22	0.56	2.89
	高档	0.78	−1.89	4.44
		−0.22	2.11	−1.56
		−1.22	1.11	−3.56

至此，便得到了表 21—6 中各项实验数据的分解：总均值表、品牌效应表、温度效应表，以及实验残差表。

上述这些表实实在在地展示了方差分析的实现过程。由于总体均值在所有的单元格中都是一样的，因此通常在方差分析表中不予列示。双因素方差分析的假设检验也要借助 F 统计量，因此需要确定分子分母的自由度。表 21—8 显示了所有实验数据的均值，它的自由度只有 1 个。由表 21—10 可知，品牌的效应值之和等于 0，这样品牌因素的自由度就是 2－1＝1。由表 21—12 可以看出，三种温度水平的效应值之和等于 0，这样温度因素的自由度就是 3－1＝2。总之，确定因素自由度时，需要将因素的实验水平数减去 1。对于实验残差，它的自由度是所有实验次数减去总均值自由度（1），再减去各个实验因素的自由度之和。在网球弹跳实验的例子中，实验残差的自由度就是 18－(1＋1＋2)＝14。方差分析表（见表 21—6）中的均方，是由实验因素、实验残差等的离差平方和除以各自的自由度得到的。F 统计量是每个实验因素的均方与实验误差均方的比值，其分子、分母的自由度分别是实验因素自由度和实验残差自由度。

21.3　双因素实验的交互效应

到目前为止，我们一直假定，要知道两个因素对实验结果的影响效应，可以把它们各自的影响效应直接相加。假如这不是惯常的做法，情况又将如何呢？在投飞镖的实验中，如果参与实验的人距靶很远，且又使用不习惯用的手来投飞镖，情况可能会更糟糕。下面，我们改变图 21—5 的横坐标，得到图 21—11。

图 21—11 表明，投飞镖时用哪只手和距靶的远近对于投中的精准程度存在交互作用。特别是，距离由适中变为较远，且又使用左手投飞镖，对结果的影响很大。在双因素实验中，某个实验因素和另一个实验因素存在交互关系，是很常见的事情。但我们在前面的双因素方差分析理论模型中，比如式（21.1）、式（21.2）中，没有考虑这一方面的情况。

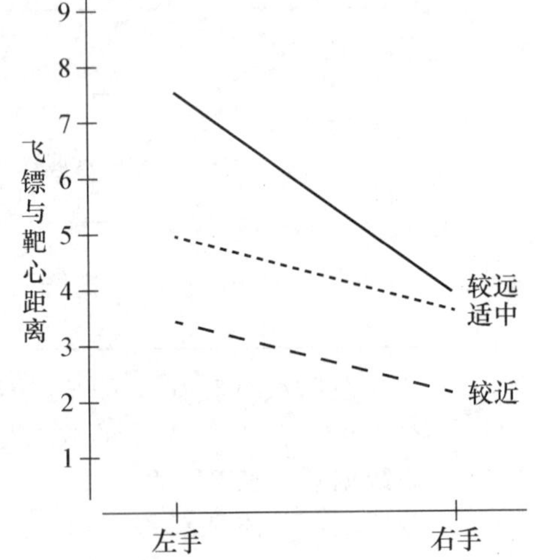

图 21—11　投飞镖的精准程度

如果一个实验因素的变化受到另一个实验因素各水平的影响，我们就称这两个因素存在交互作用。对存在的交互作用，需要纳入方差分析模型，可以通过 F 检验分析交互作用是否具有调节的价值。

引入交互作用项后，式（21.1）可以写成：

$$y_{ijk}=\mu+\tau_j+\gamma_k+\omega_{jk}+\varepsilon_{ijk} \tag{21.7}$$

式中，ω_{jk} 表示因素 A 的第 j 个水平和因素 B 的第 k 水平之间的交互效应。

考虑交互作用后，方差分析表就需要相应地增加一行。为此，也需要给交互作用项分配自由度，这只能从误差项的自由度中分出一些。拿投飞镖的例子来说，用哪只手投和距靶的远近的自由度不变，增加的交互作用项的自由度是这两个因素自由度的乘积，也就是 1×2＝2。这样，误差项的自由度便由 32 减少为 30。表 21—14 显示了投飞镖的例子中增加交互作用项后的方差分析结果：

表 21—14　引入交互作用项的投飞镖方差分析

差异源	离差平方和	自由度	均方	F 统计量	P-值
用哪只手投	39.69	1	39.69	65.279 61	5.1E－09
距靶的远近	51.043 89	2	25.521 94	41.976 88	2.02E－09
交互作用	10.355	2	5.177 5	8.515 625	0.001 178
误差	18.24	30	0.608		
总计	119.328 9	35			

把表 21—14 与表 21—1 比较一下，能清楚地看出引入交互作用项后，方差分析

结果的变化发生在什么地方。

由表 21—14 可知，投飞镖时距靶远近和用哪只手投的交互效应 F 检验显著不为 0，说明这两个因素存在交互作用。如果 F 检验结果表明交互作用项显著不为 0，此时我们应该怎样看待主效应呢？当交互效应存在时，要说清楚每个实验因素的主效应比较困难。比如：投飞镖时由右手换到左手，其影响是多少呢？这不是用哪个手投飞镖这一个因素就能说明白的，因为存在交互作用，它还受到距靶的远近的影响。因此，在存在交互作用的情形下，我们不再谈论每个因素各自的主效应，这样做没有意义。当交互作用项存在时，最好用图形展示交互作用的结果。

模型中一旦引入交互作用项，就需要重新计算实验残差。这时的残差，就是从实验数据中剔除总均值、每个因素的效应、交互效应后剩下的部分。

复习思考题

1. 某同学做了一次双因素实验，以检查微波功率和加温时长对爆米花的影响，微波功率选择了三种水平（低、中、高），加热时长也选择了三种水平（3 分钟、4 分钟、5 分钟），每种实验条件下各用一袋玉米，然后计算其中没有爆开的玉米粒数。根据实验数据，微波功率的 F 统计量值为 13.56，加热时间的 F 统计量值为 9.36。

要求回答：

(1) 该实验的零假设和备择假设是什么？

(2) 每个实验因素的离差平方和的自由度各是多少？实验误差平方和的自由度是多少？

(3) 实验模型是否要引入交互作用项？为什么？

(4) 两个 F 统计量的 P-值各是多少？

(5) 得到的方差分析结论是什么？

2. 为了解胎压和变速对汽车每英里耗油量的影响做了一次实验研究，胎压采用三种水平（低、中、高），变速采用两种水平（稳速和泵速）。随机安排实验，每种条件下各做 4 次测试。根据实验数据，胎压的 F 统计量值为 4.29，对应的 P-值为 0.030，变速的统计量值为 2.35，对应的 P-值为 0.143，交互效应的统计量值为 1.54，对应的 P-值为 0.241。

要求回答：

(1) 该实验的零假设和备择假设是什么？

(2) 每个实验因素的离差平方和的自由度各是多少？实验误差平方和的自由度是多少？

(3) 实验模型是否要引入交互作用项？如果引入交互作用项，其自由度是多少？

(4) 得到的方差分析结论是什么？

3. 对随机选出的 1 435 名中年男性进行了跟踪调查，目的是研究脱发和心脏病发生率之间的关系，其中心脏病发生情况采用有或无表示，其代码为 1 或 0，根据脱发量将脱发分为：没有、很少、有一些、很多，对应的代码分别是 0，1，2，3。得到的资料如下：

脱发程度	心脏病发生情况	人数
0	1	251
0	0	331
1	1	165
1	0	221
2	1	195
2	0	185
3	1	52
3	0	35

对上述资料进行方差分析的结果是：

差异源	离差平方和	自由度	均方	F 统计量	P-值
脱发程度	62 441.375	3	20 813.792	17.956	0.020
心脏病发生情况	1 485.125	1	1 485.125	1.281	0.340
误差	3 477.375	3	1 159.125		

要求回答：

(1) 对给出的分析进行评价，你发现的问题是什么？

(2) 针对上述背景资料，采用什么样的分析比较好？

(3) 用你认为比较合适的方法分析脱发与心脏

病之间是否存在相关关系。

（4）能不能认为脱发是导致心脏病发生的原因？

4. 民间传说食鱼的男性较少患前列腺癌，现在进行一项调查研究，把食鱼情况分为：从不或很少、较少、一般、比较多，分别用0，1，2，3表示，患前列腺癌用2表示，未患前列腺癌用1表示。对随机挑选的6 272名瑞典男性食鱼情况和患前列腺癌的调查资料如下：

食鱼情况	患前列腺癌（人数）	未患前列腺癌（人数）
0	14	110
1	201	2 420
2	209	2 769
3	42	507

根据上述资料，得到的方差分析结果如下：

差异源	离差平方和	自由度	均方	*F* 统计量	*P*-值
食鱼情况	3 110 203.0	3	1 036 734.3	1.359 9	0.403 3
前列腺癌发生情况	3 564 450.0	1	3 564 450.0	4.675 6	0.119 3
误差	2 287 051.0	3	762 350.0		

要求回答：

（1）对给出的分析进行评价，你发现的问题是什么？

（2）针对上述背景资料，采用什么样的分析比较好？

（3）用你认为比较合适的方法分析食鱼与患前列腺癌之间是否存在相关关系。

5. 某同学做了一次实验，以检查穿上喜爱的球鞋和所选择的运动时间是否会影响投篮练习的命中率。穿不穿喜爱的球鞋与不同运动时间的搭配下各做50次投篮，每次都随机地确定测试条件，并记录下投中的次数，得到的资料如下：

时间	穿的球鞋	投中次数
早晨	其他款式球鞋	25
早晨	其他款式球鞋	26
晚上	其他款式球鞋	27
晚上	其他款式球鞋	27
早晨	喜爱的球鞋	32
早晨	喜爱的球鞋	22
晚上	喜爱的球鞋	30
晚上	喜爱的球鞋	34
早晨	其他款式球鞋	35
早晨	其他款式球鞋	34
晚上	其他款式球鞋	33
晚上	其他款式球鞋	30
早晨	喜爱的球鞋	33
早晨	喜爱的球鞋	37
晚上	喜爱的球鞋	36
晚上	喜爱的球鞋	38

要求回答：

（1）检验的零假设和备择假设是什么？

（2）对方差分析的条件进行检查，并给出相应的分析结果。

6. 为了解洗涤水温和洗涤时长是否对衣物洗净程度有影响，某人决定做次实验。具体做法是：洗涤水温用搓洗水温和漂洗水温共同表示，并分为四种水平，分别是：冷水—冷水、冷水—温水、温水—热水、热水—热水；洗涤时长也分为四种水平，即很短、较短、较长、很长；每一种搭配水平下都做16次测试；测试用的是白色手绢，手绢上都撒上一勺机油；洗完后花20分钟烘干，然后挂起来；让人们对洗过的手绢根据干净程度分别给出1～10分。得到的实验资料如下：

洗涤水温	洗涤时长	得到的评分
冷水—冷水	较长	3.7
温水—热水	较长	6.5
冷水—温水	较长	4.9
热水—热水	较长	6.5
冷水—冷水	很长	4.6
温水—热水	很长	8.3
冷水—温水	很长	4.7
热水—热水	很长	9.1
冷水—冷水	很短	3.4
温水—热水	很短	5.6
冷水—温水	很短	3.8
热水—热水	很短	7.1
冷水—冷水	较短	3.1
温水—热水	较短	6.3
冷水—温水	较短	5.0
热水—热水	较短	6.1

要求回答：

(1) 检查方差分析的条件能否得到满足。

(2) 是否需要引入交互作用项?

(3) 给出上述问题的方差分析结果。

(4) 对得到的结果进行解释和说明。

7. 为检查保温杯的保温效果，随机地选择某种类型的保温杯，分别装上热水和热咖啡，放在室内和室外，每种搭配水平下各做 2 次测试，得到如下资料：

液体种类	环境	下降的温度
热水	室内	13
热水	室内	14
热水	室外	31
热水	室外	31
热咖啡	室内	11
热咖啡	室内	11
热咖啡	室外	27
热咖啡	室外	29

要求回答：

(1) 检查方差分析的假定条件是否能得到满足。

(2) 分析模型中是否需要引入交互作用项?

(3) 给出方差分析的结果，并进行适当的解释。

8. 气相色谱仪是一种工具，用于检测混合气体中各种组成成分的含量。为考察流速的变化是否对气相色谱检测出来的混合气体中组成成分的含量产生影响，实验人员对气体浓度采用三种水平、对流速采用两种水平做实验。得到的资料如下：

气体浓度	流速	含量
低	快	10 400
低	快	10 640
低	快	9 100
低	快	9 400
低	快	10 460
低	慢	10 820
低	慢	10 680
低	慢	10 660
低	慢	12 500
低	慢	10 980
中等	快	44 460
中等	快	43 360
中等	快	38 240
中等	快	35 220
中等	快	39 160
中等	慢	41 000
中等	慢	46 340
中等	慢	48 020
中等	慢	47 580
中等	慢	47 540
高	快	96 560
高	快	107 700
高	快	101 080
高	快	101 020
高	快	95 280
高	慢	118 060
高	慢	114 070
高	慢	105 830
高	慢	114 000
高	慢	118 500

要求回答：

(1) 检查方差分析的假定条件能否得到满足。

(2) 分析流速变化是否对实验指标产生影响。

(3) 若要进行方差分析，可能存在什么问题?

(4) 若对实验指标的含量进行对数变换，是否会对分析结论产生影响?

第 22 章

多元回归分析

通过前面有关章节的学习，我们了解到飓风的风速与气压有关，与海平面的温度有没有关系呢？我们能在飓风与气压的模型中再增加其他变量吗？直线模型通常是有用的，但现实世界并不总是如此简单，仅有两个变量的模型可能极少见。为了更好地模拟现实中的问题，我们需要建立多变量的回归分析模型。

22.1 多元回归分析概述

22.1.1 多元线性回归的含义

我们曾用腰围预测成年男性体内的脂肪含量，并且效果还不错，拟合优度系数 R^2 达到 67.8%。这说明，仅用腰围就解释了体内脂肪含量将近 68%的变异。可是，剩下的 32%是什么原因造成的呢？如果不局限于单一的自变量，能不能对体内脂肪含量的变化做出更好的解释呢？原始资料中包含了 250 名成年男性身体的其他测量指标，因此应该能利用腰围以外的其他测量指标，对体内脂肪含量剩下的 32%的变异做出说明。比如身高因素能不能被用来预测体内脂肪含量呢？因为相同腰围的男性，胖瘦和高矮却是不同的。如果能同时运用腰围和身高两个指标，可能会使预测更加准确。

两个自变量的回归会不会更有意义？回答是肯定的。同时对两个或两个以上自变量进行回归的模型，称为多元回归。前面所讲的回归，因为只有一个自变量而被称为一元回归。

22.1.2 多元线性回归模型求解

用手工求解回归模型的工作量很大，有的情形下甚至连计算器也难以胜任。回归模型的求解一般都要使用计算机软件包。如果知道了怎样用软件求解体内脂肪含量与腰围之间的回归模型，就可以把身高也纳入解释变量行列，我们不用担心怎样求解，因为软件的处理过程基本没有什么差别。对简单回归模型，我们采用的求解方法是最小二乘法。那么，对多元回归模型，我们仍然采用最小二乘法。在体内脂肪含量与腰围、身高的例子中，回归分析的结果如表 22—1 所示：

表 22—1　　体内脂肪含量与腰围、身高的回归分析

复相关系数	0.84			
R^2	0.71			
修正的 R^2	0.71			
标准误差	4.46			
观测值	250			
	回归参数估计	标准误差	t 统计量	P-值
截距	−3.11	7.69	−0.40	0.69
身高	−0.60	0.11	−5.47	0.00
腰围	1.77	0.07	24.77	0.00

表 22—1 是典型的多元回归分析输出结果表。对表 22—1 我们应该不会感到陌生，其中的绝大多数求解结果我们都了解。拟合优度系数 R^2 给出了体内脂肪含量变异由模型中自变量解释的情况，为 71%，高于一元回归分析时的 68%。对此，我们一点也不感到惊讶，这正是我们希望增加自变量数目的重要原因。每个自变量系数的估计值，都有相应的估计标准误差，以及 t 统计量和 P-值。由表 22—1 的输出结果得到的回归模型为：

$$\widehat{\text{体内脂肪含量}}=-3.11+1.77\times\text{腰围}-0.60\times\text{身高}$$

和前面介绍的一样，回归残差是：

$$\text{残差}=\text{体内脂肪含量}-\widehat{\text{体内脂肪含量}}$$

22.1.3 多元线性回归模型的特征

与简单线性回归模型及其分析相比，多元线性回归分析有哪些新的变化呢？它们的区别主要表现在：

第一，多元回归模型中回归系数的意义，以一种微妙却重要的方式发生了变化。这也是二者最重要的区别。由于这种变化太显而易见，以至于多元回归系数经常被误读。在本章，我们将通过具体例子，讲清楚多元回归系数的意义。

第二，在应用较为广泛的统计方法中，多元回归是一种极具通用性的工具。对多元回归模型的正确认识，将有助于我们懂得如何利用多元回归分析其他方面的问题。

第三，多元回归提供了认识多于两个数量变量的统计模型的窗口。现实世界是复杂的，到目前为止学习的简单线性模型只是基础性的，从深化认识、进行预测和决策分析方面来说显然是不够的。通过多个变量的回归模型，能够更好地接近真实状态，对复杂现象及其之间的关系进行更有价值的模拟。

例 22—1

选修统计课程的同学，从公共信息渠道分别搜集了各自家乡的房屋销售资料，一共得到 894 套房屋的销售数据，涉及的每套房屋的变量有：销售价格、实用面积、卧室数、卫生间数、房龄等。根据采集的数据得到的回归分析结果如表 22—2 所示：

表 22—2　销售价格与实用面积、卧室数的回归分析

复相关系数	0.382 486
R^2	0.146 295
修正的 R^2	0.144 379
标准误差	266 899.3
观测值	894

	回归参数估计	标准误差	t统计量	P-值
截距	308 100.4	41 147.84	7.487 645	1.69E−13
实用面积	135.088 7	11.476 45	11.770 95	7.84E−30
卧室数	−43 346.8	12 844.14	−3.374 83	0.000 771

试对表 22—2 的分析结果进行适当解释。

答：根据表 22—2 的回归分析结果，得到的房屋销售价格与实用面积、卧室数的回归方程是：

$$\widehat{房屋销售价格}=308\,100.4+135.088\,7\times 实用面积-43\,346.8\times 卧室数$$

R^2 为 14.6%，表明房屋的销售价格的变化只被实用面积、卧室数这两个自变量解释了 14.6%。估计的标准误差比较大，为 266 899.3，意味着这样的回归方程可能不能对房屋销售价格做出很好的预测。模型中回归系数的统计量值较大，对应的 P-值较小，说明截距、实用面积、卧室数都对房屋的销售价格存在显著性影响。

□ 22.1.4 多元回归模型系数的含义

我们已经说过成年男性的身高可能是解释体内脂肪含量的重要因素。那么，身高与体内脂肪含量的相关关系如何呢？下面，我们先来看看身高与体内脂肪含量的散点图（见图 22—1）。

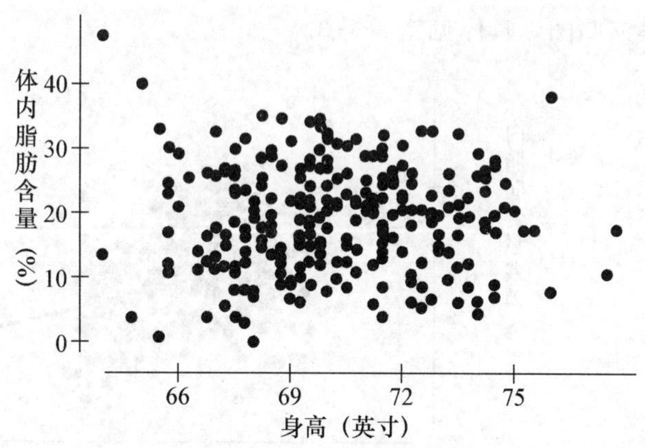

图 22—1 身高与体内脂肪含量散点图

从图 22—1 中，我们看不出身高与体内脂肪含量有什么相关关系。但在前述分析结果中，身高对体内脂肪含量的回归系数估计值是−0.60，t 统计量值是−5.47，对应的 P-值很小。从这个角度看，身高确实对体内脂肪含量有回归影响。那么散点图和表 22—1 的结论为什么不一样呢？原因在于，多元回归模型中身高的系数依赖于模型中另一个自变量腰围的作用。

为了理解这个变化，我们来考察一下腰围在 37 英寸左右时体内脂肪含量与身高的相关关系，具体见图 22—2。

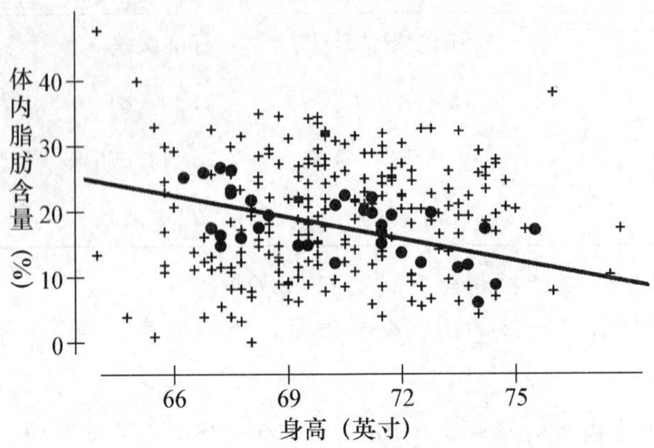

图 22—2　腰围 37 英寸左右时身高与体内脂肪含量散点图

从图 22—2 可看出，37 英寸处于成年男性腰围的中位数位置，与图 22—1 有所不同，此时的身高与体内脂肪含量呈现负相关关系。对照原始资料，出现这种情况的原因在于，同样的腰围，有的身材较高的人体内脂肪含量较低，而有的身材较矮的人体内脂肪含量较高。所以，当聚焦于某个自变量特殊值时，另一个自变量与因变量可能会存在相关关系，这样的关系被称为条件相关关系。这在一元回归分析中是不可能看到的。

前面我们只挑选了腰围的某个特殊值，然后考察了身高与体内脂肪含量的相关关系。如果同时以所有腰围为条件，身高与体内脂肪含量的关系如何呢？对此，我们需要绘制身高残差和体内脂肪含量残差散点图。具体做法是：先用腰围对体内脂肪含量做回归，求出体内脂肪含量的回归残差；然后用腰围对身高做回归，求出身高的回归残差；最后用所得到的体内脂肪含量残差和身高残差绘制散点图。通过这种方法得到的图叫做净回归图，具体见图 22—3。

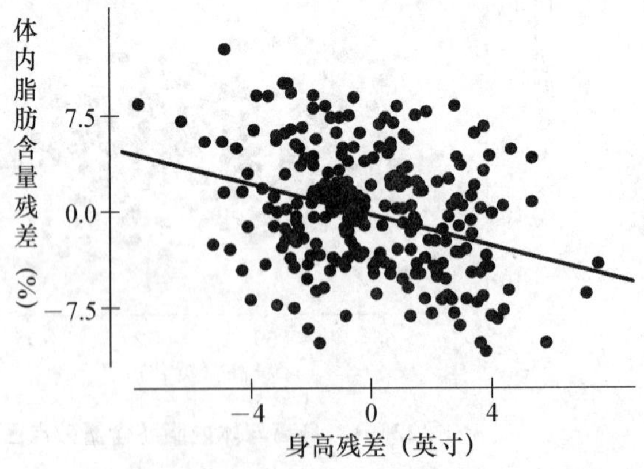

图 22—3　身高残差与体内脂肪含量残差散点图

图 22—3 是把腰围的线性影响消除后，得到的身高对体内脂肪含量的相关图。某个自变量对因变量净回归的系数估计值，与多元回归分析中该自变量的回归系数估计值相同。拿这个例子来说，身高对体内脂肪含量的净回归结果见表 22—3。

表 22—3　身高对体内脂肪含量的净回归结果

净相关系数	0.328 703			
R^2	0.108 046			
修正的 R^2	0.104 029			
标准误差	4.441 834			
观测值	250			
	回归系数估计值	标准误差	t 统计量	P-值
身高残差	−0.60	0.11	−5.49	9.79E−08

表 22—3 中的身高残差回归系数估计值，与表 22—1 中的身高系数估计值相等，都是−0.60。

22.2　多元线性回归模型及假定条件

22.2.1　理论模型

两个自变量的线性回归模型的一般形式为：

$$y=\beta_0+\beta_1x_1+\beta_2x_2+\varepsilon \tag{22.1}$$

式中，β_0 为回归截距项；β_1 为自变量 x_1 的回归系数；β_2 为自变量 x_2 的回归系数；ε 为随机项。

根据样本观察资料，式（22.1）的估计结果被称为经验方程，通常表示成：

$$y=b_0+b_1x_1+b_2x_2+e \tag{22.2}$$

或者

$$\hat{y}=b_0+b_1x_1+b_2x_2 \tag{22.3}$$

式中，b_0 为回归截距项 β_0 的估计；b_1，b_2 为自变量回归系数 β_1 和 β_2 的估计；$\hat{y}$ 为因变量 y 的回归估计；e 为随机项 ε 的回归估计，也称回归残差。

更一般地，多元线性回归模型的表达式为：

$$y=\beta_0+\beta_1x_1+\beta_2x_2+\cdots+\beta_kx_k+\varepsilon \tag{22.4}$$

其经验方程为：

$$y=b_0+b_1x_1+b_2x_2+\cdots+b_kx_k+e \tag{22.5}$$

或者

$$\hat{y}=b_0+b_1x_1+b_2x_2+\cdots+b_kx_k \tag{22.6}$$

22.2.2　多元回归假定条件

多元回归分析的假定条件与简单线性回归分析的假定条件基本一样，但由于模型中有多个自变量，因此有一些“具体而微”的变化。

线性性假定

我们拟合的是线性模型，正是这样一类模型需要变量间存在线性关系。但是现在面对的是几个自变量，为了检查线性假定是否合理，我们将检查每个自变量与因变量间的直线关系是否成立。根据因变量与每个自变量成对的观察资料，分别绘制散点图，然后考察它们是否都存在直线形状。拿体内脂肪含量的例子来说，图 19—1 显示了腰围与体内脂肪含量之间存在较好的线性关系。图 22—1 中身高与体内脂肪含量之间根本没有呈现相关关系，但两者间也不存在曲线或其他非线性形式。如同我们所做的一元回归一样，如果直接由原始资料看不出有没有直线关系，可以先拟合模型，然后观察残差图是否存在线性性。对此，用回归残差和因变量的预测值绘制散点图不失为一种好的做法，通过这样的散点图来检查是否存在某种规则，特别要留意是否存在弯曲或其他非线性形式。

独立性假定

若既定的多元线性回归模型是正确的，那么回归误差一定相互独立。一般地，我们没有什么办法能确信独立性要求一定成立。即使是多元线性回归模型，也只有一个因变量和一个回归误差变量。由误差检查独立性假定，可以转化为检查相应的回归残差。对回归残差图，可以检查它有没有某种模式、趋势、堆集。一旦出现诸如此类的情形，就有可能表明独立性假定不成立。

和简单线性回归分析一样，多元线性回归模型也要求数据来自随机观察或随机实验。随机性要求是合理的，没有这样的条件，多元回归分析的推断同样不能实现，最多只是对观察资料的描述。另外，对观察资料集中的每一项，相互之间也要求不存在相关关系，比如在体内脂肪含量的例子中，每个人的测量结果不会相互影响。

等方差假定

等方差假定的条件是，回归误差的变异程度在每个自变量的取值处应该大致相同。要验证这个假定，最好还是绘制散点图。回归残差与自变量、回归残差与因变量的预测值的散点图，提供了等方差检查的直观形式。这些残差图中的散点围绕某条直线保持相同的离散程度，意味着等方差的假定成立。要是出现扇形变化或其他趋势特征，就有必要怀疑等方差假定是否合适。图 22—4 和图 22—5 分别是身高与回归残差散点图、腰围与回归残差散点图，从这两个图形中可以看出，它们并没有显示出某种规则的形状。

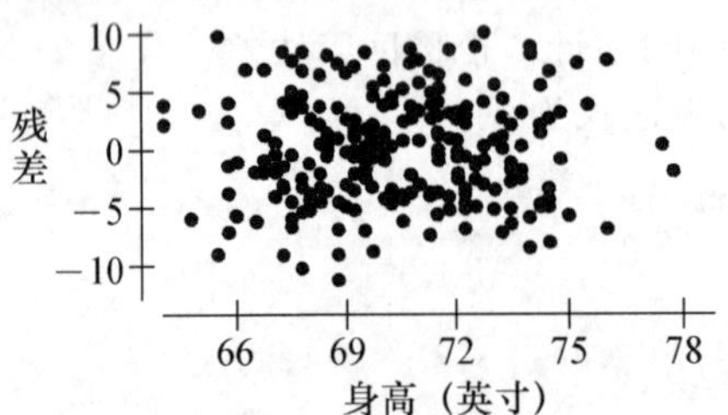

图 22—4 身高与回归残差散点图

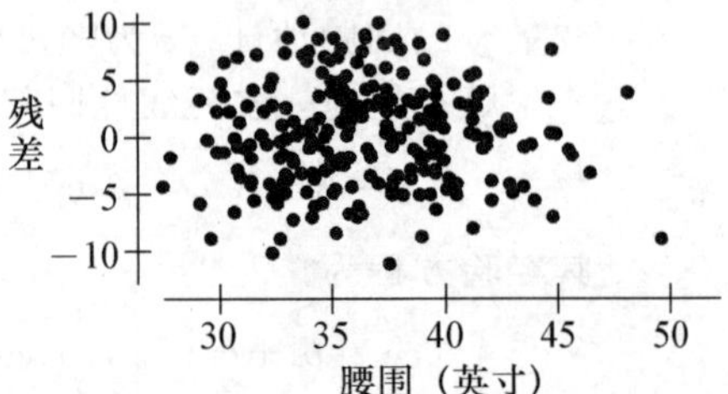

图 22—5 腰围与回归残差散点图

正态性假定

在多元线性回归理论模型中，我们假定随机项服从正态分布。只有在这样的假定成立时，我们才能根据样本观察资料，运用 t 分布对理论模型相关参数进行统计推断。和简单线性回归模型一样，多元线性回归模型也仅有一组回归残差值，因此可以通过绘制正态概率图或直方图，来观察判断渐近正态性是否得到满足。沿用体内脂肪含量与身高、腰围的资料，图 22—6 和图 22—7 分别是回归残差直方图和正态概率图。

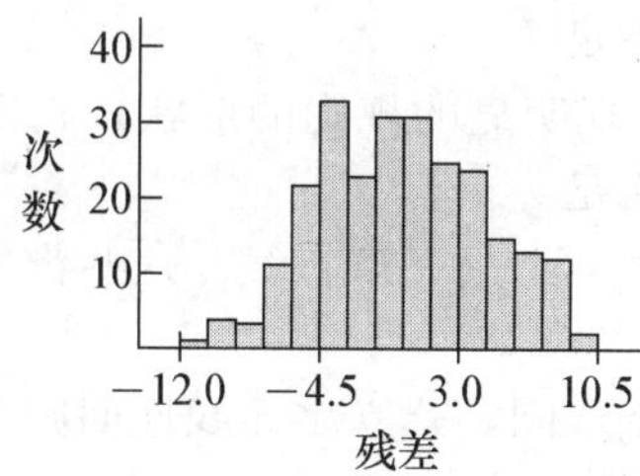

图 22—6　回归残差直方图

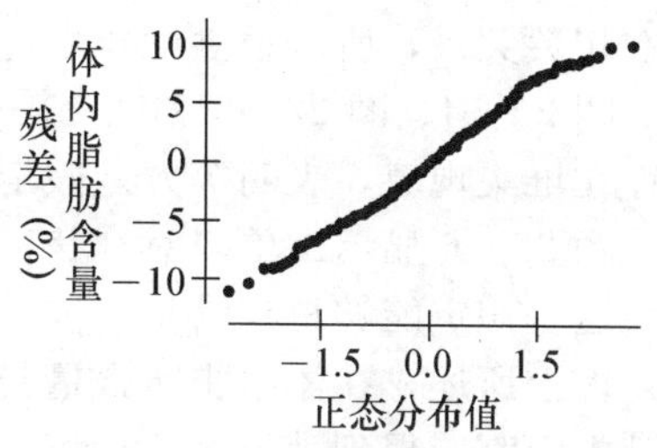

图 22—7　回归残差正态概率图

从图 22—6 和图 22—7 能看出，体内脂肪含量对身高、腰围的回归基本上符合正态性要求。

下面，我们把多元回归的假定条件的检查方法做个小结：

第一，用因变量对每个自变量绘制散点图，以检查线性条件是否得到满足。

第二，如果线性假定符合，根据样本观察资料，拟合多元线性回归模型。

第三，根据得到的多元线性回归模型，计算出回归残差和因变量的预测值。

第四，绘制残差对因变量预测值的散点图，检查该散点图是否存在弯曲或出现扇形，若发现有弯曲或扇形，可考虑对因变量观察值实施变换处理，然后再重复上述三个步骤。

第五，考察数据是怎样收集的，是否符合随机性要求，是否具有对总体的代表性。

第六，如果线性性、独立性、等方差性都能得到满足，可以对回归模型进行解释并利用回归方程进行预测分析。

第七，如果要对回归系数进行统计推断，此时需要绘制残差直方图或正态概率图，以检查是否符合渐近正态性要求。

□ 22.2.3　实例应用讲解

要求论证说明：能不能在体内脂肪含量与身高、腰围之间建立多元线性回归分析模型。

第一步，陈述所要讨论的问题。我们采集了 250 名成年男性的体内脂肪含量、身高、腰围的资料，这些资料的测量尺度都是定量的。现在根据要求，在体内脂肪含量和身高、腰围之间建立多元线性回归模型。

第二步，检查多元回归分析的假定条件。

图 19—1 显示腰围与体内脂肪含量之间存在明显的线性关系，图 22—1 表明身高与体内脂肪含量之间没有线性关系，但也没有其他非线性模式。体内脂肪含量预测值与回归残差散点图（见图 22—8），也没有显现某种非线性形状。

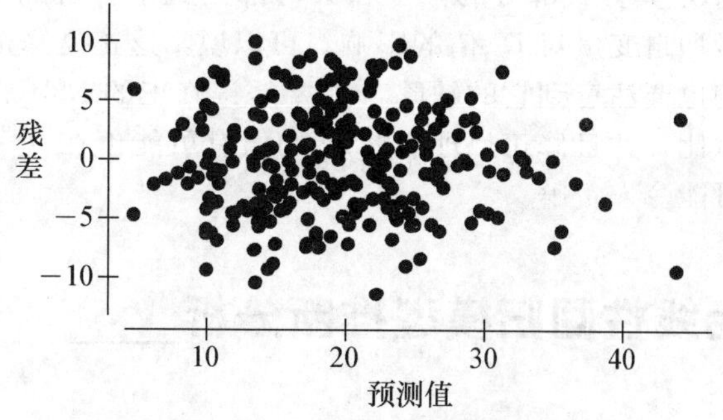

图 22—8　体内脂肪含量预测值与回归残差散点图

采集的资料不是时间序列数据，因此也没有理由认为每个受试对象体内脂肪含量存在相关关系，所以独立性要求应该能得到满足。

图 22—4、图 22—5 和图 22—8 都没有出现明显的规则的形状，它们的离散程度不存在堆集现象，表明等方差假定能够得到满足。

图 22—6 显示出单峰对称状，图 22—7 基本上呈一条直线。这些都一致表明，正态性这一假定能够得到满足。

综上所述，在体内脂肪含量与身高、腰围之间，建立多元线性回归分析模型的条件基本上都能得到满足。

第三步，进行回归分析。根据给定的资料，得到的回归分析见表 22—1。

第四步，对回归分析结果进行解释。拟合优度系数 R^2 是 71.3%，说明体内脂肪含量有 2/3 以上可以通过身高和腰围得到说明。得到的回归方程表明，在身高保持不变的情形下，腰围每变化 1 英寸，体内脂肪含量变化 1.77 百分点。同样，在腰围保持不变时，身高每增加 1 英寸，体内脂肪含量将平均下降 0.6 百分点。

□ 22.2.4 多元线性回归分析的拟合优度系数

对多元线性回归分析，没有简单的方法能表明建立的多元线性回归模型是成功的。很多人喜欢盯着拟合优度系数 R^2，这有一定道理，毕竟自变量对因变量的解释部分占比不能过低。但是，对多元回归来说，仅盯着 R^2 尚嫌不够，原因是只要在模型中不断地引进自变量，R^2 只会增大不会减小。问题是，为了增大 R^2 的值而过多地引入自变量，会给多元回归模型中回归系数的解释带来新的困难。一个好的多元回归模型，应该尽可能地减少自变量的数目。因此，一味追求过高的 R^2，显然会造成一些不必要的误会。

通过前面的学习，我们可能已经注意到，回归分析输出表中会给出修正的 R^2 的值。修正的 R^2，主要是调整增加自变量后模型拟合优度系数会变大这个事实，其目的是削弱单纯靠增加自变量变相地提高模型拟合优度的效应。

我们可以用回归方差分析表的离差平方和来表示 R^2，具体公式为：

$$R^2=\frac{\text{回归离差平方和}}{\text{回归离差平方和}+\text{回归残差平方和}}=1-\frac{\text{回归残差平方和}}{\text{总离差平方和}} \tag{22.7}$$

修正的 R^2，就是把式（22.7）中的回归残差平方和与总离差平方和，用它们各自的均方替代，可得：

$$\text{修正的 } R^2=1-\frac{\text{回归残差均方}}{\text{总离差均方}} \tag{22.8}$$

修正的 R^2，其分式部分的分子和分母都用到了各自的自由度，这样就在一定程度上排除了增加自变量对 R^2 值的影响。可以说，这正是修正的 R^2 的优点所在。但与此同时，我们也要注意到它的缺陷，主要是：修正的 R^2 不再是自变量对因变量变异的解释部分占比，并且修正处理后的 R^2 的值有可能不在 0～100%的范围内，一旦出现这种情况可能令人费解。

22.3 多元线性回归模型推断分析

□ 22.3.1 方差分析基础上的 *F* 检验

运用软件求解多元线性回归模型，在其输出中都会报告假设检验结果，这些假设检验首当其冲的就是方差分析。在简单回归分析中，我们根本没有提及就跳过去了，为什么呢？理由是简单线性回归分析只有一个自变量，对其系数进行假设检验，如同对整个模型做检验，更何况对回归系数检验的 t 统计量进行平方便得到 F 检验。现在不一样了，既然我们是对两个或两个以上的自变量拟合回归模型，那么在对模型中各个回归参数做假设检验分析之前，首先需要对模型进行整体检验。只有整个模型通过了假设检验，我们才有必要对既定模型中的回归参数做假设检验。

在多元线性回归分析中，对整个模型做假设检验，也可称为对模型的代表性检验。检验的零假设是：

$$H_0:\beta_1=\beta_2=\cdots=\beta_k=0$$

对应的备择假设是：多元回归模型中各自变量的回归系数不全等于 0。

检验这个假设，需要用到 F 统计量。在体内脂肪含量与身高、腰围的例子中，模型代表性检验的方差分析结果见表 22—4。

表 22—4　体内脂肪含量与身高、腰围的回归代表性检验

方差分析	自由度	离差平方和	均方	F 统计量	P-值
回归分析	2	12 216.08	6 108.038	307.096 3	1.03E−67
残差	247	4 912.743	19.889 65		
总计	249	17 128.82			

如表 22—4 所示，F 统计量的值为 307.096 3，分子、分母的自由度分别是 2 和 247，对应的 P-值非常小，所以我们拒绝零假设，即可以认为身高和腰围的回归系数不全为 0。

□ 22.3.2 回归系数的假设检验与区间估计

整个回归模型通过了假设检验，并不等于说回归模型中每个自变量的回归系数都通过了假设检验。对多元回归模型中每个自变量的回归系数的检验，和简单线性回归系数的检验一样，检验的零假设是：

$$H_0:\beta_j=0$$

对应的备择假设是：

$$H_A:\beta_j\neq 0$$

回归分析表（如表 22—1、表 22—2）中，给出了回归系数的估计值、估计标准误差，以及相应的检验统计量 t 值。在多元线性回归分析假定要求得到满足的情况下，检验统计量 t 服从 t 分布。该检验统计量的计算公式为：

$$t_{n-k-1}=\frac{b_j-0}{SE(b_j)} \tag{22.9}$$

式（22.9）的自由度是多少呢？对此我们有个经验规则，就是样本观察数减去模型中自变量的个数再减去 1。在体内脂肪含量与身高、腰围回归分析的例子，检验统计量 t 的自由度是 250−2−1=247。

对这里的假设检验结果要这样来理解：多元回归系数的假设检验一旦没有通过，表明在模型中其他自变量保持不变的情形下，该自变量对因变量 y 不起作用。记住这一点，我们认为它非常重要。

运用通常的做法，可以对回归系数进行置信区间估计。我们知道区间估计的一般做法是：估计值±极限误差，这里的极限误差由估计标准误差乘以临界值得到。因此，在多元线性回归分析中，各个自变量回归系数的区间估计是：

$$b_j \pm t_{n-k-1}^{*} \times SE(b_j) \tag{22.10}$$

例 22—2

例 22—1 关于房屋销售价格与实用面积、卧室数的回归分析中，得到了如下回归方程：

$$\widehat{\text{房屋销售价格}} = 308\,100.4 + 135.088\,7 \times \text{实用面积} - 43\,346.8 \times \text{卧室数}$$

根据常识，一套房子卧室数越多越值钱，但给出的多元线性回归方程中卧室数的回归系数却是负数，是不是觉得这不合理？事实上，由给定的资料仅对房屋的销售价格和卧室数做回归，得到的结果是：

$$\widehat{\text{房屋销售价格}} = 33\,897 + 40\,234 \times \text{卧室数}$$

并且回归系数的 P-值比较小，为 0.000 5。

怎样解释这种现象？

答：在由房屋销售价格和实用面积、卧室数建立的回归模型中，卧室数的回归系数估计出现了负值，这显得不合常理。但我们应该知道，对于多元线性回归模型，解释某个自变量的回归系数需要考虑到模型中其他自变量的影响。这样，就能理解上述回归方程中出现的悖理现象了：假如房屋的实用面积给定，在此条件下如果卧室数多，那么每间卧室的面积就会小，或者影响了其他起居空间（比如客厅、卫生间），由此会导致房屋的销售价格下降。

22.3.3 实例应用讲解

出生死亡率是用于衡量妇女儿童健康保护水平的一个常用指标，其计算方法是：新生婴儿死亡数除以活产数再乘以 1 000。表 22—5 列出了美国 1999 年 50 个州的出生死亡率（*IM*）、每 10 万 1～14 岁儿童中死亡人数（*CDR*）、16～19 岁青少年失学百分比（*HSD*）、低体重的出生人数占比（*LBW*）、未成年妈妈生育占比（*TB*）、不正常死亡（如交通事故、凶杀、自杀等）占比（*TD*）。

表 22—5　　1999 年美国 50 个州出生死亡率等资料

州名	*IM*	*CDR*	*HSD*	*LBW*	*TB*	*TD*
亚拉巴马	9.8	49	10	9.3	38	84
阿拉斯加	5.7	21	8	5.8	25	69
亚利桑那	6.8	21	17	6.9	42	61
阿肯色	8.0	46	12	8.6	38	73
加利福尼亚	5.4	7	9	6.1	31	41

续前表

州名	IM	CDR	HSD	LBW	TB	TD
科罗拉多	6.7	18	14	8.3	29	58
康涅狄格	6.1	3	8	7.6	19	34
特拉华	7.4	21	10	8.6	34	43
佛罗里达	7.4	34	12	8.2	31	54
佐治亚	8.2	41	12	8.7	38	63
夏威夷	7.0	1	6	7.6	26	23
爱达荷	6.7	45	11	6.2	25	73
伊利诺伊	8.5	18	10	8	29	57
印第安纳	8.0	39	7	7.9	27	60
艾奥瓦	5.7	14	6	6.2	18	50
堪萨斯	7.3	36	9	7.1	24	56
肯塔基	7.6	28	11	8.2	30	60
路易斯安那	9.2	46	12	10	38	72
缅因	4.8	6	6	6	14	62
马里兰	8.4	14	8	9	25	63
马萨诸塞	5.2	2	6	7.1	16	28
密歇根	8.1	21	9	8	22	45
明尼苏达	6.2	14	5	6.1	16	44
密西西比	10.1	50	12	10.3	45	83
密苏里	7.8	21	7	7.7	27	75
蒙大拿	6.7	39	8	6.8	18	81
内布拉斯加	6.8	21	7	6.7	20	62
内华达	6.6	30	16	7.6	37	58
新罕布什尔	5.8	3	8	6.2	11	36
新泽西	6.7	5	6	8.2	18	29
新墨西哥	6.9	36	11	7.7	43	87
纽约	6.4	7	9	7.8	21	38
北卡罗来纳	9.1	30	11	8.9	35	59
北达科他	6.8	28	3	6.2	13	56
俄亥俄	8.2	14	8	7.9	25	44
俄克拉何马	8.5	43	9	7.4	33	69
俄勒冈	5.8	21	13	5.4	25	39
宾夕法尼亚	7.3	18	7	7.9	21	52
罗得岛	5.7	7	10	7.3	22	25
南卡罗来纳	10.2	42	11	9.8	38	68
南达科他	8.9	36	8	5.9	19	79
田纳西	7.7	43	11	9.2	35	72
得克萨斯	6.2	34	12	7.4	44	54

续前表

州名	***IM***	***CDR***	***HSD***	***LBW***	***TB***	***TD***
犹他	4.8	7	9	6.8	23	44
佛蒙特	5.8	7	6	5.7	12	48
弗吉尼亚	7.3	7	8	7.8	23	48
华盛顿	5.0	7	9	5.8	22	48
西弗吉尼亚	7.4	30	9	8	24	70
威斯康星	6.7	30	6	6.7	20	48
怀俄明	6.9	48	10	8.4	22	87

要求：以 *IM* 为因变量，在 *CDR*，*HSD*，*LBW*，*TB*，*TD* 间建立合适的回归分析模型。

第一步，陈述所要讨论的问题。目的是要在 *IM* 与 *CDR*，*HSD*，*LBW*，*TB*，*TD* 间建立合适的回归分析模型。尤其是，要分析清楚 *CDR*，*HSD*，*LBW*，*TB*，*TD* 对因变量 *IM* 是否具有解释作用。

第二步，构建理论回归分析模型。假定的多元线性回归理论模型为：

$$IM=\beta_0+\beta_1\times CDR+\beta_2\times HSD+\beta_3\times LBW+\beta_4\times TB+\beta_5\times TD+\varepsilon$$

为了能建立合适的多元线性回归模型，需要对下列假设进行检验：

（1）模型的整体性检验。该检验的零假设和备择假设分别是：

$H_0:\beta_1=\beta_2=\beta_3=\beta_4=\beta_5=0$，$H_A:\beta_1,\beta_2,\beta_3,\beta_4,\beta_5$ 不全等于 0

（2）对自变量的回归系数进行检验。该检验的假设是：

$H_0:\beta_j=0$，$H_A:\beta_j\neq0$

第三步，检查分析假定条件。根据表 22—5 的资料，绘制的矩阵式散点图见图 22—9。

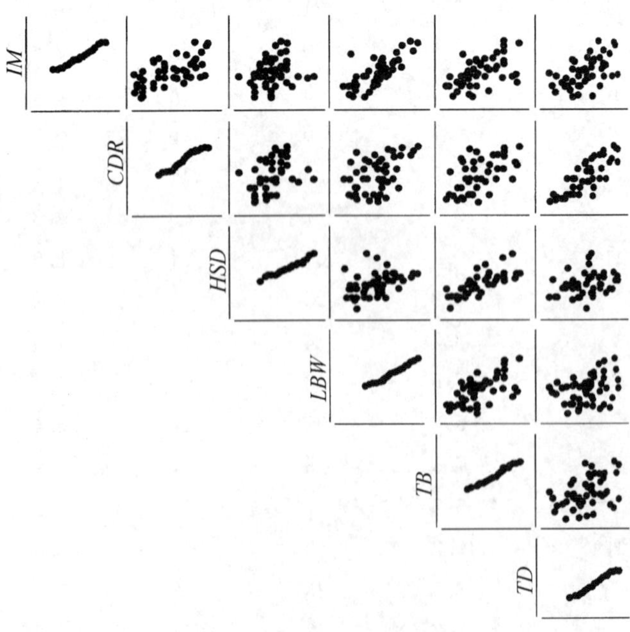

图 22—9　*IM* 与 *CDR*，*HSD*，*LBW*，*TB*，*TD* 散点图

图 22—9 是对称的散点图，各自变量（*CDR*，*HSD*，*LBW*，*TB*，*TD*）与因变量（*IM*）之间，不存在弯曲、堆集、异常值等，所以线性性假定能够得到满足。

IM，*CDR*，*HSD*，*LBW*，*TB*，*TD* 这些指标数据间应该不存在相关关系。

出生死亡率（*IM*）的预测值与回归残差的散点图见图 22—10，回归残差的直方图见图 22—11。

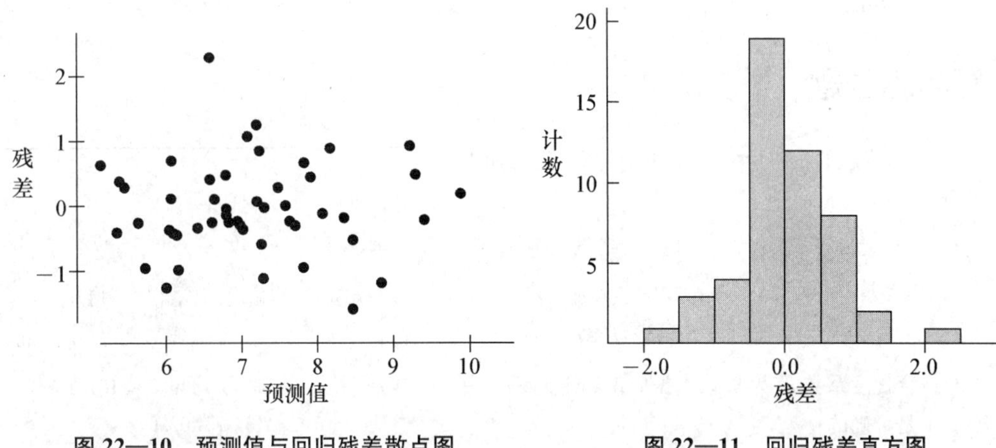

图 22—10　预测值与回归残差散点图　　**图 22—11　回归残差直方图**

图 22—10 没有出现明显的弯曲现象，也没有呈现扇形。图 22—11 呈现出单峰对称分布，但似乎存在一个异常点，如有必要可以剔除该异常值后再做回归分析。

总之，多元线性回归分析的假定条件基本能得到满足。

第四步，进行回归分析。通过 Excel 的“数据分析：回归”，得到如下输出结果（见表 22—6）。

表 22—6　　回归分析结果

复相关系数	0.844 2					
R^2	0.712 7					
修正的 R^2	0.680 1					
标准误差	0.752 0					
观测值	50					
方差分析	自由度	离差平方和	均方	*F* 统计量	*P*-值	
回归分析	5	61.731 9	12.346 4	21.830 6	0.000 0	
残差	44	24.884 3	0.565 6			
总计	49	86.616 2				
	估计值	标准误差	*t* 统计量	*P*-值	95%下限	95%上限
截距	1.631 7	0.912 4	1.788 3	0.080 6	−0.207 1	3.470 5
CDR	0.031 2	0.013 9	2.254 9	0.029 2	0.003 3	0.059 1
HSD	−0.099 7	0.061 0	−1.633 2	0.109 6	−0.222 7	0.023 3
LBW	0.661 0	0.118 9	5.559 0	0.000 0	0.421 4	0.900 7
TB	0.013 6	0.023 8	0.570 4	0.571 3	−0.034 4	0.061 5
TD	0.005 6	0.011 3	0.493 0	0.624 5	−0.017 2	0.028 3

第五步，对结果进行解释和说明。由表 22—6 可知，模型的修正的 R^2 为

68.01%，说明 *CDR*，*HSD*，*LBW*，*TB*，*TD* 这些变量对 *IM* 的变异解释了68.01%。从表22—6的方差分析中可知，*F* 统计量的值21.830 6比较大，对应的 *P*-值非常小，说明建立的理论回归模型总体上通过了检验，也就是说，*CDR*，*HSD*，*LBW*，*TB*，*TD* 的回归系数不全等于0。

回归截距项、*HSD*、*TB* 和 *TD* 没有通过假设检验，意味着模型有进一步优化的空间。

复习思考题

1. 对房屋的销售价格进行回归分析，得到如下回归方程：

$$\widehat{\text{房屋销售价格}}=169\,328+35.3\times\text{实用面积}+0.718\times\text{建筑面积}-6\,543\times\text{房龄}$$

拟合优度系数 R^2 为92%。据此说明下列说法中哪一个是正确的：

(1) 房龄每增1年，房屋售价减少6 543美元；

(2) 在既定的建筑面积和房龄条件下，实用面积每增加1平方英尺，房屋的售价将平均增加35.3美元；

(3) 房屋售价中的每美元相当于建筑面积增加0.718平方英尺；

(4) 该模型精确地拟合了92%的观察数据。

2. 某家用电器制造商分析了公司销售额与三类广告（电视广告、杂志广告、广播广告）之间的关系，得到如下回归方程：

$$\widehat{\text{销售额}}=250+6.75\times\text{电视广告}+3.5\times\text{广播广告}+2.3\times\text{杂志广告}$$

各变量的计量单位都是百万美元，试说明下列说法中哪一个是正确的：

(1) 如果不做广告，该公司的销售额将是250百万美元；

(2) 在电视广告、杂志广告相同的条件下，每增加1百万美元销售额增加3.5百万美元电台广告；

(3) 杂志广告每投入1百万美元，销售额增加2.3百万美元；

(4) 在广播广告、杂志广告保持不变的前提下，每增加1百万美元销售额平均增加6.75百万美元电视广告。

3. 用某学期中间的3次测验来预测期末考试，得到如下回归分析结果：

R^2	0.777				
修正的 R^2	0.741				
标准误差	13.46				
方差分析	自由度	离差平方和	均方	*F* 统计量	*P*-值
回归	3	11 961.8	3 987.3	22.02	0.000 0
残差	19	3 440.8	181.1		
总计	22	15 402.6			
	估计值	标准误差	*t* 统计量	*P*-值	
截距	−6.7200	14.0000	−0.48	0.636	
测试1	0.2560	0.2274	1.13	0.274	
测试2	0.3912	0.2198	1.78	0.091	
测试3	0.9015	0.2086	4.32	0.0000	

要求回答：

(1) 写出多元线性回归方程。

(2) 回归模型解释了期末考试成绩的多少变异？

(3) 解释测试3回归系数的含义。

(4) 某学生提出异议，认为测试1不能用来预测期末考试成绩。这种说法对不对？为什么？

4. 山地跑在苏格兰是有历史的，大约可以追溯到1040年。根据完整的记录，最近89次比赛的回归分析结果如下：

R^2	0.98			
修正的 R^2	0.98			
标准误差	6.623			
方差分析	自由度	离差平方和	均方	*F* 统计量
回归	2	189 204	94 602.1	2 157
残差	87	3 815.92	43.861 2	
	估计值	标准误差	*t* 统计量	*P*-值
截距	−10.372 3	1.245	−8.33	0.000
攀越高度	0.034 2	0.002 2	15.7	0.000
攀越里程	4.042 0	0.144 6	27.9	0.000

因变量是比赛时间，要求：

（1）写出回归方程；

（2）解释拟合优度系数R^2的含义；

（3）说明攀越高度回归系数的含义是什么。

5. 影响房屋售价的因素有很多，比如，实用面积、建筑面积、卫生间数等。从二手房交易网站上随机地采集了一组资料，用卫生间数和建筑面积作为自变量、房屋报价作为因变量，得到如下回归分析结果：

R^2	0.711			
修正的R^2	0.646			
标准误差	67 013			
方差分析	自由度	离差平方和	均方	F统计量
回归	2	99303550067	49651775023	11.06
残差	9	40416679100	4490742122	
总计	11			
	估计值	标准误差	t统计量	P-值
截距	−152 037	85 619	−1.78	0.110
卫生间数	9 530	40 826	0.23	0.821
建筑面积	139.87	46.67	3.00	0.015

要求回答：

（1）写出多元线性回归方程。

（2）回归模型解释了房屋报价的多少变异？

（3）解释建筑面积回归系数的含义。

（4）能不能说卫生间数与房屋报价没有关系？为什么？

6. 美国劳工总会与产业劳工组织（AFL-CIO）持续研究文秘薪酬达30多年，该组织打算通过以下变量对文秘薪酬（单位：千美元）进行预测：从业年数（$X1$）、受教育水平（$X2$）、职业资格考试得分（$X3$）、打字速度（$X4$）、速记能力（$X5$）。根据采集的数据资料得到的回归分析结果如下：

R^2	0.863
标准误差	0.430

	估计值	标准误差	t统计量
截距	9.788	0.377	25.960
X1	0.110	0.019	5.178
X2	0.053	0.038	1.369
X3	0.071	0.064	1.119
X4	0.004	0.307	0.013
X5	0.065	0.038	1.734

假定残差图显示没有违反多元线性回归分析条件，要求回答：

（1）列出回归方程。

（2）根据回归方程，工作10年（120个月）、接受过9年教育、从业资格考试50分、打字速度每分钟60个字、速记能力每分钟30个字，具有这样条件的文秘的薪酬大概是多少？

（3）打字速度（$X4$）是不是显著不等于0？

（4）这个模型应该怎样改进？

（5）根据原始资料，文秘的年龄与薪酬的相关关系为0.682，散点图也显示文秘年龄与薪酬呈现中等强度的正向线性关系。可是，把文秘年龄作为自变量（$X6$）引入回归模型，得到的回归系数估计值是−0.154。解释出现这种情况的原因。

7. 学生们被要求填写一份统计调查表，主要是报告在校获得的学籍分和入学时数学、语文的考分。以学籍分为因变量，数学和语文入学考分为自变量，根据汇总后的调查资料进行回归分析，得到如下结果：

	估计值	标准误差	t统计量	P-值
截距	0.574 968	0.253 874	2.26	0.024 9
语文考分	0.001 394	0.000 519	2.69	0.008 0
数学考分	0.001 978	0.000 526	3.76	0.000 2

要求回答：

（1）列出回归方程。

（2）根据回归方程，入学时语文考分500分、数学考分550分，对应的学籍分是多少？

（3）对上述结论进行解释时，还需要搞清楚什么？

8. 本章介绍了成年男性体内脂肪含量与身高、腰围的回归分析，以下是体内脂肪含量与体重的散点图：

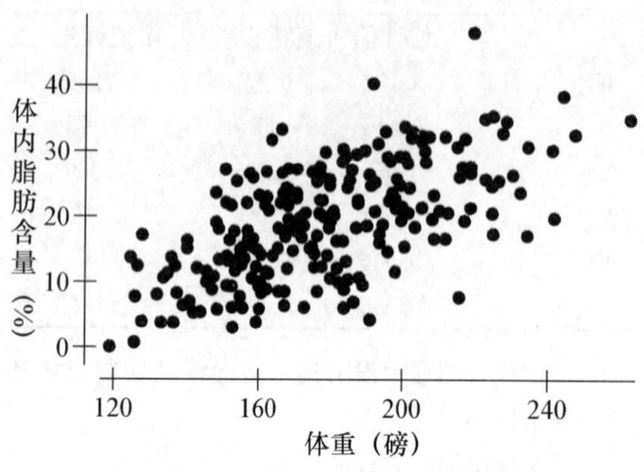

根据原始资料，体内脂肪含量与体重的回归分析结果是：

R^2	0.381			
修正的 R^2	0.379			
标准误差	6.538			
	估计值	标准误差	t 统计量	P-值
截距	−14.693 1	2.760	−5.32	0.000
体重	0.189 37	0.015 3	12.4	0.000

要求回答：

（1）体重的回归系数是不是显著不为0？

（2）怎样理解体重回归系数的含义？

下面，我们把体重也作为自变量纳入体内脂肪含量与身高、腰围的回归模型，得到如下回归分析结果：

R^2	0.725			
修正的 R^2	0.722			
标准误差	4.376			
方差分析	自由度	离差平方和	均方	F 统计量
回归	3	12 418.7	4 139.57	216
残差	246	4 710.11	19.146 8	
	估计值	标准误差	t 统计量	P-值
截距	−31.483 0	11.54	−2.73	0.006 8
腰围	2.318 48	0.182	12.7	0.000
身高	−0.224 932	0.1583	−1.42	0.156 7
体重	−0.100 57	0.031 0	−3.25	0.001 3

要求回答：

（1）对现在的体重回归系数做出解释，说明它为什么变成了负数。

（2）身高的 P-值意味着什么？

9. 胸围可以用来解释体内脂肪含量，根据胸围和体内脂肪含量资料绘制的散点图如下：

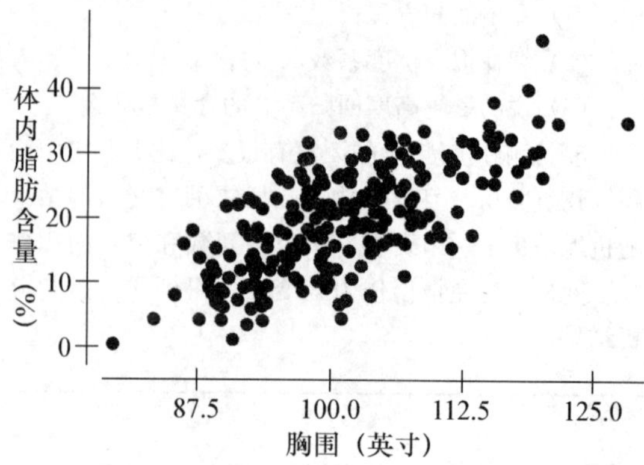

由上述散点图可知，胸围和体内脂肪含量存在正向线性关系，回归分析的结果是：

R^2	0.491			
修正的 R^2	0.489			
标准误差	5.930			
	估计值	标准误差	t 统计量	P-值
截距	−52.712 2	4.654	−11.3	0.000
胸围	0.712 272	0.046 1	15.5	0.000

要求回答：

（1）胸围的回归系数是不是显著不为0？

（2）怎样理解胸围回归系数的含义？

现在用腰围、身高、胸围拟合体内脂肪含量回归模型，得到如下回归分析结果：

R^2	0.722			
修正的 R^2	0.719			
标准误差	4.399			
方差分析	自由度	离差平方和	均方	F 统计量
回归	3	12 368.9	4 122.98	213
残差	246	4 759.87	19.349 1	
	估计值	标准误差	t 统计量	P-值
截距	2.072 2	7.802	0.266	0.790 8
腰围	2.199 39	0.167 5	13.1	0.000 0
身高	−0.561 058	0.109 4	−5.13	0.000 0
胸围	−0.233 531	0.083 2	−2.81	0.005 4

要求回答：

（1）解释多元回归模型中胸围的回归系数。

（2）是否需要在现在的多元线性回归模型中去掉某些变量？

10. 下表资料是选修统计学课程的两次平时测

验得分、课程论文得分、课外作业得分，以及期末考试成绩。要求：从平时测验得分、课程论文得分、课外作业得分中，选取两个作为自变量，在期末成绩之间建立线性回归分析模型。注意：要找到“最好”的回归模型。

学生编号	期末成绩	测验 1	测验 2	课程论文	课外作业
1	117	82	30	10.5	61
2	183	96	68	11.3	72
3	124	57	82	11.3	69
4	169	88	86	10.6	84
5	164	93	81	10.0	71
6	134	90	83	11.3	79
7	98	83	21	11.2	51
8	136	59	62	9.1	58
9	183	89	57	10.7	79
10	171	83	86	11.5	78
11	173	95	75	8.0	77
12	164	81	66	10.7	66
13	150	86	63	8.0	74
14	153	81	86	9.2	76
15	149	81	87	9.2	75
16	178	98	96	9.3	84
17	75	50	27	10.0	20
18	159	91	83	10.6	71
19	157	87	89	10.5	85
20	158	90	91	11.3	68
21	171	95	82	10.5	68
22	173	91	37	10.6	54
23	165	93	81	9.3	82
24	168	88	66	10.5	82
25	186	99	90	7.5	77
26	157	89	92	10.3	68
27	177	87	62	10.0	72
28	170	92	66	11.5	78
29	78	62	43	9.1	56
30	191	93	87	11.2	80
31	169	95	93	9.1	87
32	170	93	65	9.5	66

续前表

学生编号	期末成绩	测验 1	测验 2	课程论文	课外作业
33	172	92	98	10.0	77
34	168	91	95	10.7	83
35	179	92	80	11.5	82
36	148	61	58	10.5	65
37	103	55	65	10.3	51
38	144	76	88	9.2	67
39	155	63	62	7.5	67
40	141	89	66	8.0	72
41	138	91	42	11.5	66
42	180	90	85	11.2	78
43	120	75	62	9.1	72
44	86	75	46	10.3	72
45	151	91	65	9.3	77
46	149	84	70	8.0	70
47	163	94	92	10.5	81
48	153	93	78	10.3	72
49	172	91	58	10.5	66
50	165	91	61	10.5	79
51	155	89	86	9.1	62
52	181	98	92	11.2	83
53	172	96	51	9.1	83
54	177	95	95	10.0	87
55	189	98	89	7.5	77
56	161	89	79	9.5	44
57	146	93	89	10.7	73
58	147	74	64	9.1	72
59	160	97	96	9.1	80
60	159	94	90	10.6	88
61	101	81	89	9.5	62
62	154	94	85	10.5	76
63	183	92	90	9.5	86

11. 以下是美国 50 个州 2009 年的社会发展资料，从谋杀率、高中毕业率、人均收入、不识字率中，选取 3 个变量，与预期寿命建立多元线性回归模型。

州名	谋杀率	高中毕业率	人均收入	不识字率	预期寿命
亚拉巴马	15.1	41.3	3 624	2.1	69.05
阿拉斯加	11.3	66.7	6 315	1.5	69.31
亚利桑那	7.8	58.1	4 530	1.8	70.55
阿肯色	10.1	39.9	3 378	1.9	70.66
加利福尼亚	10.3	62.6	5 114	1.1	71.71
科罗拉多	6.8	63.9	4 884	0.7	72.06
康涅狄格州	3.1	56.0	5 348	1.1	72.48
特拉华	6.2	54.6	4 809	0.9	70.06
佛罗里达	10.7	52.6	4 815	1.3	70.66
佐治亚	13.9	40.6	4 091	2.0	68.54
夏威夷	6.2	61.9	4 963	1.9	73.60
爱达荷	5.3	59.5	4 119	0.6	71.87
伊利诺伊	10.3	52.6	5 107	0.9	70.14
印第安纳	7.1	52.9	4 458	0.7	70.88
艾奥瓦	2.3	59.0	4 628	0.5	72.56
堪萨斯	4.5	59.9	4 669	0.6	72.58
肯塔基	10.6	38.5	3 712	1.6	70.10
路易斯安那	13.2	42.2	3 545	2.8	68.76
缅因	2.7	54.7	3 694	0.7	70.39
马里兰	8.5	52.3	5 299	0.9	70.22
马萨诸塞	3.3	58.5	4 755	1.1	71.83
密歇根	11.1	52.8	4 751	0.9	70.63
明尼苏达	2.3	57.6	4 675	0.6	72.96
密西西比	12.5	41.0	3 098	2.4	68.09
密苏里	9.3	48.8	4 254	0.8	70.69
蒙大拿	5.0	59.2	4 347	0.6	70.56

续前表

州名	谋杀率	高中毕业率	人均收入	不识字率	预期寿命
内布拉斯加	2.9	59.3	4 508	0.6	72.60
内华达	11.5	65.2	5 149	0.5	69.03
新罕布什尔	3.3	57.6	4 281	0.7	71.23
新泽西	5.2	52.5	5 237	1.1	70.93
新墨西哥	9.7	55.2	3 601	2.2	70.32
纽约	10.9	52.7	4 903	1.4	70.55
北卡罗来纳	11.1	38.5	3 875	1.8	69.21
北达科他	1.4	50.3	5 087	0.8	72.78
俄亥俄	7.4	53.2	4 561	0.8	70.82
俄克拉何马	6.4	51.6	3 983	1.1	71.42
俄勒冈	4.2	60.0	4 660	0.6	72.13
宾夕法尼亚	6.1	50.2	4 449	1.0	70.43
罗得岛	2.4	46.4	4 558	1.3	71.90
南卡罗来纳	11.6	37.8	3 635	2.3	67.96
南达科他	1.7	53.3	4 167	0.5	72.08
田纳西	11.0	41.8	3 821	1.7	70.11
得克萨斯	12.2	47.4	4 188	2.2	70.90
犹他	4.5	67.3	4 022	0.6	72.90
佛蒙特	5.5	57.1	3 907	0.6	71.64
弗吉尼亚	9.5	47.8	4 701	1.4	70.08
华盛顿	4.3	63.5	4 864	0.6	71.72
西弗吉尼亚	6.7	41.6	3 617	1.4	69.48
威斯康星	3.0	54.5	4 468	0.7	72.48
怀俄明	6.9	62.9	4 566	0.6	70.29

第23章

多元回归分析建模

本章用到的方法和工具，大多在前面有关章节做过介绍。掌握建立多元回归模型的技巧，对多元回归分析的结果进行解释，要综合运用本书讲解的方方面面的知识。但我们始终要记住，不能过分地炫耀建模的技巧，关键是要利用模型从数据的角度认识现象。

23.1 示性自变量

坐过山车是一项传统的游乐活动，由于惊险刺激而热度不减，乘坐一次过山车可能只需要 2 分钟，但喜爱这项活动的人往往花很长时间排队。正因为如此，工程师和设计人员竞相制造超大和超快的过山车，表 23—1 是世界各地部分最快过山车的资料。

表 23—1 过山车的统计资料

名称	类型	用时	速度	高度	落差	轨道长度	翻转表示数
Millennium Force	钢制	165	93	310	300	6 595	0
Goliath	钢制	180	85	235	255	4 500	0
Titan	钢制	210	85	245	255	5 312	0
Xcelerator	钢制	62	82	205	130	2 202	0
Desperado	钢制	163	80	209	225	5 843	0
Nitro	钢制	240	80	230	215	5 394	0
Superman	钢制	155	77	208	221	5 400	0
Mamba	钢制	180	75	205	205	5 600	0
Steel Force	钢制	180	75	200	205	5 600	0
Wild Thing	钢制	180	74	207	196	5 460	0
Apollo's Chariot	钢制	135	73	170	210	4 882	0
Raging Bull	钢制	150	73	202	208	5 057	0
Rattler	木制	146	73	179.5	166.5	5 080	0
Superman	钢制	200	73	208	205	5 400	0
Magnum XL-200	钢制	120	72	205	194.6	5 106	0
Viper	钢制	150	70	188	171	3 830	1
Great Scream Machine	钢制	140	68	173	155	3 800	1
Alpengeist	钢制	190	67	195	170	3 828	1
Incredible Hulk	钢制	135	67	110	105	3 700	1
Manhattan Express	钢制	160	67	203	144	4 777	1
American Eagle	木制	143	66	127	147	4 650	0
Wildfire	钢制	136	66	120	155	3 073	1
Deja Vu	钢制	92	65.6	191.5	177	1 204	1
Hercules	木制	135	65	95	151	4 000	0
Kraken	钢制	219	65	149	144	4 177	1

续前表

名称	类型	用时	速度	高度	落差	轨道长度	翻转表示数
Mean Streak	木制	193	65	161	155	5 427	0
Medusa	钢制	195	65	150	150	3 937	1
Orient Express	钢制	150	65	117	115	3 470	1
Rattler	木制	146	65	179.5	124	5 080	0
Riddler's Revenge	钢制	180	65	156	146	4 370	1
Steel Eel	钢制	180	65	150	150	3 700	0
Texas Giant	木制	150	65	143	137	4 920	0
Beast	木制	220	64.8	105	141	7 400	0
Chang	钢制	180	63	154	144	4 155	1
Scream!	钢制	180	63	150	141	3 985	1
Tennessee Tornado	钢制	108	63	163	128	2 682	1
Colossus	木制	150	62	125	115	4 325	0
Screamin Eagle	木制	150	62	110	92	3 872	0
Hangman	钢制	125	55	115	95	2 170	1
Hurricane	木制	120	55	101.5	100	3 800	0
Invertigo	钢制	90	55	138	138	985	1
Iron Wolf	钢制	120	55	100	90	2 900	1
Kong	钢制	125	55	115	95	2 170	1
Mind Eraser	钢制	125	55	115	95	2 170	1
Silver Bullet	钢制	75	55	83	75	1 942	1
T2	钢制	125	55	115	95	2 170	1
Thunderbolt	木制	90	55	70	95	2 887	0
Timber Wolf	木制	133	53	100	95	4 230	0
Wild One	木制	150	53	98	88	4 000	0
Coaster Thrill Ride	木制	105	50	55	52	2 650	0
Comet	木制	105	50	84	78	3 360	0
Mexico Rattler	木制	75	47	80	75	2 750	0
Afterburner	钢制	66	45	56	47	635	1
Whizzer	钢制	120	42	70	64	3 100	0
Canyon Blaster	钢制	60	41	94	66	2 423	1
Blue Streak	木制	105	40	78	72	2 558	0
Fujiyama	钢制	216	80.8	259.2	229.7	6 708.67	0
Titan	钢制	180	71.5	166	178	5 019.67	0
Stunt Fall	钢制	92	65.6	191.6	177	1 204	1
Hayabusa	钢制	108	60.3	137.8	124.67	2 559.1	0
Top Gun	钢制	125	56	102	93	2 170	1

续前表

名称	类型	用时	速度	高度	落差	轨道长度	翻转表示数
Tower of Terror	钢制	28	100	377.33	328.1	1 235	0
Wild Beast	木制	150	56	415	78	3 150	0

表23—1涉及的变量包括：(1) 类型，过山车的轨道是木制的或者钢制的；(2) 用时，转一圈需要多长时间（秒）；(3) 转动速度（英里/小时）；(4) 高度，高于地面的距离（英尺）；(5) 落差，下降的距离（英尺）；(6) 轨道长度，过山车所用轨道的总长度（英尺）；(7) 有无翻转，属于示性变量，带有翻转用1表示，没有翻转用0表示。

□ 23.1.1 调节截距用的示性变量

在开始构建分析模型之前，最好对资料进行一些描述性考察。由表23—1的资料可知，过山车的平均用时为142秒，用时最短的只有28秒，用时最长的是240秒。乘坐过山车的用时长短与轨道长短有很大关系，图23—1是两者的散点图。

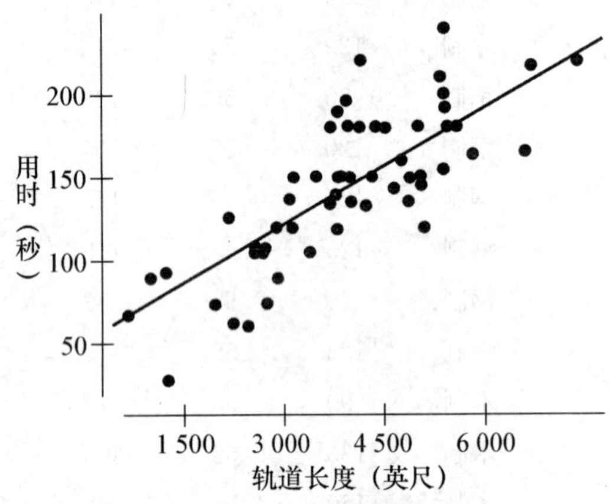

图23—1 过山车用时与轨道长度散点图

由图23—1容易看出，过山车轨道长度与乘坐一次过山车的用时呈正向直线关系。所做的回归分析结果如表23—2和图23—2所示：

表23—2 轨道长度与用时回归分析

R^2	0.620			
修正的R^2	0.614			
标准误差	27.23			
方差分析	自由度	离差平方和	均方	F统计量
回归	1	73 901.7	73 901.7	99.6
残差	61	45 243.7	741.700	
	估计值	标准误差	t统计量	P-值
截距	53.934 8	9.488	5.68	<0.000 1
轨道长度	0.023 1	0.002 3	9.98	<0.000 1

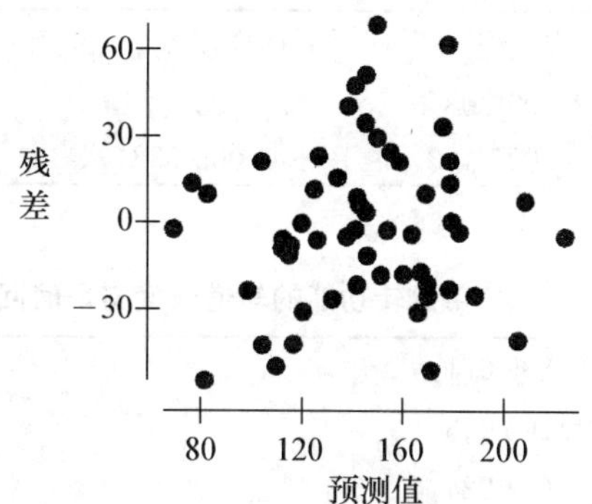

图 23—2　用时预测值与回归残差散点图

根据图 23—2，在用时与轨道长度之间建立回归分析模型的假定条件能得到满足。我们能想象出，过山车的轨道越长，乘坐过山车的用时也越长，从表 23—2 的回归分析输出结果可知，乘坐过山车的基本用时大约是 53.9 秒，轨道长度每增加 1 英尺，用时将增加 0.023 1 秒，或者说轨道长度每增加 1 000 英尺，乘坐时间会增加约 23 秒。

新型过山车都有翻转功能，这会带来更大的刺激，但也会对施工和过山车的运行速度产生影响。根据表 23—1 中的数据，现在我们想把翻转这个变量引入轨道长度与用时的回归分析。在前面的学习中，我们遇到的自变量都是数值型变量。有无翻转功能是个属性变量，把它纳入回归分析模型会对分析结果产生什么影响呢？对此，我们还是从绘制散点图入手，具体见图 23—3。

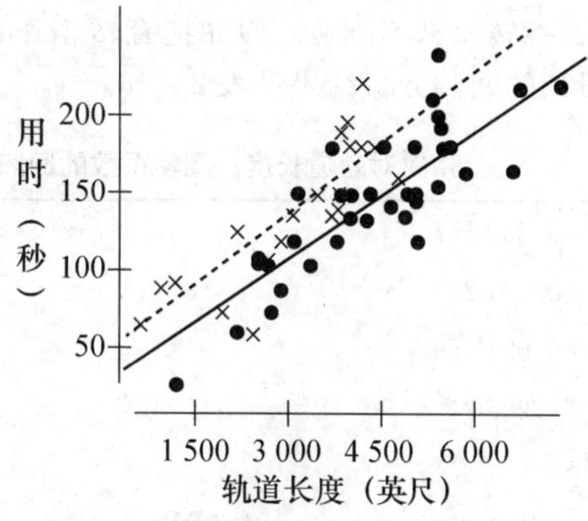

图 23—3　引入翻转变量后轨道长度与时长散点图

轨道长度和用时的数据一样，但在引入翻转变量后，图 23—3 中显示了两条回归线。很容易看出，有翻转功能的过山车用时相对较长，不过两条回归线的斜率似乎变化不大。为更清晰地理解，下面把表 23—1 的资料分成两组，一组不带翻转功能，另一组带有翻转功能，然后分别进行回归分析，得到的结果见表 23—3 和表 23—4。

表 23—3　不带翻转功能的轨道长度与用时回归分析

相关系数	0.832 837
R^2	0.693 617
修正的 R^2	0.685 107
标准误差	25.122 51
观测值	38

	估计值	标准误差	t 统计量	P-值
截距	25.996 08	14.098 72	1.843 862	0.073 447
轨道长度	0.027 428	0.003 038	9.027 741	8.87E−11

表 23—4　　带翻转功能的轨道长度与用时回归分析

相关系数	0.839 671			
R^2	0.705 048			
修正的 R^2	0.692 224			
标准误差	23.202 16			
观测值	25			
	估计值	标准误差	t 统计量	P-值
截距	47.645 4	12.501 68	3.811 12	0.000 898
轨道长度	0.029 917	0.004 035	7.414 76	1.54E−07

由表 23—3 和表 23—4 可知，带翻转功能的截距值为 47.645 4，比不带翻转功能的截距值 25.996 08 大得多，带翻转功能时用时对轨道长度的回归系数为 0.029 917，不带翻转功能时用时对轨道长度的回归系数为 0.027 428，两者相差不大。

在回归分析中，如果出现了如图 23—3 所示的情形，我们有一种比较简单的办法，可以把表 23—3 和表 23—4 各自的回归分析合并在一个回归模型中，这时只需要引入示性自变量就能达到目的。示性变量属于属性变量范畴，取值要么是 0 要么是 1，如同过山车要么翻转要么不翻转。假如把翻转当作自变量引入用时对轨道长度的回归模型，我们得到的回归分析结果见表 23—5。

表 23—5　　用时对轨道长度、翻转系数的回归分析

相关系数	0.839 177			
R^2	0.704 218			
修正的 R^2	0.694 359			
标准误差	24.235 31			
观测值	63			
	估计值	标准误差	t 统计量	P-值
截距	22.390 91	11.389 55	1.965 917	0.053 941
轨道长度	0.028 239	0.002 406	11.735 94	3.54E−17
翻转	30.082 36	7.289 568	4.126 769	0.000 115

表 23—5 的回归分析效果相对于分组回归（见表 23—3、表 23—4）的效果更好，至少表 23—5 中的拟合优度系数值比表 23—3 中的拟合优度系数值大，回归系数检验统计量的值也比较大。

由表 23—5 引入一个示性变量即翻转后的回归分析模型为：

22.390 9＋0.028 239×轨道长度＋30.082 4×翻转表示数

在计算因变量预测值时，模型中引入的示性自变量发挥了什么作用？下面我们用两辆过山车的资料进行说明，这些资料是从表 23—1 中截取的，具体见表 23—6。

表 23—6　两辆过山车的资料

名称	类型	用时	速度	高度	落差	轨道长度	翻转表示数
Hangman	钢制	125	55	115	95	2 170	1
Hayabusa	钢制	108	60.3	137.8	124.67	2 559.1	0

根据表 23—6 的资料和得到的回归方程，乘坐过山车 Hangman 的用时为：

22.390 9＋0.028 239×轨道长度＋30.08×翻转
＝22.390 9＋0.028 239×2 170＋30.082 4×1
＝113.75

乘坐过山车 Hayabusa 的用时是：

22.390 9＋0.028 239×轨道长度＋30.082 4×翻转
＝22.390 9＋0.028 239×2 559.1＋30.082 4×0
＝94.66

将根据回归方程得到的预测结果与乘坐 Hangman 和 Hayabusa 的实际用时相比较，可发现它们之间的差距不是太大。当过山车带有翻转功能（如 Hangman）时，翻转变量取值 1，其回归系数为 30.082 4，直接被加入到预测值中。如果过山车不带有翻转功能（如 Hayabusa），翻转变量取值 0，这样回归方程中的这一项对预测值没有作用。回过头来看看图 23—3，带与不带翻转功能的差别，在截距项上的体现正是示性变量的回归系数。这似乎与我们一开始对回归系数的解释相冲突，因为我们一直把自变量前面的回归系数当作斜率来看，但对多元线性回归分析中的示性变量，它的作用确实有所变化。上述关于示性变量的使用办法，只是对回归截距项在垂直方向上带来变化，并没有影响回归系数。

□ 23.1.2　调节回归系数使用的示性变量

在多元线性回归模型中，把示性变量当作其他数值型自变量那样使用，仅会使回归线上下变动，不会改变回归方程的回归系数。下面我们要讨论的是，如何利用示性变量改变回归方程的回归系数。表 23—7 是食物的含糖量（单位：克）、带不带肉（鸡肉、鱼肉等），以及相应的热量（单位：卡路里）等资料。

表 23—7　含糖量、带不带肉、热量数据

编号	热量	含糖量	带肉表示数	含糖量×带肉表示数
1	680	53	1	53
2	780	55	1	55
3	920	53	1	53
4	1 020	55	1	55
5	320	30	0	0
6	370	31	0	0
7	480	30	1	30
8	570	32	1	32
9	610	32	1	32

续前表

编号	热量	含糖量	带肉表示数	含糖量×带肉表示数
10	330	43	0	0
11	710	67	1	67
12	550	52	1	52
13	450	37	1	37
14	170	10	0	0
15	360	46	0	0
16	320	40	0	0
17	230	22	0	0
18	290	25	0	0
19	340	52	0	0
20	500	26	1	26
21	300	35	0	0
22	650	38	1	38
23	510	35	1	35
24	390	46	1	46
25	440	51	1	51
26	240	23	0	0
27	440	79	0	0
28	500	95	0	0
29	500	95	0	0
30	230	56	0	0
31	140	33	0	0
32	110	12	0	0

根据表 23—7 中的含糖量和热量资料，绘制的散点图见图 23—4。

由图 23—4 可知，食物的含糖量多，其热量也高。但图中显示从左往右的散点逐渐呈现放射状，这表明可能存在某种其他的因素在起作用。把食物区分成带肉和不带肉两种情形，绘制的散点图及其拟合线见图 23—5。

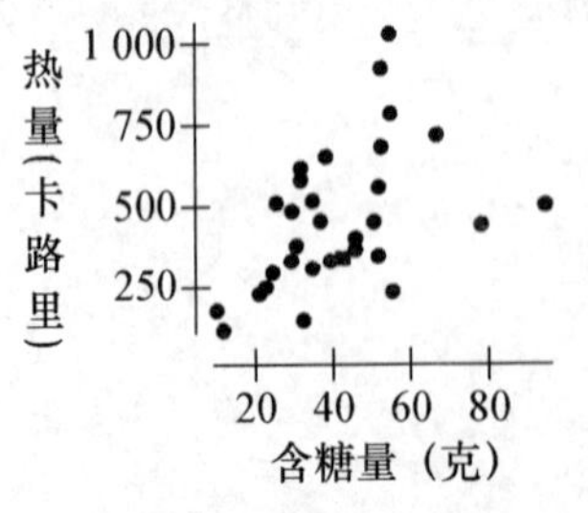

图 23—4　含糖量和热量散点图

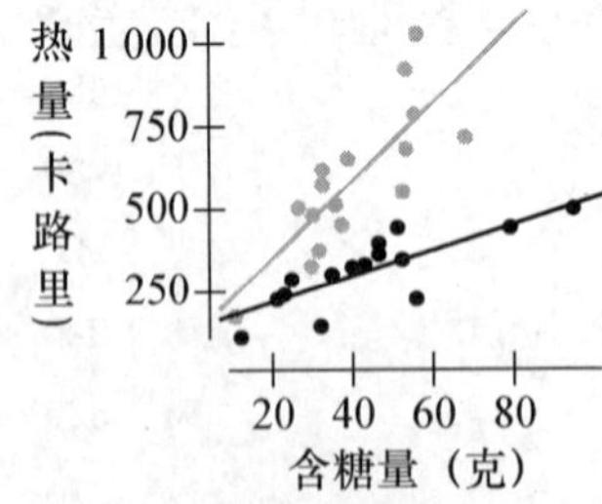

图 23—5　带与不带肉食物的含糖量和热量

由图 23—5 容易看出，带肉食物的热量比不带肉食物的热量高，并且两条回归拟合线的斜率不一样了。

处理这样的回归模型问题仍然要依靠示性自变量。现在不仅需要把示性变量即带不带肉放入模型，而且要用带肉表示数乘以含糖量作为自变量，与含糖量一起当作热量的解释因子。带肉表示数乘以含糖量是交互作用项，可以用以调节含糖量的回归系数，带不带肉作为自变量，调节的是多元回归模型的截距。

根据表 23—7 的资料，得到的回归分析结果如表 23—8 所示：

表 23—8　　**引入交互作用项后的回归分析结果**

相关系数	0.853 544			
R^2	0.728 537			
修正的 R^2	0.699 452			
标准误差	117.943 8			
观测值	32			
方差分析	自由度	离差平方和	均方	F 统计量
回归分析	3	1 045 321	348 440.5	25.048 32
残差	28	389 500.5	13 910.73	
总计	31	1 434 822		
	估计值	标准误差	t 统计量	F-值
	估计值	标准误差	t 统计量	P-值
截距	149.038 5	56.604 83	2.632 964	0.013 623
含糖量	3.653 846	1.142 179	3.199 014	0.003 414
带肉表示数	118.598 2	132.362 9	0.896 008	0.377 887
含糖量×带肉表示数	4.269 793	2.859 785	1.493 047	0.146 609

下面，我们以表 23—7 中编号 4、编号 26 的食物为例，说明引入示性变量和交互作用项后的预测效果。

对编号 4 的食物，由表 23—8 的回归结果得：

149.038 5＋3.653 846×含糖量＋118.598 2×肉＋4.269 793×（含糖量×带不带肉）
＝149.038 5＋3.653 846×55＋118.598 2×1＋4.269 793×（55×1）
＝（149.038 5＋118.598 2）＋（3.653 846＋4.269 793）×55
＝703.436 9

对编号 26 的食物，由表 23—8 的回归结果得：

149.038 5＋3.653 846×含糖量＋118.598 2×肉＋4.269 793×（含糖量×带不带肉）
＝149.038 5＋3.653 846×23＋118.598 2×0＋4.269 793×（23×0）
＝149.038 5＋3.653 846×23
＝233.076 9

虽然存在一定的预测误差，但这里的示例也能说明问题，即引入示性变量及其交互作用项后，回归分析模型的截距和斜率都发生了一定的改变。

23.2　杠杆效应与影响点

通过数据驱动和建立回归模型，我们能掌握变量之间的关系，另外，就像我们在介绍简单回归分析时提到的，那些模型拟合不了的、和大量数据格格不入的数据点，也能提供很多信息。

如果某个数据和其他数据不一样，我们应该去验明它，在可能的情况下，要去了解为什么会发生这样的事。在简单回归分析中，我们已经指出，某个特殊的数据点可能会以两种方式出现，一是因变量 y 值离回归线比较远，二是自变量 x 值远离数据群。在多元回归分析中，还可能同时出现几个自变量 x 取值的异常。以残差值形式表现出来的 y 值异常被称为影响效应，自变量 x 值表现出来的异常被称为杠杆点或杠杆效应。

□ 23.2.1 杠杆点与杠杆效应

先来看个例子。近年来发生的一系列航空安全事件，使得安检受到高度的重视。乘飞机安检由来已久，在线刑事司法统计资料汇编中公布了 1977—1999 年的一组资料（见表 23—9）：

表 23—9　　1977—1999 年安检统计资料

年份	安检人次	检测出手枪次数	检测出长枪次数	检测出人体炸弹次数	安检出错次数
1977	508.8	1 730	64	810	44
1978	579.7	1 827	67	896	64
1979	592.5	1 962	55	1 060	47
1980	585.0	1 878	36	1 031	32
1981	598.5	2 124	44	1 187	49
1982	630.2	2 559	57	1 314	27
1983	709.1	2 634	67	1 282	34
1984	775.6	2 766	100	1 285	27
1985	992.9	2 823	90	1 310	42
1986	1 055.3	2 981	146	1 415	89
1987	1 095.6	3 012	99	1 581	81
1988	1 054.9	2 591	74	1 493	222
1989	1 113.3	2 397	92	1 436	83
1990	1 145.1	2 490	59	1 337	18
1991	1 015.1	1 597	47	893	28
1992	1 110.8	2 503	105	1 282	13
1993	1 150.0	2 707	91	1 354	31
1994	1 261.3	2 860	134	1 433	35
1995	1 263.0	2 230	160	1 194	68
1996	1 496.9	1 999	156	999	131
1997	1 659.7	1 905	162	924	72
1998	1 666.5	1 401	114	660	86
1999	1 822.0	1 421	131	633	58

根据表 23—9 中检测出长枪次数、安检出错次数所做的回归分析结果如表 23—10 所示：

表 23—10　　检测出长枪次数对安检出错次数回归

相关系数	0.278 904			
R^2	0.077 787			
修正的 R^2	0.033 873			
标准误差	38.667 85			
观测值	23			
	估计值	标准误差	t 统计量	P-值
截距	78.906 95	13.596 9	5.803 303	9.25E−06
安检出错	0.242 679	0.182 341	1.330 91	0.197 489

从表 23—10 输出的分析结果看，在安检出错次数和检测出长枪次数之间建立的回归模型，是极不可行的，因为拟合优度系数仅为 7.78%，安检出错次数的回归系数 P-值似乎很大。但我们再来看看安检出错次数和检测出长枪次数的散点图，又会是怎样的一种情况？具体见图 23—6。

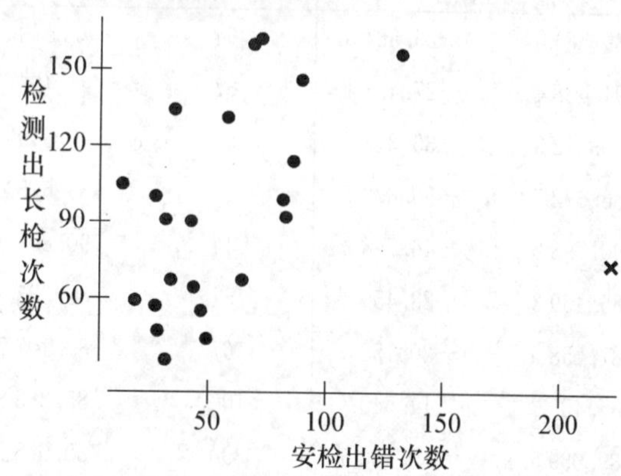

图 23—6　安检出错次数与检测出长枪次数散点图一

图 23—6 显示了一个不正常点，对照表 23—9 的资料，发现这个数据点来自 1988 年，该年的安检出错次数突然蹿升到 200 次以上。这个数据是个高杠杆点，因为它远离其他安检出错次数。由此，我们也容易看出该杠杆点对回归线的影响，具体见图 23—7。

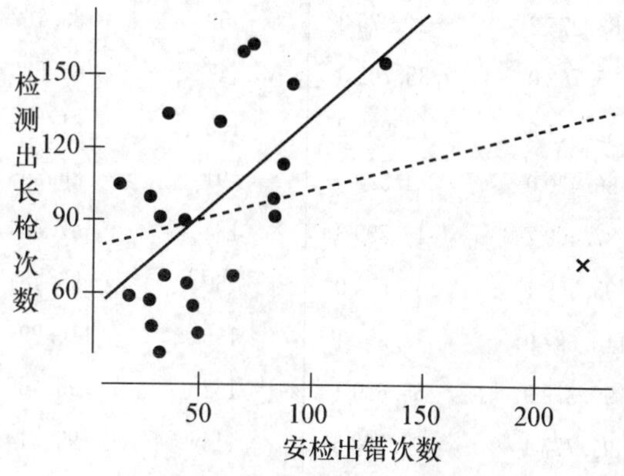

图 23—7　安检出错次数与检测出长枪次数散点图二

图 23—7 中一共有两条回归线，虚线是根据不包含杠杆点的资料拟合的，实线是由包含杠杆点在内所有资料拟合的。这两条回归线的斜率很不一样，不包含杠杆点的回归线的斜率，明显大于包含杠杆点在内所有资料的回归线的斜率。由此可见杠杆点对回归模型的影响程度。

对于杠杆点，我们可以测算它的影响效应。具体做法是：保持其他观察数据不变，单纯改变某个杠杆点中的 y 值 1 单位（也就是减去 1 或加上 1）；分别对原始数据和改变后的数据做回归分析，得到各自回归的预测值；用原始数据的预测值减去改变杠杆点 y 值 1 单位后数据的回归预测值；对所得到结果取绝对值，便得到杠杆点的效应。以表 23—9 的资料为例，我们已经知道了 1988 年的安检出错次数是个杠杆点，现在我们将它对应的因变量 74 减去 1。根据前面介绍的方法，得到如下回归预测结果（见表 23—11）：

表 23—11　　杠杆效应测算

原始数据的回归预测			改变某个杠杆点中的 y 值 1 单位			杠杆效应的绝对值
原始因变量值	因变量预测值	残差	1988 年因变量改变值	因变量预测值	残差	
64	89.5848	−25.5848	64	89.5705	−25.5705	
67	94.4384	−27.4384	67	94.4962	−27.4962	
55	90.3129	−35.3129	55	90.3094	−35.3094	
36	86.6727	−50.6727	36	86.6152	−50.6152	
44	90.7982	−46.7982	44	90.8019	−46.8019	
57	85.4593	−28.4593	57	85.3838	−28.3838	
67	87.1580	−20.1580	67	87.1077	−20.1077	
100	85.4593	14.5407	100	85.3838	14.6162	
90	89.0995	0.9005	90	89.0780	0.9220	
146	100.5054	45.4946	146	100.6532	45.3468	
99	98.5640	0.4360	99	98.6829	0.3171	
74	132.7818	−58.7818	75	133.4085	−58.4085	0.6267
92	99.0493	−7.0493	92	99.1755	−7.1755	
59	83.2752	−24.2752	59	83.1672	−24.1672	
47	85.7020	−38.7020	47	85.6300	−38.6300	
105	82.0618	22.9382	105	81.9358	23.0642	
91	86.4300	4.5700	91	86.3689	4.6311	
134	87.4007	46.5993	134	87.3540	46.6460	
160	95.4091	64.5909	160	95.4813	64.5187	
156	110.6979	45.3021	156	110.9970	45.0030	
162	96.3799	65.6201	162	96.4664	65.5336	
114	99.7774	14.2226	114	99.9143	14.0857	
131	92.9824	38.0176	131	93.0185	37.9815	

杠杆效应的取值始终在 0～1 范围内。杠杆效应值不可能超过 1，因为即使我们把杠杆点剔除，所得到的回归线也不会离得太远；另外杠杆效应值也不会小于 0，因为即使剔除杠杆点，所得到的回归线也不可能改变方向。杠杆效应值越接近于 1，表明杠杆点对回归模型的影响越大，反之，杠杆效应值越接近于 0，说明杠杆点对回归模型的影响越小。0 杠杆效应的数据点，对回归模型没有影响，但它对拟合优度系数、估计标准误差、F 统计量和 t 统计量仍然有作用。

表 23—11 给出的 1988 年杠杆点的效应值是 0.626 7，说明杠杆点对安检出错次数与检测出长枪检测次数之间的回归方程有较大的影响。假如 1988 年检测出的长枪数量再多些，那么每多检测出 1 支长枪，预测值将会提高 0.626 7。

以上我们只是对一个杠杆点进行分析，如果要对几个甚至所有数据测算杠杆效应，其计算过程和方法相对比较复杂，这里就不再介绍了。

□ 23.2.2　影响点

残差与标准化残差

残差的性质不完全一样。对某个具有杠杆效应值 1 的观察单位而言，这可能是最大的杠杆效应了，意味着回归线完全经过这个点，因而它的残差值一定是 0。如果残差是 0，那么其标准差也是 0。一般而言，这个状况是存在的：杠杆效应越大，残差的标准差就会越小。

在比较具有不同标准差的数值时，最好的做法是把它们都进行标准化处理。在回归分析中，比较残差时也能这样做。把每个回归残差除以它们的标准差，便得到标准化的残差。一旦对回归残差实施了标准化，由此得到的数值将服从学生 t 分布。通常，我们把标准化后的回归残差称为学生化残差。学生化残差有助于我们评估回归分析的渐近正态性和等方差条件，任何一个标准化残差，如果不同于其他标准化残差值，都是值得我们格外关注的。

在前面介绍回归模型分析时，我们把残差看成是具有相同的标准差的，总是用没有经过标准化处理的残差绘制残差图，以检查渐近正态性假定是否满足。现在需要指出的是，这样的做法有点简单化了。对于简单的回归分析，这种做法还可以接受，但对于多元回归分析，在检查正态性假定条件时，最好还是使用学生化残差。

影响点的识别和处理

一个观察单位在具有高杠杆效应的同时也有较大的学生化残差，我们称之为影响点。对影响点，需要给予特别的关注，因为它有可能会拟合出另一个差别很大的回归模型。

如果某个观察单位是影响点，最好了解能不能剔除，以及它在多大程度上改变了回归模型。要想清楚识别可能的影响点，需要检查杠杆效应和学生化残差。将杠杆效应和学生化残差联系起来，以反映影响点的两个统计量是 Cook 距离和 DFFIT。如果某个观察单位的 Cook 距离或 DFFIT 比较大，我们就把它当成可能的影响点。

在做回归分析时，如果存在某些观察单位既有高杠杆点又有较大的学生化残差，我们不能仅报告对所有数据拟合的回归方程，还应该计算和讨论剔除这些观察单位后的回归分析情况，对那些能带来额外信息的影响点，也要进行单独的考察。假如研究的兴趣仅在于了解客观现象，这些异常的观察单位或许能揭示模型之外的更多信息。要是我们的兴趣在于建模本身（比如：希望运用建立的模型进行预测），这时我们应该把握分寸，不能使构建的模型受到几个影响点的干扰。

23.2.3 实例应用讲解

以本章前面提到的过山车为例，要想使过山车的速度更快，需要借助重力，因此我们自然会想到诸如高度、落差这样的影响因素。下面，我们着重讨论如何在速度和过山车高度、落差之间建立回归模型。

第一步，陈述所要讨论的问题。根据表 23—1 给定的资料，分析过山车的运行速度和高度、落差之间的关系，并在可能的情况下建立相应的多元回归分析模型。

第二步，分析变量和资料说明。该问题涉及 3 个变量，分别是过山车的运行速度、高度和落差，其中过山车的运行速度作为因变量，过山车的高度和落差作为自变量。它们都是数值型的测量变量，每个变量各有 63 项数据。

第三步，检查回归分析的假定条件。由表 23—1 的资料绘制过山车的运行速度与高度、过山车的运行速度与落差的散点图，分别见图 23—8 和图 23—9。

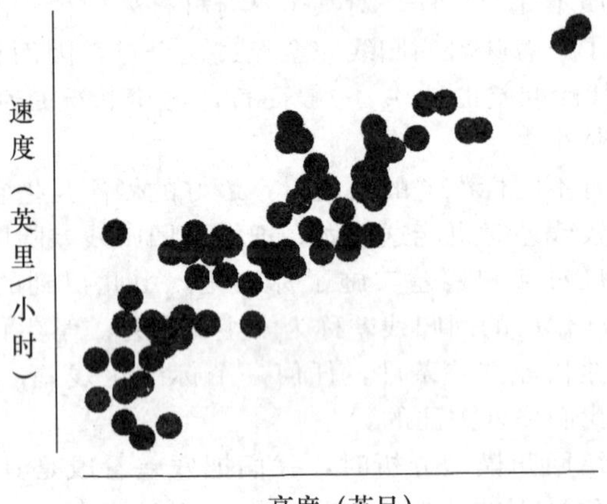

图 23—8　过山车的运行速度与高度散点图

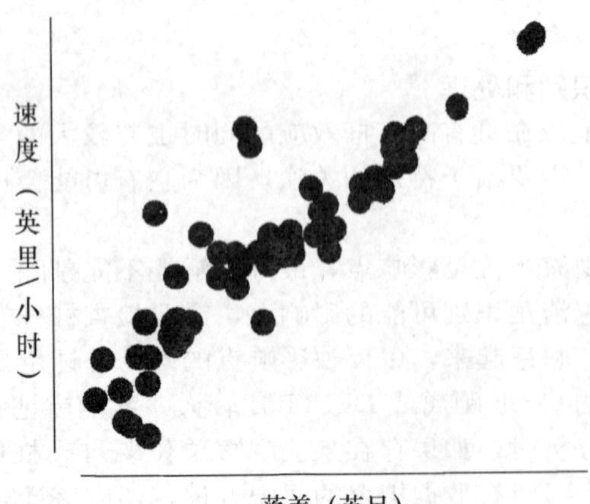

图 23—9　过山车的运行速度与落差散点图

根据图 23—8 和图 23—9，过山车的运行速度与高度、过山车的运行速度与落差之间，基本上呈直线形状，表明符合回归分析的线性假定要求。

表 23—1 列示的过山车分布在世界各地，尽管它们中的一部分有可能是同一厂家制造的，但安装在各地的要求不同，因此有理由可以认为过山车相互之间不相关。

由于线性假定和独立性假定基本能得到满足，可以对给定的资料进行回归分析。由得到的回归残差绘制的预测值与学生化残差散点图见图 23—10。

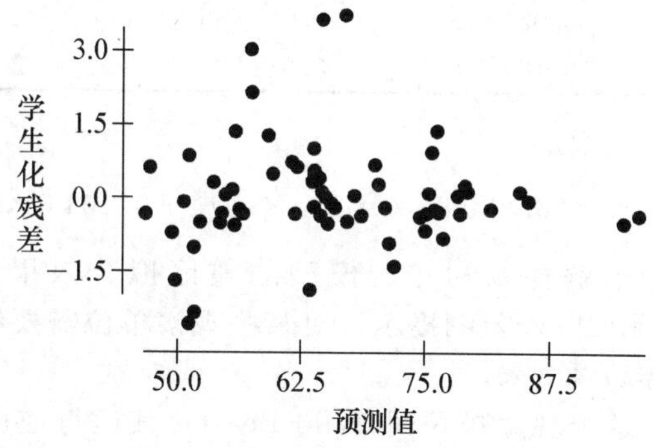

图 23—10　预测值与学生化残差散点图

从图 23—10 可看出，尽管有部分观察单位似乎存在异常，但整体上不影响回归分析。另外，也没有呈现出非常明显的规则形状。所以，同方差的假定能够得到满足。

由标准化残差绘制的直方图见图 23—11。

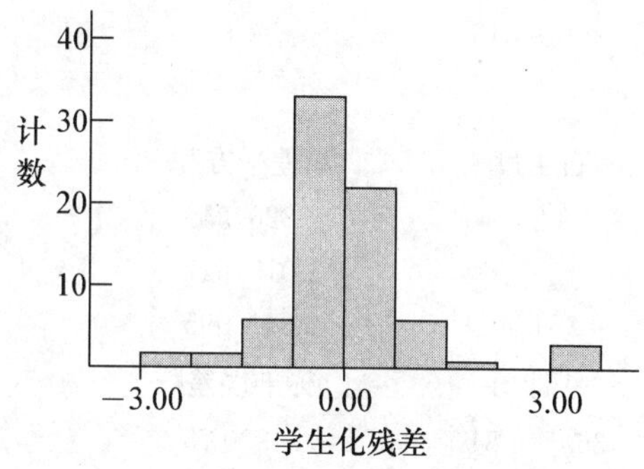

图 23—11　标准化残差直方图

图 23—11 显示，标准差呈单峰对称分布，符合渐近正态性的条件。

第四步，进行回归分析并输出结果。根据回归分析条件的检查，基本上可以在过山车的运行速度和高度、落差之间建立多元线性回归模型。由表 23—1 的资料得到的回归分析结果如表 23—12 所示：

表 23—12　过山车的运行速度和高度、落差回归分析

相关系数	0.937 204
R^2	0.878 351
修正的 R^2	0.874 296
标准误差	4.252 374
观测值	63

方差分析	自由度	离差平方和	均方	F 统计量
回归分析	2	7 833.805	3 916.902	216.610 7
残差	60	1 084.961	18.082 69	
总计	62	8 918.766		
	估计值	标准误差	t 统计量	P-值
截距	36.839 76	1.461 133	25.213 15	1.26E−33
高度	0.024 418	0.011 686	2.089 596	0.040 902
落差	0.164 828	0.013 53	12.182 52	7.22E−18

得到的回归模型是：

$$\widehat{\text{运行速度}}=36.839\,8+0.0244\times\text{高度}+0.164\,8\times\text{落差}$$

第五步，结果解释及讨论。模型的整体拟合效果尚可，拟合优度系数达到87.84%。学生化回归残差图提示，对某些观察单位需要给予特别注意，这从高度与落差散点图很容易看出来。

经过比对，这个观察单位是 Wild Beast，其运行速度为 56 英里/小时，高度为 415 英尺，落差为 78 英尺。剔除该影响点后的回归结果见表 23—13。

表 23—13　剔除影响点后过山车的运行速度和高度、落差回归分析

相关系数	0.940 815			
R^2	0.885 134			
修正的 R^2	0.881 24			
标准误差	4.149 018			
观测值	62			
方差分析	自由度	离差平方和	均方	F 统计量
回归分析	2	7 826.349	3 913.174	227.320 5
残差	59	1 015.647	17.214 35	
总计	61	8 841.995		
	估计值	标准误差	t 统计量	P-值
截距	36.546 81	1.4330 75	25.502 37	1.49E−33
高度	0.067 55	0.024 331	2.776 256	0.007 357
落差	0.122 022	0.025 087	4.864 003	8.92E−06

剔除影响点后，模型的整体拟合优度有所提高，但效果不太明显。

23.3　多元回归模型的选择

23.3.1　多元回归建模的基本“准则”

在有许多自变量可用时，我们很自然地想从中挑选一些进行回归建模。如何选择呢？对此，首先也是最重要的是认识到无论怎样做，我们也无法获得“最好”的回归模型。可能在某种情况下建立起来的模型符合我们的意图，但换成另外的场合也许会不合适。拥有最大拟合优度系数的回归方程，并不一定能满足多方面的要求。多元回归模型往往很难捉摸，其回归系数的意指经常与它们起初呈现出来的不一样，选择使用什么样的自变量，几乎决定着回归分析的一切。自变量之间的交互作用，使得理解和解释起来更为复杂。所以，在构建回归模型时，最好是建立一个“质量过得去”的模型，在这样的模型中使用尽可能少的自变量。另外，不要遗漏掉无论从理论还是实际应用来讲都很重要的自变量。做好这两个方面的权衡，才是选择优良回归模型的核心所在。

能谈得上优良的多元回归模型，除了满足多元回归模型的假定条件外，还需要符合下列要求：（1）模型中应该只有较少的自变量；（2）拟合优度系数 R^2 要保持较高水平，使得因变量的变异能被模型的自变量解释掉大部分比例；（3）回归残差的标准误差 s 要保持较低水平；（4）t 统计量和 F 统计量对应的 P-值较小，F 统计量对应的 P-值小，表明构建的回归模型整体上具有代表性，t 统计量对应的 P-值小，意味着回归参数极可能显著不等于 0；（5）不存在异常的高杠杆观察单位，因为这会使模型的稳定性非常差；（6）由既定的回归模型计算出来的残差，不存在异常的、特别大的值，学生化残差显示出渐近的正态分布；（7）自变量要能得到可靠的测量值，并且相互之间不相关。

要想保证建立起来的多元回归模型都能符合上述七项要求，很不容易做到，我们只能在它们当中尽可能做到平衡。

最后需要指出的是，对那些高杠杆点或回归残差较大的观察单位，可以通过引入示性变量，将它们纳入一个统一的回归模型。

□ 23.3.2　多元回归建模的策略

先建立一个简单的回归模型，然后不断往模型中添加新的自变量。每次加入的自变量，要能对因变量的变异做出较多的解释，并依此计算出相应的回归残差。在还有新的自变量可用时，要挑选与当前回归残差相关程度较高、最有可能改善已建立的模型的那一个。假如发现一个自变量与现行回归模型的回归残差高度相关，但它又不被我们认为很重要，这时就得停下来好好想想了。考察待选的自变量，既不能因为高度相关而把没有什么认识功能的变量纳入回归模型，也不能因为当初认为不重要就一味排除某个变量。如何处理两者之间的关系，正是成功建模的关键所在。

当然，我们也可以在一开始建立一个包含许多自变量的多元回归模型，然后逐步把那些 t 统计量较小的自变量剔除。在这一过程中，最好每做一次都绘制一下残差图，以检查异常点和高杠杆点，因为那些具有影响效应的观察单位，不论对解释作用强的还是弱的自变量，都有可能产生强烈的干扰。

最后，在建立多元回归模型的过程中，也可以将上述两种策略结合在一起使用，一边往模型中增加自变量，一边从模型中剔除作用不大的解释变量。

□ 23.3.3　多元回归建模实例讲解

在上一章，我们以出生死亡率（IM）为因变量，以每 10 万 1～14 岁儿童中死亡人数（CDR）、16～19 岁青少年失学百分比（HSD）、低体重的出生人数占比（LBW）、未成年妈妈生育占比（TB）、不正常死亡占比（TD）为自变量，建立了一个多元线性回归分析模型，求解的结果显示有部分自变量（比如 HSD，TB，TD 等）的 t 统计量值偏小。这表明，虽然获得了回归经验方程，但从建模的要求来看质量不高。现在，我们就来探讨如何改进。

第一步，陈述所要讨论的问题。这里，在上一章的基础上讲解如何把模型建立得更符合要求。

第二步，分析变量和资料说明。该问题的因变量是 *IM*，可供选择的自变量是：*CDR*，*HSD*，*LBW*，*TB*，*TD*。它们都是数值型变量，其数值来自美国 1999 年 50 个州的统计资料。

第三步，讨论建模的条件。图 22—9 显示没有非线性形状、没有异常点，线性假定能得到满足。给定的资料是美国每个州的统计数据，各个州之间相互影响不大。在这两个条件下，可以对给定的资料进行回归分析，由此得到的出生死亡率预测值和学生化残差散点图见图 23—12。

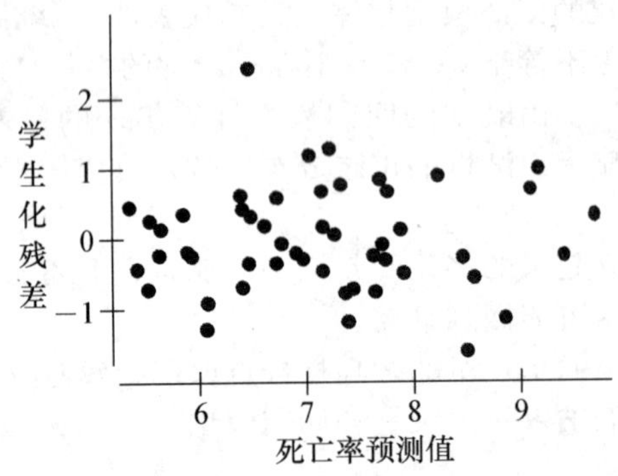

图 23—12　出生死亡率预测值和学生化残差散点图

图 23—12 没有显示出明显的趋势，等方差假定应该能得到满足。由学生化残差绘制的直方图见图 23—13。

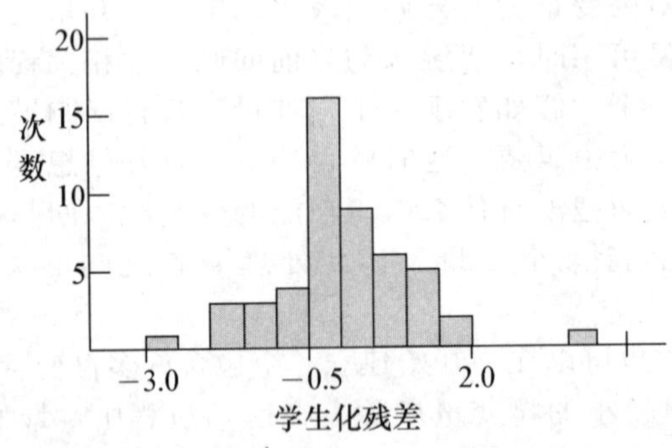

图 23—13　学生化残差直方图

图 23—13 呈单峰对称状，但似乎存在一个异常点。经过比对，发现这个观察单位是南达科他州。

第四步，构建回归分析模型。我们先把所有的自变量都纳入回归模型，并且把南达科他州（*SD*）作为异常点通过示性变量引入，这样得到的回归分析结果见表 23—14。

表 23—14　　*IM* 对 *CDR* 等的回归

相关系数	0.887 101
R^2	0.786 948
修正的 R^2	0.757 22
标准误差	0.655 1
观测值	50

	估计值	标准误差	t 统计量	P-值
截距	1.263 67	0.800 459	1.578 682	0.121 738
CDR	0.028 3	0.012 09	2.340 863	0.023 946
HSD	−0.106 78	0.053 212	−2.006 67	0.051 099
LBW	0.733 684	0.105 272	6.969 435	1.42E−08
TB	0.022 39	0.020 853	1.073 68	0.288 955
TD	−0.000 32	0.009 942	−0.032 28	0.974 399
SD	2.742 974	0.708 605	3.870 947	0.000 364

由表 23—14 可知，南达科他州（SD）作为示性自变量的回归系数，其检验统计量对应的 P-值很小，只有 0.000 364，所以它是模型中的异常点。TB 和 TD 这两个自变量的 t 检验统计量值较小，对应的 P-值较大，表明对因变量的解释作用不大，属于模型中的多余自变量。根据上述建模的要求，先把自变量 TD 剔除，然后对剩下的自变量做回归，得到表 23—15。

表 23—15　　剔除 *TD* 后的回归分析结果

相关系数	0.887 098			
R^2	0.786 943			
修正的 R^2	0.762 732			
标准误差	0.647 621			
观测值	50			
	估计值	标准误差	t 统计量	P-值
截距	1.250 39	0.678 795	1.842 073	0.072 21
CDR	0.028 011	0.008 026	3.489 801	0.001 111
HSD	−0.106 67	0.052 499	−2.031 86	0.048 233
LBW	0.733 944	0.103 766	7.073 08	8.93E−09
TB	0.022 36	0.020 595	1.085 702	0.283 524
SD	2.739 478	0.692 288	3.957 137	0.000 273

从表 23—15 可以看出，剔除 TD 这个自变量对整个模型的代表性影响不大，拟合优度系数只是略微降低了一点点。根据回归系数检验规则，TB 的回归系数仍然没有通过显著性检验，所以可以从模型中剔除。

表 23—16　　再删除 *TB* 后的回归分析结果

相关系数	0.883 875			
R^2	0.781 235			
修正的 R^2	0.761 79			
标准误差	0.648 906			
观测值	50			
	估计值	标准误差	t 统计量	P-值
截距	1.037 82	0.651 235	1.593 618	0.118 022
CDR	0.031 043	0.007 54	4.117 173	0.000 162
HSD	−0.067 32	0.038 059	−1.768 93	0.083 683
LBW	0.783 343	0.093 443	8.383 092	9.61E−11
SD	2.661 502	0.689 919	3.857 705	0.000 362

比较表23—15和表23—16，剔除自变量 *TB* 后，模拟的拟合优度系数又略微变小了，但修正的拟合优度系数反而有所增加。另外，*HSD* 的检验统计量的 *P*-值还是有点大，可以进一步把这个自变量从模型中剔除。

表23—17　进一步剔除 *HSD* 后的回归分析结果

相关系数	0.875 228			
R^2	0.766 023			
修正的 R^2	0.750 764			
标准误差	0.663 754			
观测值	50			
	估计值	标准误差	t 统计量	P-值
截距	0.760 145	0.646 495	1.175 794	0.245 727
CDR	0.026 988	0.007 347	3.673 175	0.000 623
LBW	0.750 461	0.093 671	8.011 673	2.84*E*−10
SD	2.740 571	0.704 222	3.891 63	0.000 319

经过这样一系列的剔除处理，表23—17中无论是拟合优度系数，还是回归系数的 t 检验，都是符合建立模型的要求的。为进一步验证建立的模型，再来看看由表23—17确定的回归模型的残差变化情况，具体见图23—14和图23—15。

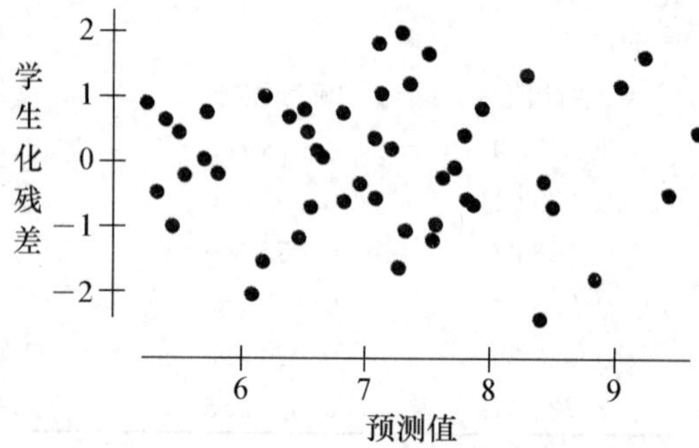

图23—14　预测值与学生化残差散点图

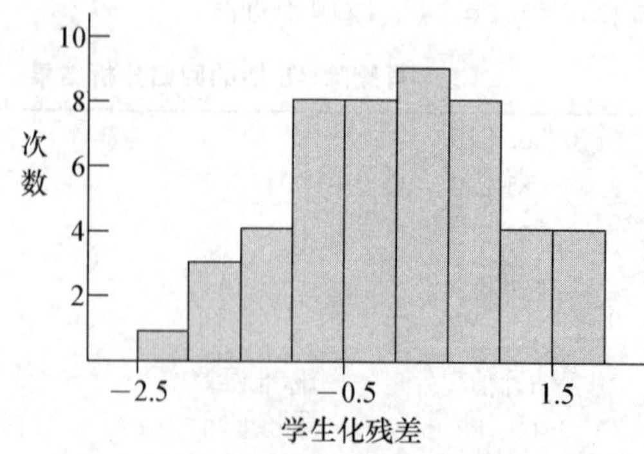

图23—15　学生化残差直方图

图23—14没有表现出某种系统性结构，图23—15显示学生化残差呈单峰对称状。结合表23—17可知，建立的回归模型基本上符合多元回归建模的要求。

复习思考题

1. 近年来全球变暖引起了广泛的关注，人们怀疑罪魁祸首就是大气中二氧化碳（CO_2）水平的持续升高。美国国家海洋和大气管理中心（NOAA）网站公布了 1959—2009 年的一组数据，其中全球气候异常变化是每年的平均气温与 1959—1999 年的平均气温相减的结果，具体如下：

年份	CO_2 水平	全球气候异常变化
1959	315.98	0.063 4
1960	316.91	0.011 4
1961	317.64	0.089 4
1962	318.45	0.113 6
1963	318.99	0.133 3
1964	319.62	−0.126 8
1965	320.04	−0.069 5
1966	321.38	−0.011 7
1967	322.16	0.002 2
1968	323.04	−0.012 1
1969	324.62	0.091 1
1970	325.68	0.047 1
1971	326.32	−0.055 0
1972	327.45	0.034 8
1973	329.68	0.161 7
1974	330.17	−0.086 2
1975	331.08	−0.017 7
1976	332.05	−0.106 2
1977	333.78	0.142 5
1978	335.41	0.061 5
1979	336.78	0.153 3
1980	338.68	0.193 0
1981	340.11	0.228 4
1982	341.22	0.117 1
1983	342.84	0.281 7
1984	344.41	0.087 5
1985	345.87	0.068 1
1986	347.19	0.160 5
1987	348.98	0.296 8

续前表

年份	CO_2 水平	全球气候异常变化
1988	351.45	0.300 6
1989	352.90	0.222 3
1990	354.16	0.386 1
1991	355.48	0.336 0
1992	356.27	0.202 3
1993	356.95	0.230 7
1994	358.64	0.293 4
1995	360.62	0.407 3
1996	362.36	0.275 3
1997	363.47	0.478 2
1998	366.50	0.597 1
1999	368.14	0.419 9
2000	369.40	0.388 6
2001	371.07	0.517 3
2002	373.17	0.574 5
2003	375.78	0.581 8
2004	377.52	0.541 6
2005	379.76	0.615 4
2006	381.85	0.560 1
2007	383.71	0.547 9
2008	385.57	0.480 3
2009	387.35	0.555 2

要求：

（1）对建立回归分析模型的假定条件进行检查；

（2）以全球气候异常为因变量，以年份（可以用代码）和二氧化碳水平（CO_2）为自变量，建立回归分析模型，并给出求解结果；

（3）运用学生化残差分析渐近正态性能否得到满足；

（4）对自变量的回归系数的显著性做出说明；

（5）联系具体背景，对自变量回归系数的含义进行解释。

2. 消费者联盟对速冻比萨饼做过一次评比，并公布了相关的评比内容，主要涉及的变量是成本、热量（卡路里）、脂肪含量和类型（奶酪和非奶酪），以下是部分资料：

品名	得分	成本	热量	脂肪含量	类型
Freshetta	89	0.98	364	15	奶酪
Freschetta stuffed crust	86	1.23	334	11	奶酪
DiGiorno	85	0.94	332	12	奶酪
Amy's organic	81	1.92	341	14	奶酪
Safeway	80	0.84	307	9	奶酪
Tony's	79	0.96	335	12	奶酪
Kroger	75	0.80	292	9	奶酪
Tombstone stuffed crust	75	0.96	364	18	奶酪
Red Baron	73	0.91	384	20	奶酪
Bobli	67	0.89	333	12	奶酪
Tombstone extra	60	0.94	328	14	奶酪
Reggio's	55	1.02	367	13	奶酪
Jack's	51	0.92	325	13	奶酪
Celeste	50	1.17	346	17	奶酪
McCain Ellio's	46	0.54	299	9	奶酪
Michelina's	45	1.28	394	19	奶酪
Totino's	25	0.67	322	14	奶酪
Freschetta	89	0.96	385	18	非奶酪
DiGiorno	85	0.88	369	16	非奶酪
Tombstone stuffed crust	80	0.90	400	22	非奶酪
Tombstone	73	0.88	378	20	非奶酪
Red Baron	64	0.89	400	23	非奶酪
Tony's	60	0.87	410	26	非奶酪
Red Baron deep dish	55	1.28	412	25	非奶酪
Stouffer's	54	1.26	343	14	非奶酪
Weight Watchers	33	1.51	283	6	非奶酪
Jeno's	22	0.74	372	20	非奶酪
Totino's	20	0.64	367	20	非奶酪
Healthy Choice	15	1.62	280	4	非奶酪

要求：

（1）对建立回归分析模型的假定条件进行检查；

（2）以得分为因变量，以热量、脂肪含量和类型为自变量，建立相应的回归分析模型，并给出具体的求解结果；

（3）对模型的拟合效果进行适当的评价；

（4）说明模型中有没有多余的自变量，并解释理由。

3. 消费者协会对早餐麦片的成分进行了抽检，得到如下一组资料：

品名	热量	含糖量	蛋白质含量	脂肪含量	钠含量	纤维含量	钾含量
100% _ Bran	70	6	4	1	130	10	280
100% _ Natural _ Bran	120	8	3	5	15	2	135
All-Bran	70	5	4	1	260	9	320
All-Bran _ with _ Extra _ Fiber	50	0	4	0	140	14	330
Almond _ Delight	110	8	2	2	200	1	−1
Apple _ Cinnamon _ Cheerios	110	10	2	2	180	1.5	70
Apple _ Jacks	110	14	2	0	125	1	30
Basic _ 4	130	8	3	2	210	2	100
Bran _ Chex	90	6	2	1	200	4	125
Bran _ Flakes	90	5	3	0	210	5	190
Cap'n'Crunch	120	12	1	2	220	0	35
Cheerios	110	1	6	2	290	2	105
Cinnamon _ Toast _ Crunch	120	9	1	3	210	0	45
Clusters	110	7	3	2	140	2	105
Cocoa _ Puffs	110	13	1	1	180	0	55
Corn _ Chex	110	3	2	0	280	0	25

续前表

品名	热量	含糖量	蛋白质含量	脂肪含量	钠含量	纤维含量	钾含量
Corn _ Flakes	100	2	2	0	290	1	35
Corn _ Pops	110	12	1	0	90	1	20
Count _ Chocula	110	13	1	1	180	0	65
Cracklin' _ Oat _ Bran	110	7	3	3	140	4	160
Cream _ of _ Wheat _ （Quick）	100	0	3	0	80	1	−1
Crispix	110	3	2	0	220	1	30
Crispy _ Wheat _ & _ Raisins	100	10	2	1	140	2	120
Double _ Chex	100	5	2	0	190	1	80
Froot _ Loops	110	13	2	1	125	1	30
Frosted _ Flakes	110	11	1	0	200	1	25
Frosted _ Mini−Wheats	100	7	3	0	0	3	100
Fruit _ & _ Fibre _ Dates	120	10	3	2	160	5	200
Fruitful _ Bran	120	12	3	0	240	5	190
Fruity _ Pebbles	110	12	1	1	135	0	25
Golden _ Crisp	100	15	2	0	45	0	40
Golden _ Grahams	110	9	1	1	280	0	45
Grape _ Nuts _ Flakes	100	5	3	1	140	3	85
Grape-Nuts	110	3	3	0	170	3	90
Great _ Grains _ Pecan	120	4	3	3	75	3	100
Honey _ Graham _ Ohs	120	11	1	2	220	1	45
Honey _ Nut _ Cheerios	110	10	3	1	250	1.5	90
Honey-comb	110	11	1	0	180	0	35
Just _ Right _ Crunchy _ Nuggets	110	6	2	1	170	1	60
Just _ Right _ Fruit _ & _ Nut	140	9	3	1	170	2	95
Kix	110	3	2	1	260	0	40
Life	100	6	4	2	150	2	95
Lucky _ Charms	110	12	2	1	180	0	55
Maypo	100	3	4	1	0	0	95
Muesli _ Raisins， _ Dates	150	11	4	3	95	3	170
Muesli _ Raisins， _ Peaches	150	11	4	3	150	3	170
Mueslix _ Crispy _ Blend	160	13	3	2	150	3	160
Multi-Grain _ Cheerios	100	6	2	1	220	2	90
Nut & Honey _ Crunch	120	9	2	1	190	0	40
Nutri-Grain _ Almond-Raisin	140	7	3	2	220	3	130
Nutri-grain _ Wheat	90	2	3	0	170	3	90
Oatmeal _ Raisin _ Crisp	130	10	3	2	170	1.5	120
Post _ Nat. _ Raisin _ Bran	120	14	3	1	200	6	260
Product _ 19	100	3	3	0	320	1	45
Puffed _ Rice	50	0	1	0	0	0	15

续前表

品名	热量	含糖量	蛋白质含量	脂肪含量	钠含量	纤维含量	钾含量
Puffed _ Wheat	50	0	2	0	0	1	50
Quaker _ Oat _ Squares	100	6	4	1	135	2	110
Quaker _ Oatmeal	100	0	5	2	0	2.7	110
Raisin _ Bran	120	12	3	1	210	5	240
Raisin _ Nut _ Bran	100	8	3	2	140	2.5	140
Raisin _ Squares	90	6	2	0	0	2	110
Rice _ Chex	110	2	1	0	240	0	30
Rice _ Krispies	110	3	2	0	290	0	35
Shredded _ Wheat	80	0	2	0	0	3	95
Shredded _ Wheat _ 'n'Bran	90	0	3	0	0	4	140
Shredded _ Wheat _ spoon _ size	90	0	3	0	0	3	120
Smacks	110	15	2	1	70	1	40
Special _ K	110	3	6	0	230	1	55
Strawberry _ Fruit _ Wheats	90	5	2	0	15	3	90
Total _ Corn _ Flakes	110	3	2	1	200	0	35
Total _ Raisin _ Bran	140	14	3	1	190	4	230
Total _ Whole _ Grain	100	3	3	1	200	3	110
Triples	110	3	2	1	250	0	60
Trix	110	12	1	1	140	0	25
Wheat _ Chex	100	3	3	1	230	3	115
Wheaties	100	3	3	1	200	3	110
Wheaties _ Honey _ Gold	110	8	2	1	200	1	60

要求：

（1）对建立回归分析模型的假定条件进行检查；

（2）以热量为因变量，以含糖量、蛋白质含量、脂肪含量、钠含量、纤维含量和钾含量为自变量，建立相应的回归分析模型，并给出具体的求解结果；

（3）对模型的拟合效果进行适当的评价；

（4）说明模型中有没有异常点，并解释理由；

（5）说明剔除异常点后模型有什么变化。

4. 得克萨斯州交通管理委员会对交通不畅问题进行了专门研究，2001年公布的相关资料如下：

城市	人均拥堵时间	主干道时速	高速公路时速	小城市	大城市	特大城市
Albany-Schenectady-Troy，NY	10	32.0	58.7	0	0	0
Albuquerque，NM	33	30.3	44.3	0	0	0
Atlanta，GA	53	26.3	44.3	0	1	0
Austin，TX	24	28.9	47.1	0	0	0
Bakersfield，CA	6	33.4	57.0	1	0	0
Baltimore，MD	31	29.1	47.3	0	1	0
Beaumont，TX	9	32.8	58.3	1	0	0
Boston，MA	42	26.2	43.1	0	0	1
Boulder，CO	5	32.2	59.5	1	0	0

续前表

城市	人均拥堵时间	主干道时速	高速公路时速	小城市	大城市	特大城市
Brownsville，TX	3	32.7	59.6	1	0	0
Buffalo-Niagara Falls，NY	20	33.3	56.4	0	1	0
Charlotte，NC	32	28.7	47.4	0	0	0
Chicago，IL-Northwestern，IN	34	26.8	40.8	0	0	1
Cincinnati，OH-KY	29	29.8	46.9	0	1	0
Cleveland，OH	37	30.4	50.6	0	1	0
Colorado Springs，CO	8	30.5	52.3	1	0	0
Columbus，H	29	28.7	49.8	0	1	0
Corpus Christi，TX	10	33.8	57.7	1	0	0
Dallas，TX	46	28.9	46.2	0	1	0
Denver，CO	45	27.0	43.8	0	1	0
Detroit，MI	41	28.0	43.8	0	0	1
El Paso，TX-NM	14	32.0	51.6	0	0	0
Eugene-Springfield，OR	7	30.7	57.2	1	0	0
Fort Worth，TX	33	30.5	48.4	0	1	0
Fresno，CA	18	29.3	54.1	0	0	0
Ft. Lauderdale-Hollywood-Pompano Bch	32	29.2	45.1	0	1	0
Hartford-Middletown，CT	19	31.1	55.0	0	0	0
Honolulu，HI	19	27.3	50.2	0	0	0
Houston，TX	50	28.5	43.6	0	0	1
Indianapolis，IN	20	28.5	47.6	0	1	0
Jacksonville，FL	30	29.9	52.2	0	0	0
Kansas City，MO-KS	24	31.0	54.8	0	1	0
Laredo，TX	5	32.6	59.4	1	0	0
Las Vegas，NV	42	26.6	43.7	0	1	0
Los Angeles，CA	56	27.2	35.1	0	0	1
Louisville，KY-IN	37	28.2	49.0	0	0	0
Memphis，TN-AR-MS	22	30.5	51.7	0	0	0
Miami-Hialeah，FL	44	27.7	43.0	0	1	0
Milwaukee，WI	22	31.3	45.2	0	1	0
Minneapolis-St. Paul，MN	38	28.5	45.0	0	1	0
Nashville，TN	21	28.7	52.1	0	0	0
New Orleans，LA	18	29.6	50.5	0	1	0
NY-Northeastern，NJ	34	26.1	45.6	0	0	1
Norfolk，VA	14	30.6	50.3	0	1	0
Oklahoma City，OK	17	32.1	53.5	0	1	0
Omaha，NE-IA	19	30.0	56.0	0	0	0
Orlando，FL	34	28.6	47.3	0	1	0

续前表

城市	人均拥堵时间	主干道时速	高速公路时速	小城市	大城市	特大城市
Philadelphia，PA-NJ	26	28.2	49.7	0	0	1
Phoenix，AZ	31	29.1	42.8	0	1	0
Pittsburgh，PA	24	31.1	56.2	0	1	0
Portland-Vancouver，OR-WA	34	28.0	42.3	0	1	0
Providence-Pawtucket，RI-MA	28	30.1	51.2	0	0	0
Rochester，NY	8	32.5	57.0	0	0	0
Sacramento，CA	42	28.3	44.1	0	1	0
Salem，OR	14	32.2	55.6	1	0	0
Salt Lake City，UT	27	28.8	50.7	0	0	0
San Antonio，TX	45	30.1	48.2	0	1	0
San Bernardino-Riverside，CA	38	30.7	41.9	0	1	0
San Diego，CA	37	28.6	41.2	0	1	0
San Francisco-Oakland，CA	42	27.8	39.5	0	0	1
San Jose，CA	42	28.0	44.6	0	1	0
Seattle-Everett，WA	53	27.4	39.9	0	1	0
Spokane，WA	10	32.9	56.2	1	0	0
St. Louis，MO-IL	42	27.1	48.4	0	1	0
Tacoma，WA	18	30.9	44.7	0	0	0
Tampa，FL	35	28.5	50.3	0	0	0
Tucson，AZ	23	28.6	51.1	0	0	0
Washington，DC-MD-VA	46	25.8	41.3	0	0	1

要求：

（1）以人均拥堵时间为因变量，以主干道时速、高速公路时速、城市规模为自变量，建立多元线性回归模型；

（2）对模型中自变量的回归显著性进行解释；

（3）对小城市与主干道时速的交互作用进行分析；

（4）对特大城市与主干道时速的交互作用进行分析。

图书在版编目（CIP）数据

统计学：数据与模型：第3版/理查德·D·德沃等著；耿修林译．—北京：中国人民大学出版社，2016.7
（统计学经典译丛）
ISBN 978-7-300-22938-6

Ⅰ．①统… Ⅱ．①理…②耿… Ⅲ．①统计学-高等学校-教材 Ⅳ．①C8

中国版本图书馆CIP数据核字（2016）第119431号

统计学经典译丛
统计学：数据与模型（第3版）
理查德·D·德沃
保罗·F·威勒曼　著
戴维·E·博克
耿修林　译
Tongjixue：Shuju yu Moxing

出版发行	中国人民大学出版社		
社　址	北京中关村大街31号	邮政编码	100080
电　话	010－62511242（总编室）		010－62511770（质管部）
	010－82501766（邮购部）		010－62514148（门市部）
	010－62515195（发行公司）		010－62515275（盗版举报）
网　址	http://www.crup.com.cn		
	http://www.ttrnet.com（人大教研网）		
经　销	新华书店		
印　刷	三河市汇鑫印务有限公司		
规　格	185 mm×260 mm　16开本	版　次	2016年7月第1版
印　张	27.5插页1	印　次	2016年7月第1次印刷
字　数	690 000	定　价	69.00元

尊敬的老师：

您好！

为了确保您及时有效地申请培生整体教学资源，请您务必完整填写如下表格，加盖学院的公章后传真给我们，我们将会在2～3个工作日内为您处理。

请填写所需教辅的开课信息：

采用教材			□中文版　□英文版　□双语版
作　者		出版社	
版　次		ISBN	
课程时间	始于　年　月　日	学生人数	
	止于　年　月　日	学生年级	□专　科　□本科 1/2 年级 □研究生　□本科 3/4 年级

请填写您的个人信息：

学　校			
院系/专业			
姓　名		职　称	□助教 □讲师 □副教授 □教授
通信地址/邮编			
手　机		电　话	
传　真			
official email（必填） （eg：xxx@ruc.edu.cn）		email （eg：xxx@163.com）	
是否愿意接受我们定期的新书讯息通知：		□是　□否	

系/院主任：＿＿＿＿＿（签字）

（系/院办公室章）

＿＿＿年＿＿＿月＿＿＿日

资源介绍：

——教材、常规教辅（PPT、教师手册、题库等）资源：请访问 www.pearsonhighered.com/educator；（免费）

——MyLabs/Mastering 系列在线平台：适合老师和学生共同使用；访问需要 Access Code；（付费）

100013 北京市东城区北三环东路 36 号环球贸易中心 D座 1208 室

电话：（8610）57355003　传真：（8610）58257961

Please send this form to：

教师教学服务说明

中国人民大学出版社工商管理分社以出版经典、高品质的工商管理、财务会计、统计、市场营销、人力资源管理、运营管理、物流管理、旅游管理等领域的各层次教材为宗旨。

为了更好地为一线教师服务，近年来工商管理分社着力建设了一批数字化、立体化的网络教学资源。教师可以通过以下方式获得免费下载教学资源的权限：

在“人大经管图书在线”（www. rdjg. com. cn）注册，下载“教师服务登记表”，或直接填写下面的“教师服务登记表”，加盖院系公章，然后邮寄或传真给我们。我们收到表格后将在一个工作日内为您开通相关资源的下载权限。

如您需要帮助，请随时与我们联络：

中国人民大学出版社工商管理分社

联系电话：010-62515735，62515749，62515987

传　　真：010-62515732，62514775　　　　电子邮箱：rdcbsjg@crup. com. cn

通讯地址：北京市海淀区中关村大街甲 59 号文化大厦 1501 室（100872）

教师服务登记表

<table>
<tr><td>姓 名</td><td></td><td>□先生　□女士</td><td>职　　称</td><td colspan="2"></td></tr>
<tr><td>座机/手机</td><td colspan="2"></td><td>电子邮箱</td><td colspan="2"></td></tr>
<tr><td>通讯地址</td><td colspan="2"></td><td>邮　　编</td><td colspan="2"></td></tr>
<tr><td>任教学校</td><td colspan="2"></td><td>所在院系</td><td colspan="2"></td></tr>
<tr><td rowspan="3">所授课程</td><td>课程名称</td><td>现用教材名称</td><td>出版社</td><td>对象（本科生/研究生/MBA/其他）</td><td>学生人数</td></tr>
<tr><td></td><td></td><td></td><td></td><td></td></tr>
<tr><td></td><td></td><td></td><td></td><td></td></tr>
<tr><td colspan="2">需要哪本教材的配套资源</td><td colspan="4"></td></tr>
<tr><td colspan="2">人大经管图书在线用户名</td><td colspan="4"></td></tr>
<tr><td colspan="6">院/系领导（签字）：
院/系办公室盖章</td></tr>
</table>